歴史の沈黙

語られなかった女たちの記録

ミシェル・ペロー

LES FEMMES
OU LES SILENCES DE L'HISTOIRE

持田明子訳

藤原書店

Michelle PERROT

LES FEMMES OU LES SILENCES DE L'HISTOIRE
Ouvrage publié sous la direction de Perrine Simon-Nahum

This book is published in Japan by arrangement with
les éditions Flammarion, Paris,
through le Bureau des Copyrights Français, Tokyo.

日本の読者へ

『歴史の沈黙――語られなかった女たちの記録』が日本で翻訳出版されることは、私にとって大きな栄誉であり、またこのうえない喜びでもある。一九九八年に、フランスで出版された本書（二〇〇一年、ペーパーバックで出版）は、一九七五年から一九九八年までの二〇年以上にわたって執筆した、女性の歴史に関する主要な論文を集めたものである。本書は個人的な道のりと同時に共同の冒険を浮かび上がらせる。ここに時代の空気を吸うこともできる。また本書はこの半世紀を特徴づけた、未完成ではあるものの本質的な性の革命が引き起こしたあらゆる疑問に貫かれている。

シモーヌ・ド・ボーヴォワールの『第二の性』がフランスで発表された一九四九年、私は学生であった。大きな物議をかもしたこの本に、私は強い影響を受けた。もっともそれはただちにではなかったが。貧しく、だが、勤勉な、この戦後の時代に、私の頭から離れなかったのは、社会史、とりわけ労働と労働者階級の歴史であった。サン＝シモンや、一九世紀の社会主義者たちの著作を読んでいた私は、この労働者階級に〝最大多数の、そして最も貧しい階級〟を、つまり、抑圧の姿、だが、同時に、現在の動向の主要な当事者であり、未来の力を見ていた。私は、労働争議について博士論文を書いた。『ストライキ下の労働者たち』が私の最初の著書である（パリ、一九七四年。第二版、二〇〇一年）。私はここで、ストライキの本質的な二つの側面、つまりストライキが要求を成功させるための圧力の手段であると同時に、普段は口を閉ざしている労働者たちの表現方法であることを強調した。工場から逃れ、取り戻した街路での、下からの発言である（少なくとも、その労働組合が組織される前はそうであった）。

ついで、私は、もうひとつの薄暗い場である牢獄について調査した。そこでは監視と処罰の方法が決定され、ミシェル・フーコーがその政治的内容――権力の形としての刑罰を明らかにした。

並行して、私は女性に関する調査をした。もっとも、これは、より個人的で、ダイナミックで、楽しい見地に立ってであった。実際、女性の歴史は、フランスでは一九六八年五月のわだちの中に発展した女性運動から生まれた。あの破壊的な春、そこに女性たちの姿があった。だが、第一線での発言者としてというよりむしろ、後方での参加者としてであった。この運動に、私も参加した、控えめに。というのも、まるで女性たちが出来事の外にいて、人間と家庭の再生産に運命づけられ、彼女たちのただ一つの宿命である母性の中に閉じこめられているかのように。ほとんど存在しない女性の歴史を浮かび上がらせるという作業に貢献することもまた、同様に重要であると私には思われたからである。女性の歴史を書くこと、それは彼女たちの痕跡を再び見出し、彼女たちの姿を見えるようにし、彼女たちがおかれている立場の変化、彼女たちの力と同様に、彼女たちが支配されている形態を描き出し、時代を通じて彼女たちの行動と誘惑の方法を見出すことであった。さらに、そして、とりわけ、性差、言説と表象、図像と実践、権力と日常生活、愛と暴力のあらゆるレベルで、結局、切り離せない男女両性間の関係をそこに導入することで、もうひとつのまなざしにより、歴史として存在している物語を変形することであった。ジェンダーの光で見直され、読み直されうるのは、過去の全歴史である。夢中にさせるこの探求に、われわれ多くの女性が沸き立つような議論と討論のなかで取り組んだ。

私は、この女性の歴史について個人的に書き（本書に収録した論文は、私の関心を引いた問題がいかに多様であったかを示している）、大学の授業で共同でそれを展開しようとした（「女性の歴史は存在するか？」と題した一九七三年の、私の最初の講義を思い出す。このタイトルはまさにわれわれのためらいを示すものである)。また、論文作成やジョルジュ・デュビィと先駆的な歴史研究者たちのグループによる『女の歴史』(原題『西欧の女性の歴史』)の執筆で展開しようとした。

イタリアの出版社ラテルザの求めで実現したこの『女の歴史』(全五巻)は、七〇人の研究者により書かれ、一九九一年から一九九二年にかけてフランスで出版された。そして、われわれの擁護者ともいうべき藤原書店のご好意により日本でも翻訳出版された。これは日本で広く読まれ、かつ、女性の歴史を目覚しく発展させていた日本の歴史研究者たちとの関係を築くことができるすばらしい機会であった。彼らの知己を得たことは、われわれにとってうれしく、また有益であった。西欧における女性とジェンダーの歴史と日本のそれとのあいだには多くの類似点、交差する点があるが、相違点もまたあり、今後、比較することがとりわけ有益であろう。

こういう理由から、藤原氏の再度のご好意と、何年も前から私の本の読者であり、翻訳者であり、そして友人である持田明子氏のご助力のおかげで実現した本書の翻訳出版を私は嬉しく思う。本書が女性の歴史を包んでいる沈黙をいささかなりとも破り、女性たちの声を聞かせ、そして〝歴史〟のシンフォニーをよりいっそう響かせることを希って……。

ミシェル・ペロー

二〇〇三年五月

歴史の沈黙　目次

第I部　「痕跡」としての女性史

第Ⅲ部　都市と女性

第Ⅳ部　人　物

第V部　論争点

ミシェル・フーコーと女性の歴史　467

歴史の沈黙

語られなかった女たちの記録

凡例

一 原書イタリック体の部分は、書名・作品名などは『 』、強調の語は傍点、原文に対する外国語（英語など）は片仮名表記ないしルビとして必要により欧文を付記した。

一 原書の大文字で始まる語は〈 〉で括り、組織名も〈 〉で括った。

一 原書の« »は「 」とした。

一 原書の« »内の" "は〝 〟とした。

一 原書の（ ）は（ ）のままとした。

一 原書の-は、年代つなぎなどは—、固有名は=、訳語にした一般名では-とした。

一 訳者による挿入は〔 〕とした。

一 訳出上の工夫として加える強調は傍点とした。

はじめに

沈黙している？　女性が？　――とんでもない、聞こえてくるのは女性の声ばかり、とわれわれの同時代人の何人かは言うだろう。彼らは、女性が抗しがたく台頭し、彼女たちの声《パロール》が満ちてくるという印象に不安さえ感じているのだ。「女性、女性、女性、女性、相も変わらず女性、貪欲で、かしましい……」(1)。だが、もはや喫茶店の中だけではない、公的空間から私的空間まで、教育から法廷まで、修道院からマスメディア、さらには、おおキケロ、サン＝ジュストそしてジョレスよ、国会にまであふれているありさまだ。

確かに。かつては女性に禁じられていた、あるいは、ほとんど馴染みのなかった場所への彼女たちの姿や声《パロール》の突然の出現は、音の水平線を変えるこの半世紀の革新である。しかしながら、静かな領域がまだ多数、存続している。過去に関しては、痕跡や記憶、さらにいっそう〈歴史〉――まるで、語ることのできない、子孫再生産の闇の中に閉じ込められて、女性が時間の外に、少なくとも、出来事の外にいるかのように、かくも長い間、彼女たちを「忘れて」きた、この物語――の不平等な分配に結びついた沈黙の大洋がある。

初めに〈御《み》言葉〉があった、だが、〈御言葉〉は神であり、そして〈男性〉であった。沈黙は女性の習慣である。沈黙は彼女たちの副次的な、従属した立場にふさわしい。沈黙は、ほとんどほほえみもせず、騒々しく、男らしい笑いで変形することもない、彼女たちの滑らかな顔に似合っている。口を閉じて沈黙し、目を伏せ、女性は泣き、尽きることのない苦しみの水のように涙を流すに任せることしかできない。ミシュレによれば、彼女たちには苦しみの「聖域がある」。

沈黙は何世紀もの間、宗教、政治システム、そして、礼儀作法の手引書により繰り返されてきた掟である。教会や寺院、さらにいっそうシナゴーグや、祈りの時間には入り込むことさえできないモスクでの女性の沈黙。雄々しい雄弁を競う男性であふれた政治集会での沈黙。彼女たちの集団での参加は大声を上げるヒステリーと、騒々しすぎる態度は「ふしだらな生活」と同一視される公的な空間での沈黙。共歓《コンヴィヴィアリテ》を乱す可能性のある厄介な主題――まず第一に政治――を避け、礼儀作法を守るよう女性に命じる社交界の義務に抑えつけられて、啓蒙の世紀〔フランスの一八世紀〕の選良たちの平等を目ざした会話が聞かれなくなった一九世紀のサロンでは、私的な空間においてさえ、沈黙。「美しくあれ、そして口をつぐんでいるように」と結婚適齢期の若い娘たちに助言する。ばかなことを言ったり、へまをしでかすことがないために。

もちろん、女性はこうした厳命をほとんど守りはしなかった。彼女たちのひそひそ話やつぶやきは家の中を駆け巡り、良い評判も悪い評判も作り出す村々に行き渡り、市場《いちば》や店のうわさ話と混じりあい、世評の周辺に漂っている怪しげで、油断のならぬ風聞の中で、ときに誇張されて街に広まる。言葉の価値を失った形態ではあっても、彼女たちのうわさ話やおしゃべりはひどく恐れられる。被支配者というのは逃げ、禁止事項を回避し、権力の空白、〈歴史〉の余白を満たすことが常にできるものだ。想像されるように、また周知のことでもあるが、女性も必ずそうした。しばしば、彼女たちはその沈黙を武器にもしてきた。

とは言っても、彼女たちの普通の姿勢は聴くこと、待つこと、心の奥底に言葉を閉じ込めることである。受け入れ、順応し、従い、服従し、そして口をつぐむ。象徴的な命令により強いられたこの沈黙は、ただ言葉の沈黙だけでなく、身ぶりや、文字による表現の沈黙でもある。しばしば、女性の身体や頭、顔は覆い隠すこと、ベールで包むことさえ要求される。婦人部屋や修道院、あるいは家の暗がりの中に「女性はその生活を隠すよう定められている」。そして、囲いを逃れ、このうえなく堅固に守られた内奥に入り込み、夢の誘惑に今にも引き込まれそうな想像の世界をかき立てうる、距離を置いた、狡猾なコミュニケーションの手段としての本や書く行為《エクリチュール》を手に入れることは長い間、彼女たちに拒絶されていた、あるいは、無限の欲求に向けてわずかに開かれた扉のように、けちけちと与えられていた。

というのも、沈黙は社会、家族、そして身体の規律であり、同時に、政治的、社会的、家族的な――家の壁は女性やたたかれる子どもの叫び声を消してしまう――規範であるからだ。折り目正しい女性は嘆かず、カトリック信者が聴罪司祭に打ち明ける場合を除いて、胸中を明かさない。羞恥心は美徳であり、沈黙は第二の本性になるほどにその名誉である。女性が自分について話せないことは、ついには、その存在、少なくとも、彼女について人が知りうることを消してしまう。死後の沈黙の中に閉じ込められた昔の女性はこうした状況にあった。彼女たちに口をつぐもうとする意思があったのか、コミュニケーションを取る能力がなかったのか、あるいは、自分の気持ちを表現できないために溶解した考えなどもともと存在しなかったのか、もはや判別できない。

この深い沈黙は、女性だけのものではない。それは大半の人間が消えていく忘却の中にのみ込まれた人生の、失われた大陸を包み込む。だが、沈黙は両性の不平等ゆえに女性にいっそう重くのしかかる。この「差異の原子価」（フランソワーズ・エリティエ）は共同体の過去を構造化する。沈黙は、女性に関係のある痕跡の欠如が深く根を下ろし、時代によってまちまちではあるものの、時間の中での彼女たちの把握をひどく困難にする、基本与件である。観察や物語の主要な対象である公的空間に男性ほど姿を見せないために、彼女たちのことはほとんど語られない。それも、語り手が、いつもの不在に満足し、普遍的な男性形や包括的な決まり文句《ステレオタイプ》、あるいは、ジェンダーとして推定される単一な〈女性〉を使う男性であるからなおいっそうである。具体的で詳細な情報の欠如が言説《ディスクール》の豊富さと図像《イマージュ》の氾濫と対照をなす。女性は記述されたり、語られたりするより、はるかに多く想像の対象となる。彼女たちの歴史を作ること、それはまず、必然的に、彼女たちを覆いつくしている表象の塊にぶつかることにほかならない。彼女たち自身がそうした表象をどのように見、どのように感じていたかわからないにしても、詳しく調べる必要がある。この場合、とりわけ、ギリシャの壺の帯状の素描を詳しく調べたフランソワ・リサラグのような古代史家、あるいは中世史家たちが行なったように。中世の図像を探ったジョルジュ・デュビイ、「秘儀荘」〔ポンペイ〕のフレスコを詳細に分析したポール・ヴェーヌの当惑が理解されるだろう。両者とも作品と視線が男性的特徴を呈していると結論し、女性が自分たちのこうした形象化にどの程度賛同していたか、いぶかってもいる。

もっと現代に近い、不透明性を示す例、つまり、統計の例を挙げよう。統計は非常にしばしば中性的である。アンシャンレジーム下での戸《こ》に関する調査、あるいは一九世紀における世帯《メナージュ》の調査は家長に根拠を置く。農業の統計は、必然的に男性と推定されるが、性を明示せずに「農園主」を数え上げる。多数の女中が含まれる「日雇い農民」の場合と同様である。農業者や職人の妻は、重要な経済的役割を果たしながらも調査の対象にならない。彼女たちの労働は家庭の、補助的な仕事と同一視され、したがって、目に見えないものとされる。要するに、女性は「数に入ら」ない。そこには不注意以上のものがある。今日なお、省庁で、統計を性別化するようあくまでも要求しなければならない。

要するに、ある種の原資料は、当然のこととして女性については存在しない。たとえば、一九世紀の若者たちの身体的特徴を知るにはきわめて貴重な、軍籍登録や徴兵審査台帳、あるいは、女性は遅れて投票権を獲得したために（フランスでは一九四四年である）、選挙人名簿。こうした理由から、世に知られていない一人の男の歴史を作ろうとしたアラン・コルバンは、痕跡のこの欠如のために最初から女たちを遠ざけた。彼がその「世界」を再構築することに成功したベレームの森に住む木靴職人ルイ＝フランソワ・ピナゴに関してさえ痕跡は非常にわずかであった。まして妻のアンヌ・ポテについては完全に欠けていたであろう。彼女のことは何一つわからない。とはいえ、女性はペルシュ地方のこれらの村々に存在している。コルバンは音の記憶まで見つけ出した。だが、集団――糸紡ぎの女たち、密猟する女たち、穀物に関する騒動や宗教的暴動の扇動者たち――であり、まるで彼女たちがそうではなかったかのように個人としてではない。このことは個人の識別の問題を提起する。警察の注意を引くには、従姉妹アンジェリクの、とりわけ性的な規律違反が必要である。(2) したがって、原資料が作り上げられるやり方は、性による不平等と女性の活動の副次化、あるいはその価値の低下を包含する。第一段階の記録のこの欠如は痕跡保存の不足により深刻化する。女性が登場するのは秩序を乱すときだけであり、行政や当局の議事録の公的記録文書にはほとんど現れない。女性が男性に比べて秩序を乱すことが少ないのは、まれな性格によってではなく、彼女たちがわずかしか姿を現さず、被害者になったときにも訴えることにためらいを見せるからである。したがって、男女を問わず、民衆を知るために限りなく貴重な、警察および裁判の記録文書(3)は、当事者の性別を記した形で分析することが求められる。

主要な公文書保管所で保管されている私的な記録文書はほとんど、政治家、建設請負業者、作家、創設者といった「偉人たち」の記録文書である。家族の記録文書は、最近まで、特別な注意を引かなかった。引っ越しの最中に大規模な破棄が、長い間無関心であった相続人の手で、さらに、人目に触れるかもしれない自分の秘密の痕跡を残そうと思わない女性自身の手でなされた。羞恥心から、だが同時に自分を卑下する気持ちから、彼女たちはいわば自分を包み込んでいる沈黙を内在化した。マルグリット・デュラスが『死の病』の中で思い起こさせ、女性のつぶやきにかくも注意を払ったナタリー・サロートが全作品の中で連想させたのはこのことである。

しかしながら、家族なり個人の私生活への考慮が増大したことは、手紙あるいは私的な日記に対する無頓着な視線を変えた。フィリップ・ルジューヌの活動と彼が遭う反応はこの点で意味深い。(4) 女性はこうした努力の主役であり、同時に、受益者でもある。祖母たちの歴史に関心を抱き、彼女たちを思い出すこと、さらには正義と詩の行為のように彼女たちを目に見えるものにしたいと望む女性の活動の成果として発見や寄託、刊行が増加する。(5)

心と家族の叙事詩である文学は幸運にもはるかに豊饒である。それは、当事者であった女性によるものも含めて、日常生活や「女性の境遇」(6)をわれわれに語ってくれる。「女性の言葉」(7)を直接聞くことは、しぐさや肉声《パロール》、文章《エクリチュール》を書くこと、といった表現手段を彼女たちが獲得することにかかっているからである。きわめて重要な、最後のもの、つまりエクリチュールの使用は、女性の識字教育の程度および、彼女たちに与えられるエクリチュールのタイプに左右される。最初は、私的で家族のエクリチュールに限定され、公的なエクリチュールの特定の形態（教育、信心、料理、礼儀作法……）を許可され、女性はコミュニケーション——たとえばジャーナリズム(8)——と創作、つまり、詩、とりわけ小説、ときに歴史、より困難ではあるが科学と哲学、のすべての領域をしだいに手中に収めた。議論や闘争を重ねることが境界を越えさせる。境界は移動しながら、作り直されてゆく。

女性の原資料や女性に関する資料の量と性質は、したがって時間の経過とともに変化する。それらはそれ自体で彼女たちの存在の痕跡であり、増大して沈黙を後退させる発言のしるしである。沈黙がしばしばあまりにも深いために、「女性の歴史は可能なのか?」とたずねあったほどである。このことは、「口承」と言われる歴史が試みたように、違った仕方で狩り出し、読み、最近の時代に対しても出現させなければならない原資料の別の使用につながる。

したがって、偶然の結果であるどころか、〈記録文書《アルシーヴ》〉の形成は〈記憶《メモワール》〉のもっと微妙な形成と同様に、力関係と価値システムにより作り出された選択的堆積作用の結果である。

この箱に入れられた沈黙の別のレベルである歴史的物語についても事情は同様である。

〈歴史〉を作るのはまなざしである。あらゆる歴史的物語の中心に、知ろうとする気持ちがある。女性に関しては、意志は長い間、欠けていた。女性の歴史を書くことは、女性の言動を本気で受け止めること、社会の出来事や変動において、男女両性の関係に、相対的であっても、重要性を認めることを前提とする。これはまさに事実ではなかった、女性自身の側で、非常に偉大な女性の側でさえも。「……女性の歴史はすべて男性により作られた」とシモーヌ・ド・ボーヴォワールは書いた、「女性は一度としてこの帝国を得るために男性と争わなかった」。フェミニズムさえ、彼女によれば、「自立した運動」ではない。『第二の性』（一九四九年）の著者にとって、女性の地位の分析は、彼女の目には存在しない歴史以上に、当時の勝ち誇った構造人類学の領域に属する。

沈黙の長い正史はそれ自体として興味に満ちてはいるが、ここでは私の本題ではない。その近接した地平線に言及するにとどめよう。一九世紀に「理科系」学問としての歴史学の創始はその男性的な性格を強固にする。その実践は、それ以後、大学教員に託される（歴史学の大学教授資格試験《アグレガシオン》は一八二九年に創設された）。その内容は女性の存在しない公的・政治的歴史にますます割り当てられていく。

ジュール・ミシュレは例外である。彼は過去および現在における女性の役割にどれほど配慮したことか。「女性、何という力！」と彼は言った。そして彼女たちに、その著書では輝くばかりの頁を、その講義では心の糧となる言葉をささげる。彼の講義には、女性がどっと押しかけ、夢中になって、声も出さずに聴講する。だが、ミシュレは女性を自然――その無垢で輝くばかりの核は母性でしかありえない――と、男性を理性的で雄々しい文化と同一視し、役割の逆転の中に社会の乱れの鍵を暴き出して、彼の時代の表象、とりわけ、初期段階にある人類学の表象を取り入れる。(9) ミシュレの著作への女性たちのにぎやかな登場は彼女たちが荷担した沈黙の願望でもある。それは大したことではない。世紀末の実証主義がロマン主義的空想のこうしたたわごとを追い払う。マルク・ブロックやリュシアン・フェーヴルの『アナール』（一九二九年）は、政治を経済や社会的なものに置き換えはするが、この方向でのリュシアン・フェーヴルの輝かしい開始にもかかわらず、(10) この点で重大な断絶を引き起こしはしない。女性、男女両性の関係、並行してエミール・デュルケームの個人主義的社会学がフレデリック・ル・プレ〔一八〇六―八二年。社会学者、経済学者。ヨーロッパ各地を旅行して労働者の家計調査を行なう〕の保守的全体論にゆだねた家族さえも、取るに足らない量であった。

ところで、四半世紀来、状況は変わった。

なぜ、沈黙は破られたのか？

女性の歴史の誕生が、性《セックス》によりまちまちに調査された、人文諸科学のもっと広い領域に組み込まれる。それはフランスに固有なものではなく、西欧世界全体に共通する。アメリカ合衆国は、古いヨーロッパが入念に作り上げ、なおかつ軽視した要素をしばしば活用して、その草分けとなった。知的生活はこうした往復や、ひっきりなしのブリコラージュで構成されるものだ。

フランスでは事態はどのように推移したのか？　今日までのところ、正史に基づく最もすぐれた説明であり、考慮せざるをえない、フランソワーズ・テボーの著書『女性史を書く』（一九九八年）[11]が刊行されたことで、この豊かな系譜について長々と述べる必要はない。話を早く進めるために私は、密接に絡みあった、学術的、社会学的、政治的、の三系列の要因がこの出現の理由であると言おう。

まず、学術的な諸要因。それらは、説明のための主要な思考の枠組み《パラダイム》の危機と、一九六〇年代、一九七〇年代における学問的接触の革新に起因する。構造主義は、確かに、「財の交換、女性の交換」に親族関係が機能する基本与件を見たが、男女両性の関係に関してはさらに一歩進むことはなかった。コレージュ・ド・フランスでクロード・レヴィ＝ストロースの後を継いだフランソワーズ・エリティエが、彼の到達した所から考察をつづけたのは称賛に値する。彼女の著書『男性的なるもの／女性的なるもの――差異の思考』[12]は象徴的思考構築への回帰の最も進んだ帰着点である。マルクス主義も同じく、フェミニズム思想の表明に反対はしたが、その最初の枠組みを与えた。この見地からすれば、クリスティーヌ・デルフィの初期の研究は典型的な概念転移である。断固として唯物論者である彼女は、中産階級《ブルジョアジー》による搾取の理論を家父長制による支配の理論に置き換える。プロレタリアートは「性《セックス》の階級」となる。[13]

歴史家たちが人類学と民族学に近づく一方、一九六〇年代以降、ルイス・ヘンリーにとって大きな関心事である、家族の再構成を渇望する歴史的人口統計学が発達した。彼は結婚（比率、年齢）、独身、死亡率、等に関して性別による差異を明らかにした。『家族の歴史』や、それ以降、「家族の文化」に認められた重要性は、忘れられた家族へのこうした回帰を示す。[14]しかしながら家族は必然的に女性について話すわけではない。したがって、昔の時代について、フランスでは非常に早くから存在した受胎調節で彼女たちの果たした役割がどのようなものでありえたかを知るのは容易ではない。だが、マルティーヌ・セガレーヌやイヴォンヌ・ヴェルディエといった民族学者たちの研究は、しっかりと彼女たちの胴をつかんだ。後者は『話し方、やり方』(15)〔邦訳『女のフィジオロジー』〕で、村（ブルゴーニュ地方のミノ）の中心での彼女たちの位置と文化的力、身体に刻まれた力を強調し、秘密裏に行なわれる自然へのあらゆる回帰に対して警戒心を抱く女性歴史学者たちとの論争を引き起こした。だが、それとこれは話が別である、一九八〇年代の議論の問題。

このように人類学、家族、結婚……を再び見出したことはジョルジュ・デュビイの著作に大きな影響を与えた、と私には思われる。デュビイは一九七〇年代の半ば以降、女性の沈黙にますます関心を寄せた。研究者としての活動の後半にはこのテーマが彼の頭から離れることはない。

他方、〈歴史学〉の分化――「破片になった歴史」を語ることができた――は、新たな対象、つまり、子ども、狂気、性的行動《セクシュアリテ》、私生活……を出現させた。どうして女性を対象にしないことがあろう？『アナール』の第二世代に一般的に与えられた名称、「新しい歴史《ヌーヴェル・イストワール》」は、革新や新たなテーマ体系の創出にとって非常に好都合であったが、同時に、再び沸き立ったマルクス主義のにおいをかぎつけて、理論化のあらゆる努力を前にして大いにためらいを示した。この点からすれば、「認識論的切断」をもたらそうとするフェミニズムの野望――うぬぼれ？――は不信と警戒心をかき立てた。女性を含めること、これはまあ大目に見るとしよう。だが、ジェンダーとその「脱構築」の意図は？　実際のところ、一九七〇年代には問題はほとんど提起されていない、歴史の分野ではほかにも増して。

社会学的側面。大学への女性の進出、つまり、まず学生、次いで、もっと遅れて、教員の中での女性の増加は、新しい期待や異なった問題提起の誕生、したがって、女性に関する教育や研究を助長した。情熱と関心が、新しい「場」の形成において、最も古典的なやり方で結びつく。

それでも社会的需要（一九八〇年代の誇張した表現）は、もたらされなかった。政治的要因が開花、つまり、女性に関する〈一九六八年五月〉の沈黙（もう一つの沈黙）から一九七〇年代に突然出現した女性解放運動（ＭＬＦ）に貢献した。

確かに、この運動の第一の関心事は歴史を作ることではなく、避妊や中絶の権利、より広くは——ジゼル・アリミの結成した組織の美しい名称によれば、自由に〈選択《ショワジール》〉することのできる個人としてついに認識された女性の身体の尊厳を守る権利を獲得することであった。だが、この運動は二つの要求を展開した。一つには、記憶の欲求、重度の記憶喪失に陥った運動の痕跡——人物、出来事、テクスト……——を再び見出そうとする欲求。もう一つには、学問が根拠としているさまざまな要因《パラメータ》——普遍的なもの、自然の概念、性差、公的なものと私的なものの関係、価値の問題、言語の中立性の問題、等々——を疑うことで、既成の学問を批判しようとする意志。グループが形成され、セミナーや教育、シンポジウム(一九七五年にはすでにエクスで「女性と人文諸科学」について)が催された。主要な法的目標が達成され、運動の後退はエネルギーを研究に向けた。左翼が政権を取り(一九八一年)、相対的な制度化に格好の情勢が生じた。「女性、フェミニズム、研究」に関するトゥールーズでのシンポジウム(一九八二年一二月)は、一九七〇年から八〇年の一〇年間がいかに実り多いものであったかを示している。(16) 一三年後の一九九五年に開催されたパリでのシンポジウムで二度目の総括をすることができた。本書に収録した論文にその反映がうかがわれよう。

〈歴史学〉は活発な役割を果たしていた。その発展は数百人、さらには数千人もが関与した共同の企てであった。それを物語ることは私の目的を超える。私の「自己中心的《エゴ》歴史」を繰り返すのではなく、私がそれにどのように参加し、どのように実践したかを話すにとどめたい。

私は、少女のためのカトリック系コレージュで受けた教育によって、女性に課せられた沈黙をこっけいなまでに体験した——戦争が痛悔の重要性と犠牲の必要性を少女たちにとっていっそう重いものにしていた(17)——と同時に、私を息子として扱う父の至上の言葉がもたらす解放を味わった。父はおそらく息子が欲しかったのであろう。性別による役割についてはきわめて保守的であった戦後のフランスでは、それは僥倖であり、決定的援護であった。スポーツ、読書と高度の精神の糧、勉学、旅行……、あらゆることが私に持ちかけられた。私がもっと思い切ってそうしたものを活用しなかったのは、ひとえに私自身の当惑した、臆病さからである。とはいえ私に提示された模範《モデル》に私は完全に賛同した。自分で生計を立て、場合によってはもっと後になって、恋愛結婚をする、自立した女性という模範。

私の母は、祖母に先立たれた祖父のためという家庭の事情から、才能に恵まれていた芸術家としての道に進めないことで苦しみ（母は、開花が許されなかった自分の才能を愛惜して、一九九五年に九八歳で長寿を全うするまで見事なデッサンを取っておいた）、母の考えでは優雅さがその第一の掟である女性らしさ《フェミニテ》を損なうかもしれないと少々、不安を見せたものの、私のこうした展望を支持してくれた。だが、教職、不確定な大学教員の職（私のほうは何一つ知らず、考えさえしなかった）は、陰気な厳格さにみちた冥府への取り返しのつかない旅のように母をおびえさせた。母がこのうえなく愛したリセ・フェヌロンの教授たちが今世紀（二〇世紀）初頭にその手本を示していたのだ。母は私のために、あくせく働き、みっともない身なりをした独身者の不幸をひどく恐れたのである。母親の世界における女性的なもの——家や庭、生活の場の飾り、現実の喜びへの愛着——を私は面白味のないものと考えていた。母が尊敬しているコレットよりも、父が称賛するセリーヌのほうが好きだった。私がコレットの真価を認めたのは、はるか後のことである。女性の歴史をたどることで私は彼女の歴史を理解し、彼女と意見を一《いっ》にすることができた。

男性の世界が私の心を引きつけ、女性の世界は退屈で、つまらないものに思われた。当時、ほとんど同じことを考えていたシモーヌ・ド・ボーヴォワールは、おそらく、その著作——最初は私に嫌悪感を催させた『第二の性』は、理解するのに、いや、読むのにさえ時間がかかった——よりも、手本とするだけの勇気はないもののその大胆さに感嘆していた生き方で、私には近づきがたい模範であった。古風で、おまけに「中産階級の」女性および女性的なものを表面的にしか理解していない、解放途上の女たちによくある女性蔑視に私は荷担していたのだ。

我慢できない原罪である「中産階級」を嫌悪していたからである。モーリヤックのように——私がことのほか嫌ったカトリックの強い地方を舞台にした、暗闇の作品を私は好んで読んだ——私は「不正の人々の陣営に生まれた」ことを残念に思った。彼らの大半は裏切っていた。一九三六年のストライキでは燃え上がり、戦争中はほかの階級以上にレジスタンス活動をし、ギャバンが体現したと思われるあのふざけたような同胞愛の輝きに包まれた労働者階級は、不公平の顔であり、同時に、救済の顔である。要するに、社会問題が広まってさえいない性的問題より優位を占め、仲間の男らしさが女性の嘆きを含んだ貞節に勝《まさ》った。

一九四七年から一九五一年までのソルボンヌ大学での歳月は、残存するアカデミズムにもかかわらず、私を満ち足りた気持ちにした。エルネスト・ラブルースの教育と、労働者の歴史をそこに導入するための彼の行動は、同世代の多くの学生たちと同様、私の心をとらえた。彼に激励されて（それでもなお女性について調査しようと、優柔不断に試みもしたが）、私はストライキに関する調査に取り組んだ。これが後に、一九六七年から一九七〇年にかけて執筆し、一九七一年に口頭審査を受けた博士論文の主題となった。女性の当事者は少数であった。生活の糧の不安は女性の問題であったが、完全に賃金に結びついたストライキは男性の行為である。私はそれでも、彼女たちの従属に驚愕した。

時代は感じ取れないほどゆっくりと変わっていた。ブリジット・バルドー――私は彼女の無遠慮なまでの率直さに拍手を送った――、フランソワーズ・サガン、エリアーヌ・ヴィクトルとテレビでの彼女の「女性もまた」、その他多数が不調和な響きを持ち込んだ。社会学者たちは動きだした。アンドレ・ミシェル、エヴリーヌ・シュルロ、マドレーヌ・ギルベールは、彼女たちの最初の著作を発表した。一九六〇年代以降、〈家族計画〉（一九五六年創立）はしだいに女性を結集させた。フェミニズムの試験台であった。(18)

〈一九六八年五月〉が突発した。ソルボンヌ大学の専任講師であった私は、デモや、占拠されたソルボンヌでの数え切れないほどの討論集会や会議に熱心に参加したが、それは特に大学改革、われわれの多くが切望する「批判的大学」のためであった。

したがって私は、有害で、才気をなくした、古びたソルボンヌ大学の鬱血を除去するために創られる、新しい大学の一つの形成に断固として参加した。こうした状況の中で私はパリ第七大学のためにエネルギーを使い果たした。この道を選んだことに私は後悔しなかった。一九七〇年から一九九三年まで、ときに困難な状況ではあったが、大きな自由と、改革の現実の可能性の中で、道を変えることはなかった。

というのも、それ以後リズムが加速されるからだ。出発点で私が参加した女性運動は私の「フェミニズム改宗」と女性の歴史への関与を招来した。これは私の研究の主要軸の一つとなった。(19) この年代記については、いくつかの意義深い、あるいは、愉快な年代や出来事を想起するにとどめよう。

一九七三年。「女性には歴史があるのか?」と題した、ファビエンヌ・ボックとポーリーヌ・シュミットによるジュシュー〔パリ第七大学所在地〕での女性に関する最初の講義。意図的に、われわれはこの疑問を表す題目を選んだ。結局のところ、答えに確信がなかったからである。「女性はただ単に親族構造のほとんど不動の結び目なのか? 彼女たちの歴史は家族の歴史と一つになるのか? もう一方の性や全体的な社会との関係において、変化の要因は何か? 根本的な切れ目は?」とわれわれはある緒言で書いたが、これはわれわれもまた、どれほどまでに構造人類学と、家族の中に根を下ろした女性の見方に影響されているかを示すと同様に、この点でのわれわれの不満を示している。疑いの翼、変化の疑念がこの文章《テクスト》をよぎる。資料ばかりか問題体系も欠いたわれわれは、研究会を開くことから始め、第一学期は、「現代」を対象に社会学者、第二学期は「歴史的手がかり」と名づけ、歴史学者の同僚たちに援助を求めることを決定した。

一一月七日、講義に反対する極左主義の学生たち――彼らによれば、女性を対象とすることは革命をなおざりにすることであった――の出席で過度に興奮した満員の講義室で、アンドレ・ミシェルは「先進社会における女性と家族」について発表し、伝統的な「典型《モデル》」と現代のそれを対比させて戦端を開いた。彼女は男子学生たちから丁重にではあるものの、激しく挑まれた。その中の一人は、「家族にわれわれはもはや関心を抱いていない」のに、彼女が「家族の典型《モデル》」に従っていることを非難し、また別の男子学生は、彼のそばで床にすわっていた（学生が殺到したためにもはや座席がなかった）美しいブロンドの女子学生の長い髪を撫でながら、オルガスムスに触れていないことを非難した。この言葉に、仲間と結託した女子学生たちがどっと笑った。「彼の意見を求めてはいかがですか?」。アンドレ・ミシェルは、「典型」

は社会学者にとっては何ら規範的意味を持たないこと、また、オルガスムスは自分の主題でないことを冷静に説明した。この鳴物入りの第一回以降、講義はもっと静かになった。われわれはヒヒや先史時代の女性の行動について、アメリカやアフリカの女性の境遇について邪魔されずに聴くことができた。女性医学博士ルテルは、性病の犠牲となったヌザカラスの女性の不妊症に関する彼女の研究を詳述することで、われわれに新しい考え方を示した。彼女たちはその恥の中でまったく孤独であった、今日、エイズにかかったアフリカの女性がそうであるように。しばしば、女性のある種の病気についてはロをつぐむ。私はたとえば、減少しているものの依然、死亡の大きな原因であるが、ほとんど語られることのない乳癌のことを考える。

時代のしるし(一九七〇年代のしるし)。われわれは中国の女性に二回の授業を割《さ》いた。クローディ・ブロワイエルが『天の半分』を出版したところであった。彼女はこの著書の中で、共有設備により家事から女性を解放して生産に組み込む、毛沢東主義の長所を称揚した。新しい文化において、「中産階級の発明」とみなされた性行動《セクシュアリテ》は最重要課題ではなかった。卓越した専門家ジャン・シェノーが、「矛盾」はそれでもなお存続することを講演で入念に強調した。

第二学期にはピエール・ヴィダル゠ナケ、ジャック・ル・ゴフ、ジャン゠ルイ・フランドラン、エマニュエル・ル・ロワ・ラデュリ、モナ・オズーフ……がそれぞれ専門とする時代における女性の条件について語った。彼らは、これまではほとんど取り組まれてはいないが、正当な問題であるとして、進んで講義をした。彼らは疑問を表す講義名を称賛した。結局、それは、われわれがほかの筋からその内容を知ったアメリカの論争とは非常に異なった、「フランス式」開設であった。翌年以降、われわれは、「女性と家族」「女性と労働」「フェミニズムの歴史」などについて、よりいっそう肯定的な講義を行ない、成否の責任を負った。講義の題名を目にして、援助を申し出たピエール・サミュエルの来学など、予想だにしなかった出来事もあった。優れた数学者である彼は、古代ギリシャ文明研究者を輩出した家柄の出身であった。彼はギリシャ語で板書する許可を求めたが、出席していた学生たち——史学科学生！——がついていけないのを目にしてひどく驚いた。彼は『アマゾネス、女戦士そしてたくましい女たち』を出版していたが、この著書の中で彼は、アルカイック期のギリシャでは女性は鮮やかな手並みで投槍や武器を扱い、男性と変わらぬ競争力を備えていたことを論証した。女性のいわゆる弱さは彼女たちの身体に刻まれているのではなく、文明化による女性の不動化がもたらした有害な結果である。女性の力強さのこの熱心な擁護者にフランソワーズ・ドーボンヌが同行していた。彼のラディカル・フェミニズムに賛同する彼女の幅広の縁《ふち》のついた黒いフェルト帽は注目を浴びた。この時代は沸き立っていた、そしてわれわれは新世界を発見するような気がしていた。

考察を深めることのできる、多少とも形式の整ったセミナーを通して、われわれは新しい世界を発見した。たとえば、フランソワーズ・バシュと私が一九七四年一月に創設したGEF（フェミニズム研究グループ）で。われわれは女性間で（それは断固とした決定であった）何度も会合を持ち、よりいっそう厄介な問題を、ときに激しく討論した。アントワネット・フークの「精神分析と政治（Psych et Po）」グループがその主要な道具とした精神分析の規定、家事の不可視性（報酬を要求すべきか？　答えは否定的であった）、女性の賃金の重要性（解放するものになるか否か）、エロチシズムとポルノグラフィーの問題、同性愛の問題、などである。英米言語―文化学科（カール五世校）のフランソワーズ・バシュと彼女の同僚たち――マリー＝クレール・パスキエ、フランソワーズ・バレ＝デュクロック……――のおかげで、われわれはアメリカの研究者たちと知り合いになり、〈女性学 Women's Studies〉を知った。とりわけ、〈アンデの水車〉（一九七九年）の会議では『サインズ』の創始者キャサリン・スティンプソン、キャロル・スミス＝ローゼンバーグ――その論文「愛および儀式の女性の世界」は熱い注目を浴びていた[20]――、クローディア・クーンツ――彼女の博士論文「第三帝国の母なる祖国」は、異論を呼ばなかったわけではないが、リタ・タルマンが広く開拓した、女性とナチズム（ドイツ国家社会主義）の関係[21]に対するアプローチを刷新した――と近づきになった。

ＥＨＥＳＳ（社会科学高等研究学院）に、一九七八―七九年以降、クリスティアーヌ・クラピシュ、アルレット・ファルジュ、セシール・ドーファン……、ピエレット・ペズラを中心にし、さらにジュヌヴィエーヴ・フレス、ポーリーヌ・シュミット、次いで、ヤニック・リパ、ダニエール・ヴォルドマン、ヴェロニク・ナウム＝グラップ、ローズ＝マリー・

ラグラヴ、ナンシー・グリーン等が加わって、グループが組織された。その主導性と影響力は、一つには、そのインフォーマルで、自主管理的な性格のおかげであった。基本的な考えは、われわれの職業上の責務の枠外で、まったく自由に集まって、モーリス・ゴドリエやジョルジュ・デュビィの著作に加えて、とりわけ北アメリカやヨーロッパ（特にイタリア）のフェミニズム考察を読み、熟考し、討論し、自分たちのものにすることであった。解釈と再検討のセミナーとしてこのグループは有益であった。GEFと並んで、これは『ペネロペ』、初期の『女性の歴史のためのカイエ』（一九七九―八五年、一三回配本）、サン＝マクシマン・シンポジウム（『女性史は可能か』、一九八三年）の主要な支柱であり、さらに、並外れた発展を見せていた研究の集大成の最初の試みとしての『西欧の女性の歴史』（邦訳『女の歴史』）の中核となった。

実際、修士論文、次いで博士論文を書きたいという学生（大半は女子学生）の強い要望があり、私は私のゼミナールに受け入れ、一元化しようと努めた。そして私のゼミナールを、月曜日の夕方はいつも「立ち寄る」ことのできる、永続性のある、そして、開かれた場にしようと考えた。私の目的は発言や意見交換を奨励し、情報を行き渡らせ、フランスの大学の硬直性に結びついた制度上の弱点を一時的にせよ補うことのできる国内および国際的なネットワークの展望に立って、一人一人が関係を結べるようにすること（ギリシャが中心の、あるいはブラジルが中心の年があったし、常に日本の女性が見られた）であった。

女性に関する研究のこうした動きは多方面にわたり、さまざまな学問分野に浸透した。対象の「女性 femmes」は複数であり、どの学問の占有でもなかった。哲学者、歴史学者、社会学者、文学者たちが一緒に研究した。もっとも、精神分析学の再検討が活発になされていたことから、精神（psy）科学とは少し距離を置いていた。文化そしてもちろん、政治的代替を担う、女性としての存在の支持者と、差異を認めながら平等を目ざし、既成の体制を解体しようとし、性に関わらない個人的選択を実現しようとする者たちの間の相違は大きいままであった。今日、相違は弱められ、とりわけ、相当に論点が変わり再構築されている。だが？

多種多様な疑問から生まれたこの運動は、たとえ、事の成り行きで大学が吸収してしまう傾向があったにしても、大学を広くはみ出した。この展望を取り入れることのできる、影響力を持つ立場にある女性の教員がやはりいなくてはならなかった……。それは、とりわけ、ロランド・トランペ、マリー＝フランス・ブリーヴ、アニェス・フィヌのいるトゥールーズや、イヴォンヌ・クニビレールのおかげで、一九七五年六月に「女性と人文諸科学」を論じる、まったく初めてのシンポジウムが開かれたエクスでの場合である。私はこのシンポジウムで最初の総括（まだきわめてささやかなものであったが）を提示し、断固として人間関係に基づくものであり、〈歴史学〉の全体的展望を変化させることのできる研究の問題体系を粗描する機会を持った。

以上が一九八七年から一九九二年にかけてわれわれを結集させ（そして私を忙殺した）『西欧の女性の歴史』の意図でもあった。私はすでにあちこちで、あまりに頻繁に、最初は Storia〔イタリア語で歴史〕であったものがどのような経緯で誕生したかを語っているから、再びここで言及するのをためらう。だが、この著作は結晶化の主要な段階を示し、少なくともフランスで、女性の歴史の地位を変化させたという理由から、再構成した風景《パノラマ》のこの展望の中でこれに言及しないことは困難である。

最初に提唱したのは、ファシズムに対する抵抗、イタリア左派との結びつき、そして主としてフランスの人文諸科学への手がかりで知られる、家族的な出版社ヴィート・エ・ジュゼッペ・ラテルツァである。ラテルツァは、フィリップ・アリエスとジョルジュ・デュビィが統括し、私が第四巻（一九世紀）を監修した『私生活の歴史』をイタリアで翻訳出版し、好評を博していた。「*Storia della Donna*〔邦訳『女の歴史』〕を出版しない理由がどうしてあるでしょう？」と彼が言う。意見を求められたジョルジュ・デュビィは心からの同意を示し、私を加えるよう勧めた。一九八七年の春のことであった。私は『私生活』を終えたところで、ほかの計画があり、辞退したい気持ちが非常に強かった。しかし、周囲の者は執拗に求めた。とりわけジョルジュ・デュビィはこの企画の現代的意義を確信していた。同時代の出来事や、彼のまわりの女性――妻や娘たち――を通しても察知している女性の活動に関心を抱き、一九七〇年代半ば以来、彼は考察、講義、著作の中でしだいに大きくなってゆく位置を女性に与えていた。「女性、愛、騎士」が一九七八年、『歴史』誌に発表され、一九八一年には『騎士、女性、司祭』が出版された。彼は女性が持つ妨害の力やより大きな要求の中に、同意がますます主要なものになってゆく結婚の変化の要因を見る。同様に宮廷風恋愛は、女性の抵抗ゆえに必要となった誘惑の新しい駆け引きであった。恋愛関係は女性が自分の勝負をする力の関係でもあった。以上のことから、両性間の関係を変化の原動力とする歴史に彼は執着する。彼と同世代の歴史学者の間ではかなり例外的なこの視点が女性歴史研究者たちとの合流を可能にしよう[22]。

私に負わされる責任を考えて、私は高等研究学院のグループの友人たちに相談した。実際に内容を入念に検討する議論を重ねた後で、われわれは承諾することを決めた。それは再び巡り合うことがないかもしれない好機であり、そもそも、フランスの出版社が一つとしてわれわれに持ちかけたことのない好機であった。半ば非合法の世界から出て一五年間の研究の(暫定的な)総括をすることで視界が広がり、一挙にヨーロッパ的視野に立って、いまだ副次的な歴史の正当性に貢献する手段。これはわれわれを不快にするはずはなかった。冒険は試みる価値があった、何と言っても、われわれに提供されたのだから。

それは一九八七年の秋であった。一九八八年六月、シンポジウムが、イタリア文化センター本部のある、ヴァレンヌ街のタレーラン゠ガリフェ館で催され、この仕事の七〇人ばかりの協力者のほとんどが集まった。五巻が一九九〇年から一九九二年にかけて、イタリアとフランスで同時に出版された[23]。各巻の編者たち——ポーリーヌ・シュミット(第一巻)、クリスティアーヌ・クラピシュ゠ズュベール(第二巻)、アルレット・ファルジュとナタリー・デイヴィス(第三巻)、ジュヌヴィエーヴ・フレスと私(第四巻)、最初のグループに参加してくれたフランソワーズ・テボー(第五巻)——の能力と活力のおかげで、てきぱきと進められた仕事。それは過密な作業であったが、われわれは大きな喜びを感じた。私がおそらく、結局のところ、この仕事の主たる受益者であった。あちこちで、私はジュシュー〔パリ第七大学〕の女性の学生や博士たちのことを考える。彼女たちの多くが——残念ながら全員ではない——大学を同化させた。彼女たちのおかげで、女性の歴史は継続している。感謝。

個別的であると同時に知的であり、政治的（言葉の最も強く、公民としての意味において）でもある企画を調整できることはまれである。女性の歴史はそれを可能にした。私としては、そのように体験した、特に、この最近の仕事のおりに。私は、あまりにも長い間、私が避けていた女性、彼女たちの愛情、陽気さ、苦悩、存在理由の追求を再び見出すような気がした。たとえば私の母といった、私に先行した女性たちの系譜をよりいっそう理解し、そうすることで私自身を知るような気がした……。

だが、利益は実存的なものだけではなかった。それは知的なものであった。男女両性間の関係の問題を提起することで、女性の歴史は時代の問題全体、つまり、労働、価値、苦しみ、暴力、愛、誘惑、権力、表象、像《イマージュ》と現実、社会的なものと政治的なもの、創造、象徴的思考、を見直した。性差の問題は豊饒であることが明らかになった。このアリアドネの糸は時代の迷宮《ラビュリントス》を駆け巡った。婦人部屋から田舎の家や中産階級の家まで、ギリシャの都市から現代の民主主義国家まで、歴史の備忘録のほかの頁にはおそらく同程度には存在しない往来や通路があったからである。こうした女性の「歴史のための場所」（A・ファルジュ）をわれわれは、そこでまったくの居心地の悪さを感ずることなく駆け巡ることができた。女性と性差の歴史は、永続性と変化、近代性と行動、断絶と連続、不変と歴史性……の問題を見事に提起する。正確で、必要な調査の対象、ミクロヒストリーにとって理想的な分野であるこの問題は、アメリカの研究者たちなら「理論的」と書くであろうし、一九七〇年代から八〇年代には認識論と言ったであろうし、現在ならもっと控えめに、研究のためにと言うであろう主要な考察分野でもある。それは物語の言葉と構造や主体と客体、文化と自然、公的なものと私的なものの関係を調べる。それは専門分野の分割や思考方法を再検討する。

この作業に従事した研究者にとっては男女を問わずかけがえのない体験であったが、女性の歴史は、慎重な歴史的アプローチも、大学の機構も変えなかった。大学はささやかなものであれ、それに場を与えることを嫌う。領分の避けられない対立がしばしば、大学内部および大学外部の、増大した緊張を生じさせ、中でも若い女性研究者たちはその犠牲になるおそれがある。そして、フランスは、この観点からは、近隣諸国の大半に比べて時代遅れであるように思われる。

女性の歴史はそれ以上に、女性たちの地位、あるいは「条件」を変えなかった。しかしながら、それは女性の条件の理解を深めた。それは彼女たちの自覚に貢献する。それが自覚の一つのしるしであることはより確かである。女性が個人としての認知を獲得している発展途上国で、アイデンティティを求める運動はときに妨げられもするが、われわれは援護し、心配し、そして連帯感を抱いてその行く末を見守っている。

さまざまな論文をまとめた本書の出版は、ペリーヌ・シモン＝ナユムの友情のこもった粘り強さのおかげであるが、私のたどってきた道が緊密に絡みあった歴史の破片が本書にはある。進展段階や発見やさすらい、討論や緊張、困難や喜び、そしてその重大さはいささかも弱まっていない根本的な問い――「女性であるわれわれは何者なのか？ われわれはどこから来たのか？ われわれはどこへ行くのか？」――のいくつかを本書は示している。この世界でわれわれはどんな道を歩いてきたのか？

われわれの声が聞こえますか？

第Ⅰ部　「痕跡」としての女性史

女性の歴史をたどることの難しさはまず、公的なものも私的なものも彼女たちの痕跡が消滅していることに起因する。本章に収録したテクスト、つまり、マルクスの三人の娘たちの手紙、サン＝ジェルマン街の一人の敬虔な若い女性の私的な日記の断章、そして母となったこの女性が娘のためにつけた日誌で、問題となるのは私的な痕跡である。

家族、整理だんす、そして私的なエクリチュールの世紀と言える一九世紀は無限の宝庫である。書簡、私的な日記、自伝が通信や表現の方法として引っ張り出され、分析された。ロジェ・シャルティエと彼のグループが手紙の用法を探った。[1] フィリップ・ルジューヌは若い娘たちが記した一〇〇冊ばかりの日記を探し当てたが、[2] それらは、ジョルジュ・リベイユが偶然見つけたおとなしいカロリーヌ・ブラムとは異なった、反抗的な人物を明らかにする。カロリーヌの日記の見出された断章をわれわれは共同で編纂した。この出版が『レクスプレス』誌の調査目録にあげられたことからわれわれは彼女の孫娘に出会った。孫娘は、オルヴィル夫人となったカロリーヌが、その誕生を大いに待ち望んだ娘マリーのためにしたためた日記を会見のおり、われわれに託した。こうして異なったタイプの日記が提供されることになったが、それは一九世紀末の家族の星座への「赤ん坊《べべ》」の被昇天を説明し、乳児期の歴史、母親の感情の歴史の解明に寄与しよう。

女性の生活と心を知るために非常に貴重な、これらの私生活の資料には、際立って変化する、文章《エクリチュール》を書くことの可能性で示される狭い社会的限界がある。沈黙を破るのは教養に恵まれた女性たちだけであり、女性労働者や、その個性をわれわれが知ることのない農婦にはなおいっそう、沈黙が重くのしかかった。われわれは図像や写真を通して、さらに、いくらか硬直した田舎の共同体主義の幻想を抱きつづけて、特殊性や対立を必然的に目立たなくする民族誌学的描写を通して、畑や市場や結婚式、あるいは巡礼地に集団でいる彼女たちを見る。対立については、それらが警察問題や司法事件になって公共の秩序を乱すときだけ、そのうわさが聞こえてくるにすぎない。軽罪を犯したとき、より頻繁には被害者となったとき、女性たちはまるで不法侵入のように姿を見せる。(3)

都市の庶民階級の女たちに関する不透明性はこれほどではない。彼女たちはより多く観察され（たとえば、ル・プレ学派の家庭についてのモノグラフは家庭の支柱たる主婦に大きな関心を持つ）、公的空間により多く姿を見せ、より読み書きができるからである。直接的な、あるいはフィクションとして表現された、民衆の女たちのごくわずかな自伝は、文章《エクリチュール》を書くことにより（マルグリット・オドゥー、リーズ・ヴァンデルヴィレン）、あるいは積極的な行動により（リュシー・ボ、ジャンヌ・ブーヴィエ、ヴィクトワール・ティネール）個性を獲得した女性労働者のものである。だが、それは印刷された、公の痕跡である。家庭という陸からはほとんど浮かび上がってこないし、残されてもいない。(4)

私的な資料はしたがって、その照明の不均整により不平等をさらに強化する。これらの資料にはまた別の難点、つまり、その出所である私的空間との女性のつながりを強固にし、女性の時間を同じことの繰り返しと日常生活の相対的な無気力の中に刻み込み、コレットがかくも見事に描写した、女らしさを強調する難点がある。

痕跡の消えやすさと忘却の大洋の間で、女性の記憶の道は狭い。

女性が記憶をとどめるとき

「女性が記憶をとどめるとき」(『トラヴェルス』四〇、Ⅳ／一九八七年、一九―二九頁。臨時増刊号「記憶の舞台」)

記憶の舞台で女性はかすかな影である。

伝統的な歴史物語は、女性がほとんど姿を見せることのない公的な場面――政治、戦争――を重視する限りにおいて、女性を登場させない。もっとも記念の図像のほうはこれほど締め出しはしない。第三共和政は彫像を偏愛し、街に女性のシルエットをちりばめた。だが、寓意であれ、象徴であれ、女性の像は偉人たちに冠を授け、あるいは、彼らの足下にひれ伏し、この世で彼らを支え、愛した現実の女性や、その天分の刻印が嫉妬を起こさせるほどの創造する女性を忘却に追いやらんばかりである。(1)

だが、事態はもっと深刻である。物語の分野でのこの不在は、歴史家が必要とする「原資料」における痕跡の不足でもあり、これは最初の記録の不足に相応する。たとえば、一九世紀には、歴史の公証人たち――行政官、警察官、裁判官あるいは聖職者、公会計官――は、沈黙する運命にあり、漠然とした部類である女性にかかわることをほんの少し書き留めているにすぎない。たとえば、デモや集会で女性の存在に気づいたとき、彼らがそのことを書き記しているにしても、それはこのうえなく言い古された決まり文句を用いてである。つまり、彼女たちが口を開くやいなや、どなりちらす女、性悪女であり、盛んに身ぶりをすればたちまちヒステリックな女となる。女性の姿はまるで赤信号のように作用する。彼女たちが彼女たち自身として考えられることはまれであり、興奮、あるいは意気消沈の徴候とみなされる。

記録文書の沈黙

それは、歴史が依存する記録手段が、権力介入の唯一の直接的領域であり、真の価値の場である公的生活を重視する選択の成果だからである。一九世紀は公的な範囲と私的な範囲をはっきり区別したが、その構成が全体の均衡を左右する。確かにこの範囲は男女両性の配置に正確には対応していない。だが、概略的に公的な世界、とりわけ経済的、政治的世界は男性に属するものとされ、重要なのはこの世界である。役割の明確で、主意主義的なこの定義は、いくつかの場所からの女性の撤退となって現れた。つまり、証券取引所、銀行、ビジネス市場《しじょう》、議会、男性の社会的人間関係《ソシアビリテ》の中心的場であるクラブ、サークル、カフェ、さらには公共図書館からさえ。後に、国立図書館でのシモーヌ・ド・ボーヴォワールは知的な違反の好例である。一九世紀の街は性別化された空間である。女性はその空間に飾りとして、主として中産階級の女性に対してその外見、服装や身のこなしを体系化するモードにより規律に厳格に従わせられて、組み込まれる。彼女たちのこれ見よがしの余暇の役割は夫の財産と地位を表すことである。言葉の真の意味での女優はサロンや劇場、あるいは遊歩道を練り歩く。時評欄の記者が関心を抱くのは彼女たちの装いである（ド・ローネー子爵、またの名デルフィーヌ・ド・ジラルダンの『パリ通信』(2)を参照されたい）。

民衆の女性について語られるのは、食糧が高騰して彼女たちの不満の声が動揺させるとき、商人や「家主」たちに彼女たちがけんか騒ぎを起こすとき、ストライキ実行者たちの列を彼女たちの暴力が乱すおそれのあるときだけである。

結局、かつての女性に対する観察は秩序と役割の基準に従っている。それは実践よりも言説にかかわり、社会的地位のない、特異な女性にはほとんど関心を持たない。関心を抱くのは紋切り型の性格を与えられた、集団の、抽象的な存在としての「女性」である。他と異なる女性については、真の調査であるが、彼女たちの制限区域外への偶発的な移動の報告のみである。

もう一つの例から、この資料不足とその複合的意味が理解されよう。私生活を知るためにきわめて豊富な、犯罪の記録文書は、犯罪における女性の比重が小さく、減少する傾向の中で（一九世紀初頭のほぼ三分の一から世紀末には二〇パーセント以下に落ちる）、女性についてほとんど語らない。女性の犯罪の少なさはロンブローゾが主張するように(3)、穏やかで、平和を好み、母性的な性格のためではなく、復讐や衝突の場から女性を締め出す一連の慣行がその理由である。踏みにじられた男性の名誉は殺人により恨みを晴らす。公道での盗み、あるいは押し込み強盗、ピストル強盗あるいは襲撃は、最近まで男たちの事件であった。

したがって、男たちに対する男たちの視線である公的な記録文書は女性について語らない。「しかしながら、自分たちのやったことなり、やろうと夢みていることを一方的にぶちまけるこれら男たちの中に、女性がいたことを忘れてはならないだろう。彼女たちについて多くが語られる。だが何を知っているというのだろうか？」と、ジョルジュ・デュビイは中世のフランスにおける結婚を取り扱った書物『騎士、女性、司祭』の結論で書いている。それこそが重大な点である。

屋根裏の秘密

歴史のもう一つの穀倉《こくぐら》である私的な記録文書はこれ以上のことを語るだろうか？　女性がそこではるかに詳細に自らを表現していれば、さらに、家族のいわば秘書として彼女たちがこうした記録文書の書き手であれば、確かに。家事の記録をつける日記、彼女たちが習慣から書記を務める家族の手紙、自己管理の手段として若い娘たちに聴罪司祭、後には教育者から実践を勧められる私的な日記、これらが女性による文書の巣を構成し、莫大な量になるのをあらゆることが証明している。だが、どれほど多くの破壊がこれらの記録文書になされたことか！　やっと認められたその重要性と同様、今日、保存されている残りの文書はその豊かさをわれわれに示唆する。

こうした破壊は相続や転居の偶然、家族の陰謀を隠そうとする秘密主義のみならず、先祖からの厄介な遺贈物に当惑した子孫たちの無関心――女性によるこれらの文書に与えられる副次的な性格で増大する無関心に起因する。カール・マルクスの娘たちの手紙は不完全に保存され、あとになって出版された。父親、私人としてのマルクスの偏執や弱さをさらけ出すことで、これらの手紙はある人間にとっては無礼なやり方となる。(4)　別の事例を挙げよう。トクヴィル（一八〇五―五九年。政治学者、歴史家。刑務所視察のためアメリカに赴き、帰国後『アメリカの民主政治』（一八三五年）を発表）が友人のギュスターヴ・ド・ボーモンと交わした書簡は彼らの知的、政治的企ての唯一の証言として大切に保存された。彼らの妻たちが同時につづけた手紙はすっかり失われてしまった。

もっとも、無関心を予想して、多くの女性が「持ち物を整理する」ことで、つまり、相続人の無理解や皮肉を危惧して私的なノートを隠滅することで、無関心に先手を打った。愛の手紙を残して死ぬことは、時間の経過がすでに美しいイメージを変質させているカップルに第三者を引き入れることではないか？　友情についても事情は同じである。たとえば、エレーヌとベルトは四〇年にわたって莫大な手紙を交した。エレーヌのものは六二五通が残っている。ベルトのものは一通もない。彼女は自分たちの友情のいかなる証拠も望まず、すべてを消滅させるようエレーヌに求めた。エレーヌは抵抗するが、結局、悲痛な思いで愛の手紙を焼却する。(5)

読書と同様、(6)　文章《エクリチュール》を書くことはしばしば女性にとって禁断の木の実だからである。同じ例を再び取り上げるならば、エレーヌの父親は彼女が手紙に多くの時間を費やすのを目にして怒る。父親の目には取るに足らないことであり、無駄づかいであることをつづけるために彼女は抵抗し、隠れなければならない。ある種の罪悪感が崇高な領域へのこの違反につきまとう。自分自身のこの秘密の部分、喜びであったこの罪。その痕跡が残されることはない。こうして、女性はしばしば自らの手で、この世における自分のかすかな足跡を消し去る、まるで、この世に姿を現すことは秩序に反することであるかのように。

この自己破壊の行為は、ジュール・シモンが書いているように、「自分の生活を隠すよう」作られた女性に社会が課す沈黙への賛同の一つの形式でもある。宗教的、非宗教的を問わず、女性のための教育の中心にある、自己否定への同意であり、文章を書くことは――読書と同様に――それに反する行為である。自分の書いたものを焼くことは、瀆神と大差のない自己へのこの関心を火によって浄化することである。こうした大がかりな焼却は、彼女たちが長寿ゆえに保管者でもあった家族の記録文書と同時に、女性の私的な文書の大半を消滅させた。突然死が訪れると、地方の大邸宅の忘れられた戸棚だけがこの焼却から免れる。人生のたそがれに、自分の私的な手帳や愛の手紙を焼く火をかき立てる女性の姿は、言葉の束の間を越えて女性が存在することの難しさ、したがって、痕跡のない記憶を見出すことの困難さを暗示する。

事物への愛着

女性が自分たちの記憶を託すのは、禁じられている文章以上に、事物の無言の、そして許された世界にである。もっとも、それは絵画なり書物を集めることで趣味の正当性を獲得しようとする男性専有のコレクションの威光のある事物にではない。一九世紀には、コレクション、そして愛書趣味はさらにいっそう、男性の活動であった。女性はもっとささやかな領域、つまり、家庭用の布類や道具に甘んじる。小間物、記念日や祝日にもらった贈物、旅行や遠出から持ち帰った置物など「多数のつまらないもの」が女性の思い出の小さな博物館である陳列棚を満たす。女性は、髪の房や乾燥させた花、代々伝えられた家宝、写真が発明されるまでは愛する顔を固定させた細密画、といった彼女たちの宝物を閉じ込める小箱やロケットに熱中する。後になると、額に収めたり、アルバムに集めた個人の写真や家族の写真――思い出のこれらの標本がはてしなく衰えた郷愁を募らせる。スケッチや郵便葉書を集めたものは旅行を記憶させる。目覚ましい発展を遂げている文房具の創意により、女性はこうしたコレクションを実現する気にさせられる。イギリスから伝わった備忘録 keepsakes は私的な出来事を記録するよう促す。「七月王政下では、良家の若い娘は誰でも、一家の友に見せるアルバムを持っている。レオポルディーヌ・ユゴーのアルバムを開くのはラマルティーヌである」とアラン・コルバンは書いている。一九世紀末に、編集者のポール・オランドルフは『ヴィクトル・ユゴー選集』を売り出すが、これはイギリスの誕生日覚え帳《バースデー・ブックス》の移し替えである。すなわち、左頁は巨匠の作品からの引用で占められ、右頁には日付のみがある。詩や思考の選集、周囲の人々に公開されるのでほとんど私的ではない備忘録や日記として使われる。

こうした実践は時間の蓄積という考えをもたらす。特権的瞬間は思い出すことにより再び体験することができ、たえず上演される戯曲のように再演することができる。この実践は私生活を不動の幸福の場とする一九世紀に組み入れられ、舞台は家の中、俳優は家族の構成員であり、女性は証人であり年代記作者である。だが、この記録者の使命は暗黙の限界を守らなければならない。個人的なこと、非常に私的なことは慎みのないものとして排除される。たとえ若い娘が思い切って、私的な日記を遠慮がちに所有するとしても、結婚している女性は断念する。夫婦の寝室には、そのような形式のエクリチュールや思考のための場所はない。エクリチュールと同じように、女性の記憶は家族のものであり、半ば公的なものである。

家庭用布類《リネン》、衣服は、集積のもう一つの形をなす。とりわけ農村の庶民階層で入念に準備される嫁入り支度一式は「母親と娘の間で交わされる長い物語」(7)である。身の回りの品の支度は詳細に伝達される、実務能力と秘訣、身体と心の遺産である。整理だんすは金庫であり、聖遺物箱である。シーツの厚さ、テーブルクロスの繊細さ、ナプキンのネーム入れ、布巾の品質が、繰り返され、花綱で飾られた一連の武勲詩の中で意味を持つ。

家庭用布類《リネン》は私生活の側にあり、衣服は公的な生活の側にある。衣服は、その世話がとりわけ中産階級の女性の重要な義務である外見に結びついている。礼儀作法の新しい形式である流行《モード》は、評判を下げたくなければ従うことが必要である社会規範であり、一日中休みなしに、季節を問わず、女性の身体に作用する猛威である。ドゥヴェリアは、優雅な女性であれば一時間ごとに身につけるべき服装を詳細に説明し、このことを明らかにした。

だが、そこに喜びを感じる女性もいれば、煩わしく思う女性もいる、この義務は記憶を作り上げる。るドレスを通して自分の人生の状況を、スカーフの色や帽子の形の中に恋愛事件を刻みつける。手袋やハンカチが彼女にとっては、自分だけがその価値を知っている思い出の品である。単調な歳月は、胸を高鳴らせる出来事の表象を定着させる化粧の点で異なっている。「あの日、私は身につけていた……」と言うだろう。女性の記憶は衣裳をまとっている。衣服は彼女たちの第二の皮膚、あこがれないまでも、あえて語られる唯一の皮膚である。外観のもつ重要性ゆえに、女性は自分たちの語彙によりいっそう注意を払う。他人の表情が彼女たちの判断基準のすべてである。目によって、彼女たちは心に到達すると確信している。だから彼女たちはその色を思い出すが、男性は普通、色に無関心である。

私生活の記憶

したがって、女性の記録様式は家族や社会における彼女たちの立場や地位に結びついている。彼女たちの想起の形態、記憶という演劇の本来の意味での演出についても事情は同じである。事の成り行き上、少なくとも、昔の女性にとって、そして、今日の女性の中に残っている昔のものについて（わずかではない）、それは彼女たちが慣習や立場によりいわば委任された、家族や内輪の者をめぐる、私生活の記憶である。しつけている子どもたちの痕跡を残しておくのは女性たちである。しばしば母から娘へ受け継がれる家族の歴史を、写真アルバムをめくりながら、すでに消えかかっている身元を明らかにしてくれる名前や日付を加えて、伝えるのは女性である。死者を崇拝し、墓を管理するのは女性である。墓所の維持に留意することは彼女たちの役目である。一九世紀半ばから始まった習慣として、諸聖人の祝日に家族の墓に花を供えにいくことは娘や未亡人たちの義務となる。まるで墓地が家の付属物であるかのように、墓地に近いことがしばしば彼女たちの最後の住まいを決める要件となる。この状況は戦争、とりわけ人食いの第一次世界大戦で際だたせられる。戦没者の名前が村の広場の慰霊碑に悲惨にも並ぶ。だが、涙を浮かべた喪服の彼女たちが思い出されることはない。

女性の記憶は言葉である。村の共同体の語り手の役割を彼女たちにゆだねた伝統的な社会の口承性にその記憶は結びついている。マルタン・ナドー〔一八一五―九八年。出稼ぎ石工から第三共和政下に代議士となった〕のクルーズ県の村で、フエスーヌ婆さんは夕べの団欒《だんらん》で土地の武勲詩を一つ一つ手繰る。だが、冬の初めに、首都の土産やうわさ話をいっぱい携えて建設作業員たちが都会から戻ってくる移動が始まると、婆さんは部屋の片隅で縮こまり、やがて口をつぐむ。それからは、夕べの団欒の間、「話すのはいつも石工であり、娘たちを夢中にさせるのは彼、親が喜んで娘たちを嫁がせるのは彼にである」[8]。

意味深い光景。おそらく、一九世紀には、近代的通信手段や手紙、郵便葉書、日記、といった書かれたものの跳躍するような流行により信用を失った女性の言葉への、ある種の拒否があったであろう。そして、それと同時に、伝統的な役目の徐々に広がる喪失と記憶の昔からの形態の破壊があったであろう。

語り手たち

したがって「口承の」と言われる歴史の最近の発達はある意味では女性たちの巻き返しである。歴史のための資料収集のこの新しい形態は北アメリカ(とりわけケベック)およびポーランドの経験に、そして特に、オスカー・ルイス〔一九一四―七〇。アメリカの教育学者〕の先駆的著作『サンチェスの子どもたち』に由来する。恵まれない人々、来歴のない人々に語らせる、擬似―「未開人」に対して民族学者たちが用いた方法を現代の都市住民に適用する――以上が初めの段階でのこのやり方の前提であった。フランスでそれは一九七〇年代以来、さまざまな方向で発展した。つまり、個人的な語り集団の、重要な行為者たちの「公的な歴史 public history」から、「普通の人々」からもぎ取ったささやかな「生活の物語」まで。一九六八年から受け継いだある種のポピュリスムだけでなく、没落する世界――罹災した製鉄のロレーヌ地方のように――の記憶を保存しようとする欲求がこの方向で発展した[9]。その独断的でない(あるいは半ば独断的な)性格や、当然、ありきたりの質問表に対する以上に深く組み込まれた観察者の側からの参加を強く求めることで、生活の物語は社会学よりも民族学に由来する。

調査対象者と同様、調査員たちの間でも女性は難なくこの出来事の受取人であった。そして、われわれの注意を引くのはこの点である。それにはいくつかの理由がある。まず、過ぎ去った時代を生き延び、証言者の実質的身分を彼女たちに付与する歴然として長い女性の寿命（フランスでは現在、男性と女性の平均余命の差は八ポイントである[10]）。一つの家族なり、一つの界隈の、事実のみを記述する歴史あるいは日々の歴史を再現し、重要な公的出来事の「体験」を把握することが重要なのか？　両大戦間、さらに、もちろん、二〇世紀初頭については残っているのは女性である。この方法を用いる研究者の大半はこうした事実に遭遇した。間違いなく、彼らは性的に不均等な標本にかかわっている。

第二の理由。一組の男女において、子ども時代や私生活の思い出が問題であるとき、男性の無口は女性の饒舌と対照をなす。外の仕事と影響力がこの点では男性の記憶を衰弱させたにせよ、あるいは、自分自身について語ることは、子どもたちのことや家事の問題は妻に任せて、こうした事柄は取るに足らないこととみなす男性の体面に反するにせよ。私的なことは慎みがないというこの考え方は、階級意識から無感動な人間の実現を目標とする労働者階級において特に強い。自らの生活を話すこと、それは敵対者、つまり、軽蔑しようとたえず待ち構えている中産階級の視線に身をさらし、身をゆだねることである。これがプルードンの考えであった。彼は縁日の香具師《やし》を演ずることを恐れて、自伝を書くことを常に拒んだ。「私の人生の事実は取るに足りません」と彼は言っていた。「市民が、自分たちを互いに喜劇の下僕役や道化者として扱い、私生活を上演するのは、民衆の自由と名誉にとって良いことではない[11]」。労働運動の闘士、とりわけ、労働総同盟（CGT）や共産党に結びついている闘士たちは、彼らの個人的な生活を語ることを嫌悪し、労働組合と闘士としての生活だけにとどめる。家族や日常生活については女性にたずねてもらいたい！　こうした側面は女性に帰属する。ジャック・カルー＝デストレーが質問した夫婦のような、自主管理型（アナルコ・サンディカリスムの）伝統的な夫婦においてさえ、記憶の分担は性による役割の非常に厳密な定義に従っている。アメデは仕事、ストライキ、権利要求行動の話をし、マルセルのほうは住居、物質的な生活、家族の歴史の話をする。[12] 思い出を語るとき、女性は結局、私生活のスポークスマンである。

最後に、フェミニズムが無名の女性たちの生活に関する莫大な問いを展開した。目に見えるものにすること、資料を集めること、記憶の場（女性の記録文書、事典……）を創設することが一五年来、飛躍的発展を遂げている女性の歴史の懸念の一つであった。そして、書かれた証言の代わりに口伝えの証言を出現させようと努めた。日常生活の骨組み――買い物用網袋、紅茶茶碗――の中に隠された女性の活動がしばしば相当なものであった、レジスタンス運動〔第二次大戦中のドイツ占領軍に対するレジスタンス運動〕のような公的な出来事における女性の役割について、また、通常の社会における彼女たちの個人的な生活について尋ねあった。最初は、羞恥心から、ありきたりであるという口実にすがって、女性は大いにためらいを見せた。「私は」と言うことは、自分を忘れることの礼節を教え込まれた女性にとって容易ではない。自らの生活を語るためにある女性労働者――リーズ・ヴァンデルヴィレン――は擬似小説の虚構にすがることを選んだほどである。[13]

結局、すべては女性調査員との関係の性質如何《いかん》にかかっている。つまり、ある種の気安さが抵抗を打ち破り、真剣に受け止めてもらえる喜びの中で、自分について語るという抑圧された欲求を反対に解き放つことができる。要するに、歴史の主体。女性はテープレコーダーに慣れ、そこにある種の誇りさえ感じた。女性のための養老院はアンケート対象となり、対話者の資質に結びついたさまざまな幸運があった。

こうした経験からおそらく、いつの日か、女性の記憶の働きをもっと正確に分析することが可能になるだろう。結局のところ、特異性があるだろうか？　発見できない性質と生物学的な基盤にそれを植えつけることが必要であるならば、おそらく、存在しない。記憶を形成する三重の作用、つまり、話の最初の集積、思い出すこと、そして構成において行なわれる文化普及の実践が、男性／女性の実際の関係の中で密接に絡みあい、それらと同様、歴史の産物である限り、おそらく、存在する。

時間および空間とのかかわりの形態である記憶は、その延長である生活と同様、極度に性別を持つ。

マルクスの娘たちの未刊の手紙

『カール・マルクスの娘たち――未刊の手紙』への序文、オルガー・マイアー、ミシェル・トゥレビシュ編訳（パリ、アルバン・ミシェル、一九九七年、九―五〇頁）

私は〈書簡集〉が好きだ。その打ち明けるような調子やそこで語られる特異な事柄、日常を織りなしている取るに足らない細部、――意味に満ちた――その「どうでもいいこと」への関心が好きだ。手紙をせっせと書いた時代が巧みに作り上げた規範の中で、〈書簡集〉はより率直で、演出が少ないという点で自伝に勝る。手紙の中で人々は、理想の姿ではなく、頭痛がしたり、不機嫌であったり、あるいは気苦労や予定で、うろたえている姿を見せる。〈回想録〉は正当化し、褒めそやし、精選し、目的にかなったものにする。一方、手紙の点描の小さな筆触は、変転する存在の漠とした輪郭を、移ろいやすさの中にくっきりと描き出す。まだ何一つ決していない、すべてが可能である。少なくとも、筆者はそう考えている。分かっているわれわれにとって、それは憂愁の余分の源、おそらくは、神の憂愁、もし、神が優しければ……

〈回想録〉は絶対的な独白であり、控訴も反論者もなく、選別し、削除する権力の行為である。〈書簡集〉は対話でないにしても、少なくとも、対話者——協力的にしろ無関心にしろ、親密な間柄にしろ、謎の人物にしろ——との交換を試みる。愛情や友情や関係が生まれもし、消えもする出会いや誤解、沈黙がそこでフーガを素描する。格式ばった仰々しさから離れて、〈書簡集〉は一組の男女やグループの内面に引き入れる。ショーの舞台裏、主人公の疲労や疑念や単調な繰り返しを見せる。したがって、取り巻き連中は公表することを躊躇する。敵対者の目にかくも容易に暴かれる内面に対する尊重からではなく、実践の単調さが理論の光輝に投げかけかねない影を恐れてのことである。真実に近い〈書簡集〉が今日、これほどにわれわれの心を打つのは、おそらくこの理由からである。

マルクス——帝王マルクス——には美しい響きの名の三人の娘、ジェニー、ローラ、エリナがいた。いずれも、『資本論』の庇護もしてくれるが、さいなみもする影の下で成長した。彼女たちが〔この書簡集に収録された〕手紙の筆者であり、主要な受取人である。もっとも時の推移の中でその割合はまちまちであり、変動してもいる。一八八〇年代まで、二人の姉娘、ジェニーとローラが家族のコーラスの中心であり、二人の結婚でフランスの声が増大する。ローラは一八六八年にポール・ラファルグと、ジェニーは一八七二年にシャルル・ロンゲと結婚する。パリ・コミューン参加者たちの恩赦と二組の若夫婦のフランスへの出発の後、小さなエリナ——この物語が始まったとき、一一歳であった——が、手紙の重要な、やがてただ一人の書き手となり、両親と長姉の死で、まもなく（一八八三年以降）、ローラとだけの文通になる。

タッシー〔エリナの愛称〕の魅力的な人物像が、結局、彼女が中心人物であるこの書簡集を生き生きしたものにしている。半分はローラに宛てられている一〇六通の中、六九通に彼女の署名がある。手紙を書くことに熱中し——一八八九年にタイプライターを手に入れるが、職業上や戦闘的な文章を書くときにだけ使用した——、愛情深く、心配性で、積極的なエリナは便りを熱望する。子どもの頃、彼女は家族の誰よりもすぐれた文通相手である父に便りをねだる。「お手紙をくださらずに二週間ずっとお留守にしてはいけません」[1]。後になって、彼女は遠方にいるローラに懇望する。世に出たばかりの郵便葉書の便利さにすっかり感心し、彼女はそれを使いはじめる。「元気で過ごしていると、ただ一言《ひとこと》、書いてくださるだけでいいのです」(一八八一年)。もっとも後には、利用しすぎるのを悔やむことになりはするが。「短い葉書だけでは満足できませんわ。率直に申して、ときどき、お手紙をくださいな」[2]と、その筆不精がしばしばある種の無関心をうかがわせるローラに言う。同様に、ジェニーの死後、エリナは、彼女から甥たちを奪ってしまう義兄のシャルル・ロンゲ——やがて彼女は「父」としか呼ばない——の沈黙を嘆く。この書簡集は、絶たれる絆のように間遠になってくる手紙を前にした孤独な心の長いうめき声でもある。音楽会は人生にならって、ソロで終わる。

まさしく女たちの、理解し合い、愛し合い、同じ岸に住む、だがその響きに暗雲がかからないわけではない女たちの書簡集である。〈賢いジェニー〉は受け入れ、理解する。三九歳での彼女の死は三重唱《トリオ》の調和を永久に崩す。〈美しいローラ〉との関係は最初から対立の原因をはらんでいる。つまり、彼女はエリナを「まじめな少女」と考えはするが、なくした手紙の事件が示すように、妹の気まぐれを警戒する。タッシーは死の床にある母のあの手紙をジェニーにちゃんと送ったのだろうか？ 妹のうまくいかない恋愛に対して、彼女は〈父〉の命令を支持して、気難しく、冷ややかである。二人の間には、信頼が壊れる亀裂がある。

ここに男たちはほとんど参加しない。彼らは彼らの間で、高度な題目について、手紙を交わす。ポール・ラファルグは「親愛なるマルクス氏」に、彼が南西地方への導入を目ざしているインターナショナルの情報を知らせる。彼が義妹に手紙を書くとしても、それは用件のためであり、彼女にはそのことが悔やまれる。どの夫婦でも同様であるが、男たちは追伸を加えるか、家族関係の責任者たる妻の手紙の末尾にただ署名する。書簡には、役割の性別区分がつきまとう。

かなり率直な文体で、彼女たちはおそらく下書きせずに、ペンを走らせた。紙面が尽きたとか、ランプの灯が消えたために終わったこれらの手紙には暗黙の了解の響きがあり、自分たちの優越性を信じている家族に似つかわしい、からかうような皮肉が感じられる。逸話やうわさ話を織り交ぜて辛味をきかせてもいる。手紙では日常的な事柄が、当然のことながら、主要な位置を占め、われわれにとって限りなく重要である。だが、時を追うごとに、政治の現況が広がっていく。この家族に関して言えば、私的空間と公的空間がまじりあい、しばしば一つになる。家族史の出来事が社会主義の歴史にリズムをつける。民事身分に任せて、人物たちの登場、退場が戯曲を構成する。

第一幕（一八六六―七二年）。舞台はロンドンのマルクスの広大な家モデナ・ヴィラズ。子どもたちや猫、友人、弟子たちでいっぱいである。それは〈曙〉と呼ばれる。下手《しもて》――娘たちの青春、喜び、恋愛、二つの結婚。上手《かみて》――『資本論』第一巻（一八六七年）、インターナショナルの飛躍、コミューンの炎。希望。幻滅。

一八七二―八〇年。幕間の寸劇。事の成り行きで社会主義の中心地となったロンドンに皆が閉じこもる。旅行もほとんどしない、手紙もほとんどない。沈黙。舞台裏でエリナがリサガレーを愛する。

第二幕（一八八一―八三年）。夜と霧。パリと郊外。ロンドンとワイト島。舞台装置――病室、通夜、母イェニー、姉ジェニー、父カール、幼いハラ・ロンゲのための葬列。エリナはリサガレーと別れる。

第三幕（一八八四―九〇年）。一人の女性エリナ・マルクス＝エイヴリングは激しく生きようとする。多数の舞台――パリ、ロンドンとその田園地帯、スウェーデン、アメリカ。恋愛、演劇、旅行と政治。労働者政党の発展と第二インターナショナルの誕生は、〈優しい将軍〉エンゲルスの庇護下で、二人の姉妹の協力の頂点を画し、忠実な家政婦ヘレーネ・デームートが死の時（一八九〇年）まで家事を切り盛りする。

第四幕（一八九〇―九八年）。ゲームの終わり。エンゲルスにとって。彼の家は一八九五年まできわめてバルザック的な活動の中心となる。酒宴。女たちの争い――ルイーゼ・カウツキーは酔った姪パンプス、次いでエリナを追い払う。遺産相続の悶着――誰がマルクスの〈原稿〉――とてつもない『遺稿集』、この宝――を手にするのか？　そして誰がエンゲルスの金を？　エリナにとってもゲームの終わり。彼女は「ろくでなしのために」大量の毒薬を飲んで、一八九八年三月三一日、自ら終止符を打つ。本書で発表された、死の三か月前に書かれた最後の手紙は、こうした結末を予想させはしないものの、彼女の深い倦怠をうかがわせる。だが、彼女は白い服に身を包み、彼女が愛した家〈デン Den〉

――野獣の住む穴――の自室に横たわっている。やっと訪れた静けさ。たった一人で。

家族の肖像

マルクス家がしたがって、この〈書簡集〉の舞台であり、俳優である。驚くべき家族、際だって家父長制の構造でユダヤ的であり、生活習慣ではヴィクトリア朝風、その一体性を作り、前途をつなぎ合わせる壮大な企画に貫かれた家族。アルバムをめくってみよう、写真は十分にある。マルクス家の人々は肖像画の代替物であるこの写真がことのほか好きだ。ジェニーは父から送られた「大判の」、「見事な、まったくよく似た」写真を額に入れる。「どんな画家でもこれ以上の表情を描くことは無理だったにちがいありません」。そしてローラが注釈を加える、「お父様の写真が途方もなく気に入りました。とりわけ目と額と表情が好きです。目には、私が実物でひどく好きな、いたずらっぽい、本物の輝きがありますわ。お父様の写真の中で、皮肉な表情と同時に、生来の善良さが表われているただ一枚のものです」。とはいえ、彼女はそこに「お父様の敵にとっては手ごわい（……）、わずかな冷酷さ(3)」を見抜いている。

マルクス――〈先生《ル・メートル》〉、〈モール〉、〈チャーリー〉、〈オールド・ニック〉等、彼の存在を強調する多数の綽名――は愛情深く、かつ横暴な専制君主として、家族に君臨する。娘たちは彼を真に崇拝している。まるでおぼこ娘のように、自分たちの名が彼の手紙の中に出てくるのを待ち構え、一人を他より多く言及していれば、嫉妬するふりをする。彼が社交界や女性のもとに出入りすることを、彼女たちは示し合わせてからかいもするが、読書や政治的素養で肩を並べられるよう、心を砕く。『資本論』の出版のために、一八六七年、マルクスのドイツ滞在は手紙による真情吐露の機会となるが、ローラだけはラファルグとの恋愛に心が奪われ、よそよそしい。「五月一日にはお父様のいないことがどんなに淋しいでしょう」と、ジェニーは誕生日の贈り物に感謝の手紙を記す。一方、ラファルグはタッシーについて、「生きていけるためには、あなたを必要としているということです(4)」と書く。結婚式の翌日、ローラはディエップから彼女の〈年老いた先生〉に書き送る、「あなたがた皆と本当にお別れしたなんてとても考えられません。このことについてお父様にじっくり話さなければならないとすれば、いつまでも引きとめてしまうことでしょうね[5]」。

疑いもなく愛情深い父親、かつて娘たちの遊びに注意を払ったように、生活のこまごましたこと、祝日や誕生日の儀式、健康や将来に気を配る父親であるマルクスは、教育や恋愛関係、婚姻や一人立ちさせることについて、彼の境遇と時代の考え方を持つ、非常に保守的な父親でもあった[6]。慎重さか、確信か、無関心か？　判断することは難しい。彼が大いに我慢するようには見えない。娘たちが仕事をすることに賛成でなく、ジェニーが小学校の教師の職に就くこと（彼女は内緒でする）や、エリナが女優を志願することをほとんど評価しない。彼はその授業料をためらいながら払い、哀れにもタッシーに罪悪感を抱かせる。「お父様《パパ》にこんなに高い出費を強いて心苦しいです」とジェニーに書くが、すぐに付け加える、「これまで私の教育のためにはほとんどお金をかけていませんわ[7]」。おそらく姉たちの教育にかかった費用を考えてであろう。三人の娘の中で、父親の権限に最も苦しんだのは確かに末娘のタッシーである。彼は娘が愛していた男、リサガレーをふさわしい相手と評価せずに、二人の結婚を妨げた。はるかに年長のこの激情的で饒舌なバスク人はあまりに無政府主義で、貧しく、向こうみずであった。彼は娘に胸の張り裂ける思いをさせながら、娘の意気消沈にいらだち、エリナはヒステリーだと、この時代の人間らしく言う。女性に関する限り、マルクス博士はフロイト博士と同意見である。彼はカールスバートで、娘を健康のための時間厳守でつづけられる治療の連れにし、老齢で病気がちになった自分の付添人にする。もっとも自責の念がないわけではない。彼が胸膜炎を患っている間、娘は不安に駆られ、震えながら、「この過度に気難しい患者[8]」の世話をし、彼が激怒するのを恐れ、彼に胸中を明かしてしまわないかと心配する。「お父様《パパ》に不満を言いたいと思ったことは一度だってありません。私を激しく叱責するに決まっていますわ、まるで私が家族を犠牲にして病気であるのを〝面白がっている〟かのように[9]」。家族はマルクスにとって、とりわけ彼の仕事であり、そのために家族全員が自己を失うほどに身をささげた。「タッシー、それは私だ」と彼は言っていた。こうした利己的な同一視を危惧しなければならない。

逆光の中の〈母〉は注意深く、控えめで、謎にみちた存在。家族がそのなんらかの影、欠落を恐れでもするかのように、痕跡を消した。[10] かつて、「トリーアの舞踏会の花形」であった女性、プロテスタントの貴族の家柄で、結婚に問題がなかったわけではない――ドイツのユダヤ人との不釣り合いな結婚のドラマを乗り越えた――美しく輝かしいイェニー・フォン・ヴェストファーレンは、もはや〈小さな勇気《ミュッヒェン》〉(彼女の綽名はごくわずかである)でしかない。やつれ、多くを与え、家事に身をささげて精根尽きた女性、いつも買い物や包みを山ほど抱え、後にヴュイヤールが描く女たちのように、娘や孫のために際限なく料理し、裁縫する、家の中の女性。「フフトラ坊やの服」や「小さな帽子」が、おそらくはほかの糧《かて》を望んだであろう、その心配性の激しい興奮状態を生み出す。彼女の最後の気がかりの一つは「ジョニー坊やのズボンが似合うかどうか」知ることである。「お母様のたえず動いていた針がとうとう錆びはじめました」と、死から数週間経ってローラが弔辞のように書く。

彼女にはほとんど手紙が宛てられない。しかも、療養のうわさ話、暑さ、靴下が大きすぎてできた水ぶくれ……、取るに足らないことが、少なくともこの選集に収録されている娘たちからのごくわずかな手紙で語られる。娘たちは母のことを、楽しそうな、ときに、いらだちをにじませた寛大な口調で、善良ながら、少々「風変わり」で、親しい訪問客の前に薄手の服装で、「覆っている以上にあらわにするような、上品な装いで」姿を見せるほど粗忽な人物として語る。デパートを駆け回り、劇場では「ひどくパリ風のもの」を目にすることを期待し、「パリの女性の半分をうっとりさせている」[11]『ヴェール-ヴェール』〔三幕のオペラ＝コミック(オッフェンバック作曲)一八六九年初演〕に拍手喝采するほどの田舎者。それでも、〈偉人〉に対する畏敬の念に満ち、その講演を聞き、原稿を清書し、校正刷を念入りに読み返す。「〈小さな勇気《ミュッヒェン》〉は本『資本論』を丹念に学んだようです」と、聡明なジェニーはシャルル・ロンゲに書く。

このようにほんの少しからかいはしても、「模範的な母」と呼ばれていた女に対する現実の愛情に変わりはない。年齢を重ね、病の床に就くと、母の人生、頭から離れることのないこの模範を理解するにすでに十分に結婚生活を送っている二人の姉娘の手紙にとりわけ、優しい憐憫の情や深い感謝の気持ちがにじむ。「あなたも出発してしまえば、お母様は一人ぼっちに感じるのではないかと心配です」と、ジェニーはパリに向けて出発間際のローラに書く。「お母様のように年を取り、病気になって、いちばん必要なときに、子どもたち皆と別れなければならないのは本当に残酷なことです[12]」。これらの手紙は、徹頭徹尾家族に侵入された生涯の終わりについての貴重な証言である。「お母様はどれほど病気であっても、お姉様の日常生活のこまごました事柄にとても強く、愛情にみちた関心をお持ちです」とローラはジェニーに書き送る。かつて彼女が「未開人」と呼んだ夫への最後の言葉は「それでいいのです」であった。マルクス主義の母とあえて呼ぶことのないマルクスの伴侶はこうして亡くなった。彼女のために第三共和政様式の記念碑が建立されたとすれば、それは霊感を与える女性、天から降りてき、思想家に冠を授けている天使、あるいはひざまずき、うっとりして、地上の花々を彼に差し出している女性であろうか。〈大理石の男〉はそうした寓意を拒絶する。社会主義の図像は雄々しく、一人でまっすぐ立っている……[13]

父と娘婿たち

物語が始まるとき、ジェニーとローラは二二歳と二一歳。褐色の髪の美しい娘たち。いたずら好きで、陽気で、申し分ない教育と立派な作法を身につけ、求婚者は多数いる。最初にローラが一八六八年、キューバ人が祖先であることから「黒人」と、またもっと頻繁にはトゥーレーと呼ばれる、二六歳のポール・ラファルグと結婚[14]。ボルドーの（かなり）裕福な家庭の出身である彼は、第二帝政末期の沸き立つカルチエ・ラタンの多くの若者たちと同様、ジャーナリズムのために医学の勉強を少々なおざりにする。後に義兄となるシャルル・ロンゲの創刊した急進共和派の機関誌『左岸《リーヴ・ゴーシュ》』に寄稿し、リエージュでの第一回国際学生会議の企画に参加する。標章として赤色だけを用いることを強く勧めたかどでパリ大学から追放された彼はロンドンに逃れ、マルクス家を頻繁に訪れ、乗馬姿のひどく美しいローラに夢中になる。「非常に人柄の良い青年ではあるが、甘やかされて育ち、自然児すぎる[15]」と考えたマルクスは、些細なことにこのうえなくこだわる公証人のように結婚の交渉をし、財産に関する正式の保証を得てやっと承認する。「父（ラファルグ）がボルドーから私に書いてきました」と、彼はエンゲルスに打ち明ける（一八六六年八月二三日）、「父は息子のために婚約者の資格を求め、財政的見地で私にとって非常に好条件を出しました」。さわやかな天気の、一八六八年四月二日、マルクスは娘を結婚させるためにフロックコートを着た。若夫婦はフランスに居を構え、ラファルグは悔し紛れに、また、好みから、医学よりもジャーナリズムに専念し、マルクスを心配させる。「私が時期尚早の政治活動に彼を駆り立て、職業的義務を怠らせていると父上のラファルグ氏が疑いを抱いているのではないかと心配しています」(16)。戦争、中心都市となったボルドーへの後退、やがて訪れる三人の息子の死がポールをヒポクラテスから完全に引き離す。彼は「科学的物質主義」をフランスに導入し、ゲードと共に、マルクス主義を標榜する最初の労働党を創立することになる。目下のところ、彼は少々大言壮語で、ときどき、いざこざを起こし、文章を書くことを自慢し、庭いじりを好む青年であり、子どもたちと遊ぶことでは良き父親で、アキテーヌ地方にインターナショナルを発展させる如才なさと熱意にみちた、伝統的な意味での良き夫である。もっともそれが何の役に立つのか？　マルクスは、無政府主義にねらわれるような協会にもはや価値を与えず、この無政府主義という癌にラファルグが冒されているのではないかと疑っている。

それに彼はフランス人たちを、プルードン主義のプチブルジョワたちを警戒している。ロンドンに逃れたパリ・コミューン参加者たちに全幅の信頼を寄せているわけではない。なぜ、娘たちが彼らの魅力に負けなければならないのか？　小学校の教師として生計を立てようとし、ウィリアムズの筆名のもとにジャーナリズムで力を試そうとしたジェニーは二八歳のとき、五歳年長のノルマンディー人、口達者でインターナショナルの活動的闘士であり、オックスフォードのキングス・カレッジで講師をしているシャルル・ロンゲに夢中になる。マルクスは後にその能力を活用しよう。ジェニーは少々紋切り型の恋文を書き、一八七二年に結婚、そして恩赦の後で彼についてパリに来る。二人の間には多くの子どもがいるが、ジェニーが妹たちに頻繁に書き送った手紙から判断して、これは必ずしも幸福であった証《あかし》ではない。社会主義者というよりも急進主義者のロンゲはマルクスに特に好かれたわけではない。マルクス夫人の葬儀のおり、シャルルはこのプロテスタントの女性とユダヤ人であるマルクスとの結婚という過激なドラマに触れることが好ましいと考えた。自らの出身に言及されることを嫌悪するマルクスはジェニーを介して、今後、著作の中で自分の名に触れないよう頼んだ。そのためであろうか？ ジェニーの死後、二人の妹と妻に先立たれた義兄との関係は、絶え間ない金銭問題でも損なわれ、悪化する。そして妻の死から八年後にシャルルがノルマンディー地方出身の若い女性と夫婦同然の関係を持つと、義妹たちは不快に思い、その裏切り行為を非難する。この家族は閉鎖的なクラブと同様、排他的である。そこに入るのが難しいと同時に、そこから出るのも容易ではない。感情の絆が知的賛同、政治的誓約、そしてほとんど封建的な忠誠と一体である。

エドワード・エイヴリングについては、真に家族の一部をなしたことはない。エリナが一八八二年から彼と交際したにしても、彼を愛したのは父の死後にすぎない。おそらくは、ダーウィン主義を固く信じ込み、自由思想とマルサス主義を信奉し、急進主義者ブラッドローの友人である、この科学の教授に対するマルクスの予想できる憎悪を危惧したのだ。エイヴリングはコミューン後、マルクスとインターナショナルに反対し、詩と演劇の愛好家であり、きちょうめんな人間マルクスが深く嫌悪していた、「ボヘミアン」で情熱的な社会主義者たちの一人であった。いずれにしても、確信からも気質からも快楽主義者であり、最初の妻と別れ、すでにうさんくさいうわさのあったこの男との内縁関係（少々強制されたものではあったが、彼女はきわめて夫婦らしく暮らすことになろう）を認めさせるには、タッシーに大きな勇気と愛情が必要であった。彼は女たらしで、破廉恥で、アルコール中毒で、金銭面で誠意がなく、たえず借金し、臆面もなく懇願を繰り返す、という評判であった。ともかく、ハインドマン、カウツキー、リープクネヒト――誠実このうえない〈図書館《ライブラリー》〉――、そしてエリナの親友オリーヴ・シュライナーといったさまざまな人間の意見は明らかに好意的でなかった。彼らは彼女に用心させる。彼女は自分の心に従った。二人の関係は一八八四年に公然の事実になる。それは一四年後、死によって結末を迎えるまでつづくであろう。エリナが彼の権威をいっそう強調するためであるように、エイヴリング博士と呼ぶ男について、彼を釈明するためか、弁解するため以外は、常に身構え、語ることは稀である。この点では、厳格な道徳主義に縁遠いエンゲルスが彼女に味方する。もっとも、活動的闘士で、教養あるジャーナリストのエイヴリングは改宗し、イギリスの労働運動におけるマルクス主義の先兵、無視できぬ切り札になりえた。

子どもたちの顔

頁を繰るにつれて、昔からの顔が、子どもたちの写真に圧倒されておぼろげになる。ジェニーとローラは実に多産であった。とりわけ祖母の時代、手紙には彼らのしぐさやたどたどしい言葉があふれる。「私たちにとって子どもたちにかかわる一つ一つの小さな話や逸話を読むのはどんなに楽しいことでしょう」[17]。育児法――母乳か人工栄養哺乳か乳母か？――や、子どもたちのひどく虚弱な体、とりわけ服――「ロロおばさんからの素晴らしい小さな青い服」「ビロードの上等の服」「セーラー服」……――子どもたち自身、立派な俳優よろしく重視する――を、彼女たちは有頂天になって、興奮して解説する。たとえば、ミミ、フフトラ、あるいはシュナプと呼ばれるエチエンヌは、乳母車に乗ってひどくおどけている。「耳にする言葉を一つ一つ、目にするしぐさを一つ一つ真似る正真正銘の小猿」の小さいシュナピーヌ、〈やせっぽち〉。その死にローラは自責の念に駆られる。人工栄養哺乳を支持するポールの意見に反対して、彼女は末っ子のマルク＝ローランを母乳で育てようとする。その子が衰弱していくと、ジェニーは乳母を雇うよう説得する。「このことではお母様の忠告に従いなさいな」[18]。マルク＝ローランは綽名をつけてもらう間もなく死ぬ。それからほどなくして、四歳という痛ましい年齢で可愛いシュナプが亡くなり、ローラとエリナは打ちひしがれる。一六年の後になおエリナは、「私にとってかけがえのない金髪の小さな房を見つめて、思い出しています」[19]と書く。乳幼児の死亡率がこの時代、依然として非常に高いことを物語っている。ジェニーの子どもたちは九人の中、わずか四人が生き延びた――ジョニー、ウォルフ、パール、メメ。おとなしく、虚弱であったメメは結局、七〇歳まで生き、家族の思い出を情熱をこめて語り伝えるだろう。この四人の子どもたちの上に、二人の姉妹の満たされない愛情がすべて注がれる。

誕生日、写真、ロケットに大切に収められた形見の品。共に過ごした休暇や訪問、おしゃべり――手紙はその代わりにすぎない――が補充する緊密な家族の生活の証。

中核のまわりに、わずかに垣間見える多くのシルエットが交差する。世界の至る所に、ケープタウンまで散らばってはいるが、文化の中心たるイギリスにより、常に不法とされるおじ、おば、従姉妹、従兄弟たち。姉妹は彼らの到来や結婚、気苦労、しばしば厄介な存在に言及する。「もしあなたが私をおばさんや従姉妹たちから解放してくれるなら、心から感謝します……」

〈将軍〉エンゲルス

こうした家族の絆は正統という特権的な拠点を浮き出させる。エンゲルスが何をしようとも——友人のスキャンダルを避けるために、カールが家政婦へレーネに生ませた私生児フレディ・デームートの父親としての認知まで、マルクス家のためにしないことがあっただろうか——彼が家族の一員となることは決してない。はるかに自由な彼の生き方、しばしば階級違いの、そして必ず不倫の恋、浮かれ騒ぎや美食、いつも離れずにいるジョリメイヤー（ショルレンマー）を伴っての酒宴、エリナを赤面させるしばしばラブレー風の奔放さ。この頑強で、寛大な気質の人間、幸福の象徴が「一八四八年産のシャトー・マルゴー」である男の魅力を作り出しているこうしたすべてが、マルクス家の婦人たちの、もっと繊細な感性、もっとか細い体、慎みに反した。マルクス家の人々は彼をからかい、手紙に書きもした。したがって、カールが亡くなった時、エリナは書簡の浄化を企てる。「言うまでもなく私は最大限の注意を払って、親切な〈将軍〉につらい思いをさせるような箇所を一つとして目にしないよう気をつけましょう[20]」。少女の頃、エンゲルスおじさんとリジーおばさん（エンゲルスの伴侶リジー・バーンズは一八七八年に亡くなった）の、自分の家のもったいぶった雰囲気とはひどく異なった、温かく、陽気な家庭がとても好きだったエリナが、家族のピューリタン的な反発を自分の責任にする。延々とつづく日曜日の昼食——「昼食、お酒、カード、夕食、そして再びお酒、といつも変わらぬしきたり」——、クリスマスのお祭り騒ぎ、彼女の憂鬱にとってますます耐えがたいものとなる、「このぞっとするような祝賀行事」を心配する。へレーネ・デームートの死後、リジーの姪のパンプスがエンゲルスの家政を危なっかしく切り盛りするようになると、タッシーの嫌悪感は増大する。「結局のところ、〈将軍〉がいちばん幸せなのは、心をまどわせる酔っ払いのパンプスと一緒にいるときなのです」[21]。エリナは、離婚したルイーゼ・カウツキー――もっともほどなくフライベルガーと再婚する――が来ることを初めのうちは喜ぶ。だが、マルクスの原稿を占有しようとする企ての重大さを見極め、ただちに幻想から覚める。「〈将軍〉と生活している人々は彼を思うままに操作できます」と、タッシーは書き、エンゲルスを「この恐るべき夫婦(フライベルガー夫妻)の手の中にいる子どもとして」描く。「彼らがどれほどエンゲルスに対して横暴に振る舞い、彼に恐怖を与えているかお姉様が知っていらっしゃれば」[22]。彼女の手紙は、手の施しようのないアルコール中毒でもうろくし、無気力になった人間の、胸をえぐる情景を語る。だが、彼女の言葉をそのまま信じるべきであろうか? 彼女の中に、締め出されたという、部分的に根拠のある感情が生み出した幻想が一部なりともありはしないか?

その他の証言や手がかり――たとえば、エミール・ボッチジェッリの編纂になるポールとローラ・ラファルグとの『書簡集』[23]――が、変わらず活動的で、明晰で、十分に情報に通じている老人を見せる。もっとも、エンゲルスは、家族からよりも同志の著作から、自分が必要とされていると感じていた。彼にはマルクス一家に見られる、きわめて強い血のつながりへの情熱がなかったが、それも当然であった。彼は遺産相続人たちの権利を尊重していたが、それ以上に、その一人一人に必要以上のかなりの額を遺贈したのは、経済的・政治的著作に関するものに、彼女たちは必ずしも優先権を持つものではないと、おそらく考えていたであろう。さらに、相続人たちは女性であった。マルクス主義者たちの中で、おそらく最も女権拡張論者ではあったが、理論の分野――今日なお、大きく男性の専有的領域である――での彼女たちの能力に信用を置いていなかった。『家族の起源』の著者は役割の見直しをもっと後に延ばした。「女たちの大きな歴史的敗北」に対する仕返しの時はまだ到来していなかった。

いずれにしても、こうしたいざこざは彼の晩年やエリナとの関係、そしてときにローラとの関係を損なった。彼女たちのこの時期の手紙には悲しくもバルザック的な調子、さらには、すでにモーリヤック的な調子――互いに窒息する「まむしの絡み合い」が認められる。

家の中

日常生活はもっと楽しいものであり、また平凡である。この角度からは、マルクス家の人々を、少なくとも彼らが居住していた時代、イギリスのありふれた人々から際立たせるものは何も――あるいはほとんど――ない。民族学的資料として、この〈書簡集〉は中産階級《ミドル・クラス》の仲のよい家庭、そのしきたりや美意識、言葉遣いやものの見方、さらには感動させもし、いらだたせもする、真の優しさと型どおりの行動がもつれ合っている様子をわれわれに見せてくれる。

イギリス女性として、マルクス家のご婦人がたは淑女らしく振る舞う感覚を備えているが、これを、堅苦しいことを言わないエンゲルスのやり方がまさに混乱させる。彼女たちの目には、「この大好きな、古いイギリス」、ロンドンとその新聞、シェイクスピアとピアーズ石鹸（パリでは見つからない）に値するものは何もない。「人気《ひとけ》のないアルジャントゥーユ」で、ジェニーは「ぬかるみのストランド街」と広告を懐旧の情をこめて思い出す。エリナがニューヨーク、彼女の目から全貌を覆い隠している「資本家たちの不公平」の汚点で醜くされた、「ひどく汚く、ひどくつまらない都会[24]」を好きになれないと同様、彼女は、ローラが大きな閉ざされた公園で悪魔祓いする、パリの郊外の寂しさに慣れることができない。マルクス家の地理はヨーロッパであり、都会である。彼らは蒸気船が中間階級の人間に伝染させる旅行熱に取りつかれて大いに移動する。もっとも普段は、英仏海峡やライン河の周辺で、家族の居所や会議の開催地が描く狭い地域に限られる。ロンドン、パリ、ブリュッセル、ハーグ、ジュネーヴ、ハンブルク。湯治場。とりわけ南海岸の海水浴場、ヘイスティングズ、マーゲート、イーストバーン、ラムズゲート、ワイト島……が特に好みの地である。病気になり、暑さを渇望するマルクスは地中海まで出かける。実際のところ、マルクス家の人々は旅行者ではない、ほとんど観光客でもない。彼らは自然にも芸術にも関心を示さない。彼らにとっては書物のほうが風景より重要である。散策や夢想より会話や出会いのほうが重要である。「人々について少しばかりあなたにお話ししたいのです」とエリナは書く――本当のところ、カールスバートでほかに何ができよう？　「風景をどれほど描写しようとも現実を報告することはできません」[25]。

それに、彼らは後進性やそのしるしを嫌悪する。[26] ジェニーはフランスの労働者たちが時間を守らないことや不手際にいらだつ。「こちらでの生活をこれほどまでに困難なものにしているのは、ものごとがきちんとしてもらえないことです。当地の人々は私が今まで目にした中で最悪の間抜けです。あなたが納得できるように一つだけ例を挙げましょう。三人の労働者が次々に、ランドー型馬車の車輪を取り付けようと試みましたが、成功しません。数分後には車輪が外れてしまうのです。すべてに対してこうした具合なのです」[27]。彼女は愚かさに負けてしまうのを感じる。「異国で、そして、異邦人の間でこんな生活を何年間か何か月かつづけていれば、私が手の施しようのないほど愚か者になってしまうような気がしています」[28]。ジェニーまで「こちらで出会うフランス人の子どもたちと理解しあうことはありません」。ジョレスの称賛者とも、情熱的な友ともなる未来のジャン・ロンゲ[29]は、弟たちとだけ、寒そうに肩を寄せあう。

もっと社交的なローラでさえ、ドイツの侵攻を前にしたパリ民衆の反応が理解できずに「醜悪」だと判断し、彼らの抵抗の力を過小評価する、その結果、事件の展開を完全に見誤る。確かに彼女はボルドーの義父母の家に引きこもっていた。それに、ラファルグ夫妻はフランスの労働運動を真に理解したことがあるだろうか？　これが、別の面ではきわめて興味深い、彼らとエンゲルスとの『書簡集』を読んで、提起される問題である。

ガスコーニュ地方出身のレストラン経営者プランタード――彼の店はロンドンに住むコミューン参加者たちすべての集合場所となった――の埋葬について、若いエリナの綴る、無邪気に驚いた話は、文化的な相違を感じ取ることの難しさを物語るものである。十字架を持っての行列、無宗教の埋葬、葬式につづく白ワインがふんだんに供される宴会は、エリナの目に「非常に奇妙な光景」「風変わりなことがら」に映る。テーブルはケーキ、ビスケット、オレンジ、ハシバミの実、それにありとあらゆる物でいっぱいだった。それは葬式というよりも結婚式に似ていた。そしてプランタード夫人が「さあ皆さん、召し上がってください！」と言いつづけていた。[30] アフリカの儀式も最初の探検家たちをこれ以上驚かせはしなかった。異国趣味は日常であり、相違が〈未開人〉を作り上げる。

家と庭

一九世紀末にあって、住居は生活水準と様式を識別する、「社会的地位」の一要素である。それは中産階級《ミドル・クラス》とプロレタリアートを区別する。マルクス一家もこの象徴体系に組み込まれた。彼らの不動産に関する心配は純粋に物質的なものではなかった。[31] 結婚生活の初めは非常に不運であったが、マルクス一家は一八六四年以来、モデナ・ヴィラズ（メイトランド・パーク、ハムステッド）で快適に暮らした。借金で病気になっている〈小さな勇気《ミュッヒエン》〉によれば、「広大にすぎ、高すぎる真の宮殿」であった。彼らは一八七五年、ここを出て、数番地離れた、もっと質素な一戸建ての家に移った。この幸福な時代から、娘たちは大きな住居に対する好みを持ちつづけた。彼女たちは、子どもたちの健康と遊びに不可欠で、植物や家庭の動物（マルクスはトミー、ブラッキー、ウィスキーの三匹の猫を飼っていた）の交合に好都合な清浄な空気がある庭つきの家をたえず探し求める。ローラは理想的な家を探して多くの時間を費やす。強盗の危険――郊外はほとんど安全ではない[32]――や、ポールの遅い帰宅を考慮して、パリから遠すぎず、ぽつんと離れすぎていないこと。ヌイイからドラヴェイユまで、ラファルグ夫妻は当時のまだ次々と転居するやり方に従ってたえず引っ越しをする。

もっとボヘミアン的で、旅行者たちの馬車にたえず心をそそられているタッシーは、ロンドンにいることの職業上の必要性と、イギリスの田園への愛着に心が引き裂かれる。一八八七年、彼女はエイヴリングと共に、ストラトフォード＝オン＝エイヴォンに近い、ドッドウェルの小さな家《コテッジ》に身を落ち着けるが、これは彼女の人民主義《ポピュリスム》――「季節労働者の家」――を実現し、演劇的一体化の欲求――「お分かりになるわね、ローラ、シェイクスピアの故郷よ」――を満たしたが、同時に、功利主義者としての後悔――「ここにはかなりの広さの庭があり、私たちが必要とする以上の野菜を育てることができますわ[33]」――を与えもする。おそらくエドワードの浪費家としての評判のために、エリナはたえずこの観点から自分を正当化する欲求を感じている。いずれにしても、彼女の金銭とのかかわりは単純ではない。

ああ住宅、ああ大邸宅！　二人の姉妹は一戸建てへの情熱を競いあう。「ニミーがあなたがたの見事な家と庭（ル・ペルーのこと）についてあんまり話したものだから、エドワードが恐ろしく羨ましがっています。私たちの邸宅は完全に打ち負かされましたわ」とタッシーは姉に書き、「作物の一部を売る」よう仕向ける、「それほどの庭があれば、ちょっとした収入になることでしょう」[34]。

エンゲルスの遺産の相続分で、彼女たちは夢みてきた家をついに手に入れることになるだろう。ローラのほうは、セナールの森のそば、ドラヴェイユの素晴らしい家。三〇室、ビリヤード室、オレンジ用温室、管理人の家、庭と菜園。「宮殿」のような豪華さはエリナにショックを与える[35]。彼女のほうはシドナム地区にずっと質素な家を購入する。「〈ユダヤ人の道《ジューズ・ウォーク》〉の私たちの家にまったくユダヤ人らしい誇りを感じています」と、自らのユダヤ性を主張したマルクス家のただ一人の女性は書く。彼女は、後にジョルジュ・ペレックがやるように、人生と時間の使用法に署名する精密さでその家を描写する。「一階。広い部屋（エドワードの書斎兼居間）、食堂（裏庭に面している）、台所、配膳室、食料貯蔵室、ワインと石炭の貯蔵地下室、戸棚、広い玄関。階段（容易に昇れる）。寝室。来客用寝室（あなたがたの寝室）、女中部屋、浴室（十分に広いので場合によっては補助室として使える）。私の書斎!!!」。電気、ガスによる暖房[36]。便乗者エイヴリングに対する陰口を遮るために、彼女は彼が不動産を抵当に入れて家具の支払いをしたと付け加える。「すべての支払いをするのは私だとお姉様がお考えになるとすれば間違いですわ」。〈デン〉［野獣の住む穴］は彼女の最後の「住処《すみか》」となるであろう。

女中たち

こうした家を維持するには、乱雑とほこりが悩みの種であるきまじめな主婦にとってとりわけ、時間が必要となる。一連の仕事をヴィクトリア朝時代の主婦は、生活の便宜ばかりでなく、社会階級のシンボルである使用人にまかせる[37]。マルクス夫妻にはヘレーネ・デームート、さらに何年かの間は彼女の妹がいた。レンヒェン、ニムと呼ばれたヘレーネは、その曖昧なイメージが数多く残されている一九世紀の気高い心を持った家政婦のまさに典型である[38]。彼女は四〇年間（一八五〇年から一八九〇年まで、つまり二七歳から六七歳まで）、彼らの住居が変わろうと、浮き沈みがあろうと、身も心もすべてを主人たちにささげた。彼女はマルクスの子どもたち全員を育て、病人の世話をし――「彼女がどれほどすぐれた看護婦であるか、お姉様はご存じですね[39]」――死を看取った。休暇を口実にして、彼女はジェニーやローラが身を落ち着けるのを手伝い、赤ん坊で身動きできなくなっている若い母親を助けにやって来る。彼女たちが不如意であれば、『シュゼットの一週間』の有名な連載小説のグランデール公爵夫人に用立てるベカシーヌよろしく、お金を貸そうと申し出る。「ヘレーネに五フランのお礼を言ってください、目下のところわれわれは金持ちであると、でも数か月後に引っ越しの際に必要になれば申し出ると、伝えてください」とポールが書いている。[40]とはいえ、彼女には、「ヘレーネに……と言ってくださいな」という具合に間接的に書くだけである。彼女に対して「私たちのニム」と所有詞を用い、「気の毒な年老いたニム」と諦観のまじった憐憫の情を見せる。また彼女のささやかな宝物への純朴な愛着を優しくからかう、「彼女の金のブローチでこれといって何かするつもりはないとヘレーネに言ってくださいな。でも私たちが放棄したなどと彼女が思うことのありませんように。彼女の財産を浪費することになるかもしれません」とローラは書く、残酷なアイロニーがないわけではない。[41]人目を忍び、忙しく動き回る影であるヘレーネ――彼女のプディング、彼女のひな鳥たち――はいつも存在している、だが、姿を見せず、有能な召使いがそうすべきであるように、「自分たちにふさわしい場所」にとどまっていようとする。実際のところ、彼女についてごくわずかしか知られていない。この物語の展開には非常に重要な、一八九〇年に訪れたその死さえ、〈書簡〉でほとんど言及されない。

それはヘレーネが厄介な証人でもあるからだ、つまり、彼女は主人の子どもを出産した、おそらく、ソーホーの狭いアパルトマンの雑居生活――ソーホー、マルクス家にとってあの暗い時代――の中で、イェニーの留守中に妊娠したのだ。一八五〇年六月に生まれたフレディ（一九二九年、ロンドンで亡くなる）[42]、秘密と醜聞の子どもの父親であることを、心が広く、たくましいエンゲルスが善意から引き受けよう。異母姉妹たちは彼の存在を長い間知らない（ジェニーは何も知らずに亡くなった）。エリナがフレディの不公平きわまりない運命に心を動かされることがなければ、おそらく知らずに終わったであろう。「フレディはあらゆる点で見事に振る舞いました。彼に対するエンゲルスのいらだちは理解できますが、不当なものです。私たちの中の誰一人として彼の生身の過去に出会いたくはないと思います（……）。私はフレディに会うといつも罪悪感と不公平感を抱きます。何という人生でしょう！　彼がその人生について語るのを聞くのは私にとって苦痛であり、恥辱なのです」(43)。フレディが金銭的に大きな困難を抱え、彼女は二年後、もう一度繰り返す。「フレディがこれまでずっと不公平の犠牲であったと考えざるをえません。現実を直視すれば、人々が説くどんな徳行であれ、どれほどまれにしか実践しないか、驚くほどではありませんか？」と、彼女はエンゲルスのことを考えながら書く(44)。エンゲルスはこの無言の非難にしまいには腹を立てる。彼は臨終の床で、彼の遺言執行人、サム・ムーアを介して真実を知らせる。エリナにとってそれは恐ろしい衝撃であり、その影響を推し測るのは難しい。しかしながら彼女は受け入れ、フレディ――彼女の兄――を自らの悲劇を打ち明ける最も親密な相手とするだろう。

しかし、ニムは過ぎ去った時代に属している。マルクスの娘たちは女中ではるかに苦労する。まじめで正直で清潔で間抜けすぎず、おしゃべりでない女中を見つけることが片時も頭から離れない心配事である。イギリス人の女中が女主人以上にパリに順応するわけではない。子どもたちが悪い訛りを覚えるおそれがあろうとも、アルザス出身の女たちのほうがいい(45)。女中たちは若く移り気である。彼女たちは出ていってしまう。彼女たちは陰口をたたけば、解雇される。確かに――それは時代の叫びである――、仕えさせる方法はもはやない！　「女中がもういないので、多忙をきわめていました」とローラが書いている(46)。そしてエリナはおうむ返しに、「女中を持つことをあきらめました、そして何もかも自分でやっています」(47)。だが、この禁欲的な生活は長くつづかない。一八九八年三月三一日の朝、破滅をもたらす毒を薬局に探しにいかせるのは若いジェルトルード・ジェントリ――「私の素晴らしい、でも、どちらかといえば間抜けなジェルティ(48)」と彼女は呼んだ――である。ジェルティ、彼女の最後の顔、彼女の死の最初の目撃者。

金の問題

こうしたすべてのために金、多額の金、増大するばかりの金が必要となる。マルクス家が実際に不如意であったからではない。[49] 確かに彼らはほとんど稼がなかった。たとえジャーナリズムが何がしかの収入を得させるにしても、経済学も社会主義も非常に金になるものではない！　だが彼らは長い間にさまざまな種類の遺産と贈与を、特に（よく知られているとおり）エンゲルスから受けた。エンゲルスは生前も死後も、エイヴリングを含めて皆を養った。マルクス家の人々は多くの資産を「消耗し」た。社会主義的倫理は文句がつけられぬであろう！

マルクス家は中産階級の暮らしぶりであるが、貯蓄好きでもないし、蓄財の才もない。企業家よりも金利生活者である彼らは安全確実な投資を探す。ラファルグは両親からの資金をイギリスの株に投資するが、[50] エリナは大不況の動揺後には、ロンゲの子どもたちの相続分の投資に株よりも国債を選ぶ。彼らはこれに非常に満足したようには見えない。「私たちの忍耐も限度に達しています」と、あまりの恩知らずにうんざりして、叔母がため息まじりに言う。[51]

マルクス家の家計が常に赤字であるとすれば、それは彼らが旅行や休暇、あるいは観劇をほとんど断たず、多くの金を遣うからであり、また、彼らの家が、少なくとも一家の絶頂期であるモデナ・ヴィラズの時代には、結局のところ、かなり快適なものであるからにほかならない。三人の娘の中ではエリナが、エンゲルスの死まで、最もゆとりのない暮らしをしている。マルクスの命日、彼女には墓前に花を供える金がない。「昨日は一二日でしたから、ハイゲート墓地に何本かの花を持っていきました。お金がなかったので、たくさんの花を買うことができなかったのです」[52]。「私たちが慢性的にどれほど無一文の生活をしているかあなたには分かりっこありませんわ」と、舞台での成功の希望がしだいに消えていく、絶望的な時代にローラに書き送る。[53] 一八九一年、彼女はル・ペルー〔ル・ペルー＝シュル＝マルヌ〕への旅行をするだけの手持ちの金がないと言う、「休暇と私とは別々のことのようです」[54]。だが、それはなお、相対的な貧窮であり、その基準は明らかにプロレタリアートのものではない。加えて、〈将軍〉に小切手を絶え間なく懇願するラファルグ夫妻とは反対に、エリナは自分で生計を立てることを体面にかかわることとして、エンゲルスの世話になって暮らすことを常に拒んだ。一方、根っからの遊び好きであるエイヴリングは、彼女がこの点では極端に恥ずかしがる性質であるにもかかわらず、破産に追いやる。

エンゲルスの死後、相続の問題とともに、金の問題が強迫観念になるまで二人の姉妹の書簡にあふれる。「私たちがこのばかげた（……）財産問題以外のことについて、再び手紙を書きあえるようになれば、私はとても嬉しいのですが」(55)とエリナはため息まじりに言う。金の問題はかつて母親をほとんど無分別にしたが、彼女自身の日常生活を台なしにし、ついには破壊した。彼女を自殺に追いやることになったからくりの大部分は、正式に離婚せずに彼女を厄介払いしようとしたエイヴリングの卑劣な計算に基づいている。彼は自分の借金を解消し、新しい——そして合法的な——世帯を持つことを可能にするにちがいない、彼女に無理に承認させた遺言の恩恵を失うまいとした。ここで、メロドラマはきわめて暗澹としたドラマに変質する。ガストン・ルルーが手を入れたバルザックの小説。当時、流行をきわめていたあの連載小説の一つのようである。どんな人生も、時代の「様式」が作り出す集団的演出から逃れられないかのように。

したがって、その日その日の天候——何と深い霧！——や虚弱な体の絶えることのない不安——ちょっとした病、重い病気、死の執拗な存在——が家族の手紙の骨組みとなっている。そうしたものを綴るのがまさしく手紙の機能である以上、日常生活の検討にどうして驚くことがあろう？　この私生活の中産階級的特徴にどうして驚くことがあろう？人々はさほど容易にはその環境から抜け出さないものだ、とりわけ、結局のところ、そこが気に入っているときには。中産階級的生活は、特に男たちにとって魅力がある。だが、女たちにとっては、後述するように、話は別である。この事実を認めることが、そして、マルクス主義は騒々しい階級闘争の中だけでなく、イギリスの家庭《ホーム》の心地よくも、厳しい雰囲気の中で成熟したと知ることが必要である。

「運動」

一八六六―九八年。当事者たちには長く、退屈な足踏みしか感じ取れないにしても、この三二年間に世界は変化する。ここではっきりとその反響が知覚される失業や暴動（たとえば一八八六年のフランスのドカズヴィル、一八八六年、一八八七年のイギリスにおけるブラック・マンデーとブラッディ・サンデー〔血の日曜日〕）を引き起こした、「大不況」の非常に暗澹とした時代で際立った経済情勢の中で、第二次産業革命の前触れとなる再編が始まる。つまり凋落する繊維産業の後、鉄と自動車産業の再編。社会の風景が変わる。小企業が長く、大量に存続してはいるが、[56] 大工場とそこに働く多少とも熟練した職人たちが、新しいプロレタリアートを産業革命の尖兵とみなすマルクス主義者たちにとっては少なくとも、関心の的となる。坑夫、ガス工、冶金工が〈書簡集〉の専門用語の中で、仕立て職人につづく。

労働運動は、まず工場労働者たちの重要な武器であるストライキの驚異的飛躍に刻まれた力強い発展、次いでその兵力と機能が増大するサンディカリスムの飛躍の中で一ランク下を経験する。さまざまな野望を持ったサンディカリスム、すなわち、一八九五年に労働総同盟（ＣＧＴ）が誕生するフランスでは革命的で、自主管理であり、イギリスでは改良主義、ドイツでは〈党〉に従属している。

どの手続き――差し迫った改革から選挙によるなしくずし工作まで――を取るか迷いながらも、社会主義は実際、権力獲得を目指す政治勢力として、態度を明確にする。路線の対立、セクトの分裂、そして個人のいさかいの中で、社会主義は対抗する国家主義的〈党〉を結成する。ドイツとフランスの戦争およびマルクスとバクーニンの対立で損なわれた――少なくとも初めは、マルクスは「権力よりも連帯」を望んだであろう――国際労働者協会――第一インターナショナル――の解散後、国際的レベルで一八八九年に設立された第二インターナショナルは〈党〉の集まりの連盟であることを明確にする。それはマルクスの正当な後継者、〈党〉の権威が労働組合の活力に勝る唯一の後継者と目される、ドイツの強力な社会民主主義により支配される。この時期は、マルクスの思想が広がり、彼の忠実な擁護者たちにもかかわらず、さまざまに解釈できる「マルクス主義」に変わる時期でもあるからにほかならない。[57]

日常生活の繰り返しの中に陥ってマルクスの娘たちは、この展望を明らかに理解することができなかった。しかしながら、こうしたすべてについて、彼女たちはその中心的立場から、特権的でもあり、不利な条件を背負いもした証人であった。ジェレミー・ベンサムであれば、中心からすべてが見えると考えたであろう！　マルクス主義は彼女たちにとって、政治的選択である前に、まず、子としてのほとんど義務に等しいものであった。だが、いくつもの「党」のいっそう細分化されたイメージよりもこの表現を好むエリナが言うように、彼女たちは個人的に「運動」に賛同した。ローラが無念さがないわけではないが、夫を通して行動したとすれば、エリナは献身的で有能な、舞台裏の孤独の中から出て労働者たちにまじって戦おうとする勇気ある闘士であった。しかも、一八八一年にH・M・ハインドマンの創設した〈社会民主連盟〉や、一般にイギリスの組織の修正主義に対して態度をはっきりさせなかったエンゲルスの死後、さらに進んでいた。労働者の闘争は、タッシーの手紙でしだいに頻繁に言及される。

本〈書簡集〉は社会主義の歴史をたどる年代記となるものでも（欠落部分があるからにほかならない）、出来事や人々に関する衝撃的な新事実を明かすものでもない。それでも、いくつかのきわめて重要な時期に鮮明な光があてられている、つまり、一八六九―七一年、ドイツとフランスの戦争およびコミューン（外国からみた）の時期。一八八九年と第二インターナショナルの創設。一般的に、エリナが主要な筆者であるため、イギリスの社会主義に関する最良の情報が与えられる。

しかし、ここでは出来事よりも過程が重要である。組織と同様、テクストの観点から、マルクス主義の困難な構築がいかになされたか、使われた方法、重視された分野、遭遇した抵抗が、内側から汲み取られる。

新たなる聖書

まず初めに〈父〉の著作。生前、マルクスは心配なためらいがないわけではないが、近しい家族を頼みとして、原稿の読み直しや清書をさせ、翻訳を確かめさせた。妻、娘たち、そして婿たちは絶え間なくこの目的のために動員された。「お父様《パパ》が私を呼んでいます」とジェニーは、オックスフォードで復習教師をしている婚約者のロンゲに書く。「お父様は届いたばかりの第二回配本を一緒に読んでほしいのです」(一八七二年八月にラシャトル書店から出版予定の『資本論』第一分冊のフランス語初版である)。それから三時間後に、「翻訳はひどく締まりがなく、実際、たいそう投げやりであるとお伝えするのは残念ですわ。多くの修正を加える必要があるでしょう。お父様はそれをするためにオックスフォードに出かけたいくらいです……また私を呼んでいます」(58)。この選集のただ一通の恋文に『資本論』がこのように執拗に入り込んでくる。

マルクスの死後、強迫観念は、この面で直接的な責任のあるエリナにとってとりわけ果たすべき義務となる。まず、書かれたものの収集に関して。「科学的な」文章《テクスト》がドイツ社会民主党のメンバーたちに託されることをエリナが完全に承知するとしても——彼女自身はベルンシュタインとカウツキーの援助を求めるであろう——、私的な書類、個人的な書簡は変わらず家族の所有物であると彼女は考えている。「それがかかわるのは私たちにであり、ほかの何人《なんぴと》でもありません。書類、とりわけ個人的な書類は私たちに関係があります。それらが所属するのは私たちにであり、エンゲルスでさえありません」(59)。一八九〇年から一八九五年にかけて、彼女はそれらを所有するために、初めのうちは内にこもった闘い、やがてしだいにあからさまになり、〈将軍〉を中心にした勢力争いと、『遺稿集』の独占権を確保するためのドイツの〈党〉のかなり狡猾な策謀で複雑になった闘いをした。孤独な闘いであった。彼女の度重なる懇願にもかかわらず——「親愛なるローラ、来てください、来てください、来てください」(60)——ローラは決して来ることはない。エンゲルスは一八九四年のクリスマスに頂点に達するメロドラマ風のけんかの後で結局、彼女を家族の書類、とりわけマルクスにより、あるいはマルクスに宛てて書かれたすべての手紙の保管者とした。もっとも、ベーベルに託され、念入りに南京錠をかけた小箱——たとえばルイーゼといった、ごく数人の親しい者だけがその鍵を持っていたが、エリナは持っていなかった——に収めた、マルクスとの彼自身の書簡については非常に重要な例外とした。このことに気づいたとき、タッシーは再び、だまし取られたという感情を抱く。[61] 父が多数の文通相手に書き送ったすべての手紙の、少なくとも、写しを取り戻そうと、彼女ほどには頓着しないローラをこの途方もない企てに加えようとしながら、社会主義の新聞で呼びかける。彼女は、かつてあれほど愛し、その死後もなお、自分の心をとりこにしつづけている〈モール〉の伝記を書くことを夢みていた。だが、マルクスは彼女のものであることをやめていた。マルクス主義となることで、マルクスの著作は必然的に家族の手から離れていた。

この所産の出版の複雑な歴史に関して、マルクス研究者たちは有益な情報を多く得るであろう。たとえば、一九〇五年から一九一〇年にかけて初めて刊行される、カウツキーによる『資本論』第四巻の微妙な完成に関して。あるいは、父のジャーナリズムの才能を称賛するエリナが、エンゲルスの分担分を必ずしも常に区別せずに、発表しようとした論文集に関して。エンゲルスが友人のために何度となく「黒人奴隷」の役割――たとえば、「一八四八年のドイツにおける革命と反革命」や「東洋の問題」の種々の論文に対して――を果たしたことは周知である。エンゲルスがマルクス主義にどれほどの知的貢献をなしたかを推し測るには、『マルクス‐エンゲルス書簡集』の刊行が必要であっただろう。

エリナはまた、ロシア語やイタリア語への翻訳を発展させようと努力し、翻訳者の選定に入念に気を配り、海賊版を警戒した。こうしたすべてが絶え間ない監視と莫大な量の文通を前提としていた。出版者たちはしばしば態度をはっきりさせず、削除を要求したからである。これらの本は、確かな関心を喚起はしても、もちろん、ベストセラーではなかった。タッシーは『ドイツにおける革命』が数か月で四〇〇部売れたと喜んで告げる。「非常に順調だと思われます」、実際、この時代の印刷部数に照らし合わせてみると、かなり良いスコアである。

家族の問題

マルクスの路線を擁護する組織体の設置に娘たちは非常に積極的であり、マルクス主義はまず「マルクス家の問題[62]」として現れた。「私たちの家族というこの古くからの傷[63]」と、こうした判断に苦しむエリナは書く。確かにその初めにマルクス主義は娘たちや婿たちが作る核と、友人たちの人脈に支えられた。人間関係が本質的である。啓蒙時代であれ、二〇世紀であれ、[64] 知識階級がこぞって、形式にとらわれない形で行動する。会話や会見や訪問、会食、また、書簡が通常のコミュニケーションの手段であるが、適切に設置される組織体と並行した、あるいはその内部での存続が、対立の避けられない原因となった。

マルクスの友人か敵対者か、〈われわれの仲間〉〈ほかの人間〉、これがこの〈最後の審判〉のほとんど分割線である。協会や会議で、仲間をほかの人間に逆らって抜擢し、敵対者たちと変わらぬ術策を用いて駒を進めようとする。間違いなく人後に落ちないハインドマンを避けて通るために、目配せと情実で「私たちが仲間のバクシーを代表として〈会議〉に派遣したか」をタッシーが語っている手紙がある。[65] 策謀は第二インターナショナルの創設に向けて頂点に達する。[66] もちろん、根本的な相違がこの激しい対立の引き金となった。だが、介入の仕方は個性化されたものであり、また独占欲の強いものである。「私たちの会議」とエリナは言う。彼女は、マルクス主義の参謀本部が実際に集まりもする彼女の家について話すときも、〈党〉について話すときも、明らかに意味の変化がある中で、「私たちの家」という表現を用いる。「もし拒絶に遭うようなことになれば、彼は辞任して、私たちの家に来ます（……）。この国際会議は私たちのものです[67]」。

このような個性化は、より進んだ民主主義に慣れ、操られることを自覚した労働者たちに不快感を与える。[68] 彼女は、〈社会民主連盟〉やフランスの可能派《ポシビリスム》の戦闘的労働者たちが知的マルクス主義者の「派閥」に対して抱いたらしい、憎悪にまで進むいらだちを説明する。その一方で彼女は奇妙なまでに近視眼的なまなざしを社会主義地理学に向ける。エリナはポシビリストのパリを「ほぼ全体として……マルクス主義の地方に」対立させるが、これは一九〇五年以前はゲードの結成した労働党に[70]投票した者はフランスの労働者階級の二パーセントにみたなかったことを考えるならば、ほほえみを誘う。「実際には全ヨーロッパの社会主義者が私たちと共にいました」と彼女は一八八九年に書く。[71] こうした幻想は不可避的に幻滅を生み出す。

正統な路線

グループや人々の間の対抗心は、この書簡集ではほとんど明確に述べられていない、戦略、「路線」の相違に対応する。簡潔に触れておこう。当時の社会主義者たちは皆、社会革命を信じ、それが不可避であり、また、緊急のものであると考える。とりわけ、経済的混乱の様相を呈している〈大不況〉時代には、資本主義の切迫した崩壊への確信、街頭で不満の声を耳にする闘士たちを夜半、不意に立ち上がらせる革命のメシア信仰がある。一八九〇年以前の手紙にそのかすかなこだまが、少なくとも、ある時期には抗しがたい発展、切迫の高揚感が察知される。

だが、この共通部分を越えて、相違点がはっきりと見て取れ、社会主義者たちをエッサイの木のように分裂させる。マルクスや仲間たちにとっては、人間による人間の搾取廃絶に不可欠な序曲、生産手段の私的所有を廃止するために権力、国の機構を手にすることのできる、組織化された「労働党」に〈プロレタリアート〉をまとめ上げる必要がある。もっとも、〈党〉の概念はさほど明確ではない。労働者の組織についての連盟的考え方から、規約や証明書、会議、委任、等をもって、党員たちで組織された団体の、注目を集めつつある概念に移行する。「労働者」という形容語は社会学的というよりもイデオロギー的意味を持つ。つまり、労働者自身であるというより、階級闘争と〈歴史〉の原動力たる労働者階級到来に専念することである。ラファルグ夫妻よりもはるかに強くエリナが労働者階級に魅惑されていることが感じられる。彼女はストライキから会合へ奔走する。

一連の攻撃手段から暴力は排除されていない。しかしながら、一八九〇年代以降、とりわけ、ドイツ同様フランスでの一八九三年の国民議会選挙における社会主義の好結果以来、普通選挙による権力掌握への民主主義的な道が開かれるように見え、言説と戦略を少しずつ修正する。(72)

マルクス主義者たちは、無政府主義者、(73)襲撃と都市暴動を夢みているブランキ主義者、そしてさらにはポシビリストと対立する。フランスおよびイギリスでポシビリストたちはとりわけ市町村レベルで、(74)彼らの言語と方針の具体的な特徴が最も堅固な労働者の支持層を引きつける限りにおいて、主要な敵対者となる。この書簡集の随所で感じられる激烈な対立はここに由来する。イギリスにおけるハインドマンとSDF〔社会民主連盟〕、ポール・ブルス、それからシャテルローの分裂後のジャン・アルマーヌがラファルグ夫妻とエイヴリング夫妻にとって冷酷な首謀者たちであり、かつてマルクスがプルードンに対して見せた闘志を彼らに示す。ハインドマンは、彼の「卑劣な策略」を暴くエリナによれば「このうえなく狡猾な戦術家」である。「ブルスの同志を知っているあなたに、私が詳細をお知らせする必要はありませんね(75)」。彼女は「ポシビリストたちのこれら醜悪な顔(76)」に憤慨し、このきわめて真正な戦闘的労働者の価値を完全に見誤って、「アルマーヌという徹底的におぞましい人物(77)」に腹を立てる。これはまさに、敵対する派閥の代表者たちを排除するために、雑誌編集と会議代表をめぐる分派の闘いである。タッシーは何度か繰り返して「吐き気を催した」と明言する。そして、おそらくは可能派《ポシビリスム》の中に「プロレタリアートの小児的な病根」を見て、「あらゆる運動の始まりにあってそれは不可避なこと(78)」と考え、自らを慰める。

社会民主連盟の内部で対立は一八八四年に頂点に達し、断絶に至るが、その経緯をエリナが興味深い手紙にしたためている(79)。この分裂は、後に『ユートピアだより』(一八九〇年)を書くことになるイギリス社会主義の最も主要な人物の一人ウィリアム・モリスと新たな雑誌『コモンウィール(80)』を推進するエイヴリング夫妻の〈社会主義者連盟《ソシアリスト・リーグ》〉を誕生させる。この組織はごく少人数にとどまり、エイヴリング夫妻は一八八六年に、モリスは一八九〇年に脱退する。そして一八九六年、エンゲルスの死後、エイヴリング夫妻ははるかに代表的な社会民主連盟に戻る。しかしながら、和解はうわべだけのものである。「私たちは表向きには一緒に仕事をします。この表向きの友情がどういうことかお分かりですね」とエリナはローラに書く(81)。「エドワードとハインドマンはお互いに対して、ポールとブルス以上に友情を抱いてはいませんが、運動にとって、とりわけ今度の会議のために有用です」。運動、会議。いつまでも繰り返されるやり直し。

無政府主義者たちは、とりわけ彼らがバックスを大いに魅了していることと、彼らに対するモリスの黙認で、反発の第二の核を形成する。「無政府主義者たちは私たちにとって最大の障害となるでしょう」と、一八八五年、つまり、彼らが実質的に、失業者たちの運動をあてにして有効な道を開こうとする時期に書く。「私たちの委員会にもたくさんいます。したがって、彼らはあらゆる傾向を見せることでしょう。モリスもバックスも、私たちの仲間の誰一人として、無政府主義者たちの真の姿を本当に知らないのです」。彼らはしばしば外国人であるが、エリナは彼らについて、少なくともこの時代の社会主義者たちの簡単な判断に従って、「半分が警察に所属している」[82]と疑いを抱いている。ほどなく無政府主義者たちは『社会主義者連盟』と『コモンウィール』の指揮をとり、エイヴリング夫妻はエンゲルスに迫られて、一八八六年には手を引く。

晩年のエリナを不安にするのはベルンシュタインであり、彼女は「修正主義」の潮が満ちるのを憂鬱な気分で眺める。人間とその誠実さに全き信頼を持ちつづけながらも――エドはいささかも策を弄することのない、誠実な友である――タッシーは〈将軍〉の死後、彼が身をゆだねている危険なペシミズムを残念に思う。『フォアヴェルツ』はますますベルンシュタインの影響下に落ちていきます。そして彼の意気消沈させる論文は時宜を得ているとは言えません。確かに批判的な態度は必要ですし、有用です。けれども、たとえ批判精神に欠けていようとも、わずかな熱意がもっと大きな価値を持つときがあるものです。ベルンシュタインの姿勢は運動にとって有害です（……）。彼の態度は弁護の余地がありません（……）。不幸なことに、〈将軍〉がもはや私たちのそばにいない今となっては、ベルンシュタインに影響を及ぼし、彼を立ち直らせることのできる人はいません[83]」とエリナは彼女の最後の手紙で書くが、その手紙ではすべてが揺らいでいる。

「〈将軍〉がもはや私たちのそばにいない今となっては……」。エンゲルスの生き方や彼の周囲の人々に対するエリナの批判がどれほど辛辣であろうとも、社会主義に関しては彼を十全に信頼している。そして、『エンゲルス＝ラファルグ書簡集』が彼のフランスでの役割を明らかにすると同様、これらの手紙はイギリスの社会主義に対して彼がいかに深く関与したかを証明する。マルクスの死後はエンゲルスの家が社会民主主義と第二インターナショナルの司令部となる。マルクス主義の構築とこの当時の様相に彼が及ぼした影響を過小評価することはできない。

記念祭の細心の擁護者であるエリナは、「運動」の真正さの擁護者でもある。「正道」観は彼女の中で非常に強固である。「バックスは善良さそのものです」と彼女は、絶対自由主義の寛容に駆り立てられているこの闘士について書く。タッシー自身、この寛容が最も優秀な人々を引きつけることを認めている。「彼が必要とするのは、正道で自分を支えてくれる人々と共にいることだけです」[84]。この正しさという言葉遣いには「正しい路線」と、その必然的帰結、つまり、逸脱、離脱の概念の萌芽がある。マルクス主義がその誕生以来、いかに信奉者たちから、体系ではなく、明らかにされた真実、やり方のモードで受け取られたか、驚くほどである。

闘争の場――ジャーナリズムと会議

闘争、それは階級よりも路線と分派の闘争である。特に重視された二つの場――ジャーナリズムと会議。

ジャーナリズムの黄金時代。一九〇〇年頃、フランスの四大日刊紙――『ル・プチ・パリジャン』『ル・プチ・ジュルナル』『ル・マタン』『ル・ジュルナル』の各紙がほぼ一〇〇万の発行部数を数える。マルクスの娘たちは毎日、いくつかの日刊紙を意欲的に楽しむ熱心な読者であり、どこにいようとも、とりわけイギリスの新聞を好む。情報が確かで、しっかり構成されていると彼女たちは考える。第二帝政末期、ローラはパリの新聞の地方性とイギリスに対する無理解を嘆く。フランスに「亡命」中のジェニーは、「生活し、闘っている人々と一体になっていることを可能にするロンドンの新聞の校正刷を毎日のように[85]」懐かしむ。離れ離れになった三姉妹は新聞や切り抜きを互いに送りあい、記事に注釈を加える。ジャーナリズムは彼女たちの日々の生活の一部をなしている。

彼女たちは執筆を切望する。ジェニーは一八七〇年、『ラ・マルセイエーズ』紙で自分の能力を問うてみる。〈ウィリアムズ〉の署名で、彼女はローラが熱狂的に称賛したアイルランドに関する書簡を送る。具体的な時評と情報を主とする、エリナのジャーナリズムでの仕事は重要である。ジャーナリストと女優、これがまさしく知的な女性たちにとって解放の方途である。一九世紀の女性たちに認められる創造の狭い道。

彼女たちの伴侶にとって、それは社会主義に不可欠の表現方法であると同時に、生計の手段であり、職業である。ジャーナリズムのあらゆる機関が闘争の争点となる。ヨーロッパの数十に及ぶ紙名が引用されているこれらの手紙に、『トゥ・デイ』『ジャスティス』あるいは『コモンウィール』の方針のためにエイヴリング夫妻を、『シトワイヤン』や、一八八三年ヴァレスの創刊になる輝かしい日刊紙『クリ・デュ・ププル』の方針のためにラファルグ夫妻を動かす対立が反映する。党の新聞を入念に作り上げようとすることはたえず繰り返される計画であり、『エンゲルス－ラファルグ書簡集』からフランス側の継続性が浮かび上がる。この点からすればゲード派の運動家たちはイギリスのゲード派よりも成功をおさめた。一般に選挙期間に、そして束の間、世に出されるものではあっても、日刊紙の望みが生じると、何という喜びの声を上げることか。「あなたがたがまもなくパリであなたがた自身の日刊紙をついに持てることを知って、私たちがどれほど幸せであるか、言葉になりません。私たちにも同様の展望をせめて持つことができたら」と、エリナはイギリスとの連絡が彼らに託されることを求めて[86]、一八九二年にローラに書き送る。ゲード派の運動家たちの計画は、十分な発行部数を確保するには彼らのパリでの進出が弱少すぎて、うまくいかない。四年後、ゲード、ラファルグ、ショヴァン――「三頭政治」――が独立社会主義の日刊紙『ラ・プチット・レピュブリク』に入ると、エリナは奮い立つ。「非常によい知らせです。私たちがパリで日刊紙を出すことができさえすれば、ほかのものは皆（ほかの「党」の意味ですよ）、たちまち絶望的になるでしょうに」[87]。二組の夫婦は情報や論文を交換して互いに援助しあう。数か国語に通じていることで姉妹は情報の翻訳や伝達に非常に有効な役割を果たし、また、小さいものながら社会主義のヨーロッパ通信社を経験に基づいて設立することができた。

たえず繰り返される努力、つまり、こうした新聞は騒々しさと怒りにみちた、混乱した命運――ジャーナリスト間の決闘はパリでは頻繁に起きる――、数千人の読者しかいないフランスではとりわけ、そのわずかな発行部数ゆえの束の間の存在だからである。それでも新聞は影響力を持ち、マルクス家の人々はその重要性を十全に理解していた。さらにエリナは、理論家よりもおそらくジャーナリストとしてのマルクスを称賛していた。この領域においてもまた、〈父〉

は道を示していたのだ。

もう一つの前線は会議である。そこに代表として参加することは正当性と周知を与える。このことから代表団選出のために強烈な駆け引きが生じる。一八八四年、ルーベでのフランス労働党（ゲード派）会議に派遣される代表団に対するエイヴリング夫妻の専制的なまでの支配は社会民主連盟の分裂を引き起こす。第二インターナショナル設立会議の準備は争点に相応する一連の駆け引きそのものであり、この機会に熱に浮かされたような活動が展開する（「今日、最新の回状を五〇〇部、手紙や葉書を数百通、発送しました。疲労で死にそうです」[88]）。エリナは多数の着想を与える。ポシビリストたちの代表性を意識し、リープクネヒトは彼らを排斥することを嫌う。エリナはイギリスおよびドイツにおけるゲード主義者たちの影響の悪いイメージを修正するのに大いに苦労する。結局、二つの対抗する会議が一八八九年七月――おりしも、エッフェル塔がそびえる万国博覧会の豪奢の中でフランス革命百周年が祝われる――パリで開催。マルクス主義の会議が他方に勝る。第二インターナショナルはドイツ社会民主主義が支配する、〈政党のインターナショナル〉となるだろう。

廃れる細部、近代的なプロセス。われわれの目の前に輪郭が現れるのは政治のある種の職業化である。それは過度なまでに手間がかかり、正真正銘の活動と即応態勢を要求し、さらには、二重スパイや二重の意味、駆け引き、文体の効果に精通した専門家の仕事となる。職業的政治の増大はエリナを困惑させる。彼女は倦怠を感じながらも、こうした繰り返される策謀に、労働者たちの「真の運動」、つまり、ストライキと日常的な闘争による運動、要するに、エンゲルスの死後、いや増す情熱で再発見したように見える大衆の行動で対抗する。

女たちの運命

女であることは決して容易ではない、とりわけ、合理性が勝ち誇る中で科学的言説を後ろ楯にした厳密さで「女たちの場」を定義し、役割と空間の性的区分をおそらく頂点に導いた一九世紀にあってはそうである。

マルクスの娘であることは、では、何を意味するのか？　活路を垣間見るが、そこに到達することができないという余分な苦労、裏切られた夢、満たされない欲望の苦しみ以外に。とりわけ心を引かれるのは、これら引き裂かれた人生の優しく、そして残酷な情景である。「三匹の壺の中のミツバチ」(89)のように、彼女たちにとって「二重の任務」となるものの重圧の下で悪戦苦闘する。つまり、通常の女として、娘、妻、母であること。そして、特別な女として。責任のみならず、罪悪感を感じている、威光あるイメージ、〈父〉の遺産。

世界を、残念ながら（！）変えはしないにしても揺るがすことになる、前代未聞の冒険の出発点に生きる、という幸運（ヴィクトリア朝時代の女性たちの限られた世界では、確かに幸運なことであった(90)）と不運を体験した。彼女たちはモグラが進み、ミネルバの梟《ふくろう》が飛び立つのを最初に目にした。この軌道は彼女たちを解放もし、同時に、鎖でつなぎもした。彼女たちはほかの女性のように保守的ではなかったし、保守的になれもしなかった。ヘーゲルは彼女たちにとって新聞連載小説とモード誌のかわりをする。新しい思想の領域で重要である多くのものに、彼女たちはマルクス家で出会った。高度の知識階級、労働運動や政治の最前線を彼女たちは知り、あるいは垣間見た。才能があり、感受性が鋭く、聡明であったから、彼女たちは好奇心や喜び、おそらく幸せを感じた。輝くような、少なくともわくわくするときを思い浮かべることができる――想像しなければならない、これらの手紙は一つの人生の点線でしかないからである――。大きな風が彼女たちの人生を吹き抜けた。彼女たちは世界が揺らぎ、現実がぐらつくのを感じた。その猛烈な力を見抜きはしたが、意味を理解しなかった「運動」に心を奪われた。男たちと同じく、女たちは、「自分たちが作り上げている歴史を知らない」。

だが一方で、何も、誰も――とりわけ、彼女たちの〈父〉も――、彼女たちにその役割を果たすことや、彼女たちの地位というに近い場を離れずにいることを容赦しなかった。多くの点で彼女たちはほかの女性たち以上に、務めや命令、つまり、家事、子ども、そして、ドイツの主婦たちにとっての〈教会〉と同じく大きな拘束力を持つ社会主義に直面した。その結果、彼女たちは二重に居住指定される。すなわち、彼女たちの家庭と、〈父〉に対する愛情と一体となった社会主義。献身的で敬虔で、かいがいしく世話をし、控えめで、感情を表に出さない申し分のない娘たち。秘書の役目を果たし、原稿を清書し、翻訳をする彼女たちは、ほとんどマルクスの意に適うような男性たち――見たところでは、生活するに十分な資力と、『資本論』を普及させるに十分な信念を備えた男性たちと結婚した。

家事の中で崇高なものは自分のために残しておき、汚れるものは女中に、庭仕事は夫にまかせる中産階級の若い女性たちは当然ながら、主婦というより、一家の女主人であるが、マルクスの娘たちは揚げ菓子をこね、家具のつやを出し、壁に石灰を塗り、書くことをあきらめてほうきを使い、ぼさぼさ髪をいじり、引っ越しに明け暮れる。[91] 整頓と清潔は彼女たちの母が裁縫箱に残した遺産であるが、自分たちはそれにふさわしくないと感じている。冗談の中に後悔がにじむ。

出産や子どもたちは別の心配の種である。マルクス対マルサスか？　ジェニーは一〇年間の結婚生活で六人の子どもを出産し、ローラは四年間に三人の子どもを持つ。身体を消耗させる子どもたち。難産、乳房の膿瘍、命を落とす危険があろうとも、羞恥心が覆い隠してしまうすべてのもの。ジェニーは膀胱癌で亡くなった。その苦痛を、おそらくは望んでいない新たな妊娠の徴候と取り違え、手遅れであった。だが、自分の腹部のことを、女の身体のことを、姉妹にさえ話すことができるだろうか？　病気がしばしば話題になるこれらの手紙の中で、終身の看護人たちが綴っているのは他人の病気についてであり、頻繁に襲う頭痛や喘息、片頭痛、あるいは、多くの女性たちと同様、不安が引き起こす不眠に関してはわずかに触れているにすぎない。

ひ弱な子どもたちは彼女たちの心配の種である。授乳については医者や産婆たちが相反する意見を述べ、加えて昔からの慣習が真っ向から対立する。昼夜を問わず母親を憔悴させる病気の子ども。母親が愛し、母親をかかりっきりにさせる子どもたち。夫たちが男性の知識人の場所、つまり、図書館、編集室、集会、さらに政治犯の牢獄（共和政のこの時代、恐ろしいものではほとんどない）に頻繁に出入りし、また、フランス国内、国外を縦横に動き回っているとき、彼女たちだけが子どもの世話にあたる。彼女たちは子どもを持つ苦しみ、子どもを失う苦悩、子どもを持たない後悔（叔母は真に女なのか?)、成長し、無頓着な相続人、また非難がましい相続人となった子どもたちの忘恩に対する、悲しさや苦悩を知っている。マルクスの娘たちは、きちょうめんで心配性の、注意深く優しい、あるべき姿の立派な母親であった。

夫の協力者に昇格した立派な妻でもあった。左翼の、進歩さえした夫に認められた、結局、唯一の昇格。「あなたも知ってのとおり、以前のトゥーリーは女性が台所や舞踏室の外で話すのを耳にしたがりませんでしたわ」とローラは、ポールが男性性の聖域である国立図書館に女友達が姿を見せることを容認するのを目にして驚いて——少々、嫉妬して？——書く。[92] 一組の男女における関係様式が変わらない、つまり、不平等な交換が搾取の傾向を持つとき、内縁関係は多くを改善するものではない。両性の関係にフレデリック・リストの有名な公式をあてはめるならば、責務から解き放たれた男、「自由な鶏小屋に入った自由なキツネ」にとって、内縁関係は補足的な都合のよさを作りうる。エイヴリングは秘密の結婚を含めて勝手気ままに振る舞い、一夫多妻に近いうさんくさい特権を手に入れた。心ならずも内縁の妻となったエリナはマルクス＝エイヴリングと名乗り、あらゆる自由を自らに禁じた。三姉妹の中で最も男たちのことで苦しんだのは彼女である。

積極的に受け入れたのではないにしても、実際に経験するこうした矛盾が、手紙に抑制された興奮、女同士の間で——同じ階の住人や共同洗濯場の仲間、寄宿舎の友人、従姉妹あるいは姉妹といった——見られるように、きわめて頻繁につぶやかれた興奮を伝える。そしてこの興奮はしばしば、絶望的な嗚咽、さらには反抗の叫びを上げさせる。三姉妹とも、さまざまなおりに、また、さまざまな程度で、女性に課せられた宿命から逃れ、知的な、また、政治的代理ではもはや生きていかないという途方もない欲望を表明する。そして、そうすることができない幻滅を表明する。ここから、しばしば「女性解放の意識」の前触れとなる動揺が生じる。

「家庭という牢獄」

彼女たちは日常のあれこれを語る以上に、「主婦の気詰まり」[93]、金銭的な事柄の重圧や裁縫の退屈、たえず散らかっている家やひっきりなしに病気をしている子どもたちのことを語る。彼女たちは針仕事に対する母親の好みを共有することはほとんどない。「お裁縫は得意ではありませんわ。ここだけの話だけど、あなたも不得手ですよね」と、エリナはかわいらしく秘密を共有しながら、子どもたちのペチコートの「ぱっとしない出来」を弁解する。[94] ジェニーは「大きな心配事よりも、耐え難いように私には思われる家事に明け暮れる生活の厄介で、こまごましたつらいこと」[95]を嘆く。エリナが声を合わせる。「家の中で暮らさず、料理やお菓子づくり、洗濯、家事をしなくてよければ、どんなにうれしいことでしょう！　どれほど努力しても、ふさわしい主婦《ハウスフラウ》には決してなれないのではないかととても不安です。私には恐ろしくボヘミアン的な嗜好がありますもの」[96]。

彼女たちは不在の夫のことや、子どもたちのために広い世間から切り離されている女性の孤独について語る。コミューンの間、二人の子どもと病気の赤ん坊を抱えて独りボルドーにいるローラは、バリケードの上にいるポール――事実はそうではなかった――を想像する。「彼と一緒にいるのであれば、そんなことは私にとって大したことではありませんわ。私も同じように戦ったでしょうから。私はパリに行きたかったのですが、ここでは子どもたちを預けられる知人が一人としていません（……）。孤独であると感じることについては、私は独りきりでいることに慣れていますわ。ここ数か月というものポールが家にいることはほとんどありません。六、七か月の間、私は家から出ていません」[97]。疲れはて、精根尽きてジェニーは、「大切な子どもたち」が彼女に与える疲労を思い切って告白し、遠くで見たいと思う。「子どもたちの世話の絶え間ない仕事からどのようにであれ解放されることをときどき、望んでいます」。型どおりの言説でくどくど繰り返す、晴れやかで必然的に満たされた若い母親の甘ったるいイメージに、乳児にあきあきした疲れ切った女の姿を対立させる。世間的な道徳からすればスキャンダラスな言葉。「私は自分が哀れなほどに、絶望的なまでにいらいらしているのを、精神的にも肉体的にも不安定になっているのを感じます……私が少しばかり人間嫌いだとあなたはいつも私を責めましたが、今では私は活力をすっかり失ってしまいました。男性は私を喜ばせませんし、女性も同様です」[98]。彼女は「家庭というこの牢獄」[99]に閉じ込められていることを嘆く。

自分たちの時間も生活も自由に使うことのできない女性が永遠に待っている、と彼女たちは言う――「際限なく待つ」とエリナは嘆く。社会主義は階級闘争に彼女たちを誘う……、だが、女性解放の要求には忍耐を促す。新しいペネロペたち。そのオデュッセウスは決してやって来ることのない〈革命〉。

マルクスの娘たちは女性解放論者なのか？　いや、それほどには。この時代の女性解放のための闘争や組織に参加していないし、解放された女性たちに対していらだちさえ感じている。たとえば、ポール・マンクはローラの目に少々滑稽に映じたし、セヴリーヌはエリナの「神経にさわり」、アニー・ベザントに対してはエドワードとの昔の関係から嫉妬する。「女性問題」について、タッシーはベーベルの書物――英訳本『過去・現在そして未来における女性』が刊行されたばかりであった――に着想を得て、エドワードと共に小冊子『女性問題《ザ・ウーマン・クエスチョン》』（一八八六年）を著した。性の問題を階級問題の下位に置き、最も厳密なマルクスの公認教義での、社会〈革命〉の到来にその解決をゆだねる。とはいえ、同時に彼女はイプセンのヒロインたち――『人形の家』のノラのような――に夢中になり、『ボヴァリー夫人』を翻訳する。ヒロインのエンマに彼女は自分がひどく近いとしばしば感じる。

私の妹、エリナ……

エリナは、女としての生活条件と社会主義への信仰を別な風に生き、ずれにしばしば混乱しはするものの理論と実践を調和させ、倫理と政治を両立させ、闘士の精神分裂病と闘おうとした。彼女の悲壮な努力が、伝記作家たちの広く活用するこの〈書簡集〉の中心にある[100]。ここに初めて出版され、この女性の特異な顔を正面から映し出す。

マルクスの末娘は姉たち以上に、家族の負担、老いてゆく両親の重荷、相矛盾する規範の要求を背負った。これらすべてに対して彼女は反抗しようとした。彼女は父親の専横と同様、母親の示す女としての規範を拒絶する。彼女は父親の意に反して恋をし、アイルランドの大義と演劇に熱狂し、女優になろうとする。仕事をし、生計を立てることは、彼女の目には自立のために必要な道に映る。一八八一年六月、とある科学雑誌に掲載するための論文要旨を見出したことに浮き浮きして、好んで打ち明け話をしてきたジェニーに長々と語る。一週間に二冊の雑誌に書くことで、発声法の授業料が払えることを期待する。「うまくゆくと思っていますわ。そうなればどれほど安堵できるでしょう。いずれにしてもやってみます。失敗すれば、致し方ありません。(……)私は長い間、私の人生を浪費してきたと、そして今こそ、何かを企てるべき時であると感じています[101]」。「自分の部屋」を持つこと——女性にとってそれがどれほど重要であるか、ヴァージニア・ウルフが後に語るであろう——を可能にする何かを。

だが、あらゆる障害が彼女の前に立ちはだかる。彼女は何度かつらい時期を経験する。つまり、一八八一年夏、心因性無食欲症を伴った抑鬱状態、一八八二年一月、二度目の落ち込み。当時、彼女は気難しい病気の父親と、冬の風が吹きすさぶワイト島に滞在していた。父親は意気消沈している彼女を目にしていらだち、彼女が身勝手で、さらにはヒステリー症であると判断する。彼女はジェニー——死を迎えようとしているジェニー——に、家族の無理解を前にした苦悩や時間が過ぎてゆく不安、そして強いられた無為を語る、胸をえぐるような、明晰な手紙を送る。「お父様《パパ》も医者たちも、誰も理解しようとしないのは、私を苦しめているのは精神的な悩み(しばしばやることだが、彼女は自分を理解してもらおうと、強調する)だということです。お父様《パパ》は、何かをやってみる前に、〝休息〟を取り、〝力を蓄える〟ように言われます。〝休息〟は私に必要な最後のものであることや、際限なく待っている代わりに、何かはっきりしたことや仕事があれば、力が確かに戻って来ることがお父様には理解できないのです。(……)ここにじっとしている間に、何かをやる、おそらく最後の機会が消えてしまうと考えると、気が狂ってしまいそうです。(……)もはや手をこまぬいて待っていられるほど若くはありません。近いうちにやることができないのであれば、もはややってみるだけの価値はまったくないでしょう[102]」。頭痛、不眠——「ここに来て以来、六時間眠っていません」——彼女は睡眠薬の服用を拒む。「それは結局、お酒を飲むこととあまり変わりません。ほとんど同じように危険です」。彼女は偏狭きわまりない医者たちを信頼しようとしない。「彼らが理解することはできないし、理解しようともしないことは、精神的な悩みはどんな身体の疾患とも変わらぬ病気だということです」。女性のヒステリー、それは気を狂わせるこの苦境がもたらす。窮地を脱しようとする意志とその不可能さ。「何かをやってみたいという欲求を押し殺すことができません」(103)。ほどなく、父親に最後まで立ち向かうだけの勇気がなくリサガレーとの果てのない婚約を破棄する。「恐ろしい闘い」がなかったわけではない。「どうして生きつづけられたのか、ときどき自問しています」。彼女はがむしゃらに仕事に没頭する、「仕事は最も重要なものです」。

仕事を持つこと、見つけること、持ちつづけること、これが恒常的な強迫観念であり、自立の根拠、孤独ではなく、自己実現する手段となる。際立って活動的なエリナは山積する仕事――翻訳、ジャーナリズム、演劇、マルクスの著作を普及するための闘い、戦闘的活動――をしながら、自らの深い不安や癒やすことのできない孤独の救済手段を求めて、たえず旅をする。「人生は生きる価値があるものかどうか、人生は徹底的に醜悪なものであるのかどうか、自問するだけの時間が真実、ありません」(104)。

マルクスの死は彼女にとって深い悲嘆であり、また、紛れもない解放である。一八八三年から一八九〇年は、エリナにとって――おそらく――最良の歳月である。ヘレーネはエンゲルスの家政婦となり、今や立会人がいない。彼女の自由を奪っている幼年時代から逃れようと努める。彼女は境遇を変え、エイヴリングと出会い、彼の演劇熱やイプセンへの愛着を共有し、二人でこの劇作家をイギリスに紹介する。広い世界――スウェーデン、合衆国――を駆けめぐり、『ボヴァリー夫人』を翻訳し、彼女に自由の幻想を与えるボヘミアン的生活を少しばかり――実にわずかに――送り、家族が否定していたユダヤ人としての絆を再び見出そうとする。こうしたすべてが、自分自身であり、立ち向かい、対決する勇気と意志にほかならない。

あえて幸福とは呼べない短い歳月。証人たち――バーナード・ショウと、彼女の唯一の親友であるが、エイヴリングを嫌悪しているオリーヴ・シュライナー――がこの困難な関係に疑わしい視線を投げ、一八八五年以来の破局のうわさ、そして、自殺未遂について語る……。

一八八八―八九年から戦闘的生活が、失敗にみちていた演劇生活に取って代わる。そしてこの面でもタッシーはさらに先へ進もうと努めた。学派間の論争にうんざりして彼女は労働界との接触を探し、大衆と闘争の新しい様式、労働組合運動《サンディカリスム》の指導者キア・ハーディと親しくなり、スコットランドの鉱夫や冶金工のストライキ集会に演説家として――きわめて優れた演説家ということだ――参加する。彼女はガラス工の会議で事務局の仕事をする。「まる一週間（……）、私は討論を通訳し、速記しなければなりませんでした。今は私のメモから報告書をタイプしている最中です」。タイプライターが母親の針に取って代わった。彼女は大規模なストライキ、よそと同様ここでも一九世紀末の「再編」に脅かされている「わが国のガラス工業全体の死活問題」を支持する。同じ時期のフランスで、彼女に比べられるのはほとんどルイーズ・ミシェル一人である。

だが、小康状態――熱に浮かされたような――は短期間で終わる。一八九〇年以降、孤独の潮が再び満ちるのが感じられる。エンゲルスに関してと同様、エイヴリングに関して。エイヴリングは二重生活を送るために偽名――彼の舞台名であるアレック・ネルソン――を使ってしだいしだいに遊び好きになり、病気のとき以外は留守をする。「ときどき手紙が届けば嬉しいのですが。いつもたいそう忙しくしていますが、ひどく一人ぼっちでもあるからですわ」とローラに書く。かつてジェニーがそうであったように、彼女は自分が「生気がなく、愚か」であると感じ、自分の体をかこつ。いつもひどく恐れている祝日の近づくことが彼女にとって責め苦である。「このぞっとするような祝祭行事は、心が楽しまなくなるにつれてますます耐えがたいものになっていきます」。

だが、伴侶に対してはいつまでも変わらぬ愛着を抱きつづける。彼女は彼を許し、その健康状態の悪さを気にかける。死の三か月前に書かれた、この選集の最後の手紙は、疲れ、孤独ではあるが、変わらず労働運動を信じ、エドワードに対し貞節な彼女を浮かび上がらせる。彼は手術を受けたばかりであり、彼女はかつて父親にしたように、静養のため、

「ロンドンの霧から離れた」へイスティングズに彼を連れていこうと計画する。愛した男たちにエリナは決して反抗しようとはしなかった——その勇気がなかったのか？——、そして、男たちはそれぞれに彼女を苦しめた。

三か月後、重ねられた嘘と裏切り（若い女優とのエイヴリングの内密の結婚、たえず繰り返される金銭問題……）の発覚が、唯一の可能な出口のように彼女を自殺に導く。

彼女の前に、社会主義の、あるいは女性解放論の多数の女性たちが、容赦なく閉じ込められた生活から抜け出していた。私は、アンファンタンの激情的な言葉に警戒心を起こしながらも、彼の実践の暴虐に縛りつけられたサン゠シモン主義の女性たち、クレール・デマールやそのほか多くの女性たちに思いを馳せる。ともあれ、女性の解放は女性たち自身の所産でしかありえない。

彼女たちの後、ほかの女性たちが同じ道を歩むかもしれない。ローラ自身、一九一一年一一月二五日、確かに大きく異なった状況の中で。六二歳、祝日の夕べ、年老いた伴侶のポールとともに。おそらくは、老いゆえの体の衰えに打ち勝つために。そうは言っても、マルクスの三人の娘たちの中の二人が自ら命を絶ったことは無関係ではない。自由意志の心静かな選択であったのか？　可能の限界の前でけりをつけたいという、精根尽きた欲求であったのか？　誰がそれを言えよう？　彼女たちは、刑務所を思わせる現実の苦境から解き放つ言説が与える恐ろしい目まいを感じたのか？　女として？

あらゆる自死と同様、マルクスの娘たちの自死もまた生者に問いかける。

貴族街の若い女性の私生活——見出されたカロリーヌ・Bの日記

「見出されたカロリーヌ」、『カロリーヌ・Bの私的な日記』への序文。M・ペロー、G・リベイユの調査(パリ、アルトー＝モンタルバ、一九八五年、七―一一頁)

この物語はおとぎ話のように始まる。

ジョルジュ・リベイユがこの日記を古いトランクの中からではなく、今や廃れてしまった屋根裏の代替物である古書市で発見した。書店や愛好家が特別に評価の高い著作をすっかり選び出した後で、競売で売られた蔵書の残りが流れつく古本屋の一つでのことだ。

八ツ折判の製本した褐色の分厚いノートには、「カロリーヌ・ブラムの日記。一八六五年三月一七日―一八六五年四月一二日。一八六四年一一月二四日―一八六五年三月一六日。一八六五年四月一三日」と手書きのラベルが付けてあった。ていねいに日付が記入され、三〇〇頁に細かい字がびっしり書き込まれていた。この日記帳が区分けされていた〈神学および宗教〉の棚では、明らかに同一の蔵書から出た、信仰心、倫理、キリスト教礼儀作法のさまざまな書物——

その中に北フランスのカトリック作家マチルド・ブルドンのものが四冊――のわきにあった。どの本も同じように、すっきりと優雅に、布地でブラデル製本され、書名、日付、ときには一輪の花が刷られていた。番号をつけた小さなラベルが分類を示唆していた。一冊だけ、つまり、ショモン師の『キリスト教徒の家庭の管理』（パリ、一八七五年）に「カロリーヌ・オルヴィルへ。愛情をこめた思い出に」（署名は判読できない）と献辞が書き入れてあった。敬虔で上品な女性のこの蔵書は明らかにごく最近、換金されたもので、古びた残骸のまわりに崩壊の雰囲気が漂っていた。

この資料には奇妙な、それでいて模範的な何かがあった。このような私的な日記は珍しいものではない、だが、一般の人々の手に届くのは例外的である。その書き手――多くの場合、女性――が老境にさしかかると、相続人たちの冷たい目や皮肉な視線に身をさらすことをあまり気にせずに、通常、破棄するものだ。この日記が生き延びたのはおそらく時期尚早に訪れた書き手の死のためであろうし、われわれの手に届いたのは、蔵書のほかの本と合わせての請求書のためであろう。忘れられたことがまさに破棄や、検閲を免れさせた。純然たる利用価値がありながら、薄暗い隅に置き忘れられたこの日記は、おそらくは引っ越しか出発のあわただしさの中で、二足三文で売られたと思われる。第二帝政末期のサン＝ジェルマン街の若い娘――若い女性――の私生活が、まるで不法侵入したように、明らかになった。

この資料の、ほとんど民族誌的と言える特徴がたちまちわれわれの心をとらえた。繰り返される月並みな話や、習わしが、今日のわれわれにはすっかり無縁のものになってしまった信仰心とともに、廃《すた》れた生活様式や思考様式を証言する。それは完璧さの模範として長い間、フランス社会につきまとった、ある種の「風俗の洗練」を内側から日々、見つめたものであった。

だが、内省を思わせる最初の数頁(1)の後で現れたある種の個人的な調子がわれわれの関心を引いた。苦悩や欲求の表現、兆しが見えただけで終わった恋愛、そして女性のどうにもならぬ運命、つまり、えり抜きの結びつきにしようと周囲が手はずを整えた見合い結婚への最終的な同意に、心を動かされた。女性の中の女性である、一人の見知らぬ女性のこの声に胸を打たれた。われわれは彼女がおそらくは一度として手にしたことのない言葉を彼女に与えたいと思った。

だが、われわれがその生活をほぼ日を追って見ている、オルヴィル夫人となったこのカロリーヌ・ブラムとは誰であったか？　これが追跡と調査の第一歩であった。日記の書き手の追跡、その家族や土地や階級についての調査には、日記に書き留められた多数の固有名詞が役立った。

カロリーヌの父エドゥワール・ブラムは土木局の優秀な官吏であり、高架「鉄道」の未来を先取りした計画の立案者であった。彼の死亡記事がわれわれの最初の手がかりとなり、中心人物、カロリーヌの父方と母方の家族を探し出すことができた。

彼女の母パメラ・ド・ガルダンヌ——一八六二年の死はこの日記に暗い影を落としている——を通して、カロリーヌはパリの公式の美術界に属していた。つまりアングルやイポリット・フランドランは大伯父エドゥワール・ガトーが目をかけた画家であり、友人でもあった。二人は彼の周囲の人々を多く描いたが、たとえば、今日、リヨン美術館にあるパメラの肖像はフランドランの筆になる。

反対にブラム家はリールの産業ブルジョアジーに属していた。その相当な財産は公共土木事業の請負業者であったルイ・ブラムに由来する。次の代、つまりエドゥワールの代、野望が広がった。繊維、政治、理工科学校、さらに学士院までもが多様な戦略でその視野に入った。結婚が戦略に大きくかかわったように思われる。

新興のこの家系は結局脆弱であり、われわれはその変曲点を見分けることになろう。リールの家系は繁栄した。記憶が保たれたのはこちらの系統である。二〇年ばかり前、現在の子孫の一人がジャック・フカール氏に、家系ならびに公証人の一連の調査を依頼し、その貴重な成果がリール市図書館に保管されている。中でも、ブラムの長子である政治家のジュールが、カロリーヌの父である弟エドゥワールとの長年に及ぶ対立について弁解した「告白」がある。カロリーヌは、家族を引き裂き、しばしば女性たちの運命を左右したこのドラマにさりげなく触れる。解読不能な暗示。このもの悲しいおとなしさの背後に激しさが隠されている……

パリの家系はこれほどの幸運に恵まれなかった。おそらく、時代遅れの貴族階級の規範を選択したゆえであろう。カロリーヌの弟ポールは信念を持ったカトリック教徒であり、慈善活動に専念した。彼の多数の子どもたちについては何も残されてはいない。カロリーヌの二人の娘マリーとルネは、すでに亡くなっていた母がおそらくは夢みたような、貴族らしい結婚をした。だが、城館に暮らす人々は、結局アンシャンレジームを打ちのめした戦争や危機をうまく乗り越えられなかった。かくして、一世紀以上も一族のものであったサン＝ドミニク通りの大邸宅が一九六九年、売却された。オルヴィルの所有であり、カロリーヌの二番目の娘ルネ・ド・ヴィブレに譲られたマルイユ＝アン＝ブリの城館は今日では、森林を管理する、ある民事会社に委ねられている。変遷のしるしであるが、詳述することはわれわれの任務ではない。

カロリーヌが言及している場所の調査旅行から、消滅した世界が鮮やかに浮かび上がった。ニエーヴル県にあるラ・カーヴの城館は、彼女が愛したにちがいないアルベール・デュモンと会っていた所であるが、今では林間学校のひどく荒れはてた本部になっている。彼女が部屋の窓から見ていた景色は今では荒涼きわまりないものとなり、沼に降りていく階段をイバラが覆いつくしている。ボーモンに近い教会は年一回の巡礼地であるが、もはやそのおりにしか開かない。その墓地に、一八七一年、戦争中に二四歳で没したアルベールの墓があった。

彼の死の知らせをカロリーヌは、半ば亡命者、半ば病人として療養していたスパで知った。この間、夫のエルネスト・オルヴィルは攻囲されたパリにとどまっていた。われわれが知己を得、ご子息と同様、非常にお世話になったフカール氏は、カロリーヌがエルネストに宛てた五〇通ばかりの手紙をわれわれに見せた。それらは、それまで以上に平等を目ざし、それまでにも増して情愛にみちた、要するに、近代性に貫かれた夫婦の理想を実現しようと、ときに絶望しながらも努める若い女性の肖像を描き上げる。手紙のいくつかを例示しよう。

こうして、褐色の日記帳は、しだいにきつく締められていく、極端な場合には際限のない、もつれの中心となった。公的ならびに私的な古文書、記念建造物や博物館、住宅や墓地、さらには、もっと弱々しい口頭証言を通して、発見するには探しさえすればいい、家族の考古学の全貌が現れた。確かに、有力な家族はほかよりも、とりわけ、「時間を自由にできる」女性たちのおかげで、彼女たちの秘密までが書き込まれた痕跡を残す。不公平な分配が記憶の中でもつづけられる。とはいえ、文章を書くこと、そしてやがて写真がより一般的になるこの時代にあって、彼女たちが記憶を独占しているわけではない。彼女たちは忘却の大夜想曲も知っている。

しかしながら、こうした家族の宝物は、公と私が解きほぐせないほどにもつれあっている経歴に対するわれわれの理解を充実させよう。この日記から、情勢を通して、一人の新しく、風変わりな人物、一個の人格になろうとする一人の女性が姿を現すのをわれわれは目にしたと思った。

カロリーヌ日記——家族・社交界・宗教・個の目ざめ

「カロリーヌ、第二帝政下のサン＝ジェルマン街の若い娘」、『カロリーヌ・Bの私的な日記』に関する調査。ジョルジュ・リベイユとの協力により発表（パリ、アルトー＝モンタルバ、一九八五年、一六九—二二四頁）

同一の蔵書[(1)]にあった一山《ひとやま》の宗教書とともに古書市で購入されたこの『日記』と、後に発見された五〇通ばかりの書簡が、サン＝ドミニク通り——サン＝ジェルマン街〔昔、貴族が住んでいた街〕の真っただ中——で生まれ、その短い生涯の大半を過ごし、そして没したカロリーヌ・ブラム（一八四七—九二年）に関して、今日、われわれの手許に残っているすべてである。十分ではない。結局のところ、大半以上が痕跡を残すことなく、紛失した。

われわれはこれが最初の原稿であると確信しているわけではない。削除がほとんどないこと、ちょうど古い写真を整理するとき、モデルの名を忘れてしまうことを心配して遅ればせにやるように、余白に書き加えられたいくつかの正確な事実、反論の余地のない、奇妙な点——たとえば、具体的な外見と言葉の間に見られる食い違い[(2)]——から、これは場合によってはカロリーヌによる清書であることが示唆される。彼女が思い出すことをことのほか好むという事実から、そう考えることができる。「思い出は人生の大きな喜びの一つである」と一八歳を終える頃、彼女は書いた。自分の日記を書き写すことはこの過去を懐かしむ女性にとって、まだ「未来」を持っていた、青春時代の失われた時を見出す方法でありえた。

われわれは彼女が書き留めたもののすべてを手にしていると確信しているわけでもない。寄宿生活のおそらく終わりに、イタリア旅行から帰って、一八六四年一〇月二四日に書きはじめられたこのノートは、消えた幸福の舞台であったニヴェルネ地方のラ・カーヴで、一八六八年一〇月二六日に終わっている。カロリーヌは一八六六年四月一八日以来、エルネスト・オルヴィルと結婚している。いくつかの手がかりからこれが全体であるように思われはするものの、おそらくもっと広範な日記の一部であろう。

日記の最初の頁にカロリーヌは書く。「私の三六冊のノートは大いに笑われた（……）、すべて小さなサロンに並べてある」。授業のノート、旅行日記、それとも、以前の日記？　確かに今日では、私的な日記が周囲の人々の目に触れることは想像しがたい。だが、小さなサロンは本来、女性のための空間である。そしてカロリーヌは家の中でただ一人の女性である。彼女の母は一八六二年五月二六日に亡くなっている。

終わりの頁にも、同じような不確かさがある。日記はノートの最終行で、一日の物語のほとんど真ん中で終わっている。この実際上の終わりは実質的な結末なのか？　だが、結婚以来、カロリーヌが日記をつけるのはもはや例外的にでしかなく、それはとりわけ記憶をよみがえらせるためであったことを指摘しなければならない。聖地となり、日記は完全に機能を変えた。実際、それはその一つであることをやめた。結婚が、ほとんどいつもそうだが、日記を消滅させた。若い娘は秘密を持つが、妻となった女性は、たとえ自分に許すにしても、夫婦の寝室で秘密を持つことはできない。時代のしるし。ミシュレは夫婦の「告白」を近代的な夫婦の関係の中心に置き、夫のためにただ一人の秘密を打ち明けられる相手、ただ一人の友である権利を要求する。(3)　こうして、日記は不安な青春時代の仲間、心のためらいを打ち明けられる相手としての役割を果たした。通過儀礼であり、移行の証言である日記の一体性と、おそらく単一性がそこにある。日記をつけることは一九世紀にあって、比較的普通に見られる実践であり、しだいに広まっていた。[4] こうしたやり方の起源や意義は多様である。支出やその日の天気を書き留め、資産と、やがて最も貴重な財産、つまり自分の時間の使い方に腐心する家計帳の「備忘録的」側面が見られる。[5] 病気の慢性化で身体がそこに入り込む。心もまた。私的な日記の宗教的源は重要だからである。プロテスタントの側では、一八世紀末、一九世紀初頭、アメリカのプロテスタント教会できわめて活発であったドイツ敬虔派のしきたりは、とりわけ女性の間で、その実践を進める。カルヴァン主義のジュネーヴで、アミエルは一三歳のとき以来、自分の決意とその不履行を書き留めるために、「ディレクトーリウム」つまり、「金の縁の、留め金のついた記録簿」を所有していた。日記は内省と自己管理法となり、修道院から出るときに若い寄宿生たちにその使用が奨励される。

時をわきまえず自己がほとばしり出るおそれにいっそうのためらいを見せるカトリック教会は、私的な日記を恩寵の徳と道徳的省察のほうへ導く。しかしながら、第二帝政下でキリスト教徒の女性たちが好んでその助言を求めたメルミヨ猊下は、スヴェチーヌ夫人やウジェニー・ド・ゲランの著作のような、私的な著作が持つキリスト教擁護の力を称賛した。彼女たちの著作の出版が回心をもたらしたと彼は言う。[6] マルキニー神父（イエズス会）は『強い女性』の表題でジュリア・アデルスタン伯爵夫人の日記および夫婦の書簡を出版した。[7] これは一八七一年に三〇歳で世を去ったリヨンのある貴族の女性の偽名である。この書物がカロリーヌの蔵書にあり、彼女は多数の箇所に下線を引いているが、その選択は彼女自身の強迫観念を雄弁に物語る。もちろん、カロリーヌは一八七三年に出版されたこの著作に直接に影響されたとは考えられない。それにもかかわらず、彼女自身の文章との、文体や題材の類似は顕著である。それはキリスト教徒である「日記の書き手たち」に、流布している模範がどれほど強烈な印象を与えたか、その威力を証明する。

だが、同時に、日記は個人的な表現の場であることがしだいに明確になる。私生活のこの黄金時代にきわめて強い家族の「不寛容」にしばしば息苦しくさせられる個人は、夜になってやっと呼吸できる自分の片隅を切望する。たとえばアミエルのような人間にとって——確かに極端な例であるが——日記は一日の主要な行為、さらに生活の全体、それ自体として目的である。いずれにしても、内的な自己が日記を占有しようとする動きは広く行き渡っている。

たとえ書くことへの欲求が一九世紀にあって、社会的境界を崩す共通の情熱であるとしても(8)、日記はそれでもなお、経済的な、また知的な理由から、裕福な人々の専有物でありつづける。そこに二つのカテゴリーがとりわけ認められる、つまり、青少年と女性である。孤独の仲間であり、独身者の所産である日記は、しばしば一つの状態から他の状態への移行に伴って書かれ、後にこの過渡的な状況で被害をこうむる。恥ずかしく思うような厄介な証拠物は隠され、その結果、置き忘れられる。隠滅されることさえある。多く失われはしたものの、表現や生活の貴重な名残である家族の古文書の中には想像以上に残っているかもしれない。だが、無関心な相続人たちの冷淡なまなざしを危惧する書き手自身によって多くの日記が隠滅された。存在そのものの中心にあるこの秘密の部分を守るために、どれほど多くの紙片が人生のたそがれ時に燃やされることか!

カロリーヌは彼女の日記を取っておいた。自分の痕跡を消すことを望まなかった。あるいは突然、死に見舞われて、消去する時間がなかったのかもしれない。おそらく、彼女は後世に自分の痕跡を伝えることを望みさえしたのではないか? 書くという行為はどんなものでもある意味では、生きる意志、あるいは、死後も生きつづける意志である。エクリチュールはすべてメッセージであり、そして謎である。

日記というエクリチュール

一八六四年、一八六五年、カロリーヌはほとんど毎日、とりわけ、彼女が経験した激しい実存的不安の時期には日記を書いた。彼女は夜、自室の静寂の中で、最後の祈りの前に書き、自分の行為の反省、さらにいっそう、自分の時間の反省をする。「私の一日を上手に使っただろうか?」と自省する。「私が神のおそばにいて、私をお助けくださり、私をお許しくださるようお願いするとき、それが最初に考えるべきことであろう!」(一八六五年六月一七日)。彼女は良い行ない、悪い行ないの調査目録を作る、つまり、汚れ（けが）れなさの欄には、信仰の業（わざ）、慈善活動。汚れ（ひどく汚れてはいない）の欄には、気まぐれ、いらだちのしぐさ、現世の誘惑。日常の信仰心の反省として日記は敬虔な若い娘の実践をつぶさに伝える。

カロリーヌは世俗の活動を丹念に振り返る。買い物、訪問、晩餐、接待、夜会。彼女はパリでの取るに足らぬ外出、とりわけ、訪問したり、出会った人々、水曜日の彼女の「招待日」にやって来た人々について正確に記載する。

そして、幸せな気持ちで一日の内容を評価する。「この新しいノートに私は何を書き留めるだろう？　喜び、それとも苦痛？」（一八六五年六月二八日）。彼女は日記を自分の楽しみと心配の証人とする。この機能はとりわけ一八六五年の夏以降、増大する。大好きな従姉妹のマリー・テルノの結婚が契機となって、自分の将来や適性――修道女になるか結婚するか――に対する不安な時期が始まる。日記は亡くなった母の代わり、少なくとも、変わらず母に話しかける手段である。「私が体験するあらゆることを打ち明けるよき友」（一八六五年六月二〇日）が、気晴らしではないにしても、内省の道具となる。一八六五年の秋、彼女がやっと手に入れた自由の短い期間、カロリーヌは神のことよりも自分自身について、そして愛しているように思われるアルベールについて語る。痛悔や感謝の祈りが少なくなり、自分に対する気遣いが増す。つまり、より個人的な表現のために宗教的調子が後退する。

とはいえ、個人的な表現は抑制されている。「私」は、説教師が若い娘たちに彼女たちの神経を警戒するよう勧めるサント＝クロチルド教区ではとりわけ、市民権を完全には獲得していなかった。「今や、優れた、素晴らしい発明がありますけれども、私がまったく好きになれない発明が一つあります、それは神経系です」と、バザン神父は彼女たちに語る（一八六五年三月二三日）。世紀末に勝利を収めた心理学はまだ小説や会話に浸透してはいなかった。「とりすましていること」の障壁はサン＝ジェルマン街の礼儀作法では変わらず堅固であった。自らの心の動きについて、カロリーヌは、さらに一歩進むことが許されていないかのように、遠回しな言い方をする。「神様、今、私が望んでいることが一つあります」と書く（一八六六年一月四日）が、これは大胆なことである。「神様、ここに何が書けましょう！　……

心の奥を明かすことができるのであれば！」（一八六六年一月一五日）。不可能な告白！　事態をはっきりさせるであろう言葉が慎みから控えられる。「私は思い切ってするだろうか？」「私はそれを言うべきなのか？」と彼女はときどきあえて言う、そしてそれが困難な点である。恥じらいが彼女の考えにと同様、この日記に重くのしかかる。行動の規範に束縛された言葉と生活は、われわれに不透明なままである。抑制できない社会通念が自己表現を左右し、透明性をむなしいものにする。したがって、しるしを読み取り、行間を読み、ほのめかしをとらえ、裂け目や断層に巧みにもぐり込み、余白や婉曲な言葉をとらえなければならない。心の秘密を是非とも知ろうとする歴史家──神に対する冒瀆か？──は神になりたいと思う。それがだめなら、フロイトに！

カロリーヌは公証人のような正確さで、日記に日付を記入する。左側に日、右側に毎日繰り返される日付、月、年。「日々」の世俗的リズム、典礼遵守、季節による移動──夏の休暇、秋の狩猟──、カロリーヌが日付の一致に何らかの神秘的な意味を見出そうとし、固執する家族の記念日。これらの時間性が、外部の世界と無関係の私的な時間を細かく区切り、その詳細な記述が無限につづく印象を与える。同数の惑星系を構成する閉じた社交界の真ん中での、取るに足らない反復と際限のない展開の奇妙な感覚。こうした私的な著作を通して、われわれは現代のマスメディアが混乱させてしまった時間の把握と調整方法を垣間見る。

カロリーヌは「私」と書く。彼女はイエスと聖母マリアとともに、主要な対話者である母に対して tu〔あなた。親しい間柄で用いる〕を使う。イエスや聖母マリアには vous〔あなた。未知の人、目上の人、密接な関係にない人に用いる〕を使い、イエスが答える感謝の祈りの対話をとりわけ詳述する。彼女の感嘆を表す言葉──「おお！　ああ！　何と……！」──は祈りと詩の言葉である。彼女は省略符を多用する。しかしながら彼女の文体はとりわけ結婚後、いっそう簡潔で、味わいのないものに転じる。四年の間にカロリーヌは大人になった。こらえきれない笑いや涙に身をまかせる、幼い寄宿生から、もっとまじめで、たわいもないことをすぐに面白がらない若い女性になった。確かに彼女にはもはや、夜、ペンを走らせるための「自分の部屋」がない。一八七〇─七一年、戦争で夫と別れ、スパに一人でいるとき、彼女は夫に驚くほど私的で断固とした口調で手紙を書く。まるで、公人としての生活への関心を正当化する特別の情勢のおかげで、彼女が少なくとも一時的に、解放され、肯定されたかのように。

ここに綴られているのは一八六四年から六八年までの、つまり一人の女性の一七歳から二一歳までの四年間の生活である。日記は、消滅しつづけている一民族についての日々の証言である、彼女の世界を描き出す。だが、それはまた、自分の熱望と宿命の間で身動きできなくなり、社会により課せられた役割と礼儀作法と格闘する若い娘の特異な生活をわれわれに明らかにする。おそらく順応主義者であり、たぶん忍従していても、カロリーヌは欲求も欲望もない「模範的な少女」ではない。彼女は、情熱的であると推察される性格、優しい心、軽やかな身体、不眠、そして夢を持っている。社会と彼女の間のこの緊張関係が本著作の魅力である。彼女がほとんど似ていないパトリシア・ハイスミス流の倒錯の魅力。出口は分かっているが、曲がり角の分からない道、結末を知っていても、サスペンスがそれだけ消え去りはしない物語の魅力。いやおうなく閉じられる罠の魅力。

サン＝ジェルマン街のただ中で

家族の関係と社交界の人々との交際がカロリーヌの空間を規定する。パリ、リール、多少とも田舎のいくつかの城館が、鉄道のおかげで容易に、また、規則的になった移動の主要な拠点である。イタリアおよびベルギー、つまりローマとフィレンツェ、ブリュッセルとアントワープへの二度の外国旅行が、個人的な網で構築されたこの領域をわずかに開く。結局のところ、限られた空間であり、その狭さは女性の往来につきもののさまざまな制限でさらに増大するが、カロリーヌはこの空間を完全に自分のものとする。彼女が真にくつろぐのは「愛する首都」にいるときだけであり、旅の疲れに苦しみ、地方をひどく嫌い、リールを陰気だと思う。

パリは母方の先祖ガトー家の街であり、少なくとも一八世紀の初めからの居住が証明されている。(9) 曾祖母のガトーは、カロリーヌの父となるエドゥワール・ブラムに、パメラ・ド・ガルダンヌと結婚するためには土木局の予備隊にいるよう求めて、「パリに決して住まないであろう男性を孫娘の夫とすることを断固として拒ま」なかったか？　意識的にであれ、否であれ、カロリーヌはこの筋書きを後に繰り返すことになるだろう。彼女の夫のエルネスト・オルヴィルが行政官としての道で必要な段階である地方への赴任を拒み、辞職という最終決定を下したことには、サン＝ドミニク通りに対する彼女の愛着が大きく働いたにちがいない。アングルやフランドランの友人である伯父のエドゥワール・ガトーは、見事なコレクション――ルーヴル美術館に遺贈しようと考えている――を集めた、リール通りの大邸宅に、芸術家たちを招待した。彼が木曜日に催す夜会は音楽にささげられる。

エドゥワール・ブラムもまた、公然たるパリ人である。彼自身の交際――技師、実業家、建築家たち――からいっそう頻繁に右岸の新しい界隈やブーローニュの森、シャンゼリゼに足を運んだ。グラン・ブールヴァールが大いに気に入っている彼は子どもたちを連れていく。カフェ・トルトーニでのアイスクリーム、オペラ＝コミック座、そしてポルト＝サン＝マルタン座での芝居。都会の楽しみに目がない彼は、すでに結婚している娘をスケート・クラブの夜の祭典に連れ出す。彼女は「電気照明に驚嘆」する（一八六八年一月一〇日）。彼は豪奢や、馬、美しい馬車を好む。いつも旅をしている彼は馬車と御者を専有し、娘に迷惑をかける。娘のほうは、雨が降っているときにはとりわけ、見つからない辻馬車をたえず探さなければならない。

良家の若い娘は一人で外出することはできない。お目付役のルポ夫人、小間使いのベルタ、あるいは仲よしの婦人がたいていの場合カロリーヌに同行する。マレ地区に出かけ、かってサント＝クロチルドの助任司祭であり、サン＝ドミニク＝デュ＝サン＝サクルマンに任命された[10]、彼女の良心の指導者シュヴォジョン師に面会することは、問題の多い遠出であり、いつも詳細に記される。案内役なしであるのは何という冒険的行為！「伯父の家に行くのにマリーだけを伴って（初めてのことであった）出かけた（……）。マリーと私は誰も私たちについてきていないことに大いに笑った。みんなが私たちを見つめているように思われた」（一八六四年一一月二五日）。サン＝ドミニク通りからリール通りまでの道のりはさほど遠くはない。だがルポ夫人は帰路のために迎えにくる。ジョルジュ・サンドにとって、一人で行き来するのは自由の象徴でさえあった。「街にたった一人でいて、〝四時であれ、七時であれ、私の好むままに、夕食をし、チュイルリー宮に行くのに、気まぐれに従ってシャンゼリゼでなく、リュクサンブール公園を通ることにしよう〟と考える、これこそが男性の見えすいたお世辞やサロンの堅苦しさよりも私を愉快な気分にするのです」[11]。女性が変われば、習慣も変わる。

したがって、告解をするためにマレ地区にほぼ週に一度遠出する以外、カロリーヌはサン＝ジェルマン街と彼女の「大切な小教区」サント＝クロチルドから出ることはほとんどない。その位置は、彼女の日課の中で信仰の実践――聖母マリアあるいはサント＝ヴァレールの礼拝堂での朝のミサ、ラス・カーズ通りのカテシスム礼拝堂での聖体降福式、公教要理あるいはマリーの子どもたちの集会――が占める位置に相応する。カテシスム礼拝堂は今日、宗教的記念建造物を修復する会社が使用している。だが、教会はほとんど以前のままであり、ステンドグラス、フレスコ画、そして調度類の細部まで均質な、ゴチック式建築「復活」のパリにおけるほとんど唯一の例となっている。一八四六年から一八五七年にかけて建築され、当時は真新しいものの、最も大いに論争を呼んだ教会であった。ケルン出身の建築家ゴーは、全体の「ドイツ的」冷たさで非難を浴びた！　工事を完成させたバリュは、装飾の華麗さ、とりわけ、ルヌヴ（サント＝ヴァレール礼拝堂）、ブグロー（サン＝ルイ礼拝堂、一八五九年完成）[12]ら五人の芸術家の制作になる、礼拝堂の絵で改善しようとした。カロリーヌはサント＝クロチルド教会にいると気分がいい。彼女はカトリックの信仰の雰囲気を好み、豪奢さを称賛する。花、光、歌と音楽。セザール・フランクがこの小教区教会のオルガン奏者である。時代の宗教芸術が凝縮したサント＝クロチルドはその美的宇宙や模範と調和している。美術館や展覧会で、カロリーヌが好んで眺め、論評するのは宗教画である。

サン＝ドミニク通り五番地はすぐ近くである。カロリーヌの両親は結婚してすぐにまずバスタール公爵の邸宅に、次いでタヴァンヌ館に居を定めた。二人は友人のスヴェチーヌ夫人のあとを継いだが、夫人はこの地で一八二六年から一八五七年、死を迎えるまでサロンを開いた。カトリック自由主義のるつぼであったこのサロンの常連はモンタランベール、ラコルデール、ファルーらであり、また、彼らほど頻繁ではないが、トクヴィルもよく訪れた。一八六〇年代、一八世紀のこの古い邸宅はアパルトマンとして賃貸しされる。一八六四年、バルベ・ド・ジュイ家が上の階に住み、彼らはときどき、打ち解けてブラム家の夜会に「降りてくる」。結婚後、若いオルヴィル夫妻は彼らのアパルトマンを取り戻す。「これは私にとってこのうえない喜びだった。これで私は父のそばに、すべての友人たちの間に、私の大切な教区にずっといられるだろう。エルネスト氏の私に対する心づかいをどのように感謝しよう?」(一八六五年三月九日)。かつて貴族階級が自分の領地でしたように、都会の真ん中に定着したいと望む、当時の資本家階級の貴族的な夢、家族の館がこうして再現された[13]。カロリーヌは一八九二年一月一五日、「自分の館で」死を迎えるだろう。そしてエルネストは一九一〇年に。

タヴァンヌ館とその薄暗い中庭がカロリーヌの正真正銘の領域、彼女の「住居」であった。彼女は「私の非常に快適なアパルトマン、私の小さな寝室、私の大切なサロン」の魅力、夏の晩餐にかくも心地よい温室を褒めそやす。公と私の境界がこの領域を貫通する。

大きなサロンは「招待日」、技師たちの夕食後専用であり、カロリーヌは、そこからさっと姿を消す。小さなサロンは友人たちの間の打ち解けた会話に充てられている。「炉辺」——親密さの焦点——で、貧者や教会のために刺繍をしながら、思い出を語り、写真を見る。すぐそばにカロリーヌは「小さな礼拝堂」を整備させた。この礼拝堂が彼女にはことのほか誇らしい。

だが、若い娘の真の私的空間、それは寝室である。「寝室を私の考えや欲望や私生活全体の神聖な場にした」(一八六五年六月二〇日)。私の「独房」と、彼女は神秘的危機の頂点で言う。カロリーヌは、どこへ行くときも携えている、彼女にとっての記念品である個人的な品々で、自分の一隅を作り出す。フォンテーヌ、つまりリール近郊のブラム家の城館で、彼女は「磔刑のキリスト像、ノートル＝ダム＝デ＝ヴィクトワールの彫像、聖女テレサの御絵を前にし、私の好きな書物と大切な思い出の品々に囲まれて」(一八六五年四月一九日)日記を書く[14]。結婚して、フォンテーヌに戻ってきたとき、カロリーヌは自分の「小部屋」をエルネストに見せる。だが、若い娘の寝台は窮屈にすぎる。夫婦は「黄色の大きな部屋」を使う。「私たちはそこで申し分なく快適だった」(一八六七年一〇月一六日)。結婚すること、それは結局、寝室を変えること。生活の激変が内部空間に組み込まれる。(15)

寝室とサロン、この生活の二つの極は、カロリーヌが語る二つだけの部屋である。彼女の家にあって、あるいは友人の家にあって、彼女はそのほかの部屋については言及しない。食堂が話題になることはまれであり、台所や洗面所はまったく問題にならない。食物や身体の手入れも同様である。晩餐はカロリーヌにとって家族や社交界の集まりであり、食事ではない。

カロリーヌが室内の整備について語ることはほとんどない。実際、率先して事に当たるにはいかにも若い主婦である。彼女は模様替えよりも「整理」をする。中産階級の女性たちの宇宙秩序である整然とした状態に明らかに執着し、彼女は、おそらく多数の手紙を分類するための「bibliorhate」(?)〔日記原文のまま〕を手に入れたことにすっかり満足して、はてしない分類に専念する。文通にも彼女は多くの時間を割く。後になって、彼女は自分の本を一冊ずつ異なった花で区別して、優美に綴じさせるだろう。こうして、本は古本屋に渡り、再び見出されることになったのだ。

おそらく申し分なく「仕えられ」、彼女のものではない中産階級の料理書の語彙を使うならば、彼女はほとんど自分では生地をこねない。彼女はレセプションを開くのか? 彼女が与えなければならないのは「指図」である。とりわけキリスト教徒の女性の礼儀作法書の主要な章である使用人の管理が彼女の頭から離れない。彼女は自分自身に対する勝利のように、断固たる行為を記す。「今日、厳しさを示し、私の権限を見せる必要があった。それ以上つらいことは私にはないのに! 命令を出しておいたのに、彼らは従わなかった。レオポルドを呼び、この振る舞いの理由をたずねた。彼がいくつもの言い訳をした後で、主要な理由を知っている私は、自分に備わっているとは思わなかった落ち着きと厳しさで、彼にそれを理解させ、私が何かを要求するときは、従われることを望んでいるのだと言った! これは使用人たちに対する私の初めての断固たる行為であった。実のところ、つらかった。いつも、〝結構です!〟と言うほうがいい」（一八六四年一二月一〇日）。ここに記された「彼ら」については、もちろん、ベルタ、ジャン、エドモンという名しか分からない。ささやかな使用人の数である。カロリーヌが彼らに言及するのは不在や病気、あるいは、最後の裏切りの死のために欠けるときだけである。「哀れなベルタ、あれほど昔から私のそばにいて、私が大好きなすべての人について話すことのできた彼女を、私たちは数時間前に亡くした」（一八六八年一二月一二日）。かくして思い出の一角がくずれる。余白に、おそらくは後になって、「ノーフル墓地に埋葬された[16]」と付け加えた。

両親の家、あるいは友人たちの家の装飾もまた問題にならない。一度だけ、彼女は従姉妹のマリー・ヴァレールのリールのサロンを、彼女の理想のサロンとして描写している。「何と美しい住居！　何と見事に整えられていること！とりわけサロンはうっとりさせる！　カーテンは空の青のサテン、ルイ一五世のメダイヨンのついた同様の家具。このうえなく優雅な小さなものが無数に散らばっているコンソール。すべてが新しく、うっとりさせる」（一八六五年三月三〇日）。彼女のもう一人の従姉妹マリー・ド・レールのサロンは、「黄のダマスク織が張られ魅力的である。寝室は白と青のモスリンで、正真正銘の宝石」（一八六五年一二月四日）。一八世紀（その時代のものでなければ、一八世紀様式）の家具、壁紙とクッション、パステルの色調、「無数の小さなもの」、室内を満たしているこうした置物に対するカロリーヌの嗜好は彼女の属する階級と時代の嗜好である。洗練の模範たる貴族階級に魅せられ、審美的領域では自らの正当性を獲得しつづける中産階級の嗜好である[17]。カロリーヌがどのように家具を備え付けたのか、彼女がそのことにいくらか楽しんだのか、知ることができれば。真の愛好家であったように思われる大伯父ガトーの芸術作品を彼女は高く評価していたのか？　彼女の生活の背景の中で、そこにあった品々の中で、今日、何が残っているのか？

カロリーヌはパリを愛すると同じ程度に、ブラム家の父方の街、リールを嫌悪する。追放と感じられるリールに向けての出発は、そのたびごとに一方をほめたたえ、他方を悪く言うきっかけとなる。「暑く、無風状態の部屋から太陽を見ることを強いられるこの汚れた街」（一八六四年一二月三日）。「至る所で見えるものは工場ばかり、ひどく楽しいものではない」（一二月四日）。彼女はこの工業都市の「とがった敷石と煙突の管」ばかりか、もっと一般的には、汚染、悲しみ、貧しさに結びついた工業のにおいを放つものすべてを嫌悪する。「信じられないような界隈の散歩！　ジャヴェル水のにおいが発散する工場」――結局、場末の息[18]――が彼女の短い婚約期間の一日を台なしにする。リール――寒さ、夜、霧、煙。彼女はこの街で凍え、退屈する。祖父ブラムが亡くなる家、とりわけ重々しすぎる食堂は陰鬱である。カロリーヌは寝室で、ベッドの中で縮こまる。ご婦人たちはいっそう堅苦しい。彼女は寒さから逃げるために遅く起きる。面会する人はいない。リールのサロンはパリ以上に閉じられている。それから、クルアンのご婦人たち、いつも変わらずクルアンのご婦人たち！　彼女は、『現実生活』の有名な著者」マチルド・ブルドンと出会う。「青鞜婦人の様子はほとんどない」（一八六五年七月二三日）[19]。ベルタに付き添われて、みなしごのように、「北フランスの凍って、じめじめした地面」を歩き回る。そして、いつものようにちょっと立ち寄っただけであり、再び出かけるためのきっかけを待っているだけの父をうらやむ。

北フランスのすべてを彼女は批判する。社交性、方言、習慣。彼女は夜会が退屈で、晩餐がはてしなく、会話が巧みでないと考える。パリでは喜劇を演じるのに、リールの人々は相変わらずトランプをする。ミサで、敬虔なカロリーヌは司祭の説教を聞きながら、その「しぐさと言い回し」がこっけいに思われて、吹き出しそうになるのをこらえるのに苦労する。そして祖父の埋葬をつかさどる葬儀のやり方は耐えがたい。埋葬と一週間後の「ミサ」の間は、原則として、姿を見せてはならない。それゆえ家族はベルギーへの観光旅行を準備する！　そして気後れも良心の呵責もなく、ブリュッセルとアントワープの美術館を訪れる。

リールから数キロのクロワにあるフォンテーヌの大別荘だけが彼女の気に入る。咳を誘発するほこりから離れて、そこでは「良い空気」を吸うことができる。家族の生活、慈善、そして「田舎の自由」がこの滞在を大いに魅力的にする。クリノリン〔婦人のスカートに膨らみをもたせるための鯨骨などで作られたペチコート〕のために暑さで押しつぶされ、ロバの曳く車に頼らなければ公園を数歩も進めない若い娘たちの自由とは、奇妙な「田舎の自由」！　カディションは決してひどく遠くはない……。事実は、自然への賛美はカロリーヌにあっては、農夫たちについての認識と同様、少々紋切り型の響きを持つ。共同洗濯場にいる女たち、亜麻の束を縛っている女たち、小教区のミサで城館の奥方を迎える農夫たちは、二流の画家風にしっかり描かれ、風景の画趣に富んだ要素である。だが、楽しみのための城館のフォンテーヌと、デュモン家のニヴェルネ地方の所有地であり、田舎の正真正銘の開拓地ラ・カーヴでは交際が異なる。聖ユベールの祝日に城館の台所に集まった猟師たちがカロリーヌや、彼女を彼らに紹介するアルベールと一緒に乾杯すると、彼女は大喜びする。サン＝ドミニク通りの令嬢は自分をニヴェルネ地方の城館の奥方だと想像してみるのだろうか？「私は農夫たちを近づけるものがとても好きだ」（一八六五年一一月三日）。

だが、この田園詩は束の間のものである。カロリーヌには性向からも必要からもジョルジュ・サンドのようなところは少しもない。断固として都会人であり、パリ人である彼女は、サン＝ジェルマン街、「私の大切な習慣」に戻るたびにうれしく思う。「私がこんなにも愛しているこの大切な生活、私の家と友人たちの中にいて私はこのうえなく幸せだ」（一八六四年一二月三日）。

家族の心地よい絆

結局、場所はカロリーヌにとって人々ほど重要ではない。存在でいっぱいになって、それらは人々を思い出させるきっかけである。

まず三八歳で亡くなった母、パメラ。大好きだったこの母は日記に頻繁に現れる。彼女は母のことを語り、母に話しかけ、困難な状況にあるときは助けを求め、母ならどう言い、何をし、何を考えたであろうかと、たえず自問する。すべてが母を思い出すきっかけとなる、場所も日付も。リールで、「お母様が暮らしておられたこの部屋」。フォンテーヌでは、中庭に面した部屋で「お母様は私に勉強をおさせになった（……）、私はたくさん間違いをした（……）。私は叱られたかもしれない、でも、何度も抱擁してくださった！」（一八六七年一〇月一六日）。ガトー家の田舎の別荘ノーフルで、彼女は母があれほど頻繁に涙を流しているのを目にした小さなサロンを思い出す。カロリーヌが認めようとする暦の偶然の一致は記憶を強める。母の命日は彼女の初聖体拝領式（一八五九年）の日に重なる（五月二六日）。一八四六年二月一九日に結婚した母の二〇年後に彼女は結婚する。家族の編年史が君主の年代記のような正確さを持っている。

しばしばカロリーヌは、母パメラの死の前年、一八六一年にフランドランが描いた肖像画を凝視する。画家の作品展に貸し出されたその絵を見て苦しむ。「白状すれば、お母様の肖像画をそこで目にしたことに大きな悲しみがないわけではない！　母が生きているようなこの思い出の品、私がためらっているときはその意見を求め、苦しんでいるときは私を慰めてくれる母をこれほどよく思い出させてくれるこの形見を、私は私たちだけのために取っておき、皆の目にさらしたくはなかった」（一八六五年二月一五日）。秘密を切望する私生活への冒瀆。同じ頃、フロベールはジョルジュ・サンドとの友情のこもった出会いの場所を思い出して、彼女に書き送る。「申し分なく楽しかったので、他の人間には味わわせたくないと思っているほどです。クロワッセのことを何らかの本の中でお使いになられるときには、読者にそれと見分けられることのないように変えてください（……）。ここにあなたが滞在なさった思い出はわれわれ二人のためのもの、私のためのものです。これが私の利己主義《エゴイズム》です[20]」。

母の死はカロリーヌを深い孤独に沈めた。彼女は慈愛、言葉、愛撫を失った。父はその役割にかなって、こうしたものをほとんど与えることがない。「私が愛されていることは分かっている（……）。だが、私はもはや甘やかされることはない、それはすでに厳格な愛情であり、少女時代は消えた。私の心は歳月の流れに従ったと思われている！」。このように彼女は、若い娘が社交界に入り、実社会に入る重大な時期に案内人がなかった。カトリックの第二帝政が強固にした役割分担によれば、信仰の指導者が精神の案内を引き受ける一方、母親が社交界のきまりを手ほどきし、若い娘の心の内奥の導き手となる[21]。

母の死の前にカロリーヌは幸運にも、最初の舞踏会、つまり、社交界に加入させる通過儀礼を経験した。「ああ！　花々と光に満ちたサロンに初めて足を踏み入れたあの日、生涯忘れることのないあの日はどこにいったのか！　それは私の最初の舞踏会であり、お母様は私の最初の試みと私のほほえみを喜んでくださった！　私が疲れて、じっとしていると、私にほほえみかけ、〝心配することは何もないわ、お母様がいますからね〟と言っているようなお母様のまなざしに出会った」（一八六四年一二月一七日）。その後、彼女は一人で行動し、しばしば耐えがたいと思われる主婦の任務を一人で果たさなければならない。どのように盛装すればいいのか、これはきわめて重要なことである、どのように振る舞えばいいのか？　社交生活を規定し、若い新人にとって落とし穴にみちた道のりとする礼儀作法や規範を、どのように遵守すればいいのか？　レセプションのたびごとにカロリーヌはその前夜、母に助けを求める、ちょうど騎士が騎馬槍試合の前に聖母マリアの加護を祈ったように。

この母がカロリーヌにとって完璧の模範であるだけに、彼女は母に似ようとする。「私の唯一の願望、それはお母様のようになり、「彼女はまるで母親のようだ！」と言われるのを耳にすることだ。それは娘にとって最高の賛辞であり、私の心が喜んで迎え入れる唯一の賛辞」（一八六五年四月一七日）。この模範は、家族の誰もが亡くなった女性をほめそやすだけにいっそう、深い意味を持つ。母についていわば語り草となった伝説がある。ほとんど臨終にあっても、最後まで自分の義務を果たそうとする、母としての、社交界の女性としての伝説。一八八八年のエドゥワール・ブラムの死亡記事は妻のものに少々類似しているが、カロリーヌがあるいは何か関係しているのか？　「一八六二年五月三日、日曜日、（カロリーヌの弟ポールの）初聖体拝領式の黙想会が開かれ、母は子どもたちをそこへ連れていく世話を他人にまかせるつもりはなかった。礼拝堂の中はむせ返るような暑さだった。ブラム夫人は徹底的に打ちのめされてそこから出てきた。それにもかかわらず、病気をじっと耐え、夜まで立ったままで、親類や何人かの友人を晩餐に招いた」[22]。主婦の体面にかかわる社会的規範は船長のそれと同じように絶対的である。その翌日、彼女は床に伏し、息を引き取る。胸膜炎であったという。一八六二年五月二六日のことであった。カロリーヌは一五歳であった。

気高い母、パメラは聖女のように世を去った。夏のある夕べ、リールからフォンテーヌに向かう馬車の中で、伯母のセリーヌ・テルノは姪のカロリーヌに、パメラの最期の時を語る。「死の数時間前、すでに天上の近くにいた母はいっそう苦しんでいるようであったが、突然、その顔が輝き、目に見えない存在が見えたようであった、その存在にほほえみかけ、そして、眠りに落ちた！　……それは誰だったのか、母を迎えにこられたイエスか？　……私たちを見守ることを母に約束なさる聖母マリア？　それとも、神様が母から連れ去っていた二人の天使のうちの一人？」（一八六五年六月二〇日）。確かに、こうした話は「気高い死(23)」の教化文学に属するものである。だが、その敬虔な演出は臨終の床にある人々にと同様、その周囲にいる人々と記憶そのものに強烈な印象を与える。信仰と典礼が急激に発展するこの一九世紀には多くの死に方がある。この場合は、驚くべき家族的コノテーションを付加しながら大いなる伝統を維持している。喪で縁取られ、天上は親しい者たちの輪となる。カロリーヌの日記にはこれとは別に二つの「立派な死」、すなわち若いクレール・ド・ブレダと、祖父ブラムの死が綴られている。

これほどに英雄化され、聖化されて、パメラ・ブラムは娘の高められた敬愛を求める。このような母の高みにどのようにして達しよう？　不安に陥れるこの完璧の模範はある意味では俗界を離れるよう駆り立てる。「あなたの娘は、あなたがどんな女性であったか、どんな女性であるのか、よく分かっています、そして、あなたにふさわしくないままでいたくはありません。ああ！　目の前に母の神聖さのこのような証《あかし》があるとき、修道院の庇護の下に身を置くためにこの世に永《なが》の別れをどうして告げないことがあろう……」（一八六五年六月二〇日）。

もっとも、カロリーヌが母を模範とするのはこうした形ではなく、結婚によってである。彼女は「エルネスト氏」との出会いの一瞬に、そして、一八六六年四月一九日、まだ娘である結婚式の夕方にさえ、まるで事後に補足されたかのように現在と半過去が奇妙に混じり合っている文章で、母に助けを求める。「お母様、いとしいお母様、二〇年前の一八四六年二月一九日、あなたも同じように、白い服に身を包んで、私のお父様にいつまでも愛することを約束なさった……。私はひどく一人ぼっちであると感じていた。そして、私を祭壇に連れていくのはお母様ではないのだと考えて、胸が裂ける思いだった。それでも、私の考えと愛情の気持ちをもっと高く上げると、私に神の加護を祈ってくださる天国のお母様が見えた。甘美な恍惚が私に落ち着きを与えた」。

カロリーヌはわれわれに彼女の母の理想化された肖像を伝える。思慮深く、優しく、自分の義務を重んじ、道理をわきまえ、従順であり、必ずしも幸福ではなく、こっそりと涙を流している若い女性の肖像。結婚して二年が経ち、「ベビー」のいないことを悲しむカロリーヌは、ノーフルの小さなサロンで、またしても母を思い出す。「もしあなたがまだいらっしゃるのであれば、私たちは皆、もっと幸せでしょう。あなたの娘はあなたの仲間のように思われます、私たちの考えは同じだと思うからですわ。私がしばしば感じるこの淋しさが私をあなたに近づけます。ときどき、あなたがたった一人でこの小さなサロンで泣いておられるのを見ました。その頃、私は陽気で浮かれて幸せな子どもでした、私には涙が理解できませんでした」（一八六七年一二月四日）とカロリーヌは日記の終わりに近い頁で書く。パメラは娘にとってもはや到達できない模範ではなく、結婚生活の試練の中、二人の宿命であったように思われるこの底知れぬメランコリーの中にいる姉である。要するに、彼女の運命の姿。

父親との関係は必然的に異なっている。理工科学校卒業生であり、土木局技師、鉄道行政官、パリの流通に関して注目すべき、斬新な計画の発案者、バルタールやパリの主要な地域整備専門家すべての友人、農業サークルの会員、パリ社交界と街の近代性に完全に組み込まれているエドゥワール・ブラムは、サン＝ジェルマン街の重々しさがときにいらだたせたにちがいない公人である。活動的で、非常に多忙で、たえず旅をしている人間――これを象徴するように彼は馬車の中で息を引き取るだろう――、家族がいつも――そしてしばしばむなしく――その帰宅を待っている不在者。自らは待たされることを嫌悪する不在者。聴罪司祭のもとまでカロリーヌに同行した彼は、司祭がいないことに我慢できない。「待つことに耐えられない父はもう我慢できなかった……。三〇分が過ぎると父は立ち上がり、五分以上はとどまってはいないと言明する」（一八六四年一二月一日）。彼女が着替えることを望んだら？「父は五分しか猶予しなかった」。

男性の時間は制限され、貴重で、合法である。それは女性の時間をせき立てる。エドゥワールはしばしばカロリーヌの予定を狂わせる。彼が出し抜けに夕食に客を招くとき、彼女は不満を言う。彼女は自分がまったく顧みられていないという思いで、たえず料理を変更しなければならないことに愚痴をこぼす。「父は私にかかわらないことをいつも無理やりさせることで私に抱かせる悲しみに気づかない」（一八六五年七月二六日）。公的な場でのみ行使されるのではなく、私生活の細部まで支配する男性の権力を映し出す。
サークルや家の外では快活で社交的なエドゥワールは、彼が戦士の休息の場と考えている家庭では、いつも「陰気で疲れている」。彼には「公務」や気がかりや、カロリーヌの目には少々謎めいている「重荷」がある。彼女は遠回しに語り、自分の役割について自問する、「私は何をなすべきか？　多くの心配事の真ん中に安らぎをどうすれば与えられるか？　何が娘としての私の務めなのか？」（一八六四年一二月五日）。こうした不安が、暗く、凍りついたリールではあまりにも耐えがたくなり、カロリーヌは「出発を願う」にいたる。そしてすぐに自責の念に駆られる。そこで彼女は父のそばに長くいて「にっこりさせようとおしゃべりをする」（一二月七日）。だが、いったい何がエドゥワールをほほえませることができよう？

とはいえエドゥワール・ブラムが娘のことを気にかけていることに変わりはない。思いやりのある彼は誕生日には「かわいらしい花束」を与え、音楽会に招き、友人の家に連れて行き、ブールヴァールやブーローニュの森にまで連れ出し、イタリア旅行をさせ、彼女の少々閉じこめられた世界を広げようとする。さらに、娘をいつまでもそばに置いておきたがるようなやもめとはちがって、彼は娘の将来、つまり結婚を気にかける。一八六六年の元日、彼は娘にその願いを伝える。

若い女性として、カロリーヌは、その傍らにずっといたいと思っている父をいっそう高く評価することになるだろう。若い娘の彼女は、父が自分のことを分かってくれないと思う。「父は私に対してとても優しい、だが、私が感じていることをほとんど分かってくれない。それは、至極当然のことだ！」（一八六五年六月一〇日）。

当然のこと。公職と私生活がきわめてはっきり異なる二つの領域を形成し、ミシュレ、あるいはトクヴィル、さらには共和主義者たち[24]といったさまざまな男性が遺憾に思いはじめているが、この一九世紀の中葉では男性の世界が女性の世界に対置されているからである。あらゆることが両者を対置する。異なった社会的、物質的空間、異なったリズム、異なった言葉、異なった思考。男性にあっては、信仰心や余暇が女性より少ない。たとえ、この余暇が最高の家柄[25]、公務、科学、技術のように、システムの一部を成すにしても。カロリーヌには、ときどきサン゠ドミニク通りの家の中を自ら案内して歓待しなければならない、技師たちの嫌な晩餐が耐えられない。「彼らは機械の話ばかりしている、これ以上退屈なことはない（……）。私が技師の妻になることは絶対にないと思う」（一八六五年一一月一一日）。男性の黒っぽい服装がかくも「暗く」している晩餐よりも、彼女はどれほど、女性の装いのきらびやかさや友人たちと一緒にいることを好んだことか！　黒い服の集まりの中に「葬儀人夫たちのはてしなくつづく行列、政治の葬儀人夫、恋愛の葬儀人夫、中産階級の葬儀人夫」を見るボードレールの判断に彼女は同意するかもしれない。「われわれはみな何らかの埋葬を執り行なっている」[26]。

四歳年下の弟ポールに期待できるものは何もない。弟に対して責任があると感じ、それを引き受けるのにひどく難儀しているカロリーヌにとって、弟もまた絶え間ない心配の種である。ポールは虚弱である。その陰鬱な思い出が家族のみなに重くのしかかっている胸膜炎を母と同様に患った。弟は青白く、ひ弱で、感情を表に出さず、ぼんやりしている。「なぜポールはあれほど沈んでいるのか？　いったいどうしたのか？」（一八六五年六月五日）とカロリーヌはたえず自省する。「弟がなぜあれほどまでにまじめで、冷ややかでさえあるのか、私はいつも悲しい思いで自問する」（七月二日）。ポールはパリの、コレージュの寄宿生である。彼は休みの日や、この時代は遅く始まった休暇[27]に帰宅する。サン゠ドミニクの家で彼は退屈しているように見えるが、カロリーヌにはどうすれば気晴らしをさせられるか、よく分からない。友人が訪ねてくるときや、ラ・カーヴでは、少しばかり生き生きしている。この祝福された場所で彼はやっと楽しんでいるように見える。ポールは、息子の教育の仕上げをしようと博覧会に連れ出す父と外出する。そして、カロリーヌは自分が無用であるのを感じる。「姉としての義務を私は完全に果たしているだろうか」（一八六五年五月二八日）。彼女は弟に話しかけ、かわいがり、甘やかしたいと思う。だが「小さなポール」はそろそろ一五歳になる。彼は勉強し、試験を受ける。彼にはほかの考えがある。女性の世界から遠ざかろうとし、その前ではおそらく萎縮する少年の不透明さに、カロリーヌはぶつかる。ポールは男性であり、別の世界が彼が待ち受けている。未来の妻マルグリット・エヴァンとすでに家の近くですれ違っていることを彼はまだ知らない、マルグリットもまた三〇歳で世を去ることになる……。

もっとも、家族はこの緊密な核だけで構成されているのではない。母方の家系は大伯父のガトー（一七八八―一八八一年）にもっぱら代表される。魅力的な人物であり、アングルとは墓地に至るまで親しく交際した、つまり、ペール＝ラシェーズ墓地で彼の墓は画家の墓のそばにある。芸術家たちの友人であり熱心な収集家であるこの独身者は、早くから孤児となった姪パメラの教育に大きな役割をすでに果たしていた。彼はカロリーヌの面倒をよく見、彼女は頻繁に催される晩餐会や、かつて母の結婚の立会人であったように、やがて彼女の結婚の立会人をつとめることになるこの老人との会話を熱心に書き留める。若いオルヴィル夫妻に彼は、強情な建設請負業者のエドゥワール・ブラムが改造を楽しんでいるノーフル＝ル＝ヴィユの立派な屋敷を提供するだろう。

ブラム一族ははるかに大きい。建設請負業者、信仰心の厚い女性たち、召使いの尊敬をかち得、アンシャンレジーム下のように、夫に先立たれると修道会に入る女性たちから成る、北フランスらしい一族。たとえば、エミール・ブラムとエミリーの娘マリー・ブラムは繊維業の強力な家系のアシル・ヴァレールと不承不承結婚し、修道院長として生涯を終える。ブラム一族はカロリーヌがほとんど好まぬリールで最高の地位を占め、第二帝政の発展に満足している。最年長のジュール伯父のようにボナパルト主義者も何人かいる。ジュールは代議士の職に長くあり、一八六七年には公式の舞踏会で皇后と最初に踊り、やがて大臣にまで出世しよう。セダン直前、最後の望みをかけた大臣！　もっともブラム一族の誰もが彼と同様の選択をするわけではない。

公共土木事業の有力な請負業者である長老ルイ・ブラム――ブラムおじいさん――の死は、すでに大いに亀裂が入った一族の組織体、とりわけフォンテーヌという、団結と同時に欲望の場を揺るがす。フォンテーヌは一族の結合の中でマリーとアシル・ヴァレールのものになる。利益がらみの緊張が非常に強く、リールの滞在を暗いものにする。一族の対立を織物にできたかぎ裂きのように忌み嫌うカロリーヌは、その激しさをうかがわせない控えめな表現で対立に触れている。われわれの調査でそれがどれほど深刻なものであったか、明らかになった。

こうした対立が、交際やそれを伝える日記の中に伯父ジュールがほとんど現われない理由、さらに、娘の結婚の条件を評価しなかった伯母エミリーがもっと姿を見せない理由を説明する。両者ともカロリーヌ自身の結婚のときには再登場する。まるでこの結婚が、一族の長子の家系と第二子の家系を対立させた、とりわけジュールと、モルティメ・テルノの妻である姉セリーヌと姻戚関係にあるエドゥワールを対立させた長い敵対関係の小休止(和解?)を示すかのように。彼ら――伯父ルイ、伯母セリーヌ、その娘のマリー――と、カロリーヌは、彼らが右岸のペピニエール通りに住んではいるが、ほとんど日常的な関係を持つ……。伯母セリーヌはカロリーヌに亡くなった彼女の母を思い出させもし、その代わりを務めようともする。彼女は社交界の義務や信仰の誘惑に直面した若い娘に力添えする。仲人好きの彼女はおそらくエルネスト・オルヴィルとの縁組と同様、一〇年後には、ポールと、高等法院時代に夫と同僚であった父を持つマルグリット・エヴァンとの結婚を仕組んだにちがいない。どの家族にもいて、どの小説にも登場するような典型的人物である伯母セリーヌは、よきにつけ悪しきにつけ、カロリーヌの人生で決定的な役割を演じたにちがいない。[28]

もっともカロリーヌは家族のあらゆる喜びを共にする。「よい知らせ！　伯父テルノがフランス学士院に入会を許された！　わがフランスがかくも誇りにしている学者団の一員に！　人文・社会科学の部門で！(……)　神様、ありがとうございます(……)。テ・デウム！　私は後になってもうれしいことを思い出すだろう。それは伯父が選ばれた時、私たち、つまり伯母、マリー、そして私はオラトリオ教会で、万事うまくいくよう祈っていたということだ！　そして、この祈りをあなたが叶えてくださいました、神様、ありがとうございます」(一八六五年三月一一日)。こうした祈り以上に、伯父テルノが選出されたのは彼の歴史学の著作によるが、『新図解入りラルース事典』の説明するところでは、それらの著作は「明らかに反動的であり、不幸にしてあまりに偏向している」。『王政の崩壊』(一八五四年)、『チュイルリー宮殿の民衆』(一八六四年)、『恐怖政治の歴史』[29](一八六二―六九年)から、この時期の、少なくとも最も保守的な層の、サン゠ジェルマン街の政治的、思想的様相が明らかになる。

「私の大好きな従姉妹」、マリー・テルノについては、エドモン・ド・レール男爵との結婚がカロリーヌの日記ならびに生活の決定的なエピソードである。カロリーヌが非常に愛着を持っている若い娘たちのグループの最初の深刻な裂け目であり、彼女に言わせれば迅速にすぎるその解消に気がふさぐ。

私の友人の輪

若い娘たちのグループ、カロリーヌが言うように「サークル」は[30]、今の場合、サン=ジェルマン街、それ以上に小教区に組み込まれている。たとえばジョルジュ・サンドの場合がそうであったように[31]、女性たちの人生を長い間彩る寄宿学校の友人はここでは問題にならない。

グループには宗教的ならびに社交界の二重の機能に対応する二つの側面がある。まず、それは初聖体拝領式[32]（カロリーヌの場合一八五九年）という主要な通過儀礼に結びついている。この後に、上級公教要理、黙想会、そしてマリア会修道士団への入会がつづく。カロリーヌはそこでマリー・オルケル、マルグリット・ド・フォンタンジュ、テレーズ・ド・ブレダに再会する。彼女が共同で行なった信心の業に言及するのは、ほとんどコーホートの、年齢組の言葉を使ってである。再会の主要な場所は、ラス・カーズ通りの公教要理《カテキスム》礼拝堂である。「私が少女であった頃の安らぎの場の、大切な公教要理、大好きな礼拝堂……。ああ、マリア様、私は大切な仲間たちに囲まれて、あなたのすぐおそばにおりました」と彼女はすでに懐かしい思いで書く。「私たちはもはやそれほど大勢ではない、多くが教会を離れてしまった」（一八六四年一一月二七日）。

小教区の若い娘たちは公教要理を教え、献金を行ない、善行を推進し、福引を企画する。彼女たちはすべての礼拝、すべての説教に出席する。司祭服に刺繍をし、聖職者を訪れ、彼女たちの喜びや苦悩を打ち明ける。家族的な夕べでは、彼女たちは彼らの世話をし、また、彼らをからかいもする。サント=クロチルドの司祭M・ド・レスカイユは内輪の晩餐会の常連で、うとうとしていないときは、「好人物で、陽気で、からかい好きな」歓迎される会食者である。「今日、司祭は私たち皆のことを忘れて眠る、無上の喜びにひたるために肘掛椅子だけを探した」（一八六五年五月九日）。茶目っ気のあるこうした軽い冗談は聖職者の風俗の一部である。聖職者は将来の重要性を心得て、彼の若い信徒たちに抜かりなく気を配る、もっとも、娘のままよりも母親にさせたがりはするが。女子教育に関する大がかりな論議がフランスで始まる時代に、サント＝クロチルドの小教区は地区の娘たちをちやほやし、信心深く大切に教育する。

若い娘たちの間にはありとあらゆる暗黙の了解がある。信仰心はもちろんのこと、外出、買い物、手紙、打ち明け話、はてしないおしゃべり、笑いと涙、そしてこの二重の共謀。「私たちが一緒にいると、何と子どもじみていることか！最短距離で私たちがやってみないような無軌道な行ないはない！　私たちが笑い興じることさえできれば、あとはどうでも構わない」（一八六五年三月一三日）。あらゆることをからかい、何でもないことで笑い、大笑いし、忍び笑いする。途方もない笑い、こらえきれない笑い。教会で取りつかれれば、「こらえきれない笑いは困ったものだ」。人の好い司祭はこうしたささやかな陰謀に荷担する。「ばかなことを言う」、面白がる、遊びに興じる。抱きあう、愛撫しあう。無邪気ではあるものの、大人のようにまじめになるときは、避ける遊び。したがって、マルグリット・ド・フォンタンジュ、このかわいい悪魔が突然、変容する。「彼女は何と分別があり、まじめになったことか！　……私はびっくり仰天した。それでも彼女は陽気で、はしゃいでさえいる。私たちは二人とも何と多くのばかなことを言っただろう！　私は彼女を抱擁しようとしたがむだだった、彼女はふだん、抱擁を返してくれなかった、そこで私は彼女に激しい闘いを挑んだ」（一八六四年一一月二八日）。母の抱擁を奪われたカロリーヌは嘆息する、「私はほかの何よりも接吻や愛撫を求めている、友人の胸で心の中を吐露する必要がある」（一八六五年五月三日）。

涙を流すことも同様である。礼儀正しさの観点から、重大な状況——たとえば、ブラムおじいさんが亡くなったとき、男性も含めて、「私たちの誰もが涙を流した」——を除いて、人前では見せぬよう命じられる涙は、抑えることが重要である。「私は何度、涙をこらえなければならなかったことか！」。ブグローの描く処女の顔のようにすべすべして、冷ややかで、無表情な顔をし、外見を抑制する。これが礼儀作法の理想であり、情動の抑制に関してはその頂点に達し、無感動について哲学的省察をする。(33)「笑いと涙は歓喜の楽園に姿を見せることはできない。それらは等しく苦痛の子どもたちであり、それらがやって来たのは、神経の高ぶった人間の肉体がそれらを抑圧する力を欠いたからである」とボードレールは書く。(34)

かつての母のように、個人でこっそりと涙を流す。友人たちとであれば、感動や涙を分かちあうことは許される。カロリーヌは、腸チフスのためにひどく若くしてプレシ＝ブリオンの家族の城館(35)で亡くなった従姉妹クレールの死を、テレーズ・ド・ブレダとともに嘆き悲しむ。奇妙な喜び。「私は大好きな友人のそばで何と元気に感じたことか。今日、彼女は悲しげであった。愛している人々の苦しみや喜びを分かちあい、苦しんでいるときにはいつも傍らにいることは真の友情の特権である」（一八六五年二月一七日）。同じ考え、同じ感動、同じ祈りの中で一体となって、一緒に聖体拝領をすることができるのは、何という至福。

この特権は何人かにしか与えられない。マリー・オルケル、マルグリット・ド・フォンタンジュ、そして、付き添いなく訪ねることができる、ラス・カーズ通り二六番地に住み、隣人という途方もない優位にあるテレーズ・ド・ブレダ。カロリーヌが「大ニュース」を真っ先に伝えるテレーズ。もっと世俗的でもっと陽気なステファニー・デュモン、つまり、アルベールの姉妹。冬の友人テレーズ、夏の友人ステファニーは、カロリーヌの生活と心の二つの側面をくっきり描き出す。

祈り、笑い、涙を流しながら、若い娘たちは互いに支えあって、社交界――彼女たちを脅かし、また、待ち構えてもいるこの新しい世界に近づく。レセプションは彼女たちの人生の出来事であり、試練である。ミサに次いで、舞踏会は彼女たちにとって主要な気がかりである。アヴィが描いているような若い娘たちの舞踏会。男性の黒い色彩のない、純白の舞踏会。(36)母親たちの注意深く、探るようなまなざしを受けて彼女たちが、かつて君主が自らの都市に入ったように、「入場」する最初の舞踏会。サン＝ジェルマン街の不十分な厳格さでは世俗の享楽的欲求を抑えることが大いに困難な、謝肉の火曜日や謝肉祭といった祝祭の舞踏会。未来の婚姻関係につながる出会いの兆しが見える、ありとあらゆる種類の社交界の舞踏会。若い娘たちは踊る、踊る！　そしてカロリーヌは身震いする、「私はかくもにぎやかなあのサロン、あの踊り、あの喜びが好きだった……」。

この「社交界という荒れた海」に漂うか弱い小舟のような若い娘たちの集まりは、束の間の仲間、コレージュの仲間たちのような固い絆を持つことのない、非公式で一時的な小さなグループでしかない。彼らの絆は、一九世紀に非常に活発であった、卒業生の会に支えられた、未来の「人脈」であり、実業の仲間意識である。社交界は若い娘たちに脅威を与える、そしてカロリーヌはその痕跡に心を動かされる。「ああ！　社交界が早くも彼女に影響を与えている！」と美しいディアーヌ・ド・ブルーのことでため息をつくが、公教要理の責任者であるのを目にして安心する。とりわけ、結婚が若い娘たちの集まりを殲滅《せんめつ》する。カロリーヌの目には、日光に溶ける雪のように映る。もっとも、その太陽が幸福の太陽であるのかどうか彼女には確かではない。

カロリーヌは友人たちの結婚について喜びよりも不安な気持ちで書き留める。イタリアから帰国してベルト・ドバンジュ「も結婚する！　確かに友人は皆、行ってしまう。年を取れば取るほど、心和む、楽しいことが奪われていく、とテレーズが言ったとおりだ。私たちは一七歳だが、すでにこうした言葉を使っている」（一八六四年一一月二五日）。ド・ラ・ロシュ嬢の結婚は彼女に「悲しくもあり楽しくもある考え」（一八六四年一二月二七日）を抱かせ、マルグリット・デマジエールの結婚は、「なぜだか分からないがすべての結婚が私を悲しませる」（一八六五年三月二五日）という、幻滅した考察を書かせる。

従姉妹のマリー・テルノの結婚は彼女をうろたえさせる。「私たちは彼女の幸せを喜んでいる！　だが、はっきり言って、若い娘の仲のよさが消え去ろうとしていると考えるのは私にとってつらい」（一八六五年四月一〇日）。彼女はその後、たえずこの点に立ち戻る、「私にとって悲しい時間がある。この結婚について考えるとき、私が何を感じているか言うことはできない」（四月一一日）。それは彼女の孤独を増大させる、「友人が結婚するのを目にすることは若い娘にとってつらいものがあることを人々は理解しない。たとえ愛情は同じだとしても、親密な関係は薄れてしまう」」。マリーは友人以上の存在、従姉妹、姉妹であっただけに苦しみはいっそう強い。「彼女は私の最後の従姉妹であり、私一人が娘のままでいる、こう考えると私はひどく悲しい気持ちになる」（五月三日）。カロリーヌは一八歳になったところであり、今や、マリーの子どもたちの「女子大修道院長」である。「この資格は私をたじろがせる、それだけの理由はある！」（一八六五年五月一二日）。若い娘の立場は、貴族階級のように、若くして、年上の、[37]しばしばはるかに年長の男性と結婚するサン＝ジェルマン街では不安定である。ベルト・ドバンジュは「二倍の年齢の父の友人」と結婚し、このことがさらにカロリーヌに不快感を与える。「それは私の好みにまったくあわない」（一八六四年一一月二五日）。彼女がほかの願望を抱いていることの表れである。

現実のはかなさへの思いが、日々の瞬く間の経過に非常に敏感なカロリーヌの心に憂愁をはぐくむ。それは同時に彼女に未来の問題を投げかける。

社交界

家族や友人たちとは別に、社交界の交際が第三の輪を描く。カロリーヌが日々入念にリストを作っていることでその輪は容易に識別できる。家計簿、舞踏会の手帳、あるいは訪問日誌。社交界には実業界とまったく同様に確かな組織がある。百ばかりの名前がブラム家の〈紳士録〉を構成する。いつもの名前（ド・ブレダ、ド・フォンタンジュ、ド・ミソル、ド・レール、バルベ・ド・ジュイ、バレスト、オルケル、ブルゴワ、レピーヌ……）、ときおりの名前（ド・リユ、ド・モルトマール、ド・ボーヴォー、ド・ダマ、ド・セギュール、ド・ピトレ……）、そして、例外的な名前（ド・ヴァサール、ド・ボーモン……）。ここに記載されている名前の半分にあたる、de《ド》の付くものは、昔からの貴族階級と帝政貴族（エヴァン家、レイユ家、エスラン皇女）の間でほぼ均衡を見せている。結局のところ、中産階級出身の家系の社交界。その財産は王への貢献（ガトー家）と、さらには産業に由来するが、マリー・テルノの結婚、後にはカロリーヌの二人の娘たちの結婚が示唆するように、女性たちによって貴族階級への上昇の夢を執拗に追ったように見える……。

そこではいくつかの組織網が出会い、重なりあう。伯父ガトーを取り巻いている画家や芸術家たち。アングルやフランドランの未亡人たち、エベール家、レピーヌ家――ジュールは親友である――、ことのほか優雅なギュスターヴ・ドレ。エドゥワール・ブラムに関係する技師、理工科学校の卒業生、建築家、医者……、城館や小教区の隣人たち……。全体として、この階層はその哲学や美意識の大胆さで輝いているのではない。数年前、同じ界隈でスヴェチーヌ夫人が開いていた知的で自由なサロンとはなんの関係もない。その芸術は世俗のそれであり、趣味は中道であり、政治は政権のそれである。ブラム家のほうは多少とも明確に帝政にくみした。伯父ジュールは北フランスのボナパルト主義の代議士である。カロリーヌの父は、体制――万国博覧会と鉄道の体制――の経済的飛躍と技術的進歩の中に自分の願望と才能の成就を見た、サン＝シモン主義のエリートの典型である。だが、これ以上知る必要があるだろう。現実はおそらくもっと複雑で、対立や党派を締め出しはしない。

こうしたことすべては、男性の仕事である政治や、技師の領域である技術に無関心のカロリーヌの日記では問題にならない。わずかに二度だけ、時事問題が話題になる。遠くで――大通りを――モルニ公爵の葬列が進んでいるとき、野次馬となった群衆が、煉獄の待ち構えるこの魂の救済にあまりにも注意を払わないことをカロリーヌは嘆く（一八六五年三月一三日）。後に、はるかに詳しく、メンターナでガリバルディが攻撃する教皇を防衛した教皇護衛隊の英雄的行動について綴る（一八六七年一一月一二日）。政治への言及がなされるのは倫理や宗教、あるいは、まったく異なった調子ではあるが、一八七〇―七一年の手紙が示すように、戦争を媒介としてである。

カロリーヌの日記は女性が中心の社交生活をとりわけ伝える。訪問や「接客日」は儀式であり、固定観念である。一八八八年末、『サロンの芳名録』といった専門の人名録はサロンや女主人が客を迎える日のリストでもある。しきたりや年齢や地位、親密さの度合いに応じた時間をそこで過ごす。急いでいるときは、家の女主人によろしくと伝えるために名刺を置く。カロリーヌは午後のほとんどを訪問にあてる。一〇人の家を訪れることがある。何と多くの階段！、と彼女はため息をつく。館をアパルトマンに分割したしるし。この務めがしばしば彼女に重くのしかかる。「このうえなくうんざりする一日（……）。訪問で一日が終わった！」。彼女はこの「社交界の義務（……）をしばしば、背負わなければならないひどく重い十字架」(一八六四年一二月二一日)と考える。要するに苦難である。「喜劇」でもある。「結局のところ、同じこと、あるいはほとんど同じことが話される」(一八六五年三月七日)。個人的関係がなく、自由裁量がいっそうむき出しになるリールではとりわけ。

しかしながら、礼儀作法を守り——彼女はその低下を残念に思うことがある——、カロリーヌはこのしきたりに従う。彼女の「水曜日」に集まる大勢の訪問客とその身分に、自分への愛情の表ればかりでなく、自分の同化と成功のしるしをも読み取るほどに、彼女は礼儀作法を内在化する。贈り物の列挙は獲物一覧表に似ている。そして、思いがけない名士の到着には秘跡ほどの価値がある。一八六五年三月八日、大きな感動。「私は再び扉が開くのを見た。ヴァサール伯爵と伯爵夫人が入ってきたのだ! ヴァサール夫人は非常に気品があり、申し分なく愛想がよかった、そして、これからときどき、私に会いにこようと言われた。こんなふうに私のことを考えてくださるのは何と優しいことか。今もなお、私はびっくりしている」。だが、しきたりの低下も指摘しておこう。ヴァサール伯爵夫妻の到着を告げる従僕はいない。おそらく、ヴァサール氏が押して、「扉が開き」、氏は妻を通すためにすぐにわきへ寄ったのだ。そして何という心遣い、「あなた、ときどきお訪ねしますわ……」。しかしながら、宮廷の礼式の衰えた輝きがこうしたこっけいで、哀感をそそるサロンで生きつづけ、模倣と永続の意志が形而上的段階に達していることに変わりはない。その意志はサン=ジェルマン街を思い出と失われた時間の舞台にし、その探索は絶対の、さらに永遠の探索である。

しかし、接客日を持つこと、それは一七歳の孤児にはひどく大胆なことではないか? 普通、若い娘には接客日はない。一人の友人が彼女にサン=ジェルマン街のうわさを知らせる。「私が接客日を持っているのは奇妙に思われていると彼女が私に伝えた。そうしたことを言ったのはC・D夫人であるのを私は知った。そのことに私は少しも驚かない、この女性が私の気に入ったことは一度もない」。そしてカロリーヌは復讐をじっくり考える。痛いところをつかれた証拠である。「確かに、私が奥様になるときには、私の結婚の訪問を夫人が受けることは決してない!」(一八六六年一月二七日)。接客日を持つこと、それは亡くなった母の後を継ぎ、母の通った跡に自分を組み込み、社交界の女性であることを明確にすることである。それに成功すること、それは社交界の女性として認められることである。争点は個人的であると同じく社会的である。

内輪の夕食会が一日の仕上げをする。伯父や伯母たちでいつも拡大した家族の核に、何人かの親しい友人や、聖職者の「諸氏」の誰かが加わる。この通常の夕食会は早く、たいていの場合九時頃に終わる。一一時までつづくことは驚くべき事件である。「このようなことはこれまで一度も経験したことがなかった！」とカロリーヌは遊興の日々のあるとき、感嘆の声を上げる（一八六五年三月一四日）。

こうした友情のこもった夕食会のほかに、彼女に重くのしかかる、避けられない夕食会がある。彼女が活気づけることができないままに会話がだれてしまう、八人の夕食について「耐えがたい重荷」と彼女は言う。「ああ！　一家の主婦の役割はいつもうらやむべきものというわけではない」（一八六四年一二月二日）。王政復古時代におそらくイギリス風に創始された中産階級の慣習を受け継いだ、彼女の父にとって大切な男性ばかりの夕食会について[38]、彼女が考えることは分かっている。

反対に、社交界の夜会は容易に真夜中までつづく。地方よりパリではるかに多様である。リールは首都ではもう流行後れの「トランプの夕べ」に相変わらずこだわっている。パリでは音楽、歌が重要な位置を占めている。だが、親しい人々、とりわけ女性が演奏する楽しみのための小品（カロリーヌは多くの時間をピアノを弾いて過ごす）と、伯父ガトーが企画するような、耳の肥えた愛好家たちの演奏会を区別する必要がある。オペラ＝コミック座に頻繁に通うことはかなり一般的であり、「エルネスト氏」はコンセール・パドルーの常連である。

社交界の遊びはとりわけ家族で、そして田舎で行なわれる。フォンテーヌで、「言葉当て遊びをしたが、その言葉は bagage（荷物）と cigare（葉巻）であった。気の毒な喫煙者たちについて何とひどいことを言ったことか！　煙突になぞらえさえした！」（一八六五年六月二九日）。だが、熱狂は喜劇を上演すること。スクリーブはすっかり流行後れになっていたものの、尽きることのないレパートリーを提供する。『ミシェルとクリスティーヌ』『さらば勘定台』『正直な嘘つき』はラ・カーヴの夜会でひどく愛された。カロリーヌは「一家の良き父」に変装するが、若い娘に変装してほしいと思っているアルベールには面白くないように見える……。明らかに、カロリーヌは喜劇に秀でている。レイユ男爵夫人は、一八六六年の謝肉祭最終の月曜日にエスラン皇女の催す演劇の夕べにカロリーヌが参加するようエドゥワール・ブラムに懇請する。『フルシュヴィフ男爵』と『二人の臆病者』を上演。カロリーヌは小間使いを演ずる。「こんなふうにクリノリンを使わない自分がとても奇妙だった！」（一八六六年二月一二日）。芝居による変身はこの臆病な空想家にふさわしい。

上流階級の夜会には芸術家たちが呼ばれる。ラウル・ピュニョ、「ベートーヴェンかモーツァルトの復活と思わせるようなこの神童」はしばらくの間、サロンでもてはやされた。もっとも、磁気性や、とりわけ、交霊術が広まったこの時代、人々の心を引きつけるのは芸術よりも不思議なこと、奇異なことである。[39] それゆえ、手品師や夢遊病者さえもが成功をおさめる。ほとんど常に女性であり、彼女たちは彼岸と特別の交信をすると伝統的に考えられた。カロリーヌはヴェルジェ伯爵の邸でそうした女性の一人に会う。「それは私の心をほとんどとらえなかった、私は少しばかりおびえた（……）。私は彼女が眠っていなかったと確信している！　が、にもかかわらず、それは強い印象を与える！」（一八六六年一月三一日）。

舞踏会は社交界シーズンの最後を飾る。それは謝肉の火曜日に頂点に達する。真夜中にすべてが終わる。カルナヴァルのときだけ中断される、四旬節の禁欲的な生活が始まる。カロリーヌは福音書の名において、その正当性に異議を称える。こうした生活は骨の折れる、疲れさせるものである。人々はたえず走っている、急いでいる、時間が足りない。「私たちは冬の間のすべての楽しみについて語りあった！　彼女（ある友人）は一〇回、舞踏会に行った、気の毒なひと！　……彼女はさぞ疲れているにちがいない」（一八六五年三月八日）。カロリーヌは「一分たりとも自分の時間」がないこと、夕食会を断念し、しばしば罪の感情を抱きながら、途中で訪問をあきらめるほどに、忙殺され、精も根も尽きていることを嘆く。ニエーヴル県からの帰途、彼女はラ・カーヴの「静かで、快適で、簡素な生活」を、「パリで再び目にすることになる正真正銘の混沌」と比較する（一八六五年五月二七日）。一〇年前に、スヴェチーヌ夫人は、フォンテーヌブローに滞在した後で、この同じサン＝ドミニク通りを再び目にし、「パリに戻ってきたことの当惑」[40]をトクヴィルに訴えた。パリの「めまぐるしさ」のテーマは、社交界であれ、宗教的であれ、あるいは、実業界であれ、スピーチの話題であるが、おそらく、現実でもある。「有閑階級」のこうした女性たちは、たえず多忙でなくてはならない[41]。

もっとも、驚くべきことは、失われた時間の強迫観念、そういうものとして広く認められたそぞろ歩きの不在、一瞬一瞬のスケジュールを正当化し、自分の有用性、自分の仕事を証明することへの不断の欲求である。この仕事という言葉をカロリーヌはしばしば書き留める。彼女はリールのサン＝モーリス講話会でのイエズス会司祭の言葉を入念に記す。「今日の講話は仕事についてであった！　仕事は義務であり、人々はこの義務に背いている。一、何もしないことで、あるいはくだらないことをすることで。二、やるべきことをしないことで。三、不適切にやることで」（一八六四年一二月一二日）。教会は一九世紀にあって仕事の神学を入念に練り上げることはなかったが[42]、その主張は新しい意味を担った。ところで、無為の価値については、この時期、異議申し立てがなされた。教会は無為を社会主義者たちのように非難する。「無為、安逸、それは滅亡であり、死である」とデュパンルー猊下は言う。有用性の概念が意識や社会道徳に浸透する。非営利的生き方や慈善活動により、有閑階級の人間はイギリス風に何らかに役立たなければならない。名士でさえ公務に携わり、「出世する」よう努めなければならない。もっともこのことは必ずしも金銭を稼ぐことを意味しない。

男性には容認できる範囲であれ、無為は夢想の誘惑が待ち構えている女性にとっては常に危険なものである。おまけに、技師の娘であるカロリーヌは、調和のとれた装いと完璧な応接とにその極致が表現される貴族階級の理想と、北フランスの実業家や理工科学校出身の父の生産的活動との板挟みの中で、ある種の不安を感じもする。いずれにしても、彼女が果たしうる使命について自問するとき、その信仰の選択が観想的なカルメル会修道女ではなく、慈善を行なう修道女のそれであることは意味深い。マリアよりマルタということ！

成功した一日は休む暇もなかった一日。カロリーヌは家庭の、社交界の、そして信仰の、三種類の義務をうまく調整したにちがいない。純然たる「自分への気遣い」、精神分析学者ウィニコットの表現に従うならば、「眠ったままでいる」権利は、そこでは、結局、ほとんど問題にならない。神に対しては非常に大きな位置を与えなければならない。

神様！

カロリーヌの日記や日常、そして考えることは信仰心に包まれている。模範に倣うという習慣がなく、その相対的な近似や充足、影響を推し測ることさえない今日の読者は、おそらく、ややもするといらいらし、理性的な自由の高みから、この若い娘を時代後れの人間、祈りですっかり混濁した薄弱な精神の持ち主と見なしたい気持ちになるだろう。だが、用心していただきたい。おそらく、そこに世界観と感受性の整合性、教育と生活の鍵がある、それが一九世紀、さらには二〇世紀の多数の女性たちのものであった。

サン゠ジェルマン街はカトリック信仰の中心地である。種々のカトリシズム。カトリック自由主義を求めることで果たした役割が知られているスヴェチーヌ夫人の亡霊がサン゠ドミニク通りに漂っている。夫人はカロリーヌの両親の友人の一人であったにもかかわらず、彼女は夫人について一度として言及していない。ローマ・カトリックの彼女の信仰心は、教区付き在俗司祭、つまり、ローマ・カトリック教会の構造や、やがてその不謬性が宣言される教皇の首位権を好んで強調する司教団の司祭、小教区の司祭により、完全に導かれる。「カトリック教会の設立」、「献堂」、庶民の信仰に必要なローマ・カトリックの豪奢の正当化、これらがカロリーヌの書き留めている説教のテーマのいくつかである。彼女はメルミヨ猊下――スイスの協議会の見解に逆らってピオ九世がローザンヌ司教に任命した――に言及し、ローマでの聖別式を語っている。「ピオ九世は、聖別したばかりのすべての司教の中心にあって、救うべき魂のある世界のさまざまな地域に彼らを送った！（……）教皇は主のための教会の必要性を語ったとき、どれほど素晴らしい時間を持ったことか！ ついで、貧しき者たちもまた祝祭や見世物を必要としていること、そして彼らは全能の神の神殿、儀式の豪華さ、歌の調和の中に見られる以上の美しいものをどこで見出すだろうか、彼らもまた楽しみや愛を必要としている、と語ったとき！」（一八六五年五月一日[43]）。

日記の中でただ一度政治に触れている非常に興味深い箇所は、若いオルヴィル夫妻を迎えたニエーヴル県のブノワ・ダズイ家で、サン＝モール夫人が「生中継で」伝えた、メンターナに関するくだりである。夫人は自分の兄弟と息子からの手紙を朗読した。二人とも教皇領防衛のための志願入隊者である。カロリーヌは、ローマのすぐ近くでガリバルディ義勇軍兵士を阻止する教皇護衛隊の軍功の話に感動する。このローマを彼女は一八六四年に熱心に訪れ、とりわけ、サン・ピエトロ大聖堂でシスティーナ礼拝堂の絵画に感嘆した。兵士たちの英雄的精神に匹敵するのは、「キリスト教徒のフェミニズム」の先駆、初めて戦場に姿を見せた修道女たちの勇気だけである。もっとも、その活動と精神の自主性で知られるパリのロザリー修道女は別の人物像である[44]。勇敢な行為と奇蹟の泉。水が不足している。「サン＝ヴァンサンの修道女たちが祈りはじめると、たちまち石に隠れた雨水だめが見つかり、皆が水を手に入れる！」（一八六七年一一月一二日）。

この教皇権至上主義、聖職者至上主義のカトリシズムは信仰心の古くからの形態である。ミサへの参列、告解、頻繁な聖体拝領はその主要な行為である。カロリーヌは、父が好んでいる遅い時間の、社交界の、うわの空のミサをよしとせず――「人々は押しあっていて、十分に祈らず、司祭を見ない。ミサを聞いているのだろうか？」――、朝の礼拝のほうを好む。後陣の小聖堂の静寂と瞑想の中で、彼女は感謝の祈りをつづける。キリストを受け入れることは彼女にとって恩恵と喜びであり、彼女は聴罪司祭に願い出るが、司祭がしばしば拒む恐るべき行為でもある。不完全な聖体拝領を警戒し、清純な状態でのみ聖体拝領をしなければならない。日記の余白に記された小さな十字は聖体拝領の日を示す。日曜日、しばしば月曜日、一週間に三度以上は稀である。「司祭は私に三度、聖体拝領をすることを許した」と彼女は特例のように書き留める。神に対して聖なるものの距離を保たなければならない。「イエスが（彼女の）心に降りて来る」この祝福された日々、彼女はイエスに話しかけ、イエスは彼女に答える。「突然、静寂のただ中に神の子が私に小声で言われたあの言葉が聞こえる。私の悲しみ、ひどく淋しく感じた孤独を打ち明けたときに。〃いとし子よ、私はおまえにとってすべてではないのか？〃〃おお！　イエスさま、そうですとも、あなたは私にとってすべてです、あなたがおられなければどんなものも私には無価値です！〃と私は答えた」（一八六四年一二月二五日）。イエスに彼女は心を打ち明ける。

そして、非常に親しい友人や若い娘たちのグループと一緒に聖体拝領をすれば、それはさらにうれしいものになる。「私としては、イエスが私に身をゆだねるこの敬虔で、熱烈な瞬間ほど、幸せなことはない（……）。かくもよい影響を及ぼす言葉を神が心の奥深くに投げかけてくださるのを耳にする幸福に比べられるものがあるだろうか」（一八六五年三月一二日）。心の融和の中で、カロリーヌは喜びに満たされる。「静寂、賛美歌、信仰心、瞑想、あらゆるものが魅了し、あらゆるものが感動させ、うっとりさせる！　神聖な恍惚感の中にいる（……）。心は愛で熱くなる、そしてとうとう優しいイエスに近づくとき、イエスを受け入れるために唇がわずかに開くとき、魂は沈黙し、崇拝し、感謝し、そして耳を傾ける」（一八六五年三月二五日）。心地よい言葉、燃えるような接吻、えも言われぬ浸透、心の内的な交感、完全な融和。キリスト教の神秘思想と夢想的な愛に由来するこの神聖な愛の模範に、地上の愛で匹敵するのは困難にちがいない[45]。彼女の生涯で最も美しい日、比類のない「大切な日」はカロリーヌにとって、一八五九年五月二六日、初聖体拝領式の日であり、それだけにいっそう喜んで、五月二六日（一八六二年）に亡くなった母の思い出を重ね合わせる。

イエス、その誕生、受難、心、秘跡が何よりもまず、キリストに関する典礼の主要部分を形成し、復活祭周期に頂点に達する。カロリーヌは聖週間の一瞬一瞬を熱心に生きる。聖木曜日は苦悩して、金曜日は悲しみに沈んで、土曜日は希望を抱いて、日曜日は歓喜して。彼女の感動が教会の儀式に忍びこむ。ロザリオとともにキリストの十字架像がお気に入りの信仰の対象である。「十字架像を携え、しばしば胸に押しあて、たえず助言を求めなければならない」（一八六五年三月二四日）。カロリーヌが好んで企画する演説会を十字架像がつかさどる。

目覚ましい発展を見せているマリア崇拝[46]はこの信仰心――聖家族になくてはならぬ人物であり高名な仲介者の聖ヨセフ、あるいはしばしば加護を求められる守護天使を除いて、端役や聖女テレサ以外の大部分の聖人には言及しない――

の対極である。諸聖人の祝日さえもひっそりと祝われる。目だちはじめた墓地に行く習慣[47]はカロリーヌの家庭ではまだなかった。死に対して敏感ではあったが、彼女は埋葬にはほとんど関心を示さず、墓や墓地にはまったく無関心で、一度として触れていない。

処女にして母であるマリアは、反対に、熱情を結集する。聖母マリアの周期は一二月八日、聖母マリアの無原罪のお宿りの祝日で高められ、カロリーヌはその礼拝を好む。眠れぬ夜、彼女はロザリオを手に取る。だが、彼女の願望は「汚れなく、うっとりさせる白と青色の聖母マリア様の制服」を着て、「私たちがかくも望んでいる気高い称号、聖母マリアの子という称号」を受けることである！　彼女は数日の黙想会で覚悟を決める。黙想会は正真正銘、若い娘たちの集まり、瞑想が陽気さを排除しない若々しい習わし。

聖母マリアはカロリーヌにとって二重の母である。彼女は母パメラが死を迎えた日、聖母に身をささげた。そしてこの献身は彼女の感動を倍加する。「聖母マリアの子、この輝かしく、祝福された称号がどれほどの喜びと愛と慰めから成っているか、誰が言い表せよう。ああ！　聖母マリアの一人の子が神を愛している、その子は十字架も試練も犠牲も恐れない。その子の真実の喜びは、人々が神聖な祭壇で、あるいは、聖母マリアの教会で感じる喜びである！　その子にとって俗世は空しい言葉にすぎない。ときに悪魔がその罠を仕掛けることがあろうと、その子は聖母が蛇の頭を踏みつぶしたことを思い出し、打ち勝つ！」（一八六五年三月一二日）。聖母マリアは何よりもまず純潔の守護者であり、犠牲と献身の模範である。カロリーヌはその生涯で重要な選択を迫られると聖母マリアの加護を祈る。だが、聖母マリアは、イエスが彼女に抱かせる心の高まりや熱情を与えることはない。

祈りが日々を織り上げ、私的な祈りが公的な祈りを引き継ぐ。もっとも、公的な祈りにもある種の内奥の感情が刻み込まれてはいるが。カロリーヌは自分の礼拝堂に大きな価値を与え、日中、ここに何度か立ち寄り、しばしば親しい友人を招き入れる。彼女はここで夜の終わりを過ごす。彼女はフォンテーヌの城館の礼拝堂でミサを行なえるよう、司教座に熱心に頼み込む。彼女はサン＝シュルピス界隈の宗教関係の店々の品をしこたま買い込んで礼拝堂を飾ることに専念する。伯母エミリーの助けと、小教区の献身的信者に配慮するクロワの司祭の善意のおかげで、ミサが礼拝堂で執り行なわれたとき、何と誇らしかったことか！

しかしながらこの信仰心に静寂主義《キエティスム》はまったく入り込んでいない。ピオ九世のローマ・カトリック教会は不信仰の脅威にさらされているために戦闘的である。不信仰はカロリーヌに不安と恐怖を引き起こす。聖体はパンにすぎないとどうして考えることができよう？　どうして信じないことが可能であろう？　無信仰な人間の考えが彼女を不安にさせる。できるものなら、彼らを回心させたい。彼女は教会に大勢の人が集まっていることや男性の出席を安堵とともに強調する。天国は彼女にとって自明の理であり、死を和らげる。この最期を彼女は大いに強調する。あの世とのコミュニケーションができるこの瞬間において、死に方は行為であり、しるしである。おのおのが、帰還の喜びでもあるこの出発のドラマで自分の役割を演じなければならない。祖父ブラムの死の物語はこの注目すべき観点から語られる。

気取らず、無邪気でさえあるカロリーヌは、祈りの精神的な、だが現世的な力、要するに奇跡を信じている。クロワでの祈願行列の後で、書き留める、「農夫は信頼することができる、豊作になるだろう、イエスが通られた、貧しい人々はパンを手にするだろう、そして彼らはその施しの主がイエスであることを理解するだろう」（一八六五年六月二五日）。メンターナで、修道女たちの祈りが水を湧出させる。ルルドは遠い過去のことではない……。彼女は犠牲と聖徒の交わりの力を信じている。「何と気高い天職」と彼女はサクス大通りのカルメル会修道女たちについて書く。「数知れず犯される罪をあがなうためにたえず苦しみ、この世でなされるすべてのことを相殺する！」（一八六五年七月三日）。死刑を宣告された重罪人プランツィーニの回心のためにその臨終をさらし、彼の改悛を待ちわびるリジューのテレーズを思わせる。

それゆえ行為が重要になる。意志を律し、信頼できる教育法に従って良い習慣を作り上げる「徳の行為」。それが「枕をかわいがりすぎずに定まった時間に起きることや、自尊心をかき立てて苦笑させもしたであろう刺《とげ》のある言葉を慎むことにすぎないにしても」。これはもちろん彼女の自尊心をひどく傷つける。さらに、カトリック要理と慈善行為。デュパンルー猊下が擁護者の立場をとる、[48]より近代的な司牧神学の後押しを受けて、カトリック要理は方式を変える。「もはやカトリック要理を暗誦しない。だがその代わりに、調書を読んだ後で先行の手ほどきについて質問する。何と時代と状況は変化したことか！」（一八六四年一一月二七日）。だが、彼女は家庭の主婦としての任務を理由に、そこで何らかの役割を担うことを拒み、ほどなく手を引くことになる。

貧しい人々は、修道女たちの管理する収容施設にいる子どもたち、とりわけ彼女がパリやノーフル、また、フォンテーヌで世話をする作業室の若い娘たちの顔つきをしている。パリの作業室は思わしくない。お金が不足している。姿を見せる孤児たちに何もしてやれない。理事会は「大荒れ」で、慈善家を揺さぶり、おのおのが一〇〇フラン出すことを決心し、募金と福引を企画する。このお金は貧しい若い娘たちの施設に使われる。庶民の界隈に出かけることはまれなカロリーヌがバティニョルに行き、マリアとジュリを訪ねる。彼女は「この優しい娘たち」が見せる感謝の気持ちに心を動かされる（一八六五年三月七日）。裕福な女性が貧しい女性を助け、教化する。

北フランスでは、貧困はいっそう強くにおう。織物工場の労働者たちの住むクロワの施設では、子どもに手のかかりすぎる場合を除いて、女性も働かざるをえず、[49]二五〇人の子どもたちが階段教室に集められている。集団の指導の問題を解決するためにこの時代、実施していた収容施設はこうしたものであった。[50]「快適には程遠いにおいに私たちは息が詰まりそうであった」（一八六五年七月一八日）。恐ろしいほどの「貧しい人が放つ悪臭」、「貧困の分泌物」[51]。冬は過酷であった。「ある者は借金をし、他の者は病気になり、また子どもや疲労を背負い込んでいる者もいる！　このように貧困を間近に目にすると、自分の運命に不平を言うことはもはやできない！　ああ！　パンを手にするためにこれら貧しい人々が交えなければならない耐えがたいほどの闘いに比べれば、私の耐乏など何とささやかなものであることか！」（一八六五年六月二一日）。ここに社会意識の始まりを見ることは行きすぎであろう。北フランスにおいて貧しい人が労働者であることは大きな意味を持つ。もっとも、ポール・ブラムは後にカトリック社会主義への道を追求するだろう。

カロリーヌには奢侈に対するある種の厳しい非難がある。彼女は、婚礼のために贈られたカシミヤのショールが高価であることや、マリー・テルノの嫁入り支度一式の中の下着が凝りすぎていること、また、謝肉祭の舞踏会のめまぐるしさや、友人のテレーズが競馬に強く引かれていることを非難する。「テレーズは競馬に行った。私はそのことにまだ仰天している」（一八六五年六月一一日）。彼女は立派な馬車に対する父の嗜好が過度であると思う。「父が新しい馬車で私を迎えにやって来た。素晴らしい二頭立て馬車。だが、目下のところ、田舎の別荘がまったくないのだから、何の役に立つというのだろう？」（一八六五年一〇月九日）。カロリーヌか、反ダンディか？　実際のところ、社会的、さらには経済的判断というよりも道徳的判断である。金持ちには、無用な出資をせずに、貧しい人々――善良なる貧者――のことを考えるのを手始めに、果たすべき義務がある。とりわけ、奢侈は模範的な少女を脅かす社交界の誘惑である。それも、カロリーヌにとって奢侈が魅惑であり、実際はかなり心を動かされているだけにいっそうである。

この道徳の支配者、つまり霊的指導者であるサント゠クロチルドの前助任司祭シュヴォジョン師[52]は、遠隔のマレ地区にいたが、カロリーヌや友人たちは彼に告解することをつづけ、マレは週に一度の遠出の目的地となった。シュヴォジョン師のミサ。「説教壇にいる師の姿を目にしたとき、私はどんなに感動したことか！　師がサント゠クロチルドで私たちに語りかけていたあの幸福な時代にまだいるように思われた！」（一八六五年三月一五日）。シュヴォジョン師のお年玉にカズラ〔司祭がミサで羽織る袖なしの祭服〕。「私をかくも幸せな気持ちにしたこの大切な作業。それが神聖な祭壇でＣ師に着用される、無限に祝福されたときを考えたからである」（一八六四年一二月三〇日）。このシュヴォジョン師は若い娘たちに大きな影響力を持ったように見える。このことは、その理由を必ずしも常に見極めたわけではないにせよ、女性に対する司祭の影響力を告発するミシュレや、第二帝政末期にしだいに数を増す人々を正当化するものである。シュヴォジョン師は心を和ませることができるが、厳格さを感じさせもする。彼には罪の感覚と社交界への恐怖がある。カロリーヌは四旬節の前の最後の日曜日の舞踏会を承知したことを彼に打ち明けるだろうか？　「師は私にあまり熱心に踊らず、自制し、神とともにあるよう勧めた！　とりわけ、ワルツは踊らぬようにと、付け加えた！」（一八六五年二月一五日）。彼女は一部分だけ、彼の勧めに従う。彼女のダンス――ギャロップ、ポルカあるいはコティヨン〔四人または八人で踊る一八、一九世紀のコントルダンスの一種〕——はしばしば「すさまじく」、決して物憂げではない。デュオよりも「体操」や団体競技に近いが、教会はこの身体を接しあっての近代のダンスに官能性の表れを見る。だが、それは過度にすぎる。舞踏会はエスラン皇女邸での演劇の夕べのことなのか？　C師は「私がパリで芝居を演じることにあまり満足ではないように見えた。それは自分自身のことが話題になりすぎるからだ」。「確かにそのとおりだ」と彼女は良心的に認める（一八六五年一二月一二日）。「身体をかき立てることのないように」とド・レスカイユ氏も言う。

女子教育の模範である修道院の信仰心が目の敵にしているこの身体を[53]、カロリーヌはしたがって、抑圧し、抹消しようと努力する。家の中で身体の部位に関する沈黙は身体的な外見についての沈黙と同じである。カロリーヌは病気である以外、自分の身体のことは決して口にしない。病気の身体は許される。彼女の顔つきや体つきについて、われわれは、彼女の母や友人たちについてと同様、何一つ知らない。われわれの調査で一枚の肖像も一葉の写真も見出されなかったことは大きな意味を持っているかもしれない。

肉体と精神の間の対応をはてしない記述の鍵としたラーヴァター流の人相学のいかなる痕跡も彼女にはない。だが、カロリーヌは美しさと優雅さを称賛する。もっとも、常に衣服をまとってはいるが。彼女が話題にするのはドレスであり、顔だちではない。それはおそらく、日常生活の演出として、サロンやレセプションで演じられる芝居の役割に起因している。それはとりわけ、女性たちの上演の機能における「服装」の重要性に起因する。化粧をすること、しばしばひどくうんざりさせる、「このきわめて重要で、同時に、きわめて無意味なこと」（一八六四年一二月二日）は義務である。「きちんとした身なりさえしていれば、ほかのことは私にはどうでもよいのです」と、後にお針子の勘定をとがめる夫に書くであろう（一八七〇年九月二日の手紙）。祝祭に欠かせない衣服がときに記述される[54]。この装いに関しては、形よりも色彩が重要である。ピンク、青、しばしば赤、例外的に緑（この色はどちらかといえば奇抜であり……アメリカ風である！）、そして常に、若い娘たちの輝かしい白。行事そのものと不可分である装いは行事の印象を決定する。「あの日、私は着ていた……」と女性は思い出して言うだろう。女性たちの記憶は衣服をまとっている。そしてカロリーヌは、すでに涼しくなっていたラ・カーヴでの秋の夕べに着ていたドレスを決して忘れなかったにちがいない……。

それで私は？

父にたえず服従しなければならないことに苦しんで、反抗と後悔の間で気持ちが揺れるカロリーヌは叫ぶ。「ああ！エゴイズムはおぞましい欠点だ。だが、何度、〝それで私は？〟と言いたくなることか？」（一八六四年一二月七日）。

しばしば個人主義と非難されるが、一九世紀はそれどころか、内的自我を中心的存在たる家族の私生活の目標に従属させる。たとえばミシェル・フーコーがその倫理を分析した(55)ストア学派の哲学者たちに見られるとおり紀元一、二世紀にそうであったようには、自己への気遣いは高く評価されない。不均衡を生じうる要素、フロベールによれば「最も横暴な仲間」である自己は、個人にとって、また、社会にとって二重に「重大な」年代である青年期に、とりわけ気を配るべき客であり、闘うべき敵である。ルソーは『エミール』の第四章全体をあてて、その危険を詳細に説明し、欲動を誘導して「自己から引き離す」ことを目的とした教育法の概略を示している。

ある意味では、日記は心の内の分析手段ではなく、集中と自己抑制の訓練であり、自己を沈黙させる方法である。「私の意志を抑え、何一つ表れないようにすること」とカロリーヌは書く。「私が感じるあらゆることを抑えること」。だが、彼女には真実の自我があり、したがって、日記は彼女の疑念の舞台、彼女の欲望の表現となる。彼女がおそらくは永久に追い払う前に、つぶやいてしまった欲望。彼女の日記はまるで出し抜けのように、月並みでありながらも感動的な話をわれわれに明かし、女性の肖像を現出する。エルネストへの手紙（一八七〇―七一年）が非常に重要な補足となり、無視できない加筆となる肖像。自分の心に沈黙を強いることがどうしてもできずにいる、そしてそのことに苦しんでいる女性。「ほら、私は「自己」に対する愛着ゆえに十分に罰せられていますわ。少しばかりでも感情をほとばしらせていたら、どれほど楽になったことでしょう」（エルネストへの手紙、一八七一年二月一六日）。

憂鬱な気分に襲われているこの若い娘にも陽気な時間がある。カロリーヌは、警戒するよう言われている社交界を愛している。さまざまな色彩の輝き、花束の華麗さ、照明の輝き、宝石の洗練さ、ドレスや髪形の優雅さ。彼女は社交界、とりわけ女性の社交界、生き生きした夜会を楽しむ。顔や性や役割を変えることのできる芝居に熱中する。彼女は音楽、歌、とりわけダンスを楽しむ。要するに、好かれる、魅惑する、そして認められること。自信を持てない彼女は成功を収めて大喜びする。シュヴォジョン師と彼のやつれた陰気な顔から遠く離れて、彼女はおそらくその人生で最良の時であった一八六五年の秋、晴れやかになる。

カロリーヌは親愛の情や優しさ、愛を望んでいる。愛すること、愛されること、これが彼女の願望であろう。友情や愛、それは意思の疎通であり、真情の吐露、心の融合である。言葉を交わすことが重要である。だが、母を奪われたこの娘が飢えているという愛撫や接吻も重要である。「あらゆる種類の幸福になくてはならぬ接吻」(一八六四年一一月三〇日)。子どもの、青年の、恋人の抱擁は? 羞恥心が若い娘たちを黙らせる。だが、彼女たちの感覚のほうは?

カロリーヌは優しい心の持ち主である。彼女は父の心配事やポールが離れて暮らすこと、友人の喪、貧しい人々の悲惨、馬の苦痛に心を痛める。馬に対してこの時代に芽生えはじめた思いやりを共有する。リールの騎馬パレード場で、彼女は馬の転倒に対する無関心さを前にして父を立ち去らせる。彼女は「これほど苦しんでいる不幸な動物たちが褒美をもらうことがない」のを心配する。「それはいつも私の心をさいなんでいる」(一八六五年五月二日)。馬たちのための楽園は彼女には当然のことに思われる。(56)

だが同時にカロリーヌは自分自身も他者も、とりわけ男性たちと彼らの誠実を疑う。彼女の愛惜の念は過ぎゆく時で膨らみ、あらゆるものが彼女には回想の口実となる。これほど若いのに彼女は好んで自分の黄金時代と考える過去の中で生きている。「まだ若くても飛び去った日々を見出そうとしない人は誰か?」(一八六四年一一月二九日)。誕生日——たとえ一八歳の誕生日であっても——は、憂鬱な総括や身をさいなむ将来の見通しをせざるをえない一年の終わりや新年と同様に彼女を悲しい思いにする。祝いの一つ一つが彼女には不在者を数えるきっかけとなる。彼女はどんな出発をも死のように考え、愛する場所への帰着を巡礼と思う。現実がまもなく終わるという考えが今を台なしにし、楽しむことを困難にする。個人的な要素――母の死の投射影――以外にも、しばしば衰退とみなされる未来を想像するよりも過去を反芻しがちなサン＝ジェルマン街の視界が、彼女の時間表現に影響を及ぼしてはいないだろうか。

カロリーヌは虚弱で、頻繁に風邪をひく。友人たちの多くと同じように気がかりな咳をする。「マルグリットは咳をしている、深刻な病状に思われる。大切な友はいったい、どうしたのか？」。彼女は病気のためにしばしば家に引きこもっていなければならない。彼女はたえず疲れているのを嘆く。「こんなふうにいつも病気でいるのは耐えがたい」（一八六五年六月七日）。「私の体の具合はひどく悪いのだろうか？　こんなふうでいるのは何と困ったことか」（一八六五年六月二三日）。彼女は気分が優れず、今日では頻拍と呼ぶような症状を見せる。「私の哀れな心臓がどきどきしていた！……呼吸することさえできず、エーテルやさまざまな手当てが必要だった」（一八六五年五月二六日）。胃の痛み、頻繁に襲われる不眠。「一晩中まんじりともしなかったので、恐ろしいほど疲れている、そして咳がまた始まった」（一八六五年六月一四日）。彼女の不眠には「このうえなく恐ろしい考え」がつきまとう。彼女は気が滅入る、「こうした陰鬱な考えが私を不幸にするだろう」（一八六五年七月二二日）。このときから五年後に、湯治に訪れたスパで、彼女は愚痴をこぼす、「背中と胸部のいつもの痛みに襲われた」（一八七〇年八月二〇日）。若者たちの間で流行している結核をどうして考えずにおられよう？　「肺結核患者たち」の希望であるニースの太陽のもとでさえ、アルベール・デュモンの死の納得のいく原因。

カロリーヌは自然環境――天候――と状況に過度に敏感である。従姉妹のマリーが結婚した後、彼女は気がふさぐ。リールでは喘息の発作に見舞われるが、ラ・カーヴでは反対に、溌剌とし、ダンスの夕べをいつでも喜んで引き延ばす。「楽しんでいるときにはたして疲れるものだろうか？　私はそうは思わない」と明敏に書きつける（一八六五年一一月一五日）。詳細に語りはしないものの自分の夢を連想させ、前兆や神秘的な一致を信じ、嵐に心を動かされ、しばしば奇妙な幻影を見るこの想像力豊かな女性は、その性に特有のものとあまりに容易にみなされ、黙想会の説教師であるバザン師をいらいらさせるあの「神経の」疾患に陥りやすいだろうか？　時代の言葉で人々はささやき、考え、自分の身体を感じる。

だがカロリーヌを底なしの憂鬱に沈めるのは将来の不確実さである。彼女はバラの刺《とげ》——彼女が特に好む隠喩《メタファー》によれば——がまだ見えない、そして神と友人たちの間で快適なこの思春期の状態を引き延ばせるものならと思う。しかし、彼女の仲間たちは結婚に捕らえられて姿を消す。結婚する？　彼女は男性の放埒や嘘、無関心な将来を危惧する。「多くを約束した夫の中に欺瞞とごまかししか見出さなかった若い女性の例が不幸にもあまりに多くはないか？」。結婚について彼女は何を知っているのか、その作法にしか言及しないこの若い娘は？　それが幸福、静止した甘美な状態、彼女が夢みている心の交流、「洋々たる前途」なのか？「とても愛している私のかわいそうな心は、愛されることも必要としている」（一八六五年二月一四日）。だがそれは存在しているのか？　穏やかで陽気な従姉妹のマリー・テルノがあれほど激しく打ち克とうとするペシミズムはなにゆえなのか？

確かに彼女の周囲には不吉な例がある。この点についてジャック・フカールの集めた重要な資料からジョルジュ・リベイユが作成した家庭調書は、一八六〇年にエミールとエミリーの娘で、彼女より数歳年上のマリー・ブラムの結婚が、どのようにまとめられたかを教えてくれる。伯父ジュールは、エドゥワールがジュールの息子である従兄弟のジョルジュとマリーとの結婚を阻止しようとして、世俗の誘惑から死の脅しまで、あらゆる方策を使ったとして非難する、マルクスやモーリヤックにとっては第一材料と言うべき辛辣な資料をこの点で残した。この若い二人は愛しあっていた。だが彼らの婚姻は相続の秤《はかり》、とりわけ、待望の城館フォンテーヌを長子の家系のほうに傾けることになったであろう。義兄弟のモルティメ・テルノに支持されたエドゥワールは、ジュールの言うところを信用すれば、極端なまでに激しく反対した。もっともジュールの役割もこの場合、完全には明らかではない。未亡人のエミリー伯母は公然と娘を支持した。娘とともに修道院に逃れることとさえ考えた。だが、結局、家族の圧力に負けざるをえなかった。マリーはジョルジュとではなく、富裕な繊維業者（ヴァレール家）の、おそらくは病身の跡継ぎと結婚しよう。少なくともそれが、ジュールが長老ルイへの最後の手紙でほのめかしていることである。「息子は貴殿が創設者である非常に名誉ある名前の一つを持っております。私は貴殿が引き上げられたその高みで維持するよう努めました。われわれは子どもたちがそれを決して落とすことのないように、彼らを育てました。しかるに、ジョルジュではなく、侮辱的な呼び方が広い尊敬に値しないことを示している家族のほうが望まれます。ジョルジュは誰もが知るとおり、将来のある若木ですが、他方は健康上の生来の欠陥によるのではなく、すでにしおれた植物です」。結婚は三週間という早さで取りまとめられた。「彼女は死骸と結婚させられた」と親族の間でうわさされた。カロリーヌがこのドラマを知らないはずはなかった。

もう一人のマリーとエドモン・ド・レール男爵との結婚は反対に、見るからに幸福な結婚であった。安堵させる模範を探しているカロリーヌはこの結婚に決定的な位置を認める。彼女は、愉快な願望が見え隠れする無頓着さで、その豪奢——結婚祝いの品、支度一式の陳列——を記述する。青色のドレスに身を包み、白い帽子をかぶって彼女は花嫁の付き添いをつとめる。皆が、次は彼女の番だと言う。「おお！　こうしたすべてが私に羨望を抱かせはしない！　それにどうして私が結婚することを望むだろう（……）。人々がこの日に感じるにちがいない何やら分からぬ恍惚感にもかかわらず、それは私の心を駆り立てはしない。私にはこれほどの豪奢よりも、もっと多くの確かさが望ましい。私は白よりも黒いベールとどんな装飾品よりもキリストの十字架像のほうがいい！」（一八六五年六月六日）。この日、彼女は神と貧しい人々に身をささげる決心をする。彼女は修道女になるだろう。「さようなら、輝かしい未来」。

だが、夏は彼女の当惑を増す。フォンテーヌで、結婚したばかりの若いド・レール夫妻——彼らは少し後でスイスのアルプス地方に新婚旅行に出発する[57]——は魅力的だ。マリーは「いつもと変わらない」。そしてカロリーヌは、結婚による不思議な変容を恐れているものの、マリーの主体性が守られていることを強調する。気取りも気詰まりもまったくない。夫婦の新しいイメージ。官能性を強調し、その幸せな充足を周囲の人々に推し測らせる、この一八六〇年代に出現した新しい愛し方。「彼らは二人とも何と愉快なことか、からかいあって、そして接吻を交わす。それも大笑いしながら、たえず歌いながら！」（一八六五年六月二三日）。キリスト教徒の上品ぶった態度は？　「愛という言葉を決して使わず[58]」、その表出を禁止した、ジョルジュ・サンドの祖母のような貴族階級の慎みは？　カロリーヌは衝撃を受けたと言う。「将来、何が私の身に起こるかは分からない。だが、私が人前でこれほど愛情を見せることは決してないだろう」

（一八六五年七月二七日）。自分の身体に対してかくも注意深いカロリーヌにとって、肉体関係は夜の、そして、秘密のものにとどまっているべきである。日記さえもそのことについては少しも知ってはならない(59)。だが、後に彼女の夫が、不快感をにじませながら彼女について書くように、カロリーヌは爆発するのをひたすら待っている「火山」である。

マリーとエドモンは仲が良い。マリーは彼に結婚を称賛し、エドモンは母のことを彼女に話す。「彼は私のことを理解している」と彼女は言う。したがって、胸の中を打ち明けることのできる、優しい友であるような夫を見つけるのは可能なのか？　だが、彼女自身は「夫を幸福にするには陰気すぎ」（一八六五年七月二二日）はしないか？　それでも、彼女の憂鬱な気分は減少する。彼女は生きる意欲を取り戻し、「私の孤独を満たす、さまざまな夢想」に身をゆだねる。彼女は決死の覚悟で新たな行動に出る。彼女はピストルを撃つ！　彼女は「白いドレスにばら色のリボン」の美しい衣服を身につける。「この若々しく、明るい衣服が私の心を強く動かす。それにこの服は、同じように快活で、未来にほほえみかけ、多くを期待し、幸福という言葉を震えずに発する私の気分と調和していた！」（一八六五年七月二七日）。

それはラ・カーヴでの光り輝く秋、ステファニーとアルベール・デュモンの家でのことである。カロリーヌは陽気と快活さにみちあふれ、芝居を夢中になって演じ、ミサに遅れていることを面白がり、アルベールと「狂ったようにギャロップ」を踊る。カロリーヌは大人たちがいつも短縮する夕べを引き延ばそうと少しばかり反抗する覚悟さえしている。「もう自分が分からない」と彼女は言う（一八六五年一〇月二七日）。

アルベールが日記の随所に現れる。彼の名を明かさないことは不可能である。アルベールは魅力的で、思いやりがあり、優しい。聖ユベールの祝日の夕べ、彼はカロリーヌを猟師や使用人たちに歓迎させ、公然と彼の夫人であることを示すかのように、彼女と二重唱を歌う。虚弱体質のように見えるアルベールとのまじめで心和む会話。結婚、夫婦の中での夫と妻の関係について（一八六五年一一月一日）、「結婚において若い男性や女性を導くにちがいない第一の感情」について。「それがお金であることを私は理解できない！」（一八六五年一一月一二日）。明らかに、彼も同様に理解できない。「こうした心和むおしゃべりは私に非常に良い効果を与える。何という優しさ、何とまじめな人！　おお！　神様、あなたには私の心からの願いがお分かりです」（一一月二六日）。それでも、シュヴォジョン師のこだまのように、不安にする注解。「私たちは年齢のわりに何と若いことか！」。彼らは二人とも一八歳である。

出発しなければならないときは何という苦痛！　「ラ・カーヴ、それは私がずっと切望していた生活（……）。そこでは私は真に愛された」。別れの悲しさ。「あなたの出発は私をどれほど悲しい気持ちにすることでしょう、とアルベールが言った。彼は、私が少しも動揺していないと思っているのか」（一八六五年一二月一日）。アルベールはカロリーヌにゲリエール〔戦士〕と呼ぶ雌の小犬を贈る。この犬はサン＝ドミニク通りで彼女の相手をする。「私は小犬に主人の名を言った。ああ！　彼がここにいるのであれば。だが私たちの気持ちは互いに遠いだろうか、私はそうは思わない！」（一八六五年一二月三日）。「私はたえずラ・カーヴのことを考えている」。一八六六年二月七日、「今日、アルベールは一九歳になる」。一四日、彼女はアルベールが冬を過ごしているニースから「忘れな草」を受け取る。

一方、パリでも彼女は楽しむ。確かにもう以前の彼女ではない。救済が少なくなり、外出が多くなる。生きることとダンスへの強い意欲。シュヴォジョン師、どこにおられるのです？　以前よりはるか遠くに、と思われる。社交界がマレ地区より優位に立つ。一八六五年一二月三〇日、宵の八時、「舞踏会へ行こうと思い立った。決心するには少し遅かったが、私は即興劇が好きだ。楽しかった」。就寝の準備が整っていると思っているルポ夫人は戻ってこない。彼女が重要で、「最初の舞踏会」とみなしている舞踏会で、一月、大きな成功を収めた。「ポルカを踊っているとき、私はドレスの半分を預けた」（一八六六年一月二七日）。彼女は秘密の願望に身をゆだねる。「神様、この瞬間、私の望んでいることがあります……」

しかしながら、別の筋書きが驚くほど迅速に展開する。カロリーヌの家族は、これほど若く、おそらくは病身の青年との愛を心配したのだろうか？　カロリーヌの新しい熱情、一般に娘を結婚に駆り立てるこの熱情に不安になったのか？　何も語られていない、あらゆることが可能である。いずれにせよ、一八六五年一二月二日、パリに戻ったカロリーヌは、従姉妹のマリー・ブラムの記録を破って、一八六六年四月一九日に結婚することになる。婚姻の「準備」はわずか二か月半で終わる！

日記から、おそらくは読者の好奇心をそそらずにはおかぬその迅速さを追跡することができる。シュヴォジョン師、とりわけテルノ伯母が決定的な役割を果たしたように見える。カロリーヌは一二月一六日を待って、告解をしにいくが、おそらく、何を言われるかひどく心配していたであろう。一七日、彼女は「大切なステファニーに道徳的な長い手紙を書く」。警戒心。一二月二七日、最初の申し入れがはっきりとされる。「今しがた私に話されたことは私の幸せのためであると思われる。この会談は私を非常に感動させた」。前日、彼女はジュール・ブラム伯父とセリーヌ伯母の二人に会った。警戒せよ！　彼女は母に助けを求める。一月は不確かさの中で過ぎ、彼女の日記はほのめかすだけである。一七日、彼女はアルベールの祖母、マティウ夫人の訪問を受ける。「私があれほど幸せだった大切なニヴェルネ地方に私の心が立ち返り、どれほど私を慰めてくれたか言うことはできない！」。

だが、事態は二月に急展開する。一〇日、「伯母が私を送ってくれ、たいそう優しく私に話した。神様、あなたがお望みになるように、私の小舟をお導きください！」。一四日、「今日はさまざまなことが起きた。私はかなり動揺している。非常に重大なときであるから、震えずに考えることはできない」。一方、アルベールはニースから「忘れな草！」を送ってくる。一六日、モルティメ伯父と真剣な話し合い。「あらゆることが私の頭の中でひどく漠としている」。

二月一八日、サント＝クロチルド教会のミサで、彼女が初めは…氏と呼び、彼女の将来の夫になる可能性があるとして紹介された男性の最初の幻影。「神様、あなたのお望みのままに。これが私の言えるすべてだ！」。二二日、ルーヴル美術館で会う最初の約束。ボードレールはこの美術館について、「パリで最も好都合に打ち解けて話せる場所。暖房され、退屈せずに待つことができる。それに女性にとってはいちばんふさわしい約束の場(60)」と記している。ルポ夫人を同伴して、彼女は絵画室を行ったり来たりするが、「彼が見えず、このことが私の待ち切れない思いをますます募らせた。やっと彼の姿が目に入った。彼は非常に魅力的な案内人だった」……。二五日、リュクサンブール美術館で再び会う約束。二六日、彼女が結婚の直後までエルネスト氏と呼ぶことになる男性の両親との出会い。オルヴィルという名が初めて現れる。三月一日、今度は父とセリーヌ伯母に付き添われて出かけたブーローニュの森の温室で彼は彼女に結婚を申し込む。返事の代わりに彼女は「手を差し出す」、この仲睦まじいしぐさは社交界の「承諾」に相応する。(61)「それから私たちは大いにおしゃべりをした」。

夕べ、彼女はリラと白いバラの花束を受け取る。非常にぜいたくであったとは思われない、「ちょっとした贈り物」の始まりとして彼女は受け入れる。彼女はエルネスト氏に毎日会うが、どちらかといえば、晩餐のときである。そして彼は早寝である！　彼女は将来の夫の家族オルヴィルと知りあう。どちらかといえば陰気な散策の話。淋しい結婚に慣れている伯母のエミリー・ブラムが嫁入り支度を手伝うためにサン＝ドミニク通りにやって来る。愛情が大いに話題になる。だが恋のほうは？

四月一九日、この階層では慣習的に短い婚約期間を経て、彼女は、かつてとは違って簡素に結婚する。その日、彼女は最後にもう一度、娘としての気持ちを日記に綴る。悲しみ、不安、信頼。

彼女が再び日記帳に向かうのは、一か月後、ほとんど高揚感のない新婚の日々を綴るためである。ヴェルサイユへの一週間の「新婚旅行」（おそらくそこに住んでいたオルヴィル家にか?）、次いで、パリ、アンジェ、ナント、トゥール、そして、最後にラ・カーヴでの「結婚の訪問」。彼女は手紙を書く。ステファニーとアルベールとの再会に彼女は「ひどく感動」した。彼女はエルネストの心遣いや情愛を褒める。彼女は幸福の気象学で、ときに「雲一つない青空」、ときに「いくらかの雲」という言葉を口にする。

この後、日記はもはや、「興奮した若者の無分別」を捨て去り、子どもができないことを嘆くまじめで、憂いにみちた若い女性がきわめて断続的に告白する相手でしかない。「私の大きな悲しみ、それは欲しくてならない赤ん坊ができないことだ。赤ん坊がいれば、いま送っているまじめな生活を受け入れることができよう」（一八六八年一月一日）。彼女より一〇歳年長のエルネストは明らかに騒ぎ上手ではない。「私たちはある晩、アズィに踊りに行った。エルネストに同行することを約束させるのは一仕事《ひと》だった」（一八六八年一〇月一一日）。

ラ・カーヴは変わらず特に好みの場所である。ステファニーは治すことのできぬ憂鬱を引きずって生きている。カロリーヌは彼女を優しく叱責する、「幸福は想像の生活の中にあるのかしら?」。彼女は、「幸せであるのを目にしたいと切望している」アルベールが「しだいに悲しげに」なるのを嘆く。「どうしてなの? 私は彼にしばしばたずねるの、でも、彼自身、理解しているのかしら? 神様、彼を幸せにするにちがいない女性のところにお連れください」。幸福とは結局、「義務の達成」そのものであり、「神の意志」と呼ばれるこの漠とした思《おぼ》し召を受容することにほかならない。教育で訓練され、承諾が女性の運命を最終的に封印する。

日記はここで終わる、日記帳そのものも。

だが、物語はそこで中断するのではない。ジャック・フカールから後日われわれに伝えられた手紙——その何通かは読まれたであろう——は、われわれが彼女や、この夫婦、彼女の生涯について描くことのできたイメージを確認し、また否定することで、まったく予想外の、思いがけないやり方で、結婚したカロリーヌとわれわれの関係をつづけることになった。

夫の家族の不断の存在や大勢の家人にもかかわらず、彼女にかなりの自主性を与える別居という、例外的な状況の結果であろうか? カロリーヌは、模範や宗教的、道徳的緊張に浸された日記の中より、はるかに断固とし、生き生きした自分を手紙の中で見せている。健康の問題——彼女が進んで語っている身体の苦痛をもわれわれはいっそうよく察知する——にもかかわらず、彼女は活動的で、戦争に激しく関心を抱き、常に新聞や情報を探し求め、熱烈な愛国者の姿を見せる。彼女のキリスト教さえ別の意味、つまり政治的イデオロギーの意味を持つ。だが同時に、彼女は夫本人とその愛情への欲求を表に出す。できるものなら彼女は夫と合流したい、次いで、戦争が終わって、夫が大急ぎで戻ってくるのを目にしたいと思う。歴史の、とりわけ、パリ攻囲のおかげで、彼女は彼に雄々しく、崇高なスケールを与える。彼女は、「城壁」——パリの城壁は街に封建時代の城塞の様相を与え、彼女の想像力をかき立てるにちがいない——の上に立ち、プロイセンの「怪物たち」をフランスから追い出す騎士のように彼を思い描く。行動的な女性、カロリーヌは失敗を悔じがる。彼女は、そのドイツびいきの感情に深く傷ついているベルギーへ亡命することを容易には受け入れられない。

彼女が訴えかけるのはもはや神ではなく、あらゆる反対を押し切って、そして彼女を苦しめる冷ややかさにもかかわらず、愛することをあきらめなかった一人の男性にである。情熱を伴わないはずはないと彼女には思われる愛情を彼に強制したいと思う。かつてド・レールの新婚の二人の接吻に羞恥心が傷つけられた若い娘は今では、われわれがすでに見たように、その言葉がしばしばほとんど非常識なまでの愛情の欲望を表している女性である。規範、礼儀作法の問題なのか？　女性であれば、いわゆる女性言葉を話すのか？　愛情をこめてカロリーヌはエルネストを「私の大切な宝石」と呼び、彼の「かわいい妻」であると言明し、「あなたの献身的な妻」と署名しながら、彼に「愛撫と接吻を浴びせる」と宣言する。「tu」〔あなた。親密な間柄にある相手への呼称〕が普通であり、「vous」〔あなた。相手に対するていねいな呼称〕に戻るのは例外的である。

最小限言えることは、エルネストがきわめて規則的に手紙を書いてはいるものの、彼女の期待にほとんど応えないように思われることである。最も悲劇的な時期に彼は法外と考えるお針子の請求書について彼女を叱責する。反抗もし、また従順にもなりカロリーヌは弁解し、一緒に一日、勘定書を詳細に検討しようと提案する。カロリーヌには年金と家計を書き留める家計簿がある。「私は最善を尽くして何でもやろうと望む最初の女性です、そして、支出を可能な限り少なくしながら、よい身なりをしているためにできるだけ倹約していることを保証しますわ（……）。あなたが法外で常規を逸しているとお思いになることを私におっしゃってください。私があなたにほんのわずかな苦労をおかけするとしてもそれは決してお金の問題ではありません」（一八七〇年九月二日）。

だが、最も耐えがたいのはエルネストの不精であり、戦争が終わっても、ブリュッセルやリールの彼女のもとに急いでやって来ないことであり、彼女はそれを周囲の人々に対してほとんど恥じている。彼女は皮肉を言う、「私の評判を保つよう努めます。あなたがこれほど無関心であるのを目にして、私の性格について何と思われるでしょう！　こう言うに決まっていますわ、気の毒なオルヴィル氏、彼の家は地獄ってわけだ!、と」。とりわけ彼女は限りない孤独を感じる。「どうして理性がこれほど完全に心より勝るのか私には理解できない(……)。服従しがたいときがある」(二月一二日)。おそらくエルネストは彼女の極端な感情を非難する。「火山は氷の海になるよう努めることでしょう」と彼女は反論する。

エルネストと別れて暮らしていることに加えて、一八七一年二月八日、ニースでアルベールが突然亡くなったことを、一五日に知った彼女の途方もない悲しみ。彼女は完全に見捨てられたように感じ、悲痛な手紙(二月一六日)でほとんど死にたい気持ちを吐露する。公的な不幸と私的な苦痛の結合は世界崩壊のしるしである。

手紙は他者との直接的なかかわりであるから、日記にも増して、カロリーヌが結局、忍従した女性とは正反対であったことを明らかにする。あらゆることで見せた彼女の執拗さは不妊に打ち勝ったであろうか? 社会通念に従ってあたかも彼女にその責任があるかのように、スパで彼女は自分を責める。結婚後一四年目に、待望の「赤ん坊《ベビー》」が生まれたことをわれわれは知っている。心に誓っていたとおり、マリーと名づけた娘。それから、数年後に二番目の娘、ルネ。彼女はヴィブレ伯爵と結婚し、非常に長い間、サン=ドミニク通りに住んだ。カロリーヌが何らかの前触れを目にすることができたであろう運命の皮肉。ラ・カーヴで再会した友人の名が日記で言及される最後のものである。「マリー・ド・ヴィブレにもっと親しく会うのは本当にうれしい」。

だが、物語はここで終わらない。われわれの出版が機縁で知り合った彼女の孫娘のおかげで、われわれはカロリーヌがマリーの誕生や乳児期につけていた日記を入手した。夢見がちな探求の証言として、そしていくつかの点では、女性たちのはっきりしない記憶を織り上げる、失われ、そして見出されたこれらの痕跡の模範として、以下に収録しよう。

乳幼児へのまなざし——カロリーヌ日記における「ベビー」

「わが娘マリー——ある赤ん坊の歴史」、『公表された歴史——エマニュエル・ル・ロワ・ラデュリへのオマージュ』所収（パリ、ファイヤール、一九九七年、四三一—四四〇頁）

注意深い読者にして敏腕なジャーナリストであるエマニュエル・ル・ロワ・ラデュリに私は敬意を表したい。ここに発表される原稿——一八八〇年から一八九一年まで若い母親カロリーヌ・ブラム＝オルヴィルが、長い間ベビーと呼んだ娘について綴った日記——が発見されたのは彼のおかげである。事のいきさつは次のとおりである。

一九八四年の春、『カロリーヌ・Bの私的な日記』が公刊されたが、これは、私の共同執筆者の一人、ジョルジュ・リベイユが私生活の原資料に関するセミナーに続いて、古書市で発見し、購入したものであった。こうした類の資料を(1)専門としていた出版社モンタルバの要請を受けたわれわれは、調査の結果、日記の筆者の社会的階層ならびに家族を再構築することができたために、これを出版することにした。サン＝ジェルマン街の若い女性の特徴(2)をかなりよく示しているこの日記は、慣習や募《つの》りゆく信仰心の、ときにやりきれない重圧のもとで、傷つきやすく、繊細で、そして優しい性質を明らかにする。同年代の青年――ほどなく結核で命を奪われるが――とのかりそめの恋愛の後で、カロリーヌは一八六六年、一〇歳年上のエルネスト・オルヴィルと結婚した。彼女はきわめて伝統的なやり方で「まとめられた」この結婚の紆余曲折を語る。若い妻の日記は子どものない結婚生活の憂愁に言及し、かなり陰鬱に終わった。

この日記がエマニュエル・ル・ロワ・ラデュリの気に入った。彼が思考様式やライフスタイルを賛美していた親族の女性たちの姿を――後になって私に語った――そこに見出した。彼は『レクスプレス』誌（一九八四年四月）に書評を書き称賛した。この記事がカロリーヌの孫娘（ガブリエル・ジロ・ド・ラン夫人）の目にとまった。この再会に驚き、感動し、夫人はただちにこうしたありそうもない回顧の演出者たちと連絡を取ろうとした。その結果、熱のこもった出会いが行なわれた。われわれはヒロインと知り合いになった。写真に、初対面の美しい顔があった。そして、われわれが無味乾燥の年譜しか知らなかった、その身の上話のつづきが明らかになった。子どものできない一四年の結婚生活の後でカロリーヌは二人の娘、一八八〇年にマリー、一八八六年にルネを出産した。一八九二年、彼女は四四歳で世を去ったが、母親の亡くなった年齢[3]とほとんど同じであった。われわれが対話したのはマリーの娘である。彼女は、それも当然のことだが、祖母を知らなかった。子孫の記憶に焼きついた苦悩や悲劇的事件の中で、ブロンドの髪をしたこの女性の輪郭が忘れられていた。だが孫娘は、日記の不断の書き手であり、やっと満ち足りた母となったカロリーヌが、マリーの乳児期につけた日記を大切に取っていた。あつらえて裁断され、美しく装飾が施された木製の小箱の中に、聖遺物のように置かれた日記。このためにおそらく、カロリーヌの日記のそのほかのノート――われわれが出版したのはその残存だけである――よりしっかりと保管されることになった。ジロ・ド・ラン夫人は惜しみなくこれをジョルジュ・リベイユに、〈祖母の日記の発見者に〉[4]として贈った。新たな展開にみちたこの歴史は、私的な記録文書の浮沈と、より専門的には、ほとんどの場合ほかの手段を持たなかった女性たち[5]の痕跡を例証する。

見出された新資料はきわめて個性的である。一般的な実践を表すものであるかどうか判断するのは難しい。私には分からない。いずれにしても、しだいに強度になっていく、とりわけ医学的な世話の対象となる乳児期の激しい感情と、相当な母性的充当を実証している。(6)確かに赤ん坊に対する愛情は新しいものではなく、一九世紀には多数の例を見ることができる。本資料の価値はその直接的で具体的な性格にある。まず何よりも、それが存在するという事実そのものにある。赤ん坊の成長の段階や日々の詳細を記録することは、ロケットの中に束ねられたブロンドの髪の房による以上に、日々を記憶にとどめることであれ支配することであれ、その重要性に対する認識を強調する。次いで、それは貴族階級の模範が付きまとっている上流階級の少女に与えられる最初の教育のありよう(7)をわれわれに伝える。最後に、それは、待ち望んだこの子どもと母が作ろうとする親密な関係、子どもが一つの人格となるために、母にとって、ある意味で、しだいに未知なものとなる関係に、深く入り込む。この日記は、まさしく恋物語のように、われわれに探求、隔たり、そして別離を伝える。

日記は、カロリーヌが特に好んだ一五センチ×二七センチの大きさのノートで、六九頁だけが一八八〇年から一八九一年にかけて記されている。一八八〇年、誕生の年。「マリーが三月三一日、夜八時一五分、サン＝ドミニク通り五番地、庭に面した四階の私の寝室で生まれた」。出産は、当時として当然のことながら、自宅で、だが、修道女を付き添わせた最高権威者タルニエ博士により行なわれた。伝統と近代性の混合。一八九一年、幼年時代の終わりの儀式「初聖体拝領式の年」――「もうほとんど年頃の娘と言ってもいい」――だが、数か月後（一八九二年一月）に亡くなるカロリーヌの生涯の終わりでもある。この一一年の間、規則的に執筆されてはいない。さらに、しだいに間遠になる。日記ではなく、日常の報告というよりも〈ベビー〉が成し遂げる進歩の総括を目ざした覚書、いわば、あらゆる「初めて」の年代記である。初めてのパンがゆ、初めての鶏のコロッケ、初めての赤ワインを少し混ぜた水、初めての歯、初めてのほほえみ、よちよち歩き、初めての言葉。それから社会的行為（初めての芝居、初めての海水浴……）と宗教的行為（初めての祈り、初めてのミサ、初めての巡礼など）の開始。「二度とない」というもの悲しさと等価であるこの「入祭唱」の側面には、楽しく、勝ち誇った面があり、カロリーヌはそれを強く感じ取る。まず簡潔に事実のみに基づくこうした覚書は、ひとたび子どもの言葉の報告になるや拡大し、正真正銘の対話となる。一八八四年――マリーと呼ぶことが多くなるベビーの五年目――には、特に、伝染性の天然痘と偽膜性アンギナの二度の憂慮すべき病気にかかったことで、また、母と娘が完全な一体感の頂点にあるという理由で、一五頁が割《さ》かれる。それから、覚書は簡潔になる。一八八八年には、三頁に四つの言及がされている。「恐ろしい年」一八八九年では、一頁足らずに間近に迫った初聖体拝領式の準備が記されるが、その話をわれわれが知ることはない。確かに一八八六年三月よりルネが存在する。ルネにも日記帳があるだろうか？　たぶん。要するに、これは個別の観察記録だからである。いずれにしても、六歳離れた二人の少女の関係はほとんど話題にならない。この年齢の隔たりは、場合によっては起こりうる嫉妬を心配する母をいらだたせる。カロリーヌの健康も損なわれる。彼女は長い時間を寝室や寝椅子で過ごす。「お母様はお病気だ（……）、あまり頻繁だからお病気だと言えないほどだ」と少女は不満を洩らす。やがてマリーは母から逃げ出し、理想的な模範から離れるように見える。したがって日記帳はいっそう言外におわせるものとなる、まるでカロリーヌが落胆の痕跡を書き留めるのを嫌うかのように。

頁を繰るにつれて、間違いなく恵まれ、安楽で規律正しく、人々の視線にあふれた良家に生まれた赤ん坊の日常生活の輪郭が浮かび上がる。パリ（サン＝ドミニク通り）、ノーフル、マルイユ（セーヌ＝エ＝マルヌ県のオルヴィル家の見事な大邸宅）、手入れの行き届いた住居、海水浴場――アルカション、ビアリッツ、ウルガト――あるいは湯治場（ピレネー山脈中のサン＝ソヴール）、巡礼地などの間を夫婦は大いに旅行し、〈ベビー〉はどこへでもついていき、非常に早くから両親と一緒に食事をし、海岸やルルドまで同行する。オルヴィル夫妻が泉水の治癒力を信じているだけに、洞穴への巡礼は加入儀礼の一部をなしている。泉水はマリーを危険な赤痢から救う。「（……）回復は瞬時だった」。洗練された田舎の別荘、飼い慣らされた動物たち――犬、馬、ポニー、だが猫や鳥はいない――が〈ばら色文庫〉〔アシェット社発行の子どもの本のシリーズ〕の背景を形づくる。おばさん、従兄弟、従姉妹たちがそこに登場。さらに使用人たち。彼らを適切に選ぶことがカロリーヌの大きな気がかりの一つである。欠くことのできない忠実なジョアンナ、馬丁のアレクサンドルに、ほかの使用人たちがつづく。まず、「その場での」[8] 乳母。カロリーヌが決定的な段階とみなす一年半きっかりで、離乳期に入ると不意に姿を消す。しばしばカロリーヌに襲いかかる死の幻影がよぎり、恐怖と震えの中で彼女自身が体験する避けがたく、苦痛にみちた別れ。「なんだか分からない黒雲が私の眼前を通り過ぎた（……）。私は身震いした、そしておそらく初めて恐怖を感じた、それから、このかくもか弱い小さな存在が私の生活の中でどれほどの位置を占めているかを意識した（……）。母親の心はときとしてはるか遠くが見えるものだ（……）。私は今日、一歳半の幼い子が亡くなったことを知り、そのことに衝撃を受けた」。幸いにも、「すべてがうまくいった（……）。これで最初の試練は終わった」。次に、一時的な乳母の後で、イギリス人の子守ロッティ・ジョーンズが来る。若く、陽気な、最初の教育（三歳から五歳半まで）の相手で、子どもに読み方を教え、報酬として金時計が与えられる。彼女が去ったとき、「かわいそうにマリーはひどく泣いた。あの子守はこれほどの愛惜に値しただろうか、私はそうは思わない。正直なところ、娘のそばに彼女がもはやいないことは私にとって大きな安堵だ」。ロッティはいたずらっ子にすぎたのであろうか？　そうかもしれない。いずれにせよ、彼女に代わる新しいイギリス人の子守メアリー＝アンは「マリーとふざけすぎ、それがマリーの神経を高ぶらせ、気まぐれの習慣をつけてしまう。また変えなければならないだろう」。六歳半のとき、事態はいっそう深刻になり、マリーには家庭教師クレール嬢がつけられるが、三年後に、とある失敗で去ることになろう。必ずしも望んだものではないが、不安定さを示すようにさらに二人の家庭教師がつづく。

この女性たちが構成する星座の周辺部にわずかな男性の顔がある。家族の男性――しばしばむっつりしている父（マリーがしかめ面をしていると、「父親にそっくりだ」とカロリーヌは言う！）、一八八八年に没する脇役の祖父（エドゥワール・ブラム）――を除けば、彼らは病気や度重なる不調のために頻繁に呼ばれる医者と聖職者である。後者の司祭は初めのうちはかなり間遠であるが、七歳以来の告解の実践、次いでカトリック要理でしだいに姿を見せることが多くなる。つまり、ヒポクラテスの僕《しもべ》とキリストの弟子が身体と心を管理する。日々の習慣の外にある手だて、彼らは知識と能力を象徴する。

母親は、文章を書くことで作り出す、相関的空間の中心を占める。この空間はその勢力範囲や生活環境、幸福の時間を描き出す。もっともカロリーヌの状況は容易ではない。彼女はしばしば、そして、しだいに頻繁に体調を損なう。病気と死の経験があるために、彼女はそれを至るところに投影させる傾向がある。彼女は感情的にかなり孤独に暮らしている。エルネストは若い花嫁にとって陽気な伴侶ではなかったが、その性格は改善していなかった。夫婦は――この階層にあっては伝統的に[9]――寝室を別々にしている。エルネストは、自分に対する注意が欠けていると幼いマリーをとがめながら、手本を示す。彼は「自分の使い古した銅製品」にかかわっている日を別にすれば、毎朝、妻に接吻しにいかないだろうか？　エルネストはすぐに妻を叱責する、この種のけんかを目撃したマリーは、「お父様はお母様にご不満でした。かわいそうなお母様！　男の人は女の人に対して本当に意地悪です！」と言う。カロリーヌはこうした言葉を安堵して書き留める、まるで、娘が自分の味方をしたことが幸せであるかのように。細々した喜び、〈ベビー〉や馬や海が与えてくれる喜びと同時に、この日記には忍従した痛苦主義が漂っている。これはいくらかもの悲しい、女性のエクリチュールのある種の文体に固有なばかりか、女性たちの運命――マリーを待っている運命――のかなり陰鬱な見通しにおそらく固有のものである。「かわいそうな〈ベビー〉、かわいそうないとし子」……が現在の、そして来来の彼女の不幸を暗示する。

それはこの誕生がどれほどの出来事であったか、そして、ほんの些細なことまでも加入儀礼的挿話の広がりを持つこの幼年時代がどれほどの冒険であるかをよく示している。カロリーヌには時間、彼女がその価値を知っている私的な時間、それを区切る段階、乗り越える障害、成し遂げる飛躍の感覚がある。彼女は子どもの道程をしきたりでいっぱいの訓練に変えることに卓越している。彼女はその案内人、ほとんどスフィンクスである。彼女は高度な使命感を抱いている。だが、それを楽しんでもいる。ひどく慈しんでいるこの幼い娘との関係は、愛情の言葉やしぐさに富む、熱のこもったものである。愛撫や接吻が厳格な礼儀作法の禁忌や拘束を緩め、優しさと許された官能性、つまり身体の隔たりが振る舞いの規範であるこの世界における汚れのないエロチシズムの閉ざされた庭を開ける。

カロリーヌは教育者としての自分の役割を高く評価する。「私は甘やかされた子どもが大嫌いだ。娘がそうならないよう心から願っている。だから、私があることを言えば、それがなされなければならない。これが子どもたちを従順で幸せにする唯一のやり方だ。子どもたちは十分に公正の感情を持っているので、もっともなことだけを要求するのであれば、口答えをすることはない。だが、でたらめに命じるならば、子どもたちから何も得ることはできないだろう」。揺るぎなさ、分別、警戒心、説得力、繰り返しが、体罰を完全に拒否し、「隅に置くこと」(いわゆる「トイレ」)だけを用いる児童教育法の基本方針である。

だが、カロリーヌの最重要課題は何か？ 彼女は〈ベビー〉の成長と健康、生活の規則正しさに気を配る。待ち望んだこの子どもを失うことを彼女はたえず恐れ、病気のたびに不安のあまり不眠の夜を過ごす。カロリーヌは娘の目覚めを強く心配し、感動や表情(笑いや涙)、言葉や話を注意深く書き留める。日記帳はここで、この種の創始者の一人ジュリアンが強く勧めているように、[10] 展望台の役割を十分に果たす。子どもは、水との接触(少なくとも波の中の足)や太陽(「日に焼ける」ことに肯定的である)、体操(疲労を危惧して確かに一か月後に中止された)といった控えめなスポーツ教育を受け、乗馬の練習をする。こうしたすべては、女性の弱さを極度に心配する、どちらかと言えば貴族階級的模範を構成し、家庭教師を雇うことがその仕上げとなる。それは階層、さらには家族の核の中にきっぱりと隔てられ、閉ざされた「城館での幼年時代」である。外部の学校に頼ることは例外的であり、ほとんど罰すべきものである。悲惨な一八八九年の後、マリーはアベイ＝オ＝ボワ寄宿女学校に半寄宿生として登録される。彼女は「途方もない悲しみ」を抱き、「絶望の涙」を流す。娘の悲しみや絶望があまりに大きく、優しい母は理解のある医者の意見に励まされ、マリーを退学させ、「きわめて断固とした」新しい家庭教師にゆだねる決心をする。

とはいえ、このように第三者に頼ること、そしてとりわけ、最初の家庭教師の到着をカロリーヌは喪失のように感じた。「クレール嬢が今しがた到着した。娘は私からほとんど引き離されてしまった。家庭教師の部屋に座っているのを目にしたとき、私は悲しみで胸が詰まったことを白状しなければならない。早くも私は自分自身の何かを譲らなければならない、私の子どもにとってもはや私はすべてではないだろう、それは耐えがたい犠牲だ。だが私はそれが必要だと思う」。それは「〈義務〉の道の第一歩」である。

初歩的な知識、何よりもまず、最も肝要な言語の習得の後、いくつかのタイプの学習に母−家庭教師は執着する。第一に、礼儀作法の学習。食卓での作法(カロリーヌは娘がひどくのろいことを嘆く……)、社交界での行儀作法。愛らしさ、優雅さ、謙虚さが追求される美徳である。次いで、いわゆる知識。読むこと、書くこと、音楽、朗読が日々の訓練の一部をなし、その早熟が褒めそやされる。五歳半でマリーは文を読むことができ、六歳で芝居を演じた。

だが、マリーの宗教教育、道徳教育はさらに重要である。最初の篤信の行(日々の祈り、ミサ、さらに〈救済〉への参列)は母親の仕事である。物心のつく年頃の七歳は最初の告解の年齢である。「アルカションの司祭ラ・クチュール神父の告解場に娘が入ってくるのを目にしたとき、何と感動したことか。娘にとってのキリスト教信仰の第一歩」と、この最初の儀式に密接にかかわって、カロリーヌは書く。「前日、私たちは一緒に娘の内省を少しばかりした」。罪の考えに長く慣れることとの第一段階。その代わり、四年後の初聖体拝領式への心構えは聖職者の仕事である。カロリーヌは娘がノートル＝ダム＝デ＝ヴィクトワールの司祭であり、彼女自身の霊的指導者であるシュヴォジョン師――きわめて峻厳であり、話がはてしなくつづき、重苦しいほどではあったが――に付き従われることを望んだにちがいない。だが師は高齢に加えて体調が悪く、かなわなかった。「そのことは私にとって大きな悲しみだったが、マリーが非常に注意深く見守られることが必要だった」。カロリーヌはニコラ師に娘をよろしく頼む旨の手紙を書き、ゆだねる。「実際は外見よりもすぐれた(……)心のたいそう優しい子どもですが、活力に欠け、少々無頓着です。私の見るところでは、娘は自分がやることに十分な熱意を感じていません」。いずれにせよ、マリーは「多くの励まし」(一八九一年三月一五日の手紙)を必要としている。注意深く見守られたこの娘にとって、逃げ道はほとんどなかった。

だが、とりわけ、精神的態度、振る舞い、性格が問題になり、これらの言葉がたえず日記に現れる。カロリーヌはマリーの行動の些細なしるしをも探り、気質を表す指標として読み取ろうとする。生後九か月のとき、リボンを飾ったマリーは鏡の中の自分をうっとりして見つめる。「かわいそうな子、もう自分の欠点を頭の中に入れるとは」と母親は書く。「おしゃれで意志の強い人間になるだろう」。美点としては、活力（危惧された気力のなさの対極にある）、忍耐、寛容（妹のルネに対するマリーの嫉妬のしるしを目にしたように思うとき、カロリーヌは胸が締めつけられる）、優しさ、気取りのなさ。「村の少女たちが長靴下も深靴も履いていない」ことを口実に、マリーが彼女たちと一緒に遊びに出かけることを拒むとき、カロリーヌは眉をひそめる。「二歳の子どものこの考えが私を不安にさせる」。使用人たちに対する優しさも高く評価される。他方で、カロリーヌは娘のかんしゃくや過度な自尊心を、後には放心（マドモワゼルの授業の間、彼女はしばしば「月にいる」〔うわの空である、の意〕）、やる気のなさを心配する。

マリーの乳児期はカロリーヌの心を満たした。彼女は〈ベビー〉のありとあらゆる美徳を予言して、褒めちぎる。かろうじて「ちょっとしたかんしゃく」を書き留めているだけである。だが、彼女は娘の成長に当惑しているように見える。一八八九年（もっともこのような年に何を期待しよう！）は耐えがたかった、かんしゃく、涙、家庭教師とのいさかい、怠惰。「私にはどうしていいか分からなかった」とカロリーヌは簡潔に記す。それゆえ、修道女会の半寄宿生とした。

カロリーヌと娘は互いに気持ちが離れる。カロリーヌの死が取り返しのつかないものとするこの隔たり。彼女の弱点はたぶん、その理由を理解できないことである。だが、この当時、思春期の問題を誰が理解したであろう？　この愛情深い母は必ずしも心理学者ではない。意志の尊重が彼女の教育に関する信条を強固にしている。それが彼女自身の教育と、宗教的であれ、宗教と無関係であれ、女性の数多くの感動を確かなものにしたように。カロリーヌは刷新する以上に後代に伝え残す。彼女は母から娘へ、女性の再生産の鎖をつなぎあわせる。

日記は幸せでもあり、もの悲しくもある次のような思索で終わっている。「三月三一日、マリーは一一歳になった。もうほとんど年頃の娘と言ってもいい（……）、娘の中に私の母の考え方が多く認められる！」。

第Ⅱ部　仕事と女性

労働が提起する問題は女性に関する研究の開拓前線を形成した。まず初めに、六〇年代の半ば以来[1]、マドレーヌ・ギルベール、エヴリーヌ・シュルロ、アンドレ・ミシェルの研究により社会学の領域で。イギリスと同様、フランスで歴史学の領域で。

それは、特に家族社会学により従来の境界が再検討された前線の一つでもある。女性に関しては、最も重要な婚姻の社会的地位が、労働市場とのかかわりを左右する。少なくとも、工業化で住居と賃金を受ける生産の場がしだいに徹底的に分離されるときから。「女性、労働、家族」は不可分であると、ジョーン・スコットとルイーズ・ティリーが同じ題の著書の中で述べている[2]。彼女たちの論考は、もう一つの、かなり一般的に見られる事実、つまり、労働界を研究対象としてきた女性の歴史研究者たちが非常に早い時期に女性史研究へ転向した事実を際立たせる。あたかも、ここで対象の置換、抑圧の一つの顔から他の顔への変動があったかのようである。このことは同様に、当時、研究の場で優勢であったマルクス主義的分析のカテゴリーおよび言葉が、まず初めにフェミニズムのそれらを形成したことを説明づける。「性の階級」や「性の闘争」、家父長制〈資本〉の代わりに)が、「ジェンダー」のより微妙にソシュール的、デリダ的構想をはぐくんだ。クリスティーヌ・デルフィ[3]が、表象より社会的実践を選び、搾取の概念に主要な位置を与える、経済から家族にかかわること、性にかかわることにまで広がったこの「唯物論フェミニズム」を、かなりよく代表している。ジョーン・スコットのような研究者が見せた逆の変化は大西洋の向こうでの言語学の傾向の影響をよく物語っている。『西欧の女性の歴史』〔邦訳『女の歴史』〕での論考で、彼女は女性労働者たちの労働の実践にではなく、この労働が雇用者、労働組合、政治経済学という三つの型の言説で把握されたそのやり方に関心を寄せる[4]。今日、「ジェンダー」が提起する問題は社会学に広く行き渡り、また、程度は少ないものの、歴史学にも浸透している[5]。

一方、女性の歴史研究者たちは何よりもまず、「女性の労働」「女性の職業」に関心を抱いた。看護婦、産婆、使用人、お針子、あるいは、たばこ女工……が七〇年代の半ば以来、研究の対象となった。次いで、彼女たちは男女混合の仕事場[6]——サン＝テティエンヌの縁飾り材料製造の作業場や工場に入り込んで、労働の性的分割の形態を探ろうとした。加えて、この点に無関心であった産業史もしだいに目を向けはじめた。セルジュ・シャサーニュ、ドゥニ・ヴォロノフは無視できない位置を与えている。[7]

二つの新機軸を指摘したい。一つには、会社の迷路の中に配置され、女性たちの大きな雇用部門となる第三次産業の研究に「ジェンダー」を組み入れたこと。[8]もう一つには、暴力、「セクシュアル・ハラスメント」、したがって、身体、権力と欲望の対象である性別のある身体に関する問題意識を、最近、包含したこと。[9]アラン・ブローが正当にも強調したように、[10]初夜権が現実の法的範疇を形成することは決してなかったにしても、その表象は社会の想像領域、何でもできると考える指導スタッフの想像領域、封建制の言葉とイメージに適応する労働運動の想像領域に染み込んだ。このことは女性労働の史料編纂が二〇年来、いかに複雑化したかをよく示している。

ほぼ年代順に再録された以下の諸論文は、私の研究がしばしば持ち込んだこれらの諸問題に深く絡みあっていることを例証しよう。「ジェンダー」が適切で効果的であると私に思われる分野があるとすれば、それはまさしく、そのあらゆる側面において労働の分野であり、女性労働についていつか、こうした多様な成果で、刷新した総括を行ないたいと望んでいる。

労働における性差を私が認めるのは、私が初期の研究対象としたストライキにおいてである。それは顕著である。それでも私はその問題にいくらかおずおずと取りかかり、女性労働者の集団を「敗北と服従の世界」と私に呼ばせる、生来の性向という観点から論じようとした。

五年が経過し、観点が変化した。そして、『身分のない歴史』に寄せた私の論考「反抗する民衆の女性」は、忍従した女性と正反対である。パスカル・ヴェルネの提唱による本書は、女性史に関するフランスで最初の共著の一つである。

当時、頂点に達していた運動にかかわっていた著者たち――クリスティアーヌ・デュフランカテル、アルレット・ファルジュ、クリスティーヌ・フォレ、ジュヌヴィエーヴ・フレス、エリザベト・サルヴァレジ――の多くが大学教員であるが、「歴史を研究することは過去と現在の間に橋を架け、両岸を観察し、そのどちらにも積極的にかかわることである」(11)と確信して、今日的意義のある問題を研究に取り入れようとした。

本の構成については、その体裁についてと同様、議論が熱心に交わされた。とりわけ書名の選択は容易でないことが明らかになった。ありきたりに明白すぎるのも、性的に定義されすぎるのもわれわれは望まなかった。このためらいの中に、性の区別よりも統合を模索するフランスの「特異性」のしるしを見るべきであろうか？ この最初の困難は当時を顧みて興味深い。いずれにせよ、書名は最終的に、全員一致で選ばれたが、本の内容を隠してしまうほど難解で、ムージル風であった。いくつか好意的な批評を受け、後に翻訳されたにもかかわらず、われわれが女性史の宣言書のようなものにしようと願いもしたこの本は、わずかな反響を呼んだにすぎなかった。どう考えても、われわれには宣伝のセンスはほとんどなかった。

私の論考は時代のある種のポピュリスムの名残をとどめ、ジャック・ランシエールが後にこれを批評することになる。(12)犠牲者としての女性の悲惨主義を断ち、女性の文化的実践の歴史性を確認したいという気持ちが感じ取られよう。「女性たちは受け身でも従順でもない。悲惨、抑圧、支配は、どれほど現実のものであれ、彼女たちの歴史を語るに十分ではない」。

「機械と女性」は、世紀末の〈機械〉の特集号を企画し、相変わらず女性を包含しようとする『ロマン主義』誌からの要請に応じたものである。この要請はタイミングが良かった。機械化と工業化が性差のある影響をもたらすかという問いが社会学者や経済学者たちを悩ませていたからである。搾取は強化されたか？ ミシンについて主張されたように、女性は地位が向上したか？ あるいは、もっと巧妙に、職能と権限の新たな分担がなされたか？ 以来、とりわけミシンと家内労働に関する多数の研究の契機となった主題の総括をこの論文で試みた。(13)

さらに『社会運動』誌の創刊以来、編集委員会のメンバーである私は、両性の関係の問題意識を導入し、この点に関して展開された研究を紹介したいと思った。収録した論文は二つの臨時増刊号の序文である。最初の「女性労働」は特に一九世紀を対象としている。したがって、召使い、看護、デパート、国営たばこ工場から得た実例に基づいて、一般に「女性に適している」と言われるこれらの労働の性格を目に見えるものにすることが重要である。

ほぼ一〇年後に刊行された二番目の論考は二〇世紀にかかわり、「女性の職業」と呼ばれるものを問題化しようとする。労働の性的分業に関する考察は、その間に、とりわけ社会学の領域で、ダニエル・ケルゴ、マーガレット・マルアーニ、ヘレナ・ヒラタとそのグループのおかげで、顕著な進展を見せていた。

一〇年来、女性の雇用は不況にもかかわらず拡大した。しかし、ますます推し進められる教育の高度化にもかかわらず、格差は緩和されたというよりも、移動した。そして教育投資の利益を労働市場で手にすることができない、「女子教育の見せかけの達成」が話題にされた。(14) 両性の社会的関係の社会学の課題は多い。

女性のストライキ

「女性のストライキ」、『ストライキ中の労働者（フランス、一八七一―一九〇年）』二巻、所収（パリ、ムトン、一九七四年、第一巻、三一八―三三〇頁）

女性は就業中の産業人口のほぼ三〇パーセント[1]を占めるが、一九世紀後半にあって、その割合は増加する（一八六六年、三〇パーセント。一九〇六年、三七・七パーセント）。工業化にとってブレーキとなりうるフランスの人口の停滞が、労働力を女性の「貯水池」でより以上に汲ませることになる。冶金業、建設業、鉱山……が変わらず男性の領域であるにしても、女性は化学工業（とりわけ、女性のものとされたたばこのせいで、一八九六年の調査で総数の三〇パーセント）、製糸工業（二八パーセント。同一の調査）で増大している。また、彼女たちは繊維工業で優位を維持し（五一パーセント）、服飾では支配者として君臨している（八七パーセント）。したがって繊維と服飾で女性労働者の七三パーセントを占める。製作はまだ広く家で行なわれることで、「針を使う女性職人」が世間の目には女性労働者の典型を具現する。一八六七年の一労働者の報告の言葉は依然として真実である。「女性の取り分は家族と仕立てである[2]」。

相対的に新しく、伝統もなく、男性と雇用者が助けあっている双頭の支配に押しつぶされて、女性プロレタリアートは産業予備軍のあらゆる特徴を見せる、つまり、雇用が変動し、職能を持たず、その賃金は男性の場合のほぼ半分以下である。男性労働者にとって女性の賃金は多かれ少なかれ一時的な補助金そのものである。一家の主婦になれば働くことをやめる。家族に関する個別研究のいずれもが母親である時期を非常に重要なものと記述している。女性労働者は妻として、労働者として、二重の搾取を受ける。

この状況はまさしく反発するに足る。だが、産業とストライキにおける女性労働者の立場の不均衡は一目瞭然である。一八七一年から一八九〇年まで、女性だけでの団結の事例が一七三件という数字（全体の五・九パーセント。参加者は三万三三六八人）はまさにささやかなストライキへの傾向（〇・一二三〔パーセント〕）を示すものである。確かにはるかに多数の女性たちが「混合の」ストライキに参加した。われわれの資料では明白に三六一件（全体の一二・三パーセント）であり、おそらく繊維産業のストライキのほとんどがこの範疇に属する。男女混合のストライキは激しい騒乱を特色とする。三七パーセントが騒動を伴い（一般的平均は二一パーセント）、三一パーセントが街頭デモ、一〇パーセント近くが暴動を見、その結果、機動隊介入が高い割合となる（憲兵隊一六パーセント、軍隊五パーセント）。無気力状態に進むどころか、混成は深刻な事態を引き起こしかねない状況となる。まったく意外なことに、繊維産業は、後述するように、社会舞台で自らの役割を十分に果たす。もっとも女性の正確な比重を測ることはできない。彼女たちはデモ行進や小規模の騒乱でとりわけ活発であり、声を上げ、身ぶりをし、巧みに先頭に立ち、雇用者たちに罵声を浴びせ、ガラスを割る。

ストライキ参加者の妻として、女性たちは夫の職業なり工場との関係に応じてさまざまな役割を果たす。たとえば、炭鉱夫の妻は石炭の世界に深く入り込み、マウドの妻のように闘争的で存在感があり、都市労働者のもっと冷ややかな妻と対照をなす(3)。概して、主婦は慎重さに傾きやすいが、労働組合の誓約の厳格さより、ストライキの短い燃え上がりに動かされやすい。

したがって、ストライキを前にした女性たちの態度はいくつかのレベルで把握すべきである。だが、彼女たちの行動様式はいわゆる女性のストライキでもっとよく現れるであろう。

女性のストライキの特徴

その規模（平均して一件のストライキに一九四人のストライキ実行者）と継続期間（八・五日。四三パーセントがわずかに一、二日間の継続）で制限され、女性たちはほとんどの時間、繊維工場、国営たばこ工場といった施設に閉じこもる。五件の全面化したストライキと四件の波状ストのみ書き留められる。たいていの場合、突然に（八七パーセント）、防御態勢で（五七パーセント）、ほとんど組織化されず（六一パーセントが組織形態を持たない）、組合加入はさらに少なく（わずかに九パーセント）、彼女たちは要求する以上に抗議する。

八六パーセントがただ一つの目的、つまりたえず脅かされている賃金（七五パーセント）のために闘う。労働時間短縮の要求（一二パーセント）は、男性の欲求の核をなす一〇時間ではなく、第二共和政が予測した一二時間にすぎない。これがアノネ、ヴァルローグ、ガンジュ（エロー県）の絹の製糸女工たちの重要な活動（一八七四年六―七月）の目的である。朝の五時から夕方七時まで働く彼女たちは時計の針が文字盤を一周する間、つまり六時から一八時までを熱望する。(4) サン＝シャモンの製紐女工たちも同様である。(5) パヴィオ（イゼール県）のポショワ＝ブリュニ工場の女子織工たちは一八四八年の法律を愛惜して援用する。一八七六年、彼女たちは一六時間働く（四時から夜の八時半まで）。(6) 一八八四年になってもまだ実働一四時間半を実行している（朝の五時から、昼食のための三〇分の中断を入れて、夜の八時まで）。監査官ドラトルは工場に住み込んでいない労働者の境遇を、「彼らは帰宅するのに三、四キロ歩かねばならず、したがって夜の九時に戻って遅い夕食をとり、朝の四時に再び家を出る……、多く見積もっても六時間の休息しかとれない(7)」と記述している。

耐えがたいほどの疲労やきわめて煩わしい規則の厳しい仕打ちがおそらく強調されている以外は、本質的に女性の要求はない。知事への陳情書の中で、サン＝ドニ・ド・カバンヌの女子織工たちは「工場で祈ったり、祈らなかったり、自由にできるよう要求する。女性労働者に……罰金が科せられる。彼女たちは病気になった場合にはそれが使用されるよう要求する」[8]。

両性の平等への「フェミニズム的」依拠はまったくない。彼女たちは激しく非難するよりも、苦しむ人類の一員として、理不尽な宿命の犠牲者として、その手先——運命のはっきりしない顔、「彼ら〔ils〕、人々〔on〕」[9]を暴く術を知らず、また、そうするだけの勇気もなく、愚痴をこぼす。「女性市民へ。われわれの苦しみは同じものではないのか？　われわれは彼らから、同じ無知の中に等しく引き留めておかれたのではないか？　女性の生来の知性を狭め、女性が犠牲になっている不公平について声高に不満をいつまでも言えぬようにしておく無知の中に……」[10]。

語調は節度あるものにとどまり、「この要求の前提事由は公正で、適正で、当然なものである」[11]と正しさを証明することに腐心し、敬意をにじませている。女性労働者たちは雇用主を「ムシュウ」と呼びつづける。彼女たちは喜んで当局者に（事例の七パーセント、全般的に平均して、五パーセント）、とりわけ知事に訴えかけ、魔法のような公文書用紙に丁重な手紙を書く。「知事殿、なにとぞ私たちが名誉ある取り決めに至るために、貴殿の権利を行使し、この件にご介入ください」[12]と、その絶対権力を信じてヴォワロンの女性織工たちがイゼール県知事に訴える。町長によれば、「昨日、これら女性たちの間に、知事殿が彼女たちを正当に評価するために一時に到着するというニュースが伝わり、多数が駅に陣取った」[13]。労働組合のあるリヨンの繰糸女工たちは、グレヴィ夫人への女性労働者の手紙に署名させるために公開の集会を開く[14]。生まれたばかりの共和国の代表者たちを栄光で包む威信と、労働者の希望のしるし。通常は失望させられるこうした運動がたまたま成功で報われると、感謝の気持ちがほとばしる。マルセイユのたばこ女工たちは嫌悪する工場長の異動を知事のおかげと考え、彼に感謝するために行進して花束を届ける[15]。

女性たちは心配性で、法律尊重主義の態度を示す。ヴァルの商品発送係たちは団結への呼びかけを張り出す許可を願い出る。サン＝シャモンの糸艶出し女工たちは知事に「集団でストライキに入る許可を与えてくれるよう」[17]懇願する。熱心なカトリック教徒の多い地域では、罪悪感に根ざした体面を重んじる伝統が多くの人々にとって抑制となる。セヴェンヌでは、カトリック教徒はプロテスタントの仲間に比べてためらうことが多い。ガンジュでは、プロテスタントの女性たちは「夫に強く後押しされて、自分たちの計画を実行するようカトリックの女性労働者に働きかける。だが、後者、つまりカトリックの女性労働者は、プロテスタントからの扇動を受け入れようとはしなかった。そしてこの拒絶により彼女たちはストライキに入る勇気がなかった」[18]。制裁を振りかざすローマ教会[19]が女性ならびにその表現に影響力を持っている。解放されているように見えはしても、彼女たちは、エドガール・モランがプロゼヴェのブルターニュ地方の女性たちの間にきわめてはっきりと見抜いた「恥」の感情を覚え、その世俗的倫理は一般的な社会教育に対し、そして特に女子教育に対して非常に慎重であり、彼女たちを自由にすることはまずないであろう。多くの人々にとってストライキを打つことは無謀とも言える大胆な、「まっとうな女性」の体面を汚しかねない行為に思われる。

女性のストライキは社会の無理解に出会う。その社会にとっての女らしさは女性労働者の状況とすでに両立しがたいが、ストライキ実行者の状況とはさらに相容れにくい。警察官は女性労働者を侮辱する[20]。中産階級の新聞・雑誌は猥褻すれすれのところで、彼女たちの変わった趣を強調して、風刺画に描く。コルセット製造女工をからかい――「下着のストライキ」[21]――、「割れた壷の代金を払う」〔割りを食う。(他人の)失敗の責任を負う、の意〕ことを拒むブイヨン・デュヴァル食堂の給仕女をばかにする。これら「女中」を「売春婦」呼ばわりする。あるいは、面白半分の寛容な口調で免責を主張する。「哀れな無分別な頭」[22]「いけにえ」「取り乱した女」[23]は自分で行動する能力がないかのようである。彼女たちの背後に男性の指導者が探される[24]。これら「無害の女性たち」は、子どものように取り扱わなければならない。「女性に対して、可能な限り威圧的に行動し、暴力は最後の最後にのみ使うべきである」[25]とロアール県知事は書く。

男性労働者さえ、必ずしも常に彼女たちを支援するわけではない。ルボディ社の出来高払いの角砂糖成型女工は日給で働く男性職人の無気力に出くわす[26]。リールで、ヴァレール工場の巻糸女工が時限ストライキをしたために、経営者が工場を閉鎖する。「織工たちは女性労働者の諸要求は当然であるとしながらも、そのことで被害を受けるという理由で、彼女たちを非難する」[27]。彼女たちが組合に加入していない[28]、あるいは、彼女たちの行動が時をわきまえぬものである[29]という理由で、組合が彼女たちを支援しないこともある。

　これらの障害が女性の側の遠慮や優柔不断を説明する。叱責一つで彼女たちを帰宅させるに十分である。ドゥカズヴィルで、六〇人の選別女工が、同一の仕事に対し男性の賃金は上げたが、伝統的なやり方で、彼女たちの賃金は上げなかったことを抗議する。「ヴィニェ氏がいくつか厳しい注意をしたことでこのストライキの芽は摘まれた」(30)。未熟な彼女たちはどのように行動すべきか分からず、代表者たちの指名に躊躇し、通常の後見人に助けを求めるように、容易に男性に頼る。ピヴォで、一八八四年に、ストライキ実行者の九〇パーセントが女性でありながら、彼女たちは指導者に工場で働く独身の織工アンリ・バリュイを選び、モワランのロジェとかいう男を組合の書記にする(31)。それゆえ、奇妙なことに、彼女たちの紛争への政治的介入の割合は少しばかり高い（一〇パーセントに対する一二パーセント）。実際、政治的介入はとりわけ新しい地域で、組織に対してなされる。指導者たちは、こうした未開墾地に入植の可能性を見て、援助を申し出る。この心遣いに満足もし、安心もし、女性たちは申し出を受け入れる。だが、彼女たちは自ら争点を感じると、返答を回避したり、反抗する(32)。結局、彼女たちは政治を信用せず、無政府主義の暴力よりも、ともかく、穏健派の人間、徹底的な率直さを選ぶ(33)。

　彼女たちはフェミニストの誘いをさらに警戒する。ムードンの洗濯女たちは、レオニー・ルザドが相互扶助組合を結成するよう勧める集会を団結して忌避、結成は不首尾に終わる(34)。ティシエ会社（パリ、アラゴ大通り）の皮革染色女工のストライキは激しさで評判になったが、その間、『女性たちのインターナショナル《ランテルナシオナル・デ・ファム》』紙は二度の討論集会を企てる。一つは、ラルカザル・ディタリーで、ルイーズ・ミシェルおよび『女性同盟《リュニオン・デ・ファム》』誌編集長アスティエ・ド・ヴァルセール夫人が中心になり、六〇〇人を集めた。だが「集会は冷ややかなままであった」(35)。他方は、トルトリエとここでもルイーズが中心になったが、ほとんど反応がなかった(36)。この時代、フェミニズムは中産階級の運動にとどまり、女性労働者の間に支持者はなかった。

　しかも、永続的な組織の企てのほとんどは、無気力ではないにしても、恐れと懐疑的態度が生み出す臆病に出くわす。

しかしながら、労働者の最初の会議に並行して、そしてしばしば、それらの上に築かれ、共和国の勝利をまざまざと示した組合員化の全般的高まりの中に含まれる努力と設立のうねりがあった。パリで、マルセイユで、リヨンとその地域（ヴィエンヌ、サン＝テティエンヌ、グルノーブル、サン＝シャモン、等）で、労働組合に変わりうる、〈婦人主導権委員会〉――女性の下着職人、縫製工、織工……――が出現する。一八七八年から一八八四年の間、フランス南東部の女性のストライキの大多数は実質的にこうした組合に指揮される。

女性たちは八〇年代の共和主義の大いなる希望を分かちあった。彼女たちは漠然と解放を期待して生きたように思われる。アンドレ嬢や、熱心な「女性の権利のいつもの演説家」(37)マリー・フィネ嬢の演説の中に、労働組合の規約の前提事由(38)や何人かのストライキ実行者の言葉の中に、ロアール河流域における組合の反響が感じ取られる。「われわれは女性である。八九年がわれわれを市民にした」とブイヨン・デュヴァル食堂の給仕女たちは宣言し、「民主主義の体現者たち(39)」を支持するために彼らを信頼すると明言する。

この時代の女性たちの「教養」から彼女たちは救世主待望論のうねりにことのほか敏感である。一八九〇年五月一日が彼女たちの間に引き起こした感動は別の例を示している。(40)ラテン－キリスト教文明にそれほど深い影響を受けていない指導者たちであればほとばしらせることができたであろう潜在力、だが絶え間なく抑圧され、裏切られ、そらされる……潜在力のしるし。

状況に従属しながら、フランスの労働運動はゆっくりと女性問題を自覚した。最初の労働者会議で頻繁に取り上げられた「女性」の問題はその後、予定議題から消える傾向にある。(41)社会主義や労働組合の種々の流れは結局のところ、女性解放にほとんど関心を示さないし、好意的でもない。改革者たちの考えでは女性解放は「あらゆる生産手段の共有によって(42)」のみ解決されよう。プルードン主義者たちは――この点について労働者のほとんどはプルードン主義者であった！――、産業労働は本質的に女性の本性に逆らうと考える。妻であり母である専業主婦が依然、理想である。革新的な社会主義者でさえ人口増加主義的視点を持ちつづけている。ブランキ主義者のショヴィエールは母性を女性の権利の根拠にする。「女性は……国家に丈夫な子どもたちを授けるために可能な限りのあらゆる世話、心遣いを受ける権利を有する。女性が必要なものを欠くならば、虚弱で発育の悪い子どもしか産むことができぬであろう」[43]。世界を作り直しながら、パトーおよびプジェは女性について、慎重な留保を保っている。[44]

容易に取り替えできる、したがって容易に解雇される女性たちと討論することに対する雇用者の特に際立った拒否に加えて、労働組合組織の欠如が交渉を困難にし、騒動を助長する。二五パーセントの事例で騒動が生じている（全体の平均は二二パーセント、男性のみは一八パーセント）。もっとも、深刻なものではない。つまり、集団での退出、野次、とりわけ行進（ストライキの一七パーセントで街頭デモ。一方、男性のみの場合、六・七パーセント）。女性は集会でも「感傷的なロマンス」[45]を好みはするが、〈ラ・マルセイエーズ〉〔共和国国歌〕以外を歌うことはまれである。そして、彼女たちは三色旗を振りまわす。プリヴァの製糸女工五〇人は、雇用主が国民議会選挙で「マリアンヌがぽっきり折れなかった」[46]ことにかこつけて賃金を減額したために、声を限りに歌いながら工場を出る。「われわれに必要なのは三〇スー、二五スーじゃない」。それから〈ラ・マルセイエーズ〉を歌いはじめ、帰宅する。運動を広げるためにブール＝アルジャンタルの女性労働者たちは、「一二歳から一三歳の二人の少年が掲げる小さな旗を先頭にして、集団を作る」[47]。ルナージュで、女子織工は村役場に出かけるために歌いながら村を横切ったが、その中の一人が三色旗を掲げていた……。次いで一〇〇人ばかりがカフェに入った……。そこで夜の八時半まで飲み、踊り、歌った」[48]。女性たちの灰色の毎日の中で、ストライキはしばしば一時的な失踪、祝祭の様相を帯びる。[49]

ストライキを指導したのはどのような女性か？　だが、身分の低さや無名、偏見が、男性の同僚ほど彼女たちを目立せはしない[50]。男性の同僚以上に、違ったふうにではあれ、嫌疑をかけられ、「強い精神」ではなく「身持ちの悪さ」を、確信ではなく「興奮」を、大胆さではなく「冷静」を非難される。皮革染色女工のストライキ委員会会計係のクロチルド・パルドンについては、「聡明であるというより厚かましい」[51]という記録が残されている。ストライキの女性リーダーは、常軌を逸してふしだらであるか、男勝りである、という世評の定める宿命から逃れられない。いずれにしても、絹織物工場ではとりわけ、若い女性（年齢の分かっている七五人の女性リーダーの中、六九パーセントが一五歳から三四歳）、さらに非常に若い女性（四二パーセントが一五歳から二四歳）で、従業員の年齢を映し出す。反対に、昇進のあるたばこ工場では、経験を積んだたばこ女工が推進役を果たし、若い女性を教化し、「権利」と形成中のしきたりを監視する。(52)

名前といくつかの年齢がわれわれの手にするデータのほとんどすべてである。少しばかりのシルエットが浮かび上がる。街路や工場の入口で捕まえられ、彼女たちの抗議の激しさゆえに警察署に連れていかれたほんのいっときの反乱者たちのシルエット。たとえばアンジェリク・ファリゴンド。六〇歳、ナントのブルターニュ地方出身、パリのイタリア大通りにあるポワレ社で働く羊毛の繰糸女工、独身。彼女は二〇歳から四〇歳の同じく独身の異議申し立て人たちの小さな一群を率いる。(53) たとえばレオニー・ヴェルジエ。マルセイユ生まれ、三三歳。彼女はあるジャーナリストと夫婦のように暮らし、月々一二〇フランの家賃を払い、四年前からアペールの店（二〇区）でインゲンマメの莢《さや》をむき、朝の五時から夜の一一時まで働いて〇・七フランを稼ぐ。自分と同じように一フランを要求することを望まないストライキ不参加者に罵詈雑言を浴びせたかどで逮捕される。警察の犯罪者カードによれば、「彼女は明確な政治的意見を持たないが、興奮している」。(54)

華々しさをさほど気にかけない「女性の組織者」（委員会のメンバー、集会の演説家、さらに組合の責任者）はさらに見落とされる。闘士の娘や妻たちは、彼女たちを理解し、支える階層に寄りかかり、女性たちの間で確かな役割を果たす。リヨンやサン＝シャモンで、染色工で精力的な闘士シャルヴェやジョルジュ・ペールの妻たちはマリー・フィネのそばで「集結した婦人団体」（一八七八年）を推進する。ヴィルフランシュで、著名な無政府主義者の伴侶である若いリエジョンは動議を起草し、集会を開く。(55) 女性の戦闘的態度は家族の同意なしではやっていけぬであろう。根無し草になり、孤独なリーダーはしばしば絶縁した個人である。少なくとも女性労働者にとってとうてい暮らしていけない状況であり、男性を範としてのみ行動できる。

女性のストライキの職業社会学

女性のストライキの職業社会学の概略を簡潔に述べなければならない。六二パーセント（つまり一〇五件）が繊維‐衣料系列に属しており、その三分の一以上（全体の二四パーセント）が絹織物産業に関連する。国の南東部に集中した、紛争の地理学を説明する社会学（この地域の一〇県で五七パーセント）[56]。産業要因に、プロテスタンティズム、急進主義の影響、といったほかの要因を付け加えることがおそらく必要であろう。女性は男性より自由であり、率直な物言いをするという感じを与える。女性は地元の共和主義者たちの側からより強固な支持を得る[57]。

いくつもの類型《タイプ》が明らかになるが、その中の三つを取り上げよう。皮革業とその関連産業（靴、手袋。紛争の五・九パーセント）のグループにおいて、組織化の男性的伝統の影響が感じられる。セーヌ県の白皮なめし業者たちの組合は一八八八年のティシエ社の皮染色業者のストライキを積極的に受け入れ、いくつもの集会を招集し、その一つとして彼女たちの役に立つ、講演会‐コンサートがある。彼女たちに団結するよう促す[58]。男女の連帯は靴製造業で特に強固であることが明らかになる。たとえば、一八八六年、リヨンのセル＝モコ会社の縫製女工たちは、無政府主義的傾向の靴製造職人組合に支持される。そして、彼女たちはゼネストの試みに反対するにしても、男性の同僚にならって、組合を結成する。だが、最も注目すべき事例はフジェールでのものである。一八八九年、組合に加入した縫製女工たちが賃上げを獲得するために運動を起こし、男性は独自の要求は掲げずに時限ストライキをする。とりわけウセ会社に対して非常に騒然としたデモがプロレタリアートを男女の区別なく混ぜ合わせる[59]。こうしたさまざまな事例で、女性労働者は労働界に十分に組み込まれているように見える。

国営たばこ工場や絹織物工場では、ストライキは必然的により自主性を呈するが、非常に異なったやり方でである。フランス南東部の絹の紡績工場や織物工場は、ヴィレルメ、レボー[60]をはじめ多くの著者がずっと以前から述べているとおり、臨時ではあるが、一般的に契約に基づいた、農村出身の賃金労働者を雇用する。ジュジュリュー（アン県）のボネ社では一八八〇年頃、一一歳から二〇歳の若い娘一〇〇〇人ばかりが働き、親は三年半の契約に署名する。破棄した場合、一日あたり五〇サンチームを支払わなければならない[61]! これは時限ストライキに対する彼女たちのためらいを説明しよう。工場は女性労働者たちを、修道女が厳格に管理するすし詰めの大寝室に住まわせ、みすぼらしい食事を与え、祈ることを義務づける。一日の労働時間は一三時間から一六時間に及び、あまりにも少ない賃金は家族に直接支払われる。アメリカのローウェルをモデルにして設立されたこれらの施設は実際、イギリスや日本の救貧院《ワーク・ハウス》に似ている。たとえばポール・ルロア＝ボーリュー[62]といった中産階級の経済学者たちが称賛する一方で、民主主義者たちは時代の反教権主義で激しさを増大して告発する。こうした批判は女性労働者たちに搾取の状況の自覚を促すだろうか? あるいはまた、「不運」[63]につづく危機は彼女たちの状況を悪化させることで、忍従を捨てさせるだろうか? いずれにせよ、一八七四年から一八九〇年にかけて、最初は攻撃的な、そしてどちらかと言えば労働時間を巡っての、次いで賃金に関し防衛的な、多数の紛争が絹織物業の「修道院」を動揺させた。パヴィオ(イゼール県)のポショワ＝ブリュニ社は、若い娘たちの寄宿舎と夫婦用の「兵舎のような施設」[64]が組み合わされた混合のタイプであるが、三度の紛争を経験する。その中の一つは四七日間つづき(一八八四年二月一日―三月二〇日)、数多くのエピソードが生まれた。動きや活気があり、若々しく、反権威的で、容易に広がるストライキ。だが、一時的で不安定な、組織の面で優柔不断であり、農民の家族たちの憎悪ではないにしても消極性と、悪化した情勢で弱められたストライキ。その結果、十分な闘争心にもかかわらず、団結がしだいに消えてゆく。

国営たばこ工場はいっぷう変わった構造を呈する、つまり、職業の相対的な優遇(年金)[65]により安定した、主として女性労働力の高い集中化[66]。「この職業において、見習い期間は数年つづく。解雇という事実もそれに苦しむ女性にとって深刻な損害を引き起こすことになる。採用が求められ、理事会はこの点に関してかつての労働者の娘を優遇する」[67]。さらに、ただ一人の雇用者の存在、つまり国家が、状況や要求を単一化する。その結果、早期の(一八八七年、マルセイユでのたばこ女工の最初の組合)、大規模で(一八九一年には七八〇〇人の女性組合員、総人員の四〇パーセント)、統一的ではあ

るものの、非常に同業組合主義的な、女性の労働組合運動（これ自体、相互主義の伝統に先行されている）が展開する。(68)

たばこ女工たちは女性の中で、特別に強いストライキへの傾向——三二件——で際立っている。女性の産業労働力人口の〇・五パーセントを占めるにすぎないが、女性のストライキの一六パーセントを実行する。一八七一年から一八九〇年の間に、彼女たちは九件の大きな、だが一般に短期間(69)の紛争を支援したが、それらは活発な協議、強固な連帯、(70)組織の多様な形態、規律（罰金、処罰、出勤停止……）の問題や首脳陣との関係に対する不満で特徴づけられる。一〇〇〇人ばかりの女性労働者がマルセイユで、嫌悪する部門長ルスタン、「配下の者をまったく奴隷のように扱う人間」の解雇をかち取るために二週間、集結する。この闘争は地元の世論をあおる。(71)国家の施設は鷹揚さの範を示すことはない。「徒刑囚にでもなりたい気を起こさせるほどだ」と年のいったたばこ女工が叫ぶ。(72)にもかかわらず、省はその官吏を、私企業の雇用主が幹部に対してするほどには断固として支援しないために、ここでは調停や交渉の可能性がより大きいように見える。このことから、率直な物言いをする、均質で闘争的な職場では、活動はより開放的で、成功率が高い。

敗北と服従の世界での例外。

主婦を礼賛する労働者の言説

〔一九世紀フランスの労働者の言説に表れた主婦礼賛」(『ロマン主義』〈女性の神話と表象〉一九七六年一〇―一二月、一三―一四号、一〇五―一二二頁)

「女性の取り分は家庭と裁縫である(……)。男性には森と金属、女性には家庭と裁縫」。一九世紀の合理性が極限にまで押し進めた、労働と社会空間の明確な性分割を、一八六七年の万国博覧会で労働者代表が冒頭のように極端な形で言い表した(1)。不可避の運命の鍵、女性の本性に関する言説、根本的で不可欠な家庭とのかかわりで定義された両性の役割の特性に関する言説が奏でる協奏交響曲の中で、労働者の言説は一見、不協和音を立てているわけではない。いくつかの例を通してその形態について、さらにより広く、それが包含する現実、および現実との一致の程度について考察がされよう。その言説は相対的に合致する実践の理想化された描写なのか? 反対に、変貌する世界への愛情なのか? あるいはまた、目下のところ、揺るぎない規範《モデル》の表現なのか? 言説はここでいかなる役割――叙情的な、それとも規準を確立する、あるいは嘆きを伝える、それとも攻撃的な――を果たすのか?

カベとプルードン、民衆の古典的著作

女性と家庭についての社会主義者たちの著作は急増し、また多様である。[2] だが、民衆の支持を獲得するのは、肉体の復権を提唱するアンファンタンでも、同棲と、共同体のために家族の拡大を信奉するデザミ〔アレクサンドル・テオドール・デザミ、一八〇八―五〇年。フランス七月王政期に活躍した共産主義思想家、主著『共有制の法典』〕でもなく、この点ではより保守的な思想家、つまり一八四〇年代にはカベ、その二〇年後にはプルードンである。確かにカベは小冊子『女性――現在の社会におけるその不幸な運命と共同体における幸福』[3]を著す。彼の告発には具体的な響き（殴られる女性……）がある。だが、彼の提唱する救済策は家族という根本的な核の最善の働きを目ざす。『イカリア』は、かつてコンドルセが少なくともきわめて裕福な女性たちのために要求した市民権の除外に加えて、男性／女性の差別を維持したままである。結婚は道徳性の保証として義務的であり、独身は「忘恩行為」のように非難される。姦通と、不平等な社会では許される内縁さえも、「弁解の余地のない重大な過ち」となる。配偶者の選択は家庭やグループの必要事に従わせられる。そして若者たちの交際は、風紀の取り締まり役である「母親の監視の下に」展開する。学校でも作業場《アトリエ》でも、両性は分離されている。舞踏会では女性は夫としか踊ってはならない。芸術は、絵画と同様、小説においても裸体を追放する。羞恥心は死体にまで及ぶ。死体解剖に際して、「女性の身体は女性にだけ託される。男性の目が冒瀆してはならない聖遺物なのである」。任務の厳格な分担が成立している家庭の中で、夫が「裁決権」を握り、妻は「夫の第一の伴侶（……）、第一の協力者、より正確に言えば、夫自身の不可欠な一部、それだけで彼の生活を充足させうる一部、それがなければ彼の生活は不完全で、幸福を奪われている一部分」[4]と規定される。

経済成長に巻き込まれた世界の解釈者、プルードンについて言えば、彼は官能性に対する貞潔の、快楽に対する労働の優越性を説き、家庭の中に、あらゆる力を生産に向けるためにリビドーを活用する最良の手段を見る。産業社会に帰せられ、後にヴィルヘルム・ライヒが分析することになる、強度の「性的抑圧」の完璧な説明である。女性に関して、

プルードンはか弱き性の身体的劣等を主張する医学的言説に完全にくみし、この弱点の症候学をそっくり援用する。身長、体重、身体のサイズ、脳頭蓋……、女性の機能はその構造に組み込まれる。つまり、受け入れるための膣、子どもを宿すための腹、授乳するための乳房――メロンの表皮の筋のような――が、男性のために、そして子どものために作られたその宿命を示している。女性は家庭以外にはどこにもいるべき場がないのだ。

「娼婦か主婦か」という二者択一。

ところで、カベとプルードンは民衆の広範な支持を得る。前者はフランス全土に、「労働党」(5)の始まりとみなすことができる真の組織網を作ることに成功する。後者は長い間、労働者団体の骨格と連合の自治の基本理念を形成する熟練労働者の思想的指導者であり、代弁者である。

労働者の言葉――マルセイユ労働者大会（一八七九年）

一九世紀後半には、労働者の声をより直接に聞く方法がほかに多くある。そうした中で、博覧会や会議でなされる代表者の報告は、それが持つ相対的に集団的な性格から興味深い源となる。代表者はより広範な集団のスポークスマンであり、集団は自分たちの見解を表明するために彼らに指示を与え、彼らが個人的にすぎるメッセージで置き換えることがあれば非難する。マルセイユで、市の宝石加工職人の代表者は労働組合の要望に反して、女性解放に反対の立場をとったために、規則遵守を求められる。彼の報告は罵声で中断され、記録に残されることはない（何と残念なこと！）。他方では、この演説は社会的実践を描写するというよりも、認められている規則を述べるものである。

「不滅のマルセイユ労働者大会」は、国民の力として労働者階級の出現、その組織形態と政治路線を探す「第四身分」の到来を告げる三つの会議（パリ、一八七六年。リヨン、一八七八年）の中で最も特筆に値する。最終決議――生産手段の共有化とすべての労働者団体の連盟の実施に多数が賛成の立場をとった――で注目に値するが、個人と集団の参加の多様性や、多くの、また熱のこもった発言の自由化、さらに、取り組んだ問題の広がりでもこの大会は注目すべきである。

「女性に関する」問題はその最も広い意味で提起されている。種々の同業組合会議[6]の議事日程から作った単純なリストは、ほとんど常に児童労働に結びついた「女性労働」だけに限定され、一八八八年から、発表が縮小すること、次いで、問題が完全に排除されることを明らかにする。一九〇〇年以後、それは全国大会の題目に記されることはもはやなく、「託児所」という間接的な形でのみ現れる（証券取引所会議、一九一三年）。もっとも、この例外的なしるしを重要視しすぎることは控えなければならない。労働界における女性問題の衰退以上に、それは、より機能的になり、生活環境の全般的な表明よりも要求の明確な問題点に専念する、労働組合制度そのものの変化を表している。[7]

女性活動の復活

一八七九年に女性の地位が強調されたいくつかの理由がある。まず、新たな政治情勢に刺激された、女性たち自身の活動。女性に深い罪悪感を抱かせる〈道徳秩序〉（学校に対しても、彼女たちは軍事的敗北の責任を常に感じていないだろうか?[8]）の反啓蒙主義の後で、ついに共和制が勝ち取られた。共和制はプロレタリアと女性のために何をしてくれるだろうか？　女性はさまざまな方法で希望を表明する。ユベルティーヌ・オークレールは一八七六年に『女性の権利《ル・ドロワ・デ・ファム》』誌を創刊する。彼女はマルセイユで「九〇〇万人の奴隷の代表者」である。女性の同業組合協会――女性労働者、あるいは結集した婦人の労働組合――がパリ、リヨン、マルセイユ、サン＝テティエンヌ、ヴィエンヌ等で結成された。ほかならぬストライキが突発し、そのおりに女性労働者の要求が異例のやり方で表明される。

こうしたことはすべて、マルセイユ大会に例外的に表明された女性の言葉の根底にある。陪席発言権と議決権を持つだけであるから二次的な地位であるにもかかわらず、七人の代表者（その中の五人はお針子）は、〈女性〉に割り当てられた会議ばかりか、その他の会議に代弁者としてのみならず、陪席者や書記として、また、種々の委員会に参加する。この同じ巻にユベルティーヌ・オークレールの注目に値する報告が掲載されているが、彼女は孤立してはいない。ルイーズ・ムニエ、ルイーズ・タルディフ、またジュリ・マルタンの発言も再録するに値しよう。一八四八年の遺産を援用しながら、彼女たちの言葉ははるかに先に進んでいる。今日のわれわれの目にはひどく慎重に映じようとも、その時代にあっては明らかに十分に理解されなかった目覚ましい革新であった。ユベルティーヌ・オークレールの決議が最後の会議で引き起こした動揺はいずれにせよ、直面した抵抗を示す。ただ一つ、ここでわれわれの記憶にある男性の言説を評価するためには、こうした背景を明確にすることが重要であろう。そしてこの言説はもう一方の性の言説とのかかわりの中でのみ十分に理解されるであろう。

女性について、そして女性たち

労働者大会で女性についてこれほど語られたことはなかったし、また、その後これほど語られることもないだろう。女性問題を扱った会議の議事録は一巻のほぼ一〇分の一（八三二頁のうち七八頁）[9]を占める。この会議で六人の女性が報告したが、それでも男性が多数派で九つの報告をした。だが彼らは他の多くの場で、労働条件（織物工場に働く女性労働者の描写には多くの要素がある）や教育に関してばかりか、十分に感じ取られるように、〈女性〉ではなく、彼らの妻、家事をし、家庭を守る女性について遠回しに語る。したがって、口調が変わる。女性の使命についての紋切り型の詳説は結婚生活に関するほのめかしと対照をなしている。たとえば、パリの御者の代表、ゴドフロワは、古典的にして繰り返し現れる主題である、労働組合活動の要求を前にした女性の苦情に言及する。「諸君の若い妻が諸君を両腕に抱き締め、しなを作り、若い女性に似つかわしい膨れっ面をして見せて、諸君にたずねる、「その集会で何をしようというの？私と一緒にいるほうがずっといいのに。それに、あんたがどれほどわずかであれ、お金を渡せば、それだけ家計が苦しくなるわ。ねえ、正直のところ、それはあんたにとってなんの役に立つの？　なんの役にも立ちはしないわ。あんたは仕事をしている。立派な仕事場にいる。仕事の無い人たちはあんたのようにすればいい。政治にかかわらずに、仕事を手に入れればいいのよ。（……）不平を言いおわると、かわいい利己主義者は諸君のひざの上にすわり、うっとりさせる媚《こび》を見せながら、大きな接吻をする、もう一度、接吻。子ども以上に無力になって、意気地なく答える諸君の姿が目に浮かぶ……」[10]。多少もったいぶった、形式的な報告と、悶着を揶揄《やゆ》する態度とに見られる距離は、会議の演壇と日常生活を隔てる距離そのものを示唆する。

一方、発言者による相違が指摘されよう。インターナショナル元参加者、五一歳、パリの鞍《くら》製造職人のイレネ・ドーティエは、すでにパリ労働者大会で詳述したプルードン主義的考えを具現するが、マルセイユの壁紙張りの代表者、フェルディナン・ヴデルは、激情的な言葉で、女性のすべての抑圧についての偽りの理解と根拠に基づいた「女性の不平等の偏見」を告発する。「女性の不平等を確信することからその精神的、知的劣等性のあらゆる主張が生じた（……）。すべてが女性に反対であった」（二一三頁）。他方、ジョゼフ・ベルナール、二三歳、錠前製造職人、無政府主義の闘士は、両性の関係の問題を解決できるのは革命だけであり、「現在の社会において女性のことを心配する理由はないが、新しい社会では女性がどうなるか気にかけてしかるべきだ」（一八五頁）と考える。微妙な差異が全員一致の演説の中に消える。自然と社会の不幸な犠牲者である女性は、冷淡な工場から遠く離れて家庭の中に保護を見出し、家事と子どもの教育に専心すべきなのだ。

「女性、このかくも弱き存在……」

女性が不幸であるという点で誰もが同意見である。「女性は幸福で自由であるか？（……）女性は解放されているか？否《いな》」（四四頁）。「哀れな」「不幸な」は、「無力な」とともに女性に対して最も頻繁に用いられる形容語である。「女性の立場は不安定である」（一三五頁）。「女性にあてられた地位は痛ましい」（一九一頁）。とりわけ独りきりの女性にとっては、選択肢がない。「飢死するか体面を失うか、女性の賃金が下落した場合の論理的帰結」（一三五頁）。

社会は女性の生来の不平等を是正する代わりに、それを悪化させる。女性の地位、役割、任務を決定する肉体的次元の女性の本性にほとんど常時、依拠することも、際立った特徴である。女性は、まず、その変わりやすい気分を決定する「周期的な身体の不調」を免れえない、「壊れやすい」「繊細な器官」を持った「ひ弱な」肉体である。「女性の体質は、思春期から更年期に至るまで、その本性に起因するある種の不調に従属している。この二つの身体の大きな変化の間に、周期的に不調や苦痛があり、女性はこれらを、その性格に作用して優しくも激しくもする安らぎや疲労、窮乏によって、楽に耐えもし、辛うじて耐えもする」（一七四頁）。女性の世界は有機体の世界であり、それを説明するためには、医学と衛生学の用語を用いなければならない。

この肉体は、産業労働、肉体を変形する姿勢や「（若い娘が）名前だけでさえ知るべきではない」（一八三頁）生殖器の病気を肉体に科す機械により脅かされている。とりわけ嫌疑がかかるのは、第二帝政以降、普及しているミシンであり、長すぎる一日の労働時間に結びついた疲労による害と同様、婦人科的危険（白帯下《こしけ》、無月経）、危険な性的能力が告発された。「その連続運動により、このような機械はヒステリー性の妄想をかき立てる」（一七一頁）。ドーティエは医学アカデミーの、ある論文（一八六六年）を詳細に引用するが、それによれば、これらの機械の長時間の使用は、女性労働者が一時的に仕事を完全に中止し……、冷水での沐浴に頼らざるをえないほど激しい生殖器の興奮」（一七六頁）を引き起こす。下肢のこの絶え間ない動きに代わる機械装置を見出すことが必要であろう。欲望を抱かせるこれらの機械は不安にさせる機械……。

「女性の堕落、子どもの発育不全、国民の退廃」

産業は女性の美しさと、何よりも健康を害し、その主要な役目、つまり、母であることから遠ざける。生命の継承や子どもの健康にとって母親の健康の重要性の問題は何度も強調された。「子どもの健康は母親の丈夫な体質に起因するが、大半の産業が母親の健康と美しさを壊している」（一六四頁）。妊娠中や産褥にある女性は働くべきではないだろう。統計を援用してドーティエは、フランスの雇用者にとってまったく馴染みのなかった実践である、六週間の産休制度の創設後にミュルーズの乳幼児死亡率が低下したことを示す。同様に、乳母に預けることに結びついた害が告発される。この一九世紀後半にあって、子どもは労働者の心配の種となる。

家族を越えて、問題になっているのは国民の健康であり、軍籍登録の報告書がその虚弱を示している。工場労働により衰えた女性は「わが国の再建が必要とするような、丈夫で健康な世代を産むことはできない」（二八三頁）であろう。国家の不可欠な肉体的再生の考えが一八八〇年代に明確に現れ、ジュール・フェリーは自らの名で、たとえば体育を必修にする。さらに大きく、民衆の女性の活力は中産階級の退廃が枯渇させた人間性の未来を左右する。「女性の健康維持に未来の人々の活力と正常な身体構造がかかっている。女性の向上に文明が依存していること、その胎内にわれわれにつづく人類を宿す存在に対してどれほど配慮や思いやりや心遣い、敬意を示そうとも、しすぎはしないことを忘れぬようにしよう」（二二二頁）。

「真の主婦」

一九世紀の医学が科学的裏付けを与えた性分化の命題を労働者たちが援用するにしても、彼らは、「社会機構の基礎」（二六一頁）であり、民衆の社会性と経済的支柱の重要な形態である家庭をも称揚する。「女性労働者は男性労働者から離れることはできない、独りきりでは無価値だからであるが、男性も然りである。一体になって、彼らは家庭を作る」（一八五頁）。労働者はまず、妻と子どもに恵まれた、一家の父であり、賃金などの要求や教育、仕事、見習い、安全……に関する考えは常にこの現実を根拠としている。あらゆる議論を越えて、家庭は血縁が明らかに重要性を持っている生活の正常な構造である。

そして誰もが、そここそ女性のいるべき場所であると言い、繰り返す。「女性の現実の場は作業場や工場の中ではなく、家庭の内部にある。作業場で働く女性は家事を管理できず、家庭を維持することができない」と穏健なイレネ・ドーティエが言う。そしてこだまのように、グルノーブルの無政府主義者ベルナールが繰り返す、「自由と労働への愛の中で子どもを育て、裁縫や家事に必要な仕事を遂行すること、これが女性の役割でなければならない」（一八五頁）。「自立と道徳の見地から若い娘が生活のために働き、賃金を受け取るべきであるにしても、妻にとっては同様ではない。

妻はもはや自由に振る舞えない、妻は夫と子どものものだからである。彼らは一体になって家庭を作る。そして、健康と筋力を備えている男性に〝作業場へ〟とわれわれが言うのであれば、弱さ、美しさ、優しさ、そして愛情を持っている女性には〝家の炉辺へ、家庭へ〟と言おう。まさしく、それが女性の役割である」[11]。

女性は何よりもまず主婦でなければならない。「子どもの世話をし、貧しい家庭の友である洗濯物を整理する術を心得ている真の主婦は、労働者の内務大臣、ならびに財政大臣とみなされるべきであり、その仕事の価値は男性のそれよりはるかに優れている」（二六五頁）。不在の一家の父は家計の管理と子どもの最初の教育の権限を妻に譲渡する。自分の出身階層であり、おそらく今なお、規範の一つとしている[12]、旧フランスの農家のように、労働者の所帯は、仕事、役割、任務、そして空間の厳密な分割（内部／外部、炉辺、家庭／作業場、工場）で規定される。その結果、この均衡を覆すことになる産業への抵抗、そして、女性労働の形態に関する立場や要求の全体が生じる。

家での労働の礼賛

アヴィニョンの労働者の代表であるイティエのように、両性の平等は労働を通して実現すると考える人々は数少ない。「女性の完全な解放の信奉者としてわれわれは、自分たちのために要求している労働の権利を女性に対して無定見に拒絶することはできないであろう。（……）女性は働くべきである。働くことは大いに有益である、つまり、そのことで女性は家庭の中で夫と対等になるだろう」（二〇二頁）。サン＝シモン主義者にとって大切な、すべての人間が生産的労働に携わる必要があるという考えはほとんど欠けている。ひとりベルナールが、「すべての人間が」（女性も含めて）、「消費するために生産する」、「必要に根拠を置いた」（二八五頁）未来の社会に言及する。大部分にとって、生産者の際立った誇りは男性にかかわる問題である。

理想は一家の父の賃金が十分であることだろう。「われわれが望むのは、結婚した女性は家事だけに専念し、〝男性は女性を養わなければならない〟という原則を実践に移すことである」（二二二頁）。それに、女性にふさわしい産業を探す人間を警戒することが必要である。「実際の目的は常に賃金を下げることである」（七七一頁）。しかしながら、現実には、女性の労働は家計の均衡にとってしばしば必要である。補充のために欠かせない。しかし、それは、女性が工場に行くべきである、ということではない！　衛生学[13]と道徳はこの「産業の地獄」に近づくことを女性に禁じるにちがいない。作業場は若い娘に悪影響を与え、女性を堕落させる。若い娘はそこで「無邪気さと素直さを失う」（二〇三頁）。「作業場のあまり感心できない実例やなれなれしすぎる言葉、さらに頻繁に卑猥な言葉から（彼女たちを）引き離さ」（四〇四頁）なければならない。とりわけ、娘たちは雇用主や現場監督たちの「卑劣な気まぐれ」にさらされる。「不幸な娘たちはあきらめてこうした下劣な人間の粗野な情熱を満足させる」、だが、ほとんどいつも「辱《はずかし》めの後に解雇が来る」（八〇頁）。現場監督の「好色」に対する抗議は、特に繊維産業地域の労働者の新聞で繰り返される主題である。ランスの『労働者の保護《ラ・デファンス・デ・トラヴァイユール》』紙（一八八三―八七年）やノール県の『徒刑囚《ル・フォルサ》』紙といった新聞はこの点で示唆に富む。

　工場からの女性の無条件の撤退を強く勧める人々もいる。「女性の解放は、家庭の主婦にするために産業から引き離されることである」。それが不可能ならば、女性が頻繁に結びつけられる子どもに対すると同様、少なくとも保護措置が取られるべきである、つまり、夜間労働の禁止、家事に時間を割けるよう労働時間の制限、ある種の仕事の禁止、少なくとも国営作業場では男女混成にしないこと[14]、である。だが特に、「女性の本性と気質に一致した」（一九五頁）適切な仕事が女性に割り当てられるよう要求する。「女性はその弱い性に反するいかなる仕事もなすべきではない」（七五一頁）。「ほとんど体力を必要としない仕事は当然、女性のものである」。「女性の身体の構造、体力、適性と最もよく調和する仕事」（二〇二頁）を女性に任せることが望ましい。

　裁縫は再度、幅広い支持を集める。針は「典型的な女性の道具」（ジュール・シモン）ではないか？　そして、布地はその柔らかさから弱き性（女性）のまさしく材料ではないか？　家庭でやることができるだけにいっそうふさわしい。ジュール・シモンにとって、道徳を心配する産業主義者たちにとって、これこそ特効薬、主婦の義務と生産の必要性、〈家族〉の保護と経済力を両立させる方法である[15]。労働者たちは、ほかの理由から、ほとんど同じように考える。

それゆえ、女性の賃金の低下の原因となった、監獄、修道院、さまざまな作業室の仕事に対して攻撃的な態度をとる。一八四八年には請願書がリュクサンブール委員会〔労働者対策委員会の通称〕を襲った。ときにきわめて激しいデモが、ある種の刑務所に反対して、さらにとりわけ、「改悛した」売春婦のための〈よい羊飼い〉、〈避難所〉といった宗教団体に反対してランス、リヨン、サン゠テティエンヌで行なわれた。「監獄で行なわれる針仕事、裁縫は労賃をあまりに下げたため、労働者の母親や妻、娘たちは、過度な労働と数えきれないほどの節約にもかかわらず生活必需品の代金さえもはや支払えないことを考慮して」、三月二九日の政令《デクレ》はその停止を命じる。束の間の措置。一八七九年に、ローマ・カトリック教会と帝政の結託で募った、激しい反教権主義の力でいっそう勢いづいた、とりわけ修道院に対する不満の声が上がる。「家事や子どもの世話をしながら働くことを可能にするであろうこの既製服製造の無数の仕事」(二八一頁)を、女性労働者の真の競争相手である修道女から取り上げ、労働者連盟の監視下に、「労働者の母、妻、娘、姉妹」を雇用する組合に託することは、女性と労働者の家庭の保護措置となるであろう。(16)

男性の賃金と等しい賃金の要求は確かに掲げられはするが、ひそやかにであり、特に、一人で生活費を捻出しなければならない女性を考えてである。彼女たちにとってはほとんど「死か恥辱か」の解決策しかない。経済的必然として告発され、売春——すでに「白人女性売買」と言われる——は恐怖と激しい非難を引き起こす。もっとも、「婦人」がしばしば売春を競り上げる。リヨンの招集された〈婦人〉の代表、女性市民シャンサールは、「労働者階級が世帯と呼ぶこの地獄よりも恥ずべき奢侈」を選んだ「卑しい売春婦」を激しく非難し、「サン゠ラザール監獄にいる恥知らずな女性たちがわれわれの主婦より幸せである」ことを遺憾に思う(一八二頁)。

結局、家族的価値の重視が、労働による平等、外での労働による女性「解放」の要求は労働運動の要求ではいささかもないという結果を生む。そして、男性と女性の二つの言説が最も異なるのはおそらくこの点である。女性に関する発言がこの主題でまったく異なった感じのするマルセイユ労働者大会でも同様である。ユベルティーヌ・オークレールが行なって、採択された最終報告は次のように明言してはいないか、「権利とはとりもなおさず責任を意味する。女性は消費するのであるから、男性と同様、生産することを義務づけられ、働かなくてはならない。両性に同じ生産の便宜と、〝同等の生産に対し同等の賃金〟という経済公式の厳格な適用という要望を表明する」。そして、肉体的適性を根拠とした「労働領域での公平な分割」を提案するにしても、筋肉は性を覆い隠しはしない、という多くの点で衝撃的な考え(17)を示唆する。「男性であれ女性であれ、虚弱な人々には器用さを要求する仕事が、頑健な人々には強度の筋力を要する仕事が割り当てられること」(18)。ユベルティーヌ・オークレールは女性労働者ではないこと、女性労働者たち自身が考えていることの代弁者であると批判的検討をせずにみなすわけにはいかないことを付け加えておこう。

「男はあかり、女はろうそく消し」

政治的平等の要求に関しては、この後長い間、左翼全体が使うことになる論拠、つまりローマ・カトリック教会と女性の関係で奇妙に抑制される。女性、司祭、暗く恐ろしいイメージ。そこで女性は一度ならず、不合理の仲介者、伝達者の役割をする。

これらすべての文書に、労働組合活動に対する女性の無理解、夫の「外出」や分担金への抵抗、女性が排除されている男同士のつきあいに対する嫉妬への公然の恨みがにじみ出る。戦闘的な生活の障害となる女性は、聖職者至上主義的影響を家庭で、特に母から娘へ永続させる危険な教育者になりかねない。女性の力を借りて、告解によって、ローマ・カトリック教会は家庭に巧みに潜り込む。夫婦間の不誠実やいざこざを持続させる聖職者によって見張られているように感じる。「妻や子どもたちの告白を聴くことで、われわれ自身が、意に反して、彼らを取り込んだ司祭から告白させられることがもはやあってはならない」(四〇五頁)。何度も表明された、そして今日もなお(「中産階級を喜ばせるための」初聖体拝領式……)続いているこの不満は、日常生活の中の真の問題の表明である。

隠されてはいるものの否定すべくもない女性の歴史的影響は、したがって、むしろ有害であった。「確信するために歴史を遠い昔にさかのぼる必要はない。ことごとく聖職者至上主義に感化されているがゆえに、有益であるより有害であるほうが多かった影響。権力に近づくのが狂信者か売春婦かしだいで、シャルル九世治下のように過度の狂信と不寛容が社会に満ちもし、摂政時代のように過度の退廃が見られもした。また、この時代では、風よりも、羽根よりも、塵《ちり》よりも軽いもの、それは女性だと言われた。しばしば先頃の帝政下のように、二つが結合もした。一八七〇年のぞっとするような戦争もまた、一人の女性の影響のせいではないか?」(二一九頁)。女性、それは男性を欺く悪しき霊。永遠のエバの神話の何と根強いこと!

　現在、女性に政治的平等を与えることは不可能である。絶対自由主義者のベルナールさえ、この考えに抗議する。「……参政権はそれを正当に行使できない人間や行使するための物質的自立を持たない人間の手に握られると危険な権利になる。女性はこの状況にあり、この権利を女性に与えることは危険な武器を与えることではないだろうか、勝利の翌日に革命を殺すことではないだろうか、要するに聖職者至上主義ではないだろうか?」(一八七頁)。パリの靴製造職人の代表、ベストゥッティは、「市民としての教育ならびに政治教育が女性になされることが絶対に必要であるという条件付きで、女性の平等の権利の承認」(五四〇頁)に賛成の立場をとったとき、「拍手喝采」を浴びた。このような平等は女性の考え方の徹底的な変化を前提とする。「要するに、女性が理解する判断力を持つことで真に人間らしい存在になり、富裕階級の慰み者や貧しい階級における聖職者至上主義の手先であることをやめる」(一八七頁)。

　女性に投票権を拒絶する理由となる女性の盲信は、一家の長の最大限の権限を正当化する理由でもある。「一般にいかなる宗教も表明しない男性はすぐに伴侶の中に聖職者至上主義の手先を認める。したがって、彼は支配し、命令し、服従させる必要に迫られる。というのも、もし彼が妻の言うなりにすれば、それは妻への奉仕者となるのではなく、妻を動かしている聖職者至上主義への奉仕者となることを知っているからである」(一八四頁)。こういうわけで、夫と市民の権限、家庭および都市における女性の従属が正当化される。プロレタリアは、半世紀の間、彼ら自身を締め出すために使われた知性と適性の論法を援用して女性に敵対する。

「われわれには……実利主義の妻が必要である」

だが、この反啓蒙主義はいったい誰の責任なのか？　答えは一点に集中する。「男性に比して女性の精神的劣等性の第一原因は、女性が受ける誤った教育である。本性ですでに弱い女性は、青少年期に教え込まれ、後には聖職者により教示される盲信でさらに弱められる」（一八四頁）。「女性は信じないふりをしたい、そして、一般に男性ほど性格が強くない女性は、子ども時代に受け、母から娘へと継承されるこの宗教教育を捨て去るのにこのうえなく苦労する。女性が身を置いている女性的環境は聖職者至上主義の過誤の中に女性を不可避的に引きとめる。幾世紀が経過し、産業、商業、社会が急速に進歩し、上昇しようとも、女性は、その最初の教育のせいで、同じ悪習の中にとどまっている」（四〇四頁）。こうして教育は生来の弱さの影響を倍加する。

しかしながら、ローマ・カトリック教会による女子教育のこうした専制的支配や、盲信的で聖職者至上主義の「女性的環境」の形成の原因を分析しようとする人間はまれである。いくらか急進主義的なヴデルがひとり、ローマ・カトリック教会のこの支配力は女性が打ち捨てられてきたことで説明されると強調する。「女性の役割は非宗教的社会から正当に評価されなかった。カトリック教会だけがその重要性と力を理解した。何と貴重な協力者であることか。女性を愛嬌と情事のためにだけ作られた劣った存在とみなす非宗教的社会から女性は知性の面で阻まれているだけに、教会にとっては女性を自分の味方につけることはより容易であった。教会か閨房、これが女性の活動であったにちがいない」。この専有は責任の放棄のまさに結果である。

非宗教的社会に女性を復帰させなければならない。「今こそ女性がわれわれと同じ生活を送るべき時だ」。そのために、若い娘が工場から逃れることを可能にする職業教育、だが何にもまして、「社会の中で役に立つ（……）女性」、つまり、教養のある妻そして教育者にする非宗教的教育を受けられる学校を女性のために作らなければならない。「われわれの立場を守るためにわれわれには実利主義の妻が必要である」（四〇五頁）、「われわれの子どもには復習教師が」。しかし、男子のために考案されたものに比べて、これらの教育計画の中途半端さは非常に明白である。両性の共同の教育はほとんど問題にならず、むしろ、分離されている。そして採り上げられるのは常に母と主婦の育成である。

結局、たとえ労働者の報告者たちが「現在の社会における女性の不幸な境遇」を進んで認めようとも、彼らが未成年者誘拐のかどでローマ・カトリック教会をたやすく告発しようとも、また、彼らはこの不平等とこの締め出しの理由に手をつけることはほとんどない。女性の本来の弱さへの疑いがしばしば彼らの言葉に顔を出す。確かに彼らは要求し、平等の必要を断言する。だが、実際的な措置に取りかかるとたちまち、限界が、とりわけ男性の仕事である政治の領域で現れる。夫婦の平和のためにはおそらく女性が介入しないほうがよいのだ。[19] 非常に明確化された男女の役割の考えが重要なままである。女性に二重の仕事を要求することで、女性が向いていない外の仕事、産業化——嫌悪する工場——は夫婦の調和を乱した。どうやってそれを回復させるか？　打開策は、あらためて、退職することである。

疑問点

解釈の多くの問題が提起される。この言説は誰を、何を代表しているのか？　熟練労働者によりここに表明された理想——ピエール・アンサールのように、そこに「謎めいた兆し」だけを見るということであれば、イギオロギーと言ってもいいが——は、大半の産業労働者に共有されたであろうか？　そして、女性労働者に？　どの程度にまで女性労働者は彼女たちの「男性」の価値観を自分のものにしていたのか？

そしてこの言説を時代の中にどのように位置づけるか？　その持続期間、持続性はどれほどのものか？　従来、考えられていたよりはるかに強力な、フランスでの第二次産業革命の始まりを告げる二〇世紀初頭にとりわけ、それは進歩したのか？

この言説はどのような現実に、どのような「体験」に起因しているのか？　この一九世紀後半、労働者の家庭生活の日常はいかなるものであったか、そして、女性労働について事情は正確にはどうであったか？

論述では単純な、これらの質問に対し確固とした答えはない。多数の研究が現在続けられており、きっと答えが出るであろう。以下につづく、いくぶん点描主義的な考察は、まったく暫定的な性質のものである。

ほとんど変わらない言説

均質の「資料集《コーパス》」にともすればなりがちな大会の文書から変化を把握しようとするのは必ずしも容易なことではない。「女性」の問題は単に「女性労働」の問題になり、やがて消滅する、と言われた。だが、職業新聞や大会議事録のような類似の多数の資料が活用されよう。一般に、機械化の普及と分業に結びついた熟練職業の危機は、大企業での女性労働への妨害をさらに強固にするばかりであったように思われる。経済的根拠を欠いているわけではない労働者の表象で、女性は機械の延長であり、その登場は賃金の引き下げ、資格の引き下げを意味する。したがって危機に瀕した職業において、女性解放に反対する、正真正銘のいらだちが見られる。たとえば型込め工の新聞『鋳造《ラ・フォンドリ》』の論文は次のように表明している、「女性は自らの労働の所産を守ることができない。働くことは女性の生まれつきの仕事ではないゆえに、それは論理的である」。女性がまったく場違いな存在である工場以上に、「家庭はその感性の行使にふさわしい場所である」。論文の著者は、察知される反対意見に反駁する、「何人かの女性解放論者が私にこう言うだろう、〃女性にはあなたと同様、生活する権利がある、女性は働かなければならない〃と。私は第一の点では彼らと同意見である。確かに、どの人間も生活する権利がある。だが、それが他者を犠牲にしてであってはならない」[20]。この場合、他者とは男性である。ところで、二〇世紀初頭の新しさは、それまで男性の領域であったガラス工業や冶金、皮革、印刷の工場における機械化の普及である。この最後の部門では、男性の特権的場への女性の登場で引き起こされた排斥反応を特徴とする、クリオ事件[21]がかき立てた動揺はよく知られている。

土曜半休制度と家庭生活

しかしながら、家の外での女性労働は不可避的に増大する。こうした情勢でどのようにして家庭を守ることができるか？〈土曜半休制度〉は女性にとって二重の任務を両立させる手段となろう。CGT（労働総同盟）は一九一二―一三年に、〈土曜半休制度〉の有無による家庭の対照的な明暗を根拠として、この制度のキャンペーンを実施する。この制度がなければ――暗い日曜日。「夫の相手をすることができ、夫や子どもと戸外に、夏は田舎に出かけ、陰気で見慣れた地区を離れて散歩するという休息を味わう代わりに、哀れな女性は朝から夕方まで辛い仕事に取り組み、夫が所在なさから酒場を渡り歩き、挙句のはては財布を軽くし、うつろになって戻ってくる事態に甘んじなければならないだろう。良き主婦の報いはたいていの場合、邪険に扱われ、殴られさえすることであろう。これが女性労働者の悲惨な境遇である。無頓着な性格でない限り、今度は彼女が家庭を放棄する。そうなれば家庭の完全な破壊であり、そうした環境で成長する子どもが社会の落後者となる例はあまりに多い」。

この制度があれば――「給料を得ている女性にとって土曜日の午後は自分の時間である。午前中の労働も、商店できびきびと、また、楽しく買い物をする妨げにはならない。分別をもって買い物をするだろう。時間の余裕があるので、比較し、選ぶことができよう。それから彼女は衣服を繕い、住居を住み心地のよい、楽しいものにしよう。清潔さも加わって、男性は家庭にはるかに強く引かれるのを感じ、酒場という酒場を放棄するだろう」[22]。そして図像集は、土曜日に食器を洗い、掃除をし、日曜日には、草上に広げたピクニックのテーブルクロスのそばに座り、夫は少し離れたところで釣糸を垂れ、身だしなみのよい子どもが、性別は分からないものの当時の幼児服、スモックを着て、母親のすぐそばで花を摘んでいる、といった情景の若い女性――平日は織工やアイロンかけの職工――を示す[23]。内容に富んだこれらの図像は、アリエスのような研究者を必要とするが、込み入った解釈の対象となる。多くの表象が混ざり合っている。姿を消した主婦への完全無欠の大いなる夢、と同時に、近代的都市社会の中での一組の男女――より緊密に結ばれてはいるもののより孤独な、限られた核——の粗描でもある。いずれにせよ、そこには、労働組合の言葉の中ばかりか、おそらくその向こうに（仮説を立てることができる）、その言葉が差し向けられる庶民階層の中で持続し、かき立てられさえする家族の模範の力の証言がある。

労働者階級における家族の抵抗

伝統的家族の構造は都市の発達と第一次産業革命[24]の結合した影響ならびに、それらがもたらした人口移動により揺さぶられたにちがいない。道徳家が嘆き、統計学者が記録した、結婚によらない出生、捨て子、同棲は、早くからルイ・シュヴァリエが強調し[25]、エドワード・ショーターがより広範な背景の中で調査した[26]、崩壊のしるしである。だが、どれほどの程度でなのか？　一方、この野放しの人口の徴候は、ほとんど疑義を差し挟まれないにしても、単純な機能障害、状況（たとえば、困窮する都市プロレタリアにとって結婚の高値）に結びついた一時的な乱れをそこに見ることが必要なのか？　あるいは、家族の行動の新しい様式が生み出される、民衆の対抗文化の要素を？　さらに、E・ショーターが見ようとしたように、青少年の性革命の真の兆しを？　こうしたすべてが論争を引き起こす[27]。とりわけ、一九世紀前半におけるパリでの同棲と結婚に関して、現在、ミシェル・フレイやジェフリ・カプロー[28]が行なっているような、厳密な調査の成果を待たなければならない。

いくつかの指摘をあえて試みることができよう。まず初めに、第一次産業革命は人口の目覚ましい移動を必ずしも引き起こしはしなかった。工場は家庭の潜在能力を消滅させずに利用するために労働力源のすぐ近くに進出し、産業革命はしばしば田園地帯で行なわれたからである。実際、産業経営者は、女性や児童という貯水池から労働力を汲み上げることを望むとしても、生産システム、労働力再生産と同じく労働倫理、社会関係のかなめである家庭を守ろうとする姿勢を示す。金属業で雇用者が、長い間、存続した自主管理の共同作業に安定した賃金を支払うことで労働者の能力を利用したと同様に、徐々に徹底的に家庭の核を利用し、吸収した。かくして、家庭生活はいくつかの形態の産業進出で強化された。
第二に、移動は偶然の単なる結果ではなかった。今日のポルトガル人の移動がそうでないと同様である。彼らの構想は中心点や仲介者、援助・情報網を提供してくれる親戚により描かれる。一般に職業上の旅行者の著作である労働者の自伝はこの点で貴重な情報を提供する。クルーズ県の石工マルタン・ナドーについても、事情はル・クルーゾの機械工ジャン＝バティスト・デュメ(29)——長旅の後に家庭の事情でシュナイダー社に再び採用されるために、親戚を訪ね歩く——と同様である。家具付きの貸部屋や安食堂、居酒屋そしてダンスホールのある地方出身者の共同体は、庶民の下町が長い間、地方人の寄せ集めでしかなかった都会で、非常に活気があった。今日なお、ある様式の相互団体と都会的画一性や産業社会の恐ろしいほどの孤独への対応策が講じられている庶民の階層では、親戚関係は非常に緊密である(30)。

最後に、こうした移動は、少なくとも一九世紀の前半にあって、しばしば一時的であった。若者の出身家庭は彼に軍籍登録（兵役は加入儀礼の役割を果たしはしないか？）まで、給料の一部を要求する。帰村は周期的に行なわれ、女性および肉体関係の二重の回路が確立する傾向がある。都会では、中産階級だけの習慣ではない、同棲や買春。だが、村では、慣例と風習、家庭の役割が大きな重要性を持つことのできる掟を保持した結婚。都会で楽しみはするが、相応の年齢になれば生まれ故郷で妻を迎える、マルタン・ナドーやデュメの事例が十分に特徴的である。もちろん、これら個別の事例は、とりわけ、婚姻証書に基づいて実施される統計的研究を補うことはできないであろう。現存する研究は存続する族内婚を一般に示している。

したがって、多くの手がかりが庶民の家族の真実の活力と、都会の労働者文化に見られる農村社会の遺産を示唆する。家庭の維持は頼みの綱、産業化による損害への自衛、抵抗の一形態となることができた。われわれには因襲的に見えるにしても、家族のための労働者の闘争意欲をわれわれは部分的に見逃している。中心的言説の単純な再生産はない。固有の究極目的を持っている。つまり、労働生活、〈工場〉の支配から守られた、主体性、自主性、空間、私生活、自宅（打ち解けない態度）の保護である(31)。

一九世紀末、家庭はいずれにせよ、労働者の生活の重要な現実として現れている。新しい特徴が、フィリップ・アリエスにより描き出された中産階級の典型《モデル》にいくつかの点で類似させる。すなわち、子どもの重視。その健康、教育、将来が最重要の懸案となる。特に、「余暇」と呼ばれる、勤務外時間の近代的概念の中でのより強度な家庭生活。家族手当や社会保険の制度がその支配を強化する結婚の法的手続きの承認。

家庭はこのように、闘争の場、相反する力の争点である。女性労働者に関する言説はこうした見地からとらえ直すべきである。女性労働者に関しては、この力は対立していたというよりもむしろ、合流して、〈主婦〉の立場を強固にした。たとえ二重の任務を兼任しなければならないとしても、女性がこの役割をどんなことがあろうと引き受けるのはすべてにとって――労働者にとってばかりか、そうでなければほとんど無償の家事の費用を非常に高く支払わなければならなかったであろう資本蓄積の社会にとって――非常に重要であった。土曜半休制度のために提案される日課はこの点で説得力を持つ。

産業化と女性労働

工場での女性労働は、最重要でありつづける家庭にとって明らかに主要な脅威であった。それゆえに労働界はきわめて強固に抵抗した。だが、成功しただろうか？ 最近の研究、なかんずく、ジョーン・スコットとルイーズ・ティリーの研究(32)は、母親に見捨てられた家庭についての極端な見方を警戒するよう促す。女性の産業労働は一九世紀にあって、農村社会の特徴を多く残している。副次的な労働として、それは家庭の流動性の中で、そしてその必要に応じて行なわれる。それゆえに、女性労働は結婚と子どもの数によって決まり、断続的である。娘は非常に若くして働き、結婚まで、遅くとも、第一子が生まれるまでにやめる。場合によっては少し後に、あるいは、夫をなくしていやおうなく、再び働き始める。彼女たちは家での裁縫や、何時間かの家事、「日給で働く」何日かの洗濯で家計の足しにする。だが、フルタイムで働く既婚女性は少数で、一八九六年の人口調査によれば、わずかに三八パーセントである。とはいえ、西側世界で最多の人口である。

資格を必要とせず、ほんのわずかな教育しか要求しない、機械や材料に結びついたこの労働は、とりわけ織物工場で行なわれ、女性労働者の大半を吸収する。これは低賃金労働である。アンシャンレジームから受け継いだ、社会的地位の賃金という古い概念が、補助給与の概念の中に生きつづけている。「女性労働者は、必要とする額より低いところで、やることのできる種類の仕事を流布させる」。こうした女性の中の誰が、「たとえ一文も稼げなくても、彼女を養ってくれる労働者の母親か娘、姉妹、おば、あるいは姑でないことがあろう」とジャン゠バティスト・セーが一八〇三年に書いた。[33] 一九〇〇年頃には多くの人間がまだこの考えを援用した。おまけに、女性は要求が少ない、と彼らは言う。たとえば、監獄において、拘留されている女性に割り当てられる食糧の配給量は男性よりも少ない。ストライキにあってさえ、女性労働者に与えられる援助は少ない。

最後に、産業労働は女性の労働力のわずかな部分を吸収するにすぎない。一〇〇人の就業女性を対象とした、一九〇六年の調査結果では、在宅従業者三六パーセント弱、使用人一七パーセントに対し、女性労働者は二五パーセントを占めるにすぎない。[34] 結局、五三パーセントの女性が最も伝統的な、あらゆる点で最も家事に近い部門で忙しく働いている。産業労働では女性従業員はまだ八パーセントを数えるにすぎないが、「第三次産業」ではすでに四〇パーセントの雇用を女性が占めている。だが、重要な新しさがそこにある。「婦人」秘書、電話交換「嬢」やデパートの売子「嬢」を中心にして女性労働の正真正銘の変動、将来の道が始まる。

女性労働者のイメージはずっと嫌悪感を起こさせるものであり、多くの人々にとって、女らしさの正反対であった。タイピストのおしゃれな身だしなみのもとに、近代のプロレタリアートが前進する。

〈主婦〉を吸収することになるのは〈工場〉ではなく、〈オフィス〉である。

反抗する民衆の女性

「反抗する民衆の女性」『身分のない歴史——試論』パスカル・ヴェルネ編、所収（パリ、ガリレ、一九七九年、一二五—一五六頁。本論文は英語、ドイツ語、イタリア語、スペイン語、ポルトガル語、ブラジル・ポルトガル語に翻訳された）

〈歴史〉から女性は幾度も締め出された。まず、ロマン派的な感情の吐露が過ぎると、政治的事件の上演として形成される物語のレベルで。実証主義が女性に関する主題を、より広くは日常的な事柄をまさしく抑圧する。ソルボンヌ大学の壁は半透明な衣をまとった女性の姿で表された寓意が漂う大壁画で覆われているというのに、大学の歴史研究の泰斗、峻厳なるセニョボスはエバを追放する。「聖女ジュヌヴィエーヴはパリに気を配り」、「考古学者はギリシャを凝視する」。彼はフロックコートの細い襟までボタンをかけ、彼女のほうはベールにふんわりと包まれて……。「歴史家という職業」は歴史を男性形で書き記す男たちの職業である。彼らが手をつける領域は、新たなテリトリーを手に入れるときでさえ、男の行為と権力の領域である。経済の歴史は非生産的な女性に無関心である。社会の歴史は階級を重視し、性別を無視する。文化の、あるいは「精神の」歴史は、〈人類〉と同様、性を持たない〈人間〉一般について語る。名を馳せた――敬虔であれ、破廉恥であれ――女たちは「ヒストリア Historia」[1]〔ラテン語〕にうってつけの、「取るに足らない」話の年代記に話題を提供する。

こうした歴史家が活用する資料（外交文書や行政文書、議会議事録、伝記、あるいはまた、定期刊行物……）は、国事と同様、文書を独占している男たちの手になるものである。支配階級――知事、司法官、聖職者、警察官……――の視線から発せられる記録文書に基づいて庶民階層の歴史を書くことは困難であるとしばしば指摘された。ところで、女性の締め出しはさらに強固である。女性に向けて書かれたものは量的にわずかなうえ、厳密に特定化され、料理書や教育の手引書、気晴らしのためや道徳的な物語がその大半を占めている。働き者であるかぶらぶらしているか、病気か、デモの参加者か、女性は男性に観察され、描写される。戦闘的な女性にとって、女性の代弁者であるのは当然だと考えている男性の同志に耳を傾けてもらうことは容易ではない。この不断の、無遠慮な仲介に由来する、直接的な原資料の不足が恐るべき障壁を作り出す。閉じ込められている女性がどのようにして合流できよう？

この締め出しは、もう一つの締め出し、つまり、一九世紀の西ヨーロッパにおける、公人としての生活および公的空間からの女性の締め出しの倍加された表れにほかならない。政治――国家の管理と行政――は最初から男性の専有物となる。生来の男性優越論者たる、中産階級はその役割観を押しつける。この厳密な男女の分離は途方もない断絶、モーリヤックが描いたあの「愛の砂漠」に達する――「性の違いはただそれだけで私たちを二つの惑星以上に引き離しているのです[2]」。したがって、女性の歴史上の沈黙は、権力の唯一の場として長い間重視されてきた政治の領域における実質的な無言にも起因する。

一九世紀は任務の分割と空間の性差別を極限にまで推し進めた。その合理主義はそれぞれの場を厳密に定義しようと努めた。女性の場――〈母であること〉と〈家政〉――がその領域を明確にする。賃金労働への女性の参加は家庭の必要に迫られての一時的なものであり、補助的な給与を支払われ、いわゆる無資格で、従属的な仕事、技術的に特定の仕事に限定される。「男性には森と金属。女性には家庭と織物」と、ある労働者が書いている（一八六七年）。「女性労働」のリストはカテゴリー化され、限定されている。図像や絵画は、窓辺で、あるいはランプの下に座って、際限なく裁縫している女性——永遠のペネロペ——の安堵させる光景をうんざりするほど繰り返す。レースを編む女や衣類を繕う女、これこそまさしく女性の原型である。反復や取るに足りないことの世界に専念した女性に歴史があるだろうか？

むしろ、日常生活の行動を描き出すことを能《よ》くする民俗学の領域のほうにはるかに属しているのではないか？　なくてはならない貢献ややり方があるのは確かである。だが、避けられない役割と変わることのない空間の中に日常生活を構造化する不動の慣例と風習の中に、女たちをもう一度閉じ込める危険が大きい。対立のない農村世界の安堵させる解釈を示す民俗学はある点で歴史の否定であり、緊張や抗争を穏やかな儀礼に変えるあるやり方である。しかしながら、捜し出すことが重要なのは、活動している女性、実践の中で革新し、操り人形のようにではなく、自ら、歴史の動きを作り出す、生き生きした女たちである。

よどんだ水、女性

困難な仕事である、というのも、神話と図像が、男性の欲望と恐怖の織り上げる厚い経帷子でこの歴史を覆うからにほかならない(3)。一九世紀にあって女性は、過剰で、反復的で、強迫的で、十分に幻想的であり、自然界を構成する基本要素からその広がりを受けている言説の中心に位置している。

あるときは、火の女。家庭のしきたりや中産階級の秩序を破壊し、身を焼き、男性の活力を使いつくし、家庭の平安の監視人たる精神分析学が神経症患者とみなすことになる、ロマン主義的熱狂と情熱の女性。悪魔の娘、常軌を逸した女性、昔の魔女のヒステリックな継承者。大衆小説の赤毛のヒロイン——その血の気の多さが髪と皮膚を輝かせ、彼女ゆえに不幸が訪れるこの女性は、灰と煙だけを残す情熱の女性の民衆的具現である。

対極にある、もう一つの姿は水の女。戦士にとっては涼気の、詩人にとっては霊感の泉。水浴を誘い木蔭に悠々と流れる川。草上の昼食に荷担する、物憂げな水。だが、鏡のように静かな、波一つない美しい湖のようによどんだ水。おとなしく、消極的で、愛情にみち、静かで、本能的で忍耐強く、神秘的で、少しばかり油断のならない女性。印象派の画家たちの願望……。

そして大地の女。食物を与え育て、豊饒な女、こねられ、痛めつけられ、入り込まれ、種をまかれるにまかせている、横たわった平野。強力な放浪の狩猟民がそこに定住し、根を下ろす。安定させ、文明化し、創建する力の足場、道徳の台座である女性。その並外れた長寿から埋葬者となる深奥の女性、臨終と葬式の女性、月の光の下で墓や広い墓地を見守る女性、死者のための喪服に身を包んだ女性……。

こうした図像がわれわれの空想や想像の領域に充ち、文学や詩を織り上げる。その美しさは愛されはする。だが、不変の劇作法《ドラマトゥルギー》——どこかに必ず女声合唱団がいる——と役と寓意《アレゴリー》の働きの中で硬直化した象徴体系に隠されている女性たちの歴史を語るという主張ははねつけられる。それらは男性と女性という二分法的解釈、つまり、創造的な男性/保守的な女性、反抗する男性/服従する女性、等に歴史をはめ込むゆえに、断つことが必要である。たとえば、一九世紀にあっては、社会の秩序維持にあたる女性、「家族の警察」(ジャック・ドンズロ(4))の制定に大きく責任のある、権力の仲介者と女性をみなすのは、きわめて議論の余地のあることに思われる。少なくとも、議論を逆さにすることができよう。もし女性たちが権力にとって、そのような目標であれば、それは一つには、家族における、そして当然のことながら、社会における真に中軸的な重要性ゆえであり、また、上層部の文化への彼女たちの理解の少なさ、民衆支配の戦略に対し彼女たちが見せる無気力、あるいは、抵抗のためであろう。工場や、生産の至上命令に捕まえられ、彼らにまずかかわる規律を教える制度——学校や軍隊——が生み出した、近代の網にとらえられ、そして「進歩」——文章を書くことや民主主義、科学や技術の驚異、スポーツや戦争の男らしさ——に魅せられた男たち以上に、民衆の絆であり、都会の血液である女たちは増加する産業秩序に反抗した。

主婦とその権限

（農村の）「農婦」や、（中産階級の）「一家の女主人」と異なって、〈主婦〉は一九世紀の都市にあって、自立した、比較的新しい女性である。その重要性は、日常生活の管理といった多様な任務を帯びた昔からの実生活である家庭の、根本的な重要性に結びついている。その新しさは、言葉の最大限に広い意味で「家事」に対するほとんど唯一の使命にある。因襲的と言われる社会にあって、家庭は一企業であり、全構成員が一致して、それぞれの能力に応じて、その繁栄に協力する。しばしば役割と任務の非常に明確な区分があるにしても、仕事にかなりの流動性が見られる。家事労働は女性の専有物ではなく、男性の協力が可能である。たとえば、ある種の食料品の調理は彼らの役目である。家内繊維工業がこの流動性を増大したであろう。証言や図像《イマージュ》から、男性が料理をしたり掃除をし、女性がその作業の仕上げをする、という役割の交換が明らかになる。同一空間における住居と労働、生産と消費を結びつける場所の合致は、限られたものであれ、この交替に好都合である。他方で、家政の長は男性である。「管理者《メナジェ》」——この語は一六世紀に現れた——は家族《メナージュ》というこの企業の長を意味する。

主婦はその務めを受け継ぐ。一九世紀における、その立場の新しさは、分業の強化と生産と消費の場所の分離にある。男性は工場に、女性は家にあって家事に専念する。たとえ細かい点では複雑になり、もつれることがあるにしても、これが典型的な図式である。語彙がはっきり示している、すなわち、一八世紀末に「主婦」は決定的に「管理者」を凌駕し、後者は一九世紀には廃れてしまう。パルマンティエが一七八九年に、「パンを作る最善の方法」を指導するために語りかけるのは「切り盛りの上手な主婦たち」にである。同時に、主婦は賃金制から疎外される。その労働は報酬を与えられない（家長の労働によって報酬が与えられるとみなされている）。主婦が金銭を取得するのは副次的な労働に頼るしかなく、家事に費やす時間の合間を縫って行なうようたえず腐心する。商業活動——免許状や許可証をますます必要とするあらゆる規制にもかかわらず持続している農民風の、陳列したり籠に入れての販売——にも増して、家事、洗濯、裁縫、子守り、買い物、配達。よく知られているパン配達人はほとんどの場合、既婚女性である。女性はこのうえない巧妙さを発揮して、隅々まで知りつくしている都会の多様な商取引の中に補足的な収入を見出そうとする。そして、家計の収支を合わせるために、あるいは、ささやかな喜びを手に入れるために使うか、沈滞期に周期的に訪れる困難な日々のために蓄えておく。危機の時代や戦時にはこの副次的な収入が主要になる。女性は至る所で労働に精を出す。女性がこれほど働くのは、男性が失業しているときだけである。おのおのの性に、危機や戦争の異なった体験がある。異なった経済的時間がある。

それでもなお、主婦は夫の賃金に従属している。そのことで苦しみ、殴られるのは覚悟で激しくなじる。一八世紀、警察署に不満を申し立てに行く女性——アルレット・ファルジュはシャトレ裁判所の記録簿の中に彼女たちの証言を見つけた——は、子どもたちの養育に必要な金を夫がくれないと苦情を言う。そして一八三一年、危機に陥ったとき、パリ市庁が男性に残しておくために救援の建設現場を女性と児童に閉ざすと、母親は子どもたちを連れて街を練り歩いた。いったいどうやって生きていくというのか？　彼女たちは賃金の手渡しと管理を要求し、獲得したようである。一九世紀半ば頃、大部分の労働者は給料を妻に手渡した。家族についての専攻論文で、ル・プレはフランスにおけるこの慣習の拡大を強調し、この点でイギリスと対比した。(5)　一九一四年以前、モンソーの炭鉱夫たちが「女房《パトロンヌ》」と呼ぶ女性は夫に少額の酒代を与えた。こうしたことはすべて衝突なしに行なわれるのではなく、夫が居酒屋で必要以上にぐずぐずすれば、衝突の騒ぎで場末は周期的に活気づくことになる。一八六〇年頃、サン＝カンタンで、居酒屋の主人たちが、給料の支払われる土曜日、泣きながら待っている女たちのために、居酒屋の前に納屋を建てさせた。(6)　パリでは、「主婦が窓辺に立ち、戸口に降り、そしてしばしば、我慢できなくなって不安に胸が締めつけられ、作業場のほうへ夫を迎えにいく姿が見られる。ポケットにわずかな金があると思うとたちまち彼らの気前がよくなるのを、知りすぎるほど知っているのだ！（……）そして往来で声がとどろき、家の中では粗野で怒りを含んだ罵詈雑言が飛び交い、手が上がる」。(7)　庶民生活の行事であり、主婦が借金を支払い、家族にごちそうする喜びの日であり、不当な雇用者と、給料を減らす専制的な控除に対する怒りの日であり、しばしばストライキが決定される――給料を手にして、がんばることができる――給料支払いの日は、主婦が金もないのに暮らしを立てるという自分に与えられた不可能な務めに対し反抗する、男女の衝突の日でもある。

給料の管理はおそらく女性にとって困難な征服であり、給料を「上手に」使うことを奨励しようと、雇用者がしばしば救いの手を差し延べた、罠の多い闘いの結果である。たとえば、一八五〇年頃、ル・プレはソワソネの産業社会を描写している。「二年前から従業員たちを親切に庇護し、夫の稼いだ給料を毎週、妻に支払うことを習慣にした」[8]。これが家族的給料の罠である。妻は常に身動きできない。いずれにしても、頻繁に見られるように、共通財産制の場合、家計の管理を自分に取っておきながら、家計の維持のために夫が手当を支払う中産階級の女性よりも、庶民の女性は闘争的であり、用心深かった。結局、主婦は「給料を受け取る権利」を勝ち取った。今日なお、女性労働者たちは「予算の家母長制[9]」と呼ばれたものに執着している。それは彼女たちに扶養、気遣い、さらに、耐乏を課す。何とか帳じりを合わせることに専心し、一家の主婦――古典的である――は自分の取り分を削減する。彼女は一家の父――「肉体」労働者――にはもっぱら男性の飲み物であるワイン、最良の肉片を、子どもたちには牛乳と砂糖を取っておく。独身であれ、既婚であれ、女性は一九世紀にあっては慢性的栄養不良者である。そして、軽薄と言われる女性の被服費は平均値において、夫の被服費より少ない！　貧乏を管理する、それはまず自己を犠牲にすることである。それでもなお、それは主婦の権限の基盤、都市においてはしばしば耳目を集める彼女たちの参加の根拠でもある。

場末の燠、主婦

家にパンがなければ、母親が口を出す。夫以上に事態に迫り、より激烈に、より恨みをこめ、その怒りにはるかに情熱をこめる。「ああ！　もし私が男であれば……女たちは燠《おき》なのだ」。

アンリ・レレ『場末で』（パリ、一八九五年）

主婦は厳密に言えば、予算を立てない。たえず繰り返される赤字の中で収支計算して何の役に立つのか？　給料支払いの周期——週、二週間——、これがまさしく彼女たちの視界である。もっとも、価格を監視し、わずかな変動にも注意を払い、自然の不可避の事象による季節的上昇しか受け入れようとしない。過度の高値になれば、抵抗する。一九世紀には依然、民衆の騒動の中で主要なものである食糧騒動はほとんどの場合、女性たちが火ぶたを切り、そしてあおった。交通手段の不十分さからそれぞれの地域は自己の資源にひたすら依存し、経済的隘路《あいろ》や価格上昇を引き起こす硬直性が生じる。気候の不順——豪雨、旱魃《かんばつ》、季節外れの凍結——に見舞われると、食糧が希少になり、先を見通せる商人や裕福な農民、製粉業者、さらにパン製造人がたちまち搾取する。彼らは穀物やパンを、ときにはジャガイモを上場銘柄として備蓄し、投機する。そこで、女性たちが介入する。

彼女たちにとって重要な場所である市場《いちば》に監視の目を向ける。貯蔵品の品質や量、合法性、価格水準に常に目を配る。不足の始まり——あまりに早くさばける商品、行列らしきもの——が見えるや、彼女たちは危機を悟る。値上がりの兆しを目にするとただちに不満をもらす。不満の声が通りや小路や界隈で、近隣の女性たちの間で膨らむ。次の市場で価格は暴騰する。女性たちはいつもの価格で穀物を引き渡すよう強く求める。拒絶されれば、彼女たちは奪取し、自分たちで価格を定めて、売る。商人が袋を隠しでもすれば、彼女たちはこの買い占め人を攻撃し、陳列台をひっくり返し、叫び声を上げ、彼をぶって、共犯のパン屋の店の奥まで追いかける。夜明けには市門に集結して荷車が到着するのを待ち伏せし、袋を奪取し、女性の集まる泉のそばで分配する。市場が空《から》になると、彼女たちは穀物の動きを監視する。荷車の行列がある場所に向けて進んでいるといううわさが伝わると、彼女たちは市の外に出て、街道や運河に行く。彼女たちは何と素早く寄り集まり、彼女たちの共同体を始動させる言葉を互いに伝えあうことか！　しばしば子どもを連れていき、役目を割り当てる。見張りをし、伝言を届け、半鐘を打つ、などなど。一家の母、子どもたちに最も責任のある、授乳し、しばしば妊娠している主婦がこうした暴動の一団をあおるが、市場を監視する老婆、日雇い労働者や修繕屋、洗濯女として高齢の、あるいは独りになった親を扶養する若い娘もいる。わずかな給料を手にする彼女たちにとってパンの高値はやりきれないことである。一八一七年の深刻な暴動の際には、一家の母に対する裁判所の情けにもかかわらず、数十人の女性が懲役刑、強制労働の刑、死刑にさえ処せられた。(10)

こうした暴動に女性は集団で介入する。武器を持つことは決してなく、顔を覆わず、手を突き出し、衣服を引き裂こうとし——縫製女工としてはこのうえない荒廃——、権力の記章——憲兵たちの肩章の飾り紐——を奪い取り、傷よりも愚弄を受けることを心配して、彼女たちが闘うのは体を使ってである。だがとりわけ声を利用する。その「怒号」は腹をすかせた群衆をけしかける。彼女たちが投げつける弾丸は、市場に並べられた生産物であり、極端な場合は、前掛けに詰め込んだ石である。普通、彼女たちは価格の定まった販売のほうを好み、破壊したり、略奪することはない。盗むことを自らに禁じ、彼女たちは「公正価格」だけを要求し、当局者の怠慢を前にして自分たちで認めさせる。(11) 買い占め人や無気力な当局に対抗して彼女たちは民衆の日々のパンの権利を代表する。

以上が食糧暴動の古典的で共通した——異なった形態、移動があり、その軌跡は民衆の中での女性の役割の変化についておそらく多くを語るものであろう——シナリオである。暴動の波のリズムが、一九世紀、しだいに弱まっていく。一八一六—一七年、一八二八年、一八三一年、一八三九—四〇年（とりわけフランス西部）、一八四七—四八年、一八六八年、そして一八九七年。最後の暴動では何にもましてパンの高値に民衆の抗議が集中した。生産の増加、交通手段、とりわけ鉄道の発達、輸入の拡大が、昔からの欠乏を終結させる。それとともに、女性の直接介入の特権的領域、つまり、パンのための闘争が消える。現代の重大な対立、それはストライキであり、女性にかかわるというより男性的である。女性が、何よりも、副次的な役割しか持たぬ賃金制に結びついているからである。

〈ハゲタカ〉氏に敵対して

食糧の番人である女性は住居の番人でもある。波のように押し寄せる出稼ぎ労働者を受け入れる設備がまったくない一九世紀の人口の多い都市では、住宅問題が解決されることはなかった。独身の新参者たちは共同寝室か、しばしば一夜単位で貸される家具付きの貸部屋に群がる。既婚者たちは古い家の、そして後には、彼らが嫌悪する共同住宅地区の一部屋か二部屋の小さな住居にぶつぶつ不平を言いながら、詰め込まれる。住まい《ロジ》は住居ではなく、家族が日々集まる場所であり、出発が頻発であるから、変わりやすい避難所である。庶民階層は住居ではなく家賃のために闘う。火や土地を考慮しないことに慣れた農民にとって都会の家賃は高すぎる。そして支払期限は家主、管理人、彼らの代理人、そして警察と対立する時でもある。

〈管理人《ピプレ》〉や〈ハゲタカ《ヴォトゥール》〉とのこうした対立の中で主婦は策略や逃走を使う、最重要の役を務める。家計が賄えなくなると、いわゆる「木の鐘」の音で（ほとんど鳴らすことはないからであり、リールでは「聖ピエール祭に」と言う）、こっそり引っ越す［夜逃げするの意］。身の回り品が積み上げられた手押し車の行列で大都会の通りは周期的ににぎやかになる。

革命時には女性の介入はいっそう深刻な形態をとることがある。たとえば一八四八年、パリで民衆は支払期限の延期を要求する。引っ越しの数が減少し、より公然となる。小規模の騒動が貧しい地区、ラ・ヴィレットからシャロンヌにかけて、また、ムフタール街で頻発した。それらはほとんどいつも、社会の周辺に生きる人々——たとえば廃品回収業者たち——と連合した女性が先頭に立った、けんか騒ぎの様相を呈している。「支払済証書を、さもなくば死を」と叫びながら、鍋を打ち鳴らし、支払わずに領収書を要求しようと、「家主」の家の前で騒々しい集会を開く。男性の労働者たちはこの非合法主義の前でしりごみするように見える。女たちは彼らを「臆病者」——最高ののしり言葉——扱いし、心ゆくまで〈ハゲタカ〉やその〈管理人〉を侮辱し、脅迫して楽しむ。〈管理人〉は、日常的に我慢しているだけにいっそう憎悪の対象となる。「同意しないのであれば、家に火を放ち、略奪し、壊してしまおう。秣《まぐさ》を食わせ、しばり首にしよう」。「家主たちは一人残らずろくでなしで悪党だ。門番も同じようにならず者だ。〈持ち主〉を殺し、焼き払わなければならない」。こうした行為に対して、何人かの主婦が監獄に入るだろう。

一九世紀末に、無政府主義者の職人たちはこのタイプの行動を得意とした。困難な状況にある主婦たちの呼びかけに応じて、〈浮浪者の騎士団〉――〈歩こうとしない足《ピエ・ニックレ》〉あるいは〈偏平足《ピエ・プラ》〉――は夜逃げを実行する。住居や食糧が戦場である都市の闘争の遠慮がちな試み。都市空間は、作業場や工場が一日あたり一二時間、閉じ込めることのない、まだ非常に多数の女性や男性のものである。彼らは不法侵入ではなく街頭をよく知っている。

機械に敵対する女性たち(12)

伝統的な労働様式を破壊し新しい規律をもたらす機械の導入に対する闘いに、女性たちはその全精力を注いだ。ときに彼女たちは、世紀前半に「イギリスの機械」を襲撃する報復の群衆を駆り立てるが、しばしば、生活の糧の暴動とラッダイト運動(機械破壊に対する英語表現)が同じ危機状況の中で絡みあっているだけに、激しさはいっそう増大する。ヴィエンヌに一八一九年、やがて手動の剪毛機に代わることになる「剪毛する大女《グランド・トン・ドゥーズ》」が到着すると、主婦たちは「剪毛機打倒！」と叫びながら、破壊の合図をする。肉屋のクロード・トヌジューの娘は竜騎兵たちに石を投げ、「壊そう、打ち砕こう、がんばれ！」と叫んで労働者たちを駆り立てた。サン＝フレミーの紡績女工、マルグリット・デュポンは、陸軍中佐を〈悪党〉呼ばわりした。ガランダの妻は「刈取機を壊さなければならない」と叫ぶ。一人の竜騎兵が群衆に向かって「さあ、皆さん、われわれは皆フランス人です、立ち去ってください！」。そして、女たちには、「さあ、ご婦人がた、立ち去ってください、ここはあなたがたの場所ではありません。あなたがたのいるべきところは子どもたちのそばです」と言った。彼女たちは反論した、「いいえ、私たちの場所です」と。そしてぶつぶつ言いながら立ち去った。サン＝テティエンヌでは一八三一年、武器工場の職人たちが銃身に自動的に穴をあける新しい機械を破壊するのを助け、主席検察官が嘆く、「口にするのもつらいことだが、国民軍を最も容赦なく攻撃している女性たちの中で、前掛けを石でいっぱいにし、ときに自分で投げ、ときに他人に投げさせている女性たちがとくに目を引いた」。

　補助的な存在であることに満足せず、彼女たちは、とりわけ愛着を持っている家内生産の形態を侵害するものに対して抵抗する。コルベールの時代、機械が出現するはるか前に、アランソン、ブールジュ、イスーダンの女性たちは王立工場の独占と途方もない監禁の脅威に抗して決起した。家事に忙しい女性は、見習い期間が過ぎると、工場にとどまることを拒んだ。税金を支払うために必要な金を作り出す高価なレースを、自分の家で織ることを望んだからである。アランソンで一六六五年、ルプルヴォという男が有無を言わせず彼女たちを従わせることを決定したとき、きわめて深刻な暴動が生じた。「彼は成り上がり者の横柄さそのもので振る舞い、抵抗に打ち勝つことができると宣言し、さらに、この地方の娘たちが工場に来て一日あたり二スー稼ぐことができるのは十分すぎるほど幸せであると明言した。一〇〇〇人を超す女性が集結し、この男を追いかけた。彼が地方長官の家に素早く逃げ込まなければ、殺されていたであろう(13)」。こうした「おかみさんたち」と交渉し、和解しなければならなかった。

　ルーアンでは一七八八年一一月、彼女たちの孫にあたる世代の女性たちが、司祭や修道女の庇護のもとにサン＝マクルー修道院に設置されたバルヌヴィルの機械――彼女たちの言うところでは、一日の労働時間を家族の世話と両立できないものにする――を排斥する。一七九一年、ジェニー紡績機がトロアに導入されることになると、「紡績女工たちは機械に反対して蜂起した。結局、紡績機は田園地帯に設置された」。パリでは革命期に女性たちが家内労働を手に入れるために力の限り闘い、しばしば勝ち取った。主婦や市場《レ・アール》の女房たちがヴェルサイユに行進し、「パン屋とパン屋の女房とパン屋の小僧」〔ルイ一六世と王妃と王太子のこと〕を要求した、一七八九年一〇月五日と六日の出来事に大きな衝撃を受けた、ある行政官が「とりわけ攻撃的な女性たちがいます、ご承知のとおり、彼女たちの実行した暴動のいくつかの例があります(14)」と、書いている。そして別の行政官は、「女性たちを寄り集まらせるよりも、孤立させ、家で仕事をさせるほうがいいのです。この状況にある人間は詰め込まれると発酵する植物のようなものですから(15)」と書く。

　一八四六年五月、エルブフで深刻な暴動が突発した（工場と製造業者の家が焼失）が、それは経営者が女性の代わりとなるイギリスの羊毛精選機を導入しようとしたことによる。彼女たちはそれまで自分の家でやっていたこの仕事を維持することを望んだのだ。一八四八年には、競争相手となる修道院での労働の廃止を要求する。専門の修道会の管理のもとで田舎の若い娘たちを指導する絹織物の寄宿舎が増加しているリヨン地方で反乱はとりわけ激しい。リヨン、特にサン＝テティエンヌで女性たちは騒々しい行列の先頭に立ち、作業室や修道院を襲う。「聖職者を倒せ！　修道院を打ち壊せ！」と叫びながら、整経機や紡績機に火をつけた。

　女性は機械に夫たちの競争相手のみならず、自分にとっての競争相手――時間を上手に使うことで、家計の帳じりを合わせることを可能にする自分の家での手仕事の直接の敵――を予感する。工場に閉じ込められることになるのを感じ取る。工場は主婦からほとんど評価されない。彼女たちは隷従を知っている。そして女性労働者の地位は二〇世紀初頭を待って、ミシンが課すリズムに大半は結びついた「労働者搾取制度」（既製服産業に組み込まれた在宅労働）の悪弊の余波で引き上げられるにすぎない。それはまた、覆された夢の、長い話である。最初は、彼女たちの仕事を両立させ、おそらくは、時間を節約する手段をそこに見た女性の願望の対象――シンガーミシンは多くの胸を高鳴らせる――であったミシンはこうして、彼女たちの隷従をもたらす器械、つまり家内工場となった。こうなるともう一方のほうが望ましい。

　暴動の首謀者たる女性は、さらに、世紀前半のほとんどすべての民衆騒乱に姿を見せる。貧しい人々にとってパンと同様に重要なたきぎを拾う権利を女性が防衛する森林暴動。税の暴動。憲兵隊や警察とのささいなけんかから時代を際立たせる大規模な蜂起まで、さまざまな性格の都市の騒乱。確かに彼女たちの参加形態は変化する。首謀者から補助者になる。武装することで革命は男性的になり、女性たちを包帯作りや食事の支度に格下げする。たとえばパリ・コミューンでは、看護婦か酒保係としてのみ容認される。女性が武器をとろうとすれば、男性の格好をする必要がある。デモ行進の先頭で女性は象徴《シンボル》に凍りつく。共和国がマリアンヌで具象化されるならば、それは女性を物体に変えるおそらく究極のやり方であろう[16]。

女性参加の本質は、都市における現実の位置に合致している。「民衆」がいるところではどこでも、女性は力強く存在している、ミシュレはそのことをはっきりと感じた。けれども、社会的階級の中でその位置を見つけるのはより難しい。生産・給料・工場といった、彼女たちになじみのない要素を中心にして階級が構造化されているからである。市街地では女性たちは驚くほど存在感がある。

都市空間の中の主婦

都市の住居《ロジ》の狭さから、そこでできることはほんのわずかである。「家事」は「掃除をする」ことではなく、買い物をし、食事の支度をし――火を通すことは、安く、硬い材料を利用する方法である――、下着類を整え、子どもたちの世話をすることである。女性の時間――分断されてはいるが、産業の時間と正反対の、変化に富み、相対的に自立した時間――と、空間――彼女たちにとってはまだ存在しない「室内」ではなく、外部――が浮かび上がる。男たちが工事現場や作業室に出かけると、街頭は彼女たちのものだ。彼女たちの足音とざわめきが響き渡る。

何よりもまず驚くことは、まだほとんど細分化されていない、この都会での民衆の女性の、思いがけないほどの流動性である。中産階級の体面が都市に築いた碁盤割りに魅惑され、それを懐かしむ観客であるバルザックの描く「申し分のない女性」は、もったいぶった物腰で、定められた道筋を行く(17)。厳格な規範にのっとってベルトで体を締めつけ、コルセットを着け、薄布をかぶり、手袋をはめ、頭のてっぺんから爪先まで体を覆う。「貞淑な」女性が姿を見せようものなら、評判を落としてしまう場所はたくさんある。行く先々まで疑惑が追いかける。彼女の評判のスパイである隣人や、召使いたちまでが見張っている。サロンの主人を務める自分の住居《ロジ》でさえ彼女は奴隷である。人目につかぬ所で、女の策略と呼ばれる、凝りすぎた暗合――隅を折り曲げた手紙、届けさせた伝言、落としたハンカチ、明かりをともしたランプ――を用いて自由を回復しようとする。彼女こそどんな女性よりも囚われの身である。

民衆の女性はもっと自立した身ぶりをする。体は自由であり、コルセットを着けてはいない。たっぷりしたスカートは詐欺行為をするのにふさわしい。かつて、女性は塩税吏の鼻先で塩を通過させるために妊娠しているふりをしたが、今や、入市税納入所や国境で同様のことをする。隠し物をする女性の原型。ギュンター・グラスの小説『ブリキの太鼓』の初めで、警察が追っている逃亡兵をスカートの下にかくまう祖母。主婦は、流行や「有閑階級[18]」の女性に抗しがたい力を振るうそのさまざまな命令には無関心で、容易に水を手に入れられない状況で特にややこしくなる清潔をほとんど気にかけず、「帽子をかぶらずに」出かける（市場のおかみさん連中はあまりに気難しいご婦人の客に、「あんたが帽子をかぶっている――中産階級の記章――からじゃないよ」と投げかける）。主婦の動作は、即答のように素早い。こうした女性はいわば扇動者で、当局はその反発をひどく恐れている。

この不変の落穂拾いの女性にとって都会は、彼女がたえず食物か燃料を求めて倦くことなく動きまわる森のようなものである（子どもたちは馬糞を拾い集めようと多くの時間を過ごす）。こまごました仕事や、ささやかなパリ商人たちの女王たる彼女は、探し回って摘み残しを集め、そして転売する。もっともこの商業界は一九世紀の間に徐々に男性の割合が増大する。市場の周辺で、籠を手にして、季節の野菜や果物を行商する女、青物売りの女、花売り女……が界隈を縦横に行き交い、路地や歩道の端で、野菜や果物や花、価値のない「商品」を広げてみせる。危機に陥ると、自分たちの古着まで売って、いくらかのお金を稼ぐ。統制に従わぬこうした集団に脅威を感じた警視総監が定める、ますます厳格になっていく規制に対して、露天商人の権利を必死に守ろうとする。女性は至る所に、とりわけ、市場や水源の周りにすべり込み忍び込む。流れや、まだかなり変動する地理のままに、庶民が多く集まっている水辺を特に好む。彼女たちには侵してはならないものなどなにもない。たとえば、籠を手にし、朝の格好のままで教会の中をためらわず横切る。一八三五年頃、中央市場の中心地サン＝テュスタシュ聖堂区の規則は制服警察員に、「教会内で騒ぎを起こす人間を取り締まり、包みや食糧を持ち込むことを禁止し、毛巻き紙をつけた人々を許すことのないよう」厳命したほどである。「もっと節度ある姿で現れるために少しの間退出するよう穏やかに制服警察員は注意しなければならない[19]」。穏やかに。それほど大声を危惧したのである。

女性たちは走り回る。だが、やむをえずあちこちに立ち寄ること——一九世紀の間にそのリストは長くなるだろう——、母親としての務め——学校、子どもたちだけで行かせることが不道徳で危険になって以来、一日に何度か——が増加したこと、そして、都市の施設が複雑であることから、彼女たちは待ちもする。少しずつ、主婦の散歩はあてもなくさまようことをやめ、もっと硬直した道程に変わり、店や集団施設、駅の時間である「正しい時刻」に一致して調整される学校や工場の時間で巧みに誘導される。これらすべてに、主婦は長い間抵抗するであろう。

共同洗濯場における女性たち

地域の生活で非常に大きな役割を果たす女性の社会性の舞台に、少しの間、立ち止まってみよう。暴力を少しもいとわぬ女性同士のトラブルが頻発し、体面から、女性が怒り、叫び声を上げ、殴りあいのけんかをすることを容認しない人々に眉をひそめさせる、両義的な場所。こうした騒ぎと、それ以上に、女性が空費する時間にいらだつ当局と彼女たちの間の対立の場所でもある。第二帝政下、女性同士の激しいけんかとおしゃべりを避けようと仕切りのある共同洗濯場を設置すると、主婦は抗議し、ボイコットした。結局、断念しなければならなかった。

それは、共同洗濯場が彼女たちにとって、洗濯をするという機能的な場をはるかに越えているということである。つまり、界隈の消息や、役に立つ住所、調理法、治療法……、あらゆる種類の情報が交換される集会所。民衆の経験的方法が交じりあう場である共同洗濯場は、開かれた相互扶助組合でもある。ある女性が「窮地」に落ちると、彼女を受け入れ、彼女のために募金する。夫に捨てられた女性は、からかわれている少年たち以外には男性のいない共同洗濯場で、特別の共感を享受する。捨てられた子どもは、カルドーズの大衆小説『共同洗濯場の女王』(一八九三年)が語っているように、ここで必ず母親ができる。共同洗濯場は実践的フェミニズムの場である。女性はここに週に数度、平均して二、三度、しばしば回り道して一日に数度やって来る。毎年、洗濯女たちの祭りの日であるミ・カレムには、女王を選び出すために界隈の住民がこぞって集まる。これはカルナヴァルの支配者たる魚売り女に対する洗濯女の勝利なのか？　一九世紀の中頃、ミ・カレムは都市の祝賀行事としては謝肉の火曜日《マルディ・グラ》を引き離す[20]。

共同洗濯場では独自の連合形態が芽生える。生業としている洗濯女たちは賃金労働者の中でもとりわけ騒々しく、地方でと同様パリでも、都市の興奮に深く加わって、連合やストライキにすぐに加担する。一八四八年、パリの洗濯女たちは協会を結成し、協同組合を発足させ、とりわけボンディでは、サン＝ラザール監獄を出て自由の身になった女たち――しばしば娼婦――や、革命に乗じて他の生き方をしようとしてサン＝ジェルマン＝アン＝レーの軍隊の監獄から逃亡した軍人たちを仲間に入れた。夢中にさせる、束の間の体験。当局の攻撃的態度をかき立てる理由がここにある。

かつて洗濯女の荷車に乗って脱獄したナポレオン三世は、ここがどれほど危険な場所であるか、知っているだろうか？　彼の治世下、河川航行を侵害する洗濯船の大規模な取り壊しと、オスマンによる都市開発で民衆の顧客が周辺部へ追い立てられたことで、都心からますます離れた、陸の共同洗濯場の設置が始まる。

共同洗濯場は、数が増加し、規制が強化されると、清潔を道徳の姉妹として示す衛生キャンペーンの原動力となる。「清潔はただ単に健康の一条件であるばかりでなく、人間としての品位、道徳性に有益である。粗末きわまりないあばら家、このうえなくみじめな屋根裏部屋をも美しくし、赤貧の家庭にあってさえ、整頓の感情、きちょうめんさへの好み、そして、貧困の退廃させる働きに対する力強い闘いを推測させる[21]」。精神科医であり、『明晰なる狂気』（一八六一年）の著名な著者トレラが、報告者の一人である。

洗う。自分の身体を洗うことは増す一方である。同様に、時間を節約すること。主婦が惜しみなく使っているが、「よそでもっと実り多く使えるであろう」時間、とバルブレは書く。彼は、費やした時間数とその通貨への換算額を計算する、つまり、パリでは年間、三〇〇〇フランから三五〇〇フラン。家事労働の時間と価値についての熟考の端緒となった共同洗濯場は、その機械化への経路でもある。一八八〇年以降、大きな近代的蒸気洗濯場を備えた、真の洗濯工場が作り出される。そこでは労働は集結され、分割され、整理され、序列化され、従業員は制限され、男性の割合が大きくなる。男性が機械を管理し、女性は副次的な手仕事に従事する。確かに肉体の苦痛は軽減するが、いつものように、それは管理の増強という代償を払う。共同洗濯場はかつてほど近づきやすい場でも、女性たちの場でも、自由で面白い場でもなくなる。主婦たちは多くの指示を浴びせられ、やり方が批判される、つまり、ブラシと洗濯べらを片付け、科学的に洗わなければならない。かつてはしばしば楽しみであり、出会いの口実であったものが、重苦しい義務、体系化された必要事となる。どう考えても、共同洗濯場はもはや以前のものではない！

市外区の番人である主婦

主婦は界隈の中枢であり、したがって、単一化に進む近代主義に反対する、個性的な民衆文化の結び目である。しばしば女性は、新しい様式の造形の促進者にまつり上げられた。今日、広告は女性たちに襲いかかり、支配を強化するために彼女たちを喜ばせようと努める。かつて、行商人や商店の魅惑の品々にはマスメディアの包含する力はなかった。それどころか、都市に住む民衆の女性は、文化的自律が権力に対抗する力の誘因たる自立を約束するものである限り、出稼ぎ労働者たちの慣習の緯《よこ》糸のように思われる。

一九世紀のパリにおいて、地方からの到着者たちは界隈に再結集するが、その単位は村の農家の名残である中庭つきの家屋である。祭りの日には地方料理のにおいが漂い、人々があふれたこの中庭を女性たちが牛耳る。家庭的な食事は「故郷の話をする」機会である。「立ち寄った人」を泊め、彼らに雇用の可能性を教え、秘書、出納係の役目を果たし、年一回の同業組合の宴会に参加をただ一人――確かに――許される旅籠屋の女性を同業組合は、「職人の母」の高位に押し上げた。中産階級の、男性の、砂糖を入れ、脂っこく、その豊かさで田舎風との断絶を明示することに腐心する「盛大な料理」が作られる一方で、女性は地方の料理法でとろ火でゆっくり煮込む。「料理長」は料理女の保守主義をからかう。料理の対立は文化的、性的である。

鍋を思いのままにできる女性は、言葉をも自由に使う。うわさや消息が階段や中庭や、給水所や共同洗濯場で、通りに散在する商売のあらゆる場所や商店で交換される。一八四〇年頃、牛乳屋の女房たちが毎朝、あちこちの表門の前に場所を取る。「大勢の男の常連客がグラス一杯の白ワインや一滴のブランデー、あるいは新聞の魅力に引き寄せられて居酒屋に入って来るのを主人が見ている間、女の住人たちが牛乳屋の女房の周囲にひしめく。そして、その日のニュースと界隈のうわさ話の倉庫が建てられる……、二階の奥様が主人に殴られた……、カフェの経営者が破産した……、六階の賃借人の娘が学生に言い寄られている……、門番の猫が消化不良で死んだ……、パン屋が不正の秤で売るよう説き伏せられた……、錠前屋が酔っ払って帰宅した……[22]」。ラ・ベドリエールは空間の二重性を粗描する。一方に居酒屋。男たち、ワイン、政治（新聞）。他方に街頭。女たち、牛乳、雑多な出来事。だが、取るに足らぬことの背後に、女性のこうした言葉は、当局の耳に届かぬ水平の通信網を維持する。初めに読み書きを教えられた男たちは、まず上から届き、少しずつ彼らを形成し、そして規格化する、書かれたものの網にとらえられるが、女たちは不平不満の声を上げることで民衆の自立を維持する。

女性の言葉は率直な表現を保持している。儀礼的表現やルイ＝フィリップ時代の上品ぶった言葉遣いを拒絶する。性的表現にもひるまず、スカトロジーにも同様である。共同洗濯場の話は篤志家たちを逃げ腰にさせる。市外区《フォブール》で抑制され、市場で規制される、この遠慮のない荒々しく激しい口調は、揶揄《やゆ》と罵詈《ばり》雑言の祭りであるカルナヴァルの日々、市内で爆発する[23]。一八四六年頃、パリ留置所の女性用大部屋を描写して、アロワとリュリヌは驚く。「ジプシー女たち（著者は比喩的意味で使っている）がこぞってしゃがれ声で歌い、魅力的な声で悪態をつく。木靴をはいて踊り、冒瀆の言葉を吐きながら恋の話をする。詩を隠語に翻訳し、正義をちゃかし、軽罪をからかう。新しいロマンスを歌いながら、陽気に尋問や首かせの刑やギロチンを真似る。女性部屋に比べれば、男性の部屋はまっとうな生活と良俗の証明書に値しよう[24]」。

その不敬や皮肉、率直さから、女性の言葉は転覆をはらんでいる。下層の人々にその主体性を守ることを可能にする打ち解けない態度や距離を維持している。記憶を保つこと。家族や村の連綿とつづく歴史が、しばしば母から娘へと伝えられるのは女性――衰退しつつある女性――によってである。学校や近代的形態の組織、労働組合運動自体が純化され、目的性のある、公式の歴史を構築する一方、女性は、抑圧されようとするものの跡をとどめる。フランス革命の民衆の歴史を書くために、ミシュレは女性に尋ねた。とりわけ彼女たちによってセヴェンヌ地方の中心でカミザール〔一八世紀初頭、ルイ一四世に対し反乱を起こしたカルヴァン派新教徒〕のふるまいが維持された。一八八五年にやっと廃止された奴隷制の記憶がブラジルの民衆の中に老齢の祖父母により持続する。そして口伝えの歴史を集めてまわる人々は経験から、男たちと女たちの過去との関係の相違を知っている。口をつぐんだ男たちは労働生活に関係のない事柄はほとんどすべて忘れてしまった。話し好きな女たちは、男のいないところで少しでも尋ねられれば、思い出が湧き上がってくるにまかせるだけでよい。男は女たちに沈黙を強い、たわいない話でさえ言葉を抑える習慣を身につけすぎたため、女たちは男の面前で話す勇気がないのだから。

想像の領域の抵抗

女性に口をつぐませる。女性をしつける。字を読むことを教える。だが、女性の想像力は逃げ出し、科学と理性の手段で侵略されるにまかせることを拒絶する。大衆小説の読者である彼女たちはウジェーヌ・シューの作品ばかりか、アルフレッド・ネトマンやシャルル・ニザールがその卑猥さや執拗に繰り返される規律の無視に苦情を言う、値打ちのない作家たちの小説を大当たりさせる。(25) 女性に良質の読み物を与えることが帝政の命題となる。一八六三年創刊の『ル・プチ・ジュルナル』紙は、この日刊紙に与えられた特権（事前検閲の免除）と、アシェット社と鉄道会社による輸送とでどの新聞より早く届けられ、民衆の想像領域への侵入に成功した企てである。徒歩旅行の危険がつきまとう行商人の運ぶ不確かな小冊子を、規則的な――そして品位のある――新聞連載小説の魅力に置き換えなくてはならない。『ル・プチ・ジュルナル』紙の目覚ましい成功（一九〇〇年頃、発行部数は一〇〇万部に達する）は「忠実な女性読者」に及ぼす連載小説の魅力に大きくかかっている。しかしながら、注意深く見れば、彼女たちの嗜好に順応することで初めて成功する。結局、新聞小説の道徳性は、身分の低い者との結婚を認めず、横領者を殺し、子どもを本当の親に返し、うそつき

の正体を暴く、その結末に認められるだけである。騒ぎや憤怒にみちたその筋の展開は特異な荒々しさを呈している。(26)

ここでも身体の文化について言及すべきであろう。医者の、恭々しく、心配性な、そしてたえず自責の念に駆られる補助者である前に、民衆の女性は、反対に、彼らの主たる敵対者であり、今日、その効力が再評価される傾向にある、民間医学の継承者であった。彼女たちは何世紀も続いた薬局方のあらゆる手段を用い、学術的医学をしばしば無力なものにする、日常のちょっとした苦痛を和らげるたくさんの処方を心得ている。注意深く見れば、こうした「民間療法」はおそらく、出費を避けることだけでなく、身体的自律を維持し、医師の視線から逃れようと腐心する、民衆の苦しみを真に知っていることを明かすものであろう。この医師の視線は病人を詳細に調べ、じろじろ見つめ、分類し、ふるい落とし、結局、のろわれた病院に送り込む。(27)

女性を黙らせる

この文化は、他から隔てもし、保護もする甲皮のように民衆を覆う。進歩の言説に矛盾するこの文化は、抵抗をはぐくむ可能性がたえずあるというだけでなく、当局の目的から遠ざけられた「粗野な」民衆を反抗させつづけるという理由で危険である。このことから、主婦たちの「後進性」に対するいらだちがしだいに表面化し、彼女たちを教育しようとする意図が生じる。街の中での男女の区別や男女共学の後退は、いかがわしい雑居生活に嫌疑をかける治安の方策の一つである。ドロシー・トムプソンは、一八世紀末にイギリスの女性たちがイン〔大衆酒場〕あるいはエイルハウス〔ビヤホール〕といった大衆酒場で、伴侶である男性とどのように座を占め、共に飲み、歌い、政治的議論に加わったかを明らかにした。女性たちの声が一九世紀初頭の過激な暴動の中で響き渡る。彼女たちは注目され、じろじろ見られ、坐らせられ、発言することが許可される。チャーティスト運動の初期の集会はこのようであった。やがて、一八五〇年頃、パブ〔酒場〕はもっぱら男性の場所となり、女性は許可されず、それと同時にそこで会合が開かれる労働組合《トレード・ユニオン》から締め出された。(28)

異なった形態を取りながら、同様の撤退の動きがフランスではっきりしてくる。シャンソン酒場や、常軌を逸して踊る市門のダンスホールに充ちた陽気な奔放さ——「そこでは、男や女が靴をはかずに、たえずくるくる回りながら踊り、一時間後にはあまりにほこりが舞い上がり、遂には彼らの姿が見えないほどになった」と、ヴォジラールのダンスホールについて、セバスティアン・メルシエが書いている[29]——が、もったいぶった身のこなしに取って代わられ、ダンスの歴史が刻まれる。厳格に男女別々である中産階級の集まりがその規範を民衆の会合に押しつける。たとえばバス＝プロヴァンス地方では、平民の集会の昔の形態であるシャンブレ〔Chambrées〕が、投票しないことを理由に、女性たちを徐々に排斥する。普通選挙は、投票権による民衆の政治教育が長い間、男性のみを対象としていた限りにおいて、男女の区別の傾向を増大させた[30]。ところで、労働組合運動は議会にならって機能する。一八八〇年頃、リールやルーベで、労働組合の規約は、発言しようとする女性はすべて家族の構成員を介して申請書を提出しなければならないと定めた！たばこ専売公社のように、最も女性の数が多く、卓越した演説者のいる組合においてさえ、女性が演壇に就いているのを目にすることはまれである。

マルタン・ナドーの『かつての見習い石工レオナールの回想』から引いたもう一つの例は、村においてさえ、男性の、そして都市の近代性によって女性に強いられる沈黙を説明する。冬の初めに、クルーズ県の石工たちがパリの威光に包まれて帰郷すると、手に入ったばかりの金がいっぱい詰まった彼らの財布を目にして母親たちは涙を流し、彼らの贈物は娘たちをうっとりさせ、彼らの話は田舎にとどまっている人々を魅惑する。もっと知りたい。首都の輝きがきらめいている。彼らの若々しく男らしい言葉は、記憶の番人であり、夜の集いの語りで皆の心を慰めた老婆たち——たとえば村の産婆で医者のフエスーヌ婆さん——の口を封じた。彼女たちは少しずつ暗がりの中に、悲しげに、無言で、しりぞく。

女性の職業実践と労働組合運動

労働運動は主婦を称賛し、女性が家庭にいることを望み、不都合な介入を警戒する。一九一一年の物価高の危機の時期がその好例である。一九一一年夏、乳製品ならびにいくつかの食料品が値上がりし始めると、北フランスの主婦たちがかつてのパンの場合と同じように動揺する。混乱はモブージュ地域の市場で始まったが、サン＝カンタンからル・クルーゾまで方々に広がり、遂には西フランスの工業港に及ぶ。一般に、暴動図は工業中心である。労働者の妻たちが運動の推進者である。彼女たちは「一五スーのバターのインターナショナル」を歌いながらデモ行進し、市町村から製品の価格統制を勝ち取るために「主婦連盟」を結成する。その後を受けて、ストライキがあちこちで勃発し、労働者――彼女たちの夫――が足並をそろえる。激しい衝突があり、死者が出た。だが、彼女たちの面前で労働組合運動が分裂する。彼女たちの大規模で、「自発的な」行動の中に、物価上昇を前にして「無気力」で運命論者の労働者たちを揺さぶることができるような、具体的で、民衆的、民主主義的な行動の範となる「素晴らしい運動」を見る人々もいる。だが、大多数はこの「新奇な運動」の激しさ、怒りのこうした炎《ほむら》の消えやすさ、同盟のはかなさを危惧し、「男性的な」、意識的で、組織化された運動に変えることを夢見る。「労働組合運動は男らしい反乱の可能性にまで民衆を高めなければならない」。あちこちで、闘士は同盟を「主婦組合」に変え、女性に恒常的組織の利点を教え、運動を引き受けて教化し、方向づけようと試みる。翌年、ル・アーヴルでのＣＧＴ（労働総同盟）大会では「家計の最善の運用のために〈主婦〉の教育、ならびに、食品衛生の基礎知識の獲得」(31)が奨励される。

この挿話《エピソード》は、世紀の初めに労働組合運動と女性の運動を切り離す、数多くの確執の中の一つを説明するものである。労働組合運動は女性の表現形式が粗野で、思慮分別を欠き、労働者たちの品位にかなっていないとして拒絶する。モンソー＝レ＝ミーヌでの一八九九年の大規模なストライキで、彼女たちはシャロンまで行進し、副知事に会見を求めた。彼女たちを迎え入れる気持ちのほとんどない副知事がバルコニーに現れると、彼女たちは体の向きを変え、示し合わせがあったことを推測させる完璧に一致した動きで、下着を見せた。反転、愚弄——女性の古典的な武器。地方の慣習で伝えられてきたこの表現法は、労働組合の体面を傷つけ、その物語から消された。別の事例を引こう。ヴィジルで、絹を織る女工たちの長期に及ぶストライキ（一九〇五年の一〇〇日間）の間、彼女たちは夜間の大騒ぎ《シャリヴァリ》を企てる。鍋や台所用具を手にして、かつて村の若者たちと一緒になって、若い娘と結婚した年寄りたちに対してやったように、極め付きの陽気さで数日間、ひっきりなしに雇主、市長、助役たちに罵声を浴びせる。市の社会主義者たちが機動隊との衝突ともの笑いの種になることを恐れて、彼女たちに慎んで、もっと上品な行動形態をとるよう要請する日までつづけた。ストライキが祝祭になるわけにはいかない。

男らしさと体面の理想的な結合が、田舎の粗野や民衆の露骨、そしてしばしばそれらを存続させる女性の表現形態を撃退する。労働組合運動と女性の間には、無秩序の問題以上のもの、つまり、文化と生活の相違を包含した参加方法、表現方法の対立がある。この当時、男性はより政治的であり、女性は、その言葉の深い意味において、より「民俗的」である。そして、この名において、近代性に押し戻され、拒絶される。

女性は消極的でもなければ、従順でもない。どれほど現実のものであろうと、悲惨や抑圧や支配はその歴史を語るに十分ではない。女性は至る所に存在している。さまざまである。異なった言葉、異なったしぐさで自己を示す。都市で、工場でさえ、彼女たちには日常の別のやり方があり、権力の合理性をくずし、空間と時間の固有の使い方に直接、組み込まれた抵抗——序列、規律に対する抵抗——の具体的な形がある。彼女たちがたどる道を見出さねばならない。話は別である。

もう一つの別の歴史。

機械と女性

「一九世紀における女性と機械」『ロマン主義』〈世紀末の機械〉一九八三年、四一号、六一—一七頁）

根強い言い伝えによれば、機械は一九世紀、まるでモーセのように、女性たちの前に賃金生活、したがって平等と地位向上の約束の地を開き、彼女たちの強力な同志となろう。社会的弁証法によって説明されるこの説は工業化に女性の進歩の鍵を見るゆえに——機械が生物学的、身体的劣等性を回避する——、科学技術至上主義、あるいはより巧妙に、マルクス主義である。

語り草となった機械

世紀の前半、織物工場の機械化は、女性の社会化と解放のかなめである、男女混合の工場への彼女たちの大量流入を引き起こす。世紀後半、ミシンが家庭の仕事と賃金生活の困難な両立を可能にする。「機械仕掛けの織機の考案以来、消費財生産における最も重要な」この新技術により、「女性は長い隷属状態から解放されることができた」とダヴィド・ランドが記している。[1]「鉄製のお針子」は言ってみれば工場を女性の足下に置き、技術の女王として彼女たちを認める。「女性はミシンを使うことで最大の栄光を味わったように思われる」とガストン・ボヌールは言う。「この機械が女性のために用意されたことは家での絶対的な力を決定的に女性に授けたようである。男性は依然、馬や犂《すき》で働くか、赤ズボンをはいて大演習や、カードをしていた。二〇世紀は女性を選択した」。[2] 女性の意見を獲得するための共和派のキャンペーンは、公共給水所により供給が改善された水とミシンとの、二重のイメージに頼った。ミシンは大量に輸入されたが、ドイツの製品であることを隠すために愛国的な名前がしばしばつけられた。[3] 市長立候補者ジュール・ルナールの言葉、「私は未亡人を除いて、女性たちと話す。ミシンに関して、私は一九世紀と共和国を称賛する」。[4]

あとで、タイプライターが女性をオフィスに導き入れる。必然的に「きびきびして感じのよい」タイピストが徐々に、書記然とした筆耕を追い払い、代書人の昔からの特権、つまり、原稿と文体の特権を崩す。女性が権力の砦《とりで》の中心に入り込む。庁舎には一八九五年より女性が姿を見せる。もっとも、不機嫌な感情を大いに引き起こさなかったわけではない。[5] 指先の器用なタイピストが本来的に耳が不自由でなければ、政務の秘密を見抜くであろう。図像、とりわけ広告が、自分のシンガーミシンやレミントン〔タイプライター〕にうっとり恋している女性の新しい姿を広める。

清純な恋は家事でもつづく。機械化は労力を軽減し、時間の使用を自由にし、暇のある中産階級の女性には身体と精神の練成に専念することを、そして民衆の女性にはいっそう生産することを可能にする。合理化されるべき第一の家事である洗濯は、しだいしだいに昔の共同洗濯場に取って代わる、大規模な近代的洗濯場で行なわれる。こうして女性の社会性にとってきわめて重要な場所が消える。[6] ミシンがあれば、お針子の仕事に必ずしも頼らずに、見事な「パターン」を自分で制作することが可能になる。大天使ミカエルのように魔力を備えた電気の最初の作品、掃除機は、結核の媒体であるほこりを打ちのめす。主婦による不潔さ撲滅運動の中で、掃除機は最も確かな同志である。私生活に向けられる女中たちの視線と、疑わしい雑居生活から解放されて、召使いたちを支配する。家事は「芸術」の威厳に達し、女性はその組織者である。[7]

この〈女性－機械〉の結合は、予定調和の成果たる完璧な政略結婚に見立てられる。機械についての言説は女性の本性についての言説でもある。か弱い女性は、男性の労力を必要とする堅い資材に直接、取り組むことはできない。女性は柔らかいもの、糸と布地に定められている。発明の能力がない女性は、機械が増大させる分業の結果である、細分化され、反復する仕事に向いている。「女たちは想像力を持ち合わせていない」とジュール・シモンは書く。「あるいは少なくとも、感じ取った事物を連想させ、素早く表現するような想像力だけを備えている。女たちは創作しない、だが、見事に再現する。つまり、第一級の模倣者である」[8]。出歩かず、家にこもったままの女性は、固定した機械の傍らでくつろぐ。機械の列が静かで、整頓された作業室を区切っている……、多数の版画や写真がその原型の光景を伝えてくれる。リヨネ地方の織物工場でのように、修道女たちの監督が導入されると、女性にふさわしい規律の強迫的な模範である寄宿女学校にいるような気がするだろう[9]。途端に、女性は有用な存在、保護され、生産に携わり、監視される存在となる。受動的である女性は命令を受け取ることを必要としている。機械に仕え、従うことが、その気質にふさわしい。従順で順応性のある女性の身体は機械のリズムを自分のリズムとする。プチ・ポアン刺繡の繊細さに鍛えられた視力、手先の巧みさ、器用さ、動作にリズムがあり踊るように踏み板を踏む足の敏捷さが女性を機械の生きた付属物とし、こうして女性はアール・ヌーヴォーにおけると同様、作業場の言葉の中でエロチックな存在にされる。

女性にゆだねられた新しい機械はすべて、一連の動きに組み込まれ、単純な適応を要求するものとして示される。タイプライターについては、論理的にピアノのあとを継ぐものと言われる。「若い娘にうってつけと思われる新しい仕事の中で、速記者とタイピストの仕事を挙げなければならない。若い娘の指は、そのときまでピアノの上でしか際立たなかった敏捷さを備えている。この敏捷さが今後はもっと実用に即した鍵盤《キー》の上で発揮されよう」[10]。このようにして刺繡職人から縫製女工へ、ピアニストからタイピスト、次いでキーパンチャーへ、ドレスを縫うお針子からトランジスタ組立女工へ、見習いや再教育が要求されず、ただ単に、女性に容易に認められる「器用さ」がありさえすれば移行するが、一切の「資格」が彼女たちには拒絶される。「素晴らしく器用な手先」が褒めそやされ、教育だけが作り上げる技術は女性には拒否される。経験に基づくものであれ、魔法によるものであれ、彼女たちの知識には資格がない。機械は仕事を分け、より容易に、筋肉を必要としないものにすることで、女性の能力の活用を可能にし、女性を有用に、男性と平等にすることで、女性の威光を高める。ポール・ルロワ＝ボーリューによれば、男女間の賃金の平等さえ、機械化、その必然的帰結としての、出来高給がもたらすであろう。女性はその熱心さから男性に追いつき、追い越し、(11) 生産性によって社会的地位を消し去ることができる。以上が、少なくとも、均質な労働市場の拡張を信じる、自由主義経済学者たちの見解である。

魔女は金属製の小梁にまたがる。新しいエバは蒸気から生まれる。だが、技術にそのような力があるだろうか？　女性には、家庭、織物、単純な機械……。

技術の習得と男性の力

女性は機械により昇進を果たしたか？　おそらく何人かは。機械化のパイオニアたちは女性に頼ろうと試みたかもしれない。ジョン・ホーカーはイギリスの女性現場監督をフランスに呼び、女性の指導スタッフ養成に努める。ノルマンディー地方と同様、プロヴァンス地方でも、一八世紀末の作業場で男たちを監督する女性に出会うのはまれではない。(12) だが一九世紀にはこの種の状況を再び目にすることはほとんどない。技術により引き起こされた地位の変化に関する詳細な調査でエレーヌ・ロベールが行なったように、仔細《しさい》に見れば、女性の敗北はいっそう明白である。(13) したがって、織物工場の機械化、紡績工場の機械化の第一段階は、男性の管理する工場の作業班を利する形で、田舎の古くからの光景である紡ぎ車で糸を紡ぐ女たちを急速に消した。イギリスの新しい紡績機を中心にして労働の再構成がなされ、作業班長となった家族の長がその受益者である。彼は自分の子ども、次いで妻を補助者として雇い入れる。家長が現場監督をし、それによって家族全体で賃金を受け取る。類似した方法で、インド更紗《さらさ》の工場への機械のローラー導入は、一八三六年から一八四〇年頃、女性と子どもを排除し、職業の男性的性格を強化する。(14) 機械が複雑であるとみなされるや(そして、この複雑さが高い評価に値しよう)、男たちはその支配権を保持する。

三〇年ばかり後に、機織りの機械化――生産様式の自律と、住居や生活様式の独立に執着した、在宅機織り工たちの男らしい抵抗で長い間遅れていた機械化――は逆の結果をもたらした。つまり、ここで、解消するのは家族の作業班である。男の機織り工が、妻や子どもたちに助けられて、重い織機を操り、責任者であった。機械織りでは、労働力は女性や子どもが提供し、糸を結び直すことに使われる。男たちは比較的賃金の高い、準備や仕上げの重要で、しばしば完全に手を使う仕事、技量と秘伝の溜り場となる仕事に携わる。男たちは機械の維持と指導にあたる。織物工場の現場監督は女性――その大部分が若い娘である――を彼らに従属した者としばしばみなし、彼女たちに対し真の初夜権を行使して絶えざる紛争の原因を作った。一八八三年から一八九〇年にかけて、フランス北部の織物工場の労働者たちの不満が表明された、『徒刑囚《ル・フォルサ》』『徒刑囚の声《ヴォワ・デュ・フォルサ》』『徒刑囚の復讐《ルヴァンシュ・デュ・フォルサ》』といった新聞で、彼らの犯した卑猥な悪事がくどくどと述べ立てられている。一九〇五年、リモージュのある製陶工場で、非常に激しい、大規模なストライキを引き起こしたのはこの種の事件であり、クランシエがその物語を伝えている(『黒パン』(15))。

解決策が〈修道院‐工場〉である。アメリカのローウェルのモデルに倣って、一八三五年以降発達したリヨン地域の絹織物工場の寄宿舎で、ジュジュリュー(アン県、ボネ工場)とラ・ソーヴの施設が最も有名な例であり、指導は修道女たちにゆだねられた。一八五一年、特別の修道会、つまりルクボー(ドローム県)でサン=クール=ド=ジェジュ=エ=ド=マリー修道会がこの目的のために設立された。こうした施設に女性は非常に早い時期に(一〇歳から一二歳の頃)、しばしば教区の司祭の仲介で入り、結婚するまでとどまる。彼女たちの賃金は、大部分がその出身である農家に直接、支払われ、家族のささやかな耕地を増大したり、持参金を作るのに使われる。リヨネ地方の山間部では、娘を持った父親は運がいい男と言われる。およそ一〇万人の若い娘たちが、ストライキの頻発する長い衰退期の始まる一八八〇年頃、これらの寄宿舎で働いていた。彼女たちはしだいに好戦的な態度を示し、対立の中で彼女たち固有の行動と表現形式を生み出した。こうした女性の一人、リュシー・ボは、一九〇五年のヴィジーユのストライキの「首謀者」であり、短い自伝的回想録を残しているが、これは、イタリア女性の割合が増大している機械織りの女工たちの実態に関する有益な証言である。(16)

機械化の影響は、確かに、一義的ではない。ときに、それは労働を再構成し、新たな資格を与え、男性の割合を増す（紡績工場）。ときに、それは労働を切り分け、細分し、女性の数を増す（織物工場）。女性の仕事は技術によってではなく、社会的地位の問題で決定され、伝統的に――ナタリー・デイヴィスが一六世紀のリヨンでの実態を調査している(17)――男性には命令や統率の職務と複雑な道具が、女性には補助、助力の仕事、素手で行ない、ほとんど専門化されていない、臨時の、そして常に副次的な労働が割り当てられる。機械化が家庭を出ることを、産業労働市場により大規模に進出することを意味するにしても、それは彼女たちの解放も、昇進も、技術の習得ももたらしはしない。性的な解放に対する心配から、彼女たちをいっそう監視することになる。工場で、現場監督なり修道女の権威が父親の権威の代わりをし、機械が分業と女性の従属を繰り返し、さらに悪化させる。しかも、家族の要求で調整されるために(18)、女性の労働期間が一時的で断続的であるからいっそう、反乱は困難であり、組織化はほとんどの場合、不可能である。労働者たちにとってストライキは男性的な行為であり、組合は女性にかかわる事柄ではない(19)。機械が彼女たちを公共の領域に導き入れる一方、男性は私的空間に執拗にとどめておこうとする。我慢ならないこの矛盾が、一時期、ミシンを大当たりさせよう。

もっとも、女性はしばしば機械に対して多くの敵意を見せた。ここで、地位向上を実現するように思われる機械化への同意の必然的結果としての消極性説を否定しなければならない(20)。彼女たちの態度は、実際、はるかにどっちつかずであり、当然のことながら、時とともに変わりやすい。女性は、小型のイギリス製ジェニー紡績機や、非常に人気のある「小型脚付きアイロン台」のように、自分で所有し、手なずけることのできる小型の機械を受け入れ、さらに追求する。こうした機械は自分の家で生産を増加させ、少なくとも、初めは収入を上げることを可能にした。彼女たちは、その大きさから集中が必要とされる機械を拒絶する。彼女たちの先祖がコルベールの時代に、工場に閉じ込められることを拒絶したように。[21] ルーアンでは一七八八年に、司祭や修道女たちの後援でサン＝マクルー修道院に設置されたバルヌヴィルの機械（教会と機械の結束は頻繁である）を排斥する。彼女たちの言うところでは、司祭や修道女たちは家事と両立できない労働時間を強制する。[22] 一七九一年、ジェニー紡績機がトロアに導入されようとしたとき、「紡績女工たちは機械に反対して蜂起した。結局、機械を田園地帯に、後には都会に設置した」。[23] パリではフランス革命中、女たちは自分の家でやる仕事を得ようとたえず闘う。別の事例を挙げると、一八四六年、深刻な暴動の間に、工場主ジュール・オルーの工場と家に火が放たれた。この工場主が、そのときまで自分たちの家でこの仕事に携わり、さらにつづけようと望んでいる女たちに代わることになる、イギリス製羊毛「精選機」を導入したからである。一八四八年、女性はしばしば集団を先導した。とりわけリヨンやサン＝テティエンヌで、主婦たちの仕事との競合が糾弾される修道院や作業室を襲撃した。祭具に敬意を払いながら、彼女たちは整経機や紡績機械を焼却したが、この面では奇妙に近代主義者である聖職者がしばしば導入者であり、したがって、二人の女性死者を出すこれらの暴動が反教権主義的性格を呈する。[24]

女性はこのようにして自分たちの労働の権利と家での労働の権利を守る。彼女たちは、集中化と、かくも長い間、日常生活を支配してきた家内生産様式の破壊に対し反乱を起こす。したがって、イギリスの運動のような広がりは確かになかったものの、中でも王政復古時代の南フランスで、特に家政経済と、職人たちの抵抗を見せる毛織物産業における機械化反対者《ラッダイト》たちとの間で積極的に活動した。労働者の妻として彼女たちは、「労働とパン」が必要な家庭生活の水準を守る主婦たちの後見的役目を果たす。そしてこれは、しばしば生活の糧のための暴動とラッダイト運動〔機械化反対運動〕が入り交じるだけにいっそうである。たとえばヴィエンヌで一八一九年、「剪毛する大女《グランド・トンドゥーズ》」――きわめて十分な能力を持ち、自立心が強く、反抗的な労働者であるラシャ剪毛工を、獣のようにむさぼり食うイギリス製の機械ダグラスをこのように擬人化した――の導入に反対したすさまじい暴動の際、彼女たちは破壊の口火を切る。肉屋のクロード・トヌジューの娘は竜騎兵たちに石を投げ、「壊そう、打ち砕こう、がんばれ！」と叫んで労働者たちを駆り立てた。サン

＝フレミーの紡績女工マルグリット・デュポンは陸軍中佐を〈悪党〉呼ばわりした。ガランダの妻は、「刈取機を壊さなければならない」と叫ぶ。一人の竜騎兵が群衆に向かって、「さあ、皆さん、われわれは皆フランス人です、立ち去ってください！」。そして、女たちには、「さあ、ご婦人がた、立ち去ってください、ここはあなたがたの場所ではありません。あなたがたのいるべきところは子どもたちのそばです」と言った。彼女たちは反論した、「いいえ、私たちの場所です」と。そしてぶつぶつ言いながら立ち去った。彼女たちの中の二人が逮捕された(25)。

リムー（一八一九年七月）で再び彼女たちの姿が見られる。カルカソンヌ（一八二一年五月）では一〇〇人ばかりが子どもたちと共に合流し、四〇〇人の男たちが市外に集まった。サン＝テティエンヌでは、主席検察官が、「口にするのもつらいことだが、国民軍を最も容赦なく攻撃している女性たちの中で、前掛けを石でいっぱいにし、ときに自分の手で投げ、ときに他人に投げさせている女性がとりわけ人目を引いた」と嘆く。サルヴァージュ（タルン県、一八四一年）では、男たちに機械仕掛けの新しい粗紡糸機を破壊するようけしかけ、彼らが従わないときには臆病者呼ばわりする。カルナヴァルやシャリヴァリ〔不釣り合いな結婚をした者や非難すべき人物の家の窓下などで、鍋釜類をたたいて大騒ぎする風習〕からストライキの示威運動まで、あらゆる形態の民衆の集会において女性が果たす、扇動的で雄弁な役割の伝統的な描写であるが、現実と紋切り型を分けることは必ずしも容易ではない。

労働者として女性も、男たちと同様に、自らの労働する権利を守る。たとえば、一八三一年九月、パリのカドラン通りの暴動の事例。サンティエの肩掛け裁断女工たちが、一日で五、六人の女工の仕事をするリヨンから導入した機械に反対して集結する。彼女たちは、「遠い昔から女たちの役目であったものを機械を使ってやろうとしたこと」に憤慨する。まだ解雇はないが、手間賃の引き下げに反対して女性労働者たちが団結する。雇用者のもとに代表者たちを派遣するが、彼らは会うことを拒絶する。そこで五日間にわたり騒然とした集会が開かれ、機械への憎悪、高値のパンの強迫観念が表明される。そして、この一八三一年の秋、パリの民衆には大きな失望。だが、結局、集結しているのは女性ばかり、つまり無視できる、嘲弄に値する者たちである。容疑者たちが男勝り《ヴィラゴ》の女の典型に合致するところがあまりに少ないことに驚き、『ガゼット・デ・トリビュノ』紙は、「ペチコートをはいた暴動、室内帽をかぶった集団」と解説する。「大部分は若く、美しい彼女たちは、おどおどして目を伏せ、口ごもりながら自分を正当化した。彼女たちの中の誰一人として、男のような、目立った顔立ちでもなく、大きな、かすれた声も出さず、要するに、暴動を起こす女性の本質的タイプとわれわれが考えるようなしぐさも器官も容貌も動きも持っていなかった」[26]。一九世紀のこの時代、男性と女性の表象——役割と像《イマージュ》——はこれほどに強固である。

これらいくつかの事例は、断片的であるにしても、機械への女性の喜々とした同意の姿を否定する。機械化は彼女たちに二重の問題を提起する。一つには、工場の単純と言われる機械だけがわずかな賃金で彼女たちに任される、という資格引き下げの問題。もう一つには、必然的帰結として、彼女たちの生活のかなりの部分を占める生産活動の無条件の削除なり、家庭と工場の二重の仕事の困難な両立なりを伴った集中の問題、である。

それゆえ、第一段階で、ミシンがかき立てた、少なくとも成り行き上の関心が理解される。

ミシンと女性労働

世紀の転換期に、在宅労働は後退するどころか、西ヨーロッパの大部分の国、とりわけドイツとフランスで著しく増加した[27]。この現象は大量生産の衣服、「既製服」産業の急成長に結びついたものであり、一九世紀の消費の大形態である下着と衣服の現実の、そして象徴的な位置に相応する。非常に合理化されたこの産業は、過度なまでの分業による部品の家での製作と、都市中央の組み立て工場での組み立てを結びつける。

この古くからの方式に導入されたミシンは方式を一新し、大量生産の頂点に至らせる。まず、工場で使われ、やがて女性労働者たちの住居に普及する。イギリスの優位は一八九〇年代に入ると、ドイツの生産——一八九〇年には年間五〇万台、一九〇七年には一〇〇万台——との競争を強いられる。ドイツは世界生産の三分の一を供給する。一八九六年頃パリで使用されている一五万台の中、フランス製は二万台にすぎない。

自分のミシンを所有することは、女性労働者にとって、最初は願望であり、やがて、競争のために必要となる。女性労働者はミシンを割賦で、デュファイエル型の予約購入をする。初めのうちはミシンは賃金を上げた。「ミシン縫製女工の賃金は、単なる縫製女工の少なくとも三分の一、しばしば二分の一ほど高く、ときに二倍になる」と一八七二年にポール・ルロワ＝ボーリューは記している。[28] 無価値な存在に追いやられ、ミシンを使わない縫製女工たちも機械化を強いられる。慈善活動の任務はこの後、機械化を促進することである。「科学教育を活用し、貧困を軽減し、また予防する最善の手段は、労働のすぐれた方法を宣伝し、すぐれた機械を普及することであると、確信しなければならない[29]」。

ジュール・シモンのような道徳家たちの目にミシンは女性の理想を実現するものと映る。「住居の小さな妖精」は、すべてを両立させること、とりわけ、女性の唯一の世界である自分の家にとどまっていることを可能にする。「女性というものは自らの生活を隠し、唯一の愛情の中に幸福を求め、生来の優しさに必要な、家族の限定されたこの世界を平和に管理するように作られている」[30]。「家庭の中で裁縫している」女性、この時代の中産階級の絵画――ファンタン・ラトゥールからヴュイヤールまで――にうんざりするほど繰り返されたこの平和な姿、これこそが尊厳を回復した女性労働者にとっても実現可能な姿である。ミシンによって「失われていた家庭の作業室が回復され、道徳ばかりか、家庭の物質的、金銭的状況に大いに役立つであろう」とルロワ＝ボーリューは熟考し、理想的な絵を粗描する。「かつて、わらぶきの家や屋根裏部屋で、織機のまわりに父親、母親、子どもたちが集まって、仕事を分けあう光景が見られたように、母親、娘たち、祖母もまた――機械は目を疲れさせないから――一緒に仕事をし、ある者は仮縫いをし、ある者はそれを仕上げ、またある者は機械で縫う光景を見ることができよう。機械が最高度に発達すれば、家内工業が復活するだろう」[31]。純粋に女性の系統であることを指摘しておこう。ミシン、それは女性の作業場である。

その成功は、仕事自体の慎みのある性格で増加した女性予備軍の動員にかかっている。ただ同然で工場に雇われるような、困窮した小市民階級の、安月給の従業員の妻たちが製作にあたる。だが、主要な顧客は労働者階級の女性たち、相変わらずのお針子であり、特に、専業主婦であることを甘受できず、しばしば自らが管理する家計に「副収入」をもたらすことに腐心する結婚している女性である。

一九〇四年、フランスでは八〇万人近い在宅労働者がいるが、その八六パーセントは女性であり、パリだけで八万人を超える。一九〇六年の国勢調査では就業女性一〇〇人の中、三六パーセント近くが家で仕事をしている。

進展する機械化により増大した生産に結びついたこの潜在的供給は、一九世紀の初め、破局的に賃金を低下させる。労働局の質問（一九〇五―〇八年）を受けた二一七人の女性の中、六〇パーセントが年収四〇〇フラン以下、八三パーセントが一日あたり二フラン以下、六〇パーセントが一時間あたり〇・一五フラン以下！である。観察者の全員が、このような賃金で生活することの不可能さと、こうした労働に追い込まれている、独身であれ寡婦であれ、独りきりの女性の悲惨を強調する。それは、下降線をたどっている最低生活賃金や食住の面での悲惨な状況によって特徴づけられる、労働者搾取制度である。ミシン縫製女工の食事はカフェ・オ・レと、彼女の「骨付き背肉」、つまりブリーチーズの一切れである。(32)

慈善家、道徳家、衛生学者たちはこの貧困化にこの後、心を動かされる。労働局に見られるように、世紀初頭、調査や態度の決定が増加する。マルク・サンニエと〈ションSillon〉〔マルク・サンニエが始めた、労働者保護の運動〕が、一般の人々の心を動かすために「搾取される女性たちの美術館」を見せる巡回展覧会を発展させる。ル・プレ学派に結びついたジャン・ブリュヌ夫人は消費者、特に女性消費者たちに、その行為の結果について注意を喚起するために〈購入者社会連盟〉を結成する。性急で、慌ただしい注文は、作業の速度を速め、女性労働者たちの夜の集いを長くする。ＣＧＴ〈労働総同盟〉は女性労働者たちを組合に加入させようと試みるが、一九一二年、パリの自宅での女性労働者一〇万人近くの中、組合を組織するのは二七〇人ほどである……。いく度かのストライキ、だが、それはむしろ、作業場からのものであり、家で働く労働者たちは従わない。彼女たちの間の連絡は実際上、不可能である。製品を届ける商店で、一緒に話をすることが禁じられさえする！　一般的に、キリスト教の労働組合運動のほうがうまくいく。

戦争前夜、多数の女性労働者が幻想を捨てる。在宅労働は、自分自身という、最も恐ろしい時間規制者のいる〈自宅

－工場〉となった。突然、もう一方の真の工場と同様に。そこでは一日の労働時間はより短く、賃金はより高く、より保証されている。独りきりではなく、より保護されている。逆説的に、ミシンは結婚している女性にとっては工場の予備課程であった。彼女たちは戦争中、工場に押し寄せることになる。

機械と女性の身体

医者は生理的次元でミシンを非難した。一八六六年、医学アカデミーに提出されたある報告書は、女性の器官が受ける被害、白帯下《こしけ》、無月経、おそらくは不妊を告発する。とりわけ非難の対象となるのは、踏み板に結びついた、脚の運動である。「このような器械は、連続運動によりヒステリー性の妄想をかき立てる」[33]。いくつかの作業場で、ミシンは「女性労働者が（……）冷水での沐浴に頼らざるを得ないほど、激しい生殖器の興奮を引き起こす」[34]。「ミシンの不都合な点は、踏み板の上で交互に動く、足の運動の（……）非常に有害な行為に、あるいは、器械の不規則な震動の影響に起因する。この震動は上肢により胸腔に、さらに、組織全体にさえ伝播する」[35]。奇妙なことに、医者は目よりも子宮に関心を抱き、労働の時間やリズムや条件そのものより、踏み板に責任を負わせる。あばら屋だけに結核の責が負わされたと同様、職業病と仕事の動作を結びつけるラマッツィーニ〔ラマッツィーニ・ベルナルディーノ、一六三三―一七一四年。職業病研究の先駆者。『労働者の病気』（一七〇〇年）〕の伝統が、その生殖能力に支配されたヒステリー性の女性の姿と合流する見地から、踏み板にあらゆる責任が転嫁される。

このような支障は不妊の一つの原因かもしれない。若い女性労働者は「わが国の再建が要求している強く健康な世代を産むことはできない」[36]であろう。全体にかかわる原因であり、自動ミシンを考案したガルサン姉妹に科学アカデミーは賞を授与する。「踏み板の動きから生じる疾病から解放するような機械を女性労働者に与えなければならない。機械装置を女性労働者の足から独立して作動させる方法を見出さなければならない」[37]。踏み板、これこそが倒すべき敵である」。マルセイユ大会である労働者代表は、踏み板により「彼女たちは名前だけでさえ知るべきでない病気にかかる」[38]と発言する。

ヒステリー性で、性欲を刺激するミシンは、女性の最も秘密の内奥に触れる。動きつづける脚はオルガスムスを引き起こさないだろうか？　女性と機械の親密な関係は女性を機械化し、機械に性的特徴を与える。機械が女性になる。男性が機械を組み立てる。神がエバを作ったように機械を作り出す。男性はその主人であり、支配者である。仕上げ工であり、製作者である男性は、機械により昇進と威光を手に入れる。機械製作から女性は排除される。彼女たちが機械を製作することは決してない。彼女たちは機械に、それも最も単純な機械に仕える。機械を支配すること、それは男性にとって、かつて道具を使ってやっていたように、女性を支配するもう一つの方法である。(39)

作業場で、機械に女性の名をつける。機械を擬人化し、女性形で機械に話しかけ、機械のことを、ときに恋する女のように、またときに気難しい女のように話す。機械を手で触り、叩き、突き刺す。工場には男根の象徴があふれている。これら「金属性の生き物」である機械の作業場は、女性が物理的には排除されているが、想像の領域、言葉、欲望、あるいは反逆の中ではたえず存在している、男性的な目覚ましい行為の場である。男性と〈機械‐女性〉の間に愛と支配、優しさ、あるいは憎しみの関係の輪郭が現れる。『獣人』に登場するルボー＝ラ・リゾンの一組の男女はその最も優れた文学的昇華である。

〈機械〉と〈女性〉のこの混同はもっとも、象徴主義と〈現代風《モダン・スタイル》〉の作動の中核にある。このことをクロード・キゲが明らかにした。(40)「さまざまなレベルで、女性は一九〇〇年の機械の大部分の図像に潜んでいる（……）。機械の男性に対する関係は〈女性〉の〈自然〉あるいは〈神〉に対する関係に等しい。つまり、自然の、あるいは神の創造に対する、作りもので、人工的な、したがって人間の手になる等価物」(41)。ヴァルター・ベンヤミンが示唆するように、これは男性原理と女性原理の対立に要約された、技術の「退行的解釈」であるのか？　実際、〈現代風〉は安心するために既知のもので未知のものを制御し、新しいもの、現代風を、永遠の神話に単純化することで、それらを回避しようと試みる。それゆえ、いくつかの点で、明白な時代遅れが生じる。

したがって作業場の日常のレベルと同様、芸術の象徴体系のレベルで、技術は男性的なものと女性的なものの関係、一九〇〇年に依然として世界構造の主要形態である、共有というより従属の関係を介して、体験され、知覚される。

乳母から従業員へ

「乳母から従業員へ――一九世紀フランスにおける女性労働」
(『社会運動』、一〇五号、X―XII、一九七八年、三―一〇頁)

この多元的で、かつ細分化された題名は、本号の限界を示している。細部においても、また全体としても依然、書かねばならない女性労働の総合的歴史はここにはなく、単に、その多様な形態のいくつかを例証するにすぎない。

あらためて言う必要があるだろうか？ 女性は常に働いてきた。一九世紀において「生産的」労働の、度を超してはいるものの意味深い重視が、賃金生活者のみを「女性労働者」に仕立てあげ、小売店主の妻や、後に「家族補助員」と言われる農婦、さらには主婦を、夫婦の補助職の陰の中に追いやった。これらの多数派をなす成人女性がいなければ産業社会は発展することはできなかったであろう。家庭での労働の後退と産業の集中の結果として生ずる、「労働」の場と私的住居との拡大する分離は、家事労働を、計量化できないゆえに経済的には価値の切り下げられた専門職――中産階級では女中たちに託される身体の汚れる仕事――にし、家庭を消費と支出の場にした。再生産と労働力の維持の問題を隠し、「家庭での」女性の無償の莫大な仕事を否定させる、あまりに単純すぎる二分法の見方。

だが、主婦は一九世紀の都市で重要な位置を占める。世紀前半、彼女たちは機械化されていない生産にまだ積極的に関与するが、この生産はオスマン式都市開発以前の特徴であり、農場と都市が混じり合った〈中庭付きの家屋〉で行なわれつづけている――少なくともパリでは、地方からの出稼ぎ労働者が民族ごとに再結集している。彼女たちが自宅で下請けの形で作業する場合もある。これは性質を変えながらも、一九世紀を通じて存続し、危機の時代や戦時にはなくてはならない「副収入」を家計にもたらす。女性労働の力が評価されるにはしばしばそうした悲劇的事件が必要である。したがって、それぞれの性に限定された、危機や戦争の「体験」がある。

だが、主婦が重要性を持つのはそれ以上に消費――「社会人」の生産形態――の領域である。フランスでは、よその国以上に――ル・プレの考察を信頼すればイギリス以上に――主婦は夫の給料を自由に使える。とはいえ、一九世紀の都市の周辺地域について事実のみ記録したものに多く見られる闘いや衝突がなかったわけではない。主婦は労働者の家庭の「大蔵大臣」であり、収支の釣り合いは多くの点で主婦しだいである。このことから、庶民階層の事業としての結婚（合法であれ非合法であれ）、独立管理様式としての家庭への執着が説明される。家庭は、支配階級がその重要性ゆえに多様な機能を付与したにしても、中産階級の発明したものではない。それは、構成員のための貧しい住処《すみか》であり、避難所であり、また権力の標的であり、両義性を持つ現実である。今日の下層無産労働者階級にとっての家庭のこの機能を理解するには、『サンチェスの子どもたち』（オスカー・ルイス著）〔オスカー・ルイス、一九一四―七〇年。アメリカの教育学者。社会人類学的視点で貧困階級の文化を研究〕なり、第四世界に由来する文献を読みさえすればよい。

主婦はその機能を大きな権限にした、もっとも、社会運動突発の場合も含めて、男性の権限の領域である形式的領域――二〇世紀初頭には物価高の騒乱に取って代わられるこの生活の糧のための暴動において、パンが値上がりするときの直接的役割。苦労して収支を合わせることが不可能になり、ストライキを打つかどうかの決定における間接的役割――で、それらを高く評価しないという条件で。「都市の周辺地域の火つけ役」（アンリ・レイレ）である主婦はその番人でもあり、縦型の関係の近代的形態、支配の階層制と対照をなし、しばしばそれに抵抗する水平方向の社会性の中軸である隣人関係と、言葉を大きく根拠とした文化の血を受け継ぐ。

しかしながら、主婦については、この領域に精通しているルイーズ・ティリーが北部フランスの二つの自治体、つまり繊維産業の都市ルーベと鉱山の都市アンザンでの、既婚女性の職業を主題とした最近の論文で触れた、彼女たちの役割の統計的確認があるだけである。構成員の仕事に言及し、家庭をかなり正確に数え上げている、五年に一度の国勢調査表を詳細に検討することで、いずれの場合にも、ごく少数の既婚女性が賃金生活者として外で働いていることが明らかになる。女性の賃金労働を規定するのは家族構成、とりわけ、子どもの数、その年齢と社会的実践で調整される労働能力である。そのうえ、児童労働の法定制限（一八七四年、一八九二年の法律）、さらに子どもの就学が、母親に相反する要求を押しつける。つまり、労働市場から子どもたちが離れることの埋め合わせのために副収入がいっそう必要となるときに、母親としての役割が強化される（低学年の子どもの宿題や課業に気を配るのは母親である）。この対立する状況は、自分に課せられた多様な仕事の間で引き裂かれている主婦の立場をよく物語る。それは二〇世紀初頭のフランスの労働者階級に、実践的なマルサス主義が加速されて浸透することを説明するものでもあろう。古くからの男性の中絶性交以外の避妊法がないために、労働者夫婦（北部フランスの多くの鉱夫の家庭では、中絶の小さな道具箱がやがて家庭の必需品の一部となるであろう）や、望まない出産の宿命や嬰児殺しという犯罪行為を拒絶する既婚女性が、しだいに実践する中絶が増加する。アンギュス・マクラーレンにならって、当時のフランスにおける中絶の増加に、民衆のフェミニズムの最初の形態を見るべきであろうか？　いずれにせよ、子どもや生活に対する姿勢が、この時代の庶民階層で変化する。

こうした状況から、二〇世紀初頭の大部分の工業国で在宅労働の活力の回復や、カレン・ハウゼンの示唆に富む論文で記されたドイツにおけるミシンの飛躍的普及が理解できる。この論文の要旨を本号に掲載するが、技術が定着する社会的状況からその歴史はいかに切り離せないものであるかを明らかにする研究である。家に棲むコオロギのような人の好さを見せながらミシンは働いていない腕を巧みに引き寄せる。かくして、既婚女性の労働力が、大食症の、そしてしだいしだいに分割される市場により奪われる。「鉄製のお針子」が、昔の見習いお針子にそのリズムを押しつける。ミシンを通して速さが主婦の住居に入り込む。主婦自らがその速さを自分に課すように見えるだけにいっそう巧妙に。生産量が一日の労働時間の間隙に介入し、見かけの悠長さが主婦のいらだちと商人の貪欲をますますかき立てる。ミシンによって主婦は自分の時間の支配権を失う。自主管理のこの最後の砦が産業騎士団に押しつぶされる。ミシン、それは自分の家の中の工場である！　そもそもこうした状況の中では、単なる工場のほうが望ましいであろう。自分の家で働く多くの女性は、労働者搾取制度に疲れはて、〈作業場でつらい仕事をするほうがいい〉ともくろみはじめる！　多数の打ちのめされた小農や窮地に追い込まれた機織り工が最後にはあきらめて工場を受け入れるように、多くの女性の目に工場の不都合ははるかに少ない。すべてを考え合わせてみれば、そこでは独りぼっちではなく、わずかではあれ保護されてもいる。女性労働者のかくもひんしゅくを買った身分が再評価される可能性と既婚女性の賃金労働への権利要求——世紀初頭に勢いづく——はおそらく、過度の搾取のこの状況に根を張っている。少なくとも、仮説を立てることができる。ミシンは既婚女性にとって工場の予備課程であり、——過酷な歴史——軍需工場の前段階であった。

繰り返し言わなければならないが、女性労働の歴史は家族、両性の関係、彼女たちの社会的役割の歴史と切り離せない。家族は、それが条件づける労働以上に、女性の生活や闘いの真の錨地、彼女たちの変化の抑制なり原動力である。労働は、それに貢献することができようとも、独力で女性を解放することはできない。本当のところ、労働は誰かを解放したことがあっただろうか？

集団で行なう仕事の魅力

乳母から従業員へ。ここで詳述されるいくつかの事例は過程——個人的サービスからいわゆる第三次産業部門へ——と、女性雇用の性質の典型でもある。

アンヌ・マルタン＝フュジエが一九世紀末におけるその枯渇について語っている乳母は、女性雇用の非常に大きな部門である召使いの世界をわれわれに示す。一八八〇年代以降に始まった衰退にもかかわらず、戦争前夜、まだ一〇〇万人近い召使いを数える（四分の三は女性）。一九〇六年、一〇〇人の就労女性の中、一七人が召使いであり、大都市では大きく超過した割合である。この時期、二〇万人の召使い（人口の一一パーセント）を数えるパリでは、首都の中産階級に結びついた求人難さえ見られる。正真正銘の勧誘員が教会のネットワークを増大させ、ブルターニュ地方の若い娘を再び動員しようと力を尽くす。『シュゼットの一週間』の笑うべき女主人公ベカシーヌ〔お人好しで間抜けな娘〕は一九〇五年に生まれる。家庭の構造が変化する。ゲルマント家風〔プルーストが『失われた時を求めて』で描き出した〕の大家族が姿を消し、夫婦を中心とする構成になる。この変化は自動車の運転で拍車がかかり、「何でもする」女中が一人だけ雇われる。女中の集団は首都の七階を占める。もっとも、没落していく封建制度の名残と言うべきいく人かの「忠実な女中」を除けば、生涯、女中のままでいる女性は数少ない。女中であることは、ほとんどの場合、生涯の一時期、つまり就業期間の初めを意味し、都会生活への適応の一手段でさえある。仕事に就くのは移住し、村の平凡さや家庭の制約から逃れるためであったり、その不面目が娘の側にだけ被せられる妊娠を隠すためにほかならない。都会では、名誉を回復し、わずかばかりの金を蓄え、結婚することさえ期待できる。安い給料ではあっても——一九〇〇年のパリで、彼女たちは「食事付き、住み込み」で月二五フランから三〇フランでスタートする——女中たちは、結局、女性労働者より賃金が高く、とりわけ親元から離れているので、より自由に報酬を使うことができる。だからと言って、テレサ・マックブライドのように、女中勤めは女性にとって社会的地位向上の一方法であると主張するのはおそらく無謀である。結核、梅毒——ブルターニュ地方では〈パリの病気〉と言う——、売春もまた彼女たちの宿命である。その金銭的な特権は、ひどい物質的条件、我慢ならない従属、しばしば深刻な孤独を伴う。召使いの減少は手の施しようがなく、両大戦がとどめを刺すことになろう。すでに女中勤めは人生の一段階、おそらくは通過儀礼、職業訓練の一形態、また、文化的媒介の並外れた手段——その役割は依然、評価する必要がある——にすぎない。

集団で行なう「サービス」の魅力が仕える嫌悪感に取って代わる。百貨店の売子嬢、郵便局嬢、あるいは女性秘書になること。これこそがふさわしく、高められた職業であり、娘たちのために仕事を探しているプロレタリア化した下層中産階級にとって、女性賃金生活者になるという屈辱からの名誉ある逃げ道である。応募が殺到する。たとえば、一八九四年のＰＴＴ〔フランス郵政省〕の採用試験で四〇〇のポストを五五〇〇人が競った。第三次産業部門への女性の加速された進出は二〇世紀初頭に見られる革新の一つである。一九〇六年、女性はこの部門の仕事の四〇パーセント近くを占める。商業界と銀行では三八パーセントである（国勢調査は当てにならないが、目安として、一八六六年には二五パーセント）。とはいえ、男性の領域とみなされる庁舎に女性は一八九五年に登場するが、ここではとりわけ、男性の同僚の側から何という不機嫌が示されたことか。女性が大挙してオフィスに進出するのは、このときもまた、機械――タイプライターや計算機――の力を借りてである。男性は彼女たちに低い階層を譲り、より高い職階に逃げ込み、指揮のポストは保持する。女性の郵便局長は副次的な局の指揮にしか到達できない。百貨店でも銀行でも、課長や売場主任は常に男性である。しばしばメダルを授与された旧軍人が務める監督官が売子たちに厳しく、小うるさい監視の目を注いでいる百貨店の、軍隊式であり同時に家族主義的な規律についての記述は、クローディ・レスリエが百貨店の女性従業員を対象とした調査の最も興味深い箇所の一つである。未知の存在である、オフィスで働く女性の誕生についても、同様の研究が必要であろう。そこで女性労働の新しい形態、その未来の道が作り上げられる。女工や娼婦や女店員――いずれも多かれ少なかれ裁縫に結びついているが――に続いて、タイピストのシルエット――一九三〇年代には……「気立てのよい娘」になるだろう――が女性の職業の――そして神話の――長い列に加わる。

一九〇六年の国勢調査で、女性労働者は女性の職業の二五パーセントを構成し、その四分の三は繊維‐衣服部門に属する。お針子、針を扱う女性労働者は、世論では女性労働者の愛想のいい顔を具現している、結局のところその生来の使命と両立しうる唯一のものである。「女性の分け前は家庭と裁縫である」と一八六七年のある労働者の報告が宣言する。「男性には木材と金属。女性には布地と衣服」。女性の生活の中で裁縫が象徴するものは、下着と衣服が、象徴体系の痕跡を受けた消費財であるような社会を映し出している。両大戦間、裁縫の崩壊がどれほど女性を意気消沈させたか、理解できる。決定的な変化。乳母の終わりに引き続いて、お針子の終息。だが、女性は化学工業（とりわけ、女性に定められたたばこ専売公社のせいで、一八九六年には総人員の三〇パーセント）と食品工業（パリの砂糖製造工場、ブルターニュ地方などの缶詰工場に多数の女性）、さらに印刷所で増加する。後者では、仮綴女工や印刷物検査女工であることに満足せず、植字工になることを要求すると（クリオ事件〔一八六頁参照〕、一九一三年）、彼女たちの進出が多くの動揺を引き起こす。

リヨンの絹織物女工とたばこ専売公社の女性労働者がここで、女性の産業労働の二つの側面を表している。絹織物という伝統的な産業部門は変化の真っただ中にあり、これについてはローラ・ストリュミンゲルが分析しているが、女性は、教会が祭壇と機械をうまく組み合わせることで最重要の役割を演じる機械化の影響をもろに受ける。よく知られている絹織物の寄宿舎はしばしば修道女の管理下にあったが――この目的のために特別の修道会が創設された――、産業規律に役立つ統率の伝統的形式を活用する典型的な例である。リヨンよりむしろサン＝テティエンヌでこうした修道院に反対するデモの音頭を取り、女性が非常に積極的な役割を担った一八四八年の暴動にもかかわらず、制度は世紀後半に拡大する。一九〇〇年頃、およそ一〇万人の女性が――大部分は若い娘たち――「絹織物業者の修道院」で働くが、反乱は爆発寸前である。この点についてはヴィジーユの織工労働組合の第一書記である絹織物女工リュシー・ボの注目に値する具体的証言がある。

もっとも、この時代、手の施しようのない衰退期に入ったリヨンの絹織物産業はもはや女性の仕事でしかなく、見捨てられた領域に女性が到達する古典的な過程をイヴ・ルカンが明らかにした。

マリー＝エレーヌ・ジルベルベール＝オッカールが説明するように、たばこ専売公社の女工の場合はいっぷう変わっている。国家の専売に結びついた保安体制のために、「昇進」をし、閥を築きさえし、かなり異例の労働組合活動を展開する、専従の女性労働者たちのまれな例である。戦闘的態度の形態はおそらく本性というより社会的地位の問題であるという証拠！　女性がほとんど組合を結成しないとすれば、それは一部には、職業生活が彼女たちにとって一時的で、副次的であり、労働の場における小休止だからである。女性ばかりの中で、絹織物女工とたばこ専売公社の女性労働者は高度のバイタリティと責務感を発揮する。そうした理由で、男女混合の工場の女性労働者に比較されるべきであろう。

技術的要求と規律作法

これらの例を通して、女性労働の強度の特殊性が明らかになる。つまり、既婚の身分や家政の必要によりリズムがつけられ、家族組織の間隙に置かれた、断続的な労働（たばこ専売公社の特別な事例を除いて）。副収入をもたらすとみなされることから低賃金を支払われ、このことが独《ひと》りの女性の状況をきわめて困難にし、人事部長が職を希望する女性に庇護者を持つよう忠告するほどである。さらに、固有の職能ではなく、不確実な分類での規約に基づく立場という、非常に今日的な（今日の職業一覧表の恣意性はよく知られている）意味で、いわゆる未熟練。実際は、女性は、一七世紀以来（カンあるいはヴァランシェンヌのレース女工の場合）、女性の産業労働の精密なネットワークを作り上げたあの作業場の枠内で、しばしば長い見習い期間を完了した。加えて裁縫の職人仕事は手先の器用さ、視力、集中、細心の注意を要求するが、これは後に女性がとりわけ適していることが分かる精密機械とまったく同様である。「女性労働」の概念は女性の「地位」についての考えに結びついている。体力さえ疑わしい基準である。よく考えてみると、一九世紀初頭まで、多くの女性が建設産業で、土木工事現場で働いていた。一八五〇年頃もなお女性が鉄道工事現場で働き、そこに反道徳性の危険を見るル・プレは強く非難する。一八三一年、パリ市庁が男性のみを許可するために女性や児童に救援工事現場を閉ざすと、びっくり仰天した主婦たちが憤りを表に出す。そして世界大戦の間、多数の女性が、工場労働は結局、家事労働より疲労するものではないことを発見した。

女性労働のもう一つの性格は、まさに、身体の持つ意味である。適切な身なりを強要し――外見、服装の節度、動作の正しさ――、あるいは特別な姿勢を割り当て、特別の従順さを強く求める。座り、縫い物に固定され、機械に結びつけられた女性、仕事の上に視線を落とし、無口であることが求められる女性。お針子やレース女工の姿――この原型――のあとに、難なく、滑るように、シンガーミシンを操作する既製服縫製女工やキーボードを前にしたタイピストの姿がつづく。女性は身近にある小さな器具を取り扱う。女性労働の動作は技術的な要求と規律を一体化させる。

女性の身体は自らの物質か組織を提供する、たとえば乳母は乳を与え、乳房を触らせ、売春婦は膣を委ねる。女性は汗よりはるかに多くを与える。彼女たちの身体は、アンヌ・マルタン゠フュジエがそのいくつかの例を挙げている幻想を助長することで不断の投資の対象にする仕組み――生命の、欲望の――の中心にある。

だが、最も驚異的なことは、おそらく、女性に課せられる規律の性質にあり、永遠の未成年者としての社会的地位は女性労働者あるいは女性従業員が慣例的に若いことで、また、彼女たちの性欲に重くのしかかる不断の疑惑で悪化する。このことから、たえず仕事を超え（男性にあっては生産にとどまる傾向がある）、道徳的要求――幼稚な懲罰（あるいは応報）制度、温情主義から粗野の間を揺れ動く言説――の重要性を超える、偏執狂的な監督の口やかましい性格が説明される。女性ばかりの作業場は常に、教室や女子修道院の作業室に多かれ少なかれ類似している。そして、指導がこうした外観を強調する。修道女なり、権限を乱用する監督者が、女性を常に教育すべき生徒として扱う。そして、男性の願望――主人の願望――は何一つ解決しないどころか、その反対である。確かに、絹織物製造の寄宿舎から百貨店やたばこ専売公社の工場まで、規律の型はその形態では異なるが、結局のところ、類似点は驚くほどである。女性であるという事実が女性労働者であるという事実に付け加えるものを最もよく測れるのはおそらくこの観点からである。

それでも、この女性たちは打ちのめされはしない。リヨンの絹織物女工、たばこ専売公社の女工、百貨店の売子……、彼女たちは彼女たちのやり方で抵抗する。働く女性の指導よりも、支配戦略や条件が強調されはしたが、女性の実践を調査するための多数の要素が見出されよう。この実践は後に、もっと詳細に説明する必要があるだろう。状況に応じて非常に変化に富んでいるが、同時に共通点を持つ実践、つまり、言葉やおしゃべりや歌、そして、女性の大きな武器である嘲弄、さらに、規律への抵抗――たとえば、外出、欠勤のような――のあらゆる個別の形態の役割。そして、集団のデモにあっては、直接的な、具体的な、地域の共同体の共感を呼ぶことのできる行動への好み。女性のデモは祝祭の様相を呈し、カルナヴァルやシャリヴァリといった、村の習わしのひだの中に組み込まれる。そして、それは少々こわばった体面を気にする男性の仲間たちにしばしばショックを与える。女性の行動を男性の行動の尺度で判断し、たとえば、組合員化やストライキの低い率から、彼女たちが無気力であると判断してはならない。女性に特有な彼女たちの行動は、特別で、ちぐはぐな、さらに、重要な命令に対して反抗する、彼女たちの表現形式に組み込まれる。歴史のこの時期、男性文化はより政治的であり、女性文化は、言葉の本来の意味で、より民俗的である。

「女性にふさわしい職業」

「女性の職業は何か？」（『社会運動』、一四〇号、Ⅶ—Ⅸ、一九八七年、三—八頁）

女性は常に働いてきた。女性は必ずしも常に「職業」に携わったわけではない。比較的現代のものであり、また、奇妙にあいまいなこの概念の歴史を本号は論考するものである。(1)

雇用に対する両性の平等の法的措置にもかかわらず、女性労働市場は今日フランスにおいて——そしてほかでも——非常に狭い。就業女性の半分は二〇パーセントの仕事に集中している。(2) 実際上の差別は、時代の必要のままに作り直されてきた長期間の表象の産物たる風習に根づいている。

今日、かつてにも増して「女性の職業」「女性にとって申し分ない」と言われる職業は、ある数の基準に従うが、この基準は同じ数だけの限界を描き出すものでもある。ほとんど手間がかからないとみなされるこれらの職業は、女性がその二重の、つまり職業上の（二次的な）仕事と家庭の（最も重要な）仕事を見事に達成することを可能にしなければならない。中等教育への女性の進出は半日労働の考えに根拠を置くが、かつて聖職者が学習に割り当てていた半日を女性は家族にささげる。女性教師が真の「半日労働」を手に入れても、彼女は容易にそれを自分自身の目的に当てることはできない（マルレーヌ・カクオー）。

こうした職業は「持って生まれた」、母親としての、そして家事の務めの、延長部分に組み込まれる。イヴォンヌ・ヴェルディエが農村におけるそのほとんど生物学的な充足を描写しているが、[3] 助け、看護し、慰める女性の原型が、看護婦、ソーシャル・ワーカー、[4] あるいは小学校の先生という職業の中で花開く。子ども、老人、病人、貧しい人々が、後に社会福祉の仕事に組織される慈善、救援の使命に身をささげる女性の特別の相手である。

要するに、こうした職業は、「生まれつきの」、肉体的、精神的長所を活用する。身体のしなやかさ、指の敏捷さ——タイピストや速記タイピストのキーボードの予備教育となる裁縫やピアノが巧みな「妖精の指」——、精密な電子回路で驚異をやってのける手先の器用さ、忍耐心、さらに、実行に向く受動性、優しさ、きちょうめんさ。雇用者は伝統的女子教育の成果であるこうした「女性らしい長所」を称賛する。この長所がかくも折り目正しい郵便局女性職員を卓越した女性郵便局長にし、看護婦を病院医師の最良の補助者に、あるいは両大戦間の大自動車工場の女性労働者を単調な動作と隷属の規律で疲れはてた労働力にする。「持って生まれた」長所に見せかけた、現実の資格。

女性らしい職業のモデル。キヅタが木に結びついているように管理者に「結びついた」管理秘書の性格を、ジョジアーヌ・パントが分析している。直観力があり、控えめで、常に即応態勢にあり、ビジネスの手紙から花束や紅茶まで多種多様な要求に適応することができる。その愛想のよさは過労に陥っている上司の精力的な男らしさを浮き彫りにする。誘惑の解毒薬となる彼女の周知の「優しさ」は、いわれのない性行動の悪魔祓いをする。理知的でなく媚態を示さず、彼女は滑らかで万能である。適度で、飾りけがなく、上品である。このような姿は、娘の立派な教育が差別化の一形態であり、地位向上の一手段である中間階級で発達した理想にふさわしい。持って生まれた「長所」に見せかけ、最高の特性、つまり女性らしさに包摂された、現実の資格。以上が両性の関係の構築と産物である、「女性の職業」の要素となる。見方によっては、まず家庭の領域で発揮され、商品というよりサービスを生むこれらの長所は、交換価値よりも使用価値である。それらは結局、「値がつけられない」。雇用者たちはずっと以前から、だが労働市場組織により異なったやり方で、引き出してきた。

ナタリー・ゼーモン・デイヴィスは、一六世紀のリヨンで手工芸に携わる女性の専門化がきわめてわずかなことを強調した。穴埋めなり補助者として雇われ、今日の「臨時」労働者に非常に近い彼女たちは、唯一資格が付与される明白な見習い期間もなく、実地で技術を身につけ、さまざまな、断続的で補足的な作業を実行する。結婚していれば、賃金を受けることなく作業場で「仕事をする」。確かに「資格がなく」、彼女たちにはいかなる職業的身分もない(5)。

工業化は、産業革命の起源の第一段階からすでに、いっそう推し進められた分業にいっそう厳密な性差別を導入し、このことが女性の「専門職」を結果としてもたらす。この観点から、インド更紗《さらさ》製造は実験所である。筆洗い、ピコット編み女工、修整女工である彼女たちは、実際の能力とはなんの関係もない賃金を受け取る。「三年間の見習いにもかかわらず、修整女工は資格のない未熟練労働者の賃金にやっと達するにすぎない(6)」。副次的な彼女たちの仕事は、利益にならなくなるとたちまち、技術的進歩で清算される。これが、通常、一時的であり、ライフサイクルのある時期か、家庭の枠内で行なわれる「女性労働」である。

「女性にふさわしい職業」の概念は、職業化の一般情勢と、フランスにおける女性への呼びかけに好都合な人口統計上の均衡の中で、一九世紀に実際に具体化しはじめる。労働市場の分割に関する考察の兆しが見え、ジュール・シモンとポール・ルロワ＝ボーリューがきわめて異なったやり方ではあるが、ともにその証言者であり、代表である。非常に限定的な前者は、創造的仕事に対する女性の無能力——「彼女たちは創作はしない、だが、見事に真似る。つまり、第一級の模倣者である(7)」——、工場の精神的危険性、あらゆる利点を両立させる在宅労働の長所を強調する。近代自由主義の代弁者である後者は、反対に、「女性にふさわしい職業」の概念と女性の能力の育成と適切な活用により、その脅威を打ち倒す可能性を強調する。彼の目にふさわしいと思われるのはとりわけ第三次産業である。たとえば、教育

――「女性は本能的に子どものことをよく知っている」――、商業、銀行、公共機関、郵便局と電信局。[8] いくつかの部門における体系的な女性進出は生産的能力をよりよく利用することを可能にする。

スーザン・バシュラシュが調査した郵政省の事例はこうした過程の典型である。ここでの女性雇用は、郵便による通信が飛躍的に発展した一八七〇年代から一八九〇年代に、目覚ましい進歩を遂げた。まず、田舎で。「家事好きの」女性郵便局長が編み物をしながら、手紙に切手を貼る。次に都会で。お屋敷町の平穏な郵便局が女性局長にゆだねられる。仕事を求めているこうした小市民階級の女性たちの礼儀正しさが素晴らしい効果をあげる。女性の動員は安い兵力の増加を可能にしただけではなかった。それは男性をより上位の階層に昇格させ、彼らの経歴の問題を解決した。その結果、彼らに不安を抱かせない階層に閉じ込めた女性の採用が比較的容易に男性から承認された。女性が「予備軍」の役割を厳密には果たしていないことが分かる。だが、反対に、その特有の資質、ひそかな教育が、量的であり質的である問題の解決に役立つ労働力の役割を果たす。同様の過程が、シルヴィ・ゼルネルが明らかにするように、両大戦間の産業で見られる。大規模工場で、女性は男性（少なくともフランス人の）に取って代わり、解放された男性は下請けや修理工場の職人仕事に復帰する。かくして男性は資格の引き下げから救われる。

だが、女性は、彼女たちを独占し、そのうえ、賃金なり社会的な昇進の展望をほとんど示さないこれらの職業に囚われの身となる。それほど限られている。「昇進をする」はいずれにせよ、ほとんど女らしい概念ではない。女性にとって、男らしさのとっぴなしるしである野心はふさわしくない。それは、いずれにせよ、ある種の放棄、とりわけ結婚断念を意味する。フランスには、ヨーロッパの他の国のように結婚の「法的枠」が存在しないにしても、多数の職業が独身を前提としている。鉱山も病院も同様である。一九〇〇年代の看護婦は、病院に監禁され、厳格な監視の対象であり（ヴェロニク・ルルー゠ユゴン）[9]、一方、男性は外泊することができる。女性郵便局長の三分の二は「老嬢」である。一九五四年においてもなお、リセの女性教授の半数以上が独身女性である。サン゠テチエンヌの電力により活力を取り戻した縁飾り材料製造の家族経営の小工場で、長女は事業をつづけるために独身でいるか、遅く結婚する（マティルド・デュブセ、ジャン＝ポール・ビュルディ、ミシェル・ザンカリーニ）。独身は自由に利用できることへの欲求を意味する。女性郵便局長が休暇を取らないこと、看護婦に日曜日がまったくないこと、秘書には定まった労働時間がないことは当然に思われる。仕事への女性の献身に対するこうした期待には何か宗教的なもの、賃金時計の厳密さを超えて、主婦の流動的で、引き延ばされた時間の何かがある。[10] 独身、それは専業主婦を夢見る時間と環境の中で働く意志——あるいは必要性——のために支払う「代価」でもある。郵便局員は同僚の女性と結婚しない。そして彼女たちは、必ずしも選択したわけではないが、しばしば独身を通す。[11] 権力をあえて行使するその大胆さのゆえに、感嘆されもし、恐れられもしたサン＝テティエンヌの女性現場監督のように。

女性の仕事をカテゴリー化する

二〇世紀の職業化の試みは、「女性の職業」の存在を認め、それらを制限し、カテゴリー化しようとする。こうした試みは、女性に期待するサービスの質を向上させることを望む、何人かの組織者が発案した。これはこの時代、施行されている就学の一般的なモデルに一致するものであった。たとえば、ブルヌヴィル博士といったパリ孤児院の急進的医者は、病院を非宗教化し、少々粗野なブルターニュ地方出身の庶民の雑役婦を、「医者のよく訓練され、聡明な協力者」にしようとする。ここでは技能よりも清潔や礼儀正しさが重要である。女性もまた、彼女たちに認められる「持って生まれた」長所を、公式に免状を与えられた資格——適切に現金化できる唯一の方法——に変えることを可能にする職業化を取得しようと望む。試験社会では、教育、そして成績なり競争試験による承認以外の道はない。

フランス（マルティーヌ・マルタン）と同様、ドイツ（アニック・ビゴ）における両大戦間の家事の歴史が、この過程を例証する。主婦を専門労働者にすること、それがポーレット・ベルネージュという女性の願望であり、カリカチュアに描かれさえした。もう〈マリーおばさん〉の料理法や〈おばあさん〉の手腕の時ではない！　講座や学校の家庭科教育にまさるものはない。講義、機械化、台所を実験室に、主婦をテーラー・システムの技師に変える空間と時間の科学的管理法、すべてが〈家政高等学院〉とやらから表彰され、とある〈サロン〉から是認され、CNRS〔国立科学研究センター〕により組織化され、威光の新しい手段である。女性を家庭に引き留め、賃金労働者になることを思いとどまらせるには、それが是非にも必要である。

それと同時に、考え方の変化、「労働価値」の浸透、そして、女性の目に家事の価値を低下させる結果になる、有用性と生産の概念の高揚が認められる。経歴を尋ねられたサン＝テティエンヌの女性は、主婦でしかなかった者は、「働いた」ことを否定する。それは骨折りであり、用事ではあったが、真の仕事ではなかった。

こうした歴史の背景に、実際、女性自身、彼女たちの希求、そして知ることがとりわけ困難な彼女たちの表現がある。イデオロギー的言説が彼女たちの言葉を覆い隠し、その社会的存在ばかりか記憶まで形成するからである。

一見して、同意が反抗に打ち勝つと思われる。女性に能力（「有能であること、それは自分が男性であると感じること」とある秘書が言う）、権威（よく知られているように、女性は男性に指揮されるほうを望む……）、仕事のあらゆるレベルでの権利を拒否する、因襲的な待機への同意。ある種の抑制が女性を「女性にふさわしい職業」に活動範囲を限定するよう仕向ける。まるで、彼女たちに残された特権、自責の念にかられることなく、また、彼女たちを好ましい存在にする、あの名高い「女らしさ」を失うこともなく、占有できる特権の中のように。従順さか？　それとも賢明さか？　選択か？　それとも必要性か？　女性は私生活を犠牲にするほどには仕事を神聖視しない。そして現時点では、就業女性がたえず増加しているにもかかわらず、この二重の選択はかつてないほど大きいように思われる。(12)　これが両数の緊張を生じさせていることが理解できる。

だが、一九世紀以来フランスの状況を特徴づけている女性の働く意欲を、情勢、特に経済的必要性に従った結果としてのみ、どうして解釈できよう？　シルヴィ・ツェルネルは、集計量が部門別の変動を隠している職業調査を個別化することで、このことを明らかにする。ホライゾンブルー〔第一次世界大戦時のフランス軍の軍服の色〕が淡い青に変わる第一次世界大戦の結果さえ、非常に近代的な給与生活への女性の抗しがたい動きを中断することはない。アニー・フーコーによる証言の分析[13]が示すとおり、工場の女性ケースワーカーたちは、女性労働者が自分たちの仕事の利点（経済的、ならびに社会的な）――収入だけでなく、社会的身分の問題――の放棄を拒否したことに強い印象を受けたと明言している。今日の観察者も同一の見解を述べる。

真の平等に反対する抵抗勢力にも、まったく同様にショックを受ける。女性は、彼女たちが関係するすべてのものの価値を失わせる。サン＝テティエンヌの針金製造女工たちの事例はこの点で重要である。彼女たちが加わる部門から男性は徐々に離れ、彼らはよそに男性だけの陣地を再現させようとする。女性の進出は必ずしも輝かしい征服ではなく、退却の容認である。男女混合の雇用は無差異では決してなく、差異の新たな体系である。それは男性に目立たせることを可能にする。女性の進出ゆえに全体として価値が下落した教育の中には、男性が、特に追求なり回避を展望して執着する高尚で威信のある分野と、顧みられなくなる分野がある。男女混合は性差のある専門課程の不断の再現を阻止するものではない。たとえば、シルヴィ・シャプロンが観察したＩＵＴ（技術短期大学部）におけるように。

象徴体系、精神生活、言語、「観念」（モーリス・ゴドリエ）の中に根を張った、「女性の職業」の概念は、両性の関係に結びついている社会的構築物である。それは、本性により正当化され、不平等な関係の中で組織原理に仕立てあげられた差異の罠を明らかにする。

第Ⅲ部　都市と女性

女性の歴史はまずその私的な役割に関心を持ち、言ってみれば彼女たちがいる所——その身体、家、日常的な行為の中で彼女たちをとらえた。同じことの繰り返しの中に閉じ込める危険を冒してではあるが。

しかしながら、権力の問題がすぐに提起された。それが両性の関係を構築するからにほかならない。権力、権限、影響力、支配力、決定、等々、どんな形のものであれ、それは忌避された。あるがままの公と私の区別が明らかになった。政治的範疇、たえず作り直される現実を生み出す役割と任務、そして空間を性により分割しようとする意志の表現と手段。[1]

これら最初の一連の質問に、フランス情勢に特有の事情が加わった。記念祭——フランス革命二百年記念、女性参政権五十周年記念——が、かくも遅ればせに獲得された市民権、したがってジェンダーに照らして再検討されたフランスの政治モデルの、「特異性」に関する考察に拍車をかけた。政治における男性と女性の平等を求める九〇年代の運動が、普遍や性／ジェンダー／個人の関係を正面から問題にし、異なった政治哲学に対応する解決案を提出した。

このことから、その後、何よりもまず〈都市〉に方向づけられた知的生産活動の強度が説明される。一九九七年だけに限れば、六点ばかりの著作がこの領域に加えられる。[2] ジョルジュ・サンドの政治的著作（一八四三—五〇年）[3]と『娼婦』[4]を刊行することで、筆者は史料編纂のこの革新に参画した。

この第Ⅲ部に収録したテクストは、最初からありはしたものの、一〇年来奇妙に強化された重要性を付与された。〈都市〉はここで二つの意味を持つ。一つは、権利の存在と、ユルゲン・ハーバーマス〔一九二九年—。ドイツの哲学者、社会理論家〕の言うところの「公開性」により関係のある、法的ならびに政治的意味——女性たちの公的領域の構築、あるいは公共の空間、世論、コミュニケーションへの彼女たちの参加。第二に、都市にかかわる空間的意味。空間のこの問題意識はミシェル・フーコーに多くを負っている。場と視線の具体性の中に権力を組み入れることにきわめて敏感なこの「新たな地図作成者」[5]は地理学的問題提起を生み出した。[6]

女性の公開性、すなわち、公共空間、世論や公共の想像領域の形成における彼女たちの位置、機能、役割は、〈ジェンダー〉と〈都市〉をより力強く交差させようとする。

女性の強さ？　男性の権力？

「男性の権力に女性の強さか？——一九世紀の例」、『女性と権力』L・クルトワ、J・ピロット、F・ロサール監修（ルーヴァン・シンポジウム、一九八九年、の記録。ルーヴァン、ノヴェール、一九九二年、一三一—一四三頁）

権力の問題は同時代の考察の中心にある。たとえばハンナ・アーレントやミシェル・フーコーはその著作を完全にこの問題にあてている。哲学者、人類学者、社会学者には、権力やその有機的結合、機能の、複雑で含みのある解釈が適している。社会には一つではなく、複数の広げられた権力がある。権力は国家の中心にだけ存在するのではない。微小権力、関係、中継の体系が存在する。他方、権力の行使は、抑圧を経るだけではなく、——とりわけ民主主義社会においては——微小の規制、空間の構成、調停、説得、誘い、同意を経る。さらに、権力の行使は強制や決定を下すことに帰するわけではない。それは、教育や規律、表現形式が主要な重要性を帯びる一連の戦術や策略による考え、生物と無生物の生産にある。権力は、そのエネルギー源、エンジン、歯車が時の流れで変化する機械装置である。一九世紀における公と私の区別はその形態の一つである。そして、しばしば「人口の生《ビオ》－政治学《ポリティク》」（M・フーコー）である政治学において衛生は中央に位置する。

権力のこの複雑な表象に、フェミニズム研究の領域全体、したがって、女性の歴史を貫通する男性と女性の関係のより複雑なイメージが重なりあう。アメリカの女性たち(1)の後を受けて、生物学上の性《セックス》と性《ジャンル》（ジェンダーの、事実は不十分な翻訳）が区別される。後者は社会文化の構築物、時間の中で発達した、したがって解体可能な、社会的関係の産物である。私の考えでは非常に発展性のあるこの視点をとることは、歴史の中で、そして、理論、実践、考え方、言い方、やり方のあらゆるレベルで、おそらく（少くともジョーン・スコットの見解であるが）決定的機関たる言語のレベルで、両性の関係の変化について熟考することである。それは境界、分配、均衡という観点から、誘惑と愛、さらに、対立と妥協、移動、権力と対抗する力という観点から、よく考えてみようとすることである。それらは記述的で静的なやり方ではなく、不確かで動的なやり方で、権力の歴史的体系の中で男性と女性の関係を分析するための中心概念である。仕事は莫大で、間違いなく果てのないものである。それはますます歴史家たちの心を駆り立てるように見える(2)。一九世紀を足場にした次に述べる考察は、てらいのないものと考えられよう(3)。

女性の強さについて――一九世紀の恐怖

「女たちの何という強さ！」とミシュレは一般に共有されている表象を伝えて、感嘆の声を上げる。言葉の狭い意味における権力を持っていないにしても、生活習慣のはるかに広がる、効果的な影響力を持っている。いつの時代にも男たちは女を恐れていた。〈女性〉、それは〈他者〉であり、異邦人であり、影、夜、罠、敵である。〈女性〉、それはユディト〔祖国を救うため、敵将ホロフェルネスを誘惑して、その首を切り落とした、ユダヤの女性〕であり、あるいは、（サムソンの）髪の毛、つまり彼の力を奪うために男の眠りを利用するデリラ〔『旧約聖書』士師記、第一六章〕である。おそらく、性欲《セクシュアリテ》に結びついた、この祖先の、原始的な恐れ（そして精神分析がそれを解明しようと試みる限り、表現する恐れ）は、それぞれの時代に固有の表現を見出す(4)。

一七世紀から一九世紀まで、こうした言説は繰り返し現れる。バロック時代は勝ち誇った女性を表現し、絵画にその極致を見る(5)。女性の優越性と男性が女性に感じる不安を作品のテーマとする聖ガブリエル（一六四〇年）のように、「女性の美質」が称揚される(6)。

一九世紀には、女性が「真の」権力を持っているとする考えが、とりわけ、フランスで非常に広まっていた。「法律上、女性は男性に比べてはるかに劣った地位にあるにもかかわらず、実際には、上位の性を構成する。彼女たちは玉座の後ろに隠れている権力である」と、一八三〇年のイギリスのある旅行者が述べている(7)。バルザックによれば、「下層階級では、女性は男性より優れているばかりか、常に支配している(8)」。バルベー・ドールヴィイは、街の口さがない庶民の女性について、彼女たちは「けちな女流詩人であり（……）、歴史の現実を自分たちのやり方でこねる、人間の発明の産婆(9)」であると言う。名の通った作家からであれ、無名の作家からであれ、こうした引用を重ねることができよう。性差に関することとなれば、しばしば彼らは非常に近似している。こぞって、女性は政治的権力と家庭生活の陰で糸を引くという考えを表明している。彼女たちの手の中で、男性は操り人形以外のものであろうか？

だが、この女性の支配力はいかなる性格を持っているか？　謎めき、隠され、秘密の、闇の中に、心地よい、はたまた、不吉な夜の中にうずくまり、覆い、不意に襲う術策のようなものである。女性、それはよどんだ水、戦士が呑み込まれる沼、内に隠す沈黙である。不安に陥れ、怖がらせる、神秘の、未知の世界。一九世紀の男たちは女性を閉じ込めることを夢見る。だが同時に彼らは自問する、その閉じた世界で何が画策されるだろうかと。共同洗濯場の不満の声さえ彼らの不安をかき立てる(10)。

女性のこの支配力は〈自然〉に結びつき、同時に「生活習慣」に結びついている。第一に、再生産する母の強さのイメージ。この多産な腹に秘められた生命の信じられないほどの力、産むことを拒絶すればさらに恐るべき力。男たちの太陽の文化の埒外にある魔法使いの女の奇妙な知識への怖れがそこに混じる。そのうえ、社会的集団が自然に近ければ近いほど、女性の支配力が明確になる。未開で女性的な——女性的であるがゆえに未開な——〈民衆〉がそうである。[11]生活習慣については、女性、とりわけ母親はこれによって、ルイ＝エメ・マルタンの表現に従えば「人類の運命を握っている」。[12]一九世紀の男たちは二重の体験を根拠とする、つまり、法律よりも強力な、生活習慣の力の体験。きわめて強固に示された革命的意志さえもが砕かれ、男らしい政治的決定が女らしさで作り上げられた市民社会でつまずく。もう一つの体験は、家族の抵抗、教育の有効性、したがって母親の影響力の認識にある。一九世紀は女性の精神的能力を信じ、ときに、再生の力、連続性の緯糸《よこ》としてその能力をかき立て、またときに、近代性を抑制する無気力の塊として恐れる。女性の担う啓発の使命から、進歩にとってかくも妨げとなる重苦しい反啓蒙精神まで——一九世紀は女性の影響力の幻想を抱く。エンゲルスに影響を与えるバハオーフェン〔一八一五—八七年。スイスの法学者、『母権論』（一八六一年）〕、モーガン〔一八一八—八一年。アメリカの人類学者〕ら人類学者により記述された〈母権制〉を通して、女性の影響力に歴史性が付与される。未開社会は母系社会であった。静かで、幸せだが、沈滞していた。〈歴史〉の中への荒々しさの侵入——「女性の大敗北」——、それは躍進、進歩でもある。男らしさは好戦的であるが、生産的である。女らしさは無気力な穏やかさである。そして常に軟弱さは社会に鳥もちを塗るおそれがある。[13]こうした表象は性差に対する視線の最も伝統的な形を再現する。だが、同時に、それは可能な発展に富む歴史的時間に両性を映し出す。

家族、歴史、社会における、女性の影響力へのこの不安は何に根拠を置いているのか？　性行動《セクシュアリテ》をその研究の中心に据えることで、精神分析は問題に答えようとする。本質的事実である女性の他性という、かくも身をさいなむ感情は、役割、任務、空間の性による分割の意志、より激しい性差別に到達する男女共学の拒否により、一九世紀に強化された。隔たりは奇妙さの感情を増大する。

結局、この不安は一九世紀の女性による征服、知識や権力のあらゆる領域で女性が及ぼすこの絶え間ない圧力——フェミニズムはその最も強烈な表出にすぎない——ではぐくまれる。それまでの特権を奪われた男たちの性的アイデンティティの危機という結果になる。繰り返し現れはするが、おそらく、二〇世紀初頭に頂点に達した危機。[14]この危機は二重の反動、つまり、伝統的な女性蔑視（猥褻、嘲弄、侮辱、戯画がその最も月並みな形態である）と理論的な女性解放反対論を引き起こす。

性差に関しては、分裂と近代性の世紀である一九世紀は、同時に彼らの不安の世紀でもある。

女性の影響力を制限し方向づける。女性を高揚させる

女性のこうした強さを前にして何をなすべきか？　ヴァーグナーのパルジファルが、「男性の秩序を勝ち誇らせるには女性の体現している脅威を取り除くことが必要である」と言っているではないか。

二つの解決法がある、つまり、女性に沈黙を強いるか、〈女性〉を高揚させて男性の共犯者に仕立てあげることである。「〈女性〉は玉座に就ける術を心得なければならぬ奴隷に等しい」（バルザック）。

彼女たちの権限、支配力を制限すること、影響を阻止することばかりか、家庭の領域のみならず、慈善や社会活動を通して、女性が社会面でしだいに示している途方もない能力を活用することが必要である。そこから、法的、教育的武器と、領域（公的／私的）理論がその最も念入りに作り上げられた形態の一つである、社会の合理的組織が生まれる。民主化の途上にあるこうした社会の中では、ただ暴力にだけ訴えることはもはやできない（たとえ女性が暴力の特に選ばれた標的でありつづけるにしても）[15]。男性と女性の間に新たな権力均衡が成立する。いかなる言説、いかなる実践により、これら新たな分配が行なわれ、異なった境界が見えてくるのか？　包括的見解に到達するには付随的研究、さらに、ミクロ歴史学研究（たとえば、一九世紀にますます女性化され、さらに、政治色をなくされたように見える〈サロン〉の役割はどうなるのか？）を多く重ねる必要がある。

役割、任務、空間の性による分割が真に理論化されているとは言えないであろう。性差にかんする哲学的思考は比較的乏しい[16]。学術的言説はこの点で民衆の言説に近づく。両者とも結局のところ、異なった長所と固有の適性に恵まれた、二つの「種」があると繰り返す。男性は文化の基礎を築く理性と知性のほうに属している。決定、行動、したがって公

的な領域が彼らのものである。女性は〈自然〉に根を張っている。彼女たちには心、感性があり、弱さもある。家の影が彼女たちのものである。古代人にならって、偉大な人々――ヘーゲル、フィヒテ、あるいはコント――がこのように言う。そして、調子を落として、追随者たちが一斉に憎まれ口をたたく。非常に医療体制の充実した一九世紀のしるしである、生命現象への依拠。女性はその身体、子宮、脳を病んでいる、脳の構造そのものが女性を創造から排除する。こうした言葉が社会の整備者――ギゾーのような政治家、ラスキンのような作家――により繰り返される。

〈都市《シテ》〉の指揮は男性のものでしかありえない。したがって、政治も然り。フランス革命は女性を民事的には認めるが、公民としては認めない。女性を代表の新たな形から除外することで、革命は、場合によってはアンシャンレジームの社会と比べて、その地位の後退を引き起こす(17)。

男性が最終的に主人でありつづけるものの、私生活ははるかに女性にまかされ、その家庭の、家族の役割は価値を高められ、さらに高揚される。一九世紀は女性の価値を否定しない、まったくその反対である。すべての人々の利益のために彼女たちの固有の長所にたえず助けを求める。とりわけ一九世紀後半において、彼女たちの力を外で行使するよう、「社会問題」の私的管理たる慈善により風俗や不平等を規制するよう説得する。いくつかの部門――児童、病人、貧乏人……――が割り当てられる。彼女たちは社会福祉事業の草分けとなるであろう。中産階級の家はハレムや婦人部屋ではない。社会に開かれている。そして、そこから出ることが必要である。

領域の分離は、外見よりはるかにとらえにくい。追放や囲い込み、閉じ込めることだけでなく、差別、利用、制限がある。他方、性と領域の間に一致はない。公的な領域すべてが男性のものではなく、私的領域がすべて女性のものではない。たとえ空間化がその役目を強く果たすにしても、それがすべてを命じるわけではない。権力の行使は明らかに地理学だけにとどまるのではない。

ますます妥協を余儀なくされる家父長制権力の表現たる法律は〈権利〉を両性対立の主要な領域にする。一九世紀初頭、フランス革命の震動と改変の後で、〈法典〉が全ヨーロッパで民事上の、また公民としての身分を規定する。フランス革命は女性が公民であることを拒否するが、相続し、契約し、自由に結婚し（結婚は民事契約である）、離婚することができる女性市民の存在を認めていた。〈ナポレオン法典〉〔一八〇四年制定。二二八一条からなる〕は至るところに制約を設け、いくつかの点で、また、いくつかの社会的カテゴリーにとって、アンシャンレジームのほうが勝ったほどである。[18]相違が分かるのはとりわけ結婚である。未婚の女性は平等な権利を有する「成年に達した娘」である。既婚女性は手紙の秘密に至るまで夫に服従した、未成年者である。たとえ仕事をしようとも、自分の賃金を受け取ることさえできない。フランスでついにこの権利を認めた一九〇七年の法律は、家庭経済の活力と、父親が怠慢である場合、母親の賃金を少なくとも享受できる子どもたちへの責任とを論拠とした。『民法典』によれば、公共の秩序は「良き市民」に基礎を置き、家庭の秩序は、ポルタリス〔一七四六―一八〇七年。法律家。『ナポレオン法典』の起草に尽力〕が語るところの、「良き夫、良き父」にかかっている。離婚を禁止することで、ほとんどの王政復古（フランスでは一八一六年のボナルド〔一七五四―一八四〇年。政治思想家。君主制とカトリックを擁護〕の法律）は女性の隷属をさらに悪化する。このような状況の中で女性解放論の法的な意味が理解される。われわれの「権利」と女性たちは言う。

別のタイプの限界。実際には、しばしば法律上（とりわけドイツ語圏諸国で）、結婚による身分と父の権威に従った、賃金労働への就業。たとえばドイツでは、独身であることが教職で要求される。広い職業分野が実際には女性に禁じられている。彼女たちにとって何が可能であるかを知ることは、獲得した能力を実際は隠す「生まれつきの長所」にいわば根拠を置いた女性の「仕事」「職業」の概念をその言説で築く政治経済学の議論である。[19]

侵すべからざる分野である書くこと《エクリチュール》への到達は、衝突と論争の領域でもある。想像上のものではほとんどない法案でシルヴァン・マレシャル〔一七五〇―一八〇三年。フランス革命期の急進的な作家〕が望んだように[20]「女性に読み方を教えることを禁じる」のがもはや可能ではないにしても、少なくとも、私的なエクリチュール形態（たとえば家族的な手紙）と特定の公共の形式（教養作品）に閉じ込めることができる。「女性作家」、嫌悪されたこの「青鞜婦人」は、ありとあらゆる嘲弄を買う。[21]文章を書く女性、とりわけ、出版する女性は、男性の筆名で身を守るほうを選ぶ、ゆがめられた女性である。その成功はひんしゅくを買う。つまり、成功がおとしめられる。たとえば、ジョルジュ・サンドとその「田園小説」の場合。青少年のための〈緑色文庫〉コーナーに追いやられたこれらの小説（『ラ・プチット・ファデット』『魔の沼』）は途方もない作家の多岐にわたる作品を忘れさせたが、今日ようやく、再発見されている。

女性がやることのできる範囲はもちろん、法的次元のものではない。制限は、支配する性により大幅に作られ、〈申し分ない女性〉を細心に定義する見解に根拠を置いている。一九世紀の意義、その近代性、それはこうした制限が変化することである。

女性をその「持って生まれた」任務――妻、母、主婦――に順応させること、それが長い間、私的なものであった教育の役割であり、家族の、そして母親の仕事、教会の仕事である。いわゆる教育は、家庭の、道徳的な、信心深い実践と比べて、まず、そして長い間、あまり重要でない位置を占める。女性と宗教の関係は古くからのものであり、強力で、両義性を持つ。服従と解放、抑圧と権力がほとんど断ちがたく絡み合っている。最初の文献――西欧の歴史における女性の最初の発言――はキリスト教の殉教者たちのものである。たとえば、『女の歴史』第一巻を締めくくる聖女ペルペトゥアの手紙[22]。彼女たちの声が中世に大きくなるとすれば、それは修道会と修道院のおかげである[23]。修道院は彼女たちのあきらめと逃避を受け入れるばかりではない。聖女なり女子大修道院長という強固な人物に具現した、権力を彼女たちに与える。〈教会〉は孤独な女性や未亡人の保護、女性の尊厳の確認、結婚における個性的な女性の同意の必要性のために活動する。こうしたすべてを過小評価することはできないであろう。宗教が女性の従属に味方する一九世紀においてさえ、事態は複雑で、信仰告白による微妙な差異や相違が多くあり、多様な教育的規範に富んでいる。

近代社会に敢然と立ち向かうカトリック教徒にあっては、家父長制の次元での子守りとしての務めに女性たちをたえず立ち返らせることが優先する。女性はあきらめ、従い、自らの従属に同意しなければならない。だが、相違や女性の特性《フェミナン》（聖母マリアの人物像）の高揚がジェンダーの強固な認識、さらにそれを通して、キリスト教的女性解放論《フェミニズム》――救済の形として女性の価値の称揚を中心とした、しばしば宣教を目的とする闘争的な女性解放論――がはぐくまれた[24]。

プロテスタンティズムはより多くの突破口を見せる。性差に関する見解は徹底的に異なっている。たとえば、聖書の名において、プロテスタンティズムはカトリックの国におけるより早く、娘たちの読み書き教育を奨励した。アメリカと同様、イギリスでも、〈信仰復興〉が敬虔な女性への影響に非常に好都合であった。ある意味では、牧師の妻たちは聖職に参加する。目覚ましい発展を見せている奉仕女性も同様である。数多くの女性解放運動の展開（とりわけ、売春反対運動）におけるプロテスタントの女性たちの影響は相当なものであった。

フランスでは、共和国の支柱たるプロテスタンティズムは非宗教的規範の確立に大いに貢献したが、宗教的規範の単純な放逐ばかりか、女性解放の放逐もできないであろう。宗教と無関係な学校は、差別を維持するためにたえず再確認される非‐男女共学にもかかわらず、統合の現実の可能性を少女たちにもたらした。こうした学校は大きな拘束力を持ったやり方で宗教を道徳に置き換えた。だが、女性の重要性に対する認識の強化に貢献した。ヴァレスが次のように書いてもむだであった。「この全フランス教員団！　教会と同様に信心に凝り固まっている、そして教会以上に臆病である！　どうせひどい所であれば、私は女子のリセより修道院のほうがいい。どうせ教授であるならば、政府より派遣された自習監督よりも、伝統的な修道女のほうがいい」[25]。自立――自由でないまでも――の空間がまぎれもなく女性たちに開かれた。女性の小学校教師や教授たちから女性解放運動の数多くの先駆者が輩出することになる[26]。宗教間の関係、宗教色排除、両性の関係はいずれにしても、考察と研究の大きなテーマである。

女性――権力の行使と獲得

全体として男性の権力によって支配されている社会にあっても、女性は可能な権力を行使してきた。一九世紀の――そして、まぎれもなくすべての時代の――女性はただ犠牲者や受動的な下臣であるだけではなかった。彼女たちに残されたり、ゆだねられた空間と任務を活用して、見かけの役割を覆しうる対抗勢力をしばしば作り上げた。輝くばかりの女性、一族を支配する祖母、「愛情を押しつける過保護な」母親、威圧的で、召使いを意のままに使う一家の主婦、男たちは給与をゆだね、女たちは彼らの余暇を管理するゆえに、男たちから「かみさん」と呼ばれる庶民の主婦、日々の問題や社会問題に力を注ぐ平凡な、あるいは例外的な女性……、これらの図像は豊富にある。母親と家庭でのその権限のイメージの強化は二〇世紀初頭の女性解放反対論のテーマの一つである。「母親たち！」とアンドレ・ブルトンは書く、「時間と場所から逃れた強力な女神たちが隠れている、この音節をわずかに耳にするだけで、ファウストの恐怖を感じ、電撃にとらわれる」[27]。だが、まさしく男性の幻想、変化への恐れ、現実の変動であるものをどのように考慮に入れるべきなのか？

つぎの考察はいかなる返答も提示しない。むしろ、方針の輪郭を示すであろう。

日常生活の整備は女性の生活の大舞台、彼女たちの権力の拠点、仕事や苦悩、また喜びの場でありつづける。彼女たちはそこで代償を見出すが、その性質を考えてみるべきである。というのも、大半の女性が自分たちの役割に同意し、そこに正当化やしばしば幸福、生きがいを見出し、さらに、最も平凡な境遇である結婚生活への隷属を拒絶する自立心の強い女性に対して優越感を抱いているにしても（九〇パーセントの女性と、それ以上の男性が一九世紀には結婚する）、それはただ単に事の成り行きではないからである。少なくとも、一九世紀のより民主的な社会にあっては、状況はもっと穏やかで、もっとデリケートな様相を呈する。

ボードリヤール〔一九二九年―。社会学者。記号論的方法で現代消費社会を分析。『消費社会の神話と構造』（一九七〇年）、『誘惑の戦略』（一九七九年）〕のやり方で[28]、誘惑の快楽と隷従の物語を書くことが必要であろう。両性の関係の中でのへつらい、媚《こび》、拒絶、自己犠牲。美しさがますます交換条件の一部をなす結婚戦略における身体と外見の役割。夫婦生活における女性の性的権力。恋愛における愛の力の物語を書くこと。

フレデリック・ル・プレが家族に関する有名な研究で、その最初の観察者の一人となった家庭の権力の行使は、多数の研究の対象となり、権力の関係の観点から展望し直す必要があるだろう。イヴォンヌ・ヴェルディエとマルティーヌ・セガレーヌは農婦を調査した。アンヌ・マルタン＝フュジエ、ジュヌヴィエーヴ・フレス、ボニー・スミスは、とりわけ、（フランスについてだけ話すならば）中産階級の主婦を追跡した。私は民衆階層の主婦に関心を寄せた。[29]女性がどのようにして、家の中、街頭、あるいは近隣の空間を所有するか、どのようにして家庭を大きく超えて、しばしば村や地域を組織化する連帯網を維持するか、どのようにして、多忙な時間、家事の少ない時間を調整して、常に少しばかり隠された自由――たとえば、読書は長い間、盗み取った楽しみを象徴する――を手に入れるか？　このような調査は女性の日常的な権力の形態を明るみに出す。[30]

きわめて重要なものである、家庭の経済管理、金銭とのかかわり、したがって、民衆の家庭における給料とのかかわり。中産階級の女性は、夫から託されるものを家政のために管理し、その会計は彼女たちの義務である。民衆の女性は、少なくともフランスでは、給料日に夫が給料をあまり使い込まずに手渡すよう要求し、しばしば勝ち取っている。給料日は労動者の住む界隈では、喜びの日であり、同時に、対立の日でもある。彼女たちは夫に必要な小遣い銭を渡す。少なくとも、それは尊重されるに程遠く、いずれにせよ、対立をはらんだ理想である。しかしながら、「財政大臣」――主婦はこのように呼ばれる――のこの権力はそれと見えるほど顕著ではない。家計に責任のある女性はその罪もある。切り詰めた生活の場合には、耐乏はまず女性が受け入れる。彼女たちはしばしば栄養失調者である。反対に、すべてがうまくいくときには、食べすぎ、太る。女性の食物とのかかわりはこのように権力関係に貫かれている。

家庭の領域で、女性――特に妻――は、委任された、埋め合わせする権力を、下位の者、つまり、しばしば邪険に扱われる尊属、叱責される子ども、召使い、他の女性に支配される女性に対して行使するが、これは性／階級の関係を紛れもなく示すものである。拡大家族と、いくつかの農村地帯ではまだ多く実践されている何世代かの共同生活の場合、嫁に対して姑はしばしば容赦なく権限を振るう。このようにして、家父長制の重層決定する権力が弱められ、表面的で、間接的に見える、序列やピラミッドが再構築される。

女性の策略を男性の暴力と対置するのが習慣である。この対《つい》の中の紋切り型の部分を解体することがおそらく必要であろう。女性に対して振るわれる肉体的ならびに性的暴力は確かに、一九世紀にしだいに排斥される。しかしながら、その法的保護の輪郭が現れる児童（フランスでは、父親の零落に対する一八六九年の法律と、虐待される児童に対する一八九八年の法律）に対する暴力の排斥よりも少ない。共犯の沈黙が、殴られたり（とりわけ民衆階層で目立つが、それだけではない）、暴行され、強姦された女性を包み込む。別居請求（八〇パーセントが女性からである）と離婚の要求（合法である時期――フランスでは一七九一年から一八一六年まで、および一八八四年以降）の大半が身体的虐待を主張する。権力についての考察は犠牲となる女性に関する調査なしで済ますことはできないであろう。痛みを感じるその身体は〈ミューズ〉や〈聖母マリア〉の輝かしく軽やかな身体のまさに対極にある。[31]

自立した私的領域を作り上げることは別の戦術である。スヴェチーヌ夫人〔一七八二―一八五七年。ロシア生まれ。結婚を契機にロシア正教からカトリックに改宗〕への手紙（一八五六年）で、トクヴィルは、教育、そしてとりわけ宗教が当時の女性を私的領域にのみ閉じ込める原因を作ったことを嘆く。

「宗教の直接的で有益な影響力が認められる、おびただしい数の美徳を備えた数多くの女性がいます。彼女たちはそうした美徳のおかげで、非常に貞節な妻、卓越した母親であり、召使いに対して公平で、寛容であり、貧しい人々に対しては慈愛に満ちています……。けれども、公的な生活にかかわる務めについては、その考えさえ持っていないように思われます。自分たちのために実践しないばかりか、これはかなり当然のことですが、彼女たちが影響力を持っている人々にその務めを教え込む考えがあるようには見えません。それが彼女たちには不可視の教育の一面なのです[32]」。

実際、多くの女性が、無関心ばかりか、公務や政治の過小評価――男性の、興味に欠け、取るに足らない関心は女性にはない――により、自分たちの締め出しを受け入れてきた。

彼女たちはそのすべてのエネルギーを、自立し、しばしば、喜々とした、そしてその生活に一貫性を与える私的領域の構築に注ぎ、価値体系に、さらに真の女性の神秘主義に仕立てあげた。女性的なるもの、女性の文化と「ジェンダー意識[33]」の基礎を築いた。
それによって、彼女たちは進んで支配をたくらむ社会的権力を構築し、慈善がその最も一般的な形態である道徳的使命を担った。あべこべに、慈善の実践は彼女たちに〈都市〉の政務の手ほどきをした。イギリスでと同様、アメリカ合衆国で、一八三〇—四〇年代の、威厳を備えた年配の婦人と慈善事業に携わる婦人は、しばしば次世代の女性解放論者たちの母となった。

そこには、しばしばある種の尊大な憐みの感情で見られる、男性との平等を要求することよりも、女性の理想に基づいた世界の別の展望、男性が作った社会を批判し、ほとんどそれに代わるものを促進することに腐心する女性解放論の一つの形態があった[34]。それは分離主義の文化までいく可能性があった。男性のいない女性の世界のこの願望は多くの国、とりわけ、ドイツで認められる。対抗する力としての、模範的権力としての女性の力。人類再生の酵母としての女性。このようなモデルがきわめて宗教的な根っこと響きを持っていることは少しも驚くにあたらない。

最後に重要なことを述べるが last but not least、これはフランス革命と始まったばかりの（だが排他的な）民主主義の矛盾で可能になった、両性の平等を求める女性解放の闘いの全歴史である——途方もない歴史、だが今ではかなりよく知られている歴史。それほど研究が重ねられたからである[35]。権力の観点からこの歴史を読み直すことが必要であろう。いかなる権力を女性は要求するのか？　とりわけ、政治についていかなる考え方を持っているのか？　なぜ、教育、さらに仕事の分野で、民事上の権利については全員一致、公民権については見解の相違があるのか？　一八四八年の女性解放論者たち——たとえばウジェニー・ニボワイエ、ジャンヌ・ドロワン、デジレ・ゲー——を、解放された女性の主要人物であり、民事上の平等を政治的平等の絶対的な前提条件とするジョルジュ・サンドと対立させる軋轢を、たとえば、どのように理解すればいいのか？　「女性は将来、政治生活に参加すべきであるか？　然り《ウィ》、私はそう信じている（……）。だが、それは近い将来のことなのか？　否《ノン》、私はそうは思わない。女性の状況がそのように変革されるには、社会が根本的に改革されることが必要である」。奴隷に投票させるだろうか？　だが、女性は奴隷であるのか？　法的には然り《ウィ》。

社会的には否《ノン》。

「生活習慣が、大多数の家庭で家をとりしきるのは女性であり、巧みさ、粘り強さ、そして策略で勝ち取ったこの権限が乱用されるまでに達している以上、法律が生活習慣に先行する心配はない。私の考えではその反対である、法律は遅れている[36]」。

それならば？　振り子時計の時間を合わせ、漸進的に実践する。これが、両性の強さと権力に関する一九世紀の大論争の一つの名を高めた、サンドの見解である。

ある意味では今日のわれわれのものでもあるこれらの問題を提起したのは一九世紀の現代性である。

家から出る——社会活動・就職・移住・旅・戦場

「家から外に出る」、『女の歴史』G・デュビイ、M・ペロー監修、第四巻『一九世紀』ジュヌヴィエーヴ・フレス、ミシェル・ペロー編、所収（パリ、プロン、一九九一年、四六七—四九四頁）

「女たるもの、自分の周りに描かれた狭い輪から踏み出すべきではないと教えられる」と、サン＝シモン主義者の女性労働者マリー＝レーヌ・ガンドールは言い、この封じ込めをひたすら打ち破ろうとし、挙句のはてその失敗から自殺する。(1) 実際、一九世紀ヨーロッパの男性は、啓蒙の時代や革命の中で非常に強く感じられた、女性の高まる力を食い止めようと試みた。こうした時代の不幸をすすんで女性のせいにし、家の中に閉じ込めたり、いくつかの活動領域——文学や芸術の創造、工業生産や交易、政治や歴史——から締め出すだけでなく、再評価されるようになった家庭のほうに、さらには、社会的関係を家庭化し、そちらに女性のエネルギーを誘導しようとした。ラスキンが代弁者となった「領域」理論（『女王の庭園について』、一八六四年）は、世界の性別による分割を考え、役割や任務、空間の調和のとれた補完性の中で合理的に組織し、「生来の」使命を社会的有用性と調和させるやり方である。

女性は自分たちに与えられた、あるいはゆだねられた空間を占有し、影響力を権力の間近にまで拡大し、そこに、「ジェンダー意識」[2]の母体である、一つの文化の輪郭を見出した。彼女たちは「最後には至るところで自分の場」を手に入れるためにそこから「外に出」ようと試みた。身体的に外に出る、つまり、自分の家から出て通りを散歩し、禁じられた場所――カフェや政治集会――に入り込み、旅行する。割り当てられた役割から精神的にはみ出し、自分の意見を持ち、従属から自立へ移行する。これは私生活においても、また、公的な場でも実現されうる。以下はこうした外出のいくつかの例である。

都市の中で

キリスト教徒の女性の昔からの義務である慈善活動が、ずっと以前から、彼女たちを家の外へ連れ出していた。つまり、貧者や囚人や病人を訪ねることが都市の中に、許可され、祝福された道をつけた。だが、一九世紀には社会問題が大規模化することで、この気難しい習慣が変化する。社会問題を私的に管理しようとする慈善活動の中で女性はえり抜きの位置を占める。「家庭の天使 the Angel in the house」は「堕落した人間を救済する有徳の女性」でもあり、ラスキンはこの活動を家事の延長と考える。カトリック教徒もプロテスタントも――前者はより独断的であり、後者はより自主性を尊重する傾向にあったが[3]――上流社会のご婦人に貧窮者たちの物質的、精神的境遇を援助するよう説き勧める。

しだいにその数を増してゆく団体、ときとして競合するあらゆる種類の――禁酒、衛生、徳性……のための――連盟が女性に、とりわけ、その無為の生活――そして不妊――がとげとげしくなるおそれのあった独りきりの女性に、努力を要請する。一八三六年にはすでに、〈ライン・ヴェストファーレン慈善協会〉が、病院や託児所、養老院などでの無償の労働力として、プロテスタントの看護婦を養成する。一九世紀末のドイツで彼女たちは一万三〇〇〇人を超える。「社会的母性」の発想のもとに全ヨーロッパでまぎれもない女性の動員がなされる。この根本的な動きを、疫病（一八三三年のコレラ）、戦争と負傷者たち、経済危機とそれによる失業者たちが加速し、また、アルコール中毒、結核、売春、といった都市特有の問題の慢性的な深刻さが増大させる。

慈善から社会福祉の仕事へ

この「愛の仕事」に対して女性はいかなる報酬も期待すべきではない。都市の家事をすることは家の家事と同じように無償である。偉大な慈善家たちは尊敬され、勲章を授与され、像を立てられ、人々から思い出される。だが、少なくとも一九世紀の最初の三〇年間、会議を開催することも、報告書を作成することもない大部分の女性が忘れられた。カトリーヌ・デュプラは、王政復古時代、七月王政期には非常に活発に活動した〈パリ母性慈善協会〉の「せりふのない端役たち」の身元確認に大いに苦労した。[4] シルヴァン・マレシャルが書いているように、「女性の名は、その父、夫、子どもたち」、あるいは彼女がかかわった貧しい人々や子どもたちの「心の中にしか刻まれないにちがいない」[5]。名を持たない奉仕活動の暗がりの中に女性の途方もないエネルギーが呑み込まれ、今、その社会的効果を見積もることは困難である。

だが、慈善活動は女性にとって無視できない経験となり、世界についての認識や自分自身に対する考え、さらに、公的領域への同化をある程度まで変えた。彼女たちは、男性の管理する男女混合の集まり、やがては女性が責任を負う女性だけの集まりの範囲内で、団体への加入が許された。その特に早い例が、ラインラント地方の女性カトリック信者たちの〈エリーザベト協会〉（一八三〇年）であり、さらに、一八三二年にはハンブルクでプロテスタントのアマーリエ・ジーヴェキングの〈貧しき者と看護のための婦人協会〉[6]、一八五九年にはエレン・ホワイトの〈ロンドン・バイブル・ウィメン・アンド・ナース・ミッション〉、一八六九年にはオクタヴィア・ヒルの〈慈善組織協会〉が設立される。[7] 聴罰司祭や夫たちに多かれ少なかれ勧められた——こうして彼らの名を高めることになるのだが——慈善家の婦人たちの後に、もっと自立した、しばしば独身か未亡人であり、肉体的、精神的な悲惨さに憤慨し、布教精神に突き動かされた女性がつづく。思慮深い事業家であり、非常に多くの委員会のメンバーであったオクタヴィア・ヒルは、慈善活動を、個人の責任感を促進するための手腕と解釈する。自由主義のイデオロギーが刻み込まれた彼女の著書『われらの共有地』（一八七七年）には、彼女が国家の関与よりも好む、個人の自主的行動への楽観主義的な信頼が表される。最初は、有閑階級、優雅な言い方をすれば貴族階級のエリートに支えられていたこうした協会は、その数が増えるにつれて、中産階級の一般の人々も引き寄せる。中産階級はジョゼフィーヌ・バトラーの願望（『女性の仕事と女性の文化』、ロンドン、一八六九年）どおりに、慈善という手段で家政経済の教えを普及することに専心した。庶民階級の女性に頼ることはしばしば組織的に行なわれ、場合によっては報酬が支払われる。〈ロンドン・ミッション〉の〈バイブル・ウィメン〉は信仰に目覚めた女性たちであり、その話し方や気安さ（彼女たちは姓ではなく名で呼ばれる）が高く評価される。

方法と目的は並行して変化する。初めは、慈善団体により「善行を施す」ことであり、後に、徳化と衛生の大規模な事業になる。基金は周囲の人々や隣人たちから集める施しから、チャリティ・セールやバザー（イギリスでは一八三〇年から一九〇〇年の間に、年間一〇〇回以上催された）で動く巨額の金に及ぶ。こうした「ご婦人がた《レディーズ》の安売り《セール》」は女性の仕事であり、彼女たちはしばしば、禁じられている金や、おとなしく消費するだけであった商品を扱うことに有頂天になった。商業の仕組みを学びはじめ、限りなく想像力を膨らませた。つまり、お祭り騒ぎと見せかけて、役割を取り換えたり、しばしば、もっと政治的なメッセージを伝えもした。「穀物条例」（穀物の輸入に重税を課したもの。一八四六年に廃止）の時代には自由貿易に反対するバザーや、アメリカ北東部の都市では奴隷制度反対のバザーが催された。

基金の配分にも同様の変化が見られる。「善良な貧しき人々」を探し当てるための住居訪問はしだいに煩雑なものとなる。それは来歴調査ならびに家族調査に変わり、その関係書類が、貧困の正真正銘の資料カードとして団体本部に山積みになる。こうして女性は専門的と言えるほどの社会的知識を獲得し、現場に精通してゆく。この後、ますます貧窮者の状況が明らかになり、彼らが指導の対象になるにつれていっそう、彼らの不幸の根源であるその習慣を変え、荒廃した家族を立て直すことが重要になる。たとえばフローレンス・ナイチンゲール（一八二〇—一九一〇年）といった女性が専門領域とした病院や、エリザベス・フライ、コンセプシオン・アレナル、ジョゼフィーヌ・マレ、あるいはアバデイ＝ダラスト夫人らがかかわった監獄以上に、女性が特に好んだ領域は、社会の中心である家族であり、とりわけ「母－子」の一組である。

何よりもまず、女性を知り、教育し、保護しなければならない。〈ロンドン・バイブル・ウイメン・ミッション〉は家政経済や育児法の基礎知識を授け、清潔で心地のよい住まい、たとえば夕食の食卓にかける清潔なテーブルクロスや窓辺のカーテンへの願望を吹き込むために「ティー teas」や「母親たちの集まり mothers' meetings」を企画する。主婦を通して、夫のアルコール中毒や子どもの放浪癖と闘うことが期待される。主婦は社会の平和を回復する手段であり、社会平和の中心である。

だが、教化は哀れみの情や、さらには、女性が置かれている境遇に対する憤激と両立しないわけではない。とりわけ二つの女性像が抗議を呼び起こした。家内労働者と売春婦である。デパートとミシンの勢力下に成長のさなかにあった既製服製造がもたらす荒廃に対し、慈善家たちは調査を行ない、消費志向に影響を及ぼそうとした。アメリカの女性たちが購買者の社会連盟を組織し、ル・プレの弟子であるアンリエット・ジャン・ブリュヌがこれをフランスに導入し、女性の客に責任を持たせようとする。要求を減らすことで、あるいは、購買をもっとうまく計画することで、客は仕立て作業場やファッション業界で働く女性労働者に、過労や夜間の帰宅を生じさせる長時間の夜なべ仕事をさせずにすむ。プロテスタントで積極的な協同組合主義者のシャルル・ジッドにより大いに歓迎されたこの行動は、自由主義経済学者たちから激しく批判された。彼らは、女性が神聖不可侵の市場法則に介入し、さらには、女性の消費により、男性の専有物たる生産を規制されることが、不満であった。ガブリエル・デュシェーヌやジャンヌ・ブーヴィエといった女性解放論者や組合活動家たちが、確実な資料に基づいて、〈家内労働事務所〉を設立した。初めて家内労働の管理と最低賃金を定める、一九一五年七月一〇日の法令の原点となった。この二つの措置が新しい社会法の糸口となる。(8) 慈善活動は、はっきりとかつての領域から離れ、女性はその枠から外に出た。

売春婦については、慈善家のご婦人がたから急進的な女性解放論者まで、フロラ・トリスタンからジョゼフィーヌ・

バトラーまで、その療法についてではないが、女性に対する哀れみの点では全員一致している。女子監獄であり、女性の性病患者のための病院でもあるサン＝ラザールは、とりわけプロテスタント〔エミリ・ド・モルシエ、イザベル・ボジュロ、そして〈サン＝ラザール出所者たちのための慈善団体〉〕の中心的な活動の場である。ジョゼフィーヌ・バトラーが売春法規の廃止を求めて激しいキャンペーンを展開する一方、慈善団体は、一八八五年七月、ハイド・パークで「悪徳に反対して」、全時代を通じて最大の「道徳的」集会を招集する。純潔 purity の名の下に、「白人女性売買」に反対して、二五万人の人々が結集した。こうしたスローガンのあいまいさがどうであれ、スローガンは女性の身体と、商品としてのその占有という中心的な問題を提起する。

　慈善活動が「社会福祉事業」へ変化する中で、セツルメント settlements が決定的な役割を果たした。もはやときおりの訪問だけではなく、郊外、市の中心から離れた地区、あらゆる大都市の東部地区《イースト・エンド》〔ロンドンのイースト・エンドには下層労働者が多く住んだ〕の「貧民街」といった貧窮の地域に、フルタイムの施設が問題となる。相変わらずプロテスタントの着想から、トインビー記念館〔オックスフォードおよびケンブリッジ両大学校友により、一八八四年、恵まれない人々に正しい教育と娯楽を授けることを目的としてロンドンのスラム街に建てられた〕のバーネット夫妻により運動がイギリスで始まる。オクタヴィア・ヒルはサウスワークに最初の女性セツルメントを設立する（一八八七年）。その他のセツルメントが、社会的拘束のない独身女性やときに姉妹、あるいは、共同体の構想をカレッジにまで広げる大学関係者（たとえば〈女子大学セツルメント〉）たちに推進されて、これに続いた。マーサ・ヴィシナスはこうした集団の共歓のみならず、たえず社会に参加していることの厳しさとそれが持つ解放の側面との間で逡巡する若い女性の不安定さによる集団の弱体化という困難さにも言及している。自由に行き来し、自由な格好をしているこうした女性たちは——一方で家庭と家の擁護者でもある——、伝統的な結婚の宿命を拒否し、大英帝国の兵士である自分たちの兄弟に自らをなぞらえる。スラム街 slums は彼女たちのアフリカであり、インド帝国である。(9)

　フランスでは、民衆教育の同様の試みが、シャロンヌ〔マリー・ガエリの〈家族同盟〉〕やルヴァロワ＝ペレの労働者街でつづけられる。後者は廃品回収業者の町であった。『ル・ション』（社会主義的傾向を持つ、カトリック系の雑誌。一八九四年創刊）に近い社会的カトリック教徒であり、ジェイン・アダムズやアメリカのセツルメントのモデルに影響を受けた反骨の女性マリー＝ジャンヌ・バソが、〈社会の館〉を新しい都市の萌芽にしようとする。しかしながらこの運動は、司祭たちの疑い深い監視や右派から取り込みが図られたことで、大きな広がりを持たなかった。第一次世界大戦後、〈フランス復興運動〉（バルドゥー、メルシエ）のようなグループが「ボランティア軍」、とりわけ、「愛徳の労働者」として女性を動員し、「野蛮」つまり共産主義を「後退させ」ようとする。一九二二年の〈セツルメント〉第一回大会は女性の活動の人集めの効果をはっきり示すが、女性の活動はこの場合、なおためらいがちである。[10]

　都市における両性の関係に、慈善活動はさまざまな影響を及ぼした。慈善活動は中産階級の女性に別の世界を発見させたが、それは一部の女性にとって衝撃であった。彼女たちは行政や財政管理、交渉、とりわけ調査の手ほどきを受けた。フロラ・トリスタン（『ロンドン散策』、一八四〇年）、ベッティーナ・ブレンターノ（『貧しき人々の書』）は貧困生活の最初の通信員であった。[11]「たえず調査できる状態でいるように」と、アンリエット・ジャン・ブリュヌは勧め（一九〇六年）、彼女たちの運動を広げ、そして大衆化する。こうして女性は知識と実践を蓄積し、潜在的な鑑定の役割が付与された。〈ロンドン・ミッション〉やセツルメントの賃金が支払われるつましいスタッフを通して、一九一二年、少年裁判所に関するフランスの法律で制定される「男女どちらかの報告官」を媒介として、[12]女性に対する最初の女性監視官（監獄、学校、作業場、工場）を媒介として、彼女たちは権威ある職務や、職業化しつつある社会福祉事業に近づく。教えること、看護すること、救済すること、この三つの使命が「女性にふさわしい職業」の基盤となり、長い間、天職や奉仕活動の名残をとどめることになろう。[13]

　社会問題の領域では、女性は、自主管理への欲求を正当化する能力が自分たちに認められると思う。「まさしく特別なこの使命にとって必要なことがわれわれにゆだねられるよう要求する」と、一八三四年、〈母性慈善協会〉のご婦人がたが提案する。「男性のほうが施設や相当な金額をより巧みに管理するであろう。だが、下層階級の人間に苛酷な生活を受け入れるよう説得するのは、献身的に尽くし、どのような悪条件にも耐え、愛しつづけることのできる女性の仕事である」[14]。こうした慎み深い調子が、オクタヴィア・ヒルやフローレンス・ナイチンゲールにあっては急進的な批判や断固とした要求に変化する。クリミア戦争での体験に支えられ、ナイチンゲールは病院ばかりでなく、軍隊の改革に取りかかる。軍隊は、「多数の女性への初期投資で、彼女たちは科学や知識の取得が可能になる最初の場である」[15]。

「社会の家政」に対する自分たちの能力を盾にとり、女性の慈善活動家たちは、その実状を具体的に知っている住居や居住区のレベルで介入する。彼女たちは男性の管理に異議を唱える。北フランスの中産階級の女性は、要求した助成金を拒絶する市［町村］参事会員たちと衝突する[16]。イギリスのご婦人がた――たとえばルイーズ・トワイニング――は〈救貧院《ワークハウス》〉の管理者たちに反対する運動をする。彼女たちは救貧院のシステムの画一的な非人間性を告発し、〈貧民救助法《プア・ローズ》〉の改革に取りかかる。

貧民救済省大臣たちに影響を与えもする。その影響力にあいまいさや階級間の軋轢がないわけではないが、発言権も投票権もないと彼女たちが考える人々の調停者と自らを考えている。女性とプロレタリアの間には、組織的ではないにしても、サン＝シモン主義者たちが明らかにした象徴的なつながりが存在する。「私は大衆《マス》に影響を及ぼすのが好きだ。そこにこそ私の持てる力のすべてが感じられるからだ。私は使徒である」[17]とウジェニー・ニボワイエは言う。排除された者、弱者、子ども、そして何よりもまず、そのほかの女性たちの名において、地域、さらには国家レベルでの代表権を彼女たちは要求する。地域は彼女たちの真の活動領域、組織化されたものも、そうでないものも、彼女たちの人脈がとりわけ一九世紀前半において最も効果的に機能する領域である。熱烈な信仰復興運動 revivals に揺り動かされている長老派の小都市ユーティカ（ニューヨーク州）には一八三二年に、主として売春や強姦に脅かされる若い娘たちの保護に献身し、まさに性の取り締まりにあたる、四〇の女性団体（〈母性協会〉〈禁酒の娘たち〉など）が存在した[18]。イギリスの婦人参政権論者たちは、まず、市町村のレベルで投票権を要求するために、このタイプの力に頼る。これほどではないにしても、女性は結社や請願（離婚、労働保護など）により、圧力団体として立法レベルに介入する。こうして彼女たちは都市や国家の行為者となる。

まさしくこの行為者として、女性は男性の新たな関心をかき立てる。彼らは彼女たちをすぐに利用しようとする一方、その特権に不安を抱きもする。恒常的な貧困状態が「社会問題」に変わるにつれて、男性の干渉は執拗になる。〈父なる神〉の仕業である救護院は女性の慈善心のみにゆだねることはできない。すでにド・ジェランド（『貧者の訪問』、一八二〇年）が、実社会に深くかかわり、仕事を見つけてやることのできる、もっと多くの男性を訪問員に望んでいた。一九世紀末には、慈善活動の主要人物は男性である。バレット、〈救世軍〉の創設者ブース（一八二九―一九一二年。イギリスの宗教指導者。一八六五年「救世軍」創設）、〈赤十字社〉の創設者アンリ・デュナン（一八二八―一九一〇年。スイスの慈善事業家。一八六三年「国際赤十字社」創設）、第一回国際失業会議（一九一〇年）の主催者マックス・ラザール、などである。社会問題の管理は政治家や医者、法律家、心理学者といった、すぐに女性を副次的な職、たとえば看護婦やソーシャル・ワーカーに限定される協力者にしようとする専門職業家たちの手に移る。職業教育や身分を保証する免許認定のために、別のタイプの闘争が始まる。かくして争点が移動する。

慈善活動にはまだほかの効果があった。この活動により中産階級の女性の間に連絡が築かれ、ニューイングランドからアテネまで、しばしばフェミニスト意識の母胎となる、「ジェンダー意識」の芽生えを作り出す要因になった。キャロル・スミス゠ローゼンバーグによれば、一八八〇年から一八九〇年の「新しい女性 New Women」は、一八五〇年代から一八八〇年代の「新しい中産階級の既婚婦人 New Bourgeois Matrons」の娘たちである。(19) アイデンティティのこの坩堝《るつぼ》は、政治と社会問題、公的領域と私的領域、宗教的なものと精神的なものの境で、さまざまな体験の実験室であった。

女性労働者の側で

都市の中で女性労働者は二重に否定される。つまり、女性として。女性らしさ《フェミニテ》のアンチテーゼであるゆえに（「女性労働者、この良俗にもとる言葉」とミシュレは言った)。労働者として。、規定により男性の賃金より少ない彼女たちの賃金は家計の「補助」とみなされ、このことが彼女たちの仕事と運命を決定するゆえに。生産部門全体が女性に閉ざされている。そして一九世紀に、労働者の身分《アイデンティティ》は、日常生活や私生活のレベルでも、公的生活と政治のレベルでも、男らしさ《ヴィリリテ》の様式の上に構築される。P・スターンズは、一九世紀末の、イギリスの労働者夫婦における両性間の関係の悪化を強調する。[20]ドロシー・トムプソンは、チャーティスト運動の時代(一八三八—四八年)に女性がどのように戦闘的な場から身を引いたかを明らかにする。集会で女性の声が弱まり、やがて出席することさえ場違いなものに思われ、ついには、パブやインから締め出される。パブやインは以後、男性だけの社会的人間関係《ソシアビリテ》の場となる。[21]数多くの形態はあるにしても、変化はどこでも同一である。都会というジャングルで、そしてしばしば家庭で暴力の対象となり、作業場ではセクシュアル・ハラスメントの対象となる労働者階級の女性の身体は占有される。[22]女性には、母親か主婦として認められる以外の認知はない。〈巡歴職人《コンパニヨン》の母〉、あるいは、ジョーンズおばあさん——アメリカの鉱山労働組合の組織者であるアイルランド女性——が、象徴さえ男性的であることを望む労働運動により黙認された唯一の存在である。上半身裸で、大きな力瘤、力強い筋肉の肉体労働者——大理石の男——が版画の中で、籠を手にした主婦に代わる。[23]しだいに儀式化され、尊重すべきものとなるデモにおいて、女性の激しさや気まぐれが警戒される。確かに彼女たちは黙認され、動員さえされるが、旗手や飾り物として、あるいは、防御のための覆いとして、彼女たちにふさわしい役割のためである。[24]記憶さえ彼女たちを排除する。主として男性の手になる戦闘的な自伝では、母親や妻はほとんど言及されず、しばしば、めそめそする足手まといとして描かれ、はるかに多く父親が息子から英雄視されて登場する。

女性は——集団としては——、伝統的社会の抗議と、彼女たちがそのバロメーターであった「道義的経済」の調整の重要な形態である食糧暴動の退潮とともに、街頭から姿を消す。市場を通して、つまり食料品の価格統制を要求することで、彼女たちは地方の、さらには国家の政治に到達した。たとえば、一七八九年一〇月五日、六日にパリ中央市場の女房たちは、ヴェルサイユからパリへ国王一家を連れてくることで権力空間を根本的に変える。ヨーロッパのすべての国で、一九世紀前半には依然として非常に多くあったこうした暴動は、一八四六―四八年に一つの波が猛烈な勢いで広がり、頂点に達したが、やがて、食糧供給の改善とともに数少なくなっていく。加えて、暴動が男性的になる傾向が見られる。つまり、暴動に参加する男性工場労働者がしだいに大きな位置を占めるようになるからであり、やがて、労働組合運動が始まる。一九一〇年から一九一一年にかけて、西ヨーロッパ各地の工業地域を「物価高騰」が襲ったとき、何千人という主婦が群れをなして集まり(フランスでは、一七八九年一〇月の祖母たちの生まれ変わりであると主張する)、「一五スーのバターのインターナショナル」を歌いながら、市場を荒らし、商品の価格統制をする。彼女たちは団結して、投機家を排斥する「同盟」を結成するが、重い判決に服することになる。しかしながら、組合は「この衝動的で、首尾一貫しない、理性を欠いた運動」を非難し、「男らしい反乱」[25]に変えようとする。一九一七年、アムステルダムで、新旧の形態が微妙に混じりあった「じゃがいも暴動」が起きたときも、同じ展開を見せた。〈オランダ社会民主党〉の指導者は、二艘の平底船を略奪した主婦たちを、夫や息子に引き継ぐよう説得し、彼らにストライキに向かわせようとする[26]。結局のところ、組合運動家と社会主義者たちは群衆心理学者の見解を共有している。彼らは女性が参加することで、暴動の度合いが増すことを危惧するのだ[27]。

意識を持ち、組織された生産者たちの行為としてのストライキは、男らしい行動であり、しだいに理性的になっていく。暴力はそこでは通常、抑制され、目的性を持つ。したがって、女性の活用も抑えられる。ストライキ参加者の妻たちには確かに役割がある。つまり、共同の炊事場で炊き出しにあたり、二〇世紀初頭の独得な救援形態である「共産主義の食事」を準備する。あるいは、連帯の「歌の夕べ」や集会に参加し、雇用者、とりわけ「スト破りの労働者」[28]に罵声を浴びせることに熱中する。炭鉱夫の妻たちは共同体に最もよく溶け込み、あらゆる形態の集団行動を結集する。ゾラはそうした集団行動に魅せられ、やや叙事詩風にではあるが、その総覧を描き出した(『ジェルミナール』、一八八五年)。監視する人間(たとえば警視)にとって、集会やデモ行進の中の女性の数は紛争中の集団の不満度の指標となる。

男女が混じったストライキにおける男女の比率は特に注意を払うに値しよう。だが、残念ながら、それについてはよく分からない。資料では、「彼ら ils」（複数を示す代名詞）の擬似中性の中に男女を一つにする傾向があるからである。交渉の際に、本質的に女性の要求はたやすく犠牲にされ、賃金の不平等はめったに問題にされない。

独りきりの女性のストライキについては、別に考えなければならない。それは、女性の従順さに慣れた雇用者にとって我慢できない反抗であり、家族にとっては、いらだたしく厄介な行動である。女性のストライキ参加者たちが通常若いことでそうした思いはいっそう強められる。恩着せがましい寛容さ――「これら気の毒な頭のおかしい女たち」――と性的なほのめかしの間を揺れ動く世論にとっては慎みのない行為。女性の従順といういつもの情景の中の無秩序、要するに恥ずべきことである。労働者の世界は、妻たちのストライキを歓迎しない。娘たちのストライキについてはなおいっそうであり、時には手荒く、仕事に戻らせる。激怒した夫は妻を力ずくで工場に連れ戻し、戸口で、皆の見ている前で体罰を与える（一九一三年、パリのルボディ砂糖製造工場のストライキ）。組合はためらいながら女性を支持する。彼女たちの社会的地位に従って、ストライキの場合に確保される扶助率は普通、男性より低い。彼女たちは家長でないとみなされ、とにかく男性ほど食べないのだ！　女性のストライキは、労働権以上にこの能力を彼女たちに認めない家父長制社会を脅かす。

女性を抑制する力が推定される。あえてストライキをする、それは世論に挑むことである。工場の外に出る、それは娼婦のように振る舞うことである。それには揺るぎない信念、特別な状況が必要である。無用の嫌がらせが引き起こす「やりきれなさ」や、世間からは決まってヒステリックな女か男勝りの女に見られる「女性リーダー」の引き込みが必要である。たとえば、一九一一年八月のある朝、バーモンジーでストライキ中の女性労働者たちの集団を率いていたと思われる太った女性工員をメアリー・アグネス・ハミルトンが描写している（『メアリー・マッカーサー』、ロンドン、一九二五年）。女性労働者たちは強烈なにおいを放ち、ノミやシラミだらけで、「羽根飾りのついたボアや毛皮の上着を派手に着こんでいた」。

たばこ産業のようないくつかの職業を除いて、女性がストライキに参加する傾向は少ない。フランスでは一八七〇年から一八九〇年にかけて女性は労働者の三〇パーセントを占めているが、ストライキに参加する女性は全参加者の四パーセントである。彼女たちのストライキは一般的に守勢に立ち、突発的で、ほとんど組織されず、またあまり議論されたものでなく、むしろ、過度の労働時間や、くたくたに疲れる労働のリズム、衛生観念の欠如、さらに、厳しすぎたり専制的な規律に対する抗議である。「久しい以前から彼女たちは苦しんでいる」とリヨンの絹糸撚糸女工たちが言う（一八六九年）。短期間で、こうした団結はたいてい挫折する。

とはいえ、ストライキが気晴らしの外出、「家から出て」表現する唯一の機会であることに変わりはなく、首謀者たちは労働運動以上に、思い出すであろう。こうしたストライキのいくつかはまさしく事件であった。絹糸撚糸女工のストライキ〔リヨン〕――〈第一インターナショナル〉はこの闘争の指導者フィロメーヌ・ロザリー・ロザンに対し、バーゼル会議におけるすべての代表権を拒否。ロンドンのマッチ製造女工のストライキ（一八八八年）――初めて女性は、男性の労働組合を経ずに、ストライキを打った。組合を結成し、彼女たちの要求を一般の人々に知らせ、さらに、勝利を収めるためにアニ・ベザント〔一八四七―一九三三年。イギリスの神智論者〕に問い合わせた。エディンバラの植字女工のストライキ――彼女たちは注目すべき覚書『われら女性 We women』の中で、その能力と平等の名において印刷業務に携わる権利を要求した。ニューヨークのブラウス縫製女工二万人のストライキ（一九〇九年）――とりわけ、挿話に富み、テレサ・マルキールの日記形式のルポルタージュでよく知られている。(29)

街頭では、労働者たちが、彼女たちの若さや文化的実践に結びついた陽気な振る舞い――歌、踊り、文書の焼却――をひどく恐れる。集会という禁じられた空間で、彼女たちは発言と一体性がもたらす熱狂を発見する。壁に張り紙をする。出版物に声明書を発表することで、公的空間の一部を獲得する。不慣れな彼女たちは、初めのうちは男性の仲間に救援を頼むが、しだいに彼らの後見にいらだち、社会主義者、あるいは、もっとまれではあるが、女性解放論者である自分たち以外の女性たちに助けを求める。こうして、アニ・ベザント、エリナ・マルクス〔マルクスの末娘〕、ベアトリス・ウェッブ〔一八五八―一九四三年。フェビアン協会を共同で創設〕、ルイーゼ・オットー、クララ・ツェトキン〔ドイツの国際主義的社会主義者〕、ポール・マンク、ルイーズ・ミシェル〔一八三〇—一九〇五年。パリ・コミューンの反乱に参加、「赤い聖処女」と呼ばれた〕、ジェイン・アダムズ、エンマ・ゴールドマン〔一八六九—一九四〇年。アメリカの労働改革者フェミニスト〕らが彼女たちの闘争に参加する。ときに、困難がないわけではないが、女性の「共同戦線」の輪郭が現れ、これは労働組合運動に長期間にわたって根を下ろすのではないかと、労働運動の責任者たちをいっそう不安にした。

もっとも労働組合運動に女性はまだそれほど関心を抱いていない。分担金の支払い、機関紙を読むこと、カフェでの夜の集会への参加のどれもが女性にとっては障害となる。だが、そのうえ労働権と代表権の二重の問題がある。どのようにして、何の名のもとに、女性は投票できるであろうか？　そして、誰に？　男性は、彼女たちがすべて属するとみなしている家族という共同体のしごく当然の代表者ではないか？

男性の仕事とされる産業部門では女性労働者は組合（仕立て職人、印刷業労働者）への加入が禁じられる。この傾向は、根本的に女性の労働に反対するラサール〔フェルディナント・ラサール。一八二五—六四年。〈全ドイツ労働者同盟〉初代議長〕の考え方が主流を占めるドイツで特に顕著である。よそでは、男性の組合は、ためらいながらも彼女たちを受け入れ、やがて二〇世紀初頭、問題点を自覚すると、これまでの消極性を遺憾に思い、もっと好意的に迎えるようになる。一九世紀には、男性の組合は彼女たちが発言することも（北フランスのノール県では一八八〇年頃、女性は父親か夫の書いた要求書を提出しなければならなかった！）、責任ある地位に就くことも奨励しない。何人かの女性が演壇を華やかにするが、常任はほとんどいない。権力の場である大会での代表はもっと少ない。女性が労働者の三分の二を占めるたばこ・マッチ産業でさえ、責任者の大半は男性である。その結果、女性の組合員組織率が低い（三パーセントを超えることはめったにない）。

最初に自主的に行動を起こしたのはしばしば労働界と無関係の女性であった。彼女たちは結社活動に没頭し、団結や相互扶助組織を権利要求と同様、自己教育の一つの手段と見ていた。ルイーゼ・オットーとその〈全ドイツ女性協会〉（ライプツィヒ、一八六五年）、エンマ・パターソンと〈女性労働組合同盟〉（一八七四年）、ジェイン・アダムズと〈新女性労働組合同盟〉（ボストン、一九〇三年）、マルグリット・デュランと『ラ・フロンド』紙が支援する組合、マリー＝ルイーズ・ロッシュビヤール、セシール・ポンセとリヨン地方の「自由組合」。彼女たちが女性労働者特有の搾取と、男女混合ではない組織の絶対的必要性を意識した女性の例である。その「母権支配」がどのようなものでありえたにしても、彼女たちは自主独立を勝ち取ることのできる戦闘的な女性労働者の出現を促進した。

対立がなかったわけではない。女性同士でも軋轢は不可避であった。「ジェンダー意識」は権力の対立と社会的階級《ヒエラルキー》制で打ち砕かれる。女性労働者は社会的法体系に関して「中産階級の女性」が自分たちを理解していないと非難する。フランスでは二〇世紀初頭、女性解放論者が差別的だと批判する保護措置に彼女たちは賛成する。[30] アメリカでは二万人のストライキがつづく中、縫製女工の活動家――ローズ・シュナイダーマン〔一八八二―一九七二年。労働組合活動家〕、ポーリン・ニューマン〔一八九一―一九八六年。全米〈女性労働組合連盟〉議長〕――がニューヨークの裕福な婦人参政権論者たち――アルヴァ・ベルモント＝ヴァンダービルト、アン・モーガン――を、悲惨主義者ののぞき趣味と自己宣伝嗜好であると非難する。「ミンクをまとったグループ」は手厳しく身のほどをわきまえさせられる。結局のところ、たとえアン・モーガンがアメリカ合衆国大統領職に就いたとして、労働者の生活条件がどこか変わるだろうか、とエンマ・ゴールドマンは言う。

さらに、「ご婦人がた ladies」が庶民階級の女性を自分たちと対等とみなすことはまれであり、むしろ、自分たちの潜在的な使用人と考えている。クリミア戦争中、フローレンス・ナイチンゲールの指揮下にある看護女性の小部隊で「ご婦人がた ladies」と「看護婦たち nurses」はたえず些細なことでけんかをする。後者は自分たちを、賃金の支払いを受ける、前者と対等な看護人と考え、前者の世話をすることを拒否する。一方、前者はさらに、余暇の間まで彼女たちを指導しようとする。その結果、フローレンスの指示が厳しく伝えられる。「彼女たちは、本国イギリスでとまったく同じ立場に、つまり、最高監督官、あるいはその補佐官の管轄下にいることを理解しなければならない」[31]。召使いの身分の問題は女性の間でたえず不和の原因となった。フランスでも一九〇七年の〈女子労働問題会議〉の際、見られた。[32]

このような社会的緊張は人種や民族の問題で倍加される。ワスプ wasp〔White Anglo-Saxon Protestant の略。アングロサクソン系白人新教徒〉の女性とユダヤ人やイタリア人の女性の対立は〈女性労働組合連盟〉内部に軋轢を生じさせ、二万人のストライキにおいても文化的対立が現れる。

労働運動——労働組合主義も社会主義も——は相違を強調し、そうした女性に同性の労働者を代表する権利を拒否する有利な立場にある。女性は「教会」の手先であり（フランスの論法）、フェミニズムは本質的に「中産階級的」である。まさしく、裏切りの疑いが常にある。「性の戦線」を食い止めるにふさわしい論法である。社会主義を信奉する何人かの女性が激しく女性解放に反対する（フランスではルイーズ・モノー。ドイツではクララ・ツェトキンがヘレーネ・ランゲ（一八四八—一九三〇年。〈ドイツ女性教師協会〉を設立）やリリー・ブラウンと対立）。彼女たちの女性参政権放棄はここに由来する。対立はフランスとドイツでとりわけ熾烈であった。[33] 女性の社会的人間関係《ソシアビリテ》がより発展し、女性参政権運動が特に顕著なイギリスでは状況は異なっていた。しっかりと組合に加入しているランカシャーの綿織物女工たちは、同時に、戦闘的な女性参政権論者でもある。家庭訪問の慈善活動の制度——〈バイブル・ウィメン〉の制度までも——を自分たちが有利になるように方向を変え、一八九三年から一九〇〇年にかけて激しい請願キャンペーンを繰り広げ、三万近くの女性労働者の署名を集め、彼女たちの代表が国会に提出した。[34]

空間の拡大——移住と旅行

「人前に姿を見せる女性は誰であれ体面を汚すのです」と、ルソーはダランベールにあてて書く。旅する女性はさらにどれほど体面を汚すことになるだろう！　女性が、とりわけ独りきりの女性が移動することに疑いが重くのしかかる。「フランス遍歴」の間中、こうした恥辱に苦しんだ——南フランスでは多くのホテルが売春を恐れて独りぼっちの女性を泊めることを拒絶する——フロラ・トリスタンは、小冊子『異郷の女性を歓待する必要性』（一八三五年）を著し、外国女性を援助する〈協会〉の設立を強く勧める。この協会は部屋と、新聞が読めるような図書室を備え、「美徳、賢明、公開」をモットーとする。その会員は目印として赤く縁取られた緑色のリボンをつける。とはいえ、彼女たちはそのプライバシーprivacyのために必要であれば、秘密にしておく権利を持つ——一九世紀後半、とりわけプロテスタントの団体や同盟により数多く創設される「集会所」を先取りする計画であった。[35]

もっとも、特に一八五〇年以降、交通手段の発達のおかげで、西欧社会の人々は大いに移動するようになり、女性もこうした移動に広く加わった。経済的あるいは政治的な必要から移住する女性もまた、やむをえずにであれ、自ら選択してであれ、旅行者であった。このことは彼女たちの世界観に大きな影響を及ぼさずにはおかなかった。

国内で移住する女性

たとえばフランスでは、国内の移住の第一の特徴である振り子のような動きの中で、都会の建設現場や職人の仕事場に出かけるのは男性である。女性は村にとどまり、自分たちが耕す土地やしきたりを、都会から戻ってくる者には時代遅れに見えるほどに守る。マルタン・ナドーのクルーズ県の村は、夜の集いが大都会の威光に包まれた若い石工たちの話で独占されるときは、語り手の老女を口をつぐむ。[36]だが、農村からの集団移住は家族全体の離村を引き起こす。中間階級からの増大する需要にとりわけ結びついた家事使用人の飛躍的増加、仕立て業、ついでサービス業での需要の急増が農村の若い女性を、仕事に就くよう駆り立てる。その結果、都市の中心部では男女人口の均衡が回復するが、界隈によっては非常に大きな不均衡があり、男女の出会いは必ずしも容易ではない。ダンスホールがその役目を引き受け、売春も同様である。

移住する女性は、最初は出身地や支援組織により厳しく監視されているが、よきにつけあしきにつけ、しだいに、こうした監視から解放されてゆく。誘惑され、そして捨てられると、彼女たちは産院にあふれ、「堕胎を施す女」にすがり、女性の軽犯罪（特に窃盗）を増加させる。百貨店は窃盗の格好の場であり、主として狙われたのは布地である。だが、彼女たちは貯蓄し、選り抜きの結婚ができるよう持参金を作り上げ、都市に適応する。器用さから彼女たちは都市の潜在能力を見つける術を心得ている。彼女たちを必要とすることが、彼女たちの要求をいっそう大きなものにする。

いそいそと働く女中が抜け目のない小間使い——たとえば、オクターヴ・ミルボーのジュリエット[37]（『小間使いの日記』）——や、横柄で、すぐに「エプロンを返す〔暇を取るの意〕」女中の前に姿を消す。ハンナ・カルヴィックは、雇用者たるマンビーの支配下に身を置くまでは、その日記で述べているように、たえず働き口を変えた。雇主と結婚はしたが、「主人《マッサ》」の性の気まぐれに服従し、主人の家族から決して認められなかった彼女の事例は、奉公人の解放の限界を示している。[38] 一八七九年に母と一緒にパリに「上った」ジャンヌ・ブーヴィエは、ウィーンでのアーデルハイト・ポップとまったく同じように、驚くほど移動する。当然のこととして、確かに、なかなかの人物に「なった」これらの女性（ジャンヌ・ブーヴィエは彼女の三つの「変転」——組合活動家、作家、女性解放論者——をめぐって『回想録』を準備する）はよく動いた。移動は女性の変化、さらに解放のための、確かに十分ではないが、必要な条件であり、未来の可能性を作り出す断絶の意志を示すものである。

農村からの女性移住者、とりわけ家内使用人たちは、都市の流行や消費、そして避妊の領域まで含めて実践の文化的仲介者であった。一九世紀末に、彼女たちは役割を覆した。もっとも、家庭では娘たちに自由に家を出ていかせるのを嫌った。だが、娘たちは独立心がきわめて強く、独身率が増加している農村での生活に失望していた。大都会では若い女性（二〇歳から三九歳まで）の数が男性の数を二〇パーセント、上回っている。これが少なくともフランスの状況である。[39]

仕事で移住する女性のもう一つの姿は、Miss〔英語〕，Faulein〔ドイツ語〕，Mademoiselle〔フランス語〕……と呼ばれる家庭教師である。金を使いはたしたエリート、あるいは娘たちを息子たちと同じように旅に出したいと思っている知的ブルジョアジー（プロテスタントの「隠修修道士」がこの場合にあたる）の娘である彼女たちは、はるかに広い行動半径を持ち、ヨーロッパ中を往来する。[40] アンリエット・ルナンは弟の勉学に必要な金を稼ぐためにポーランドに数年間滞在する。反対に、自分の作品のために多くの貴重な観察記録を積み上げるニーナ・ベルベローヴァのように、パリに来るロシア人女性たちもいる。外国人の身分ゆえに搾取の対象となるこうした女性家庭教師は、必ずしも評判が良いわけではない。

彼女たちは陰で策を弄するとか、男性を誘惑すると言って非難される。こうした女性の中の一人を愛するあまり、ド・ショワズール＝プラスラン公爵は妻を殺す。ルイ＝フィリップの傾きかけた治世下のこの醜聞は、紋切り型の判断を生み出す。

遠方へ移住する女性

国外への移住においては、男女の比率は同じような進展を見せた。初期段階では、男性の優位は顕著である。次いで、家族での移住の時期になり、男女の割合は均等になる。男性が先頭に立ち、女性がそれにつづく。境界の世界は兵士と開拓者の世界、女性の姿がまれな男性的な世界である。彼女たちの社会的地位は、そのイメージと同様、金髪の「ご婦人がた ladies」ともっと派手な色の売春婦たちに引き裂かれている。西部劇特有の女性蔑視はこうした状況を後《のち》に伝えることになる。

こういう見地に立てば、アメリカ合衆国はさまざまな実験で膨張する実験室である。フェミニストであろうとなかろうと、歴史編纂者が探究を始めた移住の影響は矛盾を含んでいる。あるときは、経済ならびに民族の連帯の中心をなす家族の権威が強化され、性別による役割が強調される。一七八〇年から一八三五年にかけてのニューイングランドでは「女性の領域 Women's sphere」が、「ジェンダー意識」の基盤となる、緊密な「女性の絆 bonds of Womanhood」を発達させる（ナンシー・コット）。プレーリー（大草原地帯）の「農場主たち farmers」の間や、アイルランド人やイタリア人労働者の共同体では、母親は大きな存在であり、スタインベックは『怒りの葡萄』の中で〈おっ母 m'man〉に叙事詩的な意味を与えた。エリナ・ラーナーによれば、ユダヤ人が人口の六一パーセント、アイルランド人が一三パーセント、イタリア人が一三パーセントを占めていた二〇世紀初頭のニューヨークで、フェミニストの主張、とりわけ女性参政権論者の主張を圧倒的に支持したのは、労働者階級も中産階級もユダヤ人の共同体である。最も激しく、また執拗に反対したのはアイルランド人であった。イタリア人は意見が分かれた。就業女性がより多いイタリア南部の出身者は、北部出身者よりこれらの主張に賛成する。[41]

やがて、空間とその制約が緩和され、自己主張に好都合な活動が始まる。トクヴィルは一八三二年の旅行の際、アメリカ女性の往来や行動の自由さに驚いた。ルイジアナ州の法典は女性に早くも通信の秘密の権利を認めていた。一九世紀末には著名な女性旅行家たちがアメリカから父祖の地ヨーロッパに戻ってくる。彼女たちはイタリアに熱中し、美術批評の分野で男性と競いあう（たとえば、トスカナのバーナード・ベレンソン〔一八六五—一九五五年。イタリア・ルネサンス美術研究の第一人者〕の好敵手リー・ヴァーノン、あるいはイーディス・ウォートン〔一八六二頃—一九三七年。小説家〕）。パリでは多くがセーヌ左岸に住む。ジャコブ通りの男勝り、ナタリー・クリフォード・バーニーや、フルーリュ通りのガートルード・スタインは、知的にも性的にも解放された〈新しい女性 New Woman〉を具現する。よそから来た者であり、知識階級から離れて生活しただけにいっそう、受け入れられたのだ。[94]

ロシア人女性とユダヤ人女性はしばしば混同されるが、特別の注意を払うに値する。彼女たちは他の女性にもまして反逆者であり、その影響は相当なものであった。「私は単に仕事とお金だけを望んでいるのではありません。自由を求めています」と、ニューヨークに着いたユダヤ人女性の移住者が語った。[43] エンマ・ゴールドマンの『回想録』は、解放の手段としての旅の典型的な物語である。[44]

植民地で[45]

最初は強制と結びつけられ、植民地への移住は評判が良くない。フランスでは、女性徒刑囚は一八五四年以降、海外の流刑地を選ぶことができた。申請した者もいたが、全体として、女性流刑囚の数はわずかであった。一八七〇年から一八八五年までに、ニューカレドニアには四〇〇人。一八六六年、カイエンヌ〔南アメリカ北東部、フランス領ギアナの港町〕では、一万六八〇五人の男性流刑囚に対し、女性流刑囚は二四〇人を数えるにすぎない。[46] 一九〇〇年以降、この試みに終止符が打たれ、失敗に終わった。パリ・コミューンに加担し、〔ニューカレドニアへの〕流刑に処せられたルイーズ・ミシェルは、カナカ族〔ニューカレドニアの原住民〕について繊細で、確かな証言を残したが、自由な身になって「新しき la Nouvelle」（カレドレニア）に戻り、新しい関係で現住民たちと暮らすことを夢みた。

自由の身にある女性は自ら進んで植民地に出かけはしない。フランス軍が彼女たちを思いとどまらせる。一九一四年以前には、何人かの将校の妻があえて足を運んだが、こうした例はまれである。夫に同行した妻たちは評判が良くない。イザベル・エーベルハルトが、この忘れられた女性たちに小説（『南方の妻たち』）をささげることを計画した。移住植民地に女性を引きつけるために、いくつかの試みが慈善団体によりなされた。一八九七年、J・C・ベールならびにオーソンヴィル伯爵が創設した〈フランス植民地女性移民協会〉は、『両世界評論』と『キャンゼーヌ・コロニアル』の二誌の支援を受けて、応募を呼びかけた。四〇〇人から五〇〇人の志願者があった。教養はあるが、貧しい女性たちであり、その応募の手紙は、植民地に対する女性のイメージを証言する。異国趣味、布教の楽しみ、地位向上への欲求が混じりあい、一貫性は見られない。一方、大英帝国は植民地への入植にはるかに熱心であった。一八六二年から一九一四年までの間に、数十の協会が二万人を超す女性を送り出した。質素な生活の中で職を待ちあぐんでいる「よけいな女性たち redundant women」に就職口を得させる手段と考えるフェミニストの考えに駆り立てられた女性もいた。たとえばマライア・S・ライとジェイン・レウィンが指導する〈中間階級女性移民協会〉（FMCES、一八六二―八六年）。前者は家事使用人のような貧しい若い娘を探そうとし、後者は中間階級の女性の地位向上に専念する。だが、こうした植民地移民のフェミニストの試みは挫折し（三〇二人が出発したにすぎない）、一八八一年以降、FMCESも、はるかに効率的であるものの、植民地在住者のための就職斡旋所にすぎない〈植民地移民協会〉に吸収された。

植民地社会の実践は、古くからの人種隔離をさらに強くしていた。例外はあるにせよ、この点に関しては視野の広がりを期待すべきではない。本国の女性の入植は、セネガルのシニャルたち――最初に入植した白人男性と結婚した黒人女性――の例が示すように、混血をむしろ後退させた。アルジェリアのユベルティーヌ・オークレール（『アルジェリアのアラブ女性』、一九〇〇年）や、ドニーズ・ブライミが挙げている女性作家[47]といった、わずかな女性が新しいまなざしを持っていたにすぎない。
アフリカや東洋に対する欲望を充たすために帝国の拡大を利用する女性もいた。

旅する女性たち

しばしば深刻な原因による、二度と祖国に帰ることのないこうした移民のほかに、観光や温泉療法の飛躍的発展に結びついた旅行が、富裕階層の女性に家から外に出る機会を提供した。もっとも、医者は、顔色を台無しにする日光や、身体の器官にとって有害な交通機関の混雑の弊害を強調することで、女性の熱意を鎮めようとした。女性の側でも、用心や心配――トランクがかさばらないか、日程はうまくゆくか、身体の不調に見舞われないか、危険な目に遭遇しないか――をしすぎて、旅行を断念することもあった。海水浴や湯治場は男女の性的、社会的分離を強化する。つまり、女性は実際に泳ぐことをしなかったし、海辺の崇高な景観を賞でることもなかった。崇高さにうっとりすることは夫たちの特権であった[48]。そうは言っても、気晴らしの小旅行は可能であり、そこでは、まなざしがさまざまな禁止事項ゆえに鋭くなり、外界との関係や外界を獲得する特別な手段となった。旅の手帳に描かれたデッサンやクロッキー、やがてはカメラが「視覚の固定」を可能にする。男の子のような娘たちが自転車でバルベック〔英仏海峡沿岸にあると設定された架空の地名〕の海岸を走るようになるのも、もう間近である（プルースト『花咲く乙女たち』）。

プロテスタントの世界で、また、カトリックの世界ではもっとおずおずと、そして遅ればせにではあるが、旅行は若い娘たちの教育の最終段階に組み込まれる。外国語の実践は、女性にできる仕事として翻訳への可能性を開く。あるいはまた、彼女たちは、根気の要る模写のために数多くの手本となった、イタリアやフランドル地方の美術の至宝を眺めにいく。美術館は、ボードレールによれば、女性にふさわしい唯一の場ではなかったか？　もっとも、若い娘はそこで、男性の身体構造について多くを学ぶ。したがって、カトリックの教育者には教会のほうが望ましい。ずっと前から男の子たちが実践していた「大旅行 Grand tour」に相当するものが、二〇世紀初頭、彼らの姉妹にも許される。マルグリット・ユルスナール（一九〇三―八八年）は大いにこの恩恵に浴した。(49) 旅行家であり、翻訳家であり、作家である彼女は、古典的であると同時にヨーロッパ的なこの新しい女性の教養から出発し、後にこれを創造という崇高の域にまで高めよう。いずれにせよ、旅行は以後、『世界一周』あるいは『ハーパーズ・バザール』といったタイプの雑誌や〈万国博覧会〉でふんだんに提供される読み物や品物、挿し絵で培われた女性の想像の世界の一部となる。地中海、東洋――近東も極東も――、後にはアフリカが、ヨーロッパ女性の想像上の地理に、異国への満たされぬ夢想の中に刻みつけられる。だが、出発したいという欲望はいつの日か、どのような断絶に到達するのであろうか？

文化的消費の旅行以上に、ここでわれわれの関心をそそるのは、行動としての旅であり、女性が自分たちの空間と役割の外への真の「脱出」を企てる旅である。このまさしく規範違反のためには、逃走の意志、苦悩、我慢できない将来の拒否、確信、発見や使命の精神が必要である。この精神が、たとえば、サン＝シモン主義を信奉するシュザンヌ・ヴォワルカンをエジプトへ、圧制に苦しむイタリアのベルジオヨーソ伯爵夫人を解放者の国フランスへ、ロシアの女子学生たちを「民衆」へ、女性調査員を都会の貧民街へ――〈民衆〉、次いで〈労働者〉は、多くの女性にとって「他者」の崇高な姿を具現している(50)――、慈善家や女性解放論者や、あるいは社会主義者の女性たちをそれぞれの会議へ向かわせる。女性の政治教育にとってこれらの会議が持つ重要性を過小評価することはできない。有効なコミュニケーションの方法であり、代表行為の場であるこれらの会議を通して、代表者たちは討論術、世論やジャーナリズムとの交流、国際「情勢」を実習した。エンマ・ゴールドマンはその『回想録』で、戦闘的な移動に大きな重要性を付与している。それは彼女の生活にリズムを与える。彼女は集会から講演「旅行」までたえず旅の空にあり、戦闘的な旅人の典型そのものである。彼女にとって、旅先で出会う人々や交わす言葉が風景以上に重要であり、彼女の旅はマルクスがひどく嫌った観光旅行と正反対の旅である。一九一九年一〇月、ワシントンでの〈女性労働者国際会議〉の代表になったジャンヌ・ブーヴィエは、大西洋横断の旅行や友好的な歓迎、彼女がフランスへの導入を希望する(51)〈全国女性労働組合連盟〉の組織化について感嘆した口調で物語る。舞台は常に女性たちの熱望であったが、演出者として彼女たちは排除されていた。[52] 会議は人目を引く反撃の場であり、正当な旅の機会であった。彼女たちの真剣さが理解される。だが、そこにひそかな楽しみがあったことも想像に難くない。

書くことにより楽しみは倍加するが、旅行は書く機会、あるいはそのきっかけであった。ドイツ人女性ゾフィー・ラ・ロッシュ（一七三〇―一八〇七年）は、もしそれが可能であったならば、旅に熱中したことであろう。スイスに立ち寄ったおり、彼女はモン・ブラン登頂を企て、そのことを語っている。彼女の『スイス横断の旅の日記』は女性の手になる初めてのスポーツ・ルポルタージュとされている。ロシア人女性リディア・アレクサンドラ・パシュコフは二度の離婚を経験し、サンクト・ペテルブルグとパリの新聞社の通信員であったが、紀行文学を職業とした。一八七二年、彼女はエジプト、パレスチナ、シリアを踏破し、ジェイン夫人がすでに訪れていたパルミラに有頂天になる。そして確実な資料に基づいた旅行記『世界一周』を書く。この旅行記はイザベル・エーベルハルト（一八七七―一九〇四年）の中に「東洋願望」を生み出し、彼女をはるか遠くに導くことになった。スイスに亡命したロシアの上流婦人の婚外の娘であるイザベルはイスラム教に改宗し、オスマン帝国のマフムードのもと、北アフリカで戦う。フランス軍の指揮官リョーテをとりこにしたこの若き反逆者は二七歳で死亡し、マグレブの貧しい人々に捧げた著作を残すが、未完である。[53] 探検家で、仏教徒になった東洋学者のアレクサンドラ・ダヴィド＝ネール（一八六八―一九六九年）は、その極東旅行の『日記』を残したが、それは夫に書き送った手紙で構成され、手紙は一九四一年の夫の死まで続いている。アジアに三〇年以上滞在した後、一九四六年、七八歳のとき、膨大な資料、とりわけ写真を携えて帰国する。今日、博物館になっている彼女の自宅でこれらの資料を目にすることができる。

彼女は、構築しようと考えている著作のための資料を探し求めて、また、自分との和解を求めて、ポーターを伴い、ラマ教の僧院を訪ねて回りながら、チベット高原を踏破した。「ええ、あの高地にいて、見るべきものも、なすべきこともう、まったく何一つ残されていません。人生――旅への長い欲求でしかなかった私の人生のような――は終わり、その究極の目的を達成しました」[54] と夫のフィリップに書いている。

〈聖母被昇天女子修道会〉の寄宿女学校で教育を受けた良家の子女、ジャヌ・ディュラフォワ（一八五一―一九一六年）については、表面的には、後年、彼女が「男装の令夫人」になるような影響はまったくない。彼女は最初の女性考古学者の一人であり、夫とともにペルシャで、有名なアッシリア戦士の浮き彫り《フリーズ》を発見した。これは今日、ルーヴル美術館の、忘れられてしまった彼らの名を冠した一室に展示されている。彼女は、パリ理工科学校出身技師のマルセルと結婚する。彼のアルジェリアや東洋に対する愛着と、夫婦を仲間とみなす考え方を共有したからである。彼女は夫の「協力者」でありたいと願い、男性とみなされることを強く求める。最初は補助者として、旅行のメモをとり、写真と食事の支度を引き受け、やがて、考古学の仕事にかかわり、イラン人社会についての考察を展開し、とりわけ、その私生活に入り込むことのできたイランの女性たちに関心を持ち、そして、作家になる。二度のペルシャ遠征を終えてフランスに帰ったとき、慣習を受け入れることが容易にできず、揶揄《やゆ》する世評を無視して、決して男装をやめることはない。髪を短く切り、ほっそりとした体つきの彼女は、少年、ベル・エポックに多く見られた両性具有の人物に似ていた。権利要求以上にその生き方で女性解放論者であったものの、カトリック教徒としての信条に反する離婚には反対した。旅行はすべての境界を消し去るわけではない。それは反対に、矛盾を暴き出す(55)。

旅はそれ自体では何も解決しない。だが、何という経験！　旅を通して、これらの女性は異なった文化に出会った。彼女たちは創造の世界に到達する。彼女たちは新しい技術を試す。写真との結びつきは際立っている。多くの操作や、暗室に閉じこもることを伴うこの芸術は、最初は第二芸術とみなされ、女性にゆだねられた。やがて、何人かの女性がこの領域で名を挙げる（ジュリー・マーガレット・キャメロン〔英〕、マーガレット・バーク・ホワイト〔米〕、ジゼラ・フロイント〔独〕……）。彼女たちは考古学や東洋学といった、新しい学問分野に入り込む。女性を愛好家の役割に閉じ込めておこうとする女性蔑視に遭遇しなかったわけではない。「あなたはこうした環境に生きてはおられません。何人かの男性にはどんなことができるか、あなたには予想できませんわ。彼らのフェミニズムに対する嫌悪は日増しに勢いを増しているのです」とアレクサンドラは書く(56)。

彼女たちはとりわけ、主体としての自由、つまり服装の実践、生活様式、宗教や知的活動、恋愛における選択の自由を主張した。いずれにせよ、高い代償を払いながら、彼女たちは自分たちを閉じ込めている輪を断ち切り、性の境界を後退させたのである。

一九世紀にあって、どのようなタイプの断絶が女性の公的空間、とりわけ、政治空間への出現を促したか？　この点で何が両性間の関係を変えたか？　ここで問題にするのは、女性の「条件」ではない。条件を問題にするのであれば、技術の歴史――ミシン、掃除機……――あるいは、医学の歴史――哺乳瓶、避妊法……――、「近代化」と呼ぶのが習慣になっているすべてのものが考慮されるべきであろう。(57) だが、ここではむしろ、行為者としての女性を問題とする。この場合、出来事と呼び習わしているものの影響《インパクト》はどのようなものか？　その領域において何が出来事を生じさせるか？　出来事の概念を拡大し、あるいは、変えてはならないだろうか？　文化に、あるいは、生命現象にまで広げてはならないだろうか？

出来事としての書物が存在し、その影響《インパクト》は読者の意識を変え、会話や接触、交流を引き起こし、意識に具体性を与える。『女性の権利の擁護』（メアリー・ウルストンクラフト〔一七九二年〕）、『女性の隷従』（J・スチュアート・ミル〔一八六九年〕）、『婦人論と社会主義』（アウグスト・ベーベル〔一八八三年〕）は、後の『第二の性』（シモーヌ・ド・ボーヴォワール〔一九四九年〕）と同様に、こうした書物でありえた。小説についてもまったく同じことが言えよう。『コリンヌ』（スタール夫人〔一八〇四年〕）あるいは『アンディアナ』（ジョルジュ・サンド〔一八三二年〕）は多くの女性にアイデンティティの新しいモデルを提示した。ジョルジュ・サンドは、その作品と同じく生き方により、国境を越えて、とりわけ、ドイツで解放者とみなされたようである。影響の領域で、研究が始められた。

教育体系の変化は、女性だけを集める制度（たとえば、社会的人間関係《ソシアビリテ》の場であり、行動の基盤である、イギリス系の学寮）、あるいは先駆的職業（たとえば、いたるところで、サロニカ〔ギリシャ北部の港湾都市〕でも、目標であり、導き手である、女性教師）の誕生に、どのような影響を与えたか？　ロシアにおける一八八〇年頃の医学教育の門戸開放と、それにつづく閉鎖は、ヨーロッパでとりわけ精力的な集団――女性医学生――の形成に決定的な役割を果たした。(58)　確かに、教育に関する出来事はしばしば政治的力関係の表れであり、力関係に明確な形を与えもする。

身体や健康の重要性から考えて、生命に関する出来事の存在も認めることができる。一八三一―三二年、さらに、このときほどではないが一八五九年にコレラが流行すると、女性が必要とされた。女性を貧民街に入っていかせることで、伝染病は彼女たちのまなざしや発言を変え、専門家として見解を述べる権利を与えた。ベッティーナ・ブレンターノや彼女の友人のドイツ人女性は、古典的な治療法の無力さを目《ま》の当たりにして、同毒療法《ホメオパシー》に頼ることや衛生予防を強く勧める。社会的災禍――結核、アルコール中毒、梅毒――は、これらの病気の元凶であるよりも犠牲者である女性のために闘う、という意識を持って、女性が第一線に立つ戦線であった。〈伝染病法〉を契機にジョゼフィーヌ・バトラーが行なったように、彼女たちはしばしば「男性の文明」に対する徹底的な批判を展開し、これに「純潔」の理想を対置した。

一般に、ウラル山脈からアパラチア山脈まで、あらゆる国々で、衛生や看護の管理、医療専門職の管理、そして何よりもまず、婦人科学や産科学が男女両性の対立の場であった！　出産の場から、以後、もぐりの産婆は姿を消した。医者と、帝王切開と鉗子分娩から排除された助産婦との間の争いは熾烈であり、助産婦に対する堕胎の疑いが強まるにつれ、いっそう激しさを増した。一九世紀末には、人口統計学上の不安から、産児制限は国家の仕事になる。ジュディス・ウォルコウィッツが明らかにしているように、堕胎および新マルサス主義に対する司法の取り締まりが激化し、女性は自分たちの身体について政治的意識を持つようになる。

「家長」の側で――法律の断絶

男性のみの投票による議会の所産たる法律はしたがって、「気まぐれ」と呼ぶことはできない――それどころか、強固な論理に従っている——が、しばしばそれに似ているやり方で、両性間の関係を決定する家父長制権力の表現そのものである。しかも、これら男性のクラブでの議論は、女性蔑視のアンソロジーに華麗な名言を加えよう。たいてい、女性に関する法律が制定されることはほとんどない。法規の中で言いつくされているのだから、それがなんになろう、維持するだけで十分である。女性が最初は子どもと同一視された労働の領域においても、彼女たちを「保護する」ためではない。したがって、差別のおそれがある措置を前にして故意に沈黙する。実際に平等を目ざす法律はいっそうまれであり、それらの成立過程は常にトラブルを起こす。いかなる動機に立法者は従ったのか？　ニコル・アルノー＝デュックは、既婚女性が家計をよりうまく管理できるようにするために彼女たちに賃金の自由な処分を認める、一九〇七年のフランスの法律のあいまいさを強調した。イギリスの国会議員たちに、女性の財産権改正を決定させたのは同様に、貧しい人々の状況の光景である。社会的有用性が両性の平等よりも重きをなす。

多くの女性は、日々ぶつかり、たえず自分たちの劣等性を思い出させる、さまざまな法律の障害を意識していた。裁判はときに彼女たちの境遇の不公平さを白日の下にさらし、その意見に明確な形を与えた。たとえば、ノートン事件は離婚制度と既婚女性の財産権の改正の契機となった。一八三六年、夫と別れたとき、キャロライン・ノートンは著名な女性作家になっていた。だが、共通財産制によって結婚した彼女の収入は夫に帰属し、夫は独り占めするために、首相との姦通のかどで彼女を告発し——効果はなかったが——、次いで、三人の子どもの監護権を主張した。彼女はパンフレットで抗議する。パンフレットは反響を呼び、子どもに対してより明確な権利を別れた母親に認める、一八三九年の〈法令〉〔「幼児保護法」。女性に七歳以下の子どもの後見人となる権利を与えた〕制定の契機となった。一八五三年から五五年にかけて彼女は攻撃を繰り返す（『一九世紀におけるイギリスの女性に関する法律』、一八五三年。『クランワース卿の〈結婚と離婚法案〉についての女王への手紙』、一八五五年）。彼女の行動は自由主義的な国会議員の娘であるバーバラ・リー・スミス（一八二七—九一年）により引き継がれた。バーバラは女性の意見を結集し、ブルーム卿が主宰する〈法律修正協会〉の関心を引くことに成功した。〈離婚法〉は一八五七年に採択された。この法律は、女性の財産権に関する重要な措置を含んでいたが、まだ不十分であった。法の制定（一八七〇年、一八八二年、一八九三年）により、離婚した女性ばかりでなく既婚女性が自分たちの財産を自由に管理できるようになるには、とりわけ、上院議員たちの反対のために、多くの闘いが必要となるだろう。女性解放論者と民主主義者（J・S・ミルやラッセル・ガーニー）の一体化した行動のみならず、悲惨に追いつめられたスザンナ・パーマーが犠牲者となった事件のような、さまざまな痛ましい出来事にかき立てられて、女性が公に意見を表明することも必要であろう。立法に関する激しい争いの真っ最中に、数千の署名を添えて、いくつもの請願が議会に提出された。実業界の重要人物である一人の議員は、工場の入口を通るたびに、改正の進捗状況をたずねる女性労働者たちの質問攻めに遭ったと報告している[59]。フランスでも一八三一年から一八三四年にかけて、同じ状況であった。離婚を自由にしようとする試みは、女性が自分たちの苦しみを強調した請願の激しい運動で支えられた[60]。改正の遅れは、女性が自らの利害を口にできるよう、彼女たちに投票権を認める必要性を立証すると、フェミニストたちは言った。民事上の権利と政治的権利を結びつけることで、彼女たちは離婚の権利が根本的に何であるかを示す。つまり、女性を個人として認めること、「女性が市民権を勝ち取る道への第一歩[61]」である。それゆえ、伝統主義者たちの激しい反対が起こる。「フランスの家庭にはかかわらないでいただきたい。それは宗教に加えて、われわれに残されている最後の力であるゆえに」と、一八八二年、前代未聞の激しさでなされた論争の間にフレペル猊下は大声で言った[62]。最終的にナケ法が一八八四年に成立するためには、さまざまに立場を異にする共和主義者たち――フリーメーソン会員、プロテスタント、ユダヤ人――の同盟が必要であった。

根本的な断絶点であるから、離婚は、法とは何かを示す好例である。それはたえず再編成される勢力の場、対峙している集団が力を競いあう論争、障害の深さや同盟の本質、世論の変化が見きわめられる場である。政治と女性全体の仲介者を務めようとするフェミニストたちにとって、それは、自分たちの代表能力を試す結果になりかねない、絶え間ない闘争の重要な時期である。一九世紀の女権拡張運動において、法的側面はきわめて重要である。〈法〉が〈家長〉の象徴だからである。

神の側で――宗教的断絶

女性と宗教の間の絆の強さは宗教的出来事に特別の響きを与える。規律と義務、社会的人間関係《ソシアビリテ》と権利、実践と言語の複雑な関係である宗教は、鉛のマントのように女性の肩にずっしりとのしかかった。だが、宗教は同時に、慰めと救いを女性にもたらした。したがって一九世紀における宗教への女性の進出は二重の意味で読み取ることができる。つまり、加入と、影響力の獲得である。[63] 権力の獲得ではない。権力は、政治的なことと同じくらい、相変わらず男性のものであった。

とりわけ、反革命の立場と、ローマ教皇の不謬性と〈聖母マリアの無原罪の御宿り〉という、いわば双生児の教義で硬化したカトリック教会において。こちらには、突破口はほとんどなかった。動員や改善運動はもっと頻繁に行なわれた。カトリック教会が同盟（たとえば、〈フランス女性愛国同盟[64]〉）を介して女性を政治のほうへ押し出そうとするのは、それは完全に保守的な家族の規範を強化するためである。教会が賛美する女性は、常にランプのそばに、あるいは、ランプの下《もと》にいる女性である。カトリック社会主義はこうしたもやい綱を少しばかり緩める。だが、男女両性間の関係に対する影響は、直接的というよりも、結果としてもたらされるものである。

プロテスタント教会のほうがはるかに断絶に富んでいる。ジャン・ボベロがその理由を分析している。ドイツの敬虔主義《ピエティスムス》はゲーテの時代に女性による表現を奨励した。イギリスやアメリカの〈信仰復興運動 revivals〉は、女性の言葉を伝える、運動と同じ数だけの断層である。一八世紀末、ニューイングランドで、ボストンの教養のある女性エスター・バーとセーラ・プリンス――その書簡は友情と熱情を伝えている――、ニューポートの庶民階層の女性セーラ・オズボーンとスーザン・アンソニーは、宗教的、社会的実践において非常に急進的なグループ[65]、さらには、ある〈女性協会 Female Society〉を推進する。一九世紀の最初の三〇年間は、第二次〈大覚醒運動 Great Awakening〉が、ジェマイマ・ウィルキンソン、あるいはシェーカー派の創始者アン・リーといった予言者たちに扇動された宗派を増加させる。一時的であれ、両性の平等の中で女性たちは、しばしば社会の周辺に生きる人々と同盟して、象徴や儀式、啓示を同時に覆す。彼女たちは都市の新しい社会の不正と放縦を非難する。一八三四年、ニューヨークで設立された〈女性道徳改善協会 Female Moral Reform Society〉は「二重標準《ダブルスタンダード》」〔男性に対してより寛大であるように作られた旧弊な道徳規範〕の欺瞞を攻撃し、大きな成功は収められなかったものの、娼婦たちの回心に取り組む(66)。

イギリスでも、とりわけメソジスト派の宗教復興がなされるが、性別役割の領域でははるかに保守的であり、女性を抵抗に駆り立てる。社会問題が聖なるものに取って代わる、一種の合理主義にくみする女性たちもいた。たとえば、エマ・マーティン（一八一二―五一年）は、しだいに沈黙に追いやられ、「嫌われ者《パリア》」になり、結局、助産婦になる決心をする。これは後にサン＝シモン主義者のシュザンヌ・ヴォワルカンがたどることになる道である。ほかの女性たちは、女性による救済の確信に満ちた千年王国思想〔終末意識とユートピア待望に根ざした宗教的な社会思想〕の社会主義にそのエネルギーを注ぐ。デボン州の使用人、ジョアナ・サウスコット（一七五〇―一八一四年）は、彼女が「太陽の光に包まれた女性」であると告げる声を聴き、説教を行なうことで多数の信奉者を得る。その数は、彼女が死んだとき、一〇万人を超え、その中の六〇パーセントは女性であった。きわめて合理的な社会科学と言葉による千年王国運動の混合体であるオーエン主義〔イギリスの社会思想家ロバート・オーエン（一七七一―一八五八年）の提唱する共産主義的共同体を基盤とした労働・生産制度の構想〕は、〈女性〉の使命もあわせて称揚する(67)。

まったく同じように――明確な宗教的基準を除いて――、精神的で使徒のような、そして自由に燃えたフェミニズムの並外れた培養基であるフランスのサン＝シモン主義がある。サン＝シモン主義は〈救済の母〉を求めて東洋に向かい、使徒たちの行くところ、「男性の言葉と等価値の言葉(68)」を約束された女性たちの熱狂を巻き起こす。デジレ・ヴェレ、ジャンヌ・ドロワン、ウジェニー・ニボワイエ、クレール・デマールは、メシア信仰をもって語り、行動し、書いた。〈教父〉が、自分のもとへ呼び寄せていた女性たちをいかにも聖職者らしく拒絶するとき、どれほどの幻滅であったことか！　離脱や自殺さえもが当時、多数あった。

共通のアルケオロジーに、おそらくは、革命の震動に結びついているこれらすべての宗派は、発言権を手に入れ、責任を負う経験であった。そしてこの経験の遺産が一九世紀に血液を送ろうとしていた。

「母なる国」の側で――国家独立の戦争と闘争

すぐれて男性的な行為である戦争は、むしろ、伝統的な役割を強固にする傾向がある。とりわけ女性にとって、たいていの場合、罪悪感を抱かせる言説に基づいて強化される規律の中で、おのおのの性が〈本国〉に奉仕するために動員される。つまり男性は前線へ、そして女性は後方へ。女性は縫い物をし、古布をほぐしてガーゼの代わりにし、食事の準備をし、そして何より看護にあたる。ドイツの上流婦人たちの愛国的団体は一八一三年にこうした仕事に専心するが、敵をも看護するよう促すには、ラーヘル・ファルンハーゲンのような啓蒙の精神が必要である。政治的な活動を切望しているベルジオヨーソ伯爵夫人は、一八四九年、マッツィーニからローマの野戦病院業務の組織化を託される。夫人は、勇気はあるが放縦でもある庶民階級の女性たちを雇い、規律を守らせようと試みる。「私はそうと知らずにハレムを組織していた」と言う。それでも、辛辣な非難に対しては彼女たちを擁護しよう。(69) 無償奉仕者たちが職業意識を持ち、意見を述べるようになると、軋轢が生じる。クリミア戦争でのフローレンス・ナイチンゲール、あるいは、一八七八年のロシア-トルコ戦争の混乱をうまく利用して――大きな成果は得られなかったものの――自分たちの職業資格を認めさせようとしたロシアの女性医学生たちがその例である。

多くの女性が好戦的であるのかもしれない。クロリンダ〔タッソ作『エルサレム解放』のヒロイン〕、ジャンヌ・ダルク、あるいはグランド・マドモワゼル〔一六二七―九三年。ルイ一三世の弟ガストン・ドルレアンの娘、モンパンシエ女公爵。フロンドの乱では軍隊を率いた〕は銃眼壁に登り、剣を振るう。だが、武器は女性に禁じられている。「若い娘や女性が歩哨に立ち、斥候に出るのは、礼儀にかなったこと、品のよいことであろうか?」とシルヴァン・マレシャル〔一七五〇―一八〇三年。作家。無神論的立場を表明〕は問う。「そして兵士たちを軟弱にするのは」と付け加えてもよかっただろう。ここで問題になっているのは性別《セクシュアリテ》でもあるから。一七九三年四月三〇日の法律は、軍隊にいる危険な女性を家庭に帰し、以後、女性に一切の軍給与を禁止する。もっとも何人かの女性は隠れて軍隊に残るだろう。(71) しかし、その後、兵役に就く女性には不名誉が絡みつく。一八四八年には、卑猥なからかいがドイツ人女性や、特にパリの〈ヴェジュヴィエンヌ Vésuviennes〉(一八四八年に結成された女性政治団体)たちを悩ませる。武器をとったこうした庶民階層の女性は、大胆にも「女性の政治憲法典」、男性の服装の着用、「文民、宗教、軍」のあらゆる公職に就く自由を要求した。ドーミエやフロベール、さらにダニエル・ステルン(本名マリー・ダグー)さえもが彼女たちを揶揄《やゆ》する。(72)

地中海諸国は異なった行動を見せる。ギリシャ独立戦争で女性が食糧の供給だけでなく、武装して防衛にあたったことは、国際世論を驚かせた。永続的で、男性と対等の、参謀級の革命派指揮官までいた。島々の船主たちの富裕な妻や娘、あるいは未亡人が、大義のためにその財産や名声を役立たせた。中でも二人の著名な人物。ラスカリーナ・ブブリーナ(一七七一—一八二五年)。〈愛好家協会〉の後援者であるこの「上流婦人」は蜂起を企てた。トリポリ包囲では、フルシット・パシャのハレムからの女性救出を交渉することに成功し、主要な役割を果たした。マード・マヴロゲヌス(一七九七—一八三八年)。彼女の住む島、ミコノスの有力者たちに、蜂起を支持する決心をさせた。キオス島の大虐殺(一八二二年〔トルコ人による島民の大虐殺〕)の後で、彼女は義勇軍を組織し、自ら武器を手にして指揮する。また、「パリのご婦人がたへ」手紙を送り、イスラム教の脅威に対するギリシャのキリスト教徒たちの大義を支持するよう説得する。「私は戦いの日を望んでおります、あなた様がたが舞踏会のときを熱望されるように」と書いた。(73) この戦争で遺産を使いはたしたことで家族から見棄てられ、孤独で、貧窮の中に死を迎える。貴族的で宗教的なイメージと両立しうる女性兵士の姿は、ブルジョアの世紀にとって耐えがたいものとなった。この世紀には、女性の暴力——犯罪であれ、戦争であれ、あるいはテロ行為であれ——は恥ずべきことであり、犯罪学者たち(ロンブローゾ『女性犯罪者』)は、暴力を無力化するために順応させようとする。

国家の戦いに対する女性の支持は、より許容しうる、別の形態をとることもある。プロイセン王妃ルイーゼ、亡命中のポーランドの伯爵夫人たち、アイルランドのマーキエヴィッツ伯爵夫人、クリスティーナ・ベルジオヨーソ公妃……は自らの影響力を祖国のために使った。ジャーナリストであり、歴史家であり、オーギュスタン・ティエリやミニェの友人でもあるベルジオヨーソは、知識人やフランス政府の支援を得るためにあらゆる手を尽した。彼女はしばしば自らが追放の身であることを嘆いた。「私に必要なのは強制された仕事である。文筆の仕事のみならず行動も。だが、一人の女性にとってこうしたことがどこで見つけられよう?」[74]。病院が彼女の分担であった。やがてマッツィーニとの確執、失墜、トルコへの追放。政治的役割を果たすことを求めるこうした女性は警戒されるからである。〈女性小作人組合 Ladies' Land League〉のアイルランド女性たちの――この場合は集団の――経験を、女性不信の最後の例として挙げよう。

アイルランドの小作人を守るための闘いに身を投じた〈パーネル〉〈小作人組合 Land League〉〔チャールズ・スチュアート・パーネル(一八七九―八一年)が一八七九年に組織。小作料の値下げ、土地法の改革を目的とした〕の指導者は、女性たちに彼らを補佐するよう促した。だが、パーネルの妹、アンナとファニーに突き動かされて、彼女たちはアメリカの組織をモデルに、自立した〈女性小作人組合〉を一八八一年、組織する。慈善活動に限定することを拒んで、彼女たちは立ち退きに対する抵抗を引き受け、土地を奪い取られた人々に臨時の避難所として「掘っ建て小屋 huts」を提供した。運動を先鋭化させながら、彼女たちは地代の支払い拒否を強く勧め、このことで土地所有者のみならず、より富裕な小作人たちの敵意を買う。募金を募りはするが、その予算は赤字であり、彼女たちの管理能力のなさを強調する口実となる。とりわけ、世論、プロテスタントの主教、カトリックの司教が率先して、公の場への女性の進出を非難する。集会では遠慮がちに会場の奥に控えていた女性が壇上に上がる。彼女たちの控えめな服装や物腰――アンナ・パーネルは常に黒い服を着て、ゆっくり、穏やかな口調で話した――にもかかわらず、それは容認できない。一方、家族も、夜、外出し、家名をけがすこれらの女性を非難する。彼女たちは普通犯たちと一緒に投獄されてはいないか? メアリー・オコンナーは娼婦たちとともに六か月の刑に服した。一八八一年一二月に〈女性小作人組合〉は女性集会と同様、禁止される。そして、〈アイルランド国民同盟〉から彼女たちは締め出される。ファニー・パーネルは三三歳で亡くなる。アンナは兄のチャールズ・スチュアートと仲たがいし、偽名で芸術家集団に引きこもる。一九一一年、荒海で水泳中、溺死する。彼女は自らの体験から、一つの物語『小作人組合、大いなる不名誉の物語』を残したが、出版社がなく、長い間、未刊行であった。彼女はこの中で自分の役割については語っていない。(75)

男性の補助者としてであれ、代理としてであれ、平和が回復すると、女性は消えなければならない。国家独立の闘争は男女両性間の関係を変えはしない――二〇世紀も事情は同じである。しかしながら、本章で言及したこれらの女性はあっさりと家庭に戻ることが容易にはできない。一八一三年の世代のドイツ女性は、私的レベルで出航した。南北戦争の世代のアメリカ女性は、奴隷制度廃止のための闘争で発揮したエネルギーを慈善活動やフェミニズム運動に注ぐ。

革命は私の姉妹？

革命は――一九世紀、そして本書〔『女の歴史』第四巻〕の始まりとなっている「フランス大革命」ですでに見たように――権力と日常生活を危険にさらすゆえに、男女両性間の関係をぐらつかせる。その歴史は、アンヌ＝マリー・ケッペーリが指摘するように、フェミニズムの歴史を彩る。戦争は国家理性の名のもとに個人の意志に沈黙を強い、一方、革命は、少なくともその初期段階では、革命の発端となった欲求や不満の表明を認可する。なぜ女性の欲求や不満は認められないのか？ もっともこの「人生の大きな休暇」は、男性と同じ程度に女性にかかわるものではない。女性は、革命という状況の中でますます困難になる家族の物質的生活の確保にかかりきりだからである。だが、結局、革命のもたらす混乱が、人々の往き来と出会いの可能性を生み出す。

革命は男性を一体化する以上に、女性を一体化するわけではない。反革命の陣営には女性の中心人物や信奉者がいた。宣誓拒否聖職者たち〔一七九〇年制定の〈聖職者民事基本法〉への忠誠の宣言を拒否した聖職者〕はこうした女性から支持されたが、その論拠は、女性参政権に反対するためにしばしば利用されることになる。もっともここでわれわれが言おうとするのはそうしたことではなく、「諸権利」についてである。その宣言は条件を伴い、限界と除外の対象を決定することが一般的であった。この矛盾する空間で、少なくともフランスではまず、社会的であるより、法的なフェミニズムが誕生する。外国人や未成年者、農奴、あるいは貧困者の側へ投げ出された女性は、自分たちの周辺にいる人々を代表する権限をときとして手に入れることになろう。

女性は革命の前景にいるのではない。まず、彼女たちはいつものように補助者として人目のつかぬ所に姿を現す。たとえば、一〇月五日と六日〔一七八九年一〇月五日、六日、パリの民衆がヴェルサイユ宮殿へ行進し、国王一家をパリに連れ帰った〕、あるいは、ミシュレがその統一的、母性的役割を称賛する連盟祭〔一七九〇年七月一四日、フランス革命一周年記念祭〕での女性たち。それから、彼女たちは考慮に入れてもらえないことに苦しみ、理解者を探し求める。つまり、コンドルセ、革命初期段階の何人かのジロンド派、一八三〇年のサン＝シモン主義者、一八四八年の労働者、次いで、自由思想家、フリーメーソン会員、民主主義者たちである。社会主義との協調は、すべての国で、特に一九世紀後半に、最も頻繁であり、かつ、対立の原因をはらんだものであった。政党の社会主義はまず階級のことを考え、女性の自立した組織はどのようなものであれ、嫌うからである。ところで、男女が混じり合っているということは、自分たちが選ばなかった代表者から女性が沈黙を強いられることを、あるいは、集会が引き起こすあけすけなばか騒ぎを意味する。一八四八年六月、ウジェニー・ニボワイエは、直面した大騒ぎにうんざりし、「以後、当人の母親か姉妹の推薦がなければ、いかなる男性も加入を認めない」と宣言する（『自由《ラ・リベルテ》』紙、一八四八年六月八日）。情勢の皮肉な急変。窒息しそうな抑圧下では、女性だけの協会、クラブ、集会、そして新聞が必要である。至るところで、また、常に、どうなるか、よく分かっている。

そして旧秩序の復活が革命につづく。オットー一世治下〔一八三二—六二年〕のギリシャからビーダーマイヤー様式時代〔一八一五—四八年〕のドイツまで、シャルル一〇世治下〔一八二四—三〇年〕のフランスからヴィクトリア地代〔一八三七—一九〇一年〕のイギリス、あるいは、ジャクソン大統領時代〔一八二九—三七年〕のアメリカまで、政治的混乱の原因であるとされた風俗の秩序を回復しようとする。女性の従属はこの秩序回復のお決まりの構成要素の一つである。〈民法典〉は慣習法よりいっそう悪質ではないか？　そう考える法学者もいる。女性たちも同じように考える。「女性は旧体制下以上にあらゆる権利を奪われている」と、『ジュルナル・デ・ファム』紙は一八三二年に書く。戦闘的な女性にあっては劣悪化という考えに類似した後退の考えが一九世紀の進歩主義的楽観主義と対照をなす。この考えは、原始母権制を唱える人類学の見解で強固になり、マルクス主義は女性のこの「歴史的挫折」を裏付ける。支持者たちの放棄、権力による抑圧、底知れぬ無関心は深い失望感を生み出す。だが、この失望感はジェンダー意識を「われわれ」の中にはぐくむ。

したがって、男女両性間の関係は、対立が生み出す動的な展開過程《プロセス》のように、〈歴史〉の中に現れる。対立は、重要性もまちまちであり、形態もきわめて多様な多くの断絶が出現させる。短くされた〈歴史〉？　それは、普通、歴史に関して持ちつづけられ、男性の物語が、女性に対し無関心であれ、女性を軽蔑するものであれ、常に伝播する見方である。現実には、これら衝撃の間には目に見えないつながり、記憶の織物がおそらく存在している。出版物や思い出、遺品――しばしば母から娘へ――を介して、ある種の伝達が行なわれ、それによって、一つの世論の基盤となる、意識集団の輪郭が形づくられる。世論の性別のある歴史を書く、これこそ、いずれにしてもわれわれがこれからやらなければならないことである……。

禁じられた言葉——聴衆を前にした発言

「聴衆を前にした女性の言葉」、『ナショナリズム、フェミニズム、締め出し——リタ・タルマン記念論文集』、所収（ベルリン／パリ、ピーター・ラング、一九九四年、四六一—四七〇頁）

もちろん、女性は話す。まず、女性同士で、婦人部屋なり家の暗がりの中で。それればかりではない。秘密の話を心配する男たちが恐れる世間話の場の、市場や共同洗濯場で。女性の絶え間ないささやきは日常生活にひそやかに付随する。それは、伝達や統制、交換やうわさといった、多様な機能を果たす。女性は語り、伝え——そして中傷し——、歌い、泣き、懇願し、祈り、わめき、抗議し、むだ口をたたき、冗談を言い、叫び、どなりちらす。女性たちの声は表現様式であり、口伝えが最も重要な位置を占める伝統的社会の規範形態である。だが、彼女たちの言葉は事の私的側面に属する。それは集団と非公式の領域のものである。打ち解けた会話のひそひそ話で、せいぜいのところ貴族階級や中産階級のサロンで、芸術、つまり「美しい言葉」の芸術の域に高められた会話の、ほとんどおきまりの話題の中で発せられる。マルク・フュマロリは、〈才　女《プレシューズ》〉から啓蒙時代の女性にいたるまで、対抗勢力ではないにしても、少なくとも、「女性の声と男性の声の間での応答 respons を可能にし、才気《エスプリ》を完全な一致点にする駆け引きの空間」[1]がどのようにして構築されたか、見事に明らかにした。

女性に拒絶されるのは、聴衆を前にした言葉である。その言葉に二重の、つまり、市民の、そして宗教上の、禁止事項が重くのしかかる。「人前で話すこと、学校を開設すること、宗派なり教派を創始することを女性に許してはならない。公衆の面前に女性が出るのは常に場違いである」とピタゴラスは言っている。[2]だが、女たちは都市国家の合唱団である。動員されて、英雄を歓呼して迎え、葬列では嘆き悲しむ。だが、常に名前のない集団としてであり、個人としてでは決してない。

キリスト教は状況を変えるだろうか？　まず初めに何らかの高揚があったように見える。だからパウロが問題を取り上げる。ギリシャと同様にユダヤの慣習を受け継ぐ彼は女性に沈黙を強いる。「集会で女性は口をつぐんでいるように」と、あの有名な『コリント人への手紙』で言う。もっとも、これは注釈の対象となる。女らしさ《フェミニテ》の最も明白なしるしを隠すために頭を覆っていさえすれば、女性は預言することができるからである。だが、預言することは福音を説くことではない。[3]

それは〈言葉〉が権力を行使する男たちの専有物だからである。言葉は力である。それは神に由来する。それは男性を作る、女性は政治的、宗教的権力から締め出されている。エデンの園で、エバは女性の言葉を決定的に堕落させた。キリスト教は女性に信仰と祈りの権利を認める、だが、改悛の沈黙の中でである。初代教会はいくらかの寛容を認めていた。マグダラのマリアは布教によって南フランスを改宗させたと言われる。しかし、この変わり者の女性は社会の周辺に生きていた。いずれにせよ、一二世紀以来、教会は説教を聖職者に厳密に制限し、彼らをそのために教育した。女性は彼らの無言の聴衆を形成する。「女性のあらゆる言葉が一様に多数の聖職者に、たちまち用心深さなり警戒心を引き起こし、多くの神秘的激情の証人であり批判者でもある聴罪司祭の厳しい吟味の対象となった」[4]。教会で女性が人前で発する言葉はそれ以降、転覆、さらに異端の領域に属する。ヴァルドー派〔ヴァルドーに始まる中世キリスト教の異端〕はこれに何ら文句をつけなかったが、女性が上手にやるのであれば、福音を説くことを認めた。カタリ派〔一一、一二世紀、南ヨーロッパに広まった異端〕やロラード派〔イギリスの宗教改革者ウィクリフの教えを奉じた信者〕も同様であった。

したがって、宗教改革――最も邪悪な言葉を持った女性として表された――が、女性に語らせたことは少しも驚くにあたらない。女性は敵意を見せる裁き手の前で信仰を告白し、彼らはパウロの「掟」を思い出させ、彼女たちに口をつぐませる。「イエスの御言葉を述べ伝えたことを少しも恥ずかしいと思わず、皆の前で公然とそのことを告白する」(5)サマリア女にならうよう修道女たちを励ますマリー・ダンティエールのように、彼女たちは口語で福音を説く。ドイツ、スイス、とりわけフランスの多くの都市で、女性が説教壇に登る。ナント王令の廃止〔一六八五年。新教徒に信仰・礼拝の自由、公職への就任を認めたナント王令〔一五九八年〕の廃止により、新教徒のイギリス、オランダ、ドイツへの亡命があいついだ〕は女性説教師を増加させる。カミザール〔一八世紀初頭、ルイ一四世に対して反乱を起こしたセヴェンヌ地方のカルヴァン派新教徒〕のセヴェンヌ地方では（六〇人ばかりの説教師のうち）七人の女性説教師を数える。新教徒の集会では農婦たちがトランス状態で演説をし、悔恨がないにせよ黙示録を告げる。同様の発言が、後に、一七五〇年から一八五〇年の間に、プロテスタントの教会を周期的に激しく揺るがす〈信仰復興〉の際になされる。そういうわけで、合衆国ではシェーカー派の創始者アン・リー、イギリスのデヴォンシャーでジョアナ・サウスコット（一七五〇―一八一四年）が立ち上がる。このしがない召使いの女性は、自分が「太陽の光に包まれた女」であるというお告げの声を聴き、布教を始め、一〇万人の信奉者を獲得した。(6)

まったく別の次元のものではあるが、フランスのサン＝シモン主義はこうした動きとの類似を見せる。プロレタリアや女性への熱烈な呼びかけは、後者、つまり女性たちに期待を抱かせ、ペンをとり――当時、女性の請願、手紙、告白、新聞が続出する――、発言するよう駆り立てる。さらに伝道者たちが女性に語りかける。「彼女たちはわれわれに会い、われわれの話を聞こうとする。グループができる。会話が始まり、女性の言葉が男性の言葉と同じように上がる活発な対話や宗教的な会話が一一時まで庭の木立に響き渡る」(7)と仲間が語っている。

だが、それは相変わらず限定された状況のことである。時代の中で。この侵入の言葉は「始まりからのきしみの中で、崩壊した教会の周辺で、あるいは虚無の中で」[8] 発せられる。形式において。女性の言葉は、着想や預言の次元で、特異である。シビラやピュティアのように、女性説教師は将来を占う。彼女たちを通して地球の予言の流れ、神の息吹が伝えられる。まるで、女性を前提とした自然——ミシュレは魔女についてそのことを言うだろう——が、女性をあの世の力の水路にするかのように。女性が話すとき、彼女たちは神あるいは〈悪魔〉の、つまり〈精神〉の、代理人、仲介者、霊媒である。ニコル・エデルマンは一九世紀にかくも多数いた夢遊病者、霊媒、交霊術者の歴史をたどった。女性の並外れた夜の言葉。権力からの排斥や禁止事項に対する内にこもった仕返し[9]。

　異端にくみする権力も女性の言葉をひどく恐れ、急いで彼女たちを黙らせた。そういうわけで、ドイツでルターが、セヴェンヌ地方ではアントワーヌ・クールが新教徒の教会に『コリント人への手紙』第一信を思い出させ、あるいは、教父アンファンタンが女性たちに福音を述べさせるより人前で告白させる。同様に、だが、情勢や問題点から考えてより重大に、フランスの〈革命家たち〉は、「集会に入り浸り、しわがれ声を上げて大騒ぎしている」女性たちの光景に恐れをなして、彼女たちがたえず占拠している演壇から追放し、彼女たちのクラブを閉鎖し、以後、政治の話をすることを禁止する[10]。秩序を取り戻すこと、それはこの騒ぎ、つまり女性の言葉に沈黙を強いること。

　フランスの一九世紀はこの点で特に妥協を許さず、厳重に警戒した。女性の言葉をかつてないほどに私的領域、家庭、家、慈善活動に閉じ込める。明確な務めを割り当てる。サロンの会話さえ、かつてその強さや魅力を作り出していたものが取り去られる。女主人が客人たちときわめて重大な事柄を差別なく話題にしたサロンの時代は終わった。これ以降、政治はサロンで語られるには真面目にすぎる問題になった。こう言ったのはギゾーである[11]。「申し分ない」女性は政治の話をせず、たまたま、男性の招待者たちがそれについて語りあうようなことになれば、そっと遠ざかるものだ。いくつかの有力な文学サロンが残っているにしても、政治サロンは今やきわめてまれである。女性がそのような意図——政治サロンを開く——を持つならば、結局、アルコナティ＝ヴィスコンティ伯爵夫人が何人かの男性の友人の助言に従ってやったように、男性だけを迎えなければならない。

政治からのこの締め出しは、政治の話がなされ、議会が開かれる、あらゆる場所からの女性の追放を伴う。イギリスでは、禁止が非常に強く、フロラ・トリスタンは下院内部に入るために男装し、同伴してもらう必要があったほどである。ドロシー・トムプソンは、世紀初頭には仲間と一緒にパブ pubs〔大衆的酒場〕やイン inns〔居酒屋〕に姿を見せた民衆の女性が、こうした場所が政治集会の空間になるにつれて、どのようにして、そこで少しずつ沈黙に追い込まれ、やがて、薄暗い隅に追いやられ、ついには締め出されるに至ったかを明らかにした。[12] 労働運動は、女性が戦闘的係争に介入することをほとんど評価せず、何よりも主婦であることを望んだ。労働組合に加入することを許されても、女性労働者たちはそこでいかなる役目を果たすことも、発言することさえできなかった。一八七二年に創設されたルーベの労働組合の規約によれば、「ルーベの工場に配属される女性は労働組合の恩恵に浴することが認められる。したがって、加入者として受け入れられるが、(……) 書面、あるいは組合員二名の仲介によってしか、所見なり提案を出すことはできない」。[13] 別の箇所で、女性は家族の中の男性、父、夫、兄弟を通さなければならないと明記されている。少なくとも一八八四年の法律の成立前は、常に検討されるものの、ほとんどの場合、採択されるこの種の規程は、それでも、議論の対象となる。したがって、一八七四年、パリの仕立て職人たちの間で、コニェとかいう男が制限規定を主張する。「冷静さにしばしば欠け、女性がその敵対者により女性という身分から敬意を欠かれかねない危険に身をさらすような集会に、女性の場はなかった」。反対に、ゴドフランは糾弾された条項の廃止を要求し、ついには獲得する。「権利と義務は不可分である」と彼は言う。[14] 世紀末の労働者大会、さらには一八九五年以降の労働者総同盟大会において、ためらいや気詰まりがないわけではないが、女性の参加と代表の問題がかなり頻繁に取り上げられ、女性の誰それが演壇に登ることが認められると、それはちょっとした事件になる。[15] 自分たちの組織を持つよう女性はしばしば駆り立てられた。こうしたことはすべて明らかに抑止効果があった。ボナルデルとかいう男が、「女性のプロレタリアの精神状態」について調査し、次のように指摘している。「パリの労働組合会館で、私は実在する女性労働組合に関する非常に正確な情報を得た。結果は、男性と合併した組合についてさえ、思わしくない。女性は小人数で集会に出席する。彼女たちは討論をうわの空で聞いている。彼女たちが異議を申し立てることはほとんどなく、分担金を支払わない。仕事を要求する姿だけが見られる。こうした状況でこれらの組合は職業紹介所の代わりを務めている」[16]。こういう具合に女性の「性質」、女性の「心」が作り上げられる。

だが、女性はストライキの集会には出席している。彼女たちが妻として、支えや飾りとしてそこに来ることが望まれさえする。加えて警視が彼女たちの存在を指摘し、その人数、目に見える家族の連帯感の程度、したがって、対立の持続の可能性を記載する。しばしば「歌を歌う」支援の夕べにも、〈ご婦人がた〉が割引料金で招かれる。聴衆なり観客として女性は平土間にいる。だが、彼女たちが登場することははるかに困難である。

だが、沈黙の壁に亀裂が生じる。労働、女性解放論、そして労働運動がその主要な要因である。労働は女性の身体を、言葉よりも動作を必要とする。工場で、事務所で、沈黙の規律は、ひどく若々しい女性労働者に対してとりわけ厳格である（監獄で女性に強いられる沈黙の規律の厳格さはエドモン・ド・ゴンクールの憤激を買うことになる）[17]。やがて女性は教育を受ける。だが、私的同然の教室の中で子どもに与えられるようなこの教育的な言葉は、最初は、事態をほとんど変えない。女性があえて弁護士になろうとするとき、事情はまったく違う。どうして女性が弁護できると言うのか？　声の能力もなければ、権限もない。フランス革命期、称揚された弁護術は、柔弱なサロンの会話[18]に対する「男性的な徳性と男らしい雄弁のこれ見よがしの報復である」。したがって、一八九二年より法学博士であるジャンヌ・ショヴァンという女性が弁護士になることを要求したとき、それは公開の国会討論を引き起こした。敵意を含んだありとあらゆる論拠が使われた。「体力の欠如、女性にとって「ラテン風に」弁護することの極度の困難さ――もっとも、アメリカの口頭弁論ではこうした問題は起こらないであろう――、さらに女性はその本性から媚《こび》を利用するゆえに、司法官が女性の誘惑の術策にはまる危険[19]」。したがって、女性に弁護する権利を認める一八九九年六月三〇日の法律可決の後で、リュシアン・デカーヴが解説する。「もしこのとき、皆の目がドレフュスの到着を待つレンヌに注がれていなかったら、この週の出来事は（……）女性解放運動の勝利であっただろう[20]」。

女性解放運動はその始まりから、女性たちの発言と代表の意志である。活動家たちは、しばしば言葉の学習を直接目的とするグループを結成する。ヴェラ・フィニェはその回想録で、この目的のために女性のサークルをチューリヒで組織した経緯を語っている。「女性には集会で発言する勇気がない。女性同士が集まれば、自分の考えを表現する術《すべ》を迅速に身につけるだろう。私は男性が排除される『協会 Verein』の結成を提案する」[21]。公衆の面前に現れることはもっと困難である。一八四八年、男たちは女性の会議をはやし立て、ウジェニー・ニボワイエが彼らを排除することを余儀なくされる。ドーミエはクラブの女性弁士を容赦なく風刺画の主題とし、『シャリヴァリ』誌は彼女たちの容姿や声をからかって面白がる。第三共和政下で、女性解放運動は、とりわけ一八七八年以降、相次いで開かれ、監視されていることを自覚した責任者たちが過剰な言語を自ら細心に検閲して「冷静に、節度をもって、慎重に」準備することに熱意を燃やす会議により、真に演壇となる[22]。女性は自分たちの演説や人前でのイメージを規制する術を身につける。会議は、その様態や効果を予測しなければならない言葉の予備教育の役割を果たした。今や、「話すことができる」女性が求められる。一八七九年、聴衆を前にした女性の言葉の歴史の中で重要な時期であるマルセイユ労働者大会で、あえて「九〇〇万人の奴隷」を代表したユベルティーヌ・オークレール〔一八四八―一九一四年。『アルジェリアのアラブ女性』(一九〇〇年)〕、ルイーズ・ミシェル〔一八三〇―一九〇五年。パリ・コミューンに関係して、ニューカレドニアに流刑〕、ネリー・ルーセル〔一八七八年―?〕、ポーリーヌ・ケルゴマール、「パリジア Parrhisia」――あるいは「話す自由 la liberté de parler」――をまさしく筆名としたブランシュ・クルムニが、フランスで評価をかち得た女性演説家である。どの国にもそれぞれの女性演説家がいる。

女性解放運動は、その後は、多かれ少なかれ恩着せがましく認められた女性の言葉の空間を作り出した。労働運動、組合運動、あるいは社会主義運動は、相変わらず困難で、反論を呼ぶ男女共学の中で、両性間の相対的な衝突を許してきた。この観点からヨーロッパのさまざまな国を比較することが必要であろう。イギリスの職能別労働組合運動、ドイツの社会民主主義、あるいはフランスのアナルコ・サンディカリスムの中のいずれが、女性の言葉を最も自由に受け入れたか？　幾人かの女性がその自伝に、聴衆を前にした言葉の学習が彼女たちにとってどれほど困難であったかの証言ばかりか、そこで味わった喜びの証言も残している。合衆国に移住した若いユダヤ女性のエンマ・ゴールドマン〔一八六八―一九四〇年。ロシア生まれの無政府主義の社会運動家。著書『回想録』〕にとって、それは自由の漸進的獲得である。まず、彼女は友人ジョン・モストにより前に押し出される。「彼は私を演説家に育て上げ、公衆の面前で話させる決心をしていた」[23]。だが、モストは彼自身のメッセージを伝えさせるためにその若さと魅力を利用する。彼は彼女の演説草稿を書き、エンマはしだいにそのことに苦悩する。彼女が抱く喪失と二分割の感情は彼と関係を断つことを決心させる。他人の代わりに話すことは沈黙より悪い。エンマが霊感を受けたと感じるのは、排除された労働者のためにニューヨークで開かれた政治集会の間である。彼女は登壇する。歓呼して迎えられる。彼女は「赤いエンマ」となる。今や大いに求められ、新しい恋人を悲しませるほどに会議や集会に頻繁に参加する。彼女を引き留めるために、「君を不安にし、なにものも――君が愛していると主張する男の病気でさえも、止めることができない君の集会への熱中を冷ますためにだけ」[24]、彼は自殺を企てる。だが、確かに、エンマは恋の喜びよりも言葉の喜びのほうを選ぶ。もはや、彼女が雄弁を振るう、無政府状態の旅を止めるものはなにもない。

アーデルハイト・ポップ〔一八六三―一九三九年。オーストリアの女性運動家。女性労働者新聞を編集〕は、『ある女性労働者の青春』（一九〇九年）[25]で、とりわけ女性蔑視のオーストリア社会主義政党の内部に遅れて入り込んだ経緯を語った。彼女は党の集会に初めて出席したとき、兄弟に同行した。「私の知る限り、女性は一度として党の会議にしたことはなかったし、私の新聞は常に男性労働者を対象としていた（……）。会場で女性は私一人であった。私が通ると、すべての視線が驚いて私に向けられた」。それから後、彼女はこの会議に頻繁に通うが、無言であった。「私は一言も発言する勇気がなかった、拍手する勇気さえ持ち合わせていなかった」。それでも、彼女には、現状に対する熱情がある。「社会の出来事が私を熱中させた（……）。政治にかかわるすべてのことが私の関心を激しくそそった」。言葉に対して満たされないものを感じている彼女は社会主義新聞『未来 Zukunft』紙を作業場で大声で読む、すると同僚たちが「あの娘は男のように話す」と言い、このことが彼女を喜びでいっぱいにする。家では椅子の上に上がって、演説を行なう訓練をする。女性労働に関する公開の集会で彼女が初めて発言したとき、出席者は彼女の話に耳を傾けた。そしてこの成功が彼女を動転させる。そしてエンマ・ゴールドマンのように、彼女は活動家、演説家としての各地歴訪に乗り出す。彼女の家族、とりわけ母親が、街の中心から離れた地区への外出やひどく遅い帰宅を心配する。夜の都市は若い娘たちに好ましいものではない。彼女の演説は、労働者たちがその身元を尋ねあうほど並外れて自然であることから、確かな評判をかち得た。シュタイアーマルク〔オーストリア南東部の州〕の鉱夫たちは彼女を大公妃として思い描き、織工たちは、女性に変装した男性にちがいないと言う。「なぜって、男たちだけがあんなふうに話すことができるからさね」。

もちろん、自問することができる。なにゆえに、聴衆を前にした言葉を欲するのか？　なにゆえに、登壇して他者に語りかけようとするのか？　なにゆえに、私的な言葉での会話、交換、より平等主義の遊びよりも弁論術を好むのか？　確かに、そこには、社交性《ソシアビリテ》の往復路を犠牲にした、男性的、同化的観念の勝利がある。おそらく。だが、聴衆を前にした言葉の使用は別のものを意味する。それは権力の象徴であり、女性が、その弱々しい、かすれた、甲高い声と、とめどもない饒舌のために——ということらしい——排除されていた、公的領域へ立ち入る形態である。

言説を自分のものとし、それを自在に操ること、それは社会を自分のものにし、女性の運動の中心にある、未完成の——果てしのない？——象徴的なこの革命の端緒に挑むことであった。つまり、大いなる冒険的行為。

市民権――ジェンダーと政治

「フランスにおける女性と市民権――締め出しの歴史」、『女性と政治』、アルメル・ル・ブラ＝ショパール、ジャニヌ・モシュ＝ラヴォ編、所収（パリ、ラルマタン、一九九七年、二三―三九頁）

市民権は複数の要素を含む、多義的、多元的概念である。広い意味ではそれは〈都市《シテ》〉（これ自体、市民の総体として定義される）生活への参加、それに付与される権利の享受、それに割り当てられる義務の遂行を意味する。さらに、民法上の市民権、社会的市民権、政治的市民権を区別することができるが、女性にはそのいずれを取得するにもトラブルがあった。承認された、平等の権利を持って〈都市《シテ》〉に参加することは、女性にとって常に問題になった。だが、これらの権利の中で公民権と参政権は、とりわけ、女性の進出を阻む閉鎖的な市民権の領域を形成した。加えてフランスの状況はよその国以上であった。

西欧民主主義の現代史の中で、フランスは実際、三重のレベルで女性に対して設けられた障害の高さで特徴づけられる。つまり、一九四四年のド・ゴールの命令《オルドナンス》によりいわば「恩恵として与えられた」選挙権。地方であれ、立法府であれ、今もなおヨーロッパの中で最も弱いものの一つである代表権。そして、執行権への参加。後者は常に「君主の専断」であった。「君主」の名はレオン・ブルムであり、ヴァレリー・ジスカール・デスタンであり、フランソワ・ミッテランであり、また、ジャック・シラクである。まるで、神秘の洞窟の内壁を散り散りにさせるための「開けゴマ」、神殿の扉を開ける特別な護符が必要であるかのように。そして、エディット・クレッソンや「ジュペット」たち（長い左遷の後、第一次ジュペ内閣の女性大臣や閣外大臣に与えられた綽名）がその不幸なヒロインであった対照的な挿話が、政治権力の中心に女性が就くことの脆弱さをよく物語っている。人間と市民の〈権利〉宣言、ならびに民主主義と〈共和国〉の樹立における先駆的な国に見られたこの厄介な状況。マドレーヌ・ルベリューはピエール・ロザンヴァロンとの『市民の聖別式』を巡る対談（一九九二年）で、「不可解」と言っている。しぶしぶ従い、やがてあきらめて女性を〈聖人〉たちの中心に認めるようなフランスの「遅れ」を話しさえすればいいのか？　ジュヌヴィエーヴ・フレスは、彼女には無頓着にすぎると思われるこの表現を拒絶する（一九九五年）。それでは、フランスの「特異性」（オズーフ、一九九五年）、さらに「特殊性」を語らなければならないのか？　だが、それらは何に結びついているのか？

数年来なされた多数の研究から、これまでより少しばかりはっきり理解できるようになったと思われる。それらがどれほど最近のものであるか、ついでに指摘しておこう。政治からの女性の締め出しはあまりにも当然のように見えたため、問題にならず、わが国の教科書は、選挙権が男性だけのものであった事実を気にすることなく、一八四八年に制定された「普通選挙」について平然と語った。他方、政治は、権力さえも、身体や社会道徳、あるいは文化のほうを気にかけた運動の影響が及ぶ領域の中で、一九七〇年代に展開された（あるいは再編成された）女性の歴史の第一の気がかりではなかった。「政治的主体」としての女性は主要な関心事ではなかった。最初に関心を駆り立てたのは、当然ながら、政治学者たちである（モシュ＝ラヴォ、シノー、一九八三年）。現代性もあずかって力があった、つまり、記念式典（フランス革命記念式典、リベラシオン記念式典）と、大きな要因たる平等《パリテ》に関する、最近ならびに現在の討論である。加えて、政治は結局のところ、その特殊な一事例――事実、非常に特殊な――でしかない権力と両性の関係（権力とジェンダー）

に関する考察の特有の展開も影響を及ぼした。研究は今や数多く積み上げられ、とりわけ次の二点で豊富である。すなわち、根源であり、模範であり、たえず見直される舞台のフランス革命。女性の闘争と女性解放運動《フェミニズム》。これらについては、重要な役割を演じた女性たちをその等身大で再現した若い女性歴史学者たちの研究のおかげで、今日ではほとんど全貌を知ることができよう。

今や、開演を告げるべき時だ。まず、主要な挿話を思い出させるために。それから、筋の山場と相互作用の展開を理解しようとするために。

『女性抜きの民主主義』

これがクリスティーヌ・フォレの先駆的著者〔一九八五年〕の題名であった。ただちに用語の難しさ、あいまい性を指摘しておこう。それは女性を決定的に、それとも一時的に締め出すことを意味するのか? 予備能力獲得を女性自らが可能にすることに結びついた、漸進的な包含を意味するのか? 釣り合いのとれたとみなされる、役割、仕事、性的支配力の機能的観点からの定義の試みなのか? こうしたすべてについて、論争はいくらでもある。

まず、フランス革命。それはその内容と行為者の点で選別的市民権を規定する。民事上の市民権は政治的市民権から区別される。女性は前者を、ある程度まで——とはいえ、無視できるものではない——獲得する。相続における平等は、しばしば非常に不平等であった、かつての慣習を断つ。したがって、著しく男性優位を誇示するノルマン人の法律の廃止がピエール・リヴィエールの犯罪〔一九世紀前半の殺人者。フーコーは彼の回想録を分析し、一九七三年に出版〕の根底にある。彼は母親を殺すが、それは「女性が権力を手に入れた」からであると、その有名な自白に書いている〔フーコー、一九七三年〕。双方の同意によるものを含め、離婚により破棄できる民事契約としての結婚制定は著しい前進である。後にナポレオンの〈民法典〉が家父長制の結婚を家庭と社会の要《かなめ》とすることでこれを見直すことになろう。それからは、権利において相対的に平等な未婚女性である「成年に達した娘 filles majeures」と、「未青年の娘 mineures」のような、一家の長たる夫の権力に従属した既婚女性が区別されよう。だが、裂け目が作り出された。

その代わりに、女性は市民権の行使から締め出されている。子ども、貧困者、そして外国人と同じく受動市民である。一七八九年における投票の主たる組織者、シエイエスがこのことを明確に述べている。「すべての者はその人格、所有権、自由、等を保護される権利を有する。だが、すべての者に行政当局設立に積極的に関与する権利があるわけではない。すべての者が能動市民であるわけではない。少なくとも現状での女性、子ども、外国人、公的施設の維持にいささかも貢献しない人々は国家に積極的に影響を及ぼすべきではない」。陳述は明快である。民事社会と政治的社会の間の断絶を制定し、公的、政治的活動の特殊性を強調する。そして現在のところ、それに近づくことのできない女性を締め出す。女性は保護されるように作られている。〈民法典〉の起草者ポルタリスによれば、「撤回できない犠牲と引き換えた、不断の保護」を女性に与えなければならない。

この締め出しは自明であるか？　全男性と、この新しい舞台から遠ざけられ、結局、多く農婦である大部分の女性にとって然り。わずかに少数派が女性の参政権を要求する。たとえば、女性の投票に反対するあらゆる論拠に異議を唱えるコンドルセ（『女性の市民権の承認について』、一七九〇年）や、ギヨマール（スレジエフスキー、一九八九年、一九九一年）。一方、オランプ・ド・グージュは、一七か条からなる『女性と女性市民の権利宣言』（一七九一年）で完全な政治的平等を明確に要求する。このジロンド派の女性は後にギロチンにかけられるが、その裁判は政治における女性の資格剥奪に関する示唆に富んでいる。ショメットは明言する、「この男勝りの女、この女にして男である破廉恥なオランプ・ド・グージュのことを覚えておかれるがいい。彼女は政治に身を投じ、重罪を犯そうとしたために、家事をことごとく放棄した（……）。このように女性としての徳を忘れたことが彼女を死刑台に追いやった」（スコット、一九九六年）。女性にとって政治的表現の場となった〈革命共和女性市民協会〉といった女性結社がやがて閉鎖される（ゴディノー、一九八九年。フレス、一九九五年）。

第二、第三共和政で強化された締め出し

市民権の行使において、一方では社会的市民権と政治的市民権の間に、他方で男性と女性の間に、溝がしだいに掘られてゆくが、これにはいくつかの理由がある。

――「普遍的」と言われる選挙は主権の基準となり、一八四八年にはすべての男性に認められ、女性はさらに排斥されていること。

――しかしながら、女性の社会的役割はいっそう認められる。彼女たちの教育は拡大し、その慈善、博愛、さらに、評価がますます頼りにされる。

――労働組合の結社の自由を承認する一八八四年の法律は男性、女性のすべてにこの自由を認め、既婚女性は夫の許可なく労働組合に加入することができる（もっとも、夫の同意なしに働くことはできない）。この矛盾についてはまだ十分に考察がなされていない。

一八四八年の革命はこの観点に立てば、決定的過程である。並外れて積極的で、新聞、結社で、あるいはジャンヌ・ドロワン〔月刊誌『女性の意見』誌の編集長、一八四九年五月の立法議会選挙に立候補〕の立候補で表明されたフェミニズム（リオ＝サルセ、一九九四年）にもかかわらず、この革命は、プロレタリアと女性を変化の二本の柱とするサン＝シモン主義で結ばれた労働運動たる社会主義とフェミニズムとを決定的に断絶させる。その後、フェミニズムは「中産階級的」と言われるだろう。労働運動はその独自性の根拠を男らしさに置く。コレージュ・ド・フランスでの講義で（一八五〇年）、ミシュレは、聖職者と女性の関係を非難して、共和政の挫折に対して女性を糾弾する傾向さえ見せる――古典的な主張。それゆえ、女性を教育する必要性がある、と彼は付け加える。

第二帝政は両性の間の政治的溝をさらに広げる。一方では教会が女性に対する支配力を強化し、他方ではプルードンが本性に根拠を置いて性別による役割分割を公然と認める。主婦が、彼の目には――もっともミシュレにとっても同様

であるが——女性に可能な唯一の存在理由である。このことを労働運動がうんざりするほど繰り返すであろう。にもかかわらず、討論が継続し、拡大し、著しい進歩がとりわけ教育の領域で遂げられる。一八六一年、ジュリー・ドービエがフランス女性初の大学入学資格者となるが、激しい反対がなかったわけではなく、学士号取得の準備をし、『貧しき女性』を出版するのはその後のことである。一八六七年、ヴィクトル・デュリュイ内閣は人口一〇〇〇人以上の市町村に女子の小学校設立を義務づけ、少女のための最初の「中等科」を創設する。

第三共和政は教育におけるこの平等の端緒を著しく進展させる。フェリーの実現した学校は男女共学ではないが、断固として平等主義であり（オズーフ、一九九二年）、ポール・ベールは女子の最初のリセを設立する（一八八〇年の法律）。これは、教会を阻止することのできる「聡明な伴侶」を持つという共和主義的願望を反映するが、同時に、娘たちの賃金労働獲得に腐心する下層、中層ブルジョアジーの強い要望に対応する（イザンバール＝ジャマティ、一九九五年）。時代は変わる。

第三共和政は女性の政治的市民権をついに認めるであろうか？　多くの人がそれを期待する。たとえば、ユベルティーヌ・オークレールはマルセイユの労働者大会（一八七九年）や自身が発行する『女性市民』紙で、確固たる体系的な論理を展開する（クレマン、ロシュフォール、一九八九年。スコット、一九九六年）。民主主義者であっても多くの男性がなお躊躇する（たとえば、女性解放論者であり、フリーメーソン会員であるレオン・リシェール〔〈女性の境遇改善・女性の権利要求のための協会〉主導者〕。確かに、フリーメーソンは婦人参政権闘争の先頭に立ちはしなかった）。

一九〇〇年頃、優れた法学者たち——デュギ、オーリュー、エスマン——が自問する。女性に参政権を拒否するに足る法的に有効な論拠があるとは彼らには思われない。一九〇六年以降、何人かは賛成であることを明言しさえする。だが、彼らにとって〈国家〉は〈市民権〉を超える。女性は前者に所属するが、必ずしも後者には属さない。選挙権は役割であり、権利ではない（このことはシエイエスがすでに言っている）。彼らは両性の補完性を強調する。女性には統治する力がない、とオーリューは考える。「著しく断続的である彼女たちが政治家の職業に従事するのは困難である。彼女たちはこの仕事に携わることを望みもしなければ、選挙人が彼女たちに委ねることを望みもしないであろう」(オルティ、一九九五年)。

その間、参政権要求のフェミニズムが発展する。イギリスでの運動の華々しさこそなかったが、同様に精力的であった。意見、つまり、女性の意見が進展する。この点に関して、ある有力な日刊紙が展開した意見調査に積極的に答えた五〇万人の女性の熱意が示すように、彼女たちはしだいに投票することを望む。「女性(あるいはフランス女性)は投票することを欲する」が両大戦間に繰り返されるスローガンとなる。代議士たちの意見も同様に進展する。大多数が一九一四年に、女性参政権に賛成であることを明言する。上院はこの法案をつぶすが、同様の展開が両大戦間に六度、繰り返されることになる。

一九一四―一八年の大戦間、フェミニストたちは闘いをやめ、大部分、戦争にかかわる努力に加わる。だが、多くのヨーロッパの国々では戦後に投票権が女性に認められたのに対し、休戦協定後の政治的フランスは、母親と主婦の役割に送り返され仕事場を離れるよう懇請された女性にきっぱりと敵対する。彼女たちは給与生活のためと同様に出生率のために、これらの命令に断固として抵抗するであろう。そして若い娘たちが大学に殺到しはじめ、女子学生の姿を敢然と定着させる一方、髪を短く切り、膝までのスカートをはいた女性のシルエットが、戦前の堅苦しい枠から解放される。市民社会で頑固に自分たちの道を進みつづける女性の持つ妨害力の好例である。

閉じられているのは相変わらず政治領域である。迅速に再組織され、しばしば従来と同じ指導者がいるものの、「女性の知識人」(小学校の教師、教授、弁護士)の最初の世代の支援で刷新されたフェミニズムは、投票権を主たる目標として、横断幕やプラカードを振りかざし、それ以後有名になった「女性は投票することを欲する」というスローガンを一音一音響かせて叫ぶ。

行進やデモがとりわけ上院の前で相次ぐ。この男らしさの神殿で何人かの女性がその揺るがぬ態度を見せるために鎖でつながれる(バール、一九九五年)。しかし、右派(ルイ・マランを除いて)の軽蔑に、急進社会党のあからさまな敵意と、これを最重要課題の一つにしていない社会主義労働者インターナショナル・フランス支部（SFIO）の相対的な無関心さが付け加わる。ここから人民戦線が幻滅となる。確かにレオン・ブルムは初めて三人の女性（セシル・ブランシュヴィック、イレーヌ・ジョリオ＝キュリー、シュザンヌ・ラコール）を政務次官に任命する。だが、女性参政権の問題は人民連合の綱領に掲げられてはいないし、いかなる法案もこの趣旨に沿って提出されていない（バール、一九九六年）。一方、街頭デモや占拠された工場では女性の姿がしだいに多くなる。

「永遠に女性的なるもの」と家族の秩序を考慮して、ヴィシー政権は、個人としてではなく母親として、市町村参事会における女性の代表を称揚する（ミュエル＝ドレフュス、一九九六年）。

一九四四年四月二一日の命令《オルドナンス》（一七条）により、アルジェの諮問議会はついにこの問題に決着をつける。「女性は男性と同一の条件で有権者であり、被選挙資格を有する」。ついに。捕虜となった男性の不在に関する最後の反対がなかったわけではない。男性の不在は、「本来の教師」を取り上げられた妻たちの投票を無謀なものにする危険がある（デュ・ロワ、一九九四年）。公民生活の実践に対する女性の「生来の」無能についてのさんざん繰り返された論拠が、ジュペ内閣の最近の提案になお隠されている（一九九七年三月）。国民議会選挙で受諾できる「割当数」を要求する前に、女性はまず欧州議会選挙で、地方選挙で真価を発揮すべきである。

いずれにせよ、一九四五年、フランス女性は歴史上初めて投票した。五・六パーセントの女性が代議士になった。比率は今日（六パーセント）とほとんど同じである。だが、彼女たちの四分の一近くが未亡人であった。女性代議士、確かに。欠けている男性の代理人として。

ジェンダーと政治。フランスの特殊性の要素

もう一度、触れておくことが重要である。つまり、女性が力、特に政治的力を獲得することは常に、そしてどこでも、困難であった。フランスの共和主義者や革命家たちがかくもしばしば引き合いに出した民主主義の最初の模範であるギ

リシャの都市国家は、女性を徹底的に締め出した。そしてローマ共和国もほとんど同様である。現代世界では、インドやパキスタンの例がしばしば挙げられる。だが、こうした獲得における家族の役割を強調することが必要である。女性は、しばしば非業の死をとげた父親や夫の代理をする。彼女たちは彼らの存在や身体を永続させる。そうすることを拒絶すれば、彼女たちは非難される。たとえば、インディラ・ガンディーの義理の娘ソニアの場合がそうである。彼女は暗殺された夫の後を継ぐことをほとんど望まなかった。こうした状況で個人的なものは何もない、まったくその反対である。西ヨーロッパで首相になった（一九七九年）最初の女性、サッチャーの場合が同様に挙げられよう。だが、実際にアングロサクソン人の慣習が女性の権力をより寛大に受け入れるものであるうえに、マーガレット・サッチャーは、危機に乗じて彼女の党に、そして党を通して、イギリスに自らを認めさせることに成功する。「鉄の女」は救いの女性の神話に組み込まれる。その正反対の、魔女や悪魔のような女性と同様に恐ろしく、女性的なるものの自然性の対をなす考えに基礎を置く神話に。

しかしながら、拒絶反応はフランスにおいてとりわけ強烈であるように見える。政治的なことと、男性の、理論的および実践的な一体化を納得させうる一連の要因が挙げられた。

まず、その歴史で固められた、「このいとしく、古くからある国」に厳然と存在する、過去の影響。フランク族の相続は女性を王位継承から締め出す、彼女たちは摂政にしかなることができない。どんな摂政時代も、あらゆる駆け引き、あらゆる錯乱に打ってつけの、危険な時代として恐れられる。脅威の両端に、敬虔であり、男勝りでもあるブランシュ・ド・カスティーユ〔一一八八―一二五二年。ルイ八世の王妃、ルイ九世の摂政〕（ル・ゴフ、一九九六年）とカトリーヌ・ド・メディシス〔一五一九―八九年。アンリ二世の妃。夫の死後、摂政となる〕。ミシュレにとって、権力が女性に引き起こす災厄を具現する例。イギリスの慣習はこの観点からは非常に異なっている（ゼーモン・デイヴィス、一九九一年）。ところで、フランス革命は、一七八九年一〇月一日の命令《デクレ》によりサリカ法〔ゲルマンの古慣習法。女性は不動産を相続できた〕を放逐し、新しい君主制の憲法的法律を制定する（フレス、一九九五年）。

同様に、女性は封建制のきわめて重要な要素である封地を保有することはない。領土や封臣に対し封主権を行使しない。ところで封地のモデルは、選挙区と多数決単記投票のシステムの中で働く近代的政治代表を形成する。彼女たちは、その場合もまた、家族の構成員の代理人としてのみ、そこに到達する。このシステムが国民戦線でことのほかうまく機能することは注目に値する。極右のイデオロギーの中では女性は独自の個性を持たず、彼女たちを組み入れる家族や夫婦の延長である。候補者の「にわかの出馬」はフランスでは非常に悪く思われるが、女性に対してはなおいっそうである。

過去の別の遺産。効果的に「風俗の文明」（エリアス）を作り上げ、男性と女性の間に、徐々に、ある種の関係、女性に対する献身《クルトワジー》、服従（デュビイ、一九九一年）、女性に対する慇懃さ《ギャラントリー》（エップ、一九九二年）を創始した〈宮廷〉のモデル。その見かけの魅力が女性をまじめな問題から遠ざけ、輝かしすぎる星のように彼女たちには永久に手の届かないところにある男性の権力の周りを回る軌道に乗せるやり方を覆い隠してしまう。慇懃さは女性を、はかない美しさでは手の打ちようがない政争から引き離す。女性は恋愛と戦士の休息のために作られているのであり、戦争のためにではない。嫌悪されたアメリカのモデルとは反対に、こうして両性の闘いを欠いた、優しいフランスのかくも称揚される女性に対する慇懃さ《ギャラントリー》は、実際は、極度に差別的である。イヴェット・ルーディ〔一九八一年ミッテラン大統領就任に伴い、女性の権利省大臣〕はマリエット・シノーに、「フランソワ・ミッテランと政治の話をすることは彼の本能的な慇懃さゆえに不可能」であったと打ち明けている（シノー、一九八八年）。それは女性の政治的影響力に対する強い警戒心を同様に隠す。マリー・アントワネットがその非難中傷された姿であり、革命家や〈都市《シテ》〉の組織者たちは政治的実践から女性を遠ざけることを正当化するために彼女を全面に押し出す。女性は政治的実践を堕落させるであろう。政治は確かにサロンや女性の会話にゆだねられるにはあまりにまじめな問題である、とギゾーは言った。バラント、レミュザ、あるいはロワイエ＝コラールといった近代的政治の創始者たちは、女性的にすぎる一八世紀の「軽薄さ」をはねつける（ロザンヴァロン、一九八五年）。

彼らが切望する「偉大な男性」は、「偉大」にはなりえない、最悪の場合には、（パリの）「下層階級の」女性に対して断固として距離を置く。

二つ目の一連の要因。アンシャンレジームと近代性の間に政治的断絶を生じさせたその仕方は同様に事情をよく物語る。それは政治的権力を神聖化することに貢献した。〈市民〉は首を斬られた〈国王〉に取って代わる。彼はこの犠牲を通して血の洗礼を受ける。このいけにえを殺す重大なプロセスはいかなる通俗化も許さず、大がかりな儀式の祭壇に政治を置く。〈市民〉は犠牲にした君主の特権や威厳を身にまとう。征服の目的である政治的権力には神殿や城のようなものがある。後に、エリゼ宮が宮殿になるように。神聖のこうした譲渡は、『市民の聖別式』（ロザンヴァロン、一九九二年）にふさわしい男性のためにだけ行なわれうる。アンシャンレジームとフランス革命の、非常にトクヴィル風の混合物からできた、この複雑なフランスの慣習の中で、最も気高い活動と公益事業は君主に代わる男性に所属する。

〈教会〉とカトリック文化の問題は新しい政治的権力をすっかり男性的にする。一九世紀には聖職者への服従を実質的に女性に強いる教会との結束を疑われ、女性は潜在的な裏切者のように見える。聖職者は告解で女性を操作すると見なされた。再び突然現れるのは女性の神秘的な、夜の支配力の主題である。女性の駆け引き上の力を確信するミシュレはこの命題の注釈者となる（『女性と聖職者』参照）。彼はフランス革命、一八四八年の革命の挫折を女性のせいにする。おまけに彼は一八五〇年にコレージュ・ド・フランスに多数の、そして熱烈な女性の聴衆を引きつけ、彼女たちの教育のために説教する（ミシュレ、一九九五年）。いずれにせよ、カトリックの教義が参政権を拒絶するための論拠としてしばしば援用された。自由思想の監視者たる急進主義者、フリーメーソンがこうした理由から、主として両大戦間、そして一九四四年のアルジェの議会までとりわけ意識的に沈黙を守った。彼らの警戒心は、女性の投票に同意したキリスト教的フェミニズムの構築でさらに深められた（バール、一九九五年）。女性は教会と非宗教性の間で不断の権力の争点であった。

さらに、普通的でかつ個人主義的な市民権の構築が女性にとって錯綜した状況を作り出した。女性はその本性からも、役割からも、個人として認められない。彼女たちは身体的能力を持たない、トマス・ラクールは、一八世紀に自然科学、医学の発達が、ルネサンス以来、より抽象的かつ存在論的に考えられてきたジェンダーの性的側面をどれほど強調したかを明らかにした。この仕組みの中で、女性はかつてないほど、身体に帰せられ、大きな拘束力を持つ女性性に根を下ろしている。再生産に運命づけられている彼女たちは精液を受け入れるからっぽの子宮である。過剰の血が彼女たちを病気に、さらにヒステリックにする。一九世紀に、彼女たちの神経がとりわけ過敏であり、脳がうまく組織されていないことを発見する。公的空間は彼女たちのものではない。彼女たちは「その生活を隠す」（ジュール・シモン）よう、そして、家庭という庇護の陰の中で休むよう作られている。

というのも家庭が彼女たちの分け前、居るべき場所、義務だからである。家庭のなくてはならない一員ではあるが、家庭を支配し、同時に代表する夫‐父親の権限に服従している。ところで家庭は国家の主要な対話者である。アンヌ・ヴェルジュスは、納税額に基づく選挙方法がいかに家族中心主義であったかを指摘する。召使いの締め出しさえ、少なくとも一八四八年まで、家族全員への彼らの帰属で正当化されるが、一八四八年はこの観点からも断絶となる。この家族中心主義的見解は長い間、たえずつきまとい、女性の選挙資格に到達する可能性――未亡人、あるいは不在の夫の代理人として――が検討されるのはこのような理由からである（ヴィシー、参照）。

ピエール・ロザンヴァロンはこの政治的、構造的難しさを大いに強調した（一九九二年）。彼はこの点で、女性の個別の能力を擁護することを余儀なくされたフランスのフェミニズムと、アイデンティティの観点から政治的権利の獲得を要求できる、イギリスのフェミニズムを対比させた。「アングロサクソンの国々で主流を占めている民主主義に対する功利主義的アプローチの中で、女性は自分たちの特性のために政治的権利を獲得する。彼女たちは政治の領域に、関心事と固有の評価を導入すると考えられる（……）。彼女たちが投票するよう招請されるのは女性としてであり、個人としてではない」。女性は女性を代表するのであるから、彼女たちの存在がなければ、代表されていないのは人類の半分である。これがフォーセット夫人、パンクハースト夫人（一八五八―一九二八年。イギリスの婦人参政権運動の指導者）、そして彼女たちの支援者のジョン・スチュアート・ミル（一八〇六―七三年。イギリスの哲学者、経済学者）が提出した論拠であった。イギリスでは女性解放論者たちは性の名において政治を要求し、一方、この同じ性がフランスでは資格を失わせる。「ジェンダー意識」はイギリスでは同時に助長されるが、フランスではたえず細分化に脅かされている。「独自の個性を持っていない」がゆえに、女性に投票権を与えることは、一八四八年には、時期尚早と考え、民事上の権利獲得を絶対的な前提条件としたジョルジュ・サンドの態度は、問題に敢然と立ち向かい、政治的論理の観点から取り扱うという利点のあるこの興味をそそる命題を強固にするものであろう。それでも、個人主義の論拠はアングロサクソンの女性によっても用いられ、反対に、フランス女性はジェンダーの「われわれ、女性 nous, les femmes」を強調せずにはおられないと、反論できよう（シアン・フランス・レイノルズの未刊行の報告、参照）。さらに、かくも頻繁に引き合いに出される「フランスのフェミニズムの弱さ」は部分的にその歴史的史料の無知に由来するが、この無知は若い女性歴史学者たちの研究で大きく解消された。アングロサクソンの社会におけるもっと密度の高い女性の社会性が、さらにより確固とした主体性を説明する。

これらの土台に立って、政治が定義され、女性を寄せつけない、男性の領域として組織される。

この定義は一九世紀には領域の理論、つまり、役割、仕事、空間が両性に対応している社会の合理化のヨーロッパ的試みを根拠としている。政治がその中枢を占めている公的領域は男性に属している。家がその中心を占めている私的領域は女性に（男性の監視の下に）委任される。家庭は両者の接合を行なう。〈民法典〉はその家父長制の性格を物語っている。

この定義は二重の論拠、つまりすでに言及した〈自然〉の論拠と、状況をはるかに受諾可能にする社会的有用性の論拠に立脚している。ある者によれば、法律や人間の精神的生産活動の鍵である教育よりも強力な社会道徳の活力を理解したこの世紀は、女性とその社会的市民権の重要性を称揚する。彼女たちは「真の」力を持ってはいないだろうか？ 彼女たちが政治に到達するにまかせてそれがなんになろう？

したがって、政治は女性が完全に資格を奪われた、男性の制度として組織される。女性は選ぶことも、統治することもできず、いわんや代表することはできないからである（フレス、一九九五年）。女らしさを象徴とみなし、公的空間を女性の象徴でいっぱいにすることはできる（アギュロン、一九七九年、一九八九年）。だが、女性は有権者にも代議士にもなることはできない。

政治は高貴な活動、男らしい文化、生来の資質（抽象化、決定の意志、勇気）の文化、さらに女性には閉じられた高等教育機関《グランドゼコール》を通して獲得される専門能力にますます結びついた男性の職業である。それは公的な言葉や、ときには容赦ない対立が行使される場である。それは、まったく同様に男性のものであるイギリスのクラブに相当する、フランスの〈サークル〉に支えられ（アギュロン、一九七七年）、そこではコレージュやリセでしばしば生まれた兄弟関係が強固になり、緊密に結びつく。後に、政党がこの兄弟関係、単性《モノセックス》の社会――女性は最初は考えられず、やがて、場違いであり、苦しい侵入と自らを感じる、いずれにせよ、非常識な奇行である――のモデルを援用する。

政治的「外観《ルック》」については何と言えばいいだろう？　それは女性のために特に入念に作り上げられはしなかった。女性的にすぎれば、彼女たちを品物に変える欲望をかき立てる。男性的であれば、嘲弄を買う。年配で、母親のような様子を持っていることが望ましい。政治の舞台では女性は男性の視線にさらされた、場違いな品物である。

政治は時間、無制限の時間割、女性の家庭の時間に対立する余暇を必要とする（ガスパール、一九九五年）。

結局、容赦ない競争、対立、死刑（少なくとも象徴的な）としての政治観は、いわゆる女性の価値観とかけ離れている。政治の中には必ずしも女性の心を引きつけるものではない奇妙な荒々しさがある。

こうした実態は相対的に弱い女性の政治参加を説明しよう。一九世紀にあってはそれは問題にならなかった。したがって、例外的であると同時に矛盾をはらんだジョルジュ・サンドの体験はその独自性で重要である。彼女は一八四八年の共和政の臨時政府に最高レベルで関与し、情勢――六月の日々――が友人たちの立場を弱めると、女性の市民権のなさに結びついた比較的外在的な立場で客観視しながら、『公報』に寄稿した。

襲撃を受けるばかりであるこの領域に足を踏み入れる難しさは、すべての公人としての女性が述べているように、またニコル・ノタ（フランス民主主義労働同盟〔ＣＦＤＴ〕の事務局長）が一九九五年一一月そして一九九六年秋に再度直面する困難——国土解放で髪を短く刈られた女性に対するきわめて女性蔑視の態度が再び突然現れる——が示すように、あまりに大きく、多くの女性が断念する。女性に与えられる役割に対する同意なり受諾の問題も同様に提起される。法律よりも強力な社会道徳を援用して女性の力を称揚する、多かれ少なかれ裏表のある言説により賛美され、たたえられるだけにいっそうである。他方、女性はしばしばより職業的な社会労働に変わる奉仕や慈善活動を通して、彼女たちに真の評価と有効な社会的市民権の感情を付与する〈都市《シテ》〉への介入を発展させた。〈福祉国家〉と比べて、類似の、あるいは相補的な社会的母性はなかったのか？　政治は近づけないものであったから、女性はその価値を低下させ、その象徴的重要性や特殊性を無視することさえできた。政治？　取るに足りない、かなり軽薄な、男性の遊び。女性にはもっとやるべきことがありはしないか？

要するに、女性はフランスにおいて——これがまさに特殊性の一つである——給与生活を手に入れるために相当の努力を傾けたが、これは一九世紀半ば以来、フランス市場の労働力の需要と、自分たちの娘のために教育と職を欲する、貧窮化した小市民階級の経済的必要に助長された。いずれにせよ、第一次世界大戦前夜以来、フランスの女性労働力人口率は既婚女性のそれを含めてヨーロッパで最も高いものの一つであった。今日もなおそうであり、デンマークとほぼ等しい。生涯を通してずっと不変の職業の適性を持って、女性が大挙して給与生活に組み込まれることはここ三〇年間の重要な事実であり、恐慌はこの状況を抑制するよりも増進させた。一方、家族形態の深刻な変化（たとえば女性が中心の片親の家庭）に直面している女性の自立と自主性は、その後、同じ道をたどる。

したがって、政治のために自由時間を見出すことは容易ではない。家事の分担は相対的にほとんど進展せず、二重の一日の仕事、日々の責任ある仕事の負担と気がかりが大部分の女性にとって普通の取り分でありつづけるだけにいっそうである。

結局、女性が政治の領域に入るのに二つの主要な障害物が存在する、つまり、政党と家庭である。

この閉塞状況は社会を強固にする価値体系に由来する。最近の著書『男性/女性。差異の思考』（一九九六年）の中でフランソワーズ・エリティエは人類学者として、象徴的思考の中にある不平等の根源と、威光および権力の上層部とみなされる男性の特権領域があらゆる社会に存在することを明らかにした。この領域は不変のものではない。だが、それは、それぞれの時代に固有の価値体系に応じて再構成され、新たに定義し直される。民主的な社会では、政治はこうした上層決定機関の一つであるが、明らかにしたあらゆる歴史的理由から、それが独特の重視の対象になるフランスではいっそうである。それゆえ、神話に仕立てあげられた女らしさ《フェミニテ》の優しさとは正反対の男らしさの特権たる、権力の〈ゴルディオスの結び目〉で男性が抵抗する。女性がそこに到達するために多くの困難に遭遇するとしても驚くにあたらない。

政治における平等《パリテ》のための現在の論争や闘争は精神の発展と同時にいらだちの強さを明らかにする。世紀の――そして千年紀の――この終わりに、新たな分担の輪郭が両性の間に現れる。

それはどのような〈都市《シテ》〉のために？

都市のジェンダー

「都市のジェンダー」（『コミュニケーション』一九九七年、六五号、アンヌ・ゴットマン監修〈歓待〉、一四七―一六三頁）

一九世紀の都市、より正確にはフランスの都市は、女性を温かく迎える場所であったか？　この点で性差があるか？ジェンダーと都市――都市におけるジェンダー――の問題は比較的新しい。エクス＝マルセイユ大学のグループが作成し、国立科学研究センター（ＣＮＲＳ）が一九九二年に出版した『文献ガイド』には五四九点が挙げられている。(1)だが、いくつかは〈女性／都市〉の主題に関連してかなり周辺を対象にどちらか一方を扱い、両者の関係について論じたものは少ない。

第二の指摘。この問題は暗示的意味が大いに付随し、表象や常套句であふれている。一九世紀の都市には破滅的なイメージがある。誰にとっても、だが女性にとってはよりいっそう危険な都市という、かなり道徳的なイメージ。それは女性の貞節を脅かす。「パリ＝バビロン」の表象の中に売春する都市が高くそびえる。「みんなのための《ピュブリック》女性 femme publique」

〔娼婦〕——破廉恥——を「公的な《ピュブリック》男性 homme public」〔公人〕——名誉——に対置する言葉遣いは意味深い。前者は共同の所有、つまり娼婦であり、後者は行動の人そのものである。都市がその一つの形態である公共の空間は性差を鮮やかに強調する。

第三の指摘。庶民階級の男性なり女性なりが都市について語るとき、彼らは必ずしもこの軽蔑的なイメージを描いているのではない。はるかに肯定的な、別のイメージである。「一九世紀のフランスの労働者には都市への愛着[2]」がある。とはいえ、多くの場合、成功した労働者たちによる証言という選別的性格のために、慎重に読み取ることが是非とも必要である。ここでもまた、性別による不均整が非常に大きい。特に民衆の女性が書くこと《エクリチュール》、さらには、自伝という自分について書く形式を獲得することが困難だからである[3]。都市における女性の位置を把握するには、確かに別の資料、つまり警察の[4]、そしてとりわけ裁判の資料がある。私的な争いに関する一八八〇年から一九三〇年までの七〇〇〇ばかり——その四分の三に庶民階級の女性が登場する——の裁判資料の詳細な調査に基づいたアンヌ＝マリー・ソーンの論文は、われわれの関心を引くテーマに非常に多数のデータを提供する[5]。全体として、都市は結局、女性にとってむしろ、解放と自由の空間、社会的、性的関係の近代化の空間であることが明らかになったと著者は考える。この結論に私としては同意する。しばしば邪険な母親でもあるが、都市は運命の突破口、可能性の境界でもあった。性別によりおそらく不均衡ではあるが、女性にとっても事情は同じであった。

都市空間での男女両性の関係を理解するには斜投影図法、人口統計学的見地、経済的、文化的観点が必要である。一九世紀の統計結果から、移住の流れの性別的特徴と、都市、とりわけパリにおける両性の分布を明確にすることが可能である。世紀前半に、不均衡が生じる。つまり、男性の流入の増加に対して、特に二十代から四十代の女性の流入は少ない。一九世紀後半、一八八〇年代以降、男性の出稼ぎ労働者の安定化と、女性のより大規模な到来がある程度の均衡を回復させる。都会の中産階級化の結果として生ずる家事使用人の増加が、特に首都の西部で、女性の超過を引き起こす。これらの変数は売春、性的暴力といった現象にとって重要である。女性をしばしば商品、使用価値、交換価値にさえする、需要がある。(6) ダンスホールのような、隔てられている男女の出会いの場所は不可欠である。パリは一九世紀には、踊る都会であり、それはただ単に快楽のためだけではない。

至るところで優勢な、一人きりの女性に特別の考慮を払う必要があるだろう。一八五一年の人口調査では、五〇歳以上の男性の二七パーセントが独身であるのに対し、女性は四六パーセントが一人きりである（内訳は未亡人三四パーセント。独身一二パーセント）。「農村の過剰住民が伝統的に流出してきた都市が、独身者の日常の地平線になる。都市は孤独な人間を、惹きつけると同じだけ作り出す」(7)。この状況は一八世紀にすでに観察されたが、一九世紀に強められる。一八六〇年の人口調査では、四都市のうち三都市で女性が超過している。同じ問題に直面したイギリス人は、どうすればいいか分からない「よけいな婦人 redondant women」を告発する。未亡人や高齢で非就業の女性には固有の問題があった。その多くは子どもたちと同居した。考えられているよりはるかに長い間、同居は存続したからである。「老いぼれた女」は病院に行き着いたが、この病院は彼女たちを収容するために特別に組織されたものではなかった。固有の受け入れ施設としての養老院は、主として都会に住み、多くは地方の出身であるが、故郷に戻ってそこで死を迎えようとは必ずしも考えていない女性の老人問題を意識するようになった二〇世紀前半になって、やっと真に発展したにすぎない。(8)

こうした移動は、閉じ込められ、動かない女性という考えをわれわれに捨てさせる。一九世紀の女性は動き回り、移動し、旅をし、川船や箱馬車、やがては鉄道を利用する。しかも鉄道は、一人きりの女性のためにコンパートメントを準備する。こうした移動は受け入れ場所の問題を生じさせる。機関はほとんどなく、パリを大きな村にする家族の、そして近隣のネットワークがある。(9) オーヴェルニュ地方の人間は出身市町村ごとに中庭〔貧しい不衛生な建物が共有する中庭〕に集まる。ラップ通り〔パリ一一区、バスティーユ広場に近い〕がその例である。連帯と社会的人間関係《ソシアビリテ》の決定機関としての家族の役割はかつてないほど重要になる。この私的な手厚いもてなしの恩恵を女性も男性と同じように享受した。そこで彼女たちは主婦としての、また、料理人としての才能を発揮した。ひどく孤立していた女性は家族のために職に就いた若い家事使用人であり、しばしばみすぼらしい七階で「食と住を与えられ」、他の女性たちより、孤独と誘惑に直面していた。[10] こうした私的な、あるいは雇主の受け入れ施設のほかには、家具つきのホテルや男性のための場所であるカフェに出入りすることのほとんどできなかった女性を、温かく迎える施設はあまりなかった。

にもかかわらず女性の移動、特に一人きりの女性の移動には疑惑が重くのしかかる。このうえない旅行家であったフロラ・トリスタン――彼女の『ロンドン散策』（一八四〇年）は大都会における性差と、女性が往来することの困難さについての興味深い証言である――は、世間体を気にして「女性のみは不可」と張り出している南フランスのいくつかのホテルで宿泊を断られた。彼女は一八三五年に小冊子『異郷の女性を歓待する必要性』を著し、旅をする女性を援助する「協会」の設立を強く勧める。部屋と新聞雑誌を読むことができる図書室を備え、協会は「徳、賢明、公開」をモットーとしよう。加入者は目印として赤く縁どられた緑色のリボンをつける。しかしながら、彼女たちはプライバシーを守る必要があれば、秘密にしておく権利を有する。一九世紀後半に、特にプロテスタントの結社や同盟によって増加する「集会所《フォワイエ》」を先取りする企てである。こうした結社や同盟について調査リストを作成することが必要であろう。[11] 都市に来る若い女性が身をさらす危険について、確かに、しだいに気にかけるようになった。

〈若い娘保護連盟〉や〈駅慈善団体〉の会員たちはパリの大きな駅に陣取って、だまされやすい出稼ぎ女性労働者が「白人女性売買」の手先となった勧誘員や売春斡旋業者に丸め込まれてしまわぬよう、目を光らせた。彼らはポーランドからリオ・デ・ジャネイロやブエノス・アイレスまで、ますます拡大する網の中で「はつらつとした肉体」を集めたからである。

都会特有のデータの第二のカテゴリー。移動は空間と、両性のかなりの混同を持ち込んでいた。そこから、流入者たちを誘導し、空間を特殊化することで、都会を秩序立てようとする欲求が徐々に大きくなる。これら二つの面に女性が関係する。民衆の女性は、生活の糧を見つけ、生計を立てる森林や自由通過権のある領地のように都市を往来し、活用する。彼女たちは燃料を拾い集め、市場内を買いあさり、中古品を転売する。行商人、露天商人として道路を活用する。警視総監ジスケが一八三六年には彼女たちの闇取引を制限、やがては、禁止する措置を取ったほどである。群衆を追い散らして一定方向に向かわせることがオスマン式都市開発の基本方針の一つであり、この開発は庶民階級、なかんずく女性に打撃を与える。公と私の間で歩道は道路に次いで、空間を占有するための暗闘の場である。家の延長、だが、敷居の向こうでそれは正確には誰の所有であるのか？　沿道の住民たちには、今日なお、凍結の場合には除去作業の義務があるのではないだろうか？

大まかに男女両性に対応する政治的カテゴリーの公的なものと私的なもの[12]をしだいに厳密に規定する社会文化的データを、最後に、考慮にいれる必要がある。男女の混在、少なくとも群衆や民衆の雑然としていかがわしい男女の混在が全体的に減少し、それぞれの性にふさわしい空間の決定が見られる。両性の混在は無秩序、不道徳、ヒステリーをもたらす危険なものと見なされる。群衆の専門家たち（ギュスターヴ・ル・ボン、ガブリエル・ド・タルド、テーヌ……）は特に女性の存在を非難する。ゾラさえ、彼女たちを暴力の兆候や誘因にする。たとえば、『ジェルミナール』（一八八五年）のモンソーの炭鉱夫たちの有名なデモ行進の場面[13]。カフェの変化はこの場合、貴重な手がかりである。学位論文[14]「酒類提供者（一八七一―一九一四年）」で、ジャクリーヌ・ラウエットはブルターニュ地方と北フランスを比較した。ブルターニュ地方の農村では、カフェは依然として男性と女性が顔を合わせ、一緒に飲み、「クレープを食べる」混在の場所である。反対に、工業地帯の北部では、大衆酒場はしだいに男性のものとなり、「貞淑な」女性は、たとえ給料日に長居しすぎている夫を探しにきたときでさえ、中に入るのをためらう。こうした変化は至るところで見られる。一九五〇年代のパリの居酒屋《ビストロ》を撮ったロベール・ドワノーの写真はこの帰結をよく示している。男性の社会的人間関係《ソシアビリテ》の中心的な場であり、パリのカフェの民衆的形態である居酒屋《ビストロ》では、ほとんど不法侵入に近い、おどおどした女性の姿がまれに見られるだけである。

政治が一九世紀には典型的に男性の活動と規定される限りにおいて政治はその役割を果たしたが、それは都会だけのことではない。リュシエンヌ・ルバン、モーリス・アギュロンが「プロヴァンス地方の人々の小部屋」や、男性だけの社会的交流《ソシアビリテ》の場である南フランスの他の場所について、それを明らかにした[15]。イギリスの例はより際立っている。ドロシー・トムプソンはチャーティスト運動の中枢になった居酒屋《パブ》や酒場《イン》での女性締め出しの過程を記述した。民衆政治の体面は女性の排除を求めた。類似した理由から、ギゾーならびに進行中の民主主義の組織家たちは、女性の軽薄さにゆだねられるにはあまりにまじめなものである政治がサロンの事柄になることを拒絶した。[16]

公的空間から女性が身体的ならびに政治的に後退することは、彼女たちの図像《イマージュ》の氾濫を伴う。女性の身体は多様な形をとる象徴的投資の対象である。政治——〈マリアンヌ〉は、たくましく、養育する母の姿たる〈フランス共和国〉を体現する。[17] 一方、より好戦的な〈ゲルマニア〉は、統一後の〈ドイツ帝国〉を表象する。一九世紀の豊富な彫像は駅や銀行のペディメントに女性の姿で表された寓意を増やし、偉人たちに王冠をかぶせるミューズを彼らの傍らに配置する。一方、商業広告は壁いちめんに、製品の魅力を、その製品を紹介する女性、あるいはそれが似合う女性を同一視るポスターを張る。〈現代様式〉はこの領域において卓越している。ミュシャにとって、LUビスケット〔フランスの伝統的なビスケット（LEFEVRE-UTILE）〕をかじることは、新しい自動車と一体化した女性を食べることである。女性の身体の曲線、渦巻が機械の現代性を柔らげ、和《なご》ませる。[18] 一九世紀の都会は女性の図像《イマージュ》に飲み込まれる。

これに宗教的事象、聖母マリアやリジューのテレーズといった聖女像信仰の驚異的な発展、さらに修道院、寄宿学校、幼稚園、奉仕手芸所——こうした受け入れ施設の場所を図示する必要があるだろう——の設置を付け加えるならば、女性と都市空間のかかわりは、「日常生活の演出」に働く多数の変数が交差する点に位置することが理解される。アーヴィング・ゴフマンが純然たる社会心理学の見地から、その複合性を明らかにした。

受け入れの形態と場所は必然的にこれらの条件に左右される。

一九世紀における男女両性の境界——パリの例

こうした境界は奇妙に変化する。傾向はまず、増加する差別と空間の性別による新たな慣例化のそれである。だが、大衆化と集団効果は常に境界を越えようとする。他方、明確な差異が中産階級の界隈と庶民の界隈を対置する。この変動する地理について、ここでは何本かの等高線を引くことしかできない。

女性に禁じられた空間。それは、たとえば、少なくとも、商取引を男性占有にする第二帝政以降のパリ証券取引所の場合。ジュール・ヴァレスは満足して証言する。「パリ証券取引所で取引をしていた女性たちはかつてこの回廊にいた。だが、追放された。今日、ここで出くわすのはどうでもよい見物人たちである。こうしたご婦人がたは、今では、天気が良ければ、証券取引所を取り囲む庭にいる。天気が悪いときには、どこにいるのか皆目、分からない。女性が株をやるのを禁止するためにあらゆることをしたが、それは正しかった。われわれは彼女たちのために言っているのではいささかもない。彼女たちが幾度となく疲れさせ、苦しめ、打ちのめした不運な仲買人のために言っているのだ（……）。証券取引所に沿って途方に暮れたように見張りに立ち、鉄柵にもたれかかって並んでいる女性の多くは、七つの大罪のように醜く〔ひどく醜く〕、悪魔のように年老いている〔ひどく年老いている〕（……）。この中の何人かは規則をねじ曲げ、半ズボンにブーツ、シルクハットといういでたちの変装で、大勢の投機家たちの中に紛れこんでいるのは周知のことである」[19]。変装は禁止事項に違反するやり方である。零細小売業の門戸は女性に広く開かれているが、一方、金融、銀行、「実業」は完全に締め出している。したがって、それらの実践の舞台からも。

文化の知的な場所がもっと好意的であるということではほとんどない。だが、美術館についてボードレールは、それが女性にとってふさわしい唯一の場所であると言う。社交のための頻繁な訪問の場、さらには、結婚のための引き合わせの場であり、また、ルーヴル美術館のグランド・ギャラリーでせっせと模写する女性のための仕事場である。デッサンは女子教育ばかりか、女性が手にしうる生計の手段の一部をなす。今日ではきわめて女性の比率が高い図書館は一九世紀には、彼女たちに冷ややかであった。読み書きは女性にかかわる事柄なのか？　バブーフ主義者のシルヴァン・マレシャルは一八〇一年に「女性に読み書きを教えることを禁じる法案」を発表した。おそらく筆の赴くままに書かれた主観的な、だが、いずれにしても、女性の書物や知的活動とのためらいがちなかかわりに対する当時の陳腐な意見が凝縮した法案[20]。たとえば、第五二条、「理性は以下のことを要求する。つまり、本法律が完全な実施を見るまで、女性は読書することのみならず、学士院、アカデミー、文学サークルあるいは文学協会、詩の女神《ミューズ》の回廊や詩作の夕べ、美術館、リセ、陸軍幼年学校、文芸協会、等で催される公開会議なり私的な会議に出席することを、差し控える。同じく、公教要理《カテキスム》や講義を受けること、図書館に頻繁に通うこと（傍点は筆者）等。ここは彼女たちのいるべき場ではない。女性にとって、自分の家にいるか、家族のお祝いをしているときこそ心地よい」。第六〇条、「理性は、立派な書物がすべて女性に読んで聞かせられること、だが、彼女たち自身が読まぬことを要求する」等。常にかき立てられる状態にある想像力にそれらが及ぼす害が危惧されたのである。

　現実は確かに異なっていた。女性は、とりわけ都会では、十分に読み書きができ、加えて、個人差はあるにしても、大の読書好きであった。フランソワーズ・パランが学位論文「王政復古時代のパリにおける閲覧室」[21]で非常に正確に記述した逆説的な状況。一九世紀初頭、こうした店の経営者の半数以上が既婚女性、それも多くが未亡人であった。だが、「申し分のない」女性はここに来ることはなく、使用人の中で最も教育のある女を行かせる。小説に目がないこうした慎重な小間使いたちは女主人の読書に影響を及ぼす。アンリ・モニエが『女門番の小説』で語っている通りである。

　一年に一度、適性資格試験のおりに、公的な図書館が若い娘たちの専用になった。マクシム・デュ・カンがあけすけで、面白がった言葉で描写した「女性教師の二週間」がそれである。[22]国立図書館の熱烈な愛好者であったシモーヌ・ド・ボーヴォワールのような女性の喜びが理解できる。両大戦間に、女子学生たちが入館し、注目を浴びた、新たに獲得したばかりの領分であった。

　読書への渇望。同様に、聴くことへの渇望。女性は評判の説教師たちの説教でひしめき、ラコルデール〔一八〇二―六一年。フランスのドミニコ修道会を再建〕といった聖職者の名を高めた。あるいは、ソルボンヌの講義とは反対に（少なくとも一九世紀前半は）、「公開」であるために女性が入ることのできたコレージュ・ド・フランスの講義に駆けつけた。ミシュレの講義には多くの女性が集まったが、特に一八五〇年、「女性の、そして女性による教育」[23]の演題で話したときには、殺到した。全列を「ご婦人がたに」割り当てなければならなかった。「パリの青鞜婦人たちがそこで会う約束をする。いくつかの美しく、生き生きした顔、たくさんの耐えがたい顔がある」と、(男子)学生のお決まりの女性蔑視を代弁して、アンリ・ダボが解説する。(24)

学生たちは尻軽な町娘《グリゼット》、彼らの部屋の中を整頓し、寝台を整える若い女工たちの価値は認めるが、(25)ひとたび政治の秘密集会となれば、あるいは単に講義であっても、女性の存在を徹底的に拒絶した。一八六一年に懸命な努力で勝ち取った(リヨンのサン＝シモン主義者アルレス＝デュフールとウジェニー皇后の力添えが必要であった)大学入学資格《バカロレア》を与えられたジュリー・ドービエが、引き続いて文学士号取得試験の準備をすると主張したとき、パリ大学区長職より許可されはしたものの、あらゆる異議を回避するために講義を受けないという条件が付いた。したがって彼女は独学で準備をした。一八九三年、ソルボンヌでのラルメ教授の講義が野次られたが、それは「大教室に女性がいることに抗議するため(26)」であった。教授たちはまったく同じように慎重であった。とりわけ、科目の厳格さが女性の存在とは相容れないように見える法学において慎重であった。法学部の最初の女子学生がなめた辛酸は象徴的である。守衛が彼女に自由に構内に入らせるには大学評議会の介入が必要であった。年末に一人の教授が、「大教室で、秩序を維持しなければならぬ羽目に陥ることを恐れて、ビルセスキュ嬢の求めに応じることにわれわれはためらったのです」と、結果に満足して語った。「あなたがたは姉妹のように彼女に敬意を払いました。われわれはあなたがたに感謝します(27)」。新しい時代の兆し。一九〇一年には、就職の面を含めて、若い娘たちの統合を容易にすることを目的とする、パリの女子学生たちの〈協会〉が創設された。

ついでに指摘しておこう。家の中に書庫や書斎があれば、それらは女性が入り込まない男性の領分——考える神の仮神殿である。したがってゴンクール兄弟はサント＝ブーヴの家を次のように描写する。「(……)二人のサント＝ブーヴがいるのだ。上の階の自室や書斎にいるサント＝ブーヴ、研究し、思考する精神的なサント＝ブーヴ。そして階下に降りたまったく別のサント＝ブーヴ。食堂にいる、くつろいでいる、秘書のトルバや校正者であり愛人であるマンショット嬢、料理女のマリーや二人の女中を相手にしているサント＝ブーヴ。この階下の環境の中で彼は(……)女たちのうわさ話で理性の鈍った小市民になる」[28]。明らかにいくつかの段階で受け止めるべきテクストであり、中産階級の家の見取り図を必ずしも明らかにするものではないが、性別の役割と、家庭内空間であれ、公共空間であれ、それらの表象を伝える。

同様に、一九世紀を通じて、とりわけ刑事訴訟の法廷での女性の傍聴に対し頻繁に抗議がなされた。『女性の特性』(一八四五年)は、こうした強烈にすぎる印象を与える光景は授乳中の女性の乳を涸らしかねないと記している。その罪(一家全員を殺した)がもっぱらうわさされた殺人者トロップマンの裁判(一八六九年)に際して、女性を法廷の奥に押しやる決定がなされた。「非常に当を得た改革」と『ガゼット・デ・トリビュノ』誌が語る[29]。

軍隊空間およびスポーツ空間はなかんずく男性的であった。兵舎に近づく女性は誰であれ、不審者となる。売春婦の中でも最も下等な者、「石ころだらけの女」〔土木作業場の近くなどで客を引く売春婦〕、兵士にあてがわれる哀れな女たちがすぐ近くを徘徊する。一方、女性が観客となる軍隊の行進は勝ち誇る男らしさの行進を都市に刻みつける。

競技場やリングの急増は、自由な時間に及ぼす家族の影響から解放されようとする男性的な余暇の発展を物語る。私生活の女性化に対抗して、それらは男性の社会的人間関係《ソシアビリテ》——しごく当然ではあるが、近代的一対《いっつい》「賃金労働/余暇」がどれほど女性抜きで構築されたかを明らかに示す——を享受する権利を主張する[30]。庶民階級では、土曜日(イギリスで始まり、一九〇〇—一四年を中心に発展する土曜半休制度の土曜日)、男たちはサッカー観戦に競技場に出かけ、女たちは家事をする。日曜日は依然として家族の日である。映画は相対的にははるかに男女混合の、さらには、非常に女性向けのものであった。

都市の中の女性の場所

一九世紀には、きわめて粗末な住宅事情のために、労働者の家の内部はわずかな意味しか持たない。民衆は「街で暮らす」[31]傾向がある。女性はとりわけ、その役目から戸外へ押しやられる。オスマン以前の建物ではきわめて重要な中庭。

給水所の水、燃料（建築資材、馬などの糞）、安い食糧を手に入れる街頭。都会は、一生、採集しつづける女たちにとって、生活の糧を求める密猟の森のようなものである。男たちがかくも長時間の仕事に出かけると、街頭は女たちのものとなる。彼女たちはそれを活用するが、それはセルジュ・グルジンスキが、間違いなくもっと密集したメキシコで描き出した情景と類似点がないわけではない。(32)

女たちの商人としての役割は、販売に関しても買い入れに関しても、ありとあらゆる種類の市場《いちば》の空間に組み込まれる。一九世紀は、交換の場所を制限し、明確にし、市場《いちば》を屋根付きにする——第二帝政の大きな懸案——、要するに、商人、そして女性を制限し、管理するのがより容易な、明確で、閉ざされた場所に無理にも入れようとする傾向にある。ところで、女性は至るところで、戸外で売ろうとする。ラ・ベドリエール（『実業家』、一八四二年）は、通常、馬車門の前に配置される牛乳の物売り台を、言葉が流出する場所として描写しているが、そこでは、「一日のニュースや界隈のうわさ話」が話題になる。彼は、この物売り台を、「一杯の白ワインやほんの少しのブランデー、あるいは新聞に引き寄せられて、大勢の男の常連客が入ってくる」居酒屋の閉鎖的な店と対比させる。「店／街頭」「ワイン／牛乳」「新聞／言葉」の二元対立は、社会空間ばかりか言説の構造として作用する「男性らしさ／女性らしさ」の二元対立を包含する。

少しずつ、商品は屋根付きの市場と店に収められる。後に季節の野菜や果物の女行商人が姿を消すように、物売り台が消える。彼女たちは一九世紀には、まだ緩んだ流通網の間隙の中で小売業の大半を行ない、流通の欠陥を一時的に取り繕う。しかし、卸売市場や小売店は、秩序立ち規制された細かい網の目を描く。徐々に空き地に代わる公園も同じである。小売店は女性の主要な会合の場所、彼女たちの日常生活と、より構造化された界限の強固で不動の点、統合の強い力を備えた中間空間となる。(33) 受け入れ形態が、より快適でより規律正しい、都会の高密化した構造の中で変化し、男女両性の往来が知らず知らずのうちに変わってゆく。

女性の舞台、女性の抑制された欲望の中心地である〈百貨店〉はそれ自体で空間のレベルでと同様、労働と消費の観点から分析すべき空間の例を提示する。[34] 草創期には従業員は男性であり、顧客は女性であった。従業員は一八六九年のストライキ後に女性の数が増加する。住居をいわば強制する企業の役割を観察することは興味深い。都会に居住する若者たちがストライキを先導した。百貨店が住み込ませる若い娘たちは消極的でなければならなかった。このとき以降、雇用者はやむなく従順である「売子嬢」のほうを好んだ。彼女たちは売場を侵略するが、売場主任は相変わらず男性であり、彼らはしばしば退役した下司官で、まったく軍隊的な規律を促進させた。

両義性は消費の領域でも同様に強い。ゾラは〈百貨店〉がどれほど誘惑と快楽の殿堂であったかを示した。奢侈の快楽。おびただしい光と香水の中で、女性は美しさを夢み、服地を撫でる、まるで恋している身体を愛撫するように。〈百貨店〉の窃盗が一九世紀には女性の犯罪——もっとも減少傾向にあるが——の主要な形態になるのは少しも驚くにはあたらない。それは裁縫用の小物がなくて悩んでいるお針子、安物の装飾品を探し求める女工、新しいものに取りつかれている社交界の女性の行為である。精神科医たちは何頁にもわたって、彼女たちの窃盗狂をヒステリーの一形態、代償性欲の表現と分析した。幻想の源泉の〈百貨店〉は性別のある都市の想像域を膨らませる。

典型的な女性空間——共同洗濯場

女性と水の関係は太古からのものである。それは一九世紀に、主として繊維業にかかわる初期産業革命の鍵である家庭用布類への配慮——設備の貧困さゆえにまだ相当に現実みの少ない清潔さへの欲求からいっそう、つきまとって離れぬものとなった心配——で強化される。[35] 大がかりな「洗濯《ビュエ》」を一年に数度しかしない田舎でやっているように汚れ物をしまっておくことが不可能なことから、女性はほとんど週に一度、さらにもっと頻繁に、洗濯することを余儀なくされる。洗濯が彼女たちの日課に徐々に浸透し、共同洗濯場が日常の実践に入り込む。

昔から、洗濯場は点在していた。水があるところではどこででも、川の流れで、泉で、井戸のそばで、さらには水溜りで洗濯する。だが、この点在は集中のより主意主義の政策に取って代わられる。第一段階。セーヌ河沿いの洗濯船が洗濯の特定領域を限定する。一八八〇年には六〇艘以上を数える。だがすでに第二帝政下の都市計画専門家たちは洗濯船の除去を経済的理由――それらは船渠の拡張と河川交通を妨げる――および社会政治的理由から目論んだ。周辺地区の便宜のためにパリ中心部を通じさせようとする。その結果、いわゆる「陸地の」共同洗濯場が建設される。庶民、特に女たちはセーヌ河を離れる。

陸地の共同洗濯場は組織された空間である。外形において――第三共和政下、共和国と水の結びつきの象徴として旗が立てられる。作業区分に基づいた内部構造において。規律――共同洗濯場の責任者は男性である――、営業時間、技法において。

だが、それは同時に――とりわけ、と言うべきか？――、共同洗濯場に布類の洗濯とはまったく別のものを期待している女性にとって、受け入れ《オスピタリテ》と社会的人間関係《ソシアビリテ》の場でもある。たとえば世紀末の共同洗濯場の日常生活を活写した、ジュール・カルドーズの大衆小説『共同洗濯場の女王』（パリ、一八九三年、挿し絵入りの版、一三九六頁）を通して、その事情が推測できる。女たちの間で（この小説では、捨てられた女の私生児ジェニーを洗濯場が養子にし、洗濯場の子どもにする）、女たちと外部の間で多くのことが起きる。昼休みには、旅回りの歌い手が主婦たちを踊らせ、写真ブローカーが付属品を使って彼女たちの変貌した姿を持ちかける。新たな自己表現に寄与する写真はこの世紀末を駆け巡る。

共同洗濯場もまた、両義性を持つ場所として現れている。実質的な女性同士の、物質的で（「苦境」に陥った女性のためにここで喜捨が求められる）、感情的で、文化的な連帯と、洗濯女と主婦が支柱の一つをなす界隈の民衆文化（たとえば彼女たちは、洗濯女の祝日であるカルナヴァルの祭りをにぎわす）の中心としての共同洗濯場は、過度に分断され、とりとめがなく、非合理的だと組織者たちが見なす主婦の時空世界の教育手段の場でもある。彼らはこのむだにした時間を嘆くが、主婦の時間のやりくりや家内生産の可能な合理化について人々がよく考えはじめたのは洗濯を媒介としてである。共同洗濯場の機械化と改造が第二帝政下のパリで企てられる。タンプル地区に、イギリスの見本にならって、大金をかけて設置した。だが失敗した。個別の小さな空間に仕切る壁で互いに隔てられ、女性同士でもはや話すことができなかったからである。彼女たちに向かない都会的受け入れ《オスピタリテ》の形態に対する女性の抵抗の好例である。共同洗濯場の機械化は、しかしながら世紀後半につづけられ、女性の場所としての共同洗濯場にしだいに終止符が打たれる。機械化された洗濯場では機械は男性にゆだねられ、女性は洗濯作業の主導権を失う。そして、管理も喜びももはやない時空世界を行き来する。

女性の社会的人間関係《ソシアビリテ》の場であり、彼女たちの社会生活への適応性を身につけさせる手段となった共同洗濯場は、都会的受け入れ《オスピタリテ》様式の特別の観測所である。

男女混在の場所――一九世紀における都市空間の男女混在の問題

秩序の合理性を考慮して一九世紀は、役割、したがって空間の性分割を推し進める。都会の観点から、全般的傾向は自然発生的な男女混在の後退と組織された男女混在の発展の傾向である。少なくとも、到着者たちの流れと民衆の抵抗に絶え間なく脅かされる計画である。もちろん、自然に生じた村の空間を管理される都会空間に対置する必要はない。その反対である。当局が秩序を持ち込もうとするのは、おそらく、都会の「群衆」が無秩序で粗野な群衆として、危険な混乱の頂点として現れているからである。パストゥールのさまざまな発見、微生物、感染症の伝染と拡大の理論は、男女の雑居を筆頭に、いかなる雑居も有害であるという疑惑を深めた。

組織された男女混在の極端な形態である売春に不安を抱く規制が夜の都会を女性にとってより冷ややかなものとした。ある時間を過ぎて一人でそぞろ歩いている女性は「違法者」であると疑われた(36)。同様に、女性の浮浪はしだいに容認しがたいものになってゆく。この時代の人類学の理論は、放浪する男性――冒険家、戦士、狩人、採集者、さらには、探検家、発明家でもある――に対置された、定住する女性――保護し、文明化を促進する――の命題を主張する。『ガゼット・デ・トリビュノ』紙(一八六九年一一月二四日)が伝える逸話はこのことを明らかにしよう。ある父親が、浮浪罪の嫌疑をかけられた息子を引き取りに行く。七度目のことである。一五歳の息子は少女の身なりをし、一緒にいた少年とともに少女として捕らえられた。父親「息子を家に引き留めておくことが私にはできません。息子はどうやっても逃げ出す方法を見つけ出してしまうのです。息子に少女の服を着せるという素晴らしい案を思いつきました。ああ！　これで息子はもう放浪することはできないだろう、と思っていました。ご覧のとおりです！　それでも息子は逃げ出しました。昨年、一か月間、息子をロケット監獄に入れました。事態はまったく変わりませんでした。息子には放浪することが必要なのです（……）」。ついでに、服装の持つ極度の重要性と、何人かの女性が、その女性の条件から脱け出ようとするとき、なぜ男装したのか、推測することができる。ジョルジュ・サンド、もちろん。フロラ・トリスタン、イギリスの議会に入り込むために。ローザ・ボヌール、絵を描くために（ナポレオン一世の命令《オルドナンス》が女性に男装をすることを禁じていたため、パリ警視庁の許可を願い出なければならなかった）。ルイーズ・ミシェル、パリ・コミューンで闘うために。そしてほかの多くの女性がさまざまな理由から。男装する、それは禁じられた空間に侵入し、男性に限定されている場所を取り上げ、そこを男女混在の場にすることである。この挑戦的な行為は一九世紀が女性に強いた締め出しを象徴する。

デモに関する調査が最後の例を提供する。民主的生活の重要な形態であるデモはフランスでは現実に許可されることはない。常に行政当局に許可を願い出なければならないからである。[37]ヴァンサン・ロベールは、にもかかわらずデモが、その効果を生み出す数、群衆の存在、より緻密に儀式化された行動や言葉を当て込んで、いかにして一八四八年から一九一四年の間にリヨンに定着したかを明らかにした。ますます多様になる社会的、政治的カテゴリーの人々に活用され、デモが正常化する。だが二つの特徴が挙げられよう。労働者を主体として、デモは政治と同様、男性に属する事柄であり、しだいに女性を寄せつけないものとなるが、男らしさを誇示する民主主義的文化が明確になる一八四八年以降は特にその傾向が強まる。第二共和政下、パリでと同様、リヨンでも、女性のデモは「一団となって練り歩く」、「身を持ち崩した娘たち」のデモとみなされた。リヨンの過激革命派の〈貪欲な人〉まで彼女たちを糾弾する。武器をとり、歩哨に立つことを主張し、〈ヴェジュヴィエンヌ Vésuviennes〉と呼ばれた女性たちについて、首都ではありとあらゆることが言われた。[38]女性はデモに姿を見せることはできる、だが、実用的であれ、儀式的であれ、旗振りや支援やお飾りとしての彼女たちにふさわしい位置で。決して、彼女たち自身のためではない。ストライキであれ、女性解放のためであれ、女性たちのデモはすべて不謹慎である。あるいは、破壊的であると受け取られた。[39] 後にデモでと同様、政治集会の演壇で自分が場違いな存在であると感じることになる女性たちによりしばしば内在化される表象。日常の街頭が女性を快く迎えるにしても、政治的往来は公開性に関する男性的見解ゆえに女性を追い払う。

以上の考察で都会の受け入れ《オスピタリテ》の主題が論じつくされたわけではもちろんない。都市機能の多様性の中で、公的および私的な場所と形態の調査を行なうべきであろう。だが、社会的、民族的、そして性別のある空間としての都市をくまなく巡り、碁盤の目のように分ける性差を考慮に入れないわけにはいかない。

第Ⅳ部　人物

フロラ・トリスタンとジョルジュ・サンドは互いにあまり好きではなかった。相手の振る舞いにうんざりしていた。フロラは自分の著作の出版に苦労するとき、著名なジョルジュに嫉妬した。ジョルジュはフロラの非難にいらだった。実際のところ、二人は同時代人と言ってもかろうじてすれ違っただけである。フロラは一八四四年に世を去り、ジョルジュの死はその二二年後(一八七六年)である。とはいえ、「鏡に映ったような生涯」と評することができたほど、いくつもの特徴が二人を近づけている。ともに体験した、女性の運命への抵抗。社会正義の意志。産業と都市の変動を認識し、調査の対象としたフロラにあっては、より労働者の社会正義であり、パン職人、石工、指物師……といった昔からの職業に携わりながら小説や詩を書いた労働者たちの友であり支えであったジョルジュにあっては、より正統的な民衆の社会正義。さらに、政治的倫理に対する同様の配慮。[1]

ここに収録した論文は相互に隔たりがあり不統一で、二人を比較する意図はいささかもない。私は、世代は違うが、歴史の中の女性たちを研究することの重要性を等しく確信している二人の男性の求めに応じてこれらの論文を執筆した。その一人、ステファヌ・ミショーの主要な著作は女性を研究対象としている。彼は種々の出版や、シンポジウムで、「パリア」フロラ・トリスタンを精力的に紹介した。[2] 脳裏を離れない社会問題を理解するために観察しようとし、客死した調査員、驚嘆すべき旅行者であったフロラの活動を、私はディジョンで催されたシンポジウムでよみがえらせようとした。

もう一人、ジョルジュ・デュビイは、政治的あるいは社会的影響力のある重要なテクストの出版を目的として、国立印刷局で彼が監修する叢書「〈歴史〉の主役たち」に女性がまったくいないことを遺憾に思っていた。彼は私にジョルジュ・サンドの『民衆への手紙』を提案したが、私はそれについてまったく知らなかった。調べてみると、これらの小論文は一巻の本にするには薄すぎた。だが、私はジョルジュ・サンドの政治的著作の全部をまとめてみようと思いついた。その結果、実に多くのものが集まった。一巻だけの出版に甘んじなければならなかったが、彼女の社会問題への参加が頂点を迎えた一八四三年から一八五〇年までの著作を完全に網羅した〔邦訳『サンド——政治と論争』藤原書店〕。国立印刷局、とりわけ、ジャン＝マルク・ダバディ氏に、その序論の再録を認めていただいたことを感謝する。

女性の歴史は何よりも例外というモードで書かれる。沈黙を破る先駆者たちの歴史。肖像や伝記、道程がその可能な手段の一つであり、最近、頻繁に使われている(3)。

そうしたものはここにはまったくない。規準を越えたスケールや生き方、とりわけ、社会に対する共通した情熱で例外的な二人の女性の人生の断片、道程の一端。

社会主義者フロラ・トリスタンのジャーナリズム

「調査員、フロラ・トリスタン」、『並外れた生涯――フロラ・トリスタン』ステファヌ・ミショー監修、所収（ディジョン、大学出版、一九八五年、八二―九四頁）

一八四〇年、フロラ・トリスタン（一八〇三―一八四四年。初期の社会主義者、女権論者、ポール・ゴーギャンの祖母）が『ロンドン散策』を出版するとき、社会調査はフランスで、またイギリスではいっそう、比較的ありふれた手法の一つになっていた。「社会を統治するには社会を知ることが必要であり、社会を知るにはその全体と部分において研究すること、各部分が全体の中で果たす役割を知ることが必要である。その起源、歴史、人口、領土、風習、精神、力、富を知ること」とマルボーは、この時代の社会有機体説を伝える著作で書いている(1)。

産業社会の憂慮すべき腫瘍と言える「恒常的貧困状態」が調査の主要な対象である。公的機関がないために国家は――フランスでは――人文・社会科学アカデミーに依頼し、ヴィレルメが有名な『木綿・羊毛・絹の製造所における労働者の身体と精神の状態一覧』を作成する。慈善家や経済学者、行政官、とりわけ医者が、都市のスラム街、出稼ぎ労働者がひしめきあい、一八三二年にはコレラが猛威を振るう過度に密集した地域を観察する(2)。医学の局所学は社会集団よりも場所を優先するこうした個別研究《モノグラフ》のモデルとなる。しかしながら、ラマッツィーニといった研究者の系譜の中で職業病は職業の条件に注意を喚起し、『アトリエ』誌や『ポピュレール』誌などの労働者の雑誌がこの角度からの考察を展開する。一方、初期段階の人口統計学は、実存的不安、生活水準の基準である死を前にした金持ちと貧乏人の不平等を見抜く。

調査することは近代的意味を帯びた。たとえ「可測の」事実の系列を集める配慮がこの作業——いわゆる統計——を必要不可欠にするにしても、既存の資料を学識豊かに編纂するだけではもはやない。医学的、科学的実践と同様、探検旅行を起源とする、直接に観察することへの要求が実地調査に駆り立てる。「観察しに行く」ことが必要である。産業革命(一方にとっては醜女《しこめ》であり、他方にはモデル、両方にとって無尽蔵の実験室)の最初の国、イギリスは、道程においても著作においても特別の位置を占めている。一八四〇年、ビュレは『イギリスおよびフランスにおける勤労者階級の貧困について』を発表する。「私のこの本は、イギリスが世界の眼前で繰り広げようとしている壮大な社会劇を説明するものである」とフロラは書く。「イギリスが演じている重要な役割がイギリスを知りたいという欲求を抱かせる(3)」。

すでに実践に移されているやり方を踏襲したフロラの方法自体には特別な点は少しもない。だがフロラは女性であり、このことが今の場合、素質ともなり、障害ともなる。素質、つまり、女性は習慣化した「貧者の訪問者(4)」である。ずっと前から、慈善の務めをはたすために女性は病院や牢獄、貧困家庭に足を運んだ。女性と苦しみの場所の間には、罪の感情を体験する深いつながりがある。フロラは後のシモーヌ・ヴェイユのように、労働者の搾取に対して罪の意識を感じている。彼女は奢侈に良心の呵責を感じ、そのために、中産階級を嫌った。しだいに、教会、次いで国家が、救済政策と倫理上の監視のためにこうした献身を巧妙に取り込み、女性を「社会的な仕事(5)」の道具とするだろう。もっとも、それは近隣、教区あるいは地域といった、ささやかな移動以外を意味するものではない。

遠隔の調査に対する障害ははるかに大きい。一九世紀にあって、女性(とりわけ中産階級の)だけの行き来はトラブルを起こした。政治にかかわることは男性の専有物である、という規定が公的空間から女性を締め出した。[6] フロラはその体験をする。すなわち、一八三八年四月、フーリエの命日の最初の宴会《バンケ》に参加する権利を女性であるゆえに拒まれる。[7] 職人《コンパニオン》たちは彼らの宴会に、「母《メール》」以外、どんな女性の参加も認めない。もっとも、この一八四〇年代、締め出しは完全なものではない。女性たちはサン＝シモン主義の〈伝道〉や布教に参加する。[8] フロラには模倣者がいる。イギリスのトロロープ夫人や牢獄を視察するフライ夫人。だが、とりわけ、ドイツのベッティーナ・フォン・アルニム。彼女は一八四〇年に、貧しい織工たちがあふれているベルリンの地区で体系的な調査を実施する。[9]

フロラの実践――観察する、聞く、感じる

社会調査はフロラの生涯および著作で重要な位置を占めている。イギリスへの四度の旅行と、一八四〇年、『ロンドン散策』の出版。労働組合《ユニオン・ウヴリエール》の設立と、「精神的・知的・物質的見地からの労働者階級の現状」についての、『フランス遍歴』と題されるはずの本の執筆の二つの目的で、一八四三年から四四年にかけてフランス南部の街々を巡る（北部と西部はこの後につづく予定であった）――ボルドーで迎えた死で不意に中断された長旅。旅日記が残されたが、一九七三年に初めて出版された。私が根拠とするのはとりわけこのテクストである。これには、即時の記述の正確さと、未完成であることや内面を吐露した魅力がある。とりわけ、どのような公的な文章にもまして、この旅日記は調査員の主観、彼女を拒む現実と闘う伝道者としての苦悩、さらに彼女の方法の独創性を明らかにする。

「事実の本」を著したいと腐心するフロラは「あらゆることを知り」、「あらゆるものを観察し」たいと思った、と弟子のエレオノール・ブランは彼女の熱中ぶりに恐れをなして書く。[10] フロラはビュレと同様に、「貧困を真に理解する最善の方法は、その具体的なしるしを観察し、それに触れることである」と考える。女性として最初のすぐれた通信員である彼女は、旅をすることの効果、光景の与える衝撃、とりわけ、まなざしの持つ不思議な力を信じている。それはまず、外見を読み取る二つの体系、つまり、衣服のコードの解説と、身体的外見のより繊細な解読が入り交じっている時

代の表象に従って、彼女は外観と内面、身体と精神の間に一連の対応を作り上げるからである。

服装は生活習慣を示す。「ある国の習俗を見抜くためには言葉を理解してもむだである。外観、とりわけ服装が、何にもましてそれらを明かしてくれる」とフロラが、ロンドンですりの裏をかくために「逆向きに」縫いつけたポケットの口に注目しながら書く。(11) さらに彼女は、服装のだらしなさや厳格さ、また、彼女が精神的資質に対してと同様、非常に敏感になる清潔さや不潔を、ていねいに書き留める。彼女を敵視しているディジョンのある雑誌『目撃者《スペクタトゥール》』の編集人については次のとおりである、「あの男は毛虫だ！　ああ、何と汚く嫌悪感を与える毛虫であることか！　あの男の胸の悪くなるような醜さ、彼の汚れて、嫌悪感を与えるシャツ、着古してぼろぼろになり、汚れたフロックコート(12)（……）」。「本能的に私は醜いものすべてに対して激しい反発を抱くが、この本能が私に啓示したものは経験と研究で確固たるものとなったと言わなければならない」と、別のところで書いている。「きわめてまれな例外を除いて、立派な精神が醜悪な外見の下に存在することは決してない(13)」。

彼女はここで、一九世紀前半に正真正銘の寵児であった人相学の創始者、ラーヴァターの言葉を繰り返している。彼と同じく、彼女は「精神は顔に」、その骨格よりも表情の妙に「映し出される」と考え、細心の注意を払う。彼女は顔と性格をじっくり観察する。「私はあらゆる顔を観察する。冷ややかで、情感がなく、気品や知性に欠けている、だが、その代わりに虚栄やうぬぼれ、あるいは、考えの変わりやすさに加えられた頑固さの主要な特徴が読み取れる(14)」。ベランジエのもとで出会った職人であり詩人であるサヴィニアン・ラポワントについて彼女は、「彼は虚栄心で膨れあがり、うんざりさせる。一見しただけで私は彼だと見抜いた(15)」。何にもまして視線の方向が心の中を明かす。「横目」は監視から是非にも逃れようとする人間の偽善や、心を許そうとしない態度を示す。たとえばイギリスの労働者について、「彼らの視線をとらえるのは難しい。彼らは皆、たえず目を伏せていて、こっそりと横目で盗み見る(16)」。

それは視線が精神への入口であり、したがって人と人とのコミュニケーションの重要な手段だからでもある。フロラ・トリスタンは動物磁気〔メスメル（一七三四―一八一五年）は、宇宙には不可視の神秘的な流体が充満し、この流体の媒介により生体相互も影響しあうと考え、この流体を〈動物磁気〉と名づけた〕の力、それが彼女に付与する聴衆への影響力、磁気に同じように恵まれた二人の人間を結びつけうる共感の力を信じている。彼女は、自分の精神的な娘としたリヨンの若い洗濯女、エレオノール・ブランとの出会いを次のように語っている。「彼女の視線の放つ磁気がきわめて強く私に作用し、私たちの身体が離れてもこの磁気は消滅しなかった。（……）視線は明らかに精神の表れであり、この表れが非常に強力であるため、それは私たちの想像の目に見える一つの形、実体となり、私たちが触知できるものとなる。視線から出る磁気は現実のものである」[17]。

フロラは観察するだけにとどめない。彼女の「聞き取りの並外れた資質」[18]はすでに強調されている。彼女は語る、「労働者たちに話しかける、つまり彼らとおしゃべりする、彼ら自身にその欲求を表現させるにまかせる」[19]。リヨン大司教ボナルド猊下との会見など、いくつかの会談報告が明らかにするとおり、彼女は巧みに質問する。『フランス遍歴』に書き写された対談は生彩を帯びている。

この時代の衛生学にならって、大気を重視するフロラが非常に強く反応したにおいへの言及が『フランス遍歴』に多数見られる[20]。だが、これらのにおい自体、コード化され、身体的なり精神的な特徴、あるいは、個人的なり集団に共通の状態を指し示す。十分に洗っていない身体の臭気（「あの男たちの放つ悪臭が私に吐き気を催させた」）。田舎の聴衆の濃密さ（「中に入って私は汗のにおいで息が詰まりそうだった」）。病院の寝台の惨めなすし詰め状態は彼女を自責の念でさいなむ。リヨンの大病院《オテル・ディユ》で彼女は、「澄んだ空気、空間、ある程度快適な清潔に恵まれ、この社会に満足していた私の頭や胃を襲うにおいと瘴気の作用に耐える」[21]ことができない。

貧困はすべての知覚で観察される感覚与件である。それは嗅《か》がれ、聞き取られ、見られる。もっとも、あらかじめ準備され、人を欺く演出をことごとく避けるという条件で。フロラは出し抜けに訪問し、対話者を当惑させる。こちらでは労働者が貧窮にある姿を見られて嘆き[22]、あちらでは「王侯にふさわしい作業場――王侯に見せる作業場！――のご婦人が乱雑な中に不意に訪問されてひどく悔やむ。――彼女がただ一人で、来訪を告げさせもせずに、あるいはまた、労働裁判所のお役人がたやほかの人物に伴われずに、作業場を訪問に来るというのですか？――そのとおりです、トリスタン夫人はすべてを自分の目で、現実にあるがままを見たいのです。(23)「私は楽屋に入り込んだ、そこで俳優たちの化粧を見た(24)」。

調査の対象

調査の対象は「労働者の貧困」であるが、言葉の最も広い意味において、つまり『フランス遍歴』の副題によれば、「精神的、知的、物質的状態」である。労働状況あるいは生活状況。これに関して多くの記述がなされているが、それ以上に、風俗と文化水準。ここから、調査の場所が選択される。つまり、社会関係を明かし、文化的生活の表れである都会。都会の設備、庶民の地区。二次的に仕事の場所。

確かに、工場は、労働者のおどおどした、臆病な、あるいはあざけるような視線を受けて、親方と一緒でなければ訪ねることのできない私的な空間である。ロンドンで彼女は大きなビール醸造工場バークリ・パーキンズと、ガス製造工場ホース・フェリー・ロード・ウェストミンスターを調査し、その技術的設備と作業の合理性に感嘆する――「私はすべての機械や、完璧さ、そしてあらゆる作業が遂行されている秩序に感嘆した(25)」、だが、衛生状況を遺憾に思う。ロアンヌでは三つの綿布製造所に入り込み、じめじめした地下室を「殺人犯(26)」であると考える。マルセイユでは機械製造の二つの工場を視察し、工場長と話しあう。

とりわけ三つの点が彼女の注意を引く。まず、彼女の目には労働の行為そのものよりも、労働者の悪い健康状態の原因となる、作業場の衛生――換気、湿気、すし詰め――。彼女の臨床的視線はこの点ではヴィレルメやこの時代の多くの医者の視線と同じである。(27)次いで、生産の近代性。きちょうめんで進歩を信じる彼女はこれに賛同する、その点でサン＝シモン主義を信奉する産業経営者に近い。そして、労働者たちの規律の遵守と、とりわけ、たいてい彼らを軽蔑している親方に対して彼らが表す服従と恐れの感情。「私は一つのことを予測することができる、つまり、賃金労働者たちの反抗が工場長に対して爆発するであろうとき、未曾有の復讐が行なわれよう。支配者は労働者により火あぶりにされ、食われるであろう」と、彼女はマルセイユで書く。(28)

労働者に出会うには、都会を見るほうがよい。ロンドンで、彼女はとりわけ、資本主義が生み出す退廃、勤労者階級と危険な階級を分け隔てる微妙な境界、犯罪の広がり、人口のかなりの部分の社会離脱、ユダヤ人やとりわけアイルランド人といった少数民族や児童、女性の差別と不当な搾取に関心を抱く。それゆえその著書の構成は、フランソワ・ベダリダによれば、監獄が全体の二〇パーセント、売春が一四パーセント、保護施設一一パーセントである。スラム街やセンセーショナルなものへの関心からではなく（著作は都市の悲惨に対するある種のロマンティスムから脱け出してはいないが）、内幕、つまりいかなる保護もいかなる力も持たない貧困層を搾取するためのより徹底的な方法にほかならない、この自由主義の裏面をあらわにするためである。フロラのイギリス嫌いは辛辣な表現をとる。

フランスでは、やり方も目的も異なる。「労働者階級を作り上げる」ために、労働者の知的、政治的水準を測ることが必要である。外観（顔色と服装）により鑑定される習俗、家族ならびに集団の振る舞いが重視される。彼女は髭によって共和主義者を見分け、(29)服装でパリのプロレタリアの特徴を識別する。つまり作業服《ブルーズ》とハンチングが彼らの特徴になりはじめていた。(30)フロラがとりわけ関心を抱くのは民衆の社交の場所と形態である。(31)彼女は地区をくまなく歩き、信仰と迷信の表れである教会の祭式に参加する。サン゠テティエンヌでの主日のミサやリヨンの〈キリストの聖体の祭日〉についての記述は、彼女の生来の反教権主義と真っ向から対立する信仰の実践の生命力を証明する。(32)彼女は市《いち》に立つ大道芝居小屋をじっくり観察し、劇場やダンスホールに足を運ぶ。リヨンのロトンダにある石工たちの劇場では、「男女の職人たち二〇〇〇人がいた。そこに集まった人々の顔つきはパリの同様の人々の顔つきといささかも似たところがない。ここでは申し分のない静けさ、秩序、楽しみの中にまで冷ややかさがある」。(33)

トゥールーズの記者たちが集まる「公共の場」の酒場やカフェに彼女はよく行く。「カフェの騎士たち」、つまり地方権力への彼らの渇望ゆえに彼女が警戒するこれら地方の知識人や、とりわけ、彼女の最良の案内人であるギルドの職人の後から、彼女は社会主義のセクトの内輪の集会が開かれている部屋に入り込む。その中の一つとして彼女の眼鏡にかなうものはない。彼女がその家族的な理想――「誰もが清潔で快適な自分の家に居て、小さな庭を持ち、（……）父親と夫の権利を行使する――を告発するカベ主義者たちが最も根を下ろしているように思われる」[34]。この議論の余地のない、また形式にとらわれない社交性の活力に強い印象を受ける。細部――たとえば泣き方[35]――に注意を払う、鋭敏で、思慮深い観察者フロラは、一九世紀の都市に住む民衆の慣行の民族学に大きな貢献をする。

女性であることの確認

フロラの調査で何か女性特有のものがあるか？　いかなる点で彼女の女性という条件がその実践を左右するか？　女性であるという事実は旅行それ自体よりも政治空間との接触を複雑にする。確かに、フロラは不便な行程や貧弱なホテル、その不潔さについて愚痴をこぼす。洗練された――そしてしばしば疑わしい――女性たちが抱く、体を洗い、入浴したいという欲求を彼女も共有する。入浴はこうした女性たちを伊達男《だて》とその身体の文化に近づける。彼女は洗練を高く評価する。リヨンで、「こぎれいな家具のそろった部屋に私を招き入れるためであったが、小さな客間のある『職人の母 Mères』の家で、美しい盆に小さな銀製のスプーンと一緒に砂糖水のコップをのせて持ってきた。これは『職人の母』の家ではめったにないことである」[36]。実際、非常にまれなことである。「このようなさまざまな不都合が旅行をおそろしく耐えがたく、疲れさせる、そして不快なものにする。いったい、どのような人々が楽しみのために旅行できるのか、私には真実、理解できない」[37]。だが、これはフロラだけの境遇ではない。一度だけ彼女は男尊女卑の差別に遭う。モンペリエで、シュヴァル・ブラン・ホテルは「女性を受け入れようとしない」。「留意すべき新しい事実」と彼女は強調する[38]。

彼女の政治活動については事情は異なる。彼女は懐疑的態度や拒否、嫌みや中傷に遭遇する。彼女が男性を迎え入れる？　彼らは彼女の愛人にされる[39]。記者たちが日中を過ごすカフェに彼女が姿を見せることに人々は驚く。「あなたがた女性に対してわれわれが優位をなすのは、われわれ男性がいつも公共の場で生活していることです」と彼らの一人が認める[40]。女性に対する慇懃さ《ギャラントリー》、両性の平等を否定するこのやり方が知的交換を妨げる。「あなたの女性という資格が、あなたとまったく自由に議論するのを妨げるのです」と、トゥールーズの記者が告白する。とはいえ、彼女は彼に二時間話させることに成功する[41]！　彼女が毎朝、食事をするサン＝テティエンヌのカフェ・ド・パリで、砲兵たちは彼女に色目を使うが[42]、数学者である士官たちのほうは、「女性が知性を持つことを許さないために」彼女を冷たくあしらう[43]。

　とりわけ政治の場は男性の縄張りである。リヨンでは、『検閲官』誌の記者リティエが彼女に、「女性が政治に口を出すのは望ましくありません。フランスはコティヨン〔農婦などがはいたペチコート〕をはいて歩くことはできないのです[44]」と宣言する。「まさしくこれが、男たちがこぞって私に対して抱く憎悪の原因だ。女に対する男の嫉妬」とフロラが論評する。彼女が「ささやかな本」の生みの親であることを認めようとしない。「女性の著作にしてはうまく書けすぎている、うまく考察されすぎている[45]」から。

　しかしながら、反目が最も激しいのはとりわけ中産階級、中でも、権力を渇望し、権力を男らしさと同一視する知的小市民階級の間である。フロラは得意とする領域で競争する。こうした非宗教的な共和主義者たちはサン＝シモン主義の「母」崇拝に由来する「女性‐指導者」のイメージを好まない。その信条がまだ男らしさに決定的に変わっていない庶民階層にあっては、障害は結局、これほど大きくはない。トゥーロンの海軍造船所の労働者についてフロラは、「私が女であるということが彼らを遠ざけはしない、もし相手が中産階級であればこうしたことは起こったであろう。だがここでは私のこの資格が彼らを引きつけている[46]」。船上でフロラはアルジェリアの原住民騎兵や乗組員と問題なく話を交わす。ギルドの宿屋では管理は「職人の母」に属するが、彼女たちはしばしば教育があり、連帯している。リヨンの絹織物工の妻たちとの接触は申し分ない。彼女たちは男女混合の集会に大勢やって来る。フロラは女性たちの会合を組織することに成功するが、このうわべの中に政治集会のカムフラージュを見た警視は、呆然として、切り返す。「女性ばかりの会合！　私がそこを攻撃するとお思いですかな？[47]」。だが、フロラの語るところでは、「私は女性たちの会合を作った――九人だった――、彼女たちは皆、すすんで私の話を聞き、私の意見、つまり、彼女たちは政治問題や社会問題、人道的な問題にかかわるべきであるという意見に従う気になっていた。私は政治が彼女たちのポトフにまで入っていることを明らかにし、彼女たちは非常によく理解した」。

調査そのものにおいてもフロラは、女性や、彼女たちが置かれている立場を重視する。ロンドンでと同様リヨンでも彼女は売春婦たちに関心を持ち、この「賤業」が廃されることを望む。ニームで彼女はホテルの窓から目にする共同洗濯場の光景に憤慨する。この洗濯場には斜平面がない、その結果、「水の中にあるのは洗濯物ではない、そうではなくて、腰まで水につかっているのは洗濯する女なのだ」。このことからさまざまな障害が生じる、つまり、急性リウマチ、耐えがたい妊娠、流産、皮膚病等である。こうした女性は母から娘へと受け継がれている。都会の篤志家たちはここにいかなる注意も払わない。「水の中の女性たちを見たのは私一人である」とフロラは書き、「ジャーナリズムや思いやりのある人々をこぞって扇動するすさまじい論文[48]」を計画する。

女性たちの立場以上にフロラは夫婦生活や都市における両性の関係、女性の影響力、彼女たちの政治的知識に関心を向ける。しかもそのまなざしは仮借ない。彼女にあっては無条件の労働者階級至上主義はもとより、全体的な「女同士の友愛」はない。たびたび彼女は主婦たちといさかいを起こす。彼女たちは夫に対してフロラが影響を及ぼすことに敵意を見せ――パリの「鍛冶職人たちの指導者」ゴセの妻は彼女を激しくののしる[49]――、自分たちの母親としての感情の深さを過小評価するとして彼女を非難する[50]。彼女は、しばしば民衆の女性が過度に信じやすく、教会に支配され、夫より無知であると考える。最愛の娘エレオノール・ブランさえときおり彼女を失望させる。

愛と一体化した女性の政権[51]の到来を説き、日常生活における両性の関係を覆すことを強く勧めるフロラにとって、厳しい現実。フロラは彼女に言い寄る若者たちを拒絶する。「恋愛において主導権をとるのは女性でありたいのです[52]」と彼らの一人に書く。宮廷のしきたりの中で最も王にふさわしいものと同様、様式化された愛の告白の慣例を覆す、これこそが耳を傾けられる可能性のほとんどなかった急進的な女性解放論のしるしである。

調査と想像の世界――フロラの先入観

調査員フロラが思想家であることに変わりはなく、彼女の認識はその表現や選択に裏打ちされている。田舎に対する都市、地方に対するパリ、南フランスに対する北フランスの優越を確信して、彼女は人々や風俗の上に、相違に影響されにくい、それだけにいっそう相違を強調する外側からの視線を注ぐ。「取るに足らない都市」、ロアンヌの織工たちやサン＝テティエンヌのリボン製造職人たちの田舎風が彼女を唖然とさせる。「彼らは田舎者特有の悪知恵と愚鈍を併せ持っている」と一方を評し、他方については、「誰も彼もが方言を話し、木靴をはき、そのほかも同様である。彼らはまったく山間の農民である。彼らの顔つきには完璧なまでの愚鈍さが読み取れる」。彼らは「ぞっとするほど醜く、太って、むくみ、（……）見る者に嫌悪の念を催させる。加えて彼らの頭の形が中にあるものをはっきり伝えている。つまり、愚かさのあらゆる特徴を示している」[53]。「（……）彼らの顔の何という表情！　これほどまでに愚かで醜い表情を私はかつて見たことがない！」[54]。画家であれば、彼女はこの労働者たちを、四〇年後にファン・ゴッホがヌエネンの貧しい織工たち、「ジャガイモを食べる人々」を描くように、獣性すれすれに素描したことであろう。都会に見られる田舎の痕跡に非常に神経質で、往来で「町風になった」農民や動物を目にして苦しむ。彼女にとってそうしたものは詩情を漂わせるものではいささかもなく、まったく反対である。それは、優雅さ――たえず脅威を与える存在であり、恐ろしいほど近くにある自然に対する文化の困難な征服の成果――を台無しにするおそれがある。

都会そのものもあまりにしばしば凡庸である。「都会の片田舎」。一般にあらゆる都会が、小都会であれ大都会であれ、地の利が悪く、堅固でなく、風通しが悪い。「きわめて不適切にも住居と呼ばれているものは（……）積み上げた石の大小さまざまな山以外のなにものでもない。秩序も洗練さも考えも、ほんのわずかな調和もなく、放り投げただけのものである」。　ベジエ、アヴァロン、ロアンヌ……は「取るに足らない」都市である。とりわけサン＝テティエンヌは彼女を絶望させる、「それは私が今日に至るまで目にしてきたあらゆるものを越えている。（……）これほどの愚かさの中で六万人の住民が生活している都市がフランスにどうしてありうるのか、実際、理解できない[55]」。「乗合馬車の都市」マルセイユは「破産したユダヤ人かアラブ人の吹き溜り[56]」でしかない。彼女の意に真実、適《かな》うのは、ほとんどリヨンだけである。そして、「私の気に入った世界で唯一の都市」パリ。

結局、フランスは文化的砂漠である。「哀れなフランス、地方は目に美しくない！　地方に行けば行くほど、中産階級の人間は卑小でけちで下劣になる[57]」。南フランスで彼女は徹底的に自分がよそ者であると感じる。彼女は南フランスの文化形態と人々の社交性を嫌悪する。旅回りの劇団、曲芸師、香具師《やし》、道化師たち。行列や奉献物、素朴な絵といった、奇異なカトリック信仰の雑多な祭礼は、彼女の目には卑俗で好色な異教《パガニスム》の表れと映る。乞食たちは悪漢然とし、彼女に恐怖感を抱かせる。そして「誰も彼もが方言を話す」と彼女はオック語について言う。「いかなる住民に対してもこのような嫌悪を覚えたことはかつて一度としてない[58]」。産業の盛んな北フランスと幸せな南フランス、相方の支持者を対立させる大討論会では、彼女はためらうことなく前者に味方したことであろう[59]。

労働者については、「彼らは近くでは見るもおぞましい[60]！」。彼らはリヨンやパリを除けばほとんど字を読まず、無学ゆえに疑り深い。彼らは職業や地区（リヨンではギョティエール地区はクロワ＝ルス地区をねたむ）、ギルドあるいは党派《セクト》の自治主義から抜け出せない。高潔さに欠ける彼らは個人の利益を追求し、緊密な家族という中産階級的手本に固執する（フロラは「一家の良き父に対する彼女の嫌悪感」を語る）。彼らは宗教的儀式に縛りつけられている。リヨンでは三人のイカリア共同体信奉者がフロラに「ギンバイカと月桂樹の並外れて大きい冠」を贈ろうとするが、彼女は受け取らない。今や個々の人間に冠をかぶせるのではなく、「思想」にのみかぶせなければならないと、彼らに言って、彼女の「ささやかな本[61]」の上にその冠をおく。

このように彼女は彼らを揺さぶり、個人的にばかりでなく人前でも、言いたいことをはっきり彼らに言う。そのことが一度ならず口論を引き起こす。たとえば、中産階級の目には労働者の欠点を隠してほしいと願う指物師のロリに対して。「〝つまり、あなたは私があなたの傷を見ずにあなたを治すようお望みなのですね。〟〝そうです〟[62]」フロラはため息をつく。「熱意にあふれた人をも意気阻喪させ、その熱意を失わせ、嫌悪感を抱かせることができるのは、労働者たちのまさに愚かさである[63]」。

フロラの失望は大きい。その失望は、彼女が多くの知識人と同様、労働者に〈救済〉を期待していることに起因する。彼女は彼らの中に前衛、未来の世界の芽を見る[64]。ロマン主義者の例に洩れず[65]、徹底的に一体性を信じる彼女は、たえず意思の疎通をむなしくする特異性を嘆き、「われわれが生活しているこのまとまりのない、分断された社会[66]」を残念に思う。彼女は、言語と文化で統合されたジャコバン主義のフランスと、彼女が「設立する」――創設者たちの主意主義を表す言葉――ことに専心する、統一のとれた労働者階級を夢みている。「私は一体性の中に生きている。すべての同胞にそこで生きる力を与えたい、そうしなければならない[67]」。

それゆえに、彼女は因襲打破の幻影を見る。売春の弊害を社会から取り除くこと。「もし私が指導者であれば、このような世界をどうするであろうか？　何らかの方法でそれから社会を解放しよう。間違いなく、存続させはしない[68]」。過去を一掃すること。「私がヨーロッパの〝代表の奉仕者〟になれば、いくつかの都市の囚人たち（つまり住民たち）をそこから解放するための唯一無二の方法であるから、それらの都市を破壊する目的で黒人の一団を雇い入れ、壮麗な宮殿――都市を建設するために白人の一団を雇うであろう[69]」。フーリエが構想したようなファランステール〔共同組合社会〕ではない。六万人の都市。破壊する、と彼女は言う。だが、それは自分が使者であると感じてはいるが、未来の労働者の時代に初めて実現されうるであろうこの「新しい世界」を再建するためにである。調査はユートピア――ほとんどいつものように、空間化されたユートピア――を抱かせる。抵抗する現実を乗り越えるやり方。

調査員とその対象のこの困難な関係が『フランス遍歴』の主要な面白さである。文化の衝突や意識の亀裂、無理解が想像の領域と日常生活を隔てている距離を明らかにする。一方では、職業を実践し、渇望するさまざまな労働者、場所の細分化、集団の活力、そして彼らの急増。他方では、改革者と革命家たちの融合した、理想化され、さらには幻想化された労働者階級にすでに具現されている表象の力強さ。

調査は、疑念と夢想に襲われているフロラの顔を、鏡に映したように、われわれに投げ返す。

政治に関与した初の女性、ジョルジュ・サンド

「サンド――政治に関与した女性」、ジョルジュ・サンド『政治と論争（一八四三―一八五〇年）』に付した解説（パリ、国立印刷局、〈歴史の主役〉叢書、一九九七年、七―五七頁）

近代の政治的著作で不朽の名声を得た女性はきわめて少ない。これは少しも驚くにあたらない。フランスでは、他の国以上に非常に遅れて女性は市民権を獲得した。女性たちが選挙権を行使するのは一九四四年以降にすぎない。フランス革命下に、「人間の権利」を最大限に手に入れることを主張した女性たちは、選挙を組織したシエイエスの言葉によれば、「少なくとも現状にあっては」、能動市民としての権利を十全に行使するに必要な、個としての能力のないことをあらためて知らされた。ロラン夫人は聡明な伴侶として、やがて一九世紀が称揚することになる偉大な男たちの妻の模範を示し、協力者の役割に満足した。激しく抗議した女性たちは激しく叱責された。オランプ・ド・グージュ（一七四八―一九三年。『女性および女性市民の権利宣言』（一七九一年）を著す。一七九三年、反革命容疑で逮捕、処刑）は、それが唯一の理由ではなかったにしても、処刑台に送られた。女性たちのクラブは閉鎖され、妻としての義務、また、乳を飲ませ、子どもを教

える母としての義務に呼び戻された。ナポレオンはさらにエスカレートし、〈民法典〉で父権を最大限に回復した。小説以外のものを執筆し、国事に関して発言する勇気を持ったスタール夫人は、彼の目には悪魔の顔をした女性であった。彼はスタール夫人を国外に追放した。一九世紀に入ると、性別に対応すると考えられた公的領域と私的領域の分離はさらに拡大した。社会のこの合理化は、ジェンダーを性《セックス》に固定する生物学により見直された本性と社会的有用性との二重の論拠に、つまり調和の鍵である補完性の解釈に基づいている[1]。作家、あるいはサロンを開いている女主人といった、最も「名の知られた《ピュブリク》」――この一語が問題である――女性たちさえ、政治、この男性の聖域に足を踏み入れようとすることはほとんどなかった。ギゾーは政治を男性の職業とし[2]、トクヴィルは最も雄々しく最も高貴な任務、前進している民主主義にあって貴族階級にふさわしい唯一の余暇の活動であるとした。「私は書き物をする女性、とりわけ、その性の弱点を理論体系の中に隠してしまう女性を嫌悪している」とトクヴィルは一八四八年の回想録に書いているが、それは彼が出会ったとき「政治家のよう[3]」であったジョルジュ・サンドに対する、称賛にみちた彼の評価が公正であることを強調するためである。

この表現そのものが、サンド自身、死の時（一八七六年）までその特異性を感じていた奔走の例外的な性格を際立たせている。彼女の全集の刊行者であるミシェル・レヴィから種々の論考を『政治と哲学』の書名で一巻にまとめるよう促された彼女は、一八七五年一月七日付の返書で、『政治と哲学』の書名を『論争』に変えました。その理由は私がいわゆる政治に携わらなかったからです[4]」と書いた。彼女はさらに、これらの論考でよく使った形式である「書簡」のいくつかを見直すことを求め、『共和国公報』を含めることを拒絶した。「それらは臨時政府にゆだねられたもので、私には責任がないからです」。政治における女性――サンドであっても――の難しさ、したがってこうした著作の編集の難しさをサンドのこの言葉は示している。

サンドの要望をわれわれは尊重すべきであったか？　否、と思われた、少なくとも完全には。本書はサンドの論争的著作の中で政治にかかわるものを収録した。彼女がこの領域に登場したときから、第二共和政の終わり、つまり、彼女にとって退場の合図ではなかったにしても、国内追放の合図であった、一八五一年一二月二日のクーデタまでのものである。実際のところ、われわれの当初の意図はサンドの政治的著作の完全な版を出すことであった。一八五一年以後の彼女の考察に心引かれるからである。しかし、その公的な表明は少なくとも一八七〇年まではまれになる。したがって書簡の中にこそ、民主主義に関する彼女の思想の深化を探らなければならない。それはこの著作集の枠を越える、性格の異なった作業である。われわれはサンドが最も精力的に政治問題に関与したこの時期に発表された政治的テクストを網羅する版を編纂することにした。テクストの大部分は、彼女の全作品を集めた死後出版のいずれかの巻、主として『政治的・社会的諸問題』（一八七九年）、『一八四八年の回想』（一八八〇年）、『回想と思想』（一九〇四年）に収録されている。いくつかは――『ファンシェット』（一八四三年）や『共和国公報』（一八四八年）――最初の発表以来、再録されたことはない。あくまでも年代順に収録した本書の目的は、サンドの政治的行程とその関与形態を展望することである。それぞれの時期やテクストを個々の情勢の中に位置づけることで、サンドがいかなる点でその時代の例証であり、例外であり、矛盾であったかを示したいと思う。

絆――貴族と平民の血を受けて

サンド（一八〇四―七四年）の生涯は一九世紀の激動を覆いつくし、それに一致している。その生涯を探ることで、フランス革命がまだ終息していなかった、それどころか、少なくとも、この遺産を要求する権門の熱望や解釈のままに、革命の企ての断ち切られた糸を結び直すことが肝要な時代のフランスにあって、共和国を建設することの困難さが明らかになる。サンドについて言えば、彼女は非常に早く――二六歳の、オロール・デュドゥヴァン男爵夫人〔ジョルジュ・サンドの本名。一八歳でデュドゥヴァン男爵と結婚〕であった一八三〇年、すでに――共和主義者であることを、そして一八四〇年代には社会主義者であることを明確にしている。こうした確信がサンドの生涯を貫く。

この確信は幼年時代に深く根を下ろしている。少なくとも、過去への省察が公民としての信仰告白の形をとった非常に重大な時期（一八四七―五四年）に執筆した自伝『わが生涯の歴史』で語っているところでは。著者がその生成を主張する集団の時代の昂揚した意識の中に自己への関心が刻み込まれる。(1)フランス大革命は彼女の一族の運命を一変させた。彼女はある意味ではこの革命から生まれた。サクス元帥（一六九六―一七五〇年。ザクセンの選挙侯フリードリヒ・アウグスト一世の私生児。軍人）の私生児であり徴税請負人にして経済学者のクロード・デュパンの息子デュパン・ド・フランクイユと結婚した祖母オロール・ド・サクスを通して、オロール・デュパン、つまりジョルジュ・サンドは、旧体制《アンシャンレジーム》――祖母がその処世術と「優雅さ」を彼女に教え込もうとした貴族階級の旧体制――に根を下ろしている。ドイツ、イタリア戦役で戦った「共和国に仕える兵士」であり、帝国軍隊の輝かしい将校である父モーリス――幼いオロールは母に連れられて占領下のスペインまで後を追った――を通して、彼女は父が完全に支持している新しい社会に属している。没落し、自信を失い、忍従している祖母に父モーリスは、「大革命が失わせた財産や地位を軽蔑する」よう説得し、「歴史」の不可避の流れに身を任せるよう促した。子ども時代の数多くの話に繰り返し現れる父の英雄化された姿に、ジョルジュ・サンドは誇らしげに自分を認めている。「私の存在は、弱められているにはちがいないが、父の存在をほとんどそのまま、写したものだ」。彼女の革命とのつながりは、まず、父方のものである。

そして、母を通して「パリの民衆の娘」であったサンド。母ソフィーは美しいお針子であり、その父アントワーヌ・ドラボルドは、玉突き台を置いた小さな居酒屋を経営したり、鳥河岸でカナリアやヒワを売っていた。(2)彼らは庶民、つまり、取るに足りない人々であった。ソフィーとその姉妹たちは大革命下、針仕事や、おそらくはその肉体的魅力で生計を立てる困難な生活を経験した。白い服に身を包んで、ソフィーは一七九二年、「理性の女神」に扮する。それにもかかわらず、その後ほどなくして、理由が分からぬままに逮捕された。彼女は愛人のいる軍隊に随行するが、ミラノで出会ったモーリスのために愛人と別れる。オロールつまりサンドを身ごもったソフィーとの恋愛結婚は、モーリスが母や親族の反対を押し切った、身分の低い者との結婚であった。「彼は民衆の娘と結婚しようとしている、つまり、私生活の秘儀にまで大革命の平等思想を実行しつづけようとしている。彼は自分自身の家庭のただ中で、貴族階級の規範や、過去の世界と戦うことになる。胸の張り裂ける思いをするだろう、だが、彼の夢は達成されるだろう」[3]。「今日では決して可能でないものが、当時にあっては、革命が人間関係にもたらした混乱や不確かさのおかげで可能であった。(……)民法の機構は規則どおりに機能していなかった」[4]とジョルジュは書き、自分の出生の並外れた性格の中に政治的信条を汲み取っている。

貴族階級でも中産階級でもなく、サンドは社会階級間の混血児である。ときにそのことで苦しんだとしても、彼女はそれを自覚し、容認し、自慢する。彼女の崇拝する祖母が母に見せる軽蔑は子どもの心を傷つけた。共通点はほとんどなかったにしても、母を愛していたからである。彼女は断固として母の側に立った。ソフィーが住んでいたデュフォ通りの「あまりにもみすぼらしく、汚らしい小さなアパルトマン」が「私の夢の中の楽園」となった。祖母がもてなす「老伯爵夫人たち」の好む砂糖菓子よりも、彼女は田舎風のポトフを楽しむ。「私はここで私たちの家にいる。あちらでは、私は優しい母《ママン》の家にいる」[5]と彼女は言う。

サンドは非常に早い時期に社会的不平等を実感し、鮮明に記憶している。父の側には、ノアン〔フランス中部ベリー地方の村。祖母とジョルジュ・サンドが暮らした館がある〕にさまざまな貴重品、書簡、系図があり、見事な語り手である祖母の語る驚嘆すべき物語がある。母の側にはまったく何もない。「母は両親のことをほとんど話さなかった、それは両親をあまり知らなかった、母がまだ子どもの頃、亡くなったからである。祖父はどんな人間であったか？ 母は祖父について何一つ知らず、私も知らない。母の祖母は？ 事情は同じだ。庶民の家系図はこの社会の金持ちや権力者の系図と張り合うことはできない。最良の人間が出ていようと、背徳きわまりない人間が出ていようと、一方には不処罰があり、もう一方は報われることがない。いかなる称号も、紋章も、絵画も、これら無名の家系の思い出をとどめてはいない。彼らは地上を通過するものの、足跡をまったく残さない。貧しい者は完全に消滅する。金持ちの軽蔑が彼らの墓を封印し、侮蔑にみちた足で踏みつけているのが人間の遺骸であることさえ知らずにその上を歩いていくのだ」[6]。ここから、民主主義の原理にのっとった自伝のモデルを提示し、「労働者の文筆家たち」の表現を促進し、民衆の抑えられてきた声を聞かせようと彼らを小説に登場させる構想が生まれる。

大革命の、自由の、愛の娘であるサンドは、父の選択を認め、自身の選択をそれに一致させる。「王族の血は母の胎内で庶民の血と混じり、私の血管の中で消えた[7]」。「私は貴族の父とジプシーの母から生まれたのです（……）。私は国王やその手先と共にではなく、奴隷と共に、ジプシーの女と共にあるでしょう[8]」。この基本契約に関してサンドが態度を変えることはない。彼女の民主主義、平等主義的確信はここに由来する。少なくとも彼女自身はここに帰している。それは不公平の体験に由来する、それは心に、そして体験的ではあるが論理的な思考に基づいた、政治闘争の根拠になりうる感情に由来する。

道程――政治への歩み

しかしながら、一八二二年、デュドゥヴァン夫人となったオロール・デュパンは一八三〇年まで、公共の問題にほとんど無関心であるように思われる。こうした些事に関心を抱くよりもっとやるべきことのある社交界の女性たちの諧謔的な口調で彼女は語る。「あなたに政治の話をするつもりはありません。私には高尚すぎますし、おまけに、退屈にすぎますもの[1]」とシャルル・ムール（一七九七―一八四八年。司法官。一八二八年から継続的に文通）に書く。とりわけ選挙は彼女をうんざりさせる。「話題は選挙のことばかりです（……）。選挙のごろつきは一人残らず私を立腹させます[2]」。彼女は議論が理解できないふりをする。「これこれの主義の熱心な信奉者となるには私は女性にすぎますわ（恥ずかしながら告白いたします[3]）」と、夫のカジミールとともに一八二七年以来、ラ・シャトルで支持してきた自由党の候補者デュリ＝デュフレーヌに書き送り、その再選を丁重に祝福する。

一八三〇年の革命はこうした無関心を揺さぶり、転向の口火を切る。書簡が明らかにする。七月三一日、早くも、きわめて女性らしい惻隠の情からパリの出来事に言及する。「かくも多くの犠牲者たちが流した血は彼らの妻や子どもたちに利益をもたらすのでしょうか[4]？」彼女は協力することを願っている「刷新の大いなる仕事」について語る。「私の中にあるとは思わなかったエネルギーを感じます。心は出来事で成長するものですね」。ラ・シャトルは比較的活発であった。国民軍が編成され、カジミールが参加する。ニュースは乗合馬車の乗客によってシャトールーから辛うじて伝えられる。毎晩、彼女はラ・シャトルに出かけて新聞を読む。だが、彼女が自分の信念について語るのは、とりわけ、シャルル・ムールにである。一八三〇年八月一五日の手紙で共和主義の信条表明をし、九月一七日、それを繰り返す。「私は共和主義者です（……）。自由主義者であるとはどういうことでしょう？　私はばら色の水に夢中になってはいませんし、まして、ぬるま湯につかってはいません。われわれには確かな共和国が必要です（……）（過ぎ去った時代に共和国と呼ばれていたもののように情け容赦のない暴政ではなく）もっと寛大で、社会の最下層の人々にとっても有益な、野心家たちの食いものにされにくい政体が必要です」[5]。おそらくもっと大胆であることが望ましいだろう。だが、女性に何ができよう？　「もし私が男であれば、共和国に対する思いを熟考して表明する労もとりましょう。これまでしたことのない、また、現在のところする必要もない、真剣な学習に専念もしましょう（……）。あご髭が生えていない限り、私の頭の中でささやかな空想を作り上げて、何の不都合もなく楽しむことができます」。それは大したことではない。政治的出来事が性差の問題を提起する。無力である無念さと、気ままに「自分の生活を小説に仕立てあげ、幻想に取り囲まれてい」られる責任のなさの快感に引き裂かれた感情とともに彼女が経験する差異。同じ時期、彼女はジュール・サンドー〔一八一一年―一八八三年。作家。オロールと共作で『ローズとブランシュ』を一八三一年発表〕と出会い、カジミールと別れ、文章を書く決心をする。あらゆる観点から、一八三〇年の夏は彼女にとってターニング・ポイントである。七月の太陽は光り輝く。

しかし、幻滅はすぐに訪れる。革命は「腐敗した」と彼女はシャルル・ムールに書く。「私には人々がどこに行くのか、どこに行こうとしているのか、理解できません（……）。政府は無力で、人々の意志は一致していません」。同時に彼女は、王朝の交替や「政体の理論的形態」に満足できないことを実感する。「それは私が望んだにちがいない社会の大きな変革でした。そして、わが国の法体系を大きく変えることが、昔の規律で押しつぶされ損なわれていた美徳を回復すると、私は一瞬ではあれ、愚かにも思い描いたのです。良俗が法律を作り、法律が良俗を作るのではないことを、思い出すべきだったのです」[6]。一八三〇年は結局のところ、骨折り損であった。だが、「大きな革命が起きるでしょう」、それは不可避である。そして、そのことが彼女を喜ばせる。「私は騒音や嵐や危険さえも好きです。もし私が自分本位の人間であれば、毎朝、革命を目にしたいと思うことでしょう、それほど私を楽しませてくれますから」[7]。

一八三一年春、パリの熱気がそこにいる彼女を感動させる。「私は至るところに行きました、そして（……）私の目ですべてを見ました」。ルポライターの態度、これは後にしばしば繰り返されることになる。加えて、ジャーナリズムが彼女の気をそそる。『フィガロ』紙〔一八三〇年、ド・ラトゥシュが買い取った政治的風刺新聞〕が「労働者兼記者、給仕兼執筆者」として彼女を一時期、雇い入れる。彼女は匿名で風刺的記事を書く。もっとも、その記事が無礼のかどで訴追を引き起こしもするが。一八三一年二月二〇日、下院の会議を傍聴した彼女は狼狽する。「政治にすべてが呑み込まれ、政治がすべての人間を支配しています。目下の段階では、意見は（……）固有名詞で表されます」。国王はどうかといえば、世論をまったく知らない。「世論や民衆の欲求を知らないのであれば、雨傘を手にして徒歩で外出し、街角の藁《わら》の詰め替え職人と握手をしても、それが何になるというのでしょう?」。来るべき革命を待ちながら、彼女は自分の中に満ちている書きたい気持ちに身を任せる。「書くという仕事は激しく、ほとんど不滅の情熱です」[8]。

ノアン――すでに彼女にとって避難所であり、また力であった――に戻って、彼女は何の遠慮もなく、書くことに没頭する。「こちらに戻って以来」、世間との絆である「新聞さえ開いていません」、「政治にはうんざりしています」と、一八三一年五月、シャルル・ムールに書く[9]。そして半年後、「政治に携わるどころか、みすぼらしい小説を書きました」[10]。彼女が一人で署名し発表した最初の作品であるこの小説『アンディアナ』は、彼女をたちまちのうちに有名にする。ジョルジュ・サンドの誕生である。

しかしながら、ジョルジュは一八三二年六月六日、サン＝メリー修道院で虐殺された共和主義者たちと共に危うく消え失せそうになった。「六月六日は私を荒々しく現実の生活に投げ込みました」。「『アンディアナ』を殺し」、その著者に二重の拒否をさせた、つまり政治的暴力と文学の効用の拒否。「私は王政も、共和政も、すべての人間も嫌悪しています。犬にでもなりたいものです」とロール・ドゥセールに書く。[11]「いつの日か小説を書くことを夢想するなど今は不可能に思われます」。そして、シャルル・ムールには、「私は国王ばかりか、どんな犠牲を払っても自由を宣言しようとする、国王に劣らず残虐非道な英雄たちを嫌悪しています。ノアンで両者のことを忘れるよう努めるつもりです。それにしても政治はどうなるのでしょう?」[12]と。彼女は自分の人生をどうするのか?

愛――マリー・ドルヴァル〔一七九八―一八四九年。ロマン派を代表する女優〕、ミュッセ……――、反抗――カジミールと別居する――、旅、書くことが彼女を満たす。結婚により強化された女性たちの隷属状態に対する抗議の小説の時代(『ヴァランティーヌ』『レリア』『ジャック』……)。ブールジュの著名な弁護士で、熱烈な共和主義者であるミシェル〔ルイ=クリゾストム・ミシェル、通称ミシェル・ド・ブールジュ。一七九七―一八五二年。サンドの政治思想に大きな影響を与える〕との一八三五年四月の出会いは政治を再び輝かしいものにし、サンドの変化を早める。彼女は愛人の影響をおそらくは誇張している。「私の知性はいわば未開拓でした。有徳の士が現れ、私に教えてくれるのを待っていました。あなたがやって来て、私に教えてくれたのです」と、情熱の炎が揺らめくのを感じて、一八三九年一月、彼に書き送る。[13]いずれにせよ、一八三五年から三九年までの四年間は彼に支配される。エヴラールと名づけた彼に宛てて、まだ自らの進むべき道が定まらない彼女は『ある旅人の手紙』第六信を書く。[14]手紙の中で彼女は「才能に欠けた隠喩の使い手」、「芸術家にしてボヘミアン」、森の自由を好むものの、権力と栄光の道を選んだ人間の「史料編纂官」となった自画像を描く。「友よ、私は君の王杖《おうじょう》よりも巡礼の杖の方を好む(……)。私は人生を、生け垣沿いにチョウを追って過ごすように、気ままに送ってきた」。彼女の「社会的無神論」を非難し、有用性や人類愛、介入を奨励する対話者に対し、彼女は文学の信仰表明で応じる。「私の本性は詩人であり、立法者ではない。必要とあれば戦士になるが、代議士には決して」。領域と性の容認された分離に従って、「あなたがたが男性のために法律を作っているとき、女性たちにロマンスを歌うことは詩人に許されはしないだろうか?」。とはいっても、「一兵卒」として、彼女は「真実」と「共和主義の未来に奉仕」しようとする。

ミシェルがガルニエ・パジェス〔一八〇三―七八年。政治家。共和政を支持。四八年の臨時政府蔵相・パリ市長〕、ルドリュ＝ロラン〔一八〇七―七四年。政治家。社会民主共和政を主張。『レフォルム』紙を発行し、普通選挙を要求。臨時政府内相〕、バルベス〔一八〇九―七〇年。革命家。ブランキとともにルイ＝フィリップ王政に対する多数の陰謀に加わる〕とともに弁護団の一人であった一八三五年四月の被告人たちの裁判で、彼女にその機会が訪れる。(15) 毎日、男装して、国民軍が気づかぬふりをしている一〇〇人ばかりの変装者たちに混じって貴族院内に入り込む。彼女たちの存在はこうした禁じられた場所への女性たちの関心を示している。彼女は「被告人たちへの弁護団の手紙」を執筆し、ミシェルがいっそう荒々しく雄弁にするために手を加える。かくして彼女は協力者として、また、思いやりのある女性として政治に侵入する。彼女は受刑者たちとその家族のために募金を始める。(16) 彼女は役立ちたくてうずうずしている。ミシェルだけが彼女を励ますのではない。エマニュエル・アラゴ〔一八一二―一八九六年。弁護士、政治家。一八三一年頃バルザックの家でサンドと知り合い、終生、友人であった〕は能力に従って「働く」よう勧める。腕よりも頭脳、ペン、想像力が不足している。「あなたには偉大で神聖な使命がありますよ」、つまり、言葉の影響力と芸術の力がもつ使命。同じ時期、サン＝シモン主義者たちが芸術の予言的な力を発見する。したがって彼女は執筆する。たとえば、アラゴが称賛する、(17) エヴラールに宛てた一旅人の手紙のような、二通目の政治的な手紙。哲学者たちの継承者であり、「知識人」の先駆者である芸術家の役割が浮かび上がる。サンドは前進する共和政の歩みの中で彼らを牽引するのに大いに貢献しよう。(18)

サンドの政治的態度は先鋭化する。ルイ＝フィリップの身を狙い未遂に終わったテロの犯人アリボーを「卑劣な殺人者」と呼んだレルミニエ教授の論文に関して、彼女はビュロ〔一八〇三―七七年。一八三一年より『両世界評論』誌編集長。四〇年間にわたり文壇および政界で大きな力を持つ〕や『両世界評論』誌〔一八二九年創刊の文学・政治雑誌。サンドは三二年より同誌に三五篇の小説の他、多数の論文などを寄稿〕と対立する。「アリボーは英雄である」とサンドは反論し、ビュロはこれを容認することができない。(19)

彼女はフランス革命に関する考察を深め、ティエール、ギゾー、さらに、彼女がその『フランス革命の議会史』〔一八三四――三八年、四〇巻）を読んだビュシェ、ルーら、同時代のほとんどの歴史家と同じく、この革命の中に階級闘争を見る。しだいにジャコバン派になり、ミラボーやジロンド派に敵対する。これら「考えが狭量で、精神薄弱な男たちは、（……）中間階級の支配、（……）中間階級の共和国を望む中道主義者にすぎなかった」。一方、「近代の最も偉大な人間」ロベスピエールは「（……）貧しき者が貧乏であることをやめ、富める者が金持ちであることをやめるのを望んだ」。だが、「巨人《ティタン》」（＝「民衆」）は、「奢侈を好み、民衆にパンがあるかどうか少しも気にかけない、この途方もない裕福な階級」に打ち負かされた。大革命は「ロベスピエールの死とともに終わったのです」。今日、「奴隷の身分よりも劣る無産者階級」がいるゆえに不平等はかつてなく大きいにもかかわらず、「麻痺した〝巨人《ティタン》〟は生きているあかしを少しも示しません」、だが、彼らは目覚めよう、「日がやがて昇ることでしょう[20]」。

しかしながら、彼女は社会主義者であるより共和主義者にとどまり、アドルフ・ゲルーが彼女にその功績を自慢するサン＝シモン主義に対して懐疑的である。彼の仲介で彼女はいくつかの集会に参加し、接触を持つ。生活の公開と両性の「雑居」に対して、また、漸進的改革の展望と東洋の救済的徳行への信仰（エジプト遠征は彼女を当惑させる）に対してきわめて慎重ではあるものの、所有権批判には同意する。「この点で私は常にサン＝シモン主義を信奉してきました[21]」。だが、サン＝シモン主義者たちは温和にすぎる。彼らの忍耐心と共和主義者のエネルギーを結びつける必要があるだろう。両者の間には対立よりも補完性がある。丁重に彼女に贈り物をしたパリの「サン＝シモン主義の家族」に彼女はこのことを書き送る。「われわれは破壊するために、あなたがたは再建のために」。「共和主義者の力強い腕が都市を建設し、サン＝シモン主義者の神聖な予言が理想郷を建設しましょう。あなたがたは司祭であり、われわれは兵士なのです[22]」。しかし、ショパン（彼女の生涯にあって一〇年を共にすることになる）と子どもたち（モーリスとソランジュ）とともにバレアレス諸島から戻ってきたとき、彼女は〈四季協会〉の蜂起と、その劇的な失敗――後に終身刑に減刑されるものの、バルベスとブランキ〔一八〇五―八一年。革命家。若くしてカルボナリ党に加わり、七月王政期・二月革命を通じて共和派運動の指導者〕の死刑判決と多数の逮捕――を知り、非難する。「またしても無駄になった時間[23]……」。

彼女は肉体を痛めつける暴力を危惧し、暴力を伴った蜂起を信用していない。民衆をよりどころとする社会運動のほうをはるかに信じている。したがって、彼女は一八四〇年代の衝突を注視する。新たな投獄の象徴である城塞――「何という牢獄、何という徒刑」(24)――に対する労働者たちのストライキとデモは群衆を集める。一八四〇年秋、軍隊が網の目作戦をとっている首都の街路を三万人の労働者が走りまわる。「パリ全体がまるで革命のように沸き立っていました」(25)。「革命的な考えが目覚めたのです」。そして、彼女は「革命の前兆」(26)が聞こえるように思う。

共和主義者は社会主義者になる。ピエール・ルルー〔一七九七―一八七一年。哲学者・政治家。サン＝シモンの流れをくむ。宗教的な人類（ユマニテ）の理論はサンドに大きな影響を与える。一九四八年の立憲議会議員〕との友情と協力関係がこの点に関しては決定的であり、一八四〇年代を支配する。(27) 彼の社会的・宗教的哲学の中に、ついに満足できる原理と世界の展望――「私にとって唯一の明快なもの」(28)――を彼女は見出す。ルルーの諸説混合《シンクレティズム》は彼女の平等主義の、また倫理的な理想を強固にする。社会的革命はこのときから彼女には政治的革命を補完する不可欠なものに思われる。だが、両者とも「倫理的革命」、つまり精神と心、宗教的本質の革命をよりどころとしよう。「人類における倫理的革命に対してわれわれを常にかくも熱心にするものは平等の宗教的、哲学的感情である」。小説『スピリディオン』(29)やロシェ師への手紙に見られるように、彼女ははるかに個人的な宗教に到達する。反教権主義者である彼女は信心に距離を置き、娘ソランジュにも日曜日のミサに出ることを思いとどまらせる。ピエール・ルルーと同じく、彼女はイエスに聖なる人間を、福音書に「進歩と愛の宗教」を見る。ところで、「カトリック教会は反対方向に進んでいる」。神の意志の神聖な受託者である「民衆の崇高な天性」を助ける革命的進展を彼女は信じている。「民衆の声は神の声である」とルルーは言う。(30)

彼女はこれ以後は、「感動を引き起こし」、「心を揺り動かす」、より有用な芸術を産み出すことを熱望(31)、社会的対立を分析する。かくして、「真理と正義に対する性向」(32)を持ってはいるが、まだ自覚のない「群衆」の教育に専心する。その小説はいっそう、告発的になり（『オラース』のように）、労働者を登場させ（『フランス遍歴の仲間』一八四二年。主人公ピエール・ユグナンはアグリコル・ペルディギエ〔一八〇五―一八七五年。指物師。一八四八年には代議士に選出された〕から着想を得た）、一触即発の社会的状況を描き出す（『アンジボーの粉ひき』『コンシュエロ』『ルドルシュタート伯爵夫人』）。駆け出しの役者のように、新しい表現形式――文体と語法――を模索する「社会主義的小説」の時代である。[33] たとえ社会的であれ、彼女にとって「写実主義」は問題ではなく、芸術をその構造そのものにおいて深化させ、より「真実な」[34] ものとすることが問題だからである。サンドの芸術を論じることは本書の意図ではないが、政治的テクストが彼女の思想の論理に従っていること、その作品と一体を成していることを強調するのは重要である。

こうした針路と活動領域の変化を友人たち（たとえばサント＝ブーヴ[35]）、そしてそれ以上に彼女の出版社がいち早く感じ取った。対立は『オラース』で明らかになる。「所有権に反対の意見を述べたり、共和主義的思想を過度に明言することを慎まれるようお願いします」とビュロは、『オラース』が「蜂起と共産主義の考えを称賛することだけを目的として（あなたは共産主義者ではありませんね？）」書かれたものでないことをあえて期待して、彼女に書き送る。そして、「まじめな人々の中に」とどまっているよう勧める。[36]『両世界評論』誌は「義務と確信から、社会解体の動向に反対しよう」。サンドは示唆された修正を検閲とみなして拒否し、前払い金（三〇〇〇フラン）を返却し、『オラース』を引き上げた。その結果、所帯（ショパンとの）と、小さな家と、事業（ルルーと創刊した『独立評論』誌〔ピエール・ルルーとジョルジュ・サンドにより一八四一年創刊された雑誌。隔週刊。一八四八年廃刊〕）を維持している時期、経済的な困難が生じる。

作家を目ざす労働者たちへの協力は同じ見地からである。「世界の未来があるのは民衆、とりわけ労働者階級の中にです」とサンドはペルディギエに書いた。[37] 民衆の表現行為と創作の促進が優先的な関心事となる。書簡には多数の新しい名前が現れる。ペルディギエやその妻であるお針子のリーズ（これから先、ジョルジュのものを仕立てよう）と並んで錠前者のジラン、ヴァンサール、マギュ、ルブール、アデライード、そしてとりわけ、トゥーロンの石工のシャルル・ポンシ。彼らのいずれもが文章を書くことを夢みている。[38] 彼女は彼らを励まし、過保護に思われもする助言を惜しみなく与える。ポンシは恋愛詩を書こうとしなかったか？ 彼女は彼の快楽への嗜好をいさめる。「あなたは中産階級の詩人でしょうか、それとも労働者の詩人でしょうか？ あなたが前者であるならば、あらゆる快楽と、たとえそのただ一人さえ知らなくても世界中のシレーヌを称えることができましょう。（……）けれども、あなたが民衆の子であり、民衆の詩人であるならば、あなたはデジレ〔彼の妻〕の貞淑な胸を離れて舞姫たちを追い求め、その官能的な腕を称えるべきではありません。（……）民衆の詩人はわれわれの社会の腐敗した階級に美徳の教訓を与えることができます[39]」。彼女は彼に貞節を勧める。「一人の女性だけを愛すれば、よりいっそう愛するものですよ」。そして、労働の歌を勧める。「あなたが石工であり、民衆であり、デジレの優しい夫であるときほど、あなたの詩が感動にみち、独創的なことはありません[40]」。彼女は彼に「詩の宗教」であるピエール・ルルーを読むよう助言する。それはポンシに「宗教の詩」の着想を与えるかもしれない。彼女は形式の添削を申し出、周囲の人間に彼の詩を読ませ、容易なことではないが、出版しようと努める。彼女は彼の『仕事場』に序文を書き、『それぞれの仕事の歌』を書くよう提案する。この詩集も同様に彼女が推薦する（一八五〇年）。「あなたの声で姿を現すのは民衆です。あなたは民衆の栄光です。ああ！　ですから、いつも変わらず、その心と精神を表現してください[41]」。二重の賭けである、つまり、民衆の声を聞かせること、そして、サント＝ブーヴやジュール・レルミニエ教授といった学識者たちが認めようとしない、民衆の創作する権利を確立すること。彼ら学識者に対して彼女は『独立評論』誌で反駁する。「民衆の中に、労働者たちの中に、あらゆる才能、あらゆる種類の天分があります[42]」。ルルーとともに、彼女は民衆の「詩の聖職」を擁護する。

さらに彼女は、意見形成に果たす新聞、雑誌の増大する力と、そうした定期刊行物の不足に気づいた。彼女は『ナシオナル』紙〔ティエール、ミニエ、アルマン・カレルが一八三〇年に創刊、七月王政に反対した政治新聞。二月革命で勝利を収める〕の凡庸さ、『両世界評論』誌の「中庸の」保守主義、ラマルティーヌを代表とする人々の努力にもかかわらず、地方で発行される定期刊行物の質の低さを嘆く。一八四一年から四五年にかけて、雑誌（『独立評論』誌）と新聞（『アンドル県の斥候兵』）に彼女は出資し、執筆する。雑誌はピエール・ルルーの熱烈な意図に応えようとする。『人類《ユマニテ》』（「見事な本」である）が彼女の心をつかんだのだ。『両世界評論』誌のしだいに反民主主義的傾向を強めてゆく考え方にいらだち、彼女はルルーの要望を聞き入れて、ビュロから離れる。そしてルイ・ヴィアルド、ピエール・ルルーとともに『独立評論』誌を創刊。表題は彼女が考えた――「あなたの表題は素晴らしい、名づけ親になるのはあなただとよく分かっていました」とルルーが書く[43]――、そして、多数の彼女の最も優れたテクスト、つまり三篇の小説(『フランス遍歴の仲間』『オラース』『コンシュエロ』)と一連の論文(とりわけ、労働者たちの詩に関する論文)をこの雑誌のために執筆。彼女はサヴィニャン・ラポワントの詩を添削し、ピエールの弟アシール・ルルーが小説『労働者』を清書するのを助けた。[44]彼女の政治への直接的関与の始まりを示す『ファンシェット』。ブレーズ・ボナンからクロード・ジェルマンに宛てた手紙』をジョルジュ・サンドが発表するのは、『独立評論』誌(一八四三年一〇月二五日号、一一月二五日号)にである。彼女はラ・シャトルの救済院の修道女たちが厄介払いするために意図的に迷子にした哀れな「白痴の少女」ファンシェットを全面的に擁護する。憤った彼女は修道女たちの残酷さ、良俗の偽善、共犯者である行政当局の無気力に対し、人々の良心を動かそうとする。彼女の努力にもかかわらず――『ファンシェット』は小冊子として刷られ、被害者のために売られた――、御用新聞しかないことから、世論に警告を発するのは困難なことがはっきりした。時を置かず、彼女は『アンドルの斥候兵』を発刊する。ルルー兄弟がブサク(クルーズ県)の彼らの印刷所で印刷する。「私は首まで政治につかっていますよ」と彼女は息子モーリスに書く。[45]やがて全身で浸ろうとしていた。

一八四五年以後、彼女はピエール・ルルーから離れる。財政援助の要求と理論上の煩瑣にうんざりしたためである。[46]彼女は、『レフォルム』紙(一八四三年、ルドリュ＝ロラン、フロコン、ルイ・ブランらが創刊。二月革命時に積極的役割を果たす)に寄稿と協力を求めるルイ・ブランに近づく。彼女は寄稿に関しては承諾し、二つの小説の契約に署名する。しかし、協力関係については注意を促す。「あなたが私の政治教育はきわめて不完全なものであり、私の宗教的好奇心は少々、不謹慎であるとお思いになるのではないかと、危惧しています。教え込まれるのは願ってもないことです。(……)精神的に私は相変わらず女です、つまり、勇気を持つには信念を持つ必要があります」。[47]彼女は『レフォルム』紙(一八四五年一月二一日―三月一九日)に、彼女によれば社会主義的であり共産主義的な小説『アントワーヌ氏の罪』を掲載する。この小説の中で彼女は共同体のいくつかの方式(それぞれの能力、あるいは欲求に応じて各人に)を比較し、選択は不可能であり、

結合が必要であると結論する。(48)

「共和国のニュースに私たちはみんな驚きました」――革命という衝撃(1)

ノアンをいわば家庭劇の舞台にしているいざこざにすっかり心を奪われ、サンドの現状への注意が薄れていた。ずっと以前から「革命の前兆」をうかがっていた彼女にも〈二月〉の前触れは聞こえなかった。彼女はショパンや娘ソランジュとの確執を切り抜け、『わが生涯の歴史』を計画し、父の残した手紙を読みふける。彼女はマッツィーニ〔一八〇五―七二年。イタリアの革命家。共和主義によるイタリアの解放・統一を目ざす〕と文通し、諸民族の動きに注目して、関心を抱いているイタリア情勢についてたずねる。一方、ティエール〔一七九七―一八七七年。政治家・歴史家。『ナシオナル』紙を創刊（一八三〇年）し、七月王政の確立に貢献。内務大臣・首相。一八四八年の議会の「秩序派」のリーダー〕が彼女の作品を読んでいることを知らせたオルタンス・アラールへの返事に、彼女自身、『執政政府および帝政の歴史』を活用していると書く。「彼の考えは私の与《くみ》するところではまったくありませんが、私たちが政治的かつ社会的異端に我慢しなければならない以上、私はティエール氏がギゾー氏を打ち破り、わずかでも致命的でない空気を呼吸できることを願います(2)」。彼女はこの「争い」（ギゾー対ティエール）が民衆を熱中させているとは思わない。そして、改革宴会運動〔七月王政末期、野党は会食のかたちをとって集会をひらく改革宴会の運動をくり広げた〕を過小評価する。「ボリ〔ヴィクトル・ボリ。一八一八―八〇年。ジャーナリスト。『アンドル県の斥候兵』を一八四七年まで編集〕はパリで革命が近々、起きると考えて、気が動転しています。けれども、私の目には改革宴会に適切な口実が見当たりませんよ」と、二月一八日、息子モーリスへの手紙に書く。もっとも、彼女は息子に騒動から離れているよう懇願してもいる。「オディロン・バロのために叩き殺されるのは（……）あまりにも馬鹿げていますよ。あなたが遠くから目にしたことを手紙に書いてください、乱闘に割り込んではなりません(3)」。だが、たちまち、口調が変わる。二三日の手紙、「私たちはこちらで大変心配しています。（……）すぐに戻っていらっしゃい。（……）暴動が起きるようなことがあれば、あなたのいるべき場所はここです。パリの革命はたちどころに地方に影響を及ぼしましょう。とりわけ、数時間でニュースが届くここに」[4]。通信機関——鉄道および郵便——の飛躍的発展のおかげで、状況は一八三〇年以降、大きく変化した。それにも増して、サンドの姿勢が。

三月一日、彼女はじっとしていることができず、パリに駆けつける。この後、政治に完全に浸された時間を、対立意見と、ついに見出した自らの一貫性を調整しながら、彼女がどのように使ったか、『書簡集』第八巻により、きわめて正確に跡づけることができる。「公的な生活がわれわれを必要とし、とらえて離さないときには、個人的な悲しみは消滅するものです。『共和国』は最良の家族です。『民衆』は最良の友人です。その他のことを考えてはなりません」と、三月六日、フレデリック・ジレールに書き送る[5]。

民衆は偉大で、指導者たちは誠実である。彼女は「毎日、指導者たちに会い」、彼らの意のままに動く。民衆の成熟を彼女は称賛する——彼らは「勇敢さと優しさで崇高でした」[6]——、そして、デモが啓示するところを意識しながら、二月の犠牲者たちのための荘厳な葬儀を彼女は感動して見つめる。「マドレーヌ寺院から七月記念柱までを四〇万人が埋めつくし、一人の憲兵も一人の警察官もいませんでしたが、秩序、節度、瞑想、礼儀正しさが行き渡り、足が踏みつけられることも、帽子がへこませられることもまったくありませんでした。素晴らしい光景でした。パリの民衆は世界一の民衆です[7]」。

彼女の行動と政治的テクスト執筆の重要な時期が始まる。本書の四分の三を占めるこれらのテクストは、押し寄せ、やがて引いてゆく情勢の波に従った、彼女の歩みを際立たせる。ここにその詳細を繰り返す必要はない、むしろ、その輪郭をはっきりさせ、政治的関与の頂点におけるサンドの肖像を描くことが必要である。

ベリー地方の村の共和政——革命の波及

サンドの政治活動はいくつかの形態をとり、パリと地方という、相補的であり、またしばしば対立する二重の空間を舞台とする。サンドは革命の上昇期、パリにいた(三月一日から三月七日まで、次いで、三月二一日から五月一七日まで)。しかも、彼女の目には革命そのものを具現している民衆のさなかにいた。彼女は、実直ではあるものの、少々鈍いこのベリー地方のノアンに、まず選挙戦の期間中（三月七日から二一日）住み、共和政に改宗させようと努める。次いで、危機の期間中（五月一八日以降）、冒険の道と田園のくつろいだ生活への後退の間を、彼女にあっては珍しいことではないが、振り子のように揺れながら暮らした。(1)

書簡を通して、地方政治の困難さ、抵抗や偏見の激しさ、パリの主導権《ヘゲモニー》に対する農民たちのためらい、土地の共有による集産主義と同一視された共産主義の展望に対する怖れが理解できる。(2) この隔たりを減らすこと、地方を教育すること、と同時に、名士たちとは違うやり方で地方を認識させ、存続させることがサンドにとって一貫した目標であり、『アンドル県の斥候兵』紙発刊に際し、明確に表明した目標である。三月三日の最初の呼びかけ――『中産階級へのひと言』――は階級間ばかりでなく、異なった地域間の和解を目ざしたものである。「パリは世界に偉大な模範を示したところだ。パリはフランスの頭であり、心であり、腕なのだ」。だが、「パリが生命の源であるのは、ここが全フランスの会合の場所であるからにほかならない。首都の住人は社会の大きな集合体の一部分にすぎない。（……）パリはあなたがたであり、私であり、われわれみんなである。（……）ジロンド党員や山岳派の時代は永久に過ぎ去った」。農夫ブレーズ・ボナン〔『ファンシェット』の農夫〕と都市労働者である兄弟のクロードとの対話の形式で、彼女がこの後しばしば取り上げる主張。四五サンチーム税〔臨時政府の三月一六日の政令で、直接税一フランにつき四五サンチームの付加税を設定〕が発表されたとき、「パリの政府」およびその税制はいささかも怖れるべきではないことを農村の住人に説得するのは容易ではない。ブレーズ・ボナンの「言葉」は、パリが「市町村の中で大きなものであり、教区の中の教区」であることを論証するために雄弁でなくてはならない。「パリで起きていることは一つとしてあなたがたに無縁なものはない。あなたがたの町の公共広場や教会があなたがたのものであるように、パリはあなたがたのものだ」。すべてはフランスの一体性にある。「あるのはただ一つのフランスだ。一人のフランス人を殺すことは自分自身の血を流すことだ」。(3)

サンドは地方政治に熱中する。息子のモーリスが村長となるノアンで(4)。民主主義者たちの動員を企てるラ・シャトルで。選挙戦とその結果を注意深く見守る県のレベルで。「大臣は私の友人たちの行動を、いわば、私の責任にゆだねました[5]」。将来の議会のために民衆の立候補者を確保することは、ポンシの例が示すように、些細な問題ではない。彼女はトゥーロンから立候補するよう彼を励ます。彼は演説が不得意なことを口実に回避する、「私は聴衆の前で私の考えを展開することができません。(……)こうした理由から代議士という栄光ある称号を求める気持ちはありません。このような願望を正当化するものは私の中にまったくありません[6]」。ベリー地方では、ほとんど教育のない兵隊ばかりか、指揮官に関してはいっそう困難であった。「われわれに絶対的に欠けているのは指導者たちです」と彼女は、被選挙者名簿の筆頭に名を出すためにベリーに来るよう説得しようとして、アンリ・マルタンに書く。「代議士職は最も重要な役割です。この地方で、あなたはみんなの先頭に立ち、中心となってください。(……)まだ獲得できていませんから、これから探す農民や労働者の教育にあたってください[7]」。困難な仕事である。ベリーの人間は「よそ者」を受け入れようとしないから。「ここでは、中部フランスのどの県とも同様、郷土への思いは熱狂的です。土地の人間は代表者となる名誉を決して譲ろうとせず奪いあいます。よそ者についてはただ語ることさえできず、彼らの間から選ばれるでしょう。農村に住む人間にとって、自分たちの生まれ故郷が世界の首都ではないことがわずかの間にどうして理解できましょう? 革命は不意にわれわれを襲いました。選挙が来るのが早すぎます。とりわけ、すばやく物事を考えない農民にとっては[8]」。彼女は文部大臣(イポリット・カルノ)に、「農民や労働者を革命化し、彼らに教え込むために」諸県に労働者を派遣し、巡回させることを提案する。ジランとランベールが彼らの力を試してみるが、大きな成果は挙がらない。サンドは疲労する。「アンドル県で成功する可能性はまったくありません」とルイ・ヴィアルドに書く。そして彼の妻ポーリーヌには、「かくも偉大で善良な民衆と触れあうことが私を熱狂させ活気づけてくれるパリに戻らなければ、私はここで信念ではないにしても、熱意を喪失してしまいましょう。ああ! それでも私たちは共和主義者です。たとえ疲労と苦痛のために、あるいは闘争の中で命を落とさなければならないにしても[9]」。三月二一日、パリに戻っても、サンドはベリーへの関心をいささかも失わず、息子モーリスに対し、村を管理し、「小教区の善良な信者たちを共和主義者にする」ための助言を惜しまない[10]。ベリー地方の村はヴァロワの村ではなかった。しかし、こうしたさまざまなことから何かが残るだろう。

『民衆の大義』誌

これ以後、彼女を忙殺し、また、支えるのはパリである。至るところで彼女は要請される、そして最上層部で。臨時政府はペンでの援助を求める。彼女は内務大臣と、サン＝シモン主義者ジャン・レイノー[1]が突き動かしている文部大臣のために行政通達を執筆する。レイノーは彼女に民衆のための小冊子（『ブレーズ・ボナンの言葉』）を注文する。とりわけ、エティエンヌ・アラゴ〔一八〇二―九二年。軽喜劇作者、政治家。共和主義者。『レフォルム』紙の創刊者の一人。一八四八年には郵便局長〕の提案で、臨時政府の見解を広報する『共和国公報』に論説記事を執筆。三月二五日から四月二九日までの間に九篇の論文を掲載した。論文はすべて無署名であるが、執筆者であることは書簡での言及で確認され、疑問の余地はない。彼女に道義的責任はあるが、政治的責任のないこれらのテクストは、入念に作成された協定書では、政府のメンバーのいずれかにより読み直されることになっていたが、必ずしも遵守されなかった。このことが『公報』第一六号（四月一五日）に関して問題が生じる原因となる。選挙結果についての屈託のない文章が動揺を引き起こし、彼女の寄稿に終止符が打たれる。

ずっと以前からエティエンヌ・アラゴは演劇を「革命的手段[2]」と考えていた。彼女は演劇に精力を注ぐ。コメディー＝フランセーズから共和国劇場となったその無料のオープニングのために序幕《プロローグ》を書く。多数の芸術家が協力する。「民衆と影響力を獲得する[3]」ためにサンドが共和国の歌姫とすることを願ったポーリーヌ・ヴィアルド、ラシェル、オーギュスティーヌ・ブロアン等。四月六日、臨時政府閣僚の列席のもとで上演された。「最も素晴らしかったのは観客であった。清潔で、もの静かで、注意深く、聡明で、繊細で、時宜を得て拍手喝采し、幕間にも少しも騒がなかった民衆」、とりわけ女優たちに対してどんなことでも許されていると信じている「イタリア座やオペラ座の常連たちより結局のところ礼儀にかなっていた民衆であった」。中産階級が習慣的に描いている姿とはまったく正反対の民衆の姿である。[4]

だが、彼女は「自分一人で、思うまま」作る「雑誌」を夢みている。ヴィアルドが財政的援助をし、ボリ、トレ〔一八〇七―六九年。弁護士、美術評論家。『真の共和国』紙を一八四八年創刊〕は寄稿する。『民衆の大義』誌（おそらく、サルトルや一九六八年の過激派たちはこの雑誌についてまったく知らなかったのではないか？）の第一号が四月九日、発刊。今度は、彼女の署名のもとに、政治分析を展開し、きわめてすぐれたルポルタージュをいくつか掲載する。共和主義の闘士であり、一八三四年以来、美術評論家でもあるトレのおかげで、芸術は注目に値する位置を占めている。

忙殺される。「誰に注意を向ければよいのか分かりません、至るところで私を呼んでいます。願ってもないことです」[5]。疲労困憊。「くたくたになっています」[6]。だが、このように個人が集団に融和することが嬉しい。「個人的な詩情や心地よい休息、隠遁も、得手勝手主義もありません。詩は今や行動の中にこそあります。ほかはすべて空虚で、生命がありません。（……）隠遁は心の中にあり、部屋にはありません。われわれにとってわが家は公共の広場です、新聞や雑誌は民衆の心です。（……）共和国、それは生命です」と、昔、「旅人」であった詩人が行なった抗議へのはるかな答えのように、ポンシに書く[7]。かつての宮廷楽人《ミンストレル》、「青い靴下に鋲《びょう》を打った靴をはき（……）犂を引く少年」、「一兵卒」が、都市の真ん中にいる。

「私はまるで政府高官のように忙しくしています」とサンドは息子モーリスに書いた。彼女は実際、政権の決定機関に加わった。しばしば夜遅くまでグルネル通りの内務省で仕事をする。ルイ・ブランが統べるリュクサンブール宮にほど近い、コンデ通り八番地の彼女の「むさ苦しい部屋」で、いくつかの「秘密会議」がもたれる。彼女は国立作業場〔二月革命の後、ルイ・ブランの提唱で失業者救済のために設立〕の進展とその変遷に強い関心を抱き、ほとんど毎日、ルイ・ブランに面会する。忙殺されているルドリュ＝ロランとの接触は難しい。「真夜中までルドリュ＝ロラン氏を待ちました。面会できたのは五分間だけでした。大勢の人間がいて」彼に話をする「ときではありませんでした」とロクロワ〔一八〇三―一八九一年。俳優、劇作家〕に書く[8]。非公式――会見、会話、推薦――が公式や制度に優先している習慣的な状況、女性にとってはおそらくいっそう好都合な状況。サンドは提案をそっと伝え、発議をほのめかし、かなり控えめに繰り返す。庇護や地位を求める友人や知人に強く懇願され、彼女は自分に対する信頼にしばしば、とまどいながらも、力の及ぶ限り奮闘する。「残念ながら、状況が生み出すさまざまな発言の中で、私に対する大きな信頼はさらに加わった発言にすぎません」[9]。四月一六日のクラブの集会について彼女はノアンに書き送っているが、このようないくつかの集会の準備に参加する。「政治集会が準備されています、私は絶対に参加しなければなりません。きわめて平和的なものですが、多くの愚行や非難されるべき行為の埋め合わせをする集会です」[10]。おそらく彼女の影響力を誇張したのであろう。彼女の誹謗者たちばかりでなく、何人かの友人たち、とりわけ、後にジュリエット・アダンとともに彼女が「王妃」と呼ぶことになる、少々嫉妬したマリー・ダグーが。むしろ、彼女の分析をきわめて興味深いものとしている「参加者としての観察」について語ることができよう。外部にありながら内部にいるという特権的立場。五月四日、彼女に出会ったトクヴィルは長い間、その観察の鋭さを覚えていよう。「私は、恐ろしい闘争の前夜であることを疑ってはいなかったが、(……)著名なサンド夫人と交わした会話によって初めてそのあらゆる危険を充分に理解した」[11]。彼女の社会に関する考察の深さは『アメリカの民主主義』の著者を驚かせる。

状況は実際、悪化する。サンドはその炯眼な証人である。四月一六日朝、息子モーリスに書く、「こちらでは何もかもがうまくいっていません。秩序も統一もありません。けれども、人類のために政治と倫理においてやるべき立派なことがあるはずです。中産階級に逆らって民衆を救う手段があるはずです」[12]。同じ日の夕方、彼女は息子に、デモを混乱に導いた「四つの陰謀」の痛ましい話を伝える、「今日、パリはラ・シャトルのように振る舞いましたよ」。この示威行動の失敗で、彼女はこれといって期待できるもののないことを確信する。そして、いつものように、ノアンへの思いが湧き上がる。「もしこうした状態がつづき、ある意味ではもはやなすべきことがないのであれば、私はノアンに帰ってペンを走らせましょう」[13]。パリでは再び不穏なうわさが広まる。「郊外では略奪を働いていると機動隊に伝えられ、一方、郊外にはコミュニストたちがバリケードを築いていると伝えられています。喜劇そのものですよ。誰も彼もが互いに不安に陥れようとし、それがうまくいきすぎて、皆本気で怯えているのです」[14]。

選挙の結果が「一特権階級の利益を表すもの」であればその結果を延期することができよう――民主主義の脆さを例証する態度――と彼女が主張した『公報』第一六号（四月一五日）は、彼女に対する抗議を引き起こす。「（……）私が執筆した、少々強硬な『公報』に対して、中産階級全体に信じがたいほど激しい怒りがあります」。彼女はこの点に関して説明を求められつづけよう。一方、『民衆の大義』誌はうまくいかない。「人々は気がかりなことが多すぎて、成り行きまかせに暮らしているのです」。思考するには適切でない雰囲気。それでも、彼女は国民議会が設置されるまでパリにとどまろうとする。四月二〇日、臨時政府のメンバーとともに凱旋門の上から眺める「友愛」の祭典の光景は彼女の気分を晴れやかにする。そこに見られる近代民主主義の表れに注目し、彼女は情熱的、かつ政治的にその祭典を描写する。彼女が一〇〇万人と推定する――未経験による過大見積もりであり、これほどの集団を数えることはまだできない――群衆が一二時間にわたって、バスティーユ広場から凱旋門まで――パリ地域全体の東から西へ――、そして、さらに郊外に向けて行進する。雑多な群衆。だが、一般市民と軍人を、民衆と軍隊を結集した群衆。「行進する人垣にぴったりくっつけた四〇万の銃、大砲、ありとあらゆる武器（……）、ありとあらゆる服装、軍隊の華美、聖なる下層民のぼろ。そして老若男女の全市民が証人として（……）行列に混じりあう」[15]。だが、翌日には早くも、選挙が熱狂を爆発させる。サンドは市庁舎で選挙結果を待つ。しばしば街路で繰り広げられる光景が懐疑的になったサンドを支える。「街角に出て、今、パリに無数にある戸外のクラブで話されていることを耳にして安心するのです」[16]。この後、彼女の唯一の論壇となるトレの『真の共和国』紙への最初の寄稿論文（五月二日）で、彼女は人々の表情を伝える。『民衆の大義』誌は三号を出しただけで、四月二三日、消滅。そして、四月二九日、『共和国公報』への最後の執筆。だが、彼女が文章の力を信じていることに変わりはない。「この精神の活動は現在、電流のようなものです」。そして、「群衆の本能」は、彼女の目には、政治家たちの直観よりも確かなものに映る。希望のほのかな光？　選挙結果は予想以上に良い。「至るところですでに、中産階級の意見に対する神聖な意見の反発が始まっています」[17]。しかし、パリでと同じく村でも小康状態は持続しない。ノアンでは代議士シャルル・ドゥラヴォ〔一七九九―一八七六年。医者、政治家。一八四三年から七〇年までラ・シャトル市市長〕の支持者たちが小集団をなしてラ・シャトルから押しかけ、城に向かってジョルジュ・サンドへの「罵詈雑言」を吐き、館を略奪すると脅す。五月一五日、パリで、ポーランド支援の請願書提出を口実に群衆がブルボン宮に侵入し、主謀者たちは国民議会解散を宣言。このクーデタのまね事は失敗し、一連の逮捕者が出たが、その中にバルベス、ブランキ、ラスパイユ〔一七九四―一八七八年。政治家、科学者。七月革命に参加。〈人民の友協会〉〈人権協会〉などで活躍〕等々がいた。サンドは非難する。「昨日の事件はわれわれを一〇年、後退させました。何と情けない狂気!（……）何と恐ろしい混乱! 政権の座にある友人たち! エマニュエル〔アラゴ〕は大使になり、バルベスは独房に[18]」。トレもまた行動に加わっていた。彼の「軽率な行動が彼の新聞を殺します。私に（……）こうした事件の責任をとることはできません」。だが、『公報』第一六号に五月一五日の事件のシナリオを読み取り、彼女に責任を帰そうとする者がいる。デモの最中、彼女がブルゴーニュ通りで群衆に向かって演説するのを目撃したと主張する者もいるが、これは彼女の習慣とは完全に反する。彼女は家宅捜索を恐れている。家族や友人たちは出発するように、つまり、イタリアに亡命するよう促すが、彼女は拒絶する。

国内亡命の始まり――隠遁生活

彼女の亡命地はノアンであり、五月一七日に帰ってくる。彼女は隠遁したいと強く感じる。「私があなたに政治の話をすることはないでしょう」と、身を引くときにいつもやるように、その言葉を強調しながら、ジュール・ブーコワラン〔一八〇八―七五年。サンドの息子モーリスの家庭教師であると同時にサンドの執事的存在〕に書く。「もうたくさんです。現在は作り話や誹謗や疑惑、非難の連続です。愚かしく嘆かわしい五月一五日の事件は、人々を友愛の気持ちに戻すことに貢献しませんでした」。慰めを見出す。「ノアンは素晴らしいところです。（……）楽園を再び発見した気がします[1]」。彼女はノアンの生活を楽しむ。水入らずの生活に戻ることに常に伴う後悔の念がないわけではない、とりわけ六月の恐ろしい日々の後では。「あれほど多くの人々が（……）共に苦しみ、また、滅びることを望みもしたその思想のために血と自由を犠牲にしたときに、家庭の幸福にひたることにほとんど自責の念を感じます[2]」。

六月の事件は彼女を落胆させる。「友愛にみちた共和国という、われわれの美しい夢がこのような結末に終わったことに私は苦しんでいます[3]」。「涙を流すしかありません。私には未来があまりに暗いものに思われ、頭をピストルでぶち抜いて自殺してしまいたい気持ちと必要性を激しく感じています[4]」。一方、彼女が武器や反乱者たち、「加えてルドリュ＝ロランやラマルティーヌ[5]〔一七九〇—一八六九年。詩人・政治家。『瞑想詩集』（一八二〇年）でロマン派の旗頭となる。二月革命の臨時政府で外務大臣〕」を匿っているという、途方もないうわさが地方に広まる。「私は打ちのめされ、呆然として、一〇〇歳も年をとってしまったように、そして、希望を失わぬための空しい努力をしているように感じています[6]」。

だが、彼女は勇気を取り戻す、つまり、ペンと思想を。当時、彼女の主たる文通相手であったマッツィーニばかりか、ポンシ、エッツェルらへの長文の手紙の中で、彼女は政治的、社会的考察を深める。何人かの友人たち（たとえばロリナ）と同じく、彼女は六月蜂起の中に部外者の陰謀の可能性を考えはじめる。しかし、事態の社会的広がりは明白な事実として存在する。「フランスはパリが付与した革命の性格を理解しませんでした、そしてそのことがまさしく不幸でした、（……）それは政治革命ではなく、社会革命なのです」と、労働者の強烈な悲惨を強調しながら、彼女はルネ・ド・ヴィルヌーヴに書く[7]。六月事件は階級闘争である。「すべての人間の富が一特権階級の賭け金となり、今日、この階級は国家財産の所有者であると、かつてないほど主張しています[8]」。したがって、この主要な問題に取り組まねばならない。彼女は、必要かつ合法的な個人財産と、国家により管理されるべき社会的財産を区別する。彼女は共産主義を非難するが、鉄道、交通手段、保険……に適用され、やがて集産主義と呼ばれることになるものを先取りする、「社会的共産主義」に賛同する立場をとる。「社会が文明化し、改善されればされるほど、社会は個人財産の濫用、過剰と平衡をとるために、共有の富を拡張するものです[9]」。「したがって、今日、必然的に政治問題となっている社会科学はことごとく、この区別を確立することにあるでしょう[10]」。この必要にして不可避の変革は暴力の所産であってはならず、彼女はこれまでにも増して、ブランキの蜂起主義に反対し、暴力を拒絶する。事実、暴力は目下のところ、中産階級の側にある。六月事件の制圧は共和国の評判を落とす、「プロレタリアの命をまず奪おうとするような共和国が存在するとは私には思われません。これこそ悲惨さの問題に与えられた奇妙な解決法です。正真正銘のマルサスです[11]」。

彼女はこの一八四八年の秋、つまり大統領選挙の秋、このような共和国の民衆の基盤の脆弱さを実感する。その経済状況が最悪ではない（作柄が良好であった）にしても、はかばかしいものでない農民たちは、「何が何だかちっとも分からぬ、このちっぽけな共和国」が好きになれない。「彼らは、ナポレオンは死んでいないと信じ、彼の甥に投票することで彼に投票していると信じているのです[12]」。労働者はもっと成熟している、「工業都市や大都市には一握りの卓越した人間がいますが、彼らは農村に住む民衆とは何の関係もなく、中産階級に魂を売ってしまった多数者から長い間、踏みつけにされる運命にあります。この少数者はその胎内に未来の民衆を宿しています[13]」。

目下のところ、彼女はカヴェニャック〔一八〇二―五七年。政治家。一八四八年六月のパリ労働者蜂起に際し、徹底的に弾圧。一二月の大統領選挙でルイ＝ナポレオンに敗北〕が好きではないが、選択肢の少なさを強調しながら、「ルイ＝ナポレオンが具現する、帝政、中産階級、軍隊のおぞましい復活[14]」より彼のほうを選ぶであろう、「問題はアルジェリアの血まみれのサーベルと帝政のさびついた剣の間にあります。私が男であったとして、実際のところ誰に投票すべきなのか、分かりません[15]」。ルイ＝ナポレオンは、一八四四年一一月二六日、ハムの要塞に拘留されていた彼に宛てた彼女の手紙を発表することで、彼らの昔の友情を活用しようとしたが、彼女は公然と彼との間に距離を置く。「先入観により、また、確信に基づいて、共和政の形態に敵対するルイ＝ボナパルト氏に、大統領選挙に立候補する権利はまったくありません[16]」。一二月一〇日、彼が選出されたことは彼女を過度に驚かせはしない。「皆が未知の人間に身を投じて、復讐されたのです。おそらくこれは大きな誤ちですが、民衆は政治の打算を知りません、生来の性向が突き動かすところに行くのです[17]」。そしてその性向を彼女は疑いはじめる。

いくつかの点で彼女はこの投票により解放されたのを感じるが、これは彼女にとっていわば休暇を意味する。「〃これ以上速く進みたくないし、自分の気に入る道を進む〃とわれわれに言っているように思われる民衆の意志を前にして、私は諦めを感じたのです。そして、自分の仕事に戻る善良な労働者のように、私は仕事に再び取りかかりました。私の『回想録』は大いに捗りました[18]」。かくして彼女は文学に戻った。彼女は『少女ファデット』のために「序文のようなもの」を書き、「なぜ田園詩に戻るか」を説明する。もっとも、この文章は、おそらくは危険にすぎると判断され、一二月一日より小説を掲載する日刊紙『クレディ』に発表されることはない[19]。架空の対話者と交わすこの対話の中で、彼女は現在の絶望――「われわれの気持ちは沈んでいた、われわれは不幸になった」――と未来への、「革命の命運」への信頼を語る。だが、「信頼は何世紀をも必要とし、思想は、日々や時間を数えず、時空を包含する」。この後、彼女が確信する民主主義的信念は長期間の問題となろう。芸術と詩に戻らなければならない。「(……)われわれが不幸な人々に与えられるのはそれだけだから、以前のように再び、芸術を創作しよう」、『ある旅人の手紙』、エヴラールとの対話の時代のように。かくして、彼女は再び共和国のために待機する。「五月以来、蟄居してきました。あなたの隠遁のように苛酷で、残虐なものではまったくありません、けれども、おそらくあなたよりも多くの悲しみと落胆を味わいました」と、ヴァンセンヌに囚われているバルベスに書き送る[20]。

サンドはさらに三篇のきわめて政治的な文章を発表し、社会に関して〔ヴィクトル・ボリの『労働者と有産者』への序文〕、ルイ＝ナポレオン・ボナパルト選出について、そして、始まった弾圧に反対して、明瞭に自己の立場を表明する。ノシ＝ベ島〔インド洋上マダガスカル島沿岸に位置する島〕に政治的牢獄を建設する計画は予想される監禁の前兆である[21]。

この時代に最も政治的な女性たちの一人であったサンドの人生において短くはあるが強烈な挿話とも言える、直接行動の時期が終わった。彼女は自らの確信を徹底して固守しよう。「私には平等の観念という、ただ一つの情熱しかありません。(……)けれども、それは私がその実現を目にすることのない美しい夢です。私の思想について申し上げれば、私はそれに生涯を捧げました、それが私の死刑執行人であることは十分に分かっています[22]」。

模範性

以上が、多くの点で模範的な道程であり、政治という特権領域における一人の女性の例外的で、また、矛盾をはらんだ経験であった。模範的――サンドはフランス革命に始まる一つの歴史の時代に、共和主義者たちの希望と幻滅の不調和なリズムに合わせて、続行し、完了すべき運動の展望に彼らと同じく支えられて生きた。[1] 彼女はその共和主義的、社会主義的潮流を例証する。大革命の所産である共和国への彼女の信奉は、象徴的な分岐点の幼年時代に根を下ろし、不正に対する強い感情に支えられた個人的な選択でより強固にされた、本質的、根本的なものである。この共和国は、民衆に権力を与える唯一の手段であり、彼女が神聖化し、絶対視する「普通」選挙の共和国でなくてはならない。それは社会問題を巡るものとなろう。階級間の不平等は糾弾すべきであり、国家はそれを改善しなければならないからである。共和国の三位一体のスローガンを大切にしながらも、[2] サンドは自由を平等の下位に置く。彼女は個人主義を非難する。その解毒剤は、彼女が友愛より好む連帯である。多くの民主主義者が共有する「中産階級への憎悪」を彼女もまた分かちあう。彼らの目に中産階級は自己本位で見識がなく、自らの出自に誠実でない階級の典型に映じる。[3] とはいえ、サンドは社会主義的流派の間でどれに与《くみ》するか長い間迷った。サン＝シモン主義者たちからは、所有権批判を採り入れたが、その他の点では警戒した。フーリエ主義者に関しては？ それ以上ではない。「あなたがたの平和的民主主義は冷ややかに理論的であり、また、冷ややかにユートピア的です。冷ややかなものは何であれ、私の心を凍りつかせます。冷ややかさは私が個人的に嫌悪するものです」。[4] 彼女はカベについてほとんど語らず、プルードンをはるかに評価しよう。ピエール・ルルーは彼女が探し求めていた論拠と総合を与えた。彼は彼女のユートピアへの希求を明るみに出した。彼女は一八四〇年から四五年にかけて「回心」するが、その誕生を目撃しなかった二月革命への熱狂は、その平和主義と、政治的市民権の実現、社会主義的都市の建設といった〈一七八九年〉の仕上げをする能力に由来する。「社会主義は目的であり、共和国は手段である」。そして、所有権の改革が核心である。こうしたことすべてについてサンドには理論よりも直観と見解がある。彼女はとりわけ経済の領域において、理論家ではない。だが、彼女の疑問は現下の変動を明らかにする。

サンドが、ときに迷いながらも、大きく受け継いだその政治的信条を修正するのは、実践と日々の考察においてである。聖なる共和主義者ロベスピエールに若者らしい賛辞を向けはしたが、恐怖政治と内戦に対する反感はしだいに増大してゆく。彼女は、いずれに起因するものであれ、暴力を非難する。つまり、国家の弾圧の暴力ばかりか、起こりうる理性喪失を彼女が危惧する民衆の暴力。「大衆」は常に群衆に変化する可能性がある。彼女は同時代の人間の多くと同様、血に対して嫌悪感を抱いている。[5]自然の礼賛者である彼女は、都会の空気を楽しむことができない。けれども彼女は都市の住人たちの礼儀正しさを称賛する。政治的に遅れている農民たちより都市労働者をはるかに信頼している。彼女はこの農民を説得することを自らに使命として課したが、当面は、大きな成功をおさめなかった。本書が対象とした時代の終わり頃、「この結構な街〔ラ・シャトル〕の飲んだくれたちが私の家の前を通りながら〝共産主義者を打倒せよ……〟と叫ばない日々はほとんどありません……」。[6]サンドは世論を作る必要性を非常に強く感じる。共和国は私的な――この点で彼女が息子モーリスに与える教育は意味深い[7]――、また、公的な学習である。彼女の政治的文体は教育法であろうとする。このことから「手紙」あるいは対話の形式が生じる。つまり、他者を説得するためには、その人間に話しかけ、議論することが必要である。彼女は一八五一年に『力強く、共和主義的な礼儀作法論』の草稿を執筆するが、残念ながら、日の目を見ることはない。彼女は祭典やデモから発する一体感の力に敏感である。彼女は演劇の効力を見出し、演劇は今後、とりわけ第二帝政下、その創作活動のみならず、しばしば異議申し立ての主要な形式となる。しかしながら、彼女が理想としたのは、会話や文通、個人的読書で形成される内的な確信であった。革命の失敗や、後の国民投票の結果から、彼女は政治的変化に果たす時間の重要性を熟考することになろう。「社会主義はまだ、人々の頭の中でうごめいているさまざまな計画や、真実の思想や偽りの思想、また、すぐれた思想や粗悪な思想から引き出される一つの動向にすぎません。(……)私は常に「民主主義」の未来に最大の信頼を抱いています。それは神の「法」であり、歴史の必然です。けれども、目下のところ、現実におけるその作用はまったく見えませんし、その芽も私の目にはほとんど見えません。騒擾や獲得された知識、闘争本能ははっきりと見えますが、至高のもの、それがなければ永続的なものは何一つできない献身、公共の感情、真の友愛精神に関しては、顕著で安堵させる進展はいささかも認められません」[8]。普通選挙は最良のものであるが、〈啓蒙〉がなければ最悪のものとなる。だが、〈啓蒙〉は自分を押しつけはしない。

　知性は波——磁気・電気・流体——のように伝播し、科学は不可視の世界におけるその伝播をとらえる。作家や芸術家の役割は言葉や像《イマージュ》によってそれに寄与することである。サンドはここから、芸術家の有用性の確信を引き出し、読者の心に愛他主義的感情を呼び覚ます感動をかき立てようとする限りにおいて「理想主義的」な小説観を得る（はるか後にこの点でフロベールと相違することになろう）。彼女は、読者に態度を明らかにして一体化するよう促す、肯定的人物を描こうと努める。

　サンドは、〈啓蒙〉の所産であり、公共の活動を急務とする「知識人」の先駆者である一九世紀の作家たちの潮流に属している。この態度の原動力は、何かを変えることができ、介入することが義務である、という確信を持った、不公平と不幸に対する固定観念である。一八四二年、アンリエット・ド・ラ・ビゴティエール〔一八〇〇—一八七四年。サンドの友人マルリアニ夫人を介して、サンドの知己を得る〕への手紙——「私は確かに幸せであるよう、大いに気にかけています。けれども、私の心をとらえているのは、そのことではまったくありません。私は自分の義務を探しています」、つまり、「社会問題」[9]の解決である。そして、共和主義者である俳優のピエール・ボカージュに書く、「利己主義者《エゴイスト》であれば、非常に幸せだと感じることでしょうが、私は老いて乾いた心にはまだなっていませんので、私の家と家族の静けさや安らぎが、必要なものさえ持っていない何百万の人々に平和も安楽も自由も与えることがないと考えると、しばしば憂鬱な気分になります。不幸な人々を犠牲にして幸福になる権利がわれわれにあるのかどうか、知ることは重要な問題です」[10]。二〇年後、「われわれに社会的不公平を耐えられないものとする、この公的な良心の呵責から解放されずに眠りたくはないのです」[11]。後に、シモーヌ・ヴェイユが死のときまで感じることになり、おそらくキリスト教に根源を持つ、「不正の人々の陣営に」（フランソワ・モーリヤック）属しているというこの感情、世界の悲惨というこの固定観念はアンガジュマンの原動力の一つである。

サンドのアンガジュマン――彼女は一度としてこの言葉を使っていない――は広い意味で政治的である。彼女は「大義」、彼女が発刊した新聞の名によれば民衆の大義に「仕える」つもりである。行動方針では不断であるが、形態では、永続的な党や団体が存在しないだけに、状況や出会いによる一時的なアンガジュマン。人間関係や友情、ネットワークが最重要の役割を果たす。ノアンは個人的な隠れ家であるばかりでなく、迫害される人々にとっての逃げ道、民主主義の鎖の中の一つの環、パリと地方、フランスと外国を結びつける一つの絆である。私信はコミュニケーションと情報の特権的手段である。このことから、第二帝政下では、彼女がノアンと同様、厳しい監視の対象となる。政治的近代性は啓蒙の世紀の社交性で築かれた規範からゆっくりと出現する。この見地に立てば、経済的近代化の要因である第二帝政は、少なくとも民主主義への動きが再開する一八六〇年までブレーキであった[12]。第二帝政下のノアンはいわば国内のガーンジー島〔ブルターニュ半島の北方、イギリス海峡にあるイギリス領の島。ユゴーがこの地に亡命（一八五五―七一年）〕であった。ヴィクトル・ユゴーが強烈な呪詛を発したガーンジー島ほど人目を引きはしないが、彼女の成熟には劣らず効果があり、大きな意味を持つ。サンドが証言者としての作家であるように、証言となる場所。

矛盾――女性性との葛藤

サンドの模範性はここで終わる。政治に関与した女性としての彼女は、それどころか、例外的であり、しばしば矛盾を見せる。サンドの矛盾は、個人的行動の大胆さと、女性の政治的平等に関する集団での要求の消極性、さらには無能との対照にある。サンドは自らの性を忘れ、自分が属する性に無関心な人間として振る舞う。この矛盾は彼女が置かれている両義的立場に、境界を覆し、男性の領域を奪い、足跡をくらまし、多様なアイデンティティを引き受けるこの先駆者が直面している不一致に結びついている。

個人的次元では、彼女は自らの性に満足している。「私があらゆる点で非常にうまく折り合いをつけている私の性」と書く。一見したところ、彼女は領分の分担を受け入れ、二重性を楽しんでいるように思われる。執筆するときは男性であろうとする。いわゆる「女性の」文学の凡庸さを拒み、彼女は「女性‐作家」という社会的地位を拒絶する、彼女はその格下げを知っている。一八六三年の『ある若い娘の告白』(1)で初めて女性として語ったにすぎないほど、彼女は男性のペンネームを完全に受け入れ、公的文書では自分自身について常に男性形で語る、文法的一貫性を実践する。また、馬を駆けさせ、自由に旅し、都会を散策するときも、男性であろうとし、自在に男装し、同様にたばこを吸う。だが、彼女は愛する女（たとえば、ミシェル・ド・ブールジュが彼女と別れるとき、彼にあてた、欲望で燃えるような手紙に見られる）や、母、そして祖母であるときはなおさら、女性であろうとする。同じように幸せを感じながら家事に専念したり、ジャムを作る。

それにもかかわらず、サンドは女性の牢獄、男性への従属で現れるこの相違を強く感じる。〈民法典〉がフランスにおいて、その法的な、最も家父長的な表現である。彼女は男性のことをふざけて「髭を生やした性」と言ったが、彼らの根拠のない、あまりにしばしば不公平な権力に対して、彼女は抗議することをやめなかった。私生活で――。ジョゼフ・バリーが巧みに語った(2)「自由の悪評」は、あらゆる反対を押して自由を選択したことへの悪評である。文学作品で――。女性解放が基調ではないにしても主調になっている彼女の文学作品は、フランスばかりかヨーロッパの多くの女性たちにとってメッセージであり、行動力であった。現実の結婚制度に対する感動的な抗議の書である『マルシへの手紙』のように、より直接的に論争のテクストで。離婚する権利の欠如、「娘たちに対する男性の最大の罪」である彼女たちに与えられる教育の愚劣さ。この『手紙』は、自らの新聞『ル・モンド』に掲載することを受け入れていたラムネー（一七八二―一八五四年。司祭、宗教的哲学者。主著『信者の言葉』（一八三四年））には大胆にすぎると映じ、彼は六号（一八三七年二月―三月）で掲載を中止した。

とはいえ、サンドの見解は全女性にとって革新的であるには程遠い。彼女の考えはおそらく、時代とともに因襲的になった。年齢というよりもむしろ、ヴィクトリア朝風第二帝政のあまりに保守的な重圧。だが、ロマン主義的反逆の時代にあってさえサンドは、たとえばクレール・デマールといった何人かのサン゠シモン主義を信奉する女性たちが強く勧める解放の意図や性的自由に、繰り返し抗議している。彼女はアンファンタンと彼の弟子たちが、しばしば彼らだけの利益のために称賛した「いかがわしい雑居生活」を批判する。「女性たちは隷属状態を告発するが、隷属状態は自由を与えられないゆえに、人間が自由になるのを待つように」と、『マルシへの手紙』で書く。彼女は社会問題を優先する。さらに、「平等は類似ではない」。サンドは、一九世紀の合理化の中で機能した、公的ならびに私的「領域」の概念を特徴づける、役割と仕事の性別分化に与《くみ》しているように思われる。「女性は、ある特定の時期に社会的、政治的役割を十分に果たすことができよう、だが、女性の生来の役目を取り上げてしまうような役目ではない」[3]。彼女はしばしば、いわゆる男性的役割を演じ男性のように行動しようとする女性たちをからかう。一八三七年にすでに、女性たちに「慣習の鉄の輪をたわめさせることを期待する前に、知性を向上させるように」忠告する。「(……)われわれの隷属状態を作り出しているのはわれわれの堕落である」。このことを彼女は一八四八年に、毅然として繰り返す。あまりに成長していないとサンドが判断する同時代の女性たちに対して、彼女はしばしば、ある種の女性蔑視を見せる。メアリー・ウルストンクラフトと同じように、彼女は女性たちの軽薄さや、劣悪な教育の結果である無知を嘆く。彼女の目には教育は最重要問題である[4]。実際のところ、彼女は自分を例外と考える。彼女はすべてを望む、「私は自分が戦士であると、雄弁家であると、司祭であると感じています」と、彼女の代弁者たるマルシに言わせ、武器、言葉、祈りという女性に禁じられている三つの機能を要求する。そして、対話者が「あなたがなりうるのは芸術家だけ。それを妨げるものは何一つない」と言葉を返すのを聞いて反抗するが、この芸術家という職業に払う敬意を奇妙なやり方で明らかにする。「私は詩人です、つまり、弱々しい男です」と、かつて旅人はエヴラールに書き送り、詩人に対する陳腐な評価を認めた[5]。男性たちの社会で例外的な女性であるのは難しいことであり、それはジェルメーヌ・ド・スタールがすでに充分に感じ

ていたことである。(6)

女性であることの障害をあまりにしばしば体験したサンドが後になって、とりわけフロベールとの文通でその境界を消し去る希望を表明することになるのはこうした理由からである。フロベールとの書簡はこの点に関して示唆するところがきわめて大きい。「二つの性しかないのですよ」と一八六七年、彼に書く（彼女はこのとき六三歳）。「男性と女性、それはあまりに同一なものだから、このことに関して社会がむさぼった多数の区別や巧妙な論証はほとんど理解できません」。(7)「それではあなたは女性についてどのような考えをお持ちなのです、〝第三の性〟であるあなたは？」と〈吟遊詩人〉は、一九世紀の厳密な定義(8)と真っ向から対立して、新たな性的アイデンティティを考案する道を示しながらたずねる。(9)

耐え忍ばれ、受容され、要求され、あるいは異議を唱えられた、この女性のアイデンティティ――サンドのマスクは多様であり、彼女は時代や状況に応じて変えている――は、彼女の政治的実践に影響したであろうか？　確かに。否定すべくもなく。そして、いくつかの面で。まず、文化的、あるいは政治的制約に結びついた表現形式において。涙を流すよう定められた女性は常に嘆き悲しむことができる。サンドは泣いている女たちに本能的に加わる。彼女は犠牲者たちに同情する。痛ましい事件に哀れみの情をほとばしらせる。公的舞台から離れているときはなおさらである。「血が流れると、私の内臓は痛みはじめます」と、〈血の週間〉〔パリ・コミューンで特に市街戦の激しかった最後の一週間（一八七一年五月二一―二八日）〕の純然たる目撃者であった一八七一年に書く。(10)一方で、彼女は仲介し、募金を集め、請願し、取りなし、援助や恩赦を得ようとする。クーデタの後では主要なものとなるこの仲介者としての役割は、しばしば友人たちをいらだたせ、さほど効果のないものとなろう。だが、女性の伝統的な役割への復帰は一八五〇年前は際立ったものではない。

語るのは容易ではない。サンドはしばしばこの点での困難を報告している。彼女は女性の公開の言葉に重くのしかかる禁忌を内化した。「それは生来の臆病のようなもの、（……）われわれがこのうえなく強く感じていることを大きな声で言うのを恐れさせる、間違った羞恥心のようなもの。それは言葉で自らを表明することが絶対的に不可能であるということ。これこそわれわれができるのを望みもし、また、できなければならないこと」と、旅人－サンドは雄弁家エヴラールに書いた。[11] かくして彼女は執筆に専心し、共和国の文書にかかわる。

法制上、方策は間接的なものとならざるをえない。女性たちには請願の権利しかない（そしてサンドはそれを行使するよう勧める）。彼女たちには集会や結社あるいはデモをする権利がない（男性たちにもその権利はないが、彼らの実行は黙認されていた）。いわんや選挙権はない。サンドは、たとえ選挙に強い関心を抱き、誰それのために運動し、結果を解説し、民主主義の好結果を祝いはしても、直接に関与することはできない。ときとして彼女はこの障害を残念がり、また政治は凡庸なものであるからときとしてそれを喜ぶ。ラ・シャトルの反体制派であり、彼女がこの地方で浴びせられた激しい非難を手紙で弁解したシャルル・ドゥラヴォに対して、彼女は「策謀や不正な選挙運動に」加担することへの拒絶を正当化する。「それは私がかつて一度としてやったことがなく、今後も決してやらないことです」、さらに、男性も同じようにするのはよいことであろうと付け加える。[12]

女性であるがゆえに、観察者、補助者、せいぜい霊感を与える人間、真実のところは三文作家の立場に振り分けられ、共和国の「女助言者」――彼女の誹謗者たちの言葉によれば、女性に影と舞台裏の謎めいた力を付与する、相も変わらぬ決まり文句を繰り返すだけ――は実際には目立たぬ役割を担っているにすぎない。「私はものごとの小さな輪の中にいる」と旅人は言っていた。[13] サンドはそれに甘んじているような感じを与える。一つには、自らの能力を疑っているゆえに。「私は、感受性と、社会的、哲学的思想に対するある程度の認識能力を持ってはいますが、政治的知性は持ち合わせていません」と、彼女の賛美者たちの中で、彼女の関与を最も尊重し、最も熱心に勧めたマッツィーニに一八四三年、打ち明けている。[14] 政治活動の特性は彼女をしばしば制止することになろう。

他方では、この境界的状況は政治活動から、遠ざかり、隠遁することを可能にする。彼女は好んでこの可能性を利用し、パリを離れる。何かが出来《しゅったい》すると、彼女は郵便馬車に、後には列車に――彼女は鉄道の迅速さの確固たる信奉者として、その利点をほめそやす[15]――飛び乗る。パリにうんざりしたり、吐き気を催すと、彼女の安らぎの地、ノアンに向けて発つ。「鼓吹者であるが、首謀者ではない女性は、例外的な束の間、政治に遭遇する」と、ジュヌヴィエーヴ・フレスはまさにサンドに関して、体制から常に距離を置いた関係を分析して書く[16]。定められた距離。だが、しばしば望外の幸運と利点として承認された距離。女性たちのいるべき場は、政治、つまり、倫理のないこの策謀以外にあるのではないか？ それはまさに良俗、日常の、本質的な生活にあるのではないか？ 政治の領域での女性たちのある種の無関心の鍵である、このあまりに女性的な、批判的立場はまた、しばしば、サンドのそれである。少なくとも、彼女が幻滅や失望を覚えるときは。「いわゆる政治を私は嫌悪しています」と彼女はオルタンス・アラールに書いている[17]。そしてエドモン・プロシュには、「私は、正直なところ、今日、政治と呼ばれているもの、つまり、論理や真理の代わりに予測や財力や妥協、一言で言えば王政の口実を用いる、見え透いた、誠実さのほとんど見られない技法、必然の成り行きや摂理に常に裏切られる技法を嫌悪しています[18]」。政治が社会主義——社会正義のもう一つの名——のための闘争であることをやめるとき、政治が方策でしかないとき、サンドがその手紙で強調する、いわゆる政治に限られるとき、別のことをするほうがましだ。彼女がその努力を大いに支持した詩作する労働者の一人、ジェローム＝ピエール・ジランに書き送る、「言葉の厳密な意味での政治的情熱が私にないことはご存じですね。(……)私の心を動かすのは、したがって、いわゆる政治世界ではなく、恐ろしいまでに病み、取り乱している倫理的な世界です。人々は意気阻喪しています」。こうした理由から彼女は、読者の心に語りかけ、感動により意識を呼び覚ますことのできる小説に戻る。「何らかの理論を書くことが問題であれば、私はもっと慎重に、もっと明確に見解を述べたことでしょう。けれども、そうであれば、私は女性ではなく、小説以外のものを作ったことでしょう[19]」。亡命し、「嵐のただ中で抗議する」彼女を目にできないことを残念がるマッツィーニへの返書で、彼女は文学の権利を擁護する。「真の芸術家は司祭や戦士に劣らず有用です。(……)芸術はあらゆる国、あらゆる場所のものです[20]」。男性たちの政治に対する女性の芸術、これはすでに一八三五年の旅人のジレンマであった。だが、かつての宮廷楽人《ミンストレル》は自らの価値と文章《エクリチュール》の力を自覚する、偉大な作家になっていた。

相対的な外在性のこの立場はサンドと一八四八年の女性たちとの対立をいっそうよく理解させる。彼女たちの闘争をミシェル・リオ＝サルセが活写している。[21] 男性にだけ選挙権を与えることで、一八四八年の共和国は女性の社会から疎外された状況を助長し、社会主義者たちが進んで女性とプロレタリアートの間に結んだ絆を断ち切っていた。この「普遍的」選挙を宣言することで、共和国は普遍に対する性別のある――男性の――定義への疑いを募らせていた。ここから、行動的で、熱心で、平等主義的な女性解放運動《フェミニズム》の波が生まれる。ウジェニー・ニボワイエ、デジレ・ヴェレ、ジャンヌ・ドロワン、そしてほとんどがサン＝シモン主義者やフーリエ主義者であるほかの女性たちが新聞――『女性の意見』『女性の声』……――を創刊し、請願書を提出し、デモを組織し、クラブを開き、悪ふざけをする人間から野次られ、ドーミエ、ガヴァルニ、そして『シャリヴァリ』紙〔シャルル・フィリポンが創刊した日刊の風刺新聞（一八三二―九三年）。共和主義者が愛読〕の風刺の対象となった。これらの女性たちは正義と社会的効用性、つまり、女性たちは国家という、この「大きな家事」に主婦の力量を発揮できよう、とする論法に根拠を置いて、労働の権利と選挙権を要求する注目すべき文書を発表した。彼女たちは抗議運動を起こすために、一八四八年四月の国民議会選挙を有効に利用することを決めた。彼女たちの目に畏敬を抱かせる候補者と映じたのは、解放された女性であり、共和主義者、社会主義者、なかんずく著名なサンドであった。「力強さにおいては男性であり、神聖な意図（……）において女性である。彼女は精神では男性になり、母親としての面では変わらず女性である」とウジェニー・ニボワイエは書いた。[22] だが、彼女たちはこの立候補を当事者に相談することなく発表した。重大な誤謬。自らの「象徴資本」を認識しているサンドは彼女たちの望むようには操作されなかった。加えて、彼女は現状での女性たちの投票に賛成ではなかった。彼女はそのことを冷ややかに知らせた。

　対立は市民権の考え方の相違を明らかにすることで個々の人格のみならず、論理をも対置する。サンドはあちこちで、主として『共和国公報』第一二号（一八四八年四月六日）、特に『中央委員会委員たちへの書簡』で自己の見解を述べた。後者はその当時、発表されなかったし、送られさえしなかったようであり、したがって、かかわった女性たちがこの書箇を知ることはなく、討論は残念ながら行なわれなかった。

サンドの論拠は次元を異にしている。まず、この点に関しては彼女が袂を分かつことのない社会主義者たちの多くと同様、社会問題を優先する。「良き市民の資格を要求している教育ある女性たちは今こそ、自分たちの人格を忘れるべきである。彼女たちがその才能を証明しようとするならば、それは民衆の貧しい女性や少女たちのことにのみ専念するために自己を犠牲にすることによってである」。選挙権の要求には「貴族階級的性格」がつきまとう。「仮に、社会が行政に女性の何らかの能力を受け入れることで多くを得たと認めても、多数の貧しく、教育を奪われた女性たちに利するところはいささかもないであろう。これから再建される社会は、全女性の名のもとに作成される素朴にして心を打つ請願書に深く揺り動かされよう」(23)。貧困、無知、「多数の女性」の従属、これこそが「全女性」のアイデンティティを作り出している。教育ある女性は自らの境遇と、最も貧しい女性たちの境遇を切り離してはならない。彼女たちの市民権は社会問題の次元であり、政治の次元ではない。

第二の論拠。女性たちには政治にかかわるよりもなすべきことがある。公的な言辞は彼女たちに似合わない。彼女たちはその説得の才能を家庭の中で行使するがいい。「あなたがたの娘たちが青く、暗い顔で、夜遅く帰宅し、恐怖と激しい不安から痙攣に襲われて、あなたがたの腕に倒れ込むのを抱きしめた、不幸な母親たち！　あなたがたの夫や兄弟や息子たちに語ってほしい、女性の真剣で道徳的な解放の伝道は偉大な伝道である。それはあなたがたにかかわってい る、あなたがたの代弁者となる雄弁な口は要らない、あなたがたは一人残らず、家庭の中で偉大な雄弁家となるであろう」。結局、サンドは領域論を根本的に検討し直すことはなく、それが前提とする役割と仕事の分担に異を唱えることはない。母性は女性性の中心でありつづける。

第三の論拠。最も強調される、つまり、最も衝撃的な論拠、民事上の権利の獲得こそ最重要課題であるとする論拠。これら民事上の権利を奪われている女性たちは現在のところ奴隷である。自立した個人ではないゆえに彼女たちは市民にはなりえない。この自立を獲得することが第一段階であり、彼女たちの全エネルギーを必要としよう。「女性たちはいつの日か、政治生活に参加すべきか？　将来において、然り。私はあなたがたとともにそう信じている。それは近い将来のことか？　否、私はそうは思わない。女性たちの状況が改善されてそうなるためには、社会が徹底的に変革されなければならない」。「結婚により男性の庇護下に置かれ、男性に従属している」女性は、身体ならびに精神、判断ならびに決定の自立を前提とする「政治的権限を立派に、公正に」遂行することはできないだろう。「政治的権利を行使することから始めようと主張しているご婦人がたに申し上げたい、あなたがたは子どもじみた遊びに興じているだけであると。（……）個人の自立さえ果たせぬあなたがたが、いったいどのような気紛れから議会の争いに関心を持とうとするのか？　何と、あなたの夫がこちらの席を占め、あなたの愛人がおそらくはあちらの席を占めている、そしてあなたは、自身の代表でさえないのに、何らかを代表すると主張するのか？」。女性は解放されない限り、奴隷の悪徳のすべてを、虐げられた人間の無能力のすべてを持つ。女性の解放は、「単に結婚したことで取り上げられる」民事上の権利を獲得することで実現される。「（……）民事上の平等、結婚における平等、家庭における平等、これこそがあなたがたが要求できるもの、要求すべきものである」[24]。未婚の女性――「成年に達した娘」――は民事上、平等であるが、既婚の女性は未成年として扱われる。廃止しなければならないのはまず、不公平このうえない法典、〈民法典〉である。

サンドの論理は、ピエール・ロザンヴァロンが共同性を優先する民主主義のアングロサクソン体系に対置した、個を優先する民主主義のフランス体系の中で機能していると説明したものに近い。前者で、イギリス女性たち――あるいはアメリカ女性たち――が投票を認められているのは、彼女たちの性のゆえである。女性である彼女たちは女性を代表するであろう。フランスではこの性そのものが市民権獲得の主要な障害となる。なぜならその特性が、市民の基盤である個人の十全な社会的地位に彼女たちが到達することを妨げているからである。フランスの女性たちが個人として自己を認めさせようとして遭遇した困難さは、よく知られた「フランス的例外性」理解の鍵（あるいは一つの鍵）であろう。人間の権利と共和政の母国でありながら、ヨーロッパ諸国の中で最後に女性に参政権を認めた（一九四四年四月二一日）国、フランスのこの奇妙な遅れ[25]。

サンドと一八四八年の活動家たちの対立はしたがって、はるかに全体に通じる重要性を帯びている。対立は二つの論理、つまり、一つはより共同体的な論理（フェミニストたちのそれ）、もう一つはより普遍的な論理（サンドのそれ）、したがって、女性のアイデンティティの二つの見解を対置する。

この対立は、同じ時期、サンドがエリザ・アッシャースト〔本名エリザベス＝アン・アッシャースト。一八一三―一八五〇年。イギリス人。ジョルジュ・サンドの作品（『スピリディオン』『ある旅人の手紙』等）を翻訳〕と交わし、マッツィーニに報告した対話からかなり鮮明に浮かび上がる。「男性と女性が彼女にとってすべてなのです、そして性の問題は（……）常に同じ存在であり、男性としてでも女性としてでもなく、魂として、神の子として完成すべきである人間の概念を彼女の中で消し去っています」[26]。性の相違に関する真っ向から対立する見解。エリザは根幹をなすものと断言し、本質を与えさえする。一方、ジョルジュは、政治への自らの関与がその幻想をあらわにするとき、性の相違を否定し、普遍的人間の概念を問題にすることをも拒絶する。

オランプ・ド・グージュや、性の境界を再び問題にし、女らしさの規範について自問する、その他多くの女性たちと同様に、サンドもまた矛盾を見せるばかりである。[27] かくも多彩な彼女の経験は、政治的市民権が一九世紀にどれほどまでに男らしさの結晶として形成されたかを示すものである。

第V部　論争点

「女性」の歴史は、女性を対象にするそのタイトルを手始めに、実に多くの問題を提起する。それは正当であるだろうか？　男性の歴史を書いたりするであろうか？　そもそも女性に歴史があるのか？　歴史を書くことは可能なのか？　図像《イマージュ》の氾濫は表象と知覚の歴史以外のものを作り出しうるか？　実践、主題「女性」は到達しうるか？　一つの性はもう一方の性と関連してその二重性と差異の中でのみ存在する以上、性差の歴史以外のものを作り出すことができるか？　この差異は考慮せざるをえないもの、普遍的に明白な性質のものと思われる以上、ずっと以前からそれを問題にしている哲学的思考ではなく、現代の哲学的研究によりほとんど考慮されることのなかったことをどのように説明するのか？(1)

こうした問題、さらに多くの諸問題が歴史の歩みを方向づける。『女の歴史』（原題は『西欧の女性の歴史』）（一九九一—九二年）は、成し遂げられた研究の、相当に人目を引く結晶体（総頁数は三〇〇〇頁、全五巻、七二名の著者）となっていることから、その限界や欠陥、未完成のために、また、おそらく、そのいささか挑発的な存在のために、異議や論争を巻き起こしたが、それは、慇懃に無関心を装うことが距離を示すいつものやり方であるフランスでよりも、著名な歴史家ローレンス・ストーンが「彼女の物語 her story の活用と濫用」(2)を公然と非難したアメリカでより激しさを見せた。相も変わらぬ沈黙……。われわれは一九九二年、ソルボンヌでシンポジウムを開催し、議論を引き起こそうと企てた。『討論の世界』誌がその記録を掲載しているが、一部は『アナール』誌に再録された。(3)

それ以来、さまざまな種類の研究や出版物が積み重ねられた。膨張する対象「女性」は少しばかり分裂してもいる。その問題設定ははっきりしないままである。常に論争の的になっている「ジェンダー」の観点は、しかしながらごく最近の歴史編纂的総論でフランソワーズ・テボー(4)が明らかにしているように、広がった。少々閉ざされた個別研究《モノグラフ》を越えて、男女両性の関係のより水平的な形態、つまり、恋愛、[5] 暴力、[6] 欲望、誘惑、女性に対する慇懃さ、女性嫌い、女性解放反対論、[7] 性的欲望《セクシュアリテ》に対して、はるかにおずおずとではあれ——とりわけ、これまで調査の対象になることがほとんどなかった女性間の同性愛に関して[8]——興味が抱かれた。創造、政治、身体、図像《イマージュ》。これらこそ開拓前線である。『女の歴史』の、たとえば数多くの言語への翻訳や紹介の機会に、別の文化との比較から多くのことが教えられ、われわれ固有の姿が見えてくる。西欧の中心にある女性による、そして女性のための、異なった文化の存在を十分に考慮しなかったこと、また、必然的ではあるが、当然、恣意的な定義で、現実のものというより想像上の境界をおそらく明確にしたことが、この『女の歴史』に関して私が残念に思っていることの一つである。今日目覚ましい発展を見せているそのほかの国々の女性の歴史の展開がわれわれに再検討を迫り、視野を広げ、展望を変えるであろうことは明白である。世界はわれわれの将来である。

　ここに収録したテクストは、こうした問題提起から検討し、よりいっそう直接的に取り組んだものである。簡潔に位置づけておきたい。まず、戦争。その特異な体験の中で戦争は男女両性の関係を変えるだろうか？　変えただろうか？　戦争はそのときまで禁じられていた場所に女性を出現させるに打ってつけの急変となる、とある者たちは言い、また、ほかの者たちは、戦争は反対に、男性は前線に赴き、女性は銃後にあってこのうえなく伝統的なやり方で彼らの代理をすることで、男女両性の秩序を繰り返す、と言う。私が論文で報告しているとおり、ハーヴァードでのシンポジウム（一九八四年）はこの趣旨に沿って結論を出したが、これはフランソワーズ・テボーの『女の歴史』[9] での説明と同様である。「戦争文化」は第一次世界大戦に関する研究の復活を見たが、それらの研究はこぞって、敵地に同一視された女性の身体が標的となる暴力を強調している。[10] カトリーヌ・マラン＝フーケと同様、私には「数世紀来のモデルの再検討が構築されるのは平時にである」[11] と考える傾向がある。だが、それは決まり文句ではないだろうか？　結局、論争は続いている。

　マリー＝ヴィクトワール・ルイの著書の主題である〈初夜権〉——この題のもとに、女性が主として職場で犠牲者になりえたセクシュアル・ハラスメントの種々の形態が論じられた――はどうなっているのか？　アラン・ブローは、文化史の卓越した試論である彼自身の『初夜権――神話の製造』[12]の終章で、マリー＝ヴィクトワール・ルイの見解ならびに私の報告にはかつて一度として存在したことのない領主の権利の実在に対する頑固で根拠のない確信の名残が見られる、と指摘する。確かに、そうした権利の実際の行使についての法的証拠はいささかもない。彼の論証には説得力がある。真実を追求する女性の歴史が支配神話の的になることはできないであろう。念のため。だが、次のような見解には同意するわけにはいかない。「初夜権は存在しえたと考えることは、私には主要な過ちと思われるもの、つまりその歴史学者が観察している人間に対する軽蔑を前提とする。初夜権という概念は犠牲者の側に同意の概念を含むと思われる」。もちろんそうではない。同様に、女性が対象となった暴力や強姦に対する彼女たちの長い間の沈黙を、証人や今日の歴史家たちが同意という観点から解釈することはできない。沈黙の意味するものと、その逆の解釈にもう一度、立ち返るべきであろう。ジョルジュ・ヴィガレッロは最近、強姦裁判（一六―二〇世紀）を調査して、いかに女性の同意が常に裁判官から前提とされているか――このことが長い間、告訴を不可能にした――を明らかにした。[13]

一方、社会の想像領域でそのような信仰――初夜権――の意義と効果についてよく考えてみることができよう。現実のものと推測される習わしが、貴族階級の規範に多くを負っている男性的な名誉観の中で合法の、さらには威光あるものとしていたこの「寓話」は、セクシュアル・ハラスメントや強姦を月並みなものにすることに貢献しなかっただろうか？　なぜ女性の身体の乱暴な占有が、現実の一部をなし、このイメージを誇示したのか？　労働運動は資本主義と雇用者を「新たな封建制」と同一視し、その悪弊を彼らに帰した。[14]いずれにしても、女性の身体は封地として、全力を傾けて自由に駆け巡る所領として思い描かれる。したがってジェンダーの問題を初夜権の表象に提起することは当然であると思われる。

図像《イマージュ》、その表象能力、知覚について事情はどうか？　『女の歴史』では経済的理由から限られたスペースしか割くことができなかった。われわれは、少なくともイタリア語版では、書物の中心部に図像だけの頁を挿入し、一つの時代の想像領域における典型的価値を考慮して選択した図像をよりいっそう厳密に精選することで難点を乗り切った。

ジョルジュ・デュビィは問題に真正面から取り組む別巻で考察をつづけることを望んだ。『女のイマージュ』に寄せた彼の序文は、テクストを取り扱うことによりいっそう習熟した歴史学者による図像《イマージュ》活用についての方法叙説である。図像制作の状況を明らかにすること、創造の物質的条件を再編成すること、その機能について、また全体の意味を把握するために、図像が組み込まれる一連のイコノグラフィーについてよく考えてみること、これらが彼の勧めるいくつかの点である。この場合、彼は自らにとって固定観念であるものを強調した。つまり、女性を自分自身の多かれ少なかれ、同意した見物人にすぎない存在にする男性の主導権である。「女性は自分たちの手で自身を表現したのではなかった。彼女たちは描写されてきた。(……)今日なお、女性に向けられるのは男性のまなざしであり」、女性を小さくしようと、あるいは、女性を魅惑しようと努力する。ポンペイの〈秘儀荘〉のフレスコ画を見事に分析した『婦人部屋の秘儀』[15]で、ポール・ヴェーヌは同様にあまり楽観的な立場ではない。「要するに、まなざしは単純ではない。女性の条件と女性の図像との関連はいっそう複雑である」と彼は記している。一方、フランソワーズ・フロンティジ＝デュクルーは、「まなざしの性」に関する魅力的な研究の終わりに、「男性の想像力の構築」である女性のまなざしに到達することはほとんど不可能であると結論した。

少なくとも、女性《フェミニテ》という存在の表象を詳細に調査することは可能であり、『女の歴史』の共同執筆者たち(キアラ・フルゴーニ、アンヌ・ヒゴネット)に新たに男性(ミシェル・ルーシュ、ジョエル・コルネット)が加わったグループによる『女のイマージュ』が達成した。女性が自分たちの図像をどのように見、感じたか、受け入れ、あるいは拒絶したか、活用し、あるいは異を唱えたか、覆し、あるいは、そのとりこになったか、よく考えてみることもできよう。私の論考は主題に言及しただけである。

実際、現在注目を集めている研究や考察の領域がそこにある。過剰なメディア化のこの時代、女性はかつてないほどスクリーン上の図像《イマージュ》になりかねない。個々のアイデンティティの消えた仮面、多種多様な幻想の投影にさらされるスクリーン。そして女性が創作するとき――それはますます多くなるために――、彼女たちの自由度はどれほどのものか？　図像《イマージュ》の王国で、女性の力は何であったか、何であるのか？

もう一つの問題。西欧社会の想像領域を構成する要素と統治形態である、公的なものと私的なものの区別。その歴史はここ半世紀の間に数多くの研究を生み出した。ここに性差を関与させたのはもっと後になってである。ジェイン・エルシュタインの著書『公的な男性、私的な女性』(16)はこの観点から見て転換期を画している。しかしながら、男性を公的なもの、女性を私的なもの、とほとんど不可分に同一視することで、あまりにはっきりと男女両性を領域に重ねる傾向があった。女性は家庭のヒロインではなかったか？　やがて、現実はより複雑なものに思われた。境界の絡み合いや絶え間ない変化が認められた。侵入したマスメディアがそれらを浸透しやすく混じり合うものにしただけにいっそうである。女性が公的領域に入り込み、男性がいくつもの鍵を占有している私的領域を支配した。駆け引きは巧妙であり、範囲は性別の役割と同じくあいまいであった。

「公／私」に関してアミアンで開催されたシンポジウムは問題を明確に提起する。価値を示す指標の消滅、規範体系の接近、初めは根本的に相違していると考えられた公的領域と私的領域の重なり合いにより説明される、「公／私の区別の混乱」を調べる。法律を中心としたシンポジウムは特に政治、法律、民族性を話しあった。私は性差の問題、つまり事態を単純化する歴史……を付け加えた。

結局、女性の従属の核心をなす点は、非常に専制的な自由意志を家庭に――そして一家の父親に――ゆだね、公的秩序しか認めないと主張する権利が初めからない私生活ではないか、と自問することができよう。かくも政治的なこの私生活が緊張の震央であり、権利は女性の闘いの開拓前線の一つである。性別のある現実からの権利批判は現代フェミニズムの思考の中心にある。

「アイデンティティ、平等、差異」。両性の分野ではこれらの問題はあらゆる社会科学を貫いている。それゆえに、北京世界会議（一九九五年九月）を企画する責任を負った調整委員会が招集したパリ・シンポジウム（一九九五年三月六、七日）がその考察軸となった。次の秋に出版された「シンポジウム議事録」はフェミニズム研究状況ならびに一九八二年のトゥールーズ・シンポジウム[17]の一三年後のフランスの女性に関するすぐれた概要であり、「場」となったものの発展を証言する。

私は、スーザン・モラー・オキン、セシリア・アモロス、イレム・マルクズィ、上野千鶴子諸氏と並んで発言した。私のテクストはこの三つの問題体系を巡って歴史学で成し遂げられた研究の概要を述べようとするものであった。乗り越えられることを目的としたテクストであり、その理由からここに再録することをためらったが、点滅する指標としてのみ加えることにした。

モナ・オズーフの著書『女性の言葉』（一九九五年）の書評を『リベラシオン』紙に寄せて、作品の主要部分をなす一〇人の女性の肖像に対する私の称賛を述べ、また、それにつづく『フランスの特異性に関する試論』には疑問を呈した。運悪く過度に短縮され、私の記事は非妥協的に見えた。私は残念に思っている。

『デバ』紙で著書や論文に関する討論を始めることを望むピエール・ノラの求めに応じて、私はより論理構成のしっかりした記事を書いた。ブロニスラフ・バッコ、エリザベート・バダンテール、リン・ハント、ジョーン・スコットも同様にこの意見交換に参加した。

モナ・オズーフは、詳細に討議されるだけの価値があると思われる優れた、堅固に論証された記事「日々の計算」を同紙に寄せて反論した。彼女は自分の方法を説明し、批判に反論し、主要な反論を駁する。彼女はとりわけ、時代とのかかわりを強調する。これは断固として女性的な特徴に彼女には思われ、フランス大革命を引き起こした男たちの破壊的な主意主義に対する女たちのひそかな抵抗を説明するものである。「男は白紙の上に新機軸の社会を築くと考え、自分の姿を「新しい男」に見ることができる。新しい女？　自発的にバーク風の、時代の女性の意識がこの理想郷《ユートピア》に異議を申し立てる」。

『歴史』誌の最近の回顧特集号で「女性史における二〇年」を報告し[18]、彼女はより全般的に歴史的分析のカテゴリーとしての「ジェンダー」の概念――彼女はほとんど満足していない――を見直す。彼女は「人間の条件において、選ばれはしないが、迎え入れられた部分の存在を受容する」気になっている。結局、ここ二〇年のフェミニズムの正史が、その象徴的な基礎の中までも解体しようと努めた女性の事実。この基礎は、フランソワーズ・エリティエがさまざまな文化にほとんど不変の要素のように見出す「性差のある原子価」を説明する構造として思い描くものである。したがって、フランス政治の「特異性」を越えて、賭けられているのは男女両性の関係の歴史性の考え方全体であり、還元しえないものの限度を可能な限り後退させようと努め、この理由でミシェル・フーコーの著作の中に考察の道具を見出す手続きである。

ミシェル・フーコーの思想は私にとって大いに重要であったが、私はまず、監獄を巡って彼に遭遇した。別のところで彼に言及する機会があった。(19)

ミシェル・フーコーは女性の歴史に特に関心を抱いていたわけではなく、フェミニストたちをいくらか警戒していた。だが、彼は彼女たちの運動に連帯感を持って敬意を表していた。彼の早すぎる死は、この点に関してわれわれがおそらくつづけることができたであろう対話を断ち切った。いずれにせよ、彼が自らの著作で作ろうとした「道具箱」の中にこの研究と考察の場で役に立つ多くの道具を見出すことができる。アメリカの女性が最初にそのことに気がついた。もっとも、ときに辛辣な批評がないわけではない。

「フーコーの責任において」という題目でポンピドゥー・センターで催されたシンポジウムでの報告のテクストである論文は、この点で現状を明らかにしようとしたものである。

戦争は両性の関係を変えたか

「両性の前線で――あいまいな闘争」(『二〇世紀』、第三号、一九八四年七月、特集〈時代の戦争〉、六九―七六頁)

戦争が両性の関係を変え、さらに覆し、女性に新しい力を与えたという見解は非常に広まっている。それは政治的言説や文学の中で繰り返される月並みな考えである。ヨーゼフ・ロート〔一八九四―一九三九年。オーストリアの作家〕の小説『カプチン派の納骨堂』(1)の主人公のフォン・トロッタ家の末っ子は一九一四年夏、開戦早々、捕虜になるが、出征時大急ぎで結婚した妻――経済的にも性的にも解放された妻に会いに戻る。同性愛者になった妻は、二人の間の息子を彼に預けて、彼と別れ、アメリカに渡る。家族と夫婦の崩壊はオーストリア＝ハンガリー帝国の崩壊に付随し、それを象徴する。崩壊の主要な誘因になりはしないにしても、フェミニズムはしばしば、風紀の退廃と有害な個人主義の最も明白な前兆とみなされる。ロートにあってはミシュレ(2)の場合と同様、女性が権力を奪い取るとき、歴史は乱れる。ある意味では、プルーストにあっても同様である。『見出された時』の舞台――規範を無視し、作法を取り違える「耄碌《もうろく》した上流階級の老婦人」といった趣のサン＝ジェルマン街で、性と教養によりずっと前から自分たちの台頭を企てていた女性たちがついに権力を振るう。公爵の愛人オデット、ヴェルデュラン夫人、ゲルマント大公夫人らの出世は貴族階級の終息と一時代の終わりを確固たるものにする。

こういうわけで、文学は一つの時代の幻想や不安、あるいは願望を表現する。これらは時代の「現実」の一部を形成しているが、一部にすぎない。現実は、一九八四年一月にハーヴァードで「ヨーロッパ研究センター」が開催したシンポジウム――「女性と戦争」――で示唆されたように、もっと複雑である。示唆されたというのは、まだ集大成には至っていないからである。奇妙なことにそれほどこの領域では研究がほとんど展開されていない(3)。加えて、取り扱った国々とテーマの分布が不均衡であるという理由にもよる。

一二の主要な報告の内訳は四つが第一次世界大戦、八つが第二次世界大戦に関してであり、地理的分布では、フランスについてが四つ、イギリスについてが三つ、アメリカについてが三つ、ドイツについてが二つである。論法は経済的よりもむしろ文化的、政治的であった。一般的に、どのような表象が社会政策、図像、あるいは小説の根底にあるか、想像世界と政治的言説の中で男性／女性の関係がどのように機能するか、検討する必要があった。女性の労働人口の変化（一八九五―一九五〇年）、離婚率、あるいは参政権獲得の見地から国々を比較するには、シャルル・マイアによる事前調査のほかは統計がほとんどない。むしろ、文書《テクスト》や図像《イマージュ》の分析――戦争のポスターは特別の資料を提供するが、パリ高等法院付属監獄《コンシエルジュリ》で開催された展覧会(4)でそのいくつかを目にすることができた。さらに、両大戦間のドイツにおける戦争未亡人の研究（カレン・ハウゼン）といった事例研究。パウラ・シュヴァルツとマーガレット・ヴァイツが記録したフランスの女性のレジスタンス活動家たちの生活記の中で口述調査に大きく頁が割かれているが、前者は特に女性共産主義者に関心を寄せ、後者は反対に、出身や、特異な軌跡の多様性を認めることに力を注いだ。

私の意図は近く出版されるであろうこれらの発表を報告することではなく、いくつかの主要な見解を引き出すことである。とりわけ驚かされるのは、戦争に結びついた変化の人目を引く、だが、うわべだけの、一時的な特徴である。ほとんどいつも、そうした変化は男女両性の伝統的な役割を真に変えはしない。女性が働くとすれば、それは母親として、あるいは、兵士の代わりを務める妻としてである。控えめな代役である女性は自分自身のために働くのではない。その結果、戦後のいわば「当然の」退却、「常態」への単純な復帰。これら戦争直後は、女性がその要《かなめ》であり、戦士の真の休息の場、そして未来の発祥地たる家庭を中心に置いた、アルベール・イルシュマン[5]風に言えば、「民営化」の高まりを特徴とする。唯一の可能なフェミニズムは母親のための、そして家事のためである。テーラー・システムを導入した台所、家庭homeと掃除機[6]を操作する主婦兼技師を礼賛するクリスティーヌ・フレデリックとポーレット・ベルネージュに栄光あれ！

こうした近代的な考え方の後退は、最長期間の中に位置づければ、もっと明らかになるであろう。したがって、二〇世紀初頭に、女性の新しいタイプ――フェミニストたちの「新しい女性《ニュー・ウーマン》」、ジュール・デュボワのように、「聡明な伴侶」を望む男性の「新しいエバ」――の兆しが現れる。彼女たちの経済的、さらには性的自立の淡い望みは、自責の念に駆られ、従順で、戦後の死者なり生者の英雄たちの祭壇にひざまずいた女性ととりわけ対照的である。加速の力を持つどころか、戦争はこのように、ブレーキの、阻害する効果を持つであろう。しかし、蓄積された失望や恨みは結果として矛盾を際立たせ、実際、両性の闘いを激化させ、結局フェミニズムの急激な発展を準備しよう。

以上が、このシンポジウムの参加者の大部分が最終的に同意した総括であり、おそらく、多くの予想を覆す最も重要な点である。だが、もっと詳細に検討する必要がある。

戦中――変化……

まず労働の前線で。女性は労働力人口に占める割合を顕著に増大させ、それまでほとんど閉ざされていた部門、つまり、輸送、いくつかの役所、製鉄業に進出する。[7]彼女たちは、工具や、それまで知らなかった技法の操作を発見して、しばしば喜ぶ。たとえば、アメデの妻マルセルから、ジャック・カルー＝デストレは同じような証言を聞き出して書き留めている。一九四〇年の避難〔一九四〇年五月、六月、ドイツ軍進攻時に、北フランスの市民が南へ避難した〕の後、彼女は金庫メーカーのフィシェ商会で働く。「私はアメデよりも多く稼いでいました、家事をしているときよりはるかに多く稼ぎました（……）。私は長い間、給料カードを取っておきました（……）。それというのも私がどれほどたくさん稼いだか、見るのがうれしかったからです（……）。私はトーチを使って仕事をしていました。部品を裁断していました。私はよく働き、目覚ましい成果を挙げました……。私は男がやる仕事をしていましたが、家事のほうがはるかに骨の折れるものでした」[8]。多くの女性が、彼女と同様、工場での労働は家事より難しいものでも、骨の折れるものでもないこと、そしてはるかに報われるものであると認めている。その結果、第二次世界大戦中のアメリカの女性労働者を具現した、リベット女工ロージーが意気揚々とした、活発な様子を見せることになる[9]。

女性は労働組合運動といった、新しい表現形式を獲得する。合衆国では、彼女たちの組合加入率は一九四〇年の九・四パーセントから一九四四年には二二パーセント近くになる。組合を支援するよう女性に勧める男性から推されて、彼女たちは責任ある地位を占める（リュト・ミルクマンの報告）。彼女たちは高度の教育の砦、ソルボンヌ大学や、見捨てられたオックスフォード大学に進出する。

彼女たちは新たな自由空間を発見する。服装を軽やかにし、より実用的に生活し、より自由に動きまわり、救急車やオートバイを運転する。家族の厳格な監視は和らげられた。礼儀作法は戦争の惨禍の前に緩和された。ヴィクトリア朝のイギリスでかくも引き延ばされた婚約のしきたりは、緊急事態の中で断たれた。恋の出会いや性的な出会いは死の強迫観念によりせきたてられ、変貌した[10]。おそらく、戦場の光景が、もはや世襲ではなく、個人の実現への要求に中心を置いた、近代的夫婦の出現に寄与したであろう。だが、離れた存在の間で不透明さが増しもした。ヴィーラ・ブリテンの『若さの遺言』は戦争の内奥についての並外れた記録となっているが、彼女は婚約者が自分の名を言わずに死んでゆく前に、彼を失う気がする[11]。愛と戦争、何という物語！

だが、限られた……

　こうした変化は、しかしながら、伝統的な性別による役割——強化されさえしている——で厳しく限定される。看護婦は看護する女性と母親を同時に具現する。「看護婦の仕事 nursing」は多くの女性に、愛する人々の苦しみに近づくことを可能にする。ヴィーラ・ブリテンは病院のために、かつてあれほど望んだオックスフォードを諦める。娘たちの肩に家族の重圧、とりわけ息子たちの将来を奪われた父親の重圧がいっそう重くのしかかる。ヴィーラが体験した耐えがたい矛盾。

　レジスタンス運動で、最も積極的な女性は概して若く、独身で、子どもがいなかった。彼女たちはしばしば近親者の死を待たねばならなかった、あるいは、運動に参加するために家族から離れねばならなかった。しかしながら、そこでもなお、彼女たちはきわめて頻繁に、いつもの役目の延長である、（いわゆる）副次的な任務を果たした。秘書である女性はタイプライターを再び目の前にする。連絡官である女性は、占領者を欺くために若さや女らしさを最大限に利用して、伝言《メッセージ》を買い物袋に隠す。一家の主婦である女性は一杯の紅茶を口実に、台所やサロンを秘密の会合のために提供する。古典的事実、すなわち、いつの時代にも女性のスカートは兵士をかくまってきた。だが、この女性化こそが、彼女たちの行動が現実に考慮に入れられないという結果を生む。この家庭の様相を帯びた抵抗には、無価値なものとみなされる家事労働に対すると同様の過小評価が与えられた。同職組合の職人の母のように男たちの食事や快適さに気を配るトゥアールの「マキの母」〔マキは、第二次大戦中、森や山岳地帯に設けられた対独レジスタンス運動の根拠地〕のことを、今や誰が思い出すであろう？　一〇五九人の「フランス解放勲章保持者《コンパニオン・ド・ラ・リベラシオン》」の中で女性はわずかに六人である！　もっとも女性の対独レジスタンス活動家たち自身が、評価されている協力の二次的で、些少な面を強調する傾向がある。「私は特別なことは何一つしておりません」というのが、マーガレット・ヴァイツやパウラ・シュヴァルツのインタビューを受けた女性たちのいつもの言葉である。彼女たちの大部分は強制収容所に監禁された。それほどに、女性が自己を認め、自らの公的な役割を知らしめることは難しい。

もし、女性が完全に、たとえば、共産党員の地下組織の中で「真剣な」抵抗運動をしようとすれば、男性的になり、家族や界隈と関係を断ち、私生活やその外見まで――ニコル・ランベールは髪を切った――犠牲にしなければならない。それはまるで修道会に入るようであった、とアニー・ゲエノは言う。秘密結社と騎士修道会を混ぜ合わせる男性的な倫理の信奉。

無人地帯

しかしながら、これらの抑制された変化を男性は、とりわけ第一次世界大戦中、十分に体験したわけではない。かつて収容所に囚われの身となったことがないのに、塹壕《ざんごう》の戦争に閉じ込められ――血と泥の中で立ち往生しているありさまは男性的で勝ち誇った戦争の図像の笑うべき戯画である――、彼らは後退しているような気がする。ヴィーラ・ブリテンの婚約者は「野蛮人」の状態に追いやられるのを嘆く。彼らから遠く離れて女性が公的空間や責任ある地位、より大きな可動性を獲得する一方、彼らは戦争を引退のように、公的および私的な無力のように感じている。彼らは、銃後で彼らの公務や職業の秘密を見抜いているこうした女性たちにだまされ、侵害され、打倒されることをひどく恐れている。彼らは自分を子どものように看護するこうした女性たちに支配され、占有されることを心配している。彼らは野戦病院でのこの小児化、彼女たちの目にむき出しになった身体、傷められ、取り扱われる身体の屈辱を怖れている。彼らにとって、看護婦は奴隷というより女主人であり、哀願する女というより女王である。――ヘミングウェイの『武器よさらば』のキャサリン・バークリーのように。一九一八年の〈赤十字〉のアメリカのあるポスターには、ひどく小さな担架に固定されたミニチュアの男性を揺すってあやしている巨人のような看護婦が描かれている。「世界で最も偉大な母」、新しい様式の「悲しみの聖母像《ピエタ》」。また別のポスターには、物静かな、優雅なたたずまいで、窓辺に立ち、軍隊行進をしている男たちに向かって「行け《ゴー》!」と言っている女たちが描かれる。まるで、邪《よこしま》にも、前線のほうに彼らを追い立てるかのように。現実の去勢、比喩的な去勢のテーマが戦中・戦後の文学につきまとうが、サンドラ・ギルバートが暗示に富む方法で研究している。(12)

彼女は同様に、これら異なる性別の世界の中で、非常に異なった印象――かなり豊富にあるレスビアン文学で、女性にあっては穏やかで、むしろ陽気であり、しばしば男性なしの世界の理想郷《ユートピア》が表現され（シャーロット・パーキンズ・ギルマン〔一八六〇―一九三五年。アメリカの女性社会改革論者、女性解放論者〕『ハーランド Herland』、一九一五年(13)）、一方、男性にあってはより緊張し、攻撃的で、女性蔑視である――を与える同性愛的態度がどのように展開するかを明らかにする。軍隊での友愛は、戦後、しばしば敵意に満ちた女性解放反対論をはぐくむ。女性のほうでは、服従にうってつけの卑屈な罪悪感が生じる。

戦後――専業主婦、兵士の休息

ともあれ、戦争により開かれた突破口は、平和が戻ると、特に労働と私的な役割に関してたちまちふさがれる。公共の領域では事態はもっと微妙である。女性への投票権の付与は合衆国、イギリス、ドイツでは第一次世界大戦後に行なわれ、第二次大戦後はフランスおよびイタリアである。しかし、それは女性の政治生活への真の到達を伴うものではない。まったくその反対である。女性は、その公民精神の名のもとに国家の復興と再建の鍵と宣言された、私的領域へ帰される。

したがって、第二次大戦後のイギリスに関してドゥニーズ・リレイがその力を指摘した政治的演説の過度の女性化が生じる。これは、抑揚は異なっているものの、西ヨーロッパのどの国にも存在する。ワイマール共和国では未亡人が激増し（一九一八年には六〇万人）、彼女たちのために入念に練られる救済措置は英雄の後継者の名で行なわれる。女性の私生活の管理はしばしば疑《うたぐ》り深い（カレン・ハウゼン）。他方、家庭は、何にもまして出生率、子どもの教育、完全雇用に腐心する社会政策の中心にあるから、女性に対する考え方はまさしく手段としてである。女性は女性として対象になることは決してなく、母親としてである。これは一九五〇年代の合衆国でも同様である。ソーニャ・ミシェルは戦後の真の主題たる子どもの重要性がいかに女性にとって、心理学と精神分析という武器に基づいた強迫的な義務感となったかを強調する。アンナ・フロイトとドロシー・バーリンガムは家庭の母の信奉者たちに、戦争の破滅的な経験で裏打ちされた一連の精神病理学的正当化を提供した。収容所で虐待される子どもや、戦争による孤児たちが呼び起こす感動(『ドイツ零年』のような映画の衝撃が思い出される)が、安らぎと救済の場である再び見出された家族という基本単位の強化のために決定的な影響を与えた。

家族というこの固い核が発展を阻害する。ジェイン・ジェンソンは国土解放のフランスに関してそれを明らかにする。女性がついに市民として、そして原則的に労働者として認められたのに、家族法は変わらない。家長が相変わらず、〈ナポレオン法典〉に基づいて、主人として君臨する。左派の言説はこの矛盾の名残をとどめている。たとえば、フランソワ・ビーはフランス共和党に賛成しながらも、女性の就労権や母子保護の必要性を主張する。「母-子ども」の総体が分離できないものとみなされ、その個々の構成要素の分散の可能性が考慮されることはない。家族は一つの単位として考察され、民主的な闘いが場合によっては起こりうる場としてではない。家族は依然、社会の基軸、経済の調整軸(女性に働くことを思いとどまらせるような給料と家族手当て)、そして道徳の要《かなめ》のままである。

女性としての務めに直面し、彼女たちはしばしばその意に反して——さまざまな調査が、仕事を持ちつづけたいという欲求をあちこちで報告している——、仕事において獲得した地位を放棄せざるをえない。これは第一次世界大戦後のフランスで顕著である。工場の再建のおかげで、しばしば「便乗者」と非難された女性は、家庭に戻ることをほとんど命令される。第三次産業のしだいに強まる女性進出も、失った職を補うものではない。第二次大戦後の合衆国で同じ状況が見られる。管理は戦前の性別による分業に戻るよう務める。女性たちは、組合加入率がかなり高く、平等の名の下に闘う。彼女たちは労働の権利を要求し、否定的なものであれ、肯定的なものであれ、いかなる保護措置も、差別も拒絶する。彼女たちは両性の区別よりもむしろ、階級の一体性実現を目ざす。だが、彼女たちは成功しない。大半の考えが、女性間でさえも、「親密な関係の強い影響力」（R・セネット）を切望するからである。

女性至上主義(14)

自分たちの役割に対する女性の同意の問題は、相変わらず、枢要である。この見地からすれば、一九三八年以前に生まれたドイツ女性を対象にして、彼女たちの記憶や戦争認識についてベルリンとハノーファーで行なった、アンヌ＝マリー・トレガーの調査は非常に興味深い。彼女たちの大部分が特別に自己分析せずに、国家社会主義に与《くみ》した。彼女たちは強制収容所について知らなかったと言い、自分に責任があると認めることを拒み、最初は自分は犠牲者であると考える。彼女たちのための戦争？　まず何よりも、爆撃とそのぞっとさせる美しさ。何か自然の大災害のようなもの、その終結さえ気象の何らかの変化と同列に置かれる。宿命に支配されたこの表象が歴史にとりわけ欠けている。

また別のやり方で行なったハリウッドの「女性向け映画 women's films」——女性の観客の間で圧倒的人気を博した——に関するアンドラ・S・ウォルシュの研究は、メディアを通じての作品の成功はメッセージと受信者の間のある種の一致を意味するものではあるが、伝統的な家庭の理想の変わらぬ支持であることを明らかにする。これらの映画は私生活をその主要な舞台とし、家庭の主役たちをそのお気に入りの俳優とする。夫や息子たちの無頓着により深刻な状況に追いやられた母親、仕事と私的な欲求の板挟みになった女性、伴侶に対する不信に襲われた妻……ベティ・デイヴィス、ジョーン・クロフォード、あるいはキャサリン・ヘプバーンの演じるこうした女性たちが、正常な状態での平和の回復により強調されるハッピーエンドの、非常に順応主義的なこれら家庭映画のヒロインである。女性はそこで、ほとんどの場合、「積極的なヒロイン」であり——この観点で、アメリカ映画の有名な女性蔑視は敗北している——、彼女たちの献身と犠牲が男性の利己主義や不誠実で危うくなった均衡を回復する。北フランスの中産階級女性の「家庭小説 domestic novel」が連想されるが、ボニー・スミスがまったく類似のその機能を探った。(15)この「家庭のフェミニズム」を唯一つ乱すのは、筋立ての推進者として女性に与えた位置にある。女性の読者にとってと同様、女性の観客にとって、そこに一体化の原理があり、その好評は性別による役割に関してかなり強度な順応主義を示唆する。一九六三年、アメリカ・フェミニズムの最初の理論的宣言書の一つである著書の中でベティ・フリーダンが決然と反対の立場を取るのは、この「女性至上主義 feminine mystique」に対してである。シモーヌ・ド・ボーヴォワールの『第二の性』は一九四九年のものであることを指摘しておこう。いずれにしても、これらの理論的分析がより大規模な運動に具現されるにはまだ歳月が必要であろう。

私的な領域に築かれた女性の社会的影響力の主題は繰り返し現れる。今日、合衆国ではたとえばジーン・ベトケ・エルシュタインの著書『公的な男性、私的な女性』[16]のような著作や、アメリカのある大きな雑誌により一九八三年のすぐれた女性となったカロル・ギリガン[17]の論文の魅力を通して、この主題が認められる。

戦争と両性の関係

結局、この見方からすれば——細かい点は別として——革新的な一九七〇年代、八〇年代まで、理論上、また現実にはなおいっそう、男性／女性の関係は本質的に変化しなかった[18]。

戦争はこの関係に対し、多様で、相矛盾した影響を及ぼした。ときには、兆しが見えている変化を加速した。ときには、反対に、変化を押し戻した。前者の場合では、前述のように戦争の後で発布された投票権。戦争は、昔からのフェミニズムの要求を、変質させながらも、成功させた。フランスでと同様、イギリスで、参政権を求める女性の闘いは、スティーヴン・ハウズが明らかにしたように[19]、激しかった。だが、戦争が終結させた。その途端に、休戦協定の後、女性への投票権の恵与は、とりわけ女性市民としての、あるいはレジスタンス活動家としての彼女たちの活動に対する報いとして現れ、彼女たちの闘争の成果としてではない。父権により感謝する娘たちに認められたこの評価は、女性参政権論者がもぎ取った投票権と同じ意味を持つものではない。たとえばフランスでは、それ以前の運動を完全に忘れて、この操行賞を授与したことを一般にド・ゴール将軍の功績とする。それに、どれほど重要であろうと、投票権の行使はだからといって、女性の政治生活、とりわけ、政権への参加を意味するものではない。

別の場合では、戦争はその前に明確に始まっていた進展を停止したり、抑制する。したがって、フランスでは、二〇世紀初頭に、経済的により自立し――労働力人口に占める女性の割合は、とりわけ、第三次産業において大きく増大する――、その身体と渇望においてより解放された、「新しい女性」[21]が現れはじめる。このことは多くの徴候から察知できる自らの退廃[20]と、獣のような群衆、女性の群衆の増大を不機嫌に観察する年老いたアダムに向かって前進するのは新しいエバである。この変化に対する強い認識が、潜在的で弱められた女性蔑視をかき立て、急増する女性解放反対の文学作品[22]の中で妄想になるまでに表現される。ゾラやバルベス、ミルボー、ダリアン〔ジョルジュ・ダリアン。一八六二―一九二一年。無政府主義的傾向を持ったジャーナリスト、作家〕、さらに多くの模倣者たちがこの系譜に連なる。この女性蔑視は、マリネッティが荒々しく、かつ、才気煥発に美術館、図書館、フェミニズム、そして女性を攻撃した、一九〇九年の『未来派宣言』で頂点に達する。「われわれは美術館、図書館を破壊し、道徳主義、フェミニズム、ならびに日和見主義で功利主義のあらゆる卑劣な行為と闘う。われわれは戦争――世界の唯一の衛生――、軍国主義、愛国心、無政府主義者たちの破壊的行動、命を奪う優れた思想、そして、女性への嫌悪を称揚する」[23]。戦争は、男性的なエネルギーを緊張させることで、結局のところ、復讐と最後の手段を提供する。そしておのおのの性にしかるべき行動をとらせる。その原理と領域において戦争は極度に保守的である。それは、なかんずくヴァージニア・ウルフが、特に『三ギニー』の中で代弁者となる、女性解放の平和論の論拠の一つである。

戦争は、わずかに開いていた、あるいは自らが開けた出口を閉じることでフラストレーションを引き起こす。したがって、戦争は男女両性間の緊張、それぞれの自覚を増大させる原因になる。つまるところ、戦争は将来のフェミニズムをかき立てる。

女性の身体は誰のものか──「初夜権」をめぐって

「隷属した身体」、M-V・ルイ『初夜権──一八六〇─一九三〇年のフランス』への序文（パリ、ラトリエ、一九九四年、八一─一三頁）

身体は権力関係そのものの中心にある。だが、女性の身体は直接的、典型的にそうである。彼女たちの外見、美しさ、形、服装、しぐさ、彼女たちの歩き方、見つめ方、話し方、笑い方（挑発する笑いは女性にふさわしくない、涙にくれる女性のほうが好まれる）は絶え間なく疑いをかけられる。疑いはこの世の脅威たる、彼女たちの性《セックス》にねらいをつける。彼女たちを、閉ざされ、監視された空間に閉じ込めることが、最良の解決策であろう。少なくとも、燃え上がる情熱の炎を覆い隠すベールで包んで。自由の身にある女性はすべて、危険な存在であり、同時に、危険な状態にいる。一方が他方を正当化する。彼女が不幸に見舞われるとすれば、それは自業自得である。

女性の身体は彼女たちのものではない。家庭にあっては、それは、男らしい強さで「所有する」義務のある夫のものであり、後になっては、完全に独占する子どもたちのものである。社会にあっては、それは「支配者」の所有物である。

隷属する女性は、意のままに侵入できる存在であった。封建制度は時間と階級の区別を確立した。領主は農奴の娘たちの処女性を享受する権利を持つ。この「初夜権」はヨーロッパの多数の国で種々の文献により証明されよう。金のない高級貴族にとっては身の代金支払いも可能であった。しきたりの真実性、こうした権利の存在について議論がなされているが、進行中の研究――たとえば、アラン・ブローのすでに予告されている著作――により、この奇妙な男女両性の関係の社会的構築が解明されよう。だが、そうした原則、さらには、そうした表象が存在したかもしれないということが意味深長であることに変わりはない。ジョルジュ・デュビイによれば、恋愛作法についてしだいに要求が大きくなる〈奥方《ダーム》〉を宮廷風恋愛が擁護するにしても、「宮廷の男は大半の平民の女を思いのままに追いまわして、手荒く望みをかなえることが許されていた」(1)。領主の屋敷では、娼婦や私生児、下女たちが、彼女たちに服従を強要する権利を認められた若者たちの欲望に無防備にさらされていた。そして〈宮廷〉の女性奉公人は通常、〈君主〉の気まぐれに対する性的予備要員であった(2)。

確かに、時代とともに、宗教的価値の内在化や礼儀作法の向上、自己への配慮を前提とする快楽の活用に結びついた恋愛感情の昂揚とともに、事態は変化した。だが、それはゆっくりと、不完全に、そして、社会階層に応じて偏ってであった。男らしさは、自然で、抑制できない男性の欲望の表現に基礎を置き、はけ口が必要である。一九世紀には、金銭ずくの売春は不可欠な健康管理とみなされ、規制するだけで十分である(3)。そして、農家の女中(モーパッサンを参照)なり、中産階級における子守を相手にすることは、ごく些細な不都合とみなされた。旧体制から受け継いだ依存形態である奉公人の身分は、身体の隷属の性格を強くとどめている(4)。一般に、広く女性の雇用部門である「サービス部門」は身体的雇用契約の観念を伴っている。あたかも、女性は、使用されるだけで、交換の相対的自由に到達する能力がなく、労働力しか売ることができなかったかのように。

自分の身体領域に女性がこのように根を張っていることが、彼女たちにとってたとえ労働者であれ、給与生活者となることの際立った困難さを理解する鍵の一つである。なぜならば、産業革命は当初、家族的範囲から作業場や工場へ拡大した隷属が拡張しただけで、無資格、雇用の不安定、さらに、性的依存の同じ性格を帯びた彼女たちに対し、変動をもたらさなかったからである。採用、昇進、ボーナスは男性の首脳陣や管理職の権限であり、彼らはそこから可能な楽しみのすべてを引き出すために特権を大いに活用しがちである。女性労働者が若く――一一、一二歳から二五歳――、みずみずしく、純潔で無防備なだけにいっそうである。

ところで一九世紀に、若い娘たちの隷属はむしろ悪化した。ル・シャプリエ法が同業組合幹事職や親方衆、さらに、職人たちが徐々に作り上げた保護のあらゆる形態を廃止したと同様、旧体制下では、誘惑された娘たちに誘惑者を捜査することを認めていた措置が撤発された。村の共同体には妊娠した娘を結婚させる準義務があった。もちろん、ますます移動するようになった男たちから十分に受け入れられはしなかったが。〈ナポレオン法典〉は父子関係の捜査を禁止することで、こうした男性を女性の非難から守った。父子関係の捜査があらためて許可されるのは二〇世紀初頭のことにすぎない。結果――自由貿易に適用されたリストの有名な表現を援用するならば、（いわゆる）開かれた鶏小屋の中の自由な狐、である。さらに、結婚によらない出生のグラフは、子どもの遺棄のそれとともに跳ね上がる。社会的権利のない無産者と同じく、女性、それも特に若い娘たちは、強者の搾取にさらされている。加えて、その強者が雇用者や工場長であれば、あらゆることが可能である。

若い娘たちのこの不当な搾取について、一九世紀は、労働者であれ、取るに足らない量として、彼女たちの苦しみに対する無理解、さらには軽視に応じて、遅ればせに認識したにすぎない。確かに、とりわけカトリック教徒の道徳家たちは、工場の反道徳性や彼らのいかがわしい雑居生活を告発する。それはたとえばルイ＝ルネ・ヴィレルメ博士の社会経済学や、調査の主要テーマである。だが、彼らは、獣のようだと決めつけて労働者の性行動《セクシュアリテ》を公然と非難はするが、雇用者たちの性行動を非難することは決してない。そして彼らは女性を犠牲者としてよりも、興奮させる存在として表象する。彼らが提案する解決策は男女の分離――すべてにおいて、また至るところでの男女両性の分離に腐心する時代の固定観念であり、リヨン地方の修道院‐工場で実施された――、あるいは、ジュール・シモンが熱心に擁護する在宅労働である。したがって、撤退、排除であり、最終的には保護する住居の中への閉じ込めである。労働運動はほとんど同様の考えをしている。だが、このように問題にされているのは女性の労働の権利であり、彼女たちの個人の自由である。

　しかしながら、世紀末頃、情勢が変わる。工場長、特に現場主任――苛酷な状況の同志でありながら裏切ることで憎まれる、これら「おべっか使い」、「資本の追従者」の好色は、労働者の新聞、特に北部フランスの社会主義新聞雑誌で繰り返し現れるテーマである。一八八五年から一八九〇年にかけて次々と生まれる『徒刑囚《フォルサ》』『徒刑囚の叫び《クリ・デュ・フォルサ》』『徒刑囚の復讐《ルヴァンシュ・デュ・フォルサ》』等の「悪弊の演壇」には、労働者階級の女性や若い娘たちの羞恥心の侵害に対する憤りが鳴り響く。これら「新たな領主」たちがわがものにするこの「初夜権」による名誉と尊厳に対する侵害。おそらく、この名称の中に政治的、社会的な想像の産物の部分が入り込んでもいよう。黎明期にある共和国は、女性に対するものも含めて、旧来の特権からの解放者、そうした特権の破壊者たる革命の命題の上に自らのアイデンティティを作り上げる。社会主義と労働運動はこうした表象の中に紛れ込む。資本家は「新たな封建君主」であり、その権力はいっそう有害である。つまり、工場は労働者を隷属状態に陥れ、若い娘たちの性を雇用者にゆだねる封地である。[5]

　しかしながら、そこに社会闘争のメタファーのみを見ることは慎まなければならない。おそらく、主題の類似性への確信が状況の荒々しさを隠す格好のベールとなったであろう。言説でしかないようなものをなぜ気にかけるのか？　すべては彼女たちの頭の中で、さらには彼女たちの幻想におぼれた欲望の中で起きるという口実で、法廷で強姦を否定するとともに、女性、とりわけ民衆の娘たちが犠牲になり、移動や都市化、産業化が初めのうちは伝統的な社会的絆を弱めることで増大させた現実の性的搾取を過小評価した。貧困化については大いに語られたが、性的側面の重要性が語られることはなかった。

　この主題に取り組んだ歴史的研究はほとんどない。性行動《セクシュアリテ》の歴史は長い間、触れてはならないものとされていた。女性に対し行使された暴力の歴史はなおいっそうである。男性はそれをほとんど知覚しない。彼らはそれを過小評価する傾向がある。女性は犠牲者よりもむしろ、肯定的なヒロイン、活動的で、反抗し、創造する女性に愛着を覚えた。さらに彼女たちは強姦や性的嫌がらせの分析よりも、出産の苦痛の分析のほうを好んだ。(6)

一方、原資料の取り扱いは容易ではない。裁判に関する記録文書がこの点で最も豊富である。だが、二重の意味で選別的である。一つには、それらはまず、実行され、確認された、そして、ほとんどいつも並外れた犯罪なり違反の明白さに根拠をおいているからである。平凡なものは、告訴がないために隠されたままでありつづける。次いで、裁判に訴えることは自分の権利の自覚と理解されることへの希望に基づく勇気を前提とするからである。そして、この行為は実際、一九世紀には、エリザベト・クラヴリ、ピエール・ラメゾンの研究が明らかにしたように、ジェヴォーダンの農村部にまで広がる。著者たちはそこに漸新的な個別化の兆しを見ている。(7) しかし、若い娘たちは、それでもなお、ほかの誰よりも裁判に訴えなかった。あえてそれをやる女性たちが反抗者であること、彼女たちの流儀でフェミニストであることを明確にするのは驚くにあたらない。アンヌ＝マリー・ソーンは第三共和政下の裁判関係資料の長期に及ぶ感動的な調査の結果、このような女性を多数見出した。(8) とは言っても、彼女たちは私的な、家庭の範囲内で反抗する。企業の中では、それはほとんど不可能である。危険にさらすものが彼女たちには十分、分かっている。あざけり、汚名、解雇、証拠提出の義務。誘惑された、あるいは、つきまとわれている若い娘の言葉は、立派な男性の言葉にはほとんど太刀打ちできない、彼がまさしく雇用者か職場の長だからである。それゆえ忍従した沈黙が隷属や日々の屈辱、気詰まり、不安、苦悶を包み、秘密を明かさぬままに失踪したり、自殺することさえある。この原初の沈黙が歴史家ばかりか一般市民の理解にとって障害となる。

マリー＝ヴィクトワール・ルイはこの二重の、鉛のマント（昔、拷問に使われた）のような精神的負担に穴をあけようとした。マルセル・カピイとともに、「女性の苦悩を白日の下にさらすことは目下のところ、彼女たちに有用な最善の方法である」と確信しているからにほかならない。彼女はきわめて多様な原資料を駆使した。言うまでもなく裁判資料、同様に議会資料、労働者に関するもの（新聞雑誌、ストライキの調査）、文学作品（モーパッサン、さらにレオン・フラピエ、ヴィクトル・マルグリットがこうした不公平に敏感であった)、最後に法律資料。「詐術による誘拐」の問題は、世紀の転換期に女性解放論者から懇願された法学者たちの関心をかき立てた。法学の学位論文と立法手段による介入が増加し、マリー＝ヴィクトワール・ルイがそれに当てた一章は特に興味深い。「初夜権」に女性の尊厳に対する侵害の意味を付与し、著者は通常の暴力を織り成す行為と言葉を追求した。誠実で、微妙な差異に目を配るその調査は、いかなる手がかりも、いかなる場所も、いかなる職業も無視してはいないが、その最も斬新な貢献は工場世界にかかわるものである。メロドラマ的な大げさな言葉も自己満足もなく、著者は、しばしば女性を共犯者や競争者に変える仕事での性的支配の思いもかけない結末を分析する。ハレムの専制主義は、競争相手に変わった犠牲者たちの同意に根拠を置く。だが、強要された同意は彼女たちの自由の補足的な否定である。著者は同性の沈黙の理由を明らかにする。さらに、彼女たちがしばしば引き金となったストライキの要求においてすぐさま二次的な位置に格下げになる、こうした「女性の面倒なこと」を過小評価する男性の暗黙の自己満足を説明する。著者は、女性が自分たち自身の母親から、避けられぬ宿命であると教えられたものを甘受することに慣れてしまった諦めを強調する。この受動性の中に、炯眼で不屈の女性マドレーヌ・ペルティエは女性の不幸の根幹を見た。この消極性が消えれば体制は崩壊しようと、直接行動に訴える労働組合運動のこの同調者は考えた。

しかしながら、世紀の転換期に女性たちは我慢できなくなる。自尊心に対する皆の熱望が全ヨーロッパの労働界を突き抜け、遠くロシアにまで達したが、ロシアでは「尊厳」と言われるストライキが増加する。(9) 労働者はののしり言葉や粗野な呼びかけ、〈君呼ばわり〉さえ拒絶する。彼らは礼儀作法をわきまえて遇されることを要求する。彼らは着替えのための衣裳戸棚と適切な便所を求める。彼らはもはや自分たちの娘や妻が触れられることを我慢しない。彼らの私生活に対するこうした侵害は、『ペナール親爺』が描いている、絶対自由主義的な感受性には耐えられないものとなる。一方、目覚ましい発展を遂げている(10)フェミニズムは、女性の身体の隷属を告発する。フロラ・トリスタンやジュリー・ドービエの後、マルグリット・デュラン、セヴリーヌ、マルセル・カピイ、アリヌ・ヴァレット等が報告書を作成し、抗議を増し、女性のすべての権利——民事上の権利、経済上の権利、政治的権利、性の権利さえも——のために全力を傾ける。立法上の結果はまだわずかであるが、それは広がる「ジェンダー意識」のしるしであり、方法である。

実際、ジェンダー意識はしだいに昂揚し、尊敬と清潔さを望み、幸福を渇望する民衆の女性をとらえる。アンヌ＝マリー・ソーンの論文によれば、私生活において。とりわけ女性のストライキを根拠として、マリー＝ヴィクトワール・ルイが明らかにしているように、彼女たちの労働生活において。女性のストライキでは賃金の要求はしばしば、労働時間、規律や尊厳への権利の問題ほど重要ではない。ジェンダー意識は長期間にわたる問題であるが、新しい世紀の夜明けに顕著になる。時代の反映——一九〇五年のリモージュの磁器製造人たちのストライキはそのねばり強さや激しさで〈バリケードが築かれ、一人がリムーザン地方の古い街で殺された〉〈ベル・エポック〉の最も有名な紛争の一つであり、ジョルジュ・クランシエは『黒パン』の題材としたが、このストライキはアヴィラン商会の製造主任、プノー某が女性労働者に対して行使していた初夜権に対する抵抗であった。この言葉が、ここでは、明確に使われ、状況は悲喜劇的な訴えの中で告発された。このときは、地方労働組合とＣＧＴ（労働総同盟）が女性労働者を支援する。新聞や代議士たちがこの慣行に言及し、それがかなり行き渡ったものであることが不意に明らかにされた。世論が抗議する。そして、経営者側は大いにためらった後で、ついにプノーを追放することになる。マリー＝ヴィクトワール・ルイはこの典型的な紛争を鋭く分析するが、歴史研究家たちと同様、労働組合運動は、後に、最も重要な点をぼかす傾向があった。それほど彼らは現実と、女性に対して行使される性的暴力の不当性を容易に認めることができなかった。

男女両性の関係史の主要な側面である、女性に対する男性の支配、不平等な力関係が、しばしば暴力で表される。文明の発展はこの支配をより巧妙で、より象徴的にすることで、廃止することなく後退させた。それにもかかわらず、直接的で率直な暴力、〈他者〉の身体、自分の所有であるこの身体を自由に使える権利を確信した、いつでも突発しうる激しい暴力が残存している。Ｍ－Ｖ・ルイのこの著作は類似した一例を提示する。ほかにも多くの事例があるにちがいない。根気よく作り上げられた均衡や調整が至るところで再検討されているように思われるこの激動する世紀末に、不平等の断層——男女両性の不平等やそのほかすべての不平等——が相も変わらず影響を及ぼしうる。まるで幸福、自由、愛、すべてを発見しなければならないかのように。

マリー＝ヴィクトワール・ルイのすぐれた著書は、夜の沈黙の暗闇がたえず脅かしている男女両性の関係史の影の一部を消し去るものである。

女性とその図像《イマージュ》、あるいは女性のまなざし

「女性とその図像《イマージュ》、あるいは女性のまなざし」、『女のイマージュ』ジョルジュ・デュビィ編、所収（パリ、プロン、一九九二年、一七五―一八〇頁）

女性の図像に対して、『女の歴史』（原題『西欧の女性の歴史』）の五巻は特別な位置を与え、次の問いに答えようとした。つまり、男性が（ほとんど男性ばかりがかかわるからである）女性について作り出した主要な――あるいは副次的な――表象はどのようなものか？　そしてそれらにどのような解釈を与えるべきなのか？　表象の標準は美しさの標準を、たとえそれを――実際、そうあってほしいが――消滅させないにしても、しのぐものであった。だが、本書（『女のイマージュ』）では反対に後者が優越している。表象と美しさが交差していることが事を単純にはしない。

それでは美しさとは何か？　スタンダールは欲望の空間を浮かび上がらせながら、「幸福を約束するもの」と言う。ある物体《オブジェ》なり、風景なり、調和のとれたものを凝視することで、われわれの中に呼び覚まされる安らぎや苦しみの感情。もっともこの調和はある一時代の規準に一致したものにすぎないであろう。まなざしは拘束されていると同時に専制的

だからである。それから自由になるには、「どうぞ目を閉じてください」とフロイトは言う。そしてレヴィナスによれば、「他者に出会う最良のやり方は、相手の目を見ないことである」。何しろ美しさは荒々しい力でもあるから。

この情熱の中心に女性がいる。世界の初まり以来、男性的なものと女性的なものを対立させる二元論の中で、美しさが女性に結びつけられる。ちょうど力が男性に結びつけられるように。〈女性〉は〈美しさ〉を具現する。つまり、〈美しさ〉は〈女性〉に具象化される。女性は、都市や家庭の飾りでなければならないように、天上とこの世の飾りである。力尽きた戦士に、へとへとになった狩人に、疲れはてた旅人に、過労に陥った経営者に、女性はほほえんだ顔（笑いは顔をゆがめる。したがって笑いは男性のもの、あるいは悪魔のものである）の穏やかな安らぎや、その涙の優しい露を差し出す。女性は奥深く秘められたひだを持った身体で安らぎを提供する。そのひだを明かすことは恥じらいの礼儀作法で厳密にコード化され、恋愛の技法《アルス・エロティカ》により、粗野なものにもなり洗練されたものともなる、快楽の源である。この恋愛の技法は文明を区別し、その発展自体が男性と女性の関係の一つの指標である。

女性の図像《イマージュ》は男性の夢や苦悶やあこがれを語りもし、暗示もする。神が女性を創造したのか？　造物神《デミウルゴス》たる芸術家は女性をずっと作り直しつづけている。繰り返しやかすかな記憶、微妙な変化や突然の断絶からできた、この際限のない壁画の中に、目を奪われた観客である歴史家は、コード化された言語の構造と新しい感性の表現がほとんど解きほぐせないほどに絡みあっている、永続するものと変化するものとを見つけようとする。だが、鏡の向こう側から映すことは可能であろうか？　こうした創造物、女性は、その図像化をどのように見、感じたのか？　それについてどう考えたのか？　押しつけられたり提案された規範に、彼女たちはどの程度まで自らを順応させ、また、どの程度までその規範から逃れようとしたのか？　身体の理想像や手の届かない衣服との自分の隔たりを彼女たちは苦しんだだろうか？　どのようにその規範を曲げ、横取りし、操り、享受し、あるいはまた覆そうと試みただろうか？　結局、彼女たちのまなざしの本性はどのようなものであったのか？　歴史のこの重要な側面について、われわれはほとんど知らない。われわれがほとんど探そうともしなかったからである。一般的に言って、図像の社会的利用についてあまり考えられなかった。

性別に立った利用に関してはさらに少ないか、まったくないと言えるほどであった。(1)

今となっては調査を始めることができないので、女性が自分たちの日常的な、あるいは理想化された表象に対して抱いた関心は、いくつかの痕跡で把握するだけである。たとえば、ここには、ある詩篇集の大文字に巧みに取り入れられた中世の女性写本職人の自画像がある。あちらには、フィレンツェのご婦人がたが、指定されようとする黒服に対して見せる抗議がある。またよそでは、外見の制約について国王に不満を申し立てる第三身分のご婦人がたの陳情書がある。「自然が女性に美しさを拒んだときは、しがない職人と持参金なしで結婚し、片田舎でやっとの思いで細々と暮らし、育てられる状態ではないのに子どもを産む。反対に美しく生まれていれば（……）、たちまち誘惑者の犠牲になる」(2)。ごく最近、女優のサンドリーヌ・ボネールは、ほかの若い女優たちと同じように演出家たちの女性蔑視に直面し、彼女たちと同様、個人としての表現の才能の権利を認めさせようと決意して、反抗する、「人々から見苦しいと思われようとも、それは大したことではない。観念的な像《イマージュ》であるよりも一個の人間であることがやはり重要なのだ」(3)。

女性にとって、観念的な像《イマージュ》はまず強い圧力となる。それは彼女たちを身体や服装の理想的な見本に直面させる。彼女たちに善と美を提示する。年齢や身分や社会的地位、あるいは既婚か未婚かによって、また、時と場所によって、どのような振る舞い、どのような服装をすべきか。女性には家族や隣人、あるいは世間のさぐるようなまなざしが重くのしかかる。もちろん、観念的な像《イマージュ》が持つこの支配力は、性的なやりとりや社会というショーにおける身体や美の位置に応じて、また、都市の視覚メディア化の程度によって、時代とともに変化する。鏡がほとんどなく、姿見が存在しなかった時代――ジョルジュ・サンドは一八〇八年、四歳のときにスペインのある王宮で初めて自分の全身を見た――、最下層の人々は不透明なガラスやよどんだ水の面でしか自分の姿を見ることができなかった時代には、この影響はおそらくきわめて少なかったであろう。共同洗濯場や泉にかかわりを持って暮らしている女性には知覚神経の特権があったのではないか？　そうであれば、顔を知覚するとはどういうことであったのか？　形象化された像《イマージュ》の世界はそれ自体で、現実から切り離され、真に想像領域にある、一つの宇宙――不可思議で遠方にあり、日常生活とつながりのない、他者たちの世界を構成していた。美しさは手の届かない無用の、さらには、恐ろしいものである。「鯖《さば》雲の空と白粉《おしろい》を塗る女は長くつづかぬ」、「美しい女、いばらの結婚」などなど、多くの農民のことわざが繰り返しているように。

一九世紀の激増に至るまでのさまざまな種類の図像《イマージュ》の増加——「図像崇拝をたたえる」とボードレールが言った——は、模範《モデル》と規準が最も単純で安定した形になろうとする傾向とアイデンティティを求める潜在的な動きを同時に増大させる、矛盾した結果をもたらした。絵画が何よりも宗教的世界や歴史的叙事詩を主題とした時代を過ぎ家庭的で打ち解けたものとなり、やがて写真が満たし、かき立てることになる肖像への嗜好が広がる一方で、女性のための雑誌のグラビアに並べられる流行《モード》やその至上命令が、多少なりとも喜びや不快感を感じながら、「真似せよ」「差異を際立たせよ」という号令に隷従する女性——その数はしだいに増加する——の生活のリズムを定める。「女性の服装は性にふさわしいものでなくてはならない。女性は頭のてっぺんから爪先まで女性でなくてはならない」[4]と啓蒙の時代にセバスティアン・メルシエは書いた。外見のこのような塑造は身体そのものにまで及び、身体は型どおりに細分化される。人相学は顔立ちを吟味し、手相術は手を注意深く眺める。気難しい人体計測法は、規準の勝利を象徴する〈美の女王〉の称号を熱望する女性たちにとって拷問の道具ともなる、理想的な身体測定値を確立する。これに〈ほっそりしている〉という理想が加わることは図像《イマージュ》の究極の罠を示すものであるが、細身の理想は食欲不振を生み出す。そしてこの食欲不振こそ女性の意気消沈が形となったものである。今や美しさを目ざす女性が自分自身の外観に対して抱く不安は増大する。風刺画が妥協しない女性や反抗的な女性を笑いものにするからいっそうである。「三色帽章を着けた共和制支持の女たちはぞっとするほど醜い」と、ある革命家が言った。政治結社《クラブ》で演説する女性、女性解放論者、女性教師、「女性の知識人」は必然的に嫌悪の念を催させる。醜いのではないかという恐れ、老《ふ》けて見えるのではないかという恐れが胸を締めつけられるような不安を生む。

だが、図像《イマージュ》は喜びの源泉でもある。つまり、形象化され、たたえられ、美しくされる快感。大聖堂のポーチに刻まれた聖母マリア、城館のフレスコ画やタピスリーのプチ・ポアンで描き出される貴婦人たち、美術館——ボードレールはそここそが女性にふさわしい唯一の場所であると書いた――の壁に掛かった絵の中のヒロインや普通の女性。同性の美しさを凝視する女性性が、男性に示す媚《こび》や誘惑の魅力に対してと同様に、その美に無関心であったはずはない。権力の巧妙な形である誘惑は今日、社会の行為者全体にまで広がり、何人かの社会学者が社会の「女性化」を語るほどである（ボードリヤール、マフソリを参照されたい）。ざわめきがたえず聞こえる女子修道院の作業室や香が焚かれた仮祭壇の陰でひっそりと行なわれた娘たちの教育や、ひどくつつましい階層の日常の実践のために、女性は非常に早くからさまざまな嗅覚や触覚を発達させたが、とりわけ、多彩に輝く織物の世界――リネン、布地、リボン、装身具、そして、一八世紀の農村の若い娘たちを夢みさせた綿布やインド更紗《さらさ》――を教えた。こうしたものを渇望し、貪欲に所有することは、欲望を抱く身体の官能性を表すものである。「私がどれほどかわいらしくなっていくだろうと考えると胸がどきどきしたものです。ピンを留めるたびに私の手は震えました」[5]と、恋の新しいゲームの巧妙な代弁者、マリヴォーが創造したマリアンヌ〔『マリアンヌの生涯』のヒロイン〕は語っている。自分の姿《イマージュ》を意識することは、それを管理し、さらに作り出したいという欲求を引き起こす。クァットロチェント〔一五世紀〕のフィレンツェの女性は彼女たちの奢侈好みを禁止する厳格な命令《オルドナンス》――重商主義者や道徳家の月並みなテーマ――に対し反乱を起こす。彼女たちはその命令を免れようと「豊富にある妙策」を積み重ね、請願書を提出する。そして、彼女たちのスポークスマンであるニコローザ・サヌーティを介してもったいぶって抗議する。「われわれは何としてでも、われわれから飾りや装身具を取り上げるものに反対する。これらはわれわれの美徳のしるしだからである」[6]。ヴェルチュガダン〔一六、一七世紀にスカートを膨らませるために使用した詰め物〕で膨らませたスカートの断固たる広がりは不倫の恋の果実を見事に覆い隠す役目を果たす。「女性はその服装で、ブルクハルトがルネサンス文化の決定的特徴とする自己創造に明らかなやり方で参加した」[7]と、彼女たちの側に立つ女性歴史研究者ダイアン・ヒューズは書く。それにクリスティーヌ・ド・ピザン〔一三六三頃―一四三〇年頃。ヴェネツィア生まれの女性詩人〕は自分自身のために美しくある権利を強調する。彼女は、一七世紀の静物画家クララ・ピーターズのように、その細密画の中に描写されている。クララ・ピーターズもゴブレットの丸ひだ装飾の七つに自分の顔を七度繰り返し描いている。[8] これは肖像を持つ権利に対する女性からの要求を表すものであるが、結局、非常に一般的な要求であり、一九世紀に増大する。

図像を修正するためには、それらを奪取することが必要であろう。女性による図像の獲得は、文字の獲得ほど知られておらず、また、カミーユ・クローデルの痛ましい話から判断すれば、なおいっそう困難であり、多くが今後、書かれるべきものとして残っている。新たな書物を構成する題材であり、ここではその断片を示すにとどめる。[9] 絵画、写真(長い間、二流の芸術とみなされ、より開かれていた)、とくに映画、広告の分野で、また、漫画(クレール・ブレテシェの見事な才能)においても、女性は内容の充実した前進を実現した。とはいえ、副次的なものである。それだけ、社会機構の惰性が大きく、女性の前進に対する抵抗が強いのである。したがって女性は自分たち自身の表象をほとんど修正しなかった。そして視覚芸術の世界は一般にまだ大きく男性の活動領域である。それでも道は開かれた。だが、その道は長く、女性がかくも長い間禁じられていた神聖な領域、〈創造〉の世界に到達するには多くの時間が必要であろう。そうすることで、これらの抑えつけられてきた声、これら異なった知覚、これらの別の体験、この異質なもの自体を加えることで、芸術が世界のすべての〈美〉を包含し、真に普遍的なものとなるために。

公的生活と私生活

「公的生活と私生活、そして男女両性の関係」、『公的生活／私生活』ジャック・シュヴァリエ編、所収（CURAPP［ピカルディー行政・政治研究大学センター］出版物、パリ、PUF、一九九五年、六五―七三頁）

マリー＝アントワネットが破廉恥な王妃であったとすれば、それはただ単に国王を裏切ったからではなく（宮廷ではほかの例もあったし、宮廷はそれほど上品ぶってはいなかった）、彼女が公的生活と私生活の関係について新しい見解を標榜したからでもある。一方で、この女性、しかも外国女性がフランス王国の政務に介入した。他方では、彼女は、自分の楽しみに時間を割き、親しい仲間を迎え、友情の喜びを味わうために、皆の視線から逃れた、自分自身の空間を持つことを要求した。「私室」あるいは田舎風別荘は、ヴェルサイユの風景の中に新しい生活様式への主張を刻み込むやり方であった。それはカンパン夫人の度を越した叱責を買った。「国王に家庭はないのです。王妃には小部屋も閨房もありません。これはいくら洞察してもしすぎることのない真実の一つです[1]」。一八世紀、「私生活 privacy」の形式と不可分の幸福の新しい考え方が[2]、イギリスの流行の影響を受けた、主として中産階級の中に現れる。これが、王政の中産階級化にまさに反対するカンパン夫人の怒りを引き起こす。閨房の使用は彼女の目には女性の堕落と映じる。[3]

公的生活／私生活――変化する境界

秘密（行為、しぐさ、空間……）の意味で私生活が、人類学者たち（たとえばバリントン・ムーア）によれば[4]常に存在したとしても、また、少なくともあらゆる文化にその痕跡が見られるにしても、その内容は時間、空間において際立って異なる。ノルベルト・エリアスは、ルネサンス以来、西欧社会が身体とその日常的機能とに対して距離を置くことで、どのように礼儀作法を作り上げてきたかを明らかにした。いかなるものであれ身体的近接を嫌悪するカフカが「僕は人々との共同生活には耐えることができない」とフェリーツェ・バウアーに書き送った手紙は、どれほど個人の分離が有効であったかを、過度に、示唆する。[5]

実際、一本の線というよりも、私生活は二つの境界により限定された領域である。一方に、自己の内奥、心の奥底の暗室、砦。もう一方に、一九世紀が、ヨーロッパの国々によって異なる理由と方法で、範囲の一貫性を与えようと努めた公的生活と私生活の領分。イギリスでは、経済的要因と商業社会が家庭と生産および労働の消費を区別するに至らせる。田舎風小別荘と工場の分離は日常空間にそれらの補完性を組み入れる。レオノール・ダヴィドフとキャサリン・ホールの研究は生活様式の空間構成を明らかにした。『私生活の歴史』の中で、一九世紀イギリスのモデルに割いた章（「楽しい家庭《スイート・ホーム》」）[6]で、ホールはマンチェスターの紡毛織物販売業者の家庭の三代にわたる居住の仕方の変遷、住居や男性／女性の役割、そしてそれらの表象に付随する変化を記述した。ボニー・スミスは北フランスの中産階級の女性について同様の手続きを踏んだ。[7]世紀の前半、（とりわけ織物の）工場主の妻は工場の内部にとどまり、しばしば、帳簿の一部をつけ、管理に目を配る。一八六〇年以降、家族企業は資本会社に道を譲る。やがて、経営者や工場長は工場の外に居住することになる。たとえば、ルーベ〔北フランス、リール北東の都市〕では、しばしば「城館《シャトー》」と呼ばれる豪勢な邸宅がパリ大通りに沿ってそびえ建つ。生産と家庭は以後、はっきりと区別される。一家の主婦は家中の人間、子どもたちや召使いを管理し、ほんのちょっとした細部にも意義を与える（たとえば裁縫）、非常に一貫した再生産の文化を構築する。北海の、カトリックと新教の二つの沿岸に、女性がその美徳を体現する労働と家庭という中産階級の規範が築かれる。

フランスでは、王政のより大きな比重と革命の経験から、政治的要因がいっそう重要である。公的生活と私生活の関係に関しては、革命の経験は決定的であったが、矛盾を含んでもいた。リン・ハントがそれを見事に明らかにしている。[8]もっともその短期的影響と長期的影響を区別しなければならない。さしあたり、私生活、それは選良の身勝手、要するに悪である。「私的な、あるいは、個人の利害」に、変化を阻害し、陰謀や策略を隠す疑いがかけられる。このことから、すべての市民に一段と増した監視が降りかかる。革命の「目」であろうとするマラーにとって、密告は神聖な義務である。公的な生活だけが身をささげるに値する。それはかつてルソーが夢みた透明性の原理に立つ。「もし私が自分の出生地を選ばねばならなかったとすれば、すべての市民が互いに知りあい」、良心に責任を持っているゆえに、「悪徳の難解な術策も美徳の謙遜も国民のまなざしと判断を逃れることはできなかったような国家を選んだことであろう」。このことは近接、隣人関係、日常性を前提とする。つまり、田舎の共和国の高潔なモデル。一新された時空世界の中で、革命の遂行者たちは身ぶりと、外界から内奥に向かうしぐさの教育法により、新しい人間を作り出そうと企てる。だが、この主意主義の、そして相対的に全体主義のこの企ては、手段のつまらない性格、とりわけ、〈法律〉より頑固な風習の抵抗に遭った（したがって〈旬日最後の日《デカディ》〉〔一〇日間単位で区切った最後の日。日曜日に代わる革命暦の休日〕が日曜日に取って代わることは決してなかったし、新しい暦が認められることもなかった）。

最も長期的に見れば、革命は〈啓蒙〉の遺産たる公的領域と私的領域の定義を強調し、家庭により高い価値を生じさせ、政治的男性と家庭の女性（それでもいわゆる女性市民）を対置することで性による役割を区別する。他方、令状なしに（一七九一年）、また夜間（一七九五年）捜索することが禁じられている住居の不可侵を宣言し、ミラボーによれば「自由の最後の隠れ家」である私信の保護のための措置を講じることで、革命は「私生活 privacy」の限界をくっきり描き出し、「人身保護法 habeas corpus」の萌芽を粗描する。あたかも、権力の増大した影響力によりかき立てられた相互作用の精巧な働きの中で、国家権力と個人の保護が対になって進むかのように。それに調停団の廃止を加えれば――「国家と個人の間には真空のみがあるべきである」とペティョンは言った――、〈都市〉の組織者たちを待っている政治的建設現場の広がりが見積もられる。

この荒廃した場でどのように社会的絆を再建すべきか？　その答えは明らかに多様であり、一九世紀の思想と政治的行動の豊かさを生み出す。国家と市民社会、共同体と個人の間の関係を定義することが主要な問題となるが、社会主義者と自由主義者が提案する解決策は同一ではない。しかしながら三つの特徴が、少なくとも形式に関しては、彼らを近づける。すなわち、個人に対する猜疑心、家庭へのほとんど普遍的な信頼、合理性の要因として公的生活と私生活の区別への関心、である。社会主義者たち――たとえばピエール・ルルー、ジョルジュ・サンドは、個人の孤独を社会という「身体」の一体性のますます強くなる意識を持った連帯と対置する。専制の要因であるその孤立に対し、自由主義者たちは社会的人間関係の向かい火を提案する（たとえばトクヴィル）。

根本的な規範化の決定機関である家庭の重要性については意見の一致が見られる。市民社会の原子として家庭は、「私的な利益」の管理者であり、その上手な切りまわしは国家の歩みにとってきわめて重要である。生産の根幹たる家庭は世襲財産の経済的働きと相続を保証する。再生産の核として家庭は子どもたちを生み出し、最初の社会化を施す。家系に責任を持ち、家庭はその純粋性と活力に気を配る。国家意識のるつぼとして家庭は象徴的価値と創建者の記憶を伝える。「良家」は国家の基礎である。それゆえ、国家が家庭に払う注意は増大し、最も管理されている貧困家庭が労働不能の場合は援助する。結局、家庭は、ヘーゲルが強調しているように（『法の哲学』、一八二一年）、個人と市民社会、国家の間の媒介である。その二重の性質により家庭は、公的生活と私生活の間のコミュニケーションを創始する。両者に属しているからである。

「領域」から両性へ

公的生活と私生活の区別は、一九世紀社会の政府中心主義と合理化の一形態である。おおまかに、「領域 sphères」は男女両性に対応するものと考えられ、役割、任務、空間の性による分割がこれほど推し進められたことはかってなかった。男性には政治がその中心にある公的生活。女性には、家庭と住居が中枢を形成する私生活。この点に関しては、革命家たちとその継承者たちの間に相違はほとんどない。「まさしく〈自然〉により女性が宿命として定められている私的な機能は社会の普遍的秩序に根拠を持つ」と一七九三年秋、アマールは述べた。「女性は家庭から出て政務に介入するようなことがあってはならない」。少なくとも「教養のある」女性のために、選挙権と完全な権利を持った女性市民としての身分を華々しく要求するコンドルセを例外として、ジャコバン派であれ、過激派であれ、革命の遂行者たちは女性に選挙権、さらには、発言権（女性の政治結社《クラブ》は一七九三年一一月に閉鎖される）、文章を書く権利を拒否する。教育計画はきわめて全般的に女性差別であり、学校教育を必要最小限なものに限定することで娘たちを錘《つむ》と糸車に結びつける。というのも娘は、その超えられない未来、つまり家庭への心構えについて責任のある母親に属しているからである。一八〇一年、シルヴァン・マレシャル――急進的なバブーフ主義者――は、その妄想の表れとも言うべき、「女性に読み書きを習うことを禁じる」法案を提出する。

一九世紀は女性の公務に対する無能力、とりわけ政治的無能力、および、彼女たちの生来の使命である家庭への適性の二重の言説を、その変形とともにくどくどと繰り返す。二つの大きな論拠がこの論理を確かなものにする、すなわち、自然と、社会的有用性である。トマス・ラクール（『性の製造』、一九九二年）(9)は、一八世紀以降、生物学と医学の飛躍的発展にともなって、それまで身体的よりもはるかに存在論的、文化的アイデンティティという観点から考えられたジェンダーの「性的側面の強調」がどのように行なわれたかを、最近、明らかにした。それ以降は、ジェンダーは性《セックス》になる。男性と女性はそれらの性《セックス》と同一視される。女性はその性に割り当てられ、その女性としての身体に引き寄せられ、とらわれてしまうほどにしっかり根を下ろす。性差のこの生物学化、ジェンダーのこの性的側面の強調は顕著な理論的、政治的結果を持つ。一方では、それらは新しい自己認識の萌芽を内に含んでいる。他方では、領域理論に基礎、自然主義的根拠を付与する。自分の身体や、母親としての、また、主婦としての再生産の役割に縛りつけられ、このアイデンティティそのものの名の下に政治的公民の資格を拒否された女性のこの馴化は、社会的有用性が結びついた、並行する言説に生物学的基盤を与える。

はるかに多く使われ、機能的観点からのものであり、また進歩主義的響きを持ったこの言説は、身体的根拠を要求しはしないが、社会全体の最大の利益のために両性の補完性の中での能力の調和のとれた活用を切望する。この言説は――ミシュレがその大物の一人である――、女性や、彼女たちの潜在能力、公共の利益のために結集することが必要な彼女たちの長所を喜んで称揚する。うわべはより近代的で平等主義であるこの言説は単純化するものでもある。女性の性質は活用することが重要な生来の資質の鍵であるという考え方を常に前提とするからである。それはまた、もっと巧妙に、性別のあるアイデンティティ存在の問題を提起するが、現代のフェミニストの考察はその歴史的な、また、文化的に構築された性格を明らかにした[10]。だが、社会的有用性の言説には実証性と称賛という計り知れない長所があった。こういうものとして、それは女性の心をとらえ、彼女たちの同意をかき立てた。それはミシェル・フーコーの言葉を例証するが、彼によれば、現代の統治は抑圧や否定と同じく、あるいはそれ以上に、説得に左右される。

多数の事例から、こうした原理がどれほど有効であり、日常生活を形成したかが示されよう。その中の二つを取り上げれば、空間の組織化と言葉の分配であり、これらは密接に結びついている。

空間と言葉

空間の性別化の一般的原則に、一九世紀は差別の政治的――および道徳的――関心を加える。一九世紀は加減され、調整された男女混成のみを好む。女性は権力の場から退出する。議会、裁判所、証券取引所はこの後、彼女たちには閉ざされるか、少なくとも、立ち入ることは困難である。フロラ・トリスタンがロンドンで、ジョルジュ・サンドがパリで下院に入るときは変装し、同伴者を伴ってである。政治訴訟は女性を排除する。女性の感動しやすさを口実にして重罪訴訟は女性を法廷の後部に閉じ込めようと、少なくとも、試みる。証券取引所は女性を締め出すが、とりわけ、第二帝政以降、投機売買することを禁じる。ヴァレスは、老女の相場師たちがその情熱から鉄柵にしがみついている、彼の目にはぶざまに映る光景を描き出す。王立(国立)図書館さえも、大部分の公共図書館と同様、男性の専用である。公共図書館は試験期間中は女性の小学校教師に当てられ、マクシム・デュ・カンはこの「処女の二週間」を面白がる。書物に近づくことには何か神聖で、男性的なものが残っている。同様に、女性は新聞の「最下欄の記事」や新聞小説を横目で見る。

社会的人間関係《ソシアビリテ》の場所についても事情は同じである。ドロシー・トムプソンは、一九世紀の三〇年代以降、どのように女性が、とりわけチャーティスト運動の影響の下に、イギリスの酒場《イン》や居酒屋《パブ》からしだいに姿を消し、やがて退いたかを明らかにした。チャーティスト運動は集会での女性の存在を排除する前に、彼女たちに沈黙を強いた。もっと後になって、また、程度は少ないにしても、フランスのカフェや居酒屋も同じ過程をたどる。ジャクリーヌ・ラルエットが論証したように、工業が盛んな地域であればあるほど、カフェや居酒屋は男性のものとなる。ブルターニュ地方のカフェは、一九世紀末に「身持ちのよい」女性がためらいがちに足を踏み入れるフランドルの大衆酒場より男女混合である。民衆的なカフェの文化は、中産階級のクラブあるいはサークルの文化(11)と同様、明らかに男性的である。しばしば閉鎖的な、だが、公的な内容を持ったこうした場所に——ここでは政治や時事問題が語られる——、女性の席はない。

女性には女性の場所がある。つまり、市場、共同洗濯場、店、後には〈百貨店〉である。だが、結局のところ、彼女たちを反対に迎え入れようと試みる教会以外に、本来の社会的人間関係《ソシアビリテ》の場所はほとんどない。信心の、あるいは、慈善の協会は決然として若い娘や、公共機関からいささか見捨てられた女性を募った。確かに、都市空間にいるすべての公衆が男性ではなく、女性も、それもますます多く、行き来する。多数の場所が男女混合であるか、中間的である。ごちゃまぜや競合の領域が存在する。ダンスホールのように、準備された出会いの場所もある。だが、空間の性別による区別ならびに非混合は、工場やオフィスの出口でと同様、学校で実施される組織化の主要な構想である。

住宅は確かに女性の場であるが、まったく同様に、家族の場でもあり、複雑な境界が通行と部屋の配置を調整する。主人と召使い、親と子どもたち、夫と妻がすれ違う。公／私の関係がすべり込む。ハーバーマスが中産階級の「公開」の震央とした客間《サロン》は(12)、家族が食事する食堂、いわんや夫婦関係や親密な関係が展開する寝室とは区別される。結局、一九世紀の間、中産階級の住宅は終始、男性のほうを重視する。書斎、玉突き室、喫煙室は、まるで女性の遍在から逃れなければならないかのように、彼らの領分を鮮明にする。それに対し女性のほうは、とりわけ仕事や文章を書くための固有の場所をほとんど持たない。それゆえ、知的活動の条件である「自分の部屋」を持つことをヴァージニア・ウルフは要求する。家庭の住宅、特に中産階級の住宅は、その建築者は造物神《デミウルゴス》であり、公的生活と私生活の、男性と女性の変化する関係を表現する複雑な仕掛けと支配力の合流点となることを、モニク・エレブの研究が明らかにする(13)。

公的生活と私生活の組織化は、ミシェル・フーコーが権力のテクノロジーの中でその重要性を強調した空間装置を経る(14)。それらを検討すればしたがってただちに示唆され、暗示されよう。だが、より複雑な――少なくとも一見したところ、より精神的であるから――別の例を挙げることができよう。たとえば、女性の言葉(15)。女性の声は、口承性が優位にある伝統的社会の表現、調整方法である。女性のひっきりなしのささやきが、音を弱めて、日常生活の伴奏をする。それは、伝達と管理、交換と風聞、といった多様な機能を果たすが、集団および非公式の状況の私的な領域に属し、むしろ、そのうわさや行きすぎが恐れられるおしゃべりである。「扉越しにぺちゃぺちゃしゃべるのが聞こえてくる、あのおしゃべりな女たちは口をつぐむことがないのだろうか?」(ジョルジュ・サンド)。おしゃべりの無益さが、否認の陰険な形としての沈黙を願わせる(16)。それゆえ、才女気取り《プレシューズ》のご婦人や、〈啓蒙時代〉のヨーロッパのサロンの常連たち――パリからベルリンまで、デファン夫人〔一六九七―一七八〇年。サロンを開き、百科全書派らを集める〕からラーヘル・ファルンハーゲンまで――は、会話術、平等主義の言葉で社交界を所有しようとするこの形式を自在に操ろうと努力する(17)。スタール夫人は生涯を通じてこれを愛惜することになる。

女性に拒絶されているのは公的な言葉である。二重の、つまり市民としての、そして宗教上の禁止が重くのしかかる。ピタゴラスと聖パウロはほとんど同じことを言っている、「女性は会合では口をつぐんでいるように」(『コリント人への書簡』)。女性は預言することはできたが、福音を説くことはできなかった、神の仲介者になることはできたが、その僕《しもべ》にはなれなかった。異端の亀裂なり新教の信仰復興が必要である。女性による伝道の機会はサン＝シモン主義を特徴づけるものでもある。だが、それは常に、亀裂や周辺からほとばしり出た、不法侵入の言葉である。たとえ異端であろうとも、権力は女性の言葉をひどく恐れるからである。権力は急いで女性を黙らせた。秩序を回復する、それは女性に沈黙を課すこと。革命が国民公会の演壇から女性市民を追い払うことで、政治結社《クラブ》を閉鎖することで、そして、ローマ共和国から着想を得、勝ち誇る男らしさの印《しるし》を刻み込まれた雄弁術を創始することで、行なうのはまさにこれである。女性の代弁者は必然的にその場にふさわしくなかった。

一九世紀は注意を倍加する。会話までもがかつてその力と魅力となっていたものを取り除かれる。一家の主婦が客人たちを相手にきわめて重大な主題をも、差別なく取り上げていた啓蒙時代のサロンは終わった。これ以後、政治は客間《サロン》で論じられるにはまじめにすぎる問題となった。そう言ったのはギゾーである。[18]「申し分ない」女性は政治を語らない。それは場違いで、育ちが悪い。したがって、いくつか有名な文学サロンが残りはするが、政治サロンははるかにまれであり、そこでも、ガンベッタの助言に従ってアルコナティ＝ヴィスコンティ伯爵夫人がやったように、女性は排除される。

何度か交渉が開始されたにもかかわらず、社会主義と労働運動は女性を登壇させようと気にかけることはほとんどない。アーデルハイト・ポップは『ある女性労働者の青春』[19](一九〇九年)の中で、特別に女性蔑視の強いオーストリア社会党に入り込むことがいかに時間を要し、困難なことであったかを語っている。彼女は最後には労働者の集会で演説家にのし上がるが、対話者たちの興味を大いにそそらずにはいなかった。シュタイアーマルクの炭鉱夫たちは彼女をオーストリア皇女と想像し、織工たちは彼女が間違いなく女装した男性であると言った。「なぜって、男だけがあのように話せるからさ」。紋切り型の判断はこれほどに根強い。

突破口がよそで生じた。一方で、言葉を操る職業の側から。ジャンヌ・ショヴァンが弁護士の職に就き、弁論を実践する（法律が必要であった。一八九九年六月三〇日）ことが新時代を開いた。他方、フェミニズムは第三共和政下で、とりわけ会議による真の討論術であった。会議は女性の公的な言葉の予備教育に効果的な役割を果たした。

そのほかの変化が公的生活と私生活とのかかわりの中で両性の地位に影響を与える。一般的に、私生活が再評価され、それとともに風紀の力と女性の力が再評価された。慈善の場への参加を懇願されるだけにいっそう、彼女たちは、政治的なことからの排斥をますます不合理なものと思わせる「社会的母性」をそこで発揮した。二つの戦争とほとんど半世紀に及ぶ闘いが投票権の獲得に必要であろう。そしておそらく、実質的な平等の実現のためには数十年が必要であろう。

公的生活と私生活の有機的結合は民主主義社会の主要問題の一つである。それは日常生活と同様、政治理論の中心にある。性差と交差することはその働きを見抜き、その移動を把握する一つのやり方である。

アイデンティティ、平等、差異

「アイデンティティ、平等、差異――〈歴史〉のまなざし」、第四回世界女性会議連絡調整代表団『社会科学の見地に立った女性の立場、アイデンティティならびに平等の争点』エレーヌ・ジスロ、アニー・ラブリ＝ルカペ編、所収（パリ、エフェジア、〈発見〉叢書、一九九五年、三九―五六頁）

われわれのシンポジウムの対象になるこの三つの言葉は選択肢ではない。論述の便宜上、これを区別することがあるにしても、それはいささか人為的であり、一緒に把握されるべきである。「両性のアイデンティティとその差異は相方との関連で考えられてきた。この相互依存が、哲学的研究の出発点となりえよう」とジュヌヴィエーヴ・フレスは書いている［フレス、一九九一年、二一一頁］〔巻末原注に付された文献一覧参照。以下同様〕。歴史学もこの方針を援用することができよう。これらの三つの言葉を結びつけているのは、要するに、「性差の社会的、文化的構築」と定義された「ジェンダー gender」の概念である。アメリカで生まれ、今日しばしば再検討されているこの概念は、かなりの柔軟性を正当化する翻訳することの難しさにもかかわらず、いやむしろ、その難しさのせいで、女性に関するフランスの歴史的研究に浸透した。われわれにとってこのことが意味するのは、いわゆる女性史の意義は、性差の分析、解体――と言ってもいいが――、もう一方の性との関係の中にあるということにほかならない。思考と文化の範疇であるジェンダーは性《セックス》と構成要素に先行し［ハーティグ、ケイル、ルーシュ、一九九一年］、身体は根本的与件ではない、と考える研究者は多い。身体には歴史がある。ミシェル・フーコー［一九七六・一九八四年］、さらに、最近ではトマス・ラクール［一九九二年］が明らかにしたように、身体は権力の表象であり、場である。そして、アイデンティティもそれ以上には、最終的に確立されていない。それは「文化的差異の表明プロセスの」原因ではなく、「不安定で、これを限りに保証されてはいない結果」［スコット、一九九四年、二九頁］である。しばしば、あるいはときおり、性のアイデンティティの差異の究極の解釈であろうとする精神分析は、この差異自体により生じた学問である。(1)「共有、境界、対立、構成／破壊／再構成」等の概念は、この分析において、アイデンティティを示すものとみなされる特性の探知よりも根本的であるとわれわれには思われる。

さらに次の二点がきわめて重要であると私は思う。

［一］たとえば、平等に関して、理論と実践の突き合わせ。この見地から、私は、表象――あるいは現実と言ってもよいが――に少なくとも二つのレベルを区別することに固執する。

［二］権力の問題は、両性の関係にかかわることであれば、たとえその関係が唯一の権力だけに限られなくても、容易には避けられない。思考、社会、歴史の主要な組織者として男性優位の問題は、確かに厄介を引き起こすが、それはいくつかの理由からである。まず、分析の範疇の転移――それによって生じるすべての単純化を伴った、階級に代わる性――の危険性。次に、われわれはあらゆる非進化論を拒否し、性差――ジェンダー――をたえず再構築しているのに、一つの不変の要素に頼る危険性。「歴史の水平線で見渡す限り、目に入るものは男性優位ばかりである」と、われわれは『女の歴史』〔原題『西欧の女性の歴史』〕［一九九〇―九二年］の序文で書いた。われわれは、たとえば母権制理論を拒絶し、それが一九世紀イデオロギーによりいかに編み出されたかを明らかにした［ジョルグディ、一九九〇年、四

七七—四九三頁］。私はこの考え方を変えるつもりはない。もっとよく考えてのことであろう、反対意見が出された。すなわち、

［一］もし思考が根本的に男性により支配されているのであれば、女性は自分たち自身の抑圧を考えることも、自分たちの歴史を書くこともできない［ブルデュー（デュビィ、ペロー、一九九三年）六六頁］。女性の自立した表現を見分けるために、女性の言葉を読むことができる——そうすべきである——と、当然のことながら主張するモナ・オズーフにより最近、論駁された視点［オズーフ、一九九五年］。

［二］権力しかないわけではない。『アナール』誌に発表した共著論文［ドーファン他、一九八六年三—四月］でわれわれが主張したように、文化はただ単に権力関係の産物ではない。この発言は何人かの女性民族学研究者の強い反響を呼んだが[2]、実際、こうしたすべては議論に値する。

これらの全般的なパラダイムはわれわれに提示されている三つの言葉に基づくあらゆる考察ないしは研究を条件づける、と私には思われる。このような探求にあって歴史研究者たちがどれほど別の専門分野に依存しているか、もう一度、述べておくことが必要である。彼らがその恩恵にあずかっているのは、性差が日常茶飯事である人類学、女性に関する場合は不可分の「仕事‐家庭」の関係を非常に早い時期に明らかにした社会学、われわれを想像の世界に導く文学、女性の図像《イマージュ》の理解のために肝要な美学、等である。対象たる「女性」は必然的に複数であり、多様な形をとり、多分野の専門領域にわたる。それはわれわれの関心を引く分野での研究の発展を妨げる主要な障害となっている、大学組織内のあまりに強い知の伝統的な区分を解体させる。この制度上の見地に立てば、われわれは一〇年来、あまり進展していない（トゥールーズでのシンポジウム、一九八二年一二月。国立科学研究センター、「女性」研究部会、一九八三—八九年）。ここに、われわれがこうして一堂に会する意義があり、われわれは状況の重要性を判断し、われわれの存在をはっきり示すことができよう。この領域でわれわれを結びつけているものは、意見の対立——当然であり、また有益な——がどれほどであれ、われわれを引き離しているものより強いと私には思われる。

したがって、われわれに提案されている方針に応じてみよう。そのテーマは、フーガのモティーフのように、呼応しあい、絡みあっている。私は主として近・現代史に言及しよう。

アイデンティティについて

これまで最も頻繁に取り組まれ、最も多彩であるのはおそらくアイデンティティのテーマである。「男性的特性《マスキュラン》／女性的特性《フェミナン》」の定義は、ある時期には、自らが科学のまなざしであると主張する医学的言説におけると同様、哲学的、宗教的、倫理的思考においてしばしば——常にではない——根幹をなすからである。これらの側面は多くの研究を生じさせ、たとえば、『女の歴史』の随所で見られる。この点で最も革新的な著作の一つは、アメリカのトマス・ラクールの著書『性の製造』〔ラクール、一九九〇年〕である。ミシェル・フーコーおよびその『性の歴史』を範としたこの著書は、ガレノス〔一三〇頃—二〇一年。ギリシャの医学者〕の伝統にもかかわらず、肉体的というよりはるかに存在論的、文化的なアイデンティティの観点からそのときまで考えられていたジェンダーの「性的側面の強調」が、一八世紀以来、生物学と医学の飛躍的発展とともに、どのように行なわれたかを明らかにする。それ以後、〈御《み》言葉〉が肉体となるように、ジェンダーは性《セックス》になる。「男性 hommes」と「女性 femmes」はそれらの性に同一視される。とりわけ、女性はそこに割りふられ、囚人となるほどに女性の身体に繋ぎ留められる。ここでジェンダーと性差の生物学化と性的側面の強調が認められる。この変化の理論的、政治的影響は顕著である。一方で、それは自己認識の新しい方法、特に精神分析（男根／子宮の対置。欠如、空洞という言葉で女性であること《フェミニテ》の定義づけ。大きな対立を正当化する「小さな差異」）の萌芽を内に含んでいる。他方で、男女両性と同一視された領域——公的な領域と私的な領域——の理論に自然主義的基盤、土台を与える。この理論により、思想家や政治家は一九世紀の社会を合理的に組織しようと試みる。自分の身体や、母親として、また主婦としての再生産の役割に縛りつけられ、このアイデンティティそのもののゆえに政治的市民権から締め出された女性のこの順応は、社会的合目的性が並行し、付随した言説に、生物学的基盤を付与する。

性《セックス》によりジェンダーをこのように覆うことは、近代性の中心にある「性の関係の生‐政治（ビオ・ポリティク）」を創始する。あらゆる政治的再編成は性的アイデンティティの再定義を伴う。この点で、ナショナリズムと国家の設立は経験が豊富である。いくつかの例が言及されよう。エレニ・ヴァリカス［一九九一年］は、一九世紀にギリシャ国家がいかに、性の分化と、「荒々しい西欧化と外国の風俗の流行に対する抵抗の特別の形態」としての女性の隔離に支えられていたかを明らかにした。リタ・タルマン［一九八二年］とクローディア・クーンツ［一九八九年］はナチズムに対する類似した論拠を示した。もっと穏やかではあるものの、油断のならない形で、ヴィシー政権は女性《フェミニテ》であることを当てにする。国家主義的大改革が女性‐母親に向かって体系的政策を発展させ、家族の名において投票権を与えることを奨励さえする［エック、一九九二年］。今日の非妥協的保守主義であり国家主義であるイスラム教は、世界の至るところで、女性の隔離を基本原理としている。肉欲の誘惑による不安に取りつかれた初期教会の教父たちが四世紀に修道女に課したベール、旧弊なベールは、不可能な監禁の代替物である。公的な空間で、それは男性の所有地たる女性の、不可欠な囲いを強調する。イラン、アルジェリア、あるいはアフガニスタンでの今日の紛争の激しさは争点の強さを示唆する。それゆえに、政教分離の限界がどうであれ、それもまた素早く性差を道徳的次元の問題とし、はるかに多くの自由を提供する。(3) だからといって完全にそれを許すことはできないであろう。〈共和国〉はフランスにおいて、とりわけ政治的領域で強くアイデンティティを示した。〈マリアンヌ〉は実質的な締め出しの象徴的な昇華である［アギュロン、一九七九年、一九八九年］

一般的に言えば、戦争は、特に国家規模のもの（もっとも現代の戦争は常にそうであるが）は、この「戦争文化」の受取人のアイデンティティを示す動員の機会であり、この文化に関する研究が最近、増加した。第一次世界大戦についてしばしば主張されたように、戦争は両性の平等に貢献するにはほど遠く、おのおのの役割の厳密な定義をさらに強固にし、その混同は退廃と同一視された。したがって、男性の軟弱さが一八七〇年の戦争敗北の原因の一つとしてしばしば引き合いに出され、女性の男性化が一九一四年の敗北の一要因として持ち出された。一九一四年の戦争は男性を前線に赴かせ、女性を銃後で、彼らに置き換えたが、純粋に代理人、補助者としての役割を与えることで、世界の秩序を回復させた。

第一次世界大戦に関するハーヴァードでのシンポジウム［ヒゴネット、一九八七年］、フランソワーズ・テボーの研究［一九八六年、一九九二年］は、そのときまで女性が入ることのなかった場所（たとえば、冶金の大工場）や職業（路面電車の運転手……）への出現を投影する見かけにだまされてはならないことを明らかにした。

ひとたび戦争が終結するや、代行者たちは家庭へ戻るよう懇願される。アイデンティティのこの一時的な混乱がそれでもなお引き起す結果の問題は別の次元のものである。

性のアイデンティティの社会的用途の記録簿もまた提出される。フランスについてはアンヌ・マルタン＝フュジエ［一九八三年］とボニー・スミス［一九八一年］、ドイツについてはウーテ・フレーヴェルト［一九八六年］、ヴィクトリア時代のイギリスについてはレオノーラ・ダヴィドフ、キャサリン・ホール［一九八七年］、アメリカについてはキャロル・スミス＝ローゼンバーグ［一九八六年］、イタリアについてはミッケラ・デ・ジョルジオ、ギリシャについてはエレニ・ヴァリカス［一九八八年］の研究から、中産階級の女性が社会的有用性を強調し、女性のアイデンティティをいかに構築したか、が明らかになった。一家の主婦、「家庭の天使」が、家の、「家庭 home」のアイデンティティを支配する。ヴェブレンが世紀初頭以来、その表象の機能を見抜いた貴族的な気品を備えた「有閑階級」の女性は、それらが由来する宮廷作法と同じように厳格な礼儀作法と社交界の規則に従う［スミス、一九八一年］。強制的な流行は、衣服はもとより体形、肌のきめまで、外見を指図し、外見はしだいに内在化する。食欲不振を引き起こし、今日では、トップモデル崇拝に凝縮した痩身を保つ義務、美しさの強要が、ドゥニーズ・ベルヌッツィ・ド・サン・タンナや、女性の身体の形成に関するサンドラ・バートキーの非常にフーコー的な研究で解読された［ベルヌッツィ・ド・サン・タンナ、一九九四年、P・ペロー、一九八一年、バートキー、一九九〇年］。

労働者階級については、そのアイデンティティの構築は男らしさのモードで行なわれた、つまり、物質的生産の重視と、価値のマルクス主義理論で存在しないものと見なされた再生産の家事の隠蔽。男らしい強い職業、たとえば鉱夫、冶金工、土工。女性は潜在的な観衆でしかない、きわめて肉体的なスポーツ――サッカー、ラグビー、ボクシング――への熱狂と、陸上競技の名選手の祝賀。プロレタリア軍の男性的兵士として戦士の賛美、階級闘争に適用された軍隊のメタファーである、武力闘争としての革命のイメージ、等。鉄、火、勲章の金属、犠牲の血が、必要不可欠の主婦の美徳を称賛する労働者階級の象徴である。エリック・ホブズボウムは、アンジェイ・ワイダの映画『大理石の男』で頂点に達する労働者階級の象徴体系の男性化が一九世紀の最後の三分の一の時代にどのようになされたかを明らかにした〔ホブズボウム、一九七八年、M・ペロー、一九七六年〕。全般的に言って、社会的に支配を受ける階級は自分たちのアイデンティティを、男らしさと女性の服従という手段で再度明確に示す傾向がある。それはポピュリズムの恒常的な特性――ポピュリズムが大衆的であろうとするだけにいっそう油断のならない特性である。

性差を強調することは権力の一つの形であり、性同一視への不安〔フレス、一九八九年〕は、自分たちに割り当てられたところから出ようとする女性の試みにほとんど常に対抗する、男性のアイデンティティの危険の中心にある。西欧フェミニズムの顕著な飛躍に結びついた二〇世紀初頭の試みは特に強烈であった。アンヌリーズ・モーグはそのフランスの側面を、ジャック・ル・リデは、カール・クラウス〔一八七四―一九三六年。オーストリアの作家〕、オットー・ヴァイニンガー〔一八八〇―一九〇三年。オーストリアの思想家。女性蔑視論を展開〕の周囲の、ゲルマン的広がりを明らかにした〔モーグ、一九八七年、ル・リデ、一九八二年、一九九〇年〕。後者は、自殺する直前に遺言のように発表した『性と性格』（一九〇三年）で、社会の思考と組織の断固たる基礎として男性的《マスキュラン》特性と女性的《フェミナン》特性の序列の力を再度明確に示しながら、性《セックス》から切り離され、文化により形成されたジェンダーの古典的定義を復活させようと試みる。一方、マリネッティの『未来派宣言』（一九〇九年）は「道徳主義、フェミニズムを攻撃し」（この二つの古典的組合わせに注目されたい）、「世界を浄化する唯一のもの、戦争を称揚する」よう促す。

このアイデンティティに関する研究の最後の――だが最小ではない――側面。女性自身、およびフェミニズムは、押しつけられた定義に対してどのような立場に立ったか？　先駆者であるこれらの「例外的な」女性は境界を移動させ、女性であること《フェミニテ》に重くのしかかる疑惑――その性の縄張りからはみ出している彼女たちは真に女性であるのか？――に個々に常に立ち向かわざるをえなかった。一九世紀の女性作家の場合はこの点で典型的であり〔プランテ、一九八九年〕、とりわけ、ジョルジュ・サンドの例が、まさしくそのためらいのゆえに典型である。フロベールが「第三の性」であるかもしれないという可能性を示しながら、一九世紀の「ただ一人の偉人」であったと言うこの女性はためらう。あるときは女性であること《フェミニテ》、さらに、自らの幸福とも誇りともし、そこに全女性の拠点、宿命を見る母であること《マテルニテ》を主張した……。またあるときは、結婚制度で確固たるものにされた女性の隷従を告発し、断固として拒絶した。結婚は家父長制のしるしであり、彼女の目には、政治的市民権の入手を現状では不可能にしていると映じ、一八四八年、女性たちが彼女に申し出た立候補を容赦なく拒絶した。サンドは性《セックス》を容認するが、しばしばその相違は否定した。「一つの性しかないのです。男性と女性、それはあまりに同一なものだから、このことに関して社会がむさぼってきた山ほどの区別や巧妙な論証はほとんど理解できないものです」〔フロベールへの手紙、一八六七年一月一五日付〕。だが、彼女の時代が定義したようなジェンダーは拒否した。彼女は個人の選択の自由を要求するが、ジェンダー意識に耳を傾けなかった。彼女がそれに異議を唱えていたからである。(4)

「ジェンダー意識 conscience de genre」。この概念は、「われわれ、女性 nous les femmes」という言い方で表現される、社会的立場と宿命が類似しているという感情を表現するために、一九世紀のギリシャ女性に関してエレニ・ヴァリカスが特に提唱した。これは熱烈に平等を目ざすフェミニズムの前触れとなりうると同様、乗り越えられない相違の受容を彼女たちに植えつけるかもしれない〔ヴァリカス、一九八八年〕。実際、この「ジェンダー意識」は、ジャンヌ・ドロワンやユベルティーヌ・オークレールが参政権要求を支援するためにほとんど同じ言葉を使っているが、結局「大きな家政」でしかない国家の病気の治療薬であり、社会の酵母である家庭の管理者として、さらに人々の救済として、女性の優越性の考えにしばしば関連づけられる。女性のサン＝シモン主義者たちは、ボニー・スミスが記述したキリスト教の女性、あるいは贖罪の母性の提唱者ルイーズ・コップといった女性と同様、ときにこの言葉を使った。[5] この点でフェミニズムは分裂している。極端な男らしさ——マドレーヌ・ペルティエは一人の女性であるという不幸を嘆き、「女性の男性化」[6]の宣伝者になる——から、極端な女らしさまで変動する。この女らしさは母親であることになりえ（ルイーズ・コップを参照されたい。今日ではアントワネット・フーク）、独身、さらには、男性優位に対する究極の盾である処女《ヴィルジニテ》であること（アリア・リーを参照のこと）[7]、そして／あるいは、同性愛。なぜ、男性間であれ女性間であれ、同性愛がその元来の力を力強い同一性の表明に見出すか、よく理解できる。「異性愛の解放のテーマがしばしば男性と女性の役割の非差異化に結びついている一方、同性愛の解放は男性のアイデンティティの非常に厳密な定義の段階を経る」とミカエル・ポラクは書いている［ポラク、一九八二年］。同性愛がきわめて頻繁に男性中心と考えられなかったならば、彼は「女性の」と言うこともできたであろう。

これらの同一性戦略はときに非常に拘束力を持っていることが明らかになり、主体性の表明を困難にする。「われわれ」のただ中でどうして「わたしは」と言うことができよう？ 同一性の中にどうして差異を主張することができよう？ それがまさしく、サンドの、ヴァージニア・ウルフの、あるいは、シモーヌ・ド・ボーヴォワールの問題であった。

だが、この「ジェンダー意識」は不平等の分析に到達することもできる——実際に到達した——。それは、彼女たちの特殊性の名のもとに女性として代表されるという権利を根拠とした、アングロサクソンの市民権要求を正当化する。ジョン・スチュアート・ミル、ヘレン・テーラー、フォーセット夫人が展開する議論である［ロザンヴァロン、一九九二年］。

それゆえ、アイデンティティの問題は、平等と差異の問題——緊密に関連した——と交差するが、時間がないので、より簡潔に論じることにしたい。

両性の平等と性差について

性差は、人類学者のまなざしには、社会の組織原理として現れている。クロード・レヴィ＝ストロースやフランソワーズ・エリティエの著作はこの点で必須である。後者は、三年前、「性差」について開催された連続講演の一環として、ボブール〔ポンピドゥー・センター〕で行なった説明を、「性差のない社会は想像もつかない」という、単純な命題で締めくくった。クロード・レヴィ＝ストロースにとって、この差異は思考それ自体に固有なものであり、象徴体系と言語のカテゴリーを管理する認識機構である。このことから、言語の解体、たとえば、ジョーン・W・スコットの有名な「言語論的転回 linguistic turn」に、アメリカのフェミニストの何人かが抱いている関心が理解できる。

この差異は必然的に不平等になるのか？　原則として、否。だが、現実には人類学者と歴史学者たちは肯定で結論づける。彼らの探究は、空間に関するものであれ、時間のものであれ、その土地固有であれ、外来であれ、男性優位だけを明らかにする。価値体系と表象体系の支配。実践とそれらの分類――理念的なものと現実――のより複雑な支配。女性歴史学者のほうは、原始母権制の命題を無視して、権力を持った女性（たとえばアマゾン〔ギリシャ神話。好戦的な伝説上の女人族。アマゾネス〕）の古代神話を解体する。

四つの領域を歴史的に分析することができよう。実際、かなりの程度、分析された。第一に、不平等の、時代、論拠、表象の分析。あるときは、率直で、全面的な断言。神が欲し、〈自然〉が課した自明の理の確固とした、加えて、家庭と社会の機能に必要な断言。神、〈自然〉、そして〈社会〉、まさにこれが性差の〈三位一体〉である。またあるときは、ベールで隠して表明される。近代にあっては、生物学と、すでに見たように、社会的有用性の二重の論拠に基づく。あるいは、同時代の、より「情にもろく soft」、補完性、あるいは「差異の中の平等」のライトモティーフの、少々牧歌的な穏やかさがときおり現れる共感性言説に包まれる。「差異の中の平等」は一九世紀のパリからアテネに至る民主主義者にとって重要である。つまり、ミシュレから、『ギリシャの女』（一八六六年）と題する作品でこの幸せな完全性を礼賛するグリゴリアス・パパドプロスまで。後者はこの書物の中で、教養ある女性市民と「聡明な伴侶」を生み出すことのできる、新しい教育の擁護者となるが、これは一八八〇年、フランスに女子中等教育の基礎を築くカミーユ・セー法の報告者たちが望むことである。言葉と対話が重視されるであろう夫婦の交換の新しい形態への配慮は、ミシュレの願望のように、ほとんどの場合、聴罪司祭に代わって秘密を打ち明けられるただ一人の相手となった夫による妻の吸収となる、「融合の愛」で頂点に達する。夫婦の近代化はかなり強くアイデンティティを示す性の補完性の表象に基礎を置く。

第二の研究群——不平等を組織する実践の分析。ここでは〈法〉の際立った重要性が強調されよう。ヤン・トマは、方法論のモデルとなる研究〔『女の歴史』第一巻、一〇三—一五九頁〕で、この点で〈ローマ法〉がどのように作用したかを詳細に明らかにした。旧体制《アンシャンレジーム》の慣習を最近、ジョジアーヌ・ムテが見直したが、その研究はこれまでのところ未刊である。現代の性的不平等のバイブルである〈民法典〉は多数の研究の対象になった〔アルノー＝デュック『女の歴史』第四巻、八七—一二〇頁、テリー、ビエ、一九八九年〕。

それは女性およびフェミニストたちの法律的感覚と、裁判所への個人的な訴え〔クラヴリ、ラメゾン、一九八二年〕ならびに集団での法律への訴え、あるいは法律闘争の頻度を明らかにする。三月八日〔国際婦人デー〕の一日に社会問題省が実施した世論調査の結果を信頼すれば、この感覚は少々鈍ったように見える。質問を受けた女性の六パーセントが、新しい法律の採決に「男性／女性」のよりよい組織化の鍵を見ているのに対し、八〇パーセント近くが「ものの見方の変化」を引き合いに出す。法律の非有効性と、〈権利〉と現状の間に持続する隔たりを前にしてのある種の失望を、おそらくは、示す指標であろう。

したがって、こうした状況が入念に解読されるべきであり、部門なり事例の調査がここで非常に有効であることが分かる。特別に大きな意味を持ち、歴史学者と同じく社会学者からもかなり詳細に調査されているものとして、私は性による分業、教育、売春に言及しよう。

性による分業については、特に産業、のみならずサービス部門に関する量的な（たとえば、性差を引き起こすものとしての人口調査の批判的検証）研究と、包括的な、あるいは部門別の質的な研究が多数ある。使用人、看護婦、女性教師が多数の個別研究の対象となった。最近の学位論文で、デルフィーヌ・ガルディ［一九九五年］は、同一の仕事に従事する男性と女性の身分、昇進、職業上の行動を体系的に比較し、ジェンダーのふるいにかけて「二〇世紀の事務職員社会」を分析した。これらの研究から、威光においても給与においてもほとんど常に過小評価されている、いわゆる「女性にふさわしい」職業の形成メカニズムがよりよく理解される。獲得された技能を隠す、「生まれつきの」資質、つまり習得されたものでないと思われるゆえに報酬の少ない、資質が提起する油断のならない問題。すべての職業の原則的な開放にもかかわらず、少数の職業への女性の集中。若い女性が、自分たちの前途にある困難事をしばしば見越してたちまち野心を抑えることで、職業訓練のレベルと実現の間に存続する隔たり［デュリュ＝ベラ、一九八九年］。昔も今も、女性に関しては、たとえ彼女たちが完全な権利を持って給与生活者になることは既成事実であるにしても、仕事と家庭を分離することは不可能に思われる。他方、象徴的要素がよりいっそう考慮されるに至る。それほど、イメージとコミュニケーションの現代社会では、威光、見かけ《ルック》、区別、自己表現の要素が大きな意味を持つ。最小限言えることは、こうした見地に立てば、男性的特性《ル・マスキュラン》と女性的特性《ル・フェミナン》の関係は依然、識別できる。

第三の考察軸。彼女たちの日常生活を織り上げ、女性が立ち向かわねばならなかった不平等を前にした女性の（そして男性の）――個人と集団の――態度はどのようなものであったか？「並外れた」女性と同様、ありふれた女性の、その全経歴であれ、生涯の一部分であれ、さらには、ひと時の状況であれ、瞬時であれ、伝記的取り組みをすることで、女性が抵抗する力、あるいは、自分が主体であることを明確にし、自らの人生を選択する権利を要求したいという彼女たちの願望を理解できよう。アンヌ＝マリー・ソーンが集めたような、自伝や口述調査の物語、裁判の記録文書が明かす人生の断片は、女性の避難所である閉じられた部屋、内面、心の奥底の扉を開ける。

集団のレベルで、多様性を持つフェミニズムは平等を求める闘争の非常に能動的な要因であった。それは、ミシェル・リオ＝サルセ、ローランス・クレマン、フロランス・ロシュフォール、クリスティーヌ・バール、フランソワーズ・ピックといった若い女性歴史学者により最近書かれた歴史の中で最も充実した章の一つである〔まもなくシルヴィ・シャプロンの研究が加わる〕(8)。彼女たちは記録保管所や図書館を丹念に調べ、書簡や、省略されてはいるが密度の高いプレスブックを詳細に検討することで、否認の油断のならない形態である記憶喪失にたえず脅かされている女性たち自らがしばしば忘れてしまう、当事者を復活させた。これらの研究の成果を受けて、今後は「フランスのフェミニズムの弱点」を語ることはもはやできないが、だからといって、その特殊性を否定するものではない。その代わりに、女性の、そしてフェミニズム論理構成における、「平等／差異」の主題の変化についてよく考えることが重要である。女性に関しては、モナ・オズーフがはっきりと描き出した一〇の肖像〔一九九五年〕が認識と見解の多様性を明らかにしている。フェミニズムに関しても事情は同じである。したがって、投票権に関して、女性として、その代表権を獲得するために差異を道具とするアングロサクソンのフェミニズムと、われわれの民主主義で機能する個人主義の論理に対してほとんど距離を置かないフランスのフェミニズムを対置させた〔ロザンヴァロン、一九九二年〕。一般的に反論を呼んではいるが、フランスの特異性に関するモナ・オズーフの最近の「試論」で堅固にされた説であり、いずれにしても、平等《パリテ》が要求の最先端にのし上がっている今、考察に値する。平等《パリテ》は、何を考慮してか？ 個人の公平？ それとも、性差？

最後の領域。これには特別な注意が必要である。不平等の境界の移動、日常的な事柄と同様、職業、創作のあらゆる部門における男女両性間の分担の不断の分解と再構築。男性の抵抗拠点あるいは女性の無関心のよどんだ水。家庭内のこと〔カウフマン、一九九二年〕から政治的なことまで、恋から宗教的なことまで、不透明の領域、権力の停滞に相応する堅い結晶体が存在する。よそのどこよりもフランスでは、政治的なこと——これもまた「フランスの特異性」である——は、性差により正当化を要求する不平等が長くつづく、難点の一つとなる——しばしば同意された差異。だが、この同意にどれほどの意義があるのか？〔マティウ、一九八五年〕。それは間違いなく皆に、だが、まさに両性の不平等の理由でとりわけ女性に提起される問題である。

最後に、一年間ボブールでわれわれが取り組んだ「性差」のテーマについてひと言、述べておきたい。〈ジェンダー〉

の論法における差異意識の、時、場所、手段……はいかなるものであったか？　歴史上の時代についてはすでに述べた。際立った差異化の情勢――危機、さらに戦争――とアイデンティティの非差異化に打ってつけの情勢がある。同様に、その形態がしばしば厳密に文化的である、アイデンティティ認識の強い実存的時期――たとえば青年期――が見分けられた。

フェミニズムもこうしたリズムを免れるわけにはいかず、差異化と同一視の二極の間をたえず揺れ動く。過去においてこういう事情であった。今日も事情は同じである。差異の明確な表明か？　それは七〇年代のラディカル・フェミニズムの武器、〈精神分析と政治 Psych et Po〉と、男性優位の恐るべき産物として事実は、「フェミニズム」の呼称さえその当時、はねつけたアントワネット・フークのそれの武器であった。それは――おそらく今もなお――レスビアンのフェミニズム、少なくとも、表明と公の承認の時期において、一般的に同性愛のフェミニズムの武器であった『女の歴史』第五巻、二四三―二七五頁』。とりわけイタリアでの八〇年代の文化学派フェミニズムは、フランスで文学創造（エレーヌ・シクスー、モニカ・ウィッティグ）と、リュス・イリガライの精神分析的研究で、かなり副次的にではあっても華々しく表現されたこの立場を広く模範としている。わが国ではこの傾向がおそらく一時的に弱まっているにしても、キャサリン・マッキノンといった女性の見解、あるいは『差異――フェミニスト教養科目ジャーナル』［コラン、一九九二年］のような出版物を通して、今日、合衆国でこの傾向への回帰が認められる。

非差異化のほうは？　それはバダンテールのような研究者――特に最近の著書［バダンテール、一九九〇年］で――、さらには、いかなるものであれ、コミュノタリスムの強制と同様、押しつけられたアイデンティティの陥穽を危惧し、性《セックス》の無限の遊戯とジェンダーの微妙なからみ合いを通して、個人の自由な歩みのほうを選ぶ人々（女性も男性も）の分析、未来の展望――そしておそらく願望――である。非差異化は、それに対する不安に貫かれる権力、特に権力を握る男性の危惧する不決断の中で生きることがおそらくより困難であり、正確に把握し、分類し、したがって、管理することがより困難であろう。

差異の表明、したがってアイデンティティを主張することは、個人にとってしばしば必要な武器である。だからといって、それは目標であるのか？　明らかにする必要がある。

したがって、これはわれわれの考察と討論を強化するものであろう。

対立のない歴史——モナ・オズーフ『女性の言葉』について

「対立のない歴史」(「女性たち——フランスの特異性?」『論争』誌、八七、一九九五年一一—一二月、一三〇—一三四頁)

モナ・オズーフの著書(『女性の言葉——フランスの特異性に関する試論』、ファイヤール、パリ、一九九五年)はいわば一大事件である。彼女ほどの名声と才能を持った歴史研究者が、非常にしばしば過小評価される「女性の言葉」を重要視し、ほとんど知られていなかった経験や人物について多くの読者に語ったこと、そしてそれを受けて『論争《ル・デバ》』誌が男女両性の関係の分野において、「フランスの特異性」についての討論を始めたことは、存在に関しても史料編纂のうえでも大いに喜ぶに値する。

この著書が惹起する討論がだからといってより容易なものになるわけではない。まず、内容においても、技法においても、非常に異なった二つの部分を一体化させるというより並置している書物の構造そのものの理由で。一方には、巧みに編まれた肖像画の花輪。鮮やかな色の、香りのいい花束のように、愛《め》でたくなる。他方には、より論争的なテクスト。実際、出版物の意気阻喪させるほどの大海の中からいささか恣意的に選ばれたその参考文献は、著者の論証よりも、根本的な確信を裏打ちするものである。「貴婦人たち」はもはや、比較のために引き合いに出される端役として現れるばかりである。もっとも、彼女たちの変遷から反対の論評を引き出し、彼女たちの公的のみならず私的な困難を強調し、もう一方の性に声をかける彼女たちの「婉曲な」（著者が特に好んでいる言葉）やり方が、フランス社会の柔軟性よりもむしろ遭遇する障害の高さに由来しはしないか、自問することができよう。一言で言えば、二つの部分の一貫性は明白でなく、第二部がまがいものである印象を与える原因になっている。なぜモナ・オズーフはこのアプローチとスタイルを選択したのか？　非常に特殊なものから非常に一般的なものへのこのあまりに危険な移行を？　あたかも、快楽の原則のほかに、女らしさ《フェミニテ》、あるいは少なくとも、そう呼んでいるものの不可欠なしるしがあるかのように、快く、また、心を乱す、優雅さのこの習慣を？　この本には、画家とそのモデルたちの混じりあった芳香でできた女性の香水が漂っている。

だが、この本の、少なくとも第二部の中心主題である「フランスの特異性」とはいったい何か？　最近の選挙戦に付随した「平等《パリテ》」（著者が異を唱える言葉と概念）のためのキャンペーンの後では、人間の権利の声高に叫ばれた普遍主義と、とりわけ政治の分野での非常に男性向きの考え方を対置する、きわめてフランス的な対照が自然に思い浮かべられよう。女性が初めて投票するには一九四五年——ちょうど五〇年前のことである——を待たねばならなかったではないか？そして、彼女たちの代表者は今日なお、立法権と執行権の二重のレベルでヨーロッパで最も低いものの一つ（最近の努力にもかかわらず）ではないか？　公民の資格の「最後尾」にあるフランスは、きわめて恒常的な女性解放の考察の中心にあった。(1)そして、急進的なフェミニストたちだけが普遍の欺瞞的な面を見せたのではない（三八六頁）。多様な傾向の準一体性を作り出したのは、反対に、一つの問題点である。

だが、モナ・オズーフはそのようには理解しない。彼女は反対に、この締め出しに、われわれの社会における両性の関係に特有の「混合」の補足的な証拠を見る。「女性参政権の領域での遅れを説明するものはフランスの考え方の急進主義であり、その保守性ではない」（三七七頁）。「フランスの特異性」は、男性と女性が維持する関係の性格と様式にある、つまり、対立よりも交換に、そして持続し均衡のとれた混合に基礎を置く、攻撃性のない関係。わが国では、正面からの衝突はなく、宮廷風の試合、「婉曲な」勝負、陽気に受け入れられる共有がある。主体的で他と区別するフェミニズムはない（あるいはほとんどない）。事実はかろうじて一つのフェミニズム。女性はほとんど要求しない。彼女たちは満足している。一方では、公的生活と私生活がよそ（たとえば、イギリス）に比べて分離していないままであり、より浸透性があるために、相対的に平等だからである。他方では、彼女たちは所有しているもの（権力ではないまでも、少なくとも、ミシュレが言うような「力」）で十分と思い、割り当てられた役割に同意するからである。したがって、彼女たちは公的なものを熱心には望まず、実際に投票権を目ざして必死の努力を傾けることはなかった。ユベルティーヌ・オークレールは、モナ・オズーフが発見してほとんど驚いている例外であり、その時代の傾向からあまりに孤立しているものの、卓越した肖像である。女性たちは補完的な女らしさを好み、それに満足する、そして私生活を幸福の真の場所とする。幸福、「私の唯一の関心事」と、シモーヌ・ド・ボーヴォワールは多くの女性と同じように言う。たとえば、多くのアンガジュマンを根拠づけることになる世の中の悲惨の認識の範たるサンドは、その社会問題を巡る不安の断続の中で、「私は幸せであるよう腐心している」と言った。シモーヌ・ヴェイユは、美的快楽がまれに侵害されるときを除いて、ほとんど常に。平等に関して、彼女たちはジェンダーの帰属よりも個人の社会的地位のほうを選ぶ。異性愛——規範——が、ほとんど人目を避けた同性愛以上に、彼女たちを形成する。(2)

「この奇妙な混合の理由は政治体制の側に探すべきである」とモナ・オズーフは記し、それに重層決定する役割を与えている。まず、宮廷社会、とりわけ、会話のルールの中で(3)ほとんど平等主義的な対話の形ができてくる啓蒙時代のサロンの、あの洗練された礼儀作法の遺産がある。ところで、スタール夫人が嘆いたサロンの消滅にもかかわらず、旧体制《アンシャンレジーム》のこの社会的人間関係《ソシアビリテ》の形式は一般に考えられている以上に存続し、それとともに、革命家たち、後にはギゾーや共和主義者たちが非難する女性の影響が持続した。フランス革命はその誇示してはばからない男らしさにもかかわらず、モナ・オズーフがその包括的な性格を強調する普遍性の中に平等の可能性を持ち込んだ。「両性の平等、あるいは単に両性間の関係の領域で、確かに、フランス革命は根底から変えた」（三五一頁）。間違いなく、革命は女性を締め出すことから始めるが、それは暫定的であり――「女性は、現状では」とシエイエスは、受動的市民に全体として属するものとしながら慎重に言った――、「いずれその日が来るだろう」という考えからである。その日、両性の平等のために、徐々に、だが確実に、尽力したのは共和国と公立学校〔宗教を教育方針としない〕の出現である。男子生徒と女子生徒が実際に分離されていることはさして問題ではない。重要なことは、カリキュラムの本質的な合同である（コレットの『気ままな生娘』が陽気に揶揄《やゆ》している家庭科は整合性がほとんどない）。庶民の娘たちが夢みる職業的アイデンティティ、小学校の先生という先駆的な姿、そして、現代の給与生活者の理想的夫婦の前衛、小学校の先生夫婦のそれ。したがって、女性にとって好機を増やすフランス風の共和主義的君主政、そして、より一般的に、民主化のあらゆる運動で活動中の未分化状態を際立たせる国家と個人主義がわが国の「特異性」の主たる要素であった。旧体制《アンシャンレジーム》の礼儀作法と共和主義的近代性の調和のとれた、そして平等を目ざす歩みの有効性を確信した女性たちの同意により強固にされた要約。この過程は両性の争いを引き起こすアメリカのアイデンティティの規範とほとんど一語ごとに対照をなす（少なくとも著者が対置させる）。モナ・オズーフはその争いの破壊的な急進性が、今のところ副次的な分化フェミニズムに乗じてわが国に入り込むことを危惧しているようである。

対立する二つの規範

モナ・オズーフの論証には強烈に心をとらえる魅力が欠けているのではない。それを総括すれば、論証の正しさが確信されよう。男女両性の関係の歴史性、関係に及ぼす政治の影響、一般に集団的アイデンティティと特にフェミニズム[4]の弱さを説明する要素として個人主義の影響が、関係の構成する力のグラフにおける確かな要素である。にもかかわらず、ほとんど一歩ごとに反論なしでは済まない。二つの対立する規範が、旧来の紋切り型と、その根底にあるフランス本土の意識を強化するにふさわしく、戯画的に提示される。つまり、カウボーイと、彼らに反抗する容赦のないボストンの女たちの、粗暴で男らしいアメリカに対置された、慇懃で、優しいフランス。それらの間には同等の扱いも年代学的一致もない。デファン夫人からシモーヌ・ド・ボーヴォワールまで隔たりはすでに相当であり、二人を鏡の同じ側に置くことは十分に大胆である。公爵夫人からマリリン・フレンチあるいはスーザン・ファルディまで、隔たりは気が遠くなるほどのものであり、対照は表面的で、論争的にすぎない。現代アメリカのフェミニズム（取り上げられるのはとりわけそれである）は限りなく複雑で、多様であり（著者は頁の下欄外でそのことを認めている）、ギリガン、ペイトマン、あるいはキャサリン・マッキノンからのものであれ、いくつかの脈絡のない引用に限定されるものではない。アメリカのフェミニズムには特有の論理がある。「差別的でない politically correct」ことをこけ脅しにした、徹底的に女性蔑視の保守主義によって大いに誇張され、現実の、あるいは、想定上のその攻撃性は、両性間の関係に結びつき、女性の身体がしばしば標的となる暴力の認識であると同時に、自衛でもある。女性を対象にした研究に関しては、量的にも（モナ・オズーフが取り組んだほとんどすべての問題に書架の棚が存在する！）、概念の上でも途方もなく多産であることが明らかになった。とりわけ、ジャック・デリダとミシェル・フーコーの道具箱から取り出して、しばしば反復的で、確かに議論の余地はあるものの、実り多く、従来の考えを一新するような、性差についての批判的思考（たとえば、有名なジェンダー gender）を展開した。問題提起のもう一つのやり方。

公と私の分担

権力という観点から進められたこの分析は、普通認識されるような政治を包含し、また超えている。それは公と私の、論証的かつ実践的な分担を吟味し、態度や行為の抑圧と生成を関連づけ、抵抗の個人的、集団的な、しばしばごく小さな形態について、さらに、行為者の一人が目覚め、あるいは反逆すれば不可欠な、同意のメカニズムについて考える。ジョルジュ・デュビィは宮廷風恋愛が恋愛感情の変化よりも、よそよそしい女性を誘惑するための術策に対応していることを明らかにした。民主主義の到来はなおいっそうの洗練を前提とする。一九世紀には二重の論拠が私生活への女性の適性を正当化する。つまり、彼女たちの生物学的本性という論拠(5)と、社会的有用性のそれである。一方には、慇懃《ギャラントリー》さ。「女性は、玉座にのせることを知らねばならない女奴隷である」と、辛辣な批評家であるバルザックは言う。もう一方には、彼女たちの使命の急務を称揚することが女性の重要性の感情をより強固にした。こうしたすべてにマキアヴェリズムはいささかもないが、妥協と対立に富んだ社会的相互作用の巧妙な駆け引きがある。

ところで、モナ・オズーフが語る楽しく面白い歴史は、対立のない、ほとんど行為者のいない歴史である。そこにはヒロインはいるが、重要な役割を果たした女性はいない、男性はもっといない。彼らがあれほど多くの鍵を占有している劇場に奇妙にも不在だからである。女性の依存の形態と締め出しの形態が述べつづけられるであろうが、それはほとんど面白みがないであろう。政治的締め出しはそれが長く続いていること、さらにその例外的な根強さのために、特別の注意に値しよう。なぜ男性はそれほどのエネルギーを使ってこの特権に執着するのか？　女性がしばしば撤退し、そのことに無関心になってしまうほどに。スヴェチーヌ夫人にあてた手紙でトクヴィルはそのことを遺憾に思う(6)。要するに、領域はフランスではアメリカにおけるほど分離してはいなかったが、別な形で分離していた。公的領域は同じように男性のものであり、私的領域は同じほどには女性のものでなかった。たとえば、家の中で、男たちが設備や家具さえも決定し、一九世紀には女たちよりはるかに広い自分の場所を所有していた(7)。そのうえ、社交界はほとんどモノセックスではないから、女性は友情や出会いのわずかな空間しか自由に使えなかった。この集団生活の欠如は、あらかじめの社会的人間関係《ソシアビリテ》を前提とするフェミニズムの形成を妨げる。しかしながら女性は、自分たちの場所を獲得するためにその武器を使って、自身の楽しみや有効な対抗する力を手に入れようと、自分たちに託されたり、残された空間を活用することができた。それは女性の現代の解放の歴史である。共和国と民主主義が貢献したことに反論する者はいないであろう。だが、始まった相互作用の中で民主主義が実質的に可能であるためには女性の途方もない努力が必要であった。

アルジェの議会が女性に参政権を認めることで選挙をやっと「普遍的」にするために一九四四年四月、ド・ゴール将軍は議会に断固とした圧力をかけながら、現代性と相容れないと彼が見なしている両大戦間の参政権論者たちの「騒ぎ」を考えていた（少なくとも彼は『回想録』の中でそう述べている）。ついでに、彼は彼女たちを忘却に追いやり、フランスのフェミニズムを、語り草になった「弱体」にした。女性はすべてを彼女たちの解放者に負っている——否認の一形態にすぎない古典的なイメージ。フェミニズムは確かに本書の目的ではなかった。しかしながら、その箇所に型にはまった考えが見られることは残念である。だが、そうした考えは若い女性歴史研究者たちによる最近の史料編纂の成果で払拭されることになるだろう。(8) 彼女たちは忘れられていた記録文書を丹念に調べ、豊富な出版物を詳細に検討して、フェミニストたちの抗議の早熟さや重要性、繰り返し、また、その表現方法の多様性、要求の広がりを明らかにした。さらに、女性たちの公の発言や、優雅さとは縁遠い集団的組織化の情景をうまく容認できない国で女性が発言することの困難さを明らかにした。女性の「優しさ」がフランスでは、よそと同様に——よそ以上に？　それは大いにありうる——国家の文化的特性にまで高められた、主要な美徳である。

おそらくここに、一部ではあれ本書の成功の理由がある。その固有の長所、見事に描かれ記述された魅力的な肖像画の美しさのほかに、本書は男性と女性が確執を越えて愛を語ることのできる、性的に平和を回復したフランスのイメージを堅固にする。

ミシェル・フーコーと女性の歴史

「ミシェル・フーコーと女性の歴史」、『フーコーの責任において』ジョルジュ・ポンピドゥー・センター、ミシェル・フーコー・センター編、所収（パリ、ポンピドゥー・センター出版、一九九七年、九五―一〇七頁）

一見したところ、女性の問題、さらに、性差の問題さえもミシェル・フーコーの初期の関心事ではない。『狂気の歴史』〔原題『古典主義時代における狂気の歴史』〕や『臨床医学の誕生』にこの点に関する言及はほとんどない。要するに彼はピエール・リヴィエールの母の境遇にほとんど関心がない。赤茶色の目をした親殺しが行なった自白に関する解説の中で、殺された母親については奇妙にもほとんど語られない。反対にルネ・アリオはこの事件を題材にした映画の中で母親に重要な位置を与えている。この点に関してフランソワ・シャトレから質問を受けたミシェル・フーコーは、母親は「まったく謎めいた人物」であると明言する。すべてが起こったのも彼女の周囲であるのに、彼女については何一つ知られていないからである。(1) ピエール・リヴィエールの母親は女性の謎を表しているのか？　いずれにせよ、この存在／不在がミシェル・フーコーの作品の中で女性の最初の出現を示しているのは興味深い。

もっとも、女性および性差に関する研究の非常に多くは、今日、ミシェル・フーコーを後ろ盾にしている。とりわけ、哲学が『ウィメンズ・スタディーズ』誌や『ジェンダー・スタディーズ』誌で読まれ、議論されるアメリカでそうである。アメリカのフェミニストたちはミシェル・フーコーの思考に、それをいかに利用できるか考えながら、多数の研究をささげた。もっともそれは歴史的研究よりも、哲学者や社会学者、あるいはフーコー的概念の操作の有効性について議論する政治学の専門家たちにより書かれた、理論的研究である。私はここで、書架のいくつもの棚をいっぱいにするほどの、これらの文献の総括をするつもりは少しもない。現代哲学者――ドゥルーズ、ガタリ、フーコー――と女性についての博士論文の口頭審査をフランスで最初に受けた女性の一人であるロジ・ブレドッティ(2)やサンドラ・バークティ、スーザン・ボルド、イレーヌ・ディアモン、ナンシー・ハートソック、ロイス・マック・ネイ（『フーコーとフェミニズム』、一九九二年）、カロリーヌ・ラマゾナグル（『フーコーに直面して』、一九九三年）、そして特にヤナ・サヴィッキ（『管理するフーコー――フェミニズム、権力、身体』、一九九一年）を挙げるにとどめよう。

最後に挙げたサヴィッキは、シンポジウム「フーコー、一〇年後に」で、主要な観点を非常に明快に総括し、私はそれを参照した(3)。ほとんどのフェミニストは、ジェンダーに対し正当な判断を拒むフーコーの男性中心主義を非難する。それは重大な障害であり、彼の思想全体に形相を与えていると考えるフェミニストたちがいる。彼女たちはそこに、行為者を軽んじ、女性がまさに主体化に到達しようとするときにそれを拒絶する、ポスト構造主義的思想のしるしを見る。おそらくは多数を占めるそのほかのフェミニストたちによれば、この位置づけにもかかわらず、ミシェル・フーコーは、たとえば権力、生-権力の標的および媒体としての性的な身体、抵抗の戦略、あるいは自己自身の諸技法についてのフェミニズム批判に有効な武器を提供した。彼女たちのすべてが彼の普遍主義批評を支持し、圧倒的多数が本質主義批判に与する。しかしながら、大部分は彼の性的アイデンティティ批判に従うことには躊躇する。ミシェル・フーコーが、彼には単純化するものに思われるこの次元の定義をことごとく拒絶したことは知られている。「人々が快楽を見出すのがこのアイデンティティを媒介としてであれば、われわれはアイデンティティを排除すべきではない。だが、このアイデンティティを普遍的な倫理規範と見なすべきではない」[4]（一九八四年四月）。「われわれは比類のない存在である」と、この自信にみちた個人主義者は死のほとんど直前に言う。彼との議論はおそらくこれらの概念をめぐって展開したであろう。ミシェル・フーコーがその感染に気づいていた「ゲイの癌」[5]としてまず現れたエイズはこの力学の中で無視できない役割を果たすかもしれない。永久に証明不可能な仮説。

それは正確に歴史的というよりも、理論的、政治的問題である。だが、それらが研究の場で作り出しうる刺激が容易に想像される。多数のアメリカの研究がフーコーの問題提起にならっている。例として、トマス・ラクールの見事な著作『性の製造――ギリシャ人からフロイトまでの身体とジェンダー』[6]（一九九〇年）を挙げよう。本書の主張はよく知られている。つまり、性差の表現は科学の恩恵によるところは少なく、ほとんど政治と文化のおかげである。それは近代性とともに変化した。一元論の見解（一六―一八世紀）――二つの異なった様相を持った一つのジェンダーしかない――から、二元論の見解――肉体的、精神的な強いアイデンティティを持つ、男性と女性の二つの性がある――に及んだ。生物学は、社会と世界の厳格な性分割を根拠づけようとする断固として自然主義的言説に論拠を提供する。これが社会的有用性の名において、公的、私的「領域」の範囲を限定し、女性を保護し、隠すべき存在、か弱く病気で、ヒステリー性の身体につなぎとめることを可能にする。[7]

彼自身の研究の自律性を正当に強調するトマス・ラクールはしばしばフーコーを引用するが、それはほとんど常にフーコーを正当化するためであり、ときに、批判するためである。フーコーと同様、彼は文化により形成された身体について歴史的な見方をする。おそらくフーコー以上に彼は、再生産の生理学の分野における発見の控えめな影響を強調する。そうした発見を医学的言説は科学以外の目的で適当に組み合わせる。「結局は、性差の言説の要点は事実の束縛を無視し、精神の働きと同じように自由のままである」。ミシェル・フーコーについて語るトマス・ラクールの共感を示すと同時に距離を置いた語り口は、エリザベート・バダンテールがその有効性を余すところなく明らかにした[8]アイデンティティの問題提起を大いに経験したアメリカの歴史研究に、フーコーが及ぼした影響を示すよい見本である。

だが、ミシェル・フーコー自身について、事情はどうか？　性差、そして場合によっては女性を考慮する領域でのその歩みはいかなるものであったか？　著作を一瞥すると同様に、『発言と著述』〔邦訳『ミシェル・フーコー思考集成』筑摩書房〕を通して視野の変化を把握できよう。この常に現代的問題を対象とする歴史家にあってはいつものように、二つのカテゴリーの要因が結びつき、新たな「問題設定」の出現を助長する、つまり、ジャーナリストとして（哲学は一種の急進的《ラディカル》ジャーナリズムである）[9]主張する人間にとって主要な、現在に結びついた要因。ミシェル・フーコーの著作の中で最もプログラム化された、『狂気の歴史』にすでに大きく含まれている初期の計画は、出来事により刺激され、あるいは方向を変えられる。『監獄の誕生』〔原題『監視と処罰』〕は、刑罰と監禁についての非常に古い考察と、七〇年代の刑務所の反抗[10]との遭遇から生まれた。『知への意志』（一九七六年）は、ミシェル・フーコーが反抗した「性の王権」の情勢の中に位置づけられる。だが、解放運動――女性やゲイ――は彼に影響を及ぼしたように思われるが、それは『発言と著述』に顕著である。一九七五年以後、語調ははるかに自由になる。それは部分的に、はるかに直接的なインタビューの性格に起因する。ミシェル・フーコーはそれ以降は頻繁に同性愛について質問を受け、必要があれば、ためらうことなく冷静に自らの同性愛を認める。性の問題提起の大きさからミシェル・フーコーが、一九七六年には一〇年の予定で立てられていたと思われる性《セクシュアリテ》の歴史の計画を変更するに至ったこともありえないことではない。狭すぎる一九世紀から抜き出すためにその計画を破棄し、この考察に、前の時代のミクロ歴史学的傾向と関係を絶つほとんどブローデル的展望に立って、西欧空間の長期間を一括するはるかに大きい時間の基盤を与える。一九世紀の画期的な出来事――性《セクシュアリテ》の地位と都市における身体の位置を変える、「性の科学《スキエンチア・セクスアリス》」の設立――を同定した後で、ミシェル・フーコーは異性愛の夫婦の規範形成とその強要の時期を明確にしようとする。この規範は今日、おそらく失墜の途中にあるが、彼はキリスト教より前のものではないかと考える。

だが、著作の中の性《セックス》と女性の系譜に立ち戻ろう。女性がミシェル・フーコーの著作の中に根を下ろすのは家族を通してである。彼女たちが現実性を帯びるのは性行動《セクシュアリテ》を通してである。『狂気の歴史』以来、ミシェル・フーコーは道徳と理性の調整機関として家族の増大する重要性を強調する。一七世紀以来、「家族主義的道徳が性倫理を大きく支配してきた」。「愛は契約により非神聖化される」。西欧の愛の古い形態に、新しい傾向、つまり家族から、そして家族の中で生まれる感性が取って代わる。それは、家族の秩序や利益に一致しないものはことごとく不条理の領域に属するものとして排除する。[11] 封印状により家族は王の取り締まり《ポリス》に訴え、家族を脅す「混乱」を終わらせようとする。[12] 後になって、一八三八年の法律を利用して異常者や厄介者を監禁させようとするように。「以後、狂気に対して個人の認識の公的、制度的支配がある」。[13] フランス革命がこの家族の権力を弱めることはない、その反対である。フランス革命は、家庭裁判所の創設が示すように、家族を当てにする。それらがほとんど機能しなかったということは、こうした徴候の力を弱めるものではない。家族は同様に、イギリスではチューク、フランスではピネル〔サミュエル・チューク、フィリップ・ピネル。狂気を病んだ人々の保護施設（アジル）を創設〕がもくろむ狂気と理性の関係の再組織の中枢をなし、その解放は「巨大な道徳的監禁」である。『監獄の誕生』で記述される規律の碁盤目の中で家族は、公と私の、親と子どもたちの、個人と国家の結合点である。

ところで家族の中で、また、家族を通して、女性は主要な規律の力を行使する。彼女たちが一七世紀以来、姿を現すのは取り締まり《ポリス》の代行者としてである。フーコーは書く、「すでにわれわれはジュールダン夫人〔モリエール『町人貴族』の登場人物〕の脅迫めいた言葉を耳にすることができる。〝酔狂なことばかりなさって、あなたは気が狂っておしまいですわ（……）。私が守っているのは私の権利です、それに女性という女性が私の味方をしてくれますわ〟。この言葉は根拠がないものではない。約束は守られよう。やがてデスパール侯爵夫人〔バルザック『禁治産』の登場人物〕が、彼女自身の財産の利益に反する関係が窺われるだけで、夫の禁治産を請求するだろう。法廷の見解では彼は理性の道を踏み外していないか？」。[14]

こうした母親たちの権力に反抗してピエール・リヴィエールは立ち上がった。彼の物語は、両性の衝突がその主要な原因の、典型的に家族の事件である。「現在、命令するのは女たちだ」、と彼は自分の罪を説明するために言う。「力が堕落してしまった」。彼は不正を正す者を自称する。彼の目には弱すぎる父親の代わりとなることで、父の名誉を挽回しようとした。彼の告白の一部は、「私の父の苦痛」という題名をつけられる。彼はそこに、「私の父が私の母からこうむった苦痛と深い悲しみ」を記す。母は悪妻の典型でさえある。つまり、浪費家で、「肉体関係」と寝床を共にすることを拒み、夫の出費を管理し、夫は「妻の許しがなければ、日曜日、友人たちと一杯やる」ことさえかなわない。とりわけ「財布を別々に」し、自分自身の財産を自由に使う。〈民法典〉がその権利を与えているゆえに、裁判官は彼女を支持する。新しい法典は、実際、本質的に不平等主義であるノルマンディーの慣習を廃止した。完全にその兄弟や夫に従属した女性は、一人娘であるか独身でない限り、彼女たちの財産を相続し、管理することができなかったからである。フランス革命が廃止した状況。こうした理由から、ピエール・リヴィエールの判断によれば、女性が絶対的な悪であり、その行為は私的であると同様、公的な意味を持つ。彼は政治的決定機関として家族の重要性と両性の対立の激しさを明かす。彼は近代性における家族の潜在的な上昇についてのミシェル・フーコーの主張に明白な確証を提供する。しかしながら、テクストの出版に付随する解説はこうした面を相対的にほとんど強調してはいない(15)。ミシェル・フーコー自身、むしろ、犯罪を活写することに関心を持ち、後に、その民族規範的、性的内容を強調することになる。

ミシェル・フーコーはまず初めに女性を妻および母として見る。彼は規律組織や、道徳、精神、身体の管理における母親の役割に興味を持つ。女性、それは彼にとって、まず何よりも、うんざりさせるあのジュールダン夫人であり、ピエール・リヴィエールの謎にみちた母親である。要するに、かなり手ごわい権力。『アンチ・オイディプス』のための討論会で、ミシェル・フーコーはドゥルーズとガタリの命題「母親への欲望は普遍ではない」に同意する。「なぜ人は自分の母を欲望するだろうか？　母親がいることはなかなかどうして愉快なことではない(16)」と彼はふざけて大きな声を上げる。

女性がより堅固に確実性を帯び、「問題設定」にふさわしい対象となるのは性《セクシュアリテ》によってである。『知への意志』の中で、ミシェル・フーコーは性《セクシュアリテ》の装置における家族の主要な役割を、家族を構成する力を詳細に説明することで再び持ち出す。「一八世紀に価値を高められたような家族の核は、二つの主要な側面で――夫‐妻の軸と親‐子の軸――性《セクシュアリテ》の装置の主要な要素、つまり女性の身体、小児の早熟、産児制限、そしておそらくはもっとわずかな程度で、倒錯者の特定化が拡大することを可能にした(……)」。

家族は性《セクシュアリテ》と協調の交換器である。(17) この装置の中で、女性の身体は権力の賭金、私と公の領域の駆け引きの場、生《ビオ》‐政治《ポリティク》の拠点である。「女性の身体のヒステリー化」はミシェル・フーコーが研究するつもりでいる四つの戦略的総体の一つである。「神経症の女性という陰画の母親はこのヒステリー化の最も目立つ形態である」。「性的欲望化された」(つまり、生成中の科学の観察のメスにゆだねられた)最初の存在の一人、「それは有閑婦人であった。社会の境界では彼女は常に価値として存在する。家族の境界では夫婦の、そして親の責任の新しい分け前が割り当てられる(……)。そこに女性のヒステリー化は拠点を見出す」。(18) この女性のヒステリー化は「彼女たちの身体と性《セックス》の綿密な医学への組み込みを必要とし、彼女たちがその子どもたちの健康に対して、家族制度の堅固さに対して、社会の安泰に対して持つはずの責任の名においてなされた」。(19) 権力を行使する母親として先に見られ、女性は権力の主体としても考察される。家族の中での夫の権力、社会の中での医者の権力、リヨネ地方の絹織物の修道院‐工場における修道女の権力。ミシェル・フーコーは産業のパノプティズム(一望監視制度)の模範的な例としてその規則(たとえばジュジュリューの規則)を引用する。(20) そして最後に、出生率の低下にますます取りつかれ、人口政策に腐心する国家の権力。シャルコーがその演出家であるヒステリーという自己所属感喪失にまで縛られた女性の身体は、これ以後、ミシェル・フーコーの研究プログラムに組み込まれる。フーコーは子どもの性《セクシュアリテ》行動、次いで女性のそれ、最後に倒錯者のそれがどのように「問題化」されたか、理解しようとする。(21)『性《セクシュアリテ》の歴史』の第一巻『知への意志』は、その裏表紙で「刊行予定」として第四巻『女、母、ヒステリー患者』を予告する。そうしたものはまったく存在しなかったことは周知であるが、計画自体が、フランスと同様、アメリカにおいてそのとき発展の真っただ中にあった女性の歴史にとって直接利用できる、より人間関係の観点でのミシェル・フーコーの思考における女性の地位の変化を示している(22)。

この主題についてミシェル・フーコーがますます質問されるようになるのは大きな意味を持つ。リュセット・フィナスは一九七七年、『キャンゼーヌ・リテレール』誌のために彼にたずねる。「あなたの『性《セクシュアリテ》の歴史』は女性問題を進展させるだろうとお思いですか？　女性の身体のヒステリー化や、精神医学的解釈をめぐってあなたが述べておられることを私は考えています」。ミシェル・フーコーは「考えていることは少しありますが、はっきりしておらず、定着していません」(23)。J・リヴィは『オルニカール』誌のために、自慰行為について彼に質問をする。「あなたは性差を十分に重視していないと思いませんか？」。ミシェル・フーコーは、自慰行為はまず男性の問題であったと反駁する。だが、女性の性《セックス》が医学的‐社会的重要性を帯びる以上、「女性の自慰が話題になってくる」。一九世紀では不安により明確な形を与えるのは女性の自慰のほうであり、焼き鏝《ごて》によるクリトリスの焼灼を行なったほどである。フーコーは、「正真正銘の刑罰」と明言する(24)。二年前に同じ主題について質問された彼は、自慰の抑圧に性差を認めないと答えている(25)。精神科医であるジャン＝フィリップ・カトネ博士が後に、その重要性を認識するために、この行為について調査した。それは西欧世界のほうぼうで算定の難しいさまざまな程度で、アメリカではかなり大規模に、そしてフランスではより小規模に行なわれた(26)。

ミシェル・フーコーは、女性の身体に特有の抑圧をよりいっそう意識する。権力の駆け引きとして宮廷風恋愛に関心を抱いたジョルジュ・デュビイの後を受けて彼は、預かっている子ども（アンリエット・コルニエ、一八二五年）や、たとえば、「仕事に出かけた夫の留守を利用して自分たちの幼い娘を殺し、脚を切断し、スープの中で煮る」セレスタの農婦(27)のように、自分の子どもを殺す凶悪な女性に関心を持つ。母性愛の古典的な図式に反するこうした女性は「人間の本性にもとることの不意の出現」を象徴する。ミシェル・フーコーは女性の身体に関する医療体制の充実と最近の変化について自問する、「長い間、女性をその性《セクシュアリテ》に貼りつけようとしてきた。――〃あなたがたは、あなたがたの性器以外の何ものでもありません〃と、数世紀以来、女性は言われてきた。そして、その性器は虚弱で、ほとんど常に病気であり、常に病気を誘導するものである、と医者は付け加えてきた。〃あなたがたは人間の病気なのです〃。そして、非常に古くからのこの動きは一八世紀頃、加速し、女性の病理学化に到達した。つまり、女性の身体は典型的な医学的事例となる。私は後に、言葉の広い意味でこの広大な婦人科医学の歴史をたどるつもりである」[28]。

ミシェル・フーコーがヒステリーの女性を書くことは決してない。以後、西欧における「正常な」性《セクシュアリテ》のモデル、つまり異性愛の夫婦の出現が、彼の念頭を離れない。一九七八年、ポール・ヴェーヌとの対話から彼は長期間を包括する必要を確信する。決定的な時期は原始キリスト教ではなく、ギリシャの都市とは非常に異なった古代ローマであることを彼は発見する。男性的な社会、それは「男性の視点からできた（……）」性的不均衡、その快楽がほとんど重要性を持たない女性の抑制、「挿入についての強迫観念」を根拠とした、「男性的な道徳」を念入りに作り上げる。「こうしたことはすべて率直に嫌悪感を催させる」と彼はドレイファスおよびラビノーに語っている[29]。性道徳および生活様式に関する見解でミシェル・フーコーは、性差や、策略や拒否を女性に強いることになる権力の不平等のほうにより敏感である。「女性は多くのことができた、たとえば、男性を欺き、男性から金を巻き上げ、性交を拒むといったことである。しかしながら、こうしたすべてが結局のところ、状況を覆すことには決して成功しないいくつかの策略にすぎない限りにおいて、女性は支配の境遇に耐えている。だが、支配——経済的、社会的、制度的、あるいは性的——されるとき、問題は実際、抵抗がどこで形成されるか知ることである」[30]。彼はさらに次のように語っている。「男性と女性の間の関係は（……）政治的関係である。われわれはこの関係を変えるという条件でのみ社会を変えることができる」[31]。ここに、彼がその形成にかくも大きく貢献した、時代の言説のこだまをどうして聞かずにおれよう。「個人的なことは政治的である」、変えなければならないのは日常的な事柄である。

七〇年代からフランスで発展した女性解放運動[32]は、いかなる程度で、ミシェル・フーコーの女性についてのまなざしの修正に関係しているか？　いずれにせよ、『発言と著述』を通して、彼がそれをどの程度、重要視しているか、確認することができる。一九七二年からすでに彼は、GIP（刑務所情報グループ）をモデルにして結成され、妊娠中絶合法化のために闘う女性の陣営に参加するGIS（保健衛生情報グループ）を積極的に支援する（ボビニー訴訟、一九七二年四月）。アラン・ランドー、ジャン＝イーヴ・プティと共に彼は『ル・ヌーヴェル・オプセルヴァトゥール』誌（一九七三年一〇月二九日―一一月四日号）に、中絶自由化運動支援のテクストを発表する。準備中の制限法に反対する立場を、GISは明確にする。「GISは中絶権にこだわる。GISは医師たちだけが決定権を握ることを望まない。GISは中絶から利益を引き出す権力を持つ人々の二重の利益になるような中絶を望まない[33]。いわゆる「正常な」再生産の性《セクシュアリテ》を再び問題にすることで女性たちの運動は破壊的な影響力を持つ。つまり、都市と国家の中核に達する[34]。

　ミシェル・フーコーは強姦《レイプ》の問題に関してはもっとためらいがちで、慎重な態度を取るであろう。フェミニストたちの間を含めて、この問題が惹き起こした討論は周知である[35]。強姦を重罪裁判に移管することで裁判による抑圧を大きくすべきであったか？　このことは、「人格に対する侵害」として重罪裁判所に引致させることにほかならず、「傷害罪」で軽罰裁判所にではもはやない。ミシェル・フーコーはこの点について、女性の刑法学者や精神分析学者たちと議論したが、彼女たちはこぞって、強姦の重大さや、重罪化の現実的な、また象徴的な重要性、ならびに合法性を強調した[36]。ミシェル・フーコーのためらいは、モニク・プラザにかなり手厳しい論文「性《セクシュアリテ》と暴力――ミシェル・フーコーの逡巡」を書かせたが、これに対しフーコーも劣らず激しい口調で反論した[37]。彼は刑罰を重くすることのみならず、性《セクシュアリテ》を法にゆだねることを明らかに嫌悪していた。それは近親相姦に関する彼の疑問でも顕著であり、断固として非連続性の原理に立って彼はその普遍的で絶対的なタブーとしての性格を拒絶する。「近親相姦に対する強い禁止は知識人たちが発明したものです」と、彼はオヒギンズとの対談で語っている[38]。

　現代フェミニズムの異議申し立ての力を彼が見逃すにしても、彼はその創意力を等しく評価し、それに対応するゲイの創意力をしのぐとしばしば考える。長い間、男性よりも除外されてきた女性はこの薄明かりをまるで自由のように利用することができた。ミシェル・フーコーはリリアン・フェイダーマンの本、『男たちの愛をしのいで』（ニューヨーク、一九八〇年）を何度も引用する。著者はこの作品の中で、女性の社会的人間関係の力強さ、女性間の感情的、性的な交換の形態の多様性を描くが、これにはミシェル・フーコーが男性の側で復活するのを大いに目にしたがったあの友情が含まれる。彼によれば現代の男女混合は、女性があまりに巧みに準備することができた昔のモノセックスの社会[39]を崩壊させたが、彼女たちはそれに新しい価値を与えつつある。彼はエルキュリーヌ・バルバン〔一九世紀の両性具有者〕が育てられた修道院について、「ただ一つの性しか認めないという、強制的であると同時に禁じられた奇妙な幸福がある、この閉ざされ、狭く、温かな社会[40]」を愛惜の念を持って思い起こす。ところで、「女性と良い関係」を持つことが重要であるにしても、女性は必ずしも男女混合を経験しない。

したがって、女性の同性愛――とりわけ取り上げられるのはそれだからである――は、特にライフスタイルの形成に関しては特別に濃厚な単に性《セックス》を中心とするものではない体験に彼には思われる。ミシェル・フーコーはその同一視の原理を拒否する。[41]実際、彼はたびたび、性のコミュノタリスムに反対であると明言する。さまざまな性の解放運動に関する見解を求めたアメリカの写真家J・バウアーに、ミシェル・フーコーは、その異議申し立ての強さに感心はするが、部門別の定義を不満に思うと答えている。「それらの運動が性のカテゴリーに応じて組織されている――女性解放、同性愛解放、専業主婦解放――事実はきわめて有害である。特定の理想や目的への服従を強いる集団につなぎとめられている人々を実際にどのようにして解放できるのか？　なぜ女性解放運動は女性たちだけを結集しなければならないのか？[42]」。確かに、それは一九七八年のことであった。だが、後にそれほど変わったようには見えない。一九八三―八四年に、彼はゲイに――女性の同性愛者と同様に――彼らの文化的、日常的想像力を伸ばすよう強く勧めもするが、あらゆる自己規定を拒否するよう促しもする。「性《セクシュアリテ》、性のさまざまな形態との同一視の押し付けを拒絶する（……）ことが重要なのではない。私は個人がその性《セクシュアリテ》と、その性を通して同一視されうるということを受け入れることを拒絶する[43]」。同一性は快楽、あるいは闘いの手段となりうるが、「普遍的な倫理規則」ではない。彼は死の直前に、本質主義のあらゆる形態を拒絶する。この点で『発言と著述』の最後のテクストと最後の書物の調子の間に矛盾はない。

フェミニズムの哲学的考察にとり刺激的なミシェル・フーコーの探求は女性の歴史にとって刺激的であったか、今もなお刺激的であるか？　事実は、女性の歴史は自らの権限で展開した。女性の歴史はおそらく、ミシェル・フーコーの著作よりも女性運動に由来する。だが、女性の歴史は有利な分野を彼の著作に見つけた。今日、彼がわれわれに残した、うんざりするほどの「道具箱」の中に多数の基本概念、操作手段、独創的な鼓舞を見出しているが、ここではそのいくつかを記すにとどめたい。

本質主義および普遍主義の批判によって、ミシェル・フーコーはまず、女性の歴史に対し、言葉や物の脱構築作業のための概念基盤と武器を提供する。自然の事物はなく、自然に根ざした性はない。〈男性〉は死んだのか？〈女性〉も同じく。「女性は存在しない」と、とりわけ精神分析を対象にしてラカンも言ったが、ミシェル・フーコーは反対に、時間のひだの中に刻みつけられた女性の性《セクシュアリテ》の不変性を伝えるという思い上がりを、精神分析に対し同様に拒む。歴史性は、アメリカの研究の「ジェンダー」——ミシェル・フーコーはこの語を決して使わない——を連想させる社会的構築物、女性の歴史の基軸である男女両性の関係を支配する。したがって、そこには遭遇以上のものがある。同一の論理の信奉、おそらく同じ知の体系《エピステーメー》への帰属。どのような状況の中で、勝ち誇った、また隷属した母親の姿、あるいはヒステリー性の人の姿が生まれるか示すことで、ミシェル・フーコーは医者や生物学者たちの語る普遍的な女性の特質と断固として袂を分かつ。彼らの言説は一八世紀、一九世紀にあって、女性の身体や性《セックス》への隷属をさらに強固なものにしていた。トマス・ラクールが後に展開することになる直観。女性である必要はない、「歴史は、われわれの存在自体のうちに不連続を導入する限りにおいて実際のものとなるであろう」(44)。女性の行動の「規範」ももはやない。母性は彼女たちの変わることのない使命を作り上げはしない。彼女たちは、ほとんど歴史の外の不動の時間の中で自分たちを動けなくする再生産を、唯一の天職と見なしはしない。歴史物語における女性の出現はこの人類学的解釈との断絶を前提とする。ミシェル・フーコーはこの困難な分娩に貢献した。

第二に、通常の言説、「嫌悪を催す」生活、二義的なテクストの中に見分けられる未知のシルエット、文や調書の婉曲な言い方への関心は非常に女性に向いている。礼儀作法の手引書や衛生概論よりも、哲学的著作における彼女たちの表象を恐れはしない。警察、あるいは裁判の弾圧の記録文書の中から、彼女たちのしぐさや言葉を取り出そうとする。(45)最後に、自己の技法が、主体としての彼女たちの出現の追跡を可能にする女性のエクリチュール——手紙、日記——をかき立てる。

フーコーの歴史調査のやり方（ミシェル・フーコーは歴史家たちから借用したが、逆も同様である）は、日常的な緊張と権力の駆け引きを明らかにする、対立に注意を払うミクロ歴史学の事例研究と同じく、女性の歴史に適用される。名もない人々の行動たる三面記事的出来事は、家庭の闇の中から、主人公の、あるいは、より多く、犠牲者である女性を浮かび上がらせる。

権力に関するフーコーの分析は女性ならびに両性の関係についての研究に同じく適切である。それは権力、その分岐、時間と空間の組織化、都市や家を駆け巡る微小な駆け引き、明白で、非公式の同意、および抵抗の形態を探る。それは行動の抑圧のみならず生産を対象とする。女性らしさ《フェミニテ》の一定しない定義の中で女性がどのように「生み出される」か考察することは、教育制度、その基本方針、実践に対するまなざしを新しくする。

この体系の中で家族と身体の占める位置は主要である。規律《ディシプリン》を構成する力のダイアグラムの中に女性が再び導入されたのはこの手段によってである。このことはすでに見てきた。だが、彼女たちの賛同や適応、あるいは拒否を理解し、状況の変化の中で彼女たち自身の役割を把握するために、まだやるべきことが多くある。女性の歴史と両性間の関係の指標となる大きな不連続は、まだ明確にし、発見すべきである。

女性の性《セクシュアリテ》の歴史は、きわめて多彩ではあるが、まだほとんど研究されていない、広大な秘密の庭のままである。そこでは、友人、愛人、貞節な、あるいは不実な妻、優しい母、意地悪な母、誘惑された、あるいは誘惑する娘、冷ややかな女性と情熱的な女性、フーコーに捨てられたヒステリー性の女性、フロイトや彼の模倣者たちの寝椅子の上の女性患者、いくつかの先駆的研究（M–J・ボネ）にもかかわらず、その歴史がまだ書かれていないレスビアン、両性具有者、男装愛好者、性の区別が曖昧になる領域をさまよう狂人に、会えるかもしれない。ミシェル・フーコーは彼女たちに出会おうとした。(47)

ジュールダン夫人からエルキュリーヌ・バルバンまで。女性を「知ろうとする意志」はミシェル・フーコーの著作の中から無数の異なった道を取り出すことができる。

原注

はじめに

（1）ナタリー・サロート『トロピスム』X（プレイヤッド叢書、ガリマール、一五頁）。

（2）アラン・コルバン『ルイ＝フランソワ・ピナゴの再び見出された世界』（パリ、フラマリオン、一九九八年）〔邦訳『記録を残さなかった男の歴史——ある木靴職人の世界　一七九八—一八七六年』藤原書店〕。

（3）アルレット・ファルジュ、エリザベト・クラヴリ、ピエール・ラメゾン、アンヌ＝マリー・ソーン『蛹《さなぎ》——私生活の中の女性（一九—二〇世紀）』（パリ、ソルボンヌ刊行物、一九九六年）が明らかにしている。

（4）アンベリュー＝アン＝ビュジェイ（01 500）の視聴覚ライブラリーには、フィリップ・ルジューヌが創設し、『ルソーの責任』を発行する自伝協会の、記録文書が保管されている。

（5）最近の例として、ヴァリ・ドゥグモワ『彼女たちはこのようであった。女性形の運命』（カベディタ出版、サン・ジャンゴルフ、CH、一九九八年、アルシーヴ・ヴィヴァント叢書）。

（6）ナタリー・エニク『女性の境遇——西欧の小説における女性のアイデンティティ』（パリ、ガリマール、一九九六年）。

（7）モナ・オズーフ『女性の言葉』（パリ、ファイヤール、一九九五年）。

（8）クリスティーヌ・ヴォーヴィ、ローラ・ピサノ『忘れられた言葉《パロール》』（パリ、A・コラン、一九九七年）。

（9）ステラ・ジョルグディ「バッハオーフェン、母権制と古代社会」（『女の歴史』第一巻、パリ、一九九一年、四七七—四九一頁）〔邦訳、藤原書店、原題『西欧の女性の歴史』〕。

（10）リュシアン・フェーブル『聖なる愛、世俗の愛——『エプタメロン』をめぐって』（パリ、ガリマール、一九九四年、歴史叢書、一九九六年）。

（11）フランソワーズ・テボー『女性史を書く』（ENS出版、フォントネー／サン＝クルー、一九九八年、販売オフリス、ネール通り一〇番地、パリ六区）。

（12）フランソワーズ・エリティエ『男性的なるもの《マスキュラン》／女性的なるもの《フェミナン》——差異の思考』（パリ、オディル・ジャコブ、一九九六年）。

（13）クリスティーヌ・デルフィ『主要な敵——I・家父長制の政治経済学』（パリ、シレプス、一九九八年）。

（14）アンドレ・ビュルギエール、クリスティアーヌ・クラピシュ＝ズュベール『家族の歴史』（二巻、パリ、A・コラン、一九八六年）。アンドレ・ビュルギエール、ジャック・ルヴェル監修『フランス史——文化の形態』（パリ、スイユ、一九九四年）。

（15）イヴォンヌ・ヴェルディエ『話し方、やり方』（パリ、ガリマール、一九七九年）〔邦訳『女のフィジオロジー』新評論〕。

(16) フランソワーズ・ピック『女性の解放——運動の歳月』(パリ、スイユ、一九九三年)。
(17) フランシーヌ・ミュエル゠ドレフュス『ヴィシーと永遠に女性的なるもの』(パリ、スイユ、一九九六年)。
(18) シルヴィ・シャプロン『波の高さ』(近刊)。一九四五—七〇年のフェミニズム論。(付録)『第二の性』の出版に関する調査(受容、効果)を付す、フィレンツェ・ヨーロッパ研究所博士論文、一九九六年。
(19) 「パリ第七大学におけるフェミニズム研究の二五年間」、シンポジウム(一九九七年一一月)議事録(リリアーヌ・カンデル、クロード・ゼドマン編『カイエ・デュ・CEDREF』に収録予定)。
(20) キャロル・スミス゠ローゼンバーグ「愛および儀式の女性の世界——一九世紀アメリカにおける女性間の関係」(『サインズ』I-1一九七五年、一—二〇(フランス語訳は『レ・タン・モデルヌ』一九七七—七八年)。
(21) クラウディア・クーンツ『第三帝国の母なる祖国』(パリ、リュ・コマン、一九八九年。アメリカでの出版は一九八六年)。
(22) ジャック・ダララン「深淵と建築」(ジョルジュ・デュビイ『封建制』(パリ、ガリマール、一九九六年)への序文。ある数の著作のまとめ)。クリスティアーヌ・クラピシュ゠ズュベール編で刊行予定の『クリオ』の次号は、ジョルジュ・デュビイと女性の歴史にささげられる。このテーマは同様に、ヴァル・ド・ソーヌ゠マコネ研究所によりマコンで開催されるシンポジウム(XII—一九九八年一二月)で指定されよう。
(23) フランス語版は、ロール・アドレルのおかげで、さらに、アンヌ・ルクレールの行き届いた心遣いによりプロンから出版される。両氏に感謝したい。

第I部 「痕跡」としての女性史

序

(1) ロジェ・シャルティエ監修『手紙——一九世紀における手紙の用法』(パリ、ファイヤール、一九九一年)。セシル・ドーファン、ピエレット・ペズラ、ダニエル・プブラン『これら優しい手紙、一九世紀における家族の手紙』(パリ、アルバン・ミシェル、一九九五年)。
(2) フィリップ・ルジューヌ『令嬢たちの自我。若い娘の日記に関する調査』(パリ、スイユ、一九九三年)。
(3) エリザベト・クラヴリ、ピエール・ラメゾン『不可能な結婚——ジェヴォーダンにおける暴力と親戚関係、一七、一八、一九世紀』(パリ、アシェット、一九八二年)、アンヌ゠マリー・ソーン『蛹《さなぎ》——私生活の中の女性(一九—二〇世紀)』(パリ、ソルボンヌ刊行物、二巻、一九九六年）の二例を挙げたい。

（4）マルグリット・オドゥー『マリー・クレール』（一九一〇年）、『マリー・クレールの仕事場《アトリエ》』（一九二〇年）。リーズ・ヴァンデルヴィレン『平凡な国のリーズ』（自伝的小説）（リール、PUL、一九八三年）。ジャンヌ・ブーヴィエ『わが回想、あるいは、一女性労働者の産業活動、社会的・知的活動の五九年間（一八七六―一九三五年）』（一九三六年、再版パリ、マスペロ、一九八三年）。クロード・シュコルニク『ヴィクトワール・ティネール（一八三一―九五年）。空想的社会主義から労働者階級の実証主義まで』（パリ、ラルマタン、一九九七年）。

女性が記憶をとどめるとき

（1）アンヌ・マリー・フレス＝フォールは論文「第三共和政下のパリでの記念彫像」（U・P・ダルシテクチュール・ド・ラ・ヴィレット）で女性像を分析した。

（2）ジラルダン夫人『ド・ローネー子爵のパリ通信（一八三七―四八年）』（アンヌ・マルタン＝フュジエによる校訂版、パリ、メルキュール・ド・フランス、二巻、一九八六年）。

（3）C・ロンブローゾ、G・フェッレーロ『罪を犯した女と娼婦』（仏訳版、パリ、アルカン、一八九六年）。

（4）『カール・マルクスの娘たちの手紙』（M・ペロー序文、パリ、アルバン・ミシェル、一九七九年）。

（5）アンヌ・マルタン＝フュジエ『独身者の手紙』（近刊）。

（6）アンヌ＝マリー・ティエス『日常小説――ベル・エポック期の庶民階級の読者と読書』（パリ、ル・シュマン・ヴェール、一九八四年）。

（7）アニエス・フィーヌ「嫁入りの支度一式」（『女性史は可能か』（M・ペロー編）、マルセイユ、リヴァージュ、一九八四年）〔邦訳、藤原書店〕。

（8）アラン・コルバン『リムーザン地方の後進性と近代性』（パリ、リヴィエール、一九七五年）、I、二二四頁。

（9）これらの現象の暗示に富む分析として、ピエール・ジュディ『社会面の記憶』（パリ、PUF、一九八六年）を参照のこと。

（10）M・L・レヴィ「近代性、死亡率」（『人口と社会』、一九八五年六月、一九二号）。

（11）P・J・プルードン『わが人生の回想』（B・ヴォワイエンヌの編集による種々の自伝的テクスト。パリ、マスペロ、一九八三年）。

（12）J・カルー＝デストレー『伝統的な労働者の夫婦。古くからの自主管理』（パリ、アントロポ、一九七四年）。

(13) リーズ・ヴァンデルヴィレン『平凡な国のリーズ』(小説。リール、PUL、一九八三年。フランソワーズ・クリビエの後記)。

マルクスの娘たちの未刊の手紙

(1) エリナからカール・マルクスへ、一八六七年一月二六日。
(2) エリナからローラへ、一八九四年二月二二日。
(3) ローラからカール・マルクスへ、一八六七年五月、一八六七年五月八日。
(4) ポール・ラファルグからカール・マルクスへ、一八六七年四月―五月。
(5) ローラからカール・マルクスへ、一八六八年四月三日。
(6) カール・マルクスの最近の評伝の中で、とりわけ以下のものを参照されたい。個人的決着を越えて新しい視線)、フリッツ・ラダッツ『カール・マルクス――ドイツの一中産階級の歴史』(グラッセ、一九七六年。フランソワーズ・P・レヴィ『カール・マルクス――政治的一評伝』(一九七五年、ファイヤール、一九七八年)、ジェロルド・シーゲル『マルクスの宿命――人生の形』(プリンストン大学出版局、一九七八年。生涯と所産を的確に結びつけようとする著作)。
(7) エリナからジェニーへ、一八八一年六月一八日。
(8) エリナからジェニーへ、一八八一年一〇月一八日。
(9) エリナからジェニーへ、一八八二年一月八日。
(10) この点に関してはフリッツ・ラダッツ、前掲書を参照のこと。イェニーとカールの間で交わされた手紙の大部分は紛失した。おそらく、娘たち、たぶんローラにより隠滅された。
(11) ローラからジェニーへ、一八六九年五月九日。
(12) ジェニーからローラへ、一八八一年四月二二日。
(13) 表現とイデオロギーを非常に示唆する影像と図像の研究は歴史学の新しい領域である。モーリス・アギュロン『闘うマリアンヌ――一七八九年から一八八〇年までの共和主義的版画と象徴体系』(フラマリオン、一九七九年)、およびエリック・ホブズボウムの論文「性、象徴、衣服と社会主義」(『社会科学研究報告』二三号、一九七八年九月)を特に参照されたい。後者は社会主義、とりわけソヴィエトの図像の漸進的男性化を明らかにする。
(14) ジャン・メトロン監修『フランス労働運動人名辞典』(労働出版)でのポール・ラファルグ略歴を参照。この辞典はフランスの活動家を知るには必須である。

(15) カール・マルクスからエンゲルスへ、一八六六年八月二三日。

(16) カール・マルクスからジェニーへ、一八六九年六月二日。

(17) エリナからジェニーへ、一八八一年六月一八日。

(18) ジェニーからローラへ、一八七一年四月一八日。

(19) エリナからローラへ、一八八五年四月一二日。

(20) エリナからローラへ、一八八一年三月二六日。

(21) エリナからローラへ、一八九一年八月六日。

(22) エリナからローラへ、一八九四年一一月五日。

(23) 『エンゲルス‐ポールとローラ・ラファルグ書簡集』第一巻、一八六八―八六年、第二巻、一八八七―九〇年、第三巻、一八九一―九五年。エミール・ボッチジェッリによる収集と校訂、ポール・マイア翻訳。パリ、エディシオン・ソシアル、一九五〇―五九年、三巻。フランスにおける社会主義の理解とマルクス主義導入のための重要資料。この資料についての詳細な説明については、M・ペロー(第一、第二巻)、C・ヴィラール(第三巻)『フェルトリネッリ研究所年報』第三年(一九六〇年)七四〇頁以下を参照されたい。

(24) エリナからローラへ、一八八八年八月二一日。

(25) エリナからローラへ、一八七四年九月五日。

(26) この点については、F・レヴィ、前掲書、一五〇頁以下を参照されたい。

(27) ジェニーからローラへ、一八八一年四月。

(28) ジェニーからローラへ、一八八二年四月二二日。

(29) ジャン・メトロン『人名事典』の項目を参照のこと。

(30) エリナからジェニーへ、一八七二年一一月七日。

(31) F・レヴィ、前掲書、一八〇頁以下を参照されたい。

(32) ローラからジェニーへ、一八七〇年六月九日。

(33) エリナからローラへ、一八八七年八月三〇日。

(34) エリナからローラへ、一八八八年八月九日。

(35) この点に関しては、C・ツヅキ『エリナ・マルクスの生活(一八八五―九八年)――ある社会主義者の悲劇』(クラレンドン・プレス、オックスフォード、一九六七年)三〇四頁を参照されたい〔邦訳、都築忠七『エリノア・マルクス』みすず書房〕。

(36) エリナからローラへ、一八九五年一二月一〇日。
(37) フランソワーズ・バッシュ『ヴィクトリア朝時代の女性たち――小説と社会』(パリ・パイヨ、一九七八年)五二頁以下を参照されたい。
(38) ちなみに、アンヌ＝マルタン＝フュジエ『女中たちの立場――一九〇〇年のパリにおける女性の召使いの身分』(パリ、グラッセ、一九七九年)を参照されたい。
(39) エリナからジェニーへ、一八八三年一月九日。
(40) ポール・ラファルグからローラへ、一八七〇年一月九日。
(41) ローラからジェニーへ、一八六九年一〇月二五日。
(42) フレディ・デームートについては、J・シーゲル、前掲書、二七五頁以下、F・レヴィ、前掲書、一八七頁以下、とりわけ、イヴォンヌ・カップ『エリナ・マルクス、家族生活』(ロンドン、ローレンス&ウィシャート、一九七二年)参照。
(43) エリナからローラへ、一八九〇年一二月一九日。
(44) エリナからローラへ、一八九二年七月二六日。
(45) ジェニーからローラへ、一八八一年四月。「子どもたちは奇妙な教師を持つことになり、遠からず最悪の訛りを身につけることでしょう」。
(46) ローラからエリナへ、一八九五年九月二三日。
(47) エリナからローラへ、一八八七年八月三〇日。
(48) エリナからローラへ、一八九六年一二月二三日。アムステルダム所蔵。ツヅキ、前掲書、三一七頁に引用。一連の出来事を詳述。
(49) この点に関しては、F・レヴィ、前掲書、一七一頁以下、一九五頁以下、J・シーゲル、前掲書、および『家庭経済の構造』二五六頁以下を参照のこと。マルクス家の予算について非常に興味深い説明。一八六〇年代、マルクス家の年収はほぼ三〇〇リーヴルであった。同じ時代、熟練工の年収は五〇から六〇リーヴルである。食・住を提供されたヘレーネ・デームートは給料として年、一〇から一五リーヴルを受け取る。イヴォンヌ・カップ、前掲書も参照されたい。
(50) ポール・ラファルグからカール・マルクスへ、一八七一年一月一五日。
(51) エリナからローラへ、一八七八年一月二日。「メメを除いて皆です」。
(52) エリナからローラへ、一八八四年二月一三日。
(53) エリナからローラへ、一八八六年八月三一日。
(54) エリナからローラへ、一八九一年八月一二日。

(55) エリナからローラへ、一八九五年一〇月二四日。
(56) ラファエル・サミュエル「世界の仕事場――イギリスのヴィクトリア朝時代中期における蒸気力と手工業」(『仕事場の歴史――ジャーナル・オヴ・ソーシャリスト・ヒストリアンズ』一九七七年春)を参照のこと。手仕事と職人の構造の存続を証明。
(57) 社会主義の歴史についてはJ・ドロズ『社会民主主義、一八六四―一九六〇年』(A・コラン、U叢書、一九六六年)、J・ドロズ監修『社会主義通史』(フランス大学出版局)、フランスの社会主義に関してはマドレーヌ・ルベリュー、イギリスの社会主義はフランソワ・ベダリダの論文を参照されたい。
(58) ジェニーからシャルル・ロンゲへ、一八七二年四月。
(59) エリナからローラへ、一八九四年二月五日。
(60) エリナからローラへ、一八九四年一一月二二日。
(61) エリナからローラへ、一八九七年一月二日。
(62) エリナからローラへ、一八八九年四月八日。
(63) エリナからローラへ、一八八九年四月一一日。
(64) 現在のところ、レジス・ドゥブレの研究『フランスにおける知識人の力』(パリ、ラムゼイ、一九七九年)が考えられる。
(65) エリナからローラへ、一八八四年三月一九日。W・モリスやエイヴリング夫妻の友人であり、一八八一年にハインドマンの創設した社会民主連盟の闘士であった作家E・ベルフォード・バックスのことである。
(66) 一八八九年の手紙。
(67) エリナからローラへ、一八八九年六月一日。
(68) たとえばシュテプニアクの反応を参照のこと。エリナからローラへ、一八八九年六月一日。
(69) エリナからローラへ、一八九二年五月三〇日。
(70) ゲード主義者に関しては、クロード・ヴィヤール『フランスにおける社会主義運動――ゲード主義者たち、一八八〇―一九〇五年』(パリ、エディシオン・ソシアル、一九六五年)を参照されたい。フランスへのマルクス主義導入については、ダニエル・リンデンベール『発見できないマルクス主義』(カルマン=レヴィ、一九七五年)を参照のこと。
(71) エリナからローラへ、一八八九年四月一一日。
(72) こうした変化については、ミシェル・ペロー、アニー・クリージェル『フランス社会主義と権力』(EDI、一九六六年)を参照のこと。
(73) J・メトロン『フランスにおける無政府主義運動史(一八八〇―一九一四年)』(パリ、一九五一年)。
(74) ミシェル・オフェルレの未刊行論文『社会主義者たちとパリ市参事会(一八八〇―一九一四年)』(パリ第一大学、一九七九年）を参照のこと。

(75) エリナからローラへ、一八九〇年一二月三一日。
(76) エリナからローラへ、一八九二年五月三〇日。
(77) エリナからローラへ、一八九四年九月二五日。
(78) エリナからローラへ、一八八四年一二月三一日。
(79) 同じ手紙。
(80) ウイリアム・モリスについては、ポール・マイア『ウイリアム・モリスのユートピア思想』（パリ、エディシオン・ソシアル、一九七二年）。
(81) エリナからローラへ、一八九六年三月五日。
(82) エリナからローラへ、一八八五年四月一二日。
(83) エリナからローラへ、一八九八年一月八日。
(84) エリナからローラへ、一八八四年二月一三日。
(85) ジェニーからローラへ、一八八一年四月二二日。
(86) エリナからローラへ、一八九二年五月三〇日。
(87) エリナからローラへ、一八九四年一月一七日。
(88) エリナからローラへ、一八八九年六月一日。
(89) エリック・タナーの映画『メシドール』に関するジャン＝ルイ・ボリの、『ル・ヌーヴェル・オプセルヴァトゥール』誌に発表された批評の見事な題を援用した。この映画は、無関心でびくともしないスイスを二人の若い娘がほとんど先験的にさまよう物語である。一種の称賛であれ、この日（一九七九年六月一二日）、彼の自殺が伝えられる。
(90) F・バシュ、前掲書、F・ベダリダ「ヴィクトリア朝時代の家族」（『歴史』第八号）を参照のこと。
(91) ローラからジェニーへ、一八八一年一〇月。
(92) この点に関しては当時の版画を参照されたい。
(93) S・ド・ボーヴォワール『第二の性』（一九四九年）〔邦訳、新潮社〕。
(94) エリナからジェニーへ、一八八二年三月二五日。
(95) ジェニーからローラへ、一八八一年四月二二日。
(96) エリナからローラへ、一八八五年四月一二日。
(97) ローラからジェニーへ、一八七一年四月七日から一八日の間。

(98) ジェニーからローラへ、一八八二年三月末。
(99) ジェニーからローラへ、一八八一年四月二二日。
(100) すでに挙げたツヅキによる伝記のほかに、基本的なものとして、イヴォンヌ・カップの伝記、前掲書。
(101) エリナからジェニーへ、一八八一年六月一八日。
(102) エリナからジェニーへ、一八八二年一月八日。
(103) エリナからジェニーへ、一八八二年一月一五日。
(104) エリナからローラへ、一八九〇年一二月一九日。

貴族街の若い女性の私生活——見出されたカロリーヌ・Bの日記

序

(1) 読者にカロリーヌの退屈な瞑想や内省を押しつけないよう、本文を主として初めの三分の一で軽減することに決めた。手書き原稿の写真複製がパリ市歴史図書館にある。

カロリーヌ日記——家族・社交界・宗教・個の目ざめ

(1) これらの書物はカロリーヌ・ブラム＝オルヴィルが終生、変わらずキリスト教徒として、また、女性として準拠したことを証明する。蔵書に以下のものが見られる。H・ショモン師『キリスト教徒の家庭の管理』（パリ、パルメ、一八七五年）。キリスト教徒の家庭の主婦を対象にした本書には、この種の著作の古典的な章がある、つまり、「家の管理術」「支出」「身支度」「新年の接待と訪問」「食事」「夜会」「夏の季節」「召使いの管理」。いくつかの点で日記はこうした方針の実施である。信仰と倫理に関する聖職者の著作も同様にある。ヴィクトル・オーバン師『現状あるいは反キリスト教科学の反論への答え』（パリ、オートゥイユ、一八七九年）。ウルスト猊下『贖罪崇拝修道会創立者、マリー・テレーズ修道院長の生涯』（パリ、プシエルグ、一八八七年）。そして多数の女性向けの本。M・ド・マルセ夫人『社交界における教会の定めの遵守について。現代の問題』（パリ、一八六六年）。テレーズについて。アルフォンス・カール『神とその賜物』（シャティヨン、一八六四年）。とりわけ、マティルド・ブルドン（マティルド・フロマン）の四つの小説。『実生活』（パリ、一八七二年、第一八版）、『アンドレ・デフォジュ』（パリ、出版年不詳）、『カトリーヌ・エルヴェ』（パリ、一八七二年）、『実現された夢』（パリ、一八八〇年）。そして、田舎および農民に関するいくつかの著作。カロリーヌが最も注意深く読んだ本は、テクストや欄外で下線を引かれた多数の箇所が示すとおり、マルキニー神父の著書『強い女性、アデルスタン伯爵夫人――伝記的、道徳的研究』（パリ、ルコフル、一八七三年）。一八六七年の女子教育に関する論争でヴィクトル・デュリュイに反対の立場をとり、同じ年に二五歳で結婚し、一八七一年に没した、一人の敬虔な若い女性の日記の教化目的の出版。カロリーヌは夫婦、キリスト教徒の愛、死に関する部分に特別な執拗さを見せて下線を引いた。ジュリアは家族により、「貴族で勇敢な士官」のアンリと結婚させられる。キリスト教徒ではあるものの、熱心でない彼を、彼女は信仰に目覚めさせようとする。アンリは若い妻の死後、彼女の私的な書類の出版を決心した。真実であれ虚構であれ、カロリーヌはおそらく自分がジュリアとなり、エルネストがもう少しアンリに似ることを夢みたであろう……。

（2）一八六五年六月二八日、一本の区分線が次の言及に添えられている。「この新しいノートに私はなにを書き込むのか？」、まるで本来、異なったノートの後で清書したかのように。他の箇所では明らかに誤った日付のそばの余白に「？」がある。

（3）ミシュレ『フランス史』（一八六〇年、二七五頁）。

（4）重要な社会歴史学的研究が私的な日記に関してなされている。とりわけ以下のものを挙げておこう。ミシェル・ルルー『私的な日記』（パリ、ＰＵＦ、一九五二年）。アラン・ジラール『私的な日記』（パリ、ＰＵＦ、一九六三年）。ベアトリス・ディディエ『私的な日記』（パリ、ＰＵＦ、一九七六年。社会批評と精神分析の成果を踏まえて改訂された）。Ｖ・デル・リット『私的な日記とその文学形式』（パリ／ジュネーヴ、ドロス、一九七八年）。「母体的避難所」として、また、「女性の」エクリチュールの型《タイプ》として日記を強調するベアトリス・ディディエのアプローチは、われわれにとりとりわけ興味深い。

（5）備忘録《アジャンダ》、「やるべきことがらを記すための小さな本」（リトレ）は一八世紀初頭に生まれたようである。オロール・デュパン（未来のジョルジュ・サンド）は、王政復古時代にパリの英国女性《アングレーズ》修道院で、すべてを書き留める習癖のために「ミス・アジャンダ」と綽名されていた。ペスタロッチ学派につながりのある教育者マルク＝アントワーヌ・ジュリアンは、評価体系さえ予測して、子どもたちに毎日の総括の習慣をつけさせるために、「全般的な備忘録」を作り上げた。彼は、『幸福になるための第一の手段である、時間の使い方をうまく調整する目的の時間の使用、あるいは方法に関する試論』（パリ、フィルマン・ディド、一八〇八年）を著した。

（6）「何と多くの美しく、高貴な魂が、このとき、自らの感情を急ぎ書き留めることか。感情は、孤独を魅力と支えにした後で、ほかの魂に届いてそれらを高め、支えるであろう！」とメルミヨー猊下は書き、「サン＝ジェルマン街の名誉」スヴェチーヌ夫人、そしてとりわけ、ウジェニー・ド・ゲランに言及する。「この著作はすでに、私の知る限りでは、五つのプロテスタントの魂を真理の境界に導いた」（マルキニーによる引用、前掲書、一二三四頁）。

（7）注1、参照。

（8）とりわけ、ジャック・ランシエールの著書『プロレタリアの夜、労働者の夢の記録文書』（パリ、ファイヤール、一九八一年）、『ルイ＝ガブリエル・ゴーニ。平民の哲学者』（パリ、マスペロ、一九八三年）が明らかにするように、労働者は書くことに情熱を持っている。

（9）家族に関する調査については、ジョルジュ・リベイユに語ってもらおう。

（10）チュレンヌ通り六八番地、聖体会のベネディクト会修道院の跡地に一八二六年から三五年にかけて建立されたこの教会はマレ地区の主要な小教区の一つである。Saint-Denis と綴るカロリーヌは、一八四四年ドラクロワの筆になる脇聖堂のピエタを、ここで賛美することができた。

（11）ジョルジュ・サンド『書簡集』第一巻（一八一二—三一年）（パリ、ガルニエ、一九六四年、ジョルジュ・リュバン編）八八七頁。母へ（一八三一年三月三一日）。

（12）『ウイリアム・ブグロー（一八二五—一九〇五年）』、プチ・パレでの展覧会（一九八四年二—三月）目録。サント＝クロティルドの装飾については八五頁以下。

（13）ロジェ・マルタン・デュ・ガールは死後出版の小説『モモール中佐』（パリ、ガリマール、プレイヤッド叢書、一九八三年）で、家族の館への愛情を描いた。第二部第一六章「ブレーズ・サン＝ガルとその家族」（五五三頁以下）に、サン＝ギョーム通りに位置させたサン＝ガル家の館の描写が見られる。「それは左岸の非常に古い家であった。アパルトマンに分割された、昔の館にちがいない」。

（14）カトリーヌ・ロゼンボーム＝ドンデーヌ『フランスにおける宗教画（一八一四—一九一四年）』（パリ、たばこ専売公社博物館—ギャラリー、一九八四年、「宗教画の一世紀」展目録）一〇五頁、図版一三八の「マリーの子ども。その仕事」は、部屋で縫い物をしている若い娘を描いている。この部屋はカロリーヌの部屋であってもいっこうに構わない。

（15）この点について、アンヌ・マルタン＝フュジエの著作、とりわけ、『中産階級の女性、ポール・ブールジェの時代の女性』（パリ、グラセ、一九八三年）「女性の環境」を参照のこと。

（16）アンヌ・マルタン＝フュジエ『女中の場所』（パリ、グラセ、一九七九年）はこの問題のあらゆる面を明らかにした。ジュヌヴィエーヴ・フレス『何でもこなす器用な女たち』（パリ、スイユ、一九七九年）。

（17）カロリーヌ・ブラムの日記は、アルノ・メイヤの十分に展開された学位論文『旧体制《アンシャンレジーム》の持続——一八四八年から大戦までのヨーロッパ』（パリ、フラマリオン、一九八二年）を立証する。旧体制《アンシャンレジーム》の模倣はとりわけ、生活環境の領域で強化されている。第二帝政様式は一八世紀の諸様式を重苦しくして繰り返させるにすぎない。

（18）『研究《ルシェルシュ》』臨時増刊号（第二九号、一九七七年一二月）、「一九世紀における都市、居住環境、健康」。

(19) マティルド・ブルドン(一八一七―八八年)はゲントに生まれ、ジャーナリストとの結婚でリールに住む。裁判官でありサン=シモン主義者のエルキュール・ブルドンと再婚。彼女は小説、伝記、宗教書、礼儀作法書、戯曲など二〇〇冊近い本を出版した。著作のいくつかはとりわけ若い娘たちに宛てたものである。『若い人々へ、あいさつと礼儀作法』(パリ、ルティユー、一八六四年)、『若い娘のキリスト教徒としての一日』(パリ、ピュトワ=クルテ、一八六七年)、『マリーの僕《しもべ》たちの月』(パリ、ピュトワ=クルテ、一八六三年)など。カロリーヌの蔵書にM・ブルドンの小説何点かがある。最も有名な小説の一つ、『現実生活』は一八七六年、英訳される。マティルド・ブルドンは、北フランスの女性のカトリック作家ジュリア・ベクールやジョゼフィーヌ・ド・ゴールと同様、ボニー・スミスが「家庭のフェミニズム」と呼ぶものを展開。公務や金銭、要するに社会に脅かされている男性と向かいあって、女性はその美徳で積極的なヒロインを具現する。こうした点については、ボニー・スミス『有閑階級の女性たち――一九世紀における北フランスの中産階級の女性』(プリンストン、プリンストン大学出版、一九八一年)を参照のこと。この卓越した書は、カロリーヌの地方ならびに家族的側面である北フランスの中産階級の環境を知るうえで非常に貴重な文献である。B・スミスの多くの分析がカロリーヌに適用できるであろう。逆に、北フランスでのカロリーヌの日記のいくつかのエピソードはB・スミスの原資料に組み込まれえたであろう。

(20) 『フロベール‐サンド往復書簡集』(パリ、フラマリオン、一九八一年)九二頁、一八六六年一一月一三日の手紙。

(21) この時代の女子教育における母‐娘の関係の重要性はマリー=フランソワーズ・レヴィ『母から娘へ――フランス女性の教育(一八五〇―八〇年)』(パリ、カルマン=レヴィ、一九八四年)でとりわけ強調されている。

(22) エドゥワール・ブラムの死亡記事。

(23) オディール・アルノルド『身体と心――一九世紀の修道女の生活』(パリ、スイユ、一九八四年)で、一九世紀の修道院での死に方が詳述される。フィリップ・アリエス、ミシェル・ヴォヴェルの著書も参照されたい。

(24) 性的領域の区別ならびに性的役割の区別が頂点に達したのはおそらく第二帝政下である。だが、それは反論を呼びはじめ、一八六〇年代には女子教育に関する議論が激しさを増し、一八六七年、まさしく危機に到達する。フランソワーズ・マユール『第三共和政下における女子の中等教育』(パリ、国立政治学院、一九七七年)、および『一九世紀の女子教育』(パリ、アシェット、一九七九年)を参照されたい。トクヴィルは公的な事柄に対する女性の無関心を遺憾に思っていた。(スヴェチーヌ夫人への手紙、一八五六年一一月一〇日、『全集』第一五巻第二部、『A・ド・トクヴィルとスヴェチーヌ夫人の往復書簡集』、ピエール・ジベール編纂、パリ、ガリマール、一九八三年、二九二頁)を参照されたい。

(25) ソースタイン・ヴェブレン『有閑階級の理論』(一八九九年)。

(26) シャルル・ボードレール『審美拶猟』第三章「一八四六年のサロン」、第一八章「現代生活のヒロイズムについて」(一八四六年。パリ、ガリマール、プレイヤッド叢書『著作集』第二巻、一三四頁)。

(27) 夏の休暇は当時、八月一五日頃始まり、一〇月まで続いた。
(28) 数え切れないほどの例の中で、伯母マーの人物を参照のこと。マルタン・デュ・ガールの『モモール中佐』に登場する彼女も同じく、フランス学士院会員の妻である。
(29) フランス学士院への入会時には未完であったこの最後の著作で、モルティメ゠テルノは一八七〇年、ゴベール大賞を受賞。
(30) モーリス・アギュロン『フランスの中産階級における〈サークル〉、一八一〇―一八四八年――社交性の変動に関する研究』(パリ、A・コラン、一九七七年)。この古典的研究書でM・アギュロンは〈サークル〉の男性的性格を明らかにした。カロリーヌが友人たちの非公式《インフォーマル》のグループにこの表現を用いているのは興味深い。
(31) 『わが生涯の歴史』(パリ、ガリマール、プレイヤッド叢書)第一巻、八七〇頁以下。
(32) S・ボネ、A・コタン『初聖体拝領式』(パリ、一九六九年)、『フランスにおける宗教画』(前掲書)はこの時代の多数の光景を提示する。カロリーヌは一二歳のとき、非常に古典的なやり方で聖体拝領を行なった。
(33) ノルベルト・エリアス『文明化の過程』(一九三九年、パリ、カルマン゠レヴィ、一九七三年、およびプリュリエル叢書)〔邦訳、法政大学出版局〕。アンヌ・ヴァンサンは博士論文の「一九世紀における涙の歴史」に関する口頭審査を受けた(パリ第七大学、一九八五年)。
(34) ボードレール『笑いの本質について』(一八五五年、パリ、プレイヤッド叢書、『著作集』第二巻、一六八頁)。青少年における笑いの機能については、J‐P・サルトルの非常に示唆に富む指摘を参照されたい。『家《うち》の馬鹿息子』(パリ、ガリマール、一九七一年)第二巻、一二一七頁(こらえきれない笑い)、一四三六頁(笑いによる異議)、「喜劇のまじめさとまじめさの喜劇味」、等。
(35) コンピエーニュの北、およそ一〇キロの地にあるプレシ゠ブリオンの城館は一七八六年、ド・ブレダ家が購入。第一次世界大戦の直後までこの一族が所有した。
(36) マリウス゠ジョゼフ・アヴィ『若い女性だけの舞踏会』(パリ、プチ゠パレ美術館、一九〇三年)。
(37) マルティーヌ・セガレーヌ『家族の社会学』(パリ、A・コラン)一九八一年、一〇八頁以下。フランソワ・ルブラン『旧体制下の結婚生活』(パリ、プロン、一九六〇年)は、相対的に低い年齢を特徴とする貴族階級の結婚の模範を明らかにした(男性は二二歳、女性は一八歳)。一九世紀に、結婚年齢が徐々に下がる。一八六一―六五年には、平均して男性が二七・八歳、女性は二四・四歳である。カロリーヌや友人たちは明白に年長の男性と、若くして結婚した。カロリーヌとエルネストの場合、一〇歳の隔たりがある。
(38) J‐N・ボワリ『若い娘』(パリ、出版年代不詳(王政復古時代)二巻)は、若い妻たちに男性の夕食会をいらだたずに受け入れるよう助言する。
(39) ニコル・エドルマン「回転食卓がフランスに到来」(『歴史』第七五号、一九八五年二月)およびエリザベト・ルディネスコ『一〇〇年の対立――フランスにおける精神分析の歴史』第一巻、一八八五―一九三九年（パリ、ラムゼー、一九八二年）を参照。

(40)『A・ド・トクヴィルとスヴェチーヌ夫人の往復書簡集』（前掲書）、一八五六年一二月一四日。

(41) この点に関して、B・スミス『有閑階級の女性たち』（前掲書）で多数の指摘がなされている。とりわけ、九六頁以下、「空間、時間、問題、因果関係、そして行動」。

(42) ピエール・ピラール『フランスにおける教会と労働者たち（一八四〇―一九四〇年）』（パリ、アシェット、一九八四年）。事実は、教会が欠いているのはとりわけ生産の神学についてである。教会は生産を再生産と区別しない。興味深いシンポジウムの会議録『一九世紀の西欧社会における無為と余暇』（アドリーヌ・ドマール主宰、アブビル、パイヤール、一九八三年）を指摘しておこう。

(43) メルミヨー猊下はさらに、キリスト教徒の女性のためにいくつかの本を著した。『リヨンの婦人たちへの講話』『福音書に基づいた上流社会の婦人』、および『労働者の問題』（一八七一年）など。

(44) ロザリー修道女の声望に関しては、オディル・アルノルド、前掲書、クロード・ラングロワ『女性形のカトリシズム。一九世紀における女子修道会総長のいるフランス修道会』（パリ、セール、一九八五年）。

(45) 愛し方に関しては、ピエール・ヴィアラネ、ジャン・エラール（編）『フランスにおいて愛すること（一七六〇―一八六〇年）』。クレルモン＝フェランでのシンポジウム（一九七五年）、出版はクレルモン＝フェラン大学刊行物（一九八〇年、二巻）。

(46) ステファヌ・ミショー『ミューズとマドンナ。ノヴァーリスからボードレールに至るフランスおよびドイツにおける贖罪の女性の顔』（パリ、スイユ、一八八五年）はこの主題に多数の情報を提供する。出現の時代である。一八四六年ラ・サレット、一八五八年ルルド。

(47) フィリップ・アリエスは、墓地が「訪問の目的地、瞑想の場所」となる一八五〇年後、死者への崇拝がどのように始まったか、明らかにした。『死を前にした人間』（パリ、スイユ、一九七七年）〔邦訳、みすず書房〕参照。

(48) デュパンルー猊下は『典型的な著作、「カトリック要理」についての対話集』で、子どもたちにカトリック要理をもはや「棒読み」させず、「ローマ・カトリック教会の言葉」を教えるよう求めている。彼は若い娘たち、「献身の敬虔な先生たち」の助けを懇請する。

(49) 北フランスにおける労働者の状況は多数の著作の主題となったが、とりわけ、ピエール・ピエラール『第二帝政下におけるリールの労働者の生活』（パリ、ブル・エ・ゲー、一九六五年）、『一九世紀の北フランスにおける日常生活』（パリ、アシェット、一九七六年）。女性労働については、『ルヴュ・デュ・ノール』臨時増刊号「北フランスの女性たちの歴史」（一九八一年七―九月）。

(50)　ミシェル・ブイエは『身体の教育法（一七―一九世紀）』（パリ第八大学、国家博士論文、一九八四年）でこうした収容施設の働きを明らかにした。

(51)　アラン・コルバン『瘴気と黄水仙――嗅覚と社会的想像力（一八世紀―一九世紀）』（パリ、オビエ＝モンテーニュ、一九八二年）〔邦訳『においの歴史』藤原書店〕、とりわけ、第三部第一章「貧乏人の悪臭」。

(52)　確固とした教理問答の使命を持った司祭の彼は、とりわけ、『若い娘たちの完徳』（一八五六年）、『キリスト教徒の若い娘の手引書』（一八六〇年）の著者であり、『カトリック要理の新しい手引書』は一五版を重ねた。

(53)　O・アルノルド『身体と魂』（前掲書）は身体に対する対応にことのほか大きな意味を与えている。

(54)　フィリップ・ペロー『外見の細工あるいは女性の身体の変容（一八―一九世紀）』（パリ、スイユ、一九八四年）第六章「自然さの見せかけ」、『中産階級の表裏――一九世紀の衣服の歴史』（パリ、スイユ、一九八一年）。

(55)　ミシェル・フーコー『性の歴史』三、『自己への配慮』（パリ、ガリマール、一九八四年）五六―五七頁〔邦訳、新潮社〕。彼は「個人主義者の態度」、とりわけ家族の「私生活の重視」と「自己とのかかわりの強度」とを区別する。一九世紀中産階級にあっては、私生活が「行動の基準の中心」であるように彼には思われる。「したがって、個人主義がそこでは弱く、自己へのかかわりはほとんど発達していない」。こうした指摘はわれわれの対象を明らかにするものであると私には思われる。

(56)　モーリス・アギュロン「獣の血。一九世紀フランスにおける動物保護の問題」（『ロマン主義』一九八一年、第三一号「血」）。イギリスにならってある医師により一八四六年、パリに創設された「動物保護協会」の目的はまず、虐殺がまさしく蕩尽である輓馬の保護であった。

(57)　A・マルタン＝フュジエ『中産階級』（前掲書）七三頁以下。彼らは、すぐに新婚旅行をすることを避けようとする新しい慣行に合わせて行動する。イタリアは通俗で、月並みになった。

(58)　G・サンド『わが生涯の歴史』（前掲書）第一巻、四〇頁。「彼女は愛という言葉を決して使わず、彼についても、ほかの誰についても、彼女の口から発せられるのを私は一度として耳にしたことはなかった。老人を愛するのは私には不可能に思われると私が言うのを聞いていたとき、彼女はほほえんでいた。〝老人は若者より上手に愛するものですよ（……）〟。そして彼女は付け加えた〝今のこの時代、年老いているなどということがあるでしょうか！　老人を社会に連れ戻したのは革命ですよ〟」。

(59)　N・エリアス『文明化の過程』（前掲書）第六章「性的関係」で、ルネサンス以来の身体の機能の私的化、ならびに社会的側面と秘密で私的な側面との間で、「人間の内面で行なわれる奇妙な対立」が記述される。この一八六〇年代に始まるものはしたがって、感情ならびに、身体表現の抑圧の長い間の傾向の逆転である。

(60)　ボードレール『書簡集』第一巻、一四八頁、母オーピック夫人への手紙、一八四七年一二月一六日（パリ、プレイヤッド叢書、一九七三年）。

(61)「握手 shake-hand」は一八六〇年代にフランスで取り入れられはじめたイギリスの実践である。女性が最初に手を差し出すが、若い女性は慎むべきである。一八五七年には、手を握る行為はまだ非常に大胆なもので、ゴンクール兄弟は、ある若い女性が愛したり尊敬する人々の手を握ったときの手袋を聖遺物箱におさめた話を引き合いに出している。イザベル・ブリカールによる引用（「美しくあれ、そして口をつぐんでいるように」手稿）。

乳幼児へのまなざし――カロリーヌ日記における「ベビー」

(1) ダニエル・ロシュ『わが人生の日記――一八世紀のガラス張り職人ジャック＝ルイ・メネトラ』（パリ、モンタルバ、一九八二年）、グザヴィエ＝エドゥワール・ルジューヌ『カリコ、ミシェルとフィリップ・ルジューヌの調査』（パリ、モンタルバ、一九八四年）、『カロリーヌ・Bの私的な日記』（ミシェル・ペロー、ジョルジュ・リベイユ編。パリ、モンタルバ、一九八四年）を参照されたい。

(2) 若い娘たちの日記に関しては、フィリップ・ルジューヌ『令嬢たちの自我――若い娘の日記に関する調査』（パリ、スイユ、一九九三年）を参照されたい。

(3) パメラ・ド・ガルダンヌは一八六二年、三八歳で亡くなった。カロリーヌは一四歳であった。彼女はこの死別を深く悲しみ、繰り返しその『日記』で言及する。

(4) 本書への収録を同意されたことに、ジョルジュ・リベイユに対すると同じく謝意を表したい。

(5) 雑誌『ルソーの責任』の編集者フィリップ・ルジューヌの提唱でアンベリュー＝アン＝ビュジェイ（図書館）に、私的古文書センターが創設されたことはこの観点から非常に時宜にかなっている。

(6) この点に関しては多数の研究がある。イヴォンヌ・クニビレールとカトリーヌ・マラン＝フーケ『母親の歴史――中世から今日まで』（パリ、モンタルバ、一九八〇年、および、アシェット、一九八七年）。エリザベート・バダンテール『プラス・ラブ――母性愛の歴史、一七―二〇世紀』（パリ、フラマリオン、一九八〇年）。そして、カトリーヌ・ロレの卓越した著作『第三帝政下における乳児期政策』（カイエ・ド・ＩＮＤ、一二七号、パリ、ＰＵＦ、一九九〇年）。

(7) エリック・マンシオン＝リゴ『城館における幼年時代』（パリ、リヴアージュ、一九九〇年）。

(8) ファニー・フエイ＝サロワ『二〇世紀パリにおける乳母』（パリ、パイヨ、一九八〇年）。

(9) モニク・エレブ、アンヌ・ドゥバル『近代的住宅の考案――パリ、一八八〇―一九一四年』（パリ、アザン、一九九五年）。

(10) この主題については、アラン・コルバン「日記の書き手の探索」（Ｍ・ペロー編『私生活の歴史』第四巻『一九世紀』、パリ、スイユ、一九八七年、四五七頁）を参照されたい。

第Ⅱ部　仕事と女性

序

（1）マドレーヌ・ギルベール『産業における女性の役割』（パリ、ムトン、一九六六年）、『一九一四年以前の女性と労働団体』（パリ、CNRS、一九六六年）、マドレーヌ・ギルベール、ニコル・ローウィット、マリー＝エレーヌ・ジルベルベール＝オカール『仕事と女性の地位（注釈付き書誌）』（パリ、ラ・クルティユ、一九七七年）。エヴリーヌ・シュルロ『女性労働の歴史と社会学』（パリ、ドゥノエル＝ゴンティエ、一九六八年）、アンドレ・ミシェル『女性の職業活動と結婚生活』（パリ、CNRS、一九七四年）。

（2）ルイーズ・A・ティリー、ジョーン・W・スコット『女性、労働、家族』（ホルト、ラインハート・アンド・ウィンストン、一九七八年）〔仏訳、『女性、仕事、家庭』、パリ、リヴァージュ、一九八七年〕。

（3）ステヴィ・ジャクソン『クリスティーヌ・デルフィ』（ロンドン、セージ、一九九六年）。

（4）ジョーン・W・スコット「女性労働者」（ジュヌヴィエーヴ・フレス、ミシェル・ペロー編『女の歴史』第四巻『一九世紀』、パリ、プロン、一九九二年、四一九—四四五頁〔邦訳、藤原書店、原題『西欧の女性の歴史』〕）。J・W・スコット『ジェンダーと歴史の政策』（ニューヨーク、コロンビア大学出版、一九八八年）も参照のこと。

（5）Le MAGE——〈労働市場とジェンダー〉——は一九九五年、CNRSに創設され、こうした問題の現状を対象とする『Cahier du Mage』を発刊。歴史学の領域での問題意識の変化については、フランソワーズ・テボー『女性の歴史を書く』（パリ、フォントネ出版、アラン・コルバン序、一九九八年）を参照されたい。

（6）マティルド・デュブセ、ミシェル・ザンカリーニ『女性の道のり、現実と表象——サン＝テティエンヌ、一八八〇—一九五〇年』（リヨン、大学出版、一九九三年）。

（7）セルジュ・シャサーニュ『綿産業と経営者たち』（パリ、EHESS、一九九一年）、ドゥニ・ヴォロノフ『フランスにおける産業の歴史。一六世紀から今日まで』（パリ、スイユ、一九九四年）。

（8）デルフィーヌ・ガルデ「両大戦間のパリにおける会社員」（パリ第七大学学位論文、刊行予定）は仕事の性的分業の問題提起を完全に包含している。

(9) マリー＝ヴィクトワール・ルイ『初夜権――フランス、一八六〇―一九三〇年』(パリ、ラトリエ、一九九四年)。
(10) アラン・ブロー『初夜権――神話の製造、一三―二〇世紀』(パリ、アルバン・ミシェル、一九九五年)。クリスティーヌ・デルフィ『主要な敵――I・家父長制の政治経済学』(パリ、シレプス、一九九八年)、『主要な敵――II・性を考える』(刊行予定)。
(11) ベルンハルト・シュリンク『読書家』(一九九五年、仏訳、パリ、ガリマール、一九九六年) 一七〇頁。
(12) ジャック・ランシエール『民衆の国への短い旅』(パリ、スイユ、一九九〇年)。
(13) ジュディス・コファン『女性労働政策――パリ衣料品質易、一七五〇―一九一五年』(プリンストン大学出版、一九九六年)、ルイ・ベルジュロン編『針の革新、一九―二〇世紀』(パリ、EHESS、一九九六年)。トロアのメリヤス工業に関するヘレン・ハーデン＝シェヌトの論文、ミシンに関するモニク・ペリエールの論文、タイプライターに関するデルフィーヌ・ガルデの論文(彼女はタイプライターについてその博士論文「両大戦間のパリにおける会社員」で詳述している)の出版が待たれる。
(14) この点については、ソルボンヌのシンポジウム(一九九二年一一月開催)で発表され、G・デュビィ、M・ペロー監修『女性と歴史』(パリ、プロン、一九九三年)〔邦訳『「女の歴史」を批判する』藤原書店〕に掲載された、最もすぐれた専門家フランソワド・サングリ、リンダ・アントレ、マリー・デュリュ＝ベラによる一連の簡潔な報告「今日のヨーロッパの女性たち」(一一六―一九二頁)を参照することができる。

女性のストライキ

(1) 本章全体ならびにここで言及したすべての問題に関して、マドレーヌ・ギルベール『産業における女性の役割』(パリ／ハーグ、ムトン、一九六六年〔一九六六年a〕)、『一九一四年以前の女性と労働団体』(パリ、CNRS、一九六六年〔一九六六年b〕)を参照されたい。雇用数については、後書一三―一四頁に、種々の調査結果が収録されている。
(2) 一八六七年万国博覧会でのトタン工の報告(M・ギルベール、前掲書、一九六六年a、五〇頁に引用)。
(3) ストライキ実行者の妻たちの両義性を持つ役割については第三部を参照のこと。
(4) エロー県記録文書、4 M 3613 (94)。一八七四年六月三〇日から七月一〇日に至る、すべての工場の労働者(一二〇〇人)のゼネスト。
(5) 一八七八年のこの重要な運動に関して、ロアール県記録文書、92 M 15 ならびに警察知事記録文書、B A 172。「現在、休憩も中断もなく一三時間半と定められているわれわれの労働日の長さ」に不満を言い、「われわれは一二時間に定められるよう望んでいる」。

(6) イゼール県記録文書、166 M 1。知事への手紙、一八七六年一月二九日。

(7) 国の記録文書、F 12 4658。労働監査官ドゥラトゥルの省への報告書。一八八四年二月二五日。

(8) ロアール県記録文書、92M30、書類97。一八八九年八月二三日付陳情書。

(9) M・ギルベールの著書(一九六六年a)の最後に掲載されている女性労働者の面接調査でこうした代名詞が使われていることに驚かされる。女性の幻想か? アンリ・ボルドーの小説の登場人物、ディン伯母は家を脅かす「彼ら ils」への恐怖の中で暮らしている(『羊毛のドレス』参照)。

(10) 警察知事記録文書、BA178。「男性の、平等にしてふさわしい伴侶」となるために組合を結成しようと女性労働者に説き勧める、一八七八年六月の、サン゠シャモンの女性労働者への呼びかけ。

(11) ロアール県記録文書、92M15。糸の艶出し女工たちの知事への陳情書。

(12) イゼール県記録文書、166M1。一八七六年一月二九日、知事への手紙。

(13) 同上記録文書。一八七六年二月二日、知事へのヴォアロン町長の手紙。

(14) 『召集《ル・ラペル》』紙、一八七九年五月四日。

(15) 『民衆の叫び《ル・クリ・デュ・ププル》』誌、一八八七年一月一七日。ストライキ実行者たちの最後の集会で、「とりわけ知事が称賛された」こと、社会主義のエネルギーを残らず結集させたストライキの結果が中産階級の政治家たちに奪い取られることを嘆くデュク゠ケルシーの物語、「ここでは完全な腐敗で難渋している」。

(16) アルデーシュ県記録文書、141M1。一八八二年六月。

(17) ロアール県記録文書、92M15。一八七八年八月六日の手紙。

(18) エロー県記録文書、4M3613。一八七四年六月二四日の警視の報告書。

(19) この点については、M・ギルベールの著書(一九六六年b)で引用された申し分ない例を参照のこと(二二六頁)。

(20) ロアール県記録文書、92M15。書類95。糸艶出し女工たちは工場の周りに配置された警察官が彼女たちに浴びせる悪口雑言を知事に訴える。「けれども、知事殿、私たちは誰ものしりません、そして私たち女性が侮辱されることを望みません」。

(21) イタリア大通り、サロモン会社のコルセット製造女工たちのストライキ。警察知事記録文書、BA182、および『民衆の叫び《ル・クリ・デュ・ププル》』誌、一八八六年九月二一九日。

(22) ポショワ、ブリュニ両氏によれば、一八八四年二月一四日付『イゼール県の共和主義者《ル・レピュブリカン・ド・リゼール》』誌に掲載の手紙。

(23) 国の記録文書、F124 653。トゥールーズのたばこ女工、一八七五年。

(24) 警察知事、記録文書、BA182、書類7。「数日前から、いくつかの会社の女子のブロケード職工は指令に従って集団で仕事場を離れる機会を探していた」。彼女たちに「そっと耳打ちする役」は、新聞『労働党《ル・パルティ・ウヴリエ》』紙のヴィダルとかいう人物であろう。トゥールーズで、知事はたばこ工場の女工たちのデモで、「突然群衆の中に姿を見せた、すでに危険分子とされている何人かによりひそかに準備されたように思われる蜂起を摘発した」(国の記録文書、F12 4653、一八七五年四月三日)。ドゥカズヴィルで、「ブラ氏は、『民衆の叫び』誌を読むこと、ドゥカズヴィルのストライキ、そしておそらくヴィルフランシュの何人かが、彼の靴工場で縫製する「女性労働者たちの決断に影響を与えた」と考える(一八八六年)。

(25) ロアール県記録文書、92M15、書類66。

(26) 警察知事記録文書、BA172、一八八八年。

(27) 『召集《ル・ラペル》』紙、一八八〇年八月二三日。

(28) 一八八二年、リヨンのプレル工房の女子織工の場合。国の記録文書、F12 4662。

(29) 一八八二年、リヨンの国営たばこ工場の女性労働者の場合。

(30) アヴェロン県記録文書、52M1。ドカズヴィル市長、一八七二年九月二日。

(31) イゼール県記録文書、166M2、および国の記録文書、F12 4658。

(32) 警察知事記録文書、BA171、書類20。一八八八年一二月二七日の警察調書。「染物女工たちのストライキは、可能派《ポシビリスト》、ブランキ主義者、穏健右派たちに引っ張られて、完全に組織体を欠くであろう。委員会のメンバーは一昨日すでに、その任務から解放されることを求めた」。

(33) 国の記録文書、F12 4662。一八八六年、リヨンのセル＝モコ社の縫製女工のストライキ。新聞への声明文で、女性労働者は自分たちに影響を及ぼそうとする無政府主義者たちの行動を拒絶する。

(34) 警察知事記録文書、BA176、および『召集《ル・ラペル》』紙、一八八〇年七月三日。六〇〇人の女性労働者のうち四〇〇人のストライキ実行者、そして六五人の集会出席者。

(35) 警察知事記録文書、BA171、書類五七。一八八八年一二月二八日の警察調書。

(36) 同上記録文書、書類58。

(37) ロアール県記録文書、92M15。書類66。一八七八年七月。

(38) イゼール県記録文書。「ヴィエンヌの集結した全業種の女性労働者たち」の組合の規約。「……女性労働者がその利益の最も重大な侵害となる孤立状態により長く留まることは肉体的にも精神的にも不可能である。……女性の労働が生活ならびに自立にとってたえず不十分であることはこのうえなく不公平であろう」、等。

(39) 『ラ・マルセイエーズ』紙、一八七八年七月二二日。

(40) この点に関して、『ストライキ中の労働者たち——一、ストライキ運動』第一部参照のこと。
(41) この点に関して、M・ギルベール、前掲書（一九六六年b）、一五五頁以下参照のこと。
(42) 『平等《レガリテ》』紙、一八八〇年七月二八日。中部フランス、パリの社会主義地方会議で『平等』紙（ゲード派）が提出した動議。「女性の権利の問題はあらゆる生産手段の共有による労働問題によって解決されるであろうし、それによってのみ解決されえよう」。
(43) 『民衆の叫び』誌、一八八八年一二月二四日。
(44) 一九一一年、二八八頁—二九三頁。「女性の解放」にあてられた最後の章は実際、家事の重労働から進歩のおかげで解放され、「母性という高度の役割」に十分に専念する、女性の未来の生活の理想的な肖像画である。
(45) 警察知事記録文書、BA171、書類四三。一八八九年一月六日の警察調書、討論集会の報告。「数人の女性が罪のないロマンスを歌う。だが男性のほうは同じ行動をとらない」。
(46) アルデーシュ県記録文書、141M1。警視によれば一八八五年一一月九日、反共和主義者のこの雇用者ガメ＝ラフォンは女性労働者たちに、一〇月四日の選挙で「マリアンヌがぽっきり折れなければ」、賃金は減らされようと通告していた。
(47) ロアール県記録文書、92M17、書類一九。
(48) イゼール県記録文書、166M2。副知事、一八八三年三月一三日。
(49) ストライキ-祝祭の他の例。『ストライキの推移』第三部。
(50) ストライキのリーダーについては、第三部四五〇頁以下を参照のこと。何人かの女性リーダーの描写がなされている。
(51) 警察知事記録文書、BA171。
(52) 「老練の上巻き女子工員たち」に率いられた、一八七五年のトゥールーズのたばこ工場のストライキの典型的事例（国の記録文書、F12 4653)。
(53) 警察知事記録文書、BA177。一八七五年。
(54) 警察知事記録文書、BA177、書類5。一八七五年。
(55) 国の記録文書、F12 4662。一八八一年、ヴィルフランシュの染物織工のストライキ。この男女混合のストライキにおける女性の重要な役割。集会への参加、補佐として二人の女性が常時、事務所にいること。総会の枠外で女性のための専門集会、等。
(56) つまり、ローヌ県二二件。イゼール県一八件。ブーシュ＝デュ＝ローヌ県およびガール県一五件。ロアール県一一件。アルデーシュ県七件。エロー県五件。ドローム県三件。オート＝サヴォワ県二件。ヴォークリューズ県一件。
(57) リヨン、ヴィエンヌ、あるいはマルセイユで、民主主義擁護の新聞は女性のストライキに特に注意を払っているように見える。共和派のクラブは女性労働者の集会のために事務所を幾度も提供する。急進主義のクラブは一八七四年、一八八〇年にガンジュの警視から告発される。エロー県記録文書、4M3613 を参照のこと。

(58) 彼女たちはストライキの後で組合を結成する。紛争の七パーセントでこの過程が認められる——結束の必要性の認識の表れ。

(59) このストライキについては、国の記録文書、F12 4665。特に、イール＝エ＝ヴィレーヌ県記録文書、60M61 を参照されたい。

(60) M・ギルベールはこれらの文献の一部を援用した（一九六六年 a、三七頁以下）。

(61) B・マロンによる（一八八一年一月一五日付『パリの市民』紙）。

(62)『一九世紀における女性の労働』（一八七三年、四一四頁以下）は、制度の家族的利点を強調する。「きわめて有効で、それでいて専制的でないこの支援。いかなる悪用にも到達することのほとんどないこの自由。自らを律する若い娘たちに見られるこの礼儀作法、この態度、この品位、この将来に対する心がけ、この知恵……」。

(63) 絹織物産業の経済状況については、E・ルヴァスール『第三共和政下の労働問題および産業問題』（パリ、一九〇七年）一〇七頁以下、を参照されたい。

(64) 一八八四年二月一七日付『ドーフィネ地方の目覚め《ル・レヴェイユ・デュ・ドーフィネ》』紙に記述。新聞記者が立て付けの悪い小部屋で、赤ん坊のいる夫婦にインタビューした。「起床、四時半……、就寝、一〇時。以下同様、施設から工場へ、目と鼻の先。工場から施設へ。平均して一日、一・八フラン」。労働者は五週間ごとに四五フラン稼ぐと明言する、その中から住居に七・五フラン、修道女に赤ん坊を預ける費用として三〇スーを引かなければならない。残りは三六フランである。

(65) 一八九〇年には二〇の工場で二万人の労働者を雇用。

(66) この主題については、『APO』第一巻六二七頁を参照のこと。初めはあまりにも少なかった年金の額は、一八九〇年一一月に結成されたたばこ連盟の主要目標である。

(67)『労働局公報』一九〇七年一月号、四〇一頁。

(68)『APO』第一巻、六〇三頁以下のほかにM・ギルベール（一九六六年 b、九三—九九頁）を参照されたい。連盟の審議についての生き生きした、また詳細な調査。

(69) 継続の最長期間はマルセイユのストライキ、一八八七年一月六—二一日。

(70) 年少の見習いたちが、年長者により押し返された仕事をすることを次々と拒否し、次に年長者たちが年少者たちの解雇に反対して蜂起する、一八七五年のトゥールーズのストライキに関して、国の記録文書、F12 4653, préf.-min. 一八七五年四月七日、参照のこと。「連帯《ソリダリテ》、同僚であること《コンフラテルニテ》、献身《デヴマン》といった言葉があっというまに広がり、またたくまに年長の〔葉巻たばこの〕上巻き女子工員たちは顔を上げた」。

(71)『民衆の叫び』誌、一八八七年一月一五日。

(72) ストライキ全体に占める農業ストライキの割合は、一八六四—七〇年〇・三パーセント、一八七一—九〇年一・一パーセント、一八九四―一九一三年四・一パーセント、一九一九―三五年三・二パーセント。農業ストライキの調査については、P・グラトン『農村での階級闘争』（パリ、アントロポ、一九七〇年）三―三九頁を参照されたい。

主婦を礼賛する労働者の言説

（1）『一八六七年万国博覧会での労働者代表の報告』第一巻、四頁。この主題に関する最近の新しい解釈として、ジャック・ランシエール、パトリス・ヴォデ「博覧会に出かけて。労働者とその妻、そして機械」（『論理的な反抗《レ・レヴォルト・ロジック》』第一号、一九七六年冬季）。

（2）残念ながら未刊であるが、基礎的な研究はルイ・ドゥヴァンス『フーリエからプルードンまでのフランス社会主義者の思想における家庭の問題』（博士論文、ディジョン、一九七二年）。

（3）第四版、パリ、ポピュレール事務局、一八四四年、三〇頁。

（4）『ある共産主義者が改革主義者に宛てた共同体についての一二通の手紙』四九頁（われわれがこの分析の根拠としているルイ・ドゥヴァンスによる引用）。

（5）この点に関しては、クリストファー・ジョンソン『フランスにおけるユートピア的共産主義。カベとイカリア派（一八三九―五一年）』（イタカ、コーネル大学出版、一九七四年）。

（6）ロベール・ブレシ『フランスにおける労働組合運動（一八七一―一九二一年）――文献的試論』（ムトン、一九六三年）に一八八六年以降のすべての会議の議事日程が収録されている。

（7）マドレーヌ・ギルベール『一九一四年以前の女性と労働団体』（パリ、CNRS、一九六六年）は、最初にこの資料を用いて、こうした沈黙を指摘している（たとえば二〇頁を参照されたい）が、解釈には慎重である。

（8）この点に関して、モナ・オズーフ『学校・教会・共和制（一八七一―一九一四年）』（パリ、コラン、キオスク叢書、一九六三年）を参照されたい。

（9）『フランス社会主義労働者大会会議』。マルセイユ、フォリ・ベルジェール・ホールで一八七九年一〇月二〇日から三一日まで開催された第三回会議の議事録（マルセイユ、一八八〇年、八三一頁）。一九一四年以前の大会の全議事録の中で最も重要にして、最も完全な議事録。

（10）二四六―二四七頁。「笑いと拍手」の記載。

（11）再び、ボルドーの労働組合連合の代表、ルーセの言葉。「女性のいるべき場は、日々のかくも多くの家事が彼女を必要とする家庭にあり、工場や作業場にはない。そこでは頻繁に、雇用者、現場監督、労働者は、女性が常に抱かせるべき敬意や慎みを持ってはいない。若い娘は、後に妻や母となったとき、子どもたちを放り出し、熱心で親切な監視がないために、彼らを有害このうえない影響や、危険きわまりない事故にさらすことなく、家の中で遂行できるような仕事だけを習得すべきであろう」（七七一頁）。

(12) 大衆芸術および民族博物館の注目すべき展覧会目録『伝統的なフランス農村部における夫と妻』（パリ、一九七三年）。

(13) 事故、身体の損傷、不適切な地位、疾病——貧血、肺結核症——に加えて、「有害な発散物」「汚染した大気」「有毒な瘴気」「死に至らしめる空気」が告発される。労働者は一七五〇年から一八五〇年にかけて支配的であったヒッポクラテス医学に浸っている。

(14) フランスでは女性労働保護の最初の法的措置は非常に遅く、一八九二年の法律である。社会的保全と人種保護の議論がその採択にあって優勢であった。

(15) ジュール・シモン『女性労働者』（第三版、一八六一年）、『八歳の労働者』（一八六七年）はこの考え、および、家庭の必要／生産の必要のジレンマを代弁する。彼の著作はさらに深い分析に値しよう。一九世紀初頭の産業主義者たちの思想については、たとえば、シャルル・デュパン『フランスの小生産者』第六巻『女性労働者』（パリ、バシュリエ、一八二八年、二〇八頁）。その中心人物〈優しい《ボンヌ》マリー〉は三人の子どもに授乳し、早い時期に種痘をし、家庭で裁縫もする。家庭労働のイデオロギーと実践は二〇世紀初頭に、電気によるエネルギー細分化の可能性により拍車がかかった。アニー・ビロン『一九〇〇年から一九一四年までのパリでの女性の家庭労働』（パリ第七大学、修士論文、一九七四年、タイプ原稿）。

(16) 女性の労働力の利用としての作業室の役割、教育者さらに現場監督（たとえばフランス南東部の絹織物業の寄宿舎においては）としての修道女の役割は現在、フランスでと同様、外国でも多数の研究の対象になっている。ドミニク・ヴァロリの論文「閉じ込められた女性労働者。絹織物業の修道院」（『論理的反抗《レ・レヴォルト・ロジック》』誌、一九七六年、第二号）。

(17) ピエール・サミュエルの最近著『アマゾン、戦士とたくましい女』（グルノーブル大学出版、一九七五年）を参照されたい。「身体的偉業の点で男性に匹敵し、また男性をしのぐ女性についての、時代、神話、民間伝承を通じた……」研究。「女性のとぼしい体力は不可避の生物学的事実ではない」。

(18) 八〇四頁。この文章の票決は報告書が示すように（八〇五頁）動揺なしでは済まなかった。

(19) それはボルドーの労働組合連盟のルーセの意見である。「何人かが要求している女性の参政権に関して、私は次のように考える、すなわち、その行使は夫婦の間のいざこざの要素となりえ、妻は夫に助言を与えたり、日々の問題に対する自分の考え方を知らせることで及ぼすことのできる精神的影響力を失うであろう。妻が夫の考えに反対し、投票によりその政敵と一致協力する覚悟をしているのを夫が知れば、妻の意見は明らかに以前ほど聞き入れられぬであろう」（七七一頁）。

(20) 『鋳造《ラ・フォンドリー》』、一九〇三年八月二三日号（C・グラによる引用、「連合の機関誌を通して浮かび上がる型込め工」（『社会運動《ムヴマン・ソシアル》』

誌、一九六五年一〇―一二月号）。

(21) 一九一三年、リヨンの植字工組合支部は女性植字工のエンマ・クリオが願い出た加入を拒み、そのうえ、「女性植字工と結婚した組合員はすべて、違反すれば除名の罰を受けるものとして、前者に植字に携わらせつづけること」を禁止する総会の決定を破った罪があるとして彼女の夫を除名した。テーマとするに値すると思われるこの事件については、マドレーヌ・ギルベール、前掲書、六三頁、四〇九―四一二頁を参照のこと。

(22) 連盟本部編の小冊子（三二頁）、（一九一三年）『土曜半休制度。労働時間を短縮しよう。土曜半休制度を要求しよう』警視庁記録文書、BA1605（ジャン＝ポール・ビュルディによる引用、『一九〇三年のセーヌ県におけるストライキと革命的サンディカリスム』パリ第七大学修士論文、一九七四年）。

(23) 同上冊子。図像集は豊富である。ユーモアと面白さにみちた金属連盟の図像集は、「仲間」に語りかけ、より平等主義の発言をする。「君は君の家庭をもう少し楽しむことになる。ママが子どもの身なりを整え、パパは〝住居〟を少しばかり片付ける」という文句が、挿画――箒を手にし、足に床磨き器をつけた夫が、「おちびさん」の髪を結っている「ママ」を見つめている一方、幼い息子が念入りに耳を洗っている――に添えられている。

(24) 一八世紀後半の都市の発達は産業革命につづく以上に先行している。別の性質のものである。

(25) ルイ・シュヴァリエ『一九世紀前半におけるパリの勤労者階級、危険な階級』（パリ、プロン、一九五八年）〔邦訳『労働階級と危険な階級』みすず書房〕。

(26) エドワール・ショルテ『近代家族の誕生』（パリ、スイユ、一九八一年）。

(27) 女性のための性革命の影響力についてよく考えてみることができよう。女性は、効果的な女性の避妊法がないために子ども殺し、遺棄、単独の扶養の問題に直面する、望まない妊娠の犠牲者のままであった。

(28) ジェフリ・カプロウはパリの労働者階級の形成を、一方、ミシェル・フレイは一九世紀前半におけるパリの労働者の家庭を調査する。

(29) M・ナドー『かつての石工レオナールの回想』（ブルガヌフ、一八九五年。新版、パリ、アシェット、一九七六年、モーリス・アギュロンによる序文と注解）。ジャン＝バティスト・デュメ『ル・クルーゾのとある戦闘的労働者の回想（一八四一―一九〇五年）』（この未刊作品の出版責任者ピエール・ポンソによる序文と注解。マスペロ、グルノーブル大学センター、一九七六年）。

(30) たとえば、J・レミ「都市工業圏に広がった家庭の存続」（『社会学フランス評論《ルヴュ・フランセーズ・ド・ソシオロジー》』誌、一九六七年八月）。

(31) 産業化の初期に見られた、企業の住宅に住むことへの労働者の拒絶、あるいは労働者用共同住宅地区に対する嫌悪は、この抵抗の一つの形である。リオン・ミュラール、パトリック・ジルベルマン「都市‐工場、居住環境と私生活――一九世紀の鉱山地区の例」（『研究《ルシェルシュ》』誌一九七六年一一月）。

(32) ジョーン・スコット、ルイーズ・ティリー「一九世紀ヨーロッパにおける女性労働と家庭」(『社会と歴史の比較研究』誌、一九七五年第一号)。この二人の著者は一九世紀末の労働者階級における既婚女性の労働に関する重要な調査を計画している。最初の産業化の、おそらく重要な、前段階については、ハンス・メディックの最近の論考「最初の産業従事者の家庭経済。小農社会から産業資本主義への過渡期における家事と家庭の構造機能」(『社会史』誌、一九七六年第三号)を参照のこと。
(33)『経済学概論』(一八〇三年)。
(34) 細目は次のとおりである。工場長一二・二パーセント、在宅女性労働者三五・九パーセント、従業員七・九パーセント、使用人一七・四パーセント、女性労働者二五・一パーセント、女性失業者一・五パーセント。

反抗する民衆女性

(1) 新しい雑誌『歴史』(スイユ)の創刊号がジョルジュ・デュビィの論文「中世の女性」(一九七八年)で始まることは象徴的事実と指摘されよう。
(2)『愛の砂漠』(プレイヤッド叢書)七六九頁。
(3)「一九世紀における女性の神話と表象」(『ロマン主義』、パリ、シャンピオン、一九七六年、所収)および、C・クレマン、H・シクスー『若きネー』(パリ、10/18叢書、一九七五年)の見解を参照されたい。
(4) ジャック・ドンズロ『家族の警察』(パリ、ミニュイ、一九七七年)〔邦訳『家族に介入する社会』新曜社〕。
(5) ル・プレ『ヨーロッパの労働者』第二集、第一巻、一八七九年、二七〇頁以下、「女性労働」。『ヨーロッパの労働者』および『両世界の労働者』に収められた家族に関するモノグラフは、それらの保守的イデオロギーにもかかわらず、家事労働や、一九世紀フランスにおける主婦の権限を記述する数少ない資料の一つである。
(6) ジュール・シモン『女性労働者』(パリ、一八六一年)。
(7) アンリ・レイレ『市外区の真ん中で(労働者の風俗)』(パリ、シャルパンティエ、一八九五年)五〇頁。
(8) ル・プレ『ヨーロッパの労働者』第四巻、「ラオネの小作農民」、一一〇頁。
(9) アンドレ・ミシェル『女性の職業活動と結婚生活』(パリ、CNRS、一九七四年)八四頁。
(10) 生計の混乱期における女性の役割の研究はまだ系統的になされていない。筆者は、一八一六—一七年の混乱期に関する古文書資料の部分的な調査に基づいている(国立古文書館、F11 722-736 および BB18 の種々の資料)。
(11) ここでE・P・トンプソン「一八世紀におけるイギリスの民衆の道徳的な経済」(『過去・現在』、一九七一年、七一—一三六頁）の考察に一致する。
(12) より詳細な点に関してはM・ペロー「一九世紀前半のフランスにおける労働者と機械」（『調査、労働兵士』、一九七八年一〇月）を参照されたい。
(13) E・ルヴァスール『大革命前のフランスにおける労働者階級の歴史』（パリ、ギョーマン、一八五九年）第一巻、二〇三頁以下。
(14) テュテ『フランス革命期のパリにおける公的扶助』第二巻、四〇一頁。
(15) 同上書、第二巻、一七九〇年七月の文献（五九四頁）。
(16) M・アギュロン「一九世紀における女性の使用。共和国の寓意」（『神話と女性の表象』（前掲書）ならびに最近刊行された『闘うマリアンヌ』（フラマリオン、一九七九年）。
(17) バルザック『私生活情景』第二巻（一八四二年）「続・女性研究」。
(18) ヴェブラン『有閑階級の理論』（一八九九年）。中産階級における妻の「これ見よがしの」消費の役割、要するに「飾り物的女性」の役割についての卓越した考察。
(19) ラ・ベドリエール『実業家――フランスにおける仕事と職業』（パリ、一八四二年）三頁。
(20) アラン・フォール『パリ、灰の水曜日に先立つ三日間――一九世紀におけるパリのカルナヴァル論』（パリ、アシェット、一九七八年）一三三頁以下。
(21) J・バルブレ『職業に関するモノグラフ』第一巻（パリ、ベルジェ＝ルヴロ、一八八六年）二八〇頁。
(22) ラ・ベドリエール、前掲書、二七頁。
(23) A・フォール、前掲書。市場の女商人たちの言葉については六五頁以下。
(24) アロワ、リュリヌ『パリの監獄』（一八四六年）五頁。
(25) A・ネトマン『新聞小説に関する批判的研究』（一八四七年）、特に第二巻四四二頁、「家事好きの女性」への手紙。
(26) エヴリーヌ・ディエボルトの研究および『ル・プチ・ジュルナル』紙の連載小説に関するその学位論文。
(27) この主題に関してル・プレの著書に多数の描写がある。パリの大工の妻が「日常使われる、ある種の診療行為に熟練していると思い、家族に突発する身体の不調を自ら治療する。ある民間医の衛生思想を信じて、彼女は外用消炎鎮痛液とカンフル入り調合薬を多用する（……）。他の地方でもきわめて一般的な、こうした衛生的実践の大部分が、パリの労働者の妻たちの間に普通に見られ、彼女たちは家族の中ですすんで医者の役目を引き受ける。こうして、伝承に基づく処方のいくつかが伝えられる」。『両世界の労働者たち』第一巻（一八五八年）三二一頁。
(28) ドロシー・トンプソン「欠けた存在。一九世紀前葉における労働者階級組織体からの女性の撤退」未刊。J・ミッチェル、

A・オークリー『女性の善悪』(ニューヨーク、ペンギン・ブックス、一九七六年)に部分的に収録。
(29)『一八世紀パリ生活誌』(一七八三年)。シャンソン酒場については、ジャック・ランシエールの研究「よき時代あるいは歓楽の柵」(『論理的反抗』第七号、一九七八年春―夏号)を参照されたい。
(30)モーリス・アギュロン「歴史と風俗学。バス・プロヴァンス地方のシャンブレ」(『ルヴュ・イストリク』一九七一年四―六月号)。
(31)これらの暴動については、エミール・ヴァトレ『フランス北部地方の最近の暴動』、とりわけ、J―M・フロノー『物価高の危機。民衆の反応と労働組合の反応』(修士論文、パリ、一九六六年、未刊。「物価高の危機と労働組合運動」(『社会運動』一九七〇年七―九月号)に要旨。

機械と女性

(1)ダヴィド・ランド『技術ヨーロッパ』(パリ、ガリマール、一九七五年)。
(2)ギ・テュイリエ『ニヴェルネ地方の一九世紀日常生活の歴史のために』(パリ、ムトン、一九七七年)一八〇頁、注一四五。
(3)労働局『小企業――賃金と労働時間』第二巻「パリの衣服」(パリ、一八九六年)三三頁。「ドイツ製機械の販売方法はしばしば、〈フランスの愛国的なあだ名〉で表すことにある。昔のフランスの製造者はしだいしだいにライン川の向こうのかつての競争相手の特約店になる」。工作器具の領域でのフランスの遅れはこの時代、繰り返し現れる主題。現代の問題の古い根源。
(4)G・テュイリエ、前掲書、一五五頁、注九八。
(5)G・テュイリエ『一九世紀における庁舎での日常生活』(パリ、アシェット、一九七六年)一九五―二〇三頁、「一つの革新。オフィスの中の女性」。『タイプライター、昨日と明日』(書籍研究所シンポジウム、ロジェ・ロフェ編。パリ、ソラン、一九八二年)、とりわけ、G・リベイユ「タイプライター、タイプライターの仕事に関する歴史的概観」、アニー・ソルナガ(パリ第七大学修士論文、未刊。一九八一年)。これだけですでに非常に大きな主題であるから、私はここではこの問題を論じない。
(6)ミシェル・ペロー「共同洗濯場の女たち」(『魔女』第一九号、〈不潔〉)。共同洗濯場の場合、機械化は女性と空間、労働の関係を完全に変えた。機械化され、共同洗濯場の労働は男性の仕事になり、女性はもはや受け身の顧客でしかない。
(7)『技術文化』第三号(特集号)〈家庭の機械〉を参照されたい。特に、マルティーヌ・マルタン「両大戦間のフランスにおける家事の合理化」(一九八〇年九月一五日号)。
(8)ジュール・シモン『女性労働者』(第三版、一八六一年)二一九頁。

(9) オディル・アルノルド『身体と魂――一九世紀における修道女たちの生活』(パリ、スイユ、一九八四年)。

(10) G・ダザンビュヤ『若い娘と近代的変化』(パリ、一九〇五年)をA・ソルナガが挙げている(前掲書)。ソルナガはほかに多数の文献を挙げるが、中でも、M・ヘンデル『速記タイピストのあるべき姿』。「求人がどちらかと言えば女性に向けられるとすれば、それはむしろ、この種の仕事がより受け身で、女性により適していることを考慮してのことである。商業が、彼らのより広範な教養ばかりか、より強靭な体力により、実質的な競争に適している男性従業員の不足に苦しんでいるときに、一年中、一台の機械の操作に縛りつけられている屈強な男を目にすることはないであろう」。女性がこうした仕事に順応できなかったならば、男性が「あらゆる事務所の第一位の従業員になったであろう(……)。商業にかかわる事務所の序列で主要な地位の一つを男性の手から取り上げたであろう」。男性の存在だけが職業に資格を与える。

(11) ポール・ルロワ゠ボーリュー『一九世紀における女性労働』(パリ、第二版、一八八八年)一四二―一四三頁。

(12) ミシェル・ペロー「一九世紀前葉のフランスにおける労働者と機械」(『研究《ルシェルシュ》』誌臨時増刊号〈労働の戦士〉)。

(13) エレーヌ・ロベール「一九世紀における機械化と女性労働」(パリ第一大学、第三課程博士論文、一九八〇年)。紡績工場の場合、女性から仕事を取り上げるのは男性である。「ランスで一八二〇年から一八三〇年の間に、〈紡ぎ車と糸巻き棒〉で女たちが家でやっていた手紡ぎから紡績に移行するには三年間で十分であった。後者では作業全体がいくつかの作業場といくつかの工程に分割される。〈織糸〉の製造の最終工程の典型的な操作は、資本主義的生産システムの資格の新しい規準に基づいて、新たな資格が与えられよう。そして、その操作はもっぱら男性に割り当てられよう。複雑かつ非常に進歩した機械を用いた最高度の機械化の水準に達する唯一の自動化された機械〈マル・ジェニー自動紡績機〉を操作するに必要な筋力はかつてないほどわずかであったが、女たちはこの機械に決して近づけない」。紡績工は紡績工場の「下司官」である。

(14) ピエール・カスパール「コルタイヨの工場」(『社会運動』誌臨時増刊号〈フランスにおける労働者階級の誕生〉、一九七六年一〇―一二月号に所収)。

(15) M・V・ルイ『初夜権――フランス。一八六〇―一九三〇年』(パリ、ラトリエ、一九九四年)参照のこと。

(16) これら修道院‐工場に関する重要な文献。特に、ドミニク・ヴァノリ「フランス南東部の絹糸紡績女工たち(一八九〇―一九一四年)」(パリ第七大学修士論文、一九七五年、および『論理的反抗』誌、一九七六年春季号、所収の論文「閉じ込められた女工たち――絹糸紡績の修道院」)。

(17) ナタリー・デイヴィス「一六世紀リヨンの手工芸における女性」(『ガスコン雑録』、リヨン、一九八〇年)に収録。

(18) ジョーン・スコット、ルイーズ・ティリー『女性、労働、家庭』(ラインハルト&ウィンストン、一九七八年。仏訳、パリ、リヴァージュ、一九八七年)。

(19) 〔原書で欠落〕

(20) パトリシア・ブランカ「女性労働の新しい展望。比較類型学」(『社会史ジャーナル』誌、一九七五年、九/二巻)。
(21) ベリーおよびアランソン地域における、コルベール時代の、工場への閉じ込めに反対した一六六五年から一六六七年の暴動については、E・ルヴァスール『一七八九年以前のフランスにおける労働者階級の歴史』第二巻、二〇一頁参照のこと。
(22) F・エヴラール「ルーアン地域における織物工場の労働者たち(一七八九―一八〇二年)」(『フランス革命歴史年報』、一九四七年)。
(23) C・バロ『フランス産業への機化導入』(リール、一九二三年)四四頁、注五三。
(24) M・ペロー「労働者と機械……」(前掲論文)。
(25) フランシーヌ・ガイヨ『一八一五年から一八四七年のフランスにおける労働者の機械への抵抗』(パリ第七大学修士論文、一九七七年、タイプ原稿)一八六頁。
(26) 『ガゼット・デ・トリビュノ』紙(一八三一年一〇月一二日)。
(27) ドイツにおけるミシンについては、カリン・ハウゼンの論文「一九世紀における技術的進歩と女性労働。ミシンの歴史」(『歴史と社会』、一九七八年第二号)、および『社会運動』誌(一九七八年X-XII)〈一九世紀フランスにおける女性労働〉に掲載した筆者の報告。
(28) P・ルロワ＝ボーリュー、前掲書、三九七頁。
(29) 同上書、四〇六頁。
(30) J・シモン、前掲書、八一頁。
(31) P・ルロワ＝ボーリュー、前掲書、四〇九―四一〇頁。
(32) 労働局『下着産業における在宅労働調査』第一巻(一九〇七年)。しかしながら、ここで記述された女性労働者たち全員がミシンを持っているわけではないこと、および、最低賃金は手工業の女性労働者の間に見られることを指摘しておこう。
(33) 『マルセイユ労働者大会』(一八七九年)一七一頁による。
(34) 『マルセイユ労働者大会』、前掲書、一七六頁。医学報告(『医学アカデミー』誌、一八六六年)による。
(35) P・ルロワ＝ボーリュー、前掲書、四〇七頁以下。
(36) 「マルセイユ労働者大会」、前掲書、二八三頁。
(37) P・ルロワ＝ボーリュー、前掲書、四六一頁。
(38) 『マルセイユ労働者大会』、前掲書、二八三頁。
(39) この点については、パオラ・タベの基本的な論文「手、道具、武器」(『人間――人類学のフランス評論』誌(パリ、ムトン、第一九巻、三―四号、一九七九年七―一二月、五―六二頁)を参照されたい。パオラ・タベにとって、道具の異なった使用が分業と女性に対する男性支配の根本的要因を形成する。一定しない活動が技術改良によって機械化されるとたちまち、それは男性化し、男たちは武器に対すると同様、最も精巧にできた道具への支配を維持する。「男と女を引き離す、数千年前からの〝科学技術的隔たり〟は、したがって文化が作り出したものである。その結果は、威信、あるいはスポーツの性格を呈する、男性的活動の重視で倍加される」。一九世紀における機械化と、男性／女性の関係の歴史は、民族学の範囲内で、パオラ・タベの仮説を確証するように筆者には思われる。

(40) クロード・キゲ『一九〇〇年の女性と機械――強迫観念〈現代風〉の解読』(パリ、クランクシック、一九七九年)。

(41) C・キゲ、同上書、二五一頁。

「女性にふさわしい職業」

(1) 本号は「一九世紀フランスにおける女性労働」(『社会運動』誌、一〇五号、一九七八年一〇―一二月)で始めた考察をつづけるものであり、二〇世紀も明確に一環とする。

(2) M・ユエ「就業権を解読する」(『女性解放の新しい問題』誌、一九八六年冬季、一四―一五号「女性、雇用形態」)を参照のこと。この号は本題にとって特に有用である。同じく、『労働の性――家族構造と生産システム』(グルノーブル、大学出版局、一九八四年、二七名による共著)。

(3) Y・ヴェルディエ『話し方、やり方――洗濯女、お針子、料理女』(パリ、ガリマール、一九七九年)〔邦訳『女のフィジオロジー』新評論〕。

(4) Y・クニビレール『われわれ、ソーシャルワーカー』(パリ、オービエ、一九八〇年)。

(5) N・Z・デイヴィス「一六世紀のリヨンで手工芸に携わる女性」(『ガスコーニュ地方論集』、リヨン、大学出版局、一九八〇年)。

(6) コルタイヨに関するP・ガスパールの研究(『社会運動』誌、一九七六年一〇―一二月号)。特に、同著者の「エスタヴァイエの筆洗い女たち。一八世紀における女性労働市場での雇用者の戦略」(『ルヴュ・シュイス・ディストワール』誌、一九八六年)、S・シャサーニュ『トゥルヌミーヌ＝レ＝ザンジェの捺染織物工場、一七五二―一八二〇年』(パリ、クランクシック、一九七一年)を参照されたい。

(7) J・シモン『女性労働者』(パリ、アシェット、一八六一年)二一九頁。

(8) P・ルロワ＝ボーリュー『一九世紀における女性労働』(パリ、シャルパンティエ、一八八八年)。

(9) M・ドレサン「女性、鉱夫、会社」(『女性解放の新しい問題』誌、一九八六年冬季、一一七―一二九頁)。

(10) E・P・トンプソン「時間、労働、産業資本主義」(『リーブル』誌、一九七九年第五号)は、外より家内での、より少ない分配を前提とする賃仕事が、伝統的社会の中でいかに男性・女性労働の規範であるか、産業社会の時間給――時計の時間――によりいかに信用を失墜したか、その途端、賃仕事が家内の、時代遅れの、そして非合理的な労働に結びついたものとして現れるか、を指摘する。

(11) S・バシュラシュのほかに、P・ペズラ、D・プブラン「夫のいない女。郵便局女性職員」(A・ファルジュ、C・クラピシュ監修『マダムかマドモワゼルか?――一九世紀における女性の孤独の過程』、パリ、モンタルバ、一九八四年、一一七―一六二頁)。

(12)『世論調査』および『女性情報機関』(AFI)により一九八五年、実施された調査。

(13) A・フルコ『両大戦間のフランスにおける工場の女性』(パリ、マスペロ、一九八二年)。

第Ⅲ部　都市と女性

序

(1)「女性の文化と権力――史料編纂の試み」(共著。『アナール』誌、一九八六年三―四月、二七一―二九三頁)。

(2) クリスティーヌ・フォレ監修『女性の歴史的・政治的辞典』(パリ、PUF、一九九七年)。アルメル・ル・ブラ＝ショパール、ジャニーヌ・モシュ＝ラヴォ監修『女性と政治』(パリ、ラルマタン、一九九七年)。アラン・コルバン、ジャクリーヌ・ラルエット、ミシェル・リオ＝サルセ『一九世紀〈都市〉の女性』(パリ、クレアフィス、一九九七年)。ローラ・ピザノ、クリスティーヌ・ヴォーヴィ『女性とフランス、イタリアにおける国民国家の建設』(パリ、A・コラン、一九九七年)。「政治における女性」(『権力《プヴォワール》』誌臨時増刊号、八二、一九九七年―Ⅸ)。

(3) ジョルジュ・サンド『政治と論争(一八四三―五〇年)』(ミシェル・ペロー編、パリ、国立印刷局、一九九七年)〔邦訳『サンド――政治と論争』藤原書店〕。

(4) ミシェル・ペロー『娼婦』(ジャン・ルブランとの対話、パリ・テクスチュエル、一九九七年)。

(5) ジル・ドゥルーズ「著作家、否《ノン》……新たな地図作成者」(『クリティク』誌、一九七五年―Ⅻ。一二〇七―一二二七頁)。

(6) クロード・ラフェスタン「フーコーは地理学を大変革することができたか?」(『フーコーの責任において』、ミシェル・フーコー・センター、ジョルジュ・ポンピドゥー・センター、一九九七年、一四一―一五一頁)、『地政学と歴史』(ダリオ・ロプレノ、イヴァン・パストゥールとの共著、パリ、パイヨ、一九九五年）。

女性の強さ？　男性の権力？

（1）　ジョーン・W・スコット『ジェンダーと歴史の政策』（ニューヨーク、コロンビア大学出版局、一九八八年）〔邦訳『ジェンダーの歴史学』平凡社〕。

（2）　例をあげれば、ギー・ショシナン＝ノガレ『王の女性たちの日常生活――アニェス・ソレルからマリー＝アントワネットまで』（パリ、アシェット、一九九〇年）。

（3）　この短い論述は、『女性史は可能か』（M・ペロー編、マルセイユ、リヴァージュ、一九八四年）〔邦訳、藤原書店〕で着手した考察に組み込まれる。同上書に収録した「女性、権力、歴史」（二〇六―二二二頁）を参照されたい。また、『アナール』誌（一九八六年三―四月号）所収の論文、セシール・ドーファン、アルレット・ファルジュ他「女性の文化と権力。史料編纂の試み」（二七一―二九五頁）参照。

（4）　女性の恐怖に関しては、W・ルドレール『ジノフォビアあるいは女性の恐怖』（パリ、パイヨ、一九七〇年）。両性の相違の哲学的思想に関しては、ジュヌヴィエーヴ・フレスおよびフランソワーズ・コランの研究が近く刊行される。それぞれ『女の歴史』（ローマ、ラテルツァ、一九九一年、パリ、プロン、一九九一―九二年）の第四巻（一九世紀）、第五巻（二〇世紀）〔邦訳、藤原書店、原題『西欧の女性の歴史』〕。

（5）　エルガ・メービウス『バロック時代の女性』（パリ、PUF、一九八五年）。

（6）　〈女性の権力〉に関する、一九八九年一二月（パリ）ライド・ホール・シンポジウムにおけるドミニク・ベルトランの発表。

（7）　テオドール・ツェルダンによる引用（『フランス女性』、パリ、ラフォン、一九八三年、四〇三頁）。

（8）　ジャン＝ルイ・ドークール『一九世紀パリにおける門番』（パリ第七大学、博士論文、一九八九年、Ⅱ・四九二頁）。

（9）　同上書、Ⅱ、八〇四頁。

（10）　マルティーヌ・セガレーヌ『農民社会の夫と妻』（パリ、フラマリオン、一九八〇年）〔邦訳『妻と夫の社会史』新評論〕。

（11）　ジャック・ランシエール『民衆の国への小旅行』（パリ、スイユ、一九九〇年）。

（12）　L・A・マルタン『一家の主婦の教育論あるいは女性による人類の文明化』（パリ、ゴスラン、一八三四年）。

（13）　ステラ・ジョルグディ「バッハオーフェン。母権制と古代世界――神話の創造に関する考察」（『女の歴史』第一巻『古代』、ポーリーヌ・シュミット＝パンテル編、パリ、プロン、一九九一年）〔邦訳、藤原書店〕。

(14) アンヌ・リーズ・モーギュ『危機に陥っている男性の主体性』(マルセイユ、リヴァージュ、一九八七年)。
(15) アンヌ＝マリー・ソーン「フランスにおける少女への強制猥褻罪と日常の性行為(一八七〇―一九三九年)」(『マンタリテ』誌第三号〈性的暴力〉パリ、イマゴ、一九八九年、七一―一一三頁)。マリー＝ヴィクトワール・ルイ『一九世紀フランスの初夜権』(ラトリエ、一九九一年)。
(16) ジュヌヴィエーヴ・フレス、フランソワーズ・コランの論文、参照のこと(『女の歴史』第四巻、第五巻)。ミシェル・ル・ドゥフ『学習と糸車』(パリ、スイユ、一九八九年)。
(17) クリスティーヌ・フォレ『女性抜きの民主主義――フランスにおける自由主義試論』(パリ、PUF、一九八五年)。ジュヌヴィエーヴ・フレス『理性の女神――排他的民主主義あるいは性差』(マルセイユ、アリネア、一九八九年)。
(18) 論争の的となった点。ジョルジュ・ポンピドゥー・センター／ヴォークルソン学際的研究センター『家族、法律、国家。フランス革命から『民法典』まで』(イレーヌ・テリ、クリスティアン・ビエ編)(パリ、国立印刷局、一九八九年)。
(19) ジョーン・W・スコット「女性労働者」(『女の歴史』第四巻『一九世紀』、パリ、プロン、一九九一年、四一九―四二三頁)は、政治経済の言説がいかに「女性労働」の概念を構築したか、また、いかに性的分業がまず言語の結果であるか、を特に研究している。
(20) ジュヌヴィエーヴ・フレス『理性の女神』(前掲書)はこの歴史を詳細に研究。
(21) クリスティーヌ・プランテ『バルザックの妹――一九世紀女性作家試論』(パリ、スイユ、一九八九年)。
(22) 第一巻『古代』(ポーリーヌ・シュミット＝パンテル編、ローマ、ラテルツァ、一九九〇年、パリ、プロン、一九九一年)。
(23) ダニエル・レニエ＝ボレール「女性の声」(『女性の歴史』第二巻『中世』、クリスティアーヌ・クラピシュ＝ズュベール編、ローマ、一九九〇年、パリ、一九九一年)。
(24) ボニー・G・スミス『有閑階級の女性たち――一九世紀北フランスの中産階級の女性』(プリンストン、プリンストン大学出版、一九八一年、仏訳、パリ、ペラン、一九八九年)。
(25) ジュール・ヴァレス「目覚め」(一八八一年一一月二四日)。ロジェ・ベレ編『著作集』第二巻(パリ、プレイヤッド叢書、一九八九年、七二七―七三一頁)に収録(女子のリセと女子中等教育を編成するカミーユ＝セー法について)。
(26) ジョー・ビュル・マルガダンの最近の研究『女性教授――第三共和政下の女子教育』(プリンストン、プリンストン大学出版、一九九〇年)。ジャック・オズーフ、モナ・オズーフ『小学校教師の共和国』(パリ、EHESS、一九九二年)を参照されたい。
(27) 『私生活の歴史』第四巻『一九世紀』一五五頁に引用。
(28) J・ボードリヤール『誘惑について』〔邦訳『誘惑論序説』国文社〕。
(29) すでに引用したM・セガレーヌ、ボニー・スミスの著書のほかに、アンヌ＝マルタン・フュジエ『中産階級の女性――ポール・ブールジュの時代の女性』（パリ、グラッセ、一九八三年）、ジュヌヴィエーヴ・フレス『女性はすべて手——家事に関する試論』（パリ、スイユ、一九八九年）、ミシェル・ペロー『私生活の歴史』第四巻、一四三—一四六頁、など。

(30) オリヴィエ・シュヴァルツ『労働者の私生活——北部フランスの男女』（パリ、ＰＵＦ、一九九〇年）は現代労働者社会の男女関係のすぐれた分析である。

(31) 引用したＡ・Ｍ・ソーン、Ｍ・Ｖ・ルイの研究のほかに、エリザベト・クラヴリ、ピエール・ラメゾン『不可能な結婚——ジェヴォーダンにおける暴力と血縁』（パリ、アシェット、一九八二年）参照。

(32)『トクヴィル全集』第一五巻、二九二頁（一八五六年一一月一〇日の手紙。パリ、ガリマール、一九八三年、ピエール・ジベール編）。

(33) 模範的な研究の中で、ボニー・スミス、ナンシー・コット『女らしさの保証。ニューイングランドにおける女性の領域（一七八〇—一八三五年）』（ニューヘヴン／ロンドン、イエール大学出版、一九七七年）、エレニ・ヴァリカス「婦人の反抗。一九世紀ギリシャにおける女性解放意識の形成過程」（パリ第七大学博士論文、一九八八年）。

(34) それはたとえば、サン＝シモン主義の女性解放論で非常に顕著である。ミシェル・リオ＝サルセ「民主主義見習い期間の女性の道のり（一八三〇—七〇年）。デジレ・ゲー、ジャンヌ・ドロワン、ウジェニー・ニボワイエ」（パリ第一大学博士論文、一九九〇年）。

(35)『女の歴史』第四巻のアンヌ＝マリー・ケッペーリによる概観「フェミニズムの情景」。ローランス・クレマン、フロランス・ロシュフォール『前進する平等——第三共和政下のフェミニズムの歴史』（パリ、政治学国立財団／エディシオン・デ・ファム、一九八九年）。

(36) ジョルジュ・サンド「政治社会における女性に関して——中央委員会メンバーへの手紙」（一八四八年、『回想と思想』に収録）。

家から出る——社会活動・就職・移住・旅・戦場

(1)『女性たちの論壇《ラ・トリビュヌ・デ・ファム》』第二年、（ミシェル・リオ＝サルセの博士論文「民主主義見習い期間の女性の道のり」（パリ第一大学、一九九〇年、での引用）。

(2) ナンシー・Ｆ・コット『女性たちの絆——ニューイングランド地方における〈女性の領域〉、一七八〇—一八三五年』（ニューヘヴン／ロンドン、プリンストン大学出版、一九七七年）。ボニー・Ｇ・スミス『有閑階級の女性たち——一九世紀北フランスの中産階級の女性』（プリンストン、プリンストン大学出版、一九八一年）。エレニ・ヴァリカス「婦人方の反抗——一九世紀のギリシャにおける女性解放意識の形成過程」（パリ第七大学博士論文、一九八八年）。

（3）B・C・ポープ、レナート・ブライデンサル、クラウディア・クンツ編『目に見えるようになる。ヨーロッパの歴史における女性』（ボストン、ホートン・ミフラン・カンパニー、一九七七年、第二版、一九八七年）。

（4）カトリーヌ・デュプラ「一九世紀のパリにおける慈善と博愛」（国家博士論文、パリ第一大学、一九九一年）。

（5）ジュヌヴィエーヴ・フレス（『理性の女神、完全なる民主主義、性差』（エクス＝アン＝プロヴァンス、アリネア、一九八九年）による引用（三六頁）。

（6）ウーテ・フレーヴェルト『ドイツの歴史の中の女性——中産階級の解放から性の自由化まで』（オックスフォード／ハンブルク、ニューヨーク、バーグ出版社、一九八九年、ドイツ語版、ズーアカンプ、一九八六年）。

（7）F・K・プロチャスカ『一九世紀イングランドにおける女性と博愛』（ロンドン／オックスフォード、クラレンドン・オックスフォード出版、一九八〇年）。フランソワーズ・バレ＝デュクロック「ヴィクトリア女王時代におけるロンドンの勤労者階級の社会的再生産形態と性道徳律」（パリ第四大学博士論文、一九八七年）。キャロル・スミス・ローゼンバーグ『宗教とアメリカの都市の繁栄』（イタカ／ニューヨーク、コーネル大学出版、一九七一年）。

（8）ロザリンド・H・ウィリアムズ『夢の世界——一九世紀後半のフランスにおける大量消費』（バークリー／ロス・アンジェルス／ロンドン、カリフォルニア大学出版、一九八二年）。

（9）マーサ・ヴィシナス『自立した女性——独身女性の仕事と共同体、一八五〇—一九二〇年』（ロンドン、ヴィラゴ出版、一九八五年）。

（10）シルヴィ・ファイエ＝スクリブ「大衆教育と社会活動の女性協会。教皇回勅〈レールム・ノヴァールム〉（一八九一年）から〈人民戦線〉まで」（パリ第七大学、博士論文、一九八八年）。

（11）マリー＝クレール・フック＝デルマール「ベッティーナ・ブレンターノ・フォン・アルニムあるいは人生の活用」（国家博士論文、一九八五年）。M・ペロー「調査員フロラ・トリスタン」（ステファヌ・ミショー編『フロラ・トリスタン——並外れた生涯』（ディジョン、大学出版、一九八五年）〔本書所収〕

（12）マリー・アントワネット・ペレ「〝精神的に危険な状態にある〟子どもに関する調査」（パリ第七大学修士論文、一九八九年）。

（13）イヴォンヌ・クニビレール『われわれソーシャル・ワーカー』（パリ、オービエ・モンテーニュ、一九八一年）。イヴォンヌ・クニビレール他『白頭布と白衣』（パリ、アシェット、一九八四年）。

（14）C・デュプラ（前掲書）による引用。

（15）ボニー・G・スミス『一七〇〇年以後のヨーロッパの歴史に見る生活を変えようとする女性たち』（レキシントン／トロン

ト、D・C・ヒース・アンド・カンパニー、一九八九年)、二一八頁。アン・サマーズ「誇りと偏見――クリミア戦争における婦人《レディーズ》と看護婦」(『歴史研究会ジャーナル』一六号、一九八三年秋季、三三―五七頁)。『いつもあなたの友――フローレンス・ナイチンゲール　書簡選集』(マーサ・ヴィシナス、ビー・ネルガールド編、ロンドン、ヴィラゴ、一九九〇年)。

(16) ボニー・G・スミス『婦人《レディーズ》』(前掲書)。

(17) M・リオ＝サルセ(前掲書)による引用(一八三二年のテクスト)。

(18) メアリー・P・ライアン「女性の連絡網の力」(『女性の歴史における性と階級』、ジュディト・R・ニュートン、メアリー・P・ライアン、ジュディト・R・ウォルコウィッツ編、ロンドン/ボストン、ルートリッジ&キーガン、第二版、一九八五年、一六七―一八六頁)。

(19) C・スミス＝ローゼンバーグ『治安紊乱《びんらん》行為、ヴィクトリア時代のアメリカにおけるジェンダーの見方』(オックスフォード大学出版、一九七二年)、一〇〇―一二〇頁。

(20) ピーター・スターンズ「イギリスにおける勤労者階級の女性、一八九〇―一九一四年」(マーサ・ヴィシナス編『苦悩しながら平静でいる。ヴィクトリア時代の女性』(ロンドン/ブルーミントン、インディアナ大学出版、一九七二年、一〇〇―一二〇頁)。

(21) ドロシー・トンプソン「女性と一九世紀の急進的政治――失われた重要性」(ジュリエット・ミッチェル、アン・オークリー編『女性の正邪』、ニューヨーク、ペンギン・ブックス、一九七六年、一一二―一三九頁)。

(22) ナンシー・トームズ「ののしりの連発――ロンドンにおける勤労者階級の男女間の暴力による犯罪(一八四〇―七五年)」(『ザ・ジャーナル・オブ・ソーシャル・ヒストリー』11/3、一九七八年春季号、三二八―三四五頁)。

(23) エリック・ホブスボウム「性、服装、政治」(『社会科学研究学報』、二三、一九七八年)。

(24) チュービンゲン大学ルードヴィッヒ‐ウーラント研究所『ドイツ人女性がデモに参加する習慣を身につけたとき――プロイセンの普通選挙のための闘争を通じて「街頭の平穏なデモ」の文化的現象』(展覧会、一九八九年五―六月、パリ、一九八九年(「女性たち」、四八―五五頁、参照)。

(25) ジャン＝マリー・フロノー「物価高の危機と労働組合運動(一九一〇―一四年)」(『社会運動』誌、一九七〇年七―九月)。

(26) ルドルフ・M・デッカー「一七、一八世紀のオランダにおける抗議する女性、民衆の抗議、その社会的基盤」(『理論と社会』一六、一九八七年、三三七―三六二頁)。マルコム・I・トミス、ジェニファー・グリメット『抗議する女性、一八〇〇―一八五〇年』(ロンドン、クルーム・ヘルム、一九八二年)。ルイーズ・A・ティリ「生産のプロレタリア化機構の道、性による分業、女性の共同行動」(『サインズ』誌七、一九八一年、四〇一―四〇七頁)。テンマ・キャプラン「女性の意識と共同行動――バルセロナの場合、一九一〇―一八年」(『サインズ』誌七、一九八二年春季、五六四頁)。

(27) スザンナ・バローズ『魔法の鏡――一九世紀末のフランスにおける群衆に関する考察』(パリ、オービエ、一九九〇年、初版、アメリカ、一九八〇年)。
(28) M・ペロー『ストライキ下の労働者(一八七一―九〇年)』第一巻(パリ、ムトン、一九七四年)。
(29) クレール・オズィア、アニック・ウエル『一八六九年六―七月のリヨンの絹糸撚糸工のストライキ』(パリ、パイヨ、一九八二年)。シアン・F・レイノルズ『エディンバラにおけるブリタニカの植字工、植字女工』(エディンバラ大学出版、一九八九年)。フランソワーズ・バシュ解説『テレサ・マルキール、ある女性ストライキ実行者の日記』(パリ、パイヨ、一九八〇年)。
(30) ナタリー・シャンベラン・リボー「一八九二年から労働協約初期までの女性の労働時間とその調整」(法学の博士論文、ナント、一九八九年)。
(31) アン・サマーズ(前掲論文、四八頁)により引用された手紙(一八五五年一二月)。
(32) ジュヌヴィエーヴ・フレス『何でもこなす器用な女性。家事に関する試論』(パリ、スイユ、一九七九年)三頁以下。
(33) シャルル・ソヴェルヴィヌ『女性と社会主義』(パリ、政治科学国立財団出版、一九七八年)。マリアンヌ・ヴァル「ルイーゼ・オットー、ヘレーネ・ランゲ、クララ・ツェトキン、リリー・ブラウンの道程を通して、一八四八年から一九二〇年にかけてのドイツ女性の歴史への寄与」(パリ第七大学博士論文、一九八九年)。
(34) ジル・リディントン「紡績女工と参政権運動――ランカシャー州の急進的婦人参政権論者、一八九三―一九一八年」(サンドラ・バーマン編『女性に適した仕事』(ロンドン、クルーム・ヘルド、一九七九年、九八―一一二頁)。
(35) ドニ・キュシュ、ステファヌ・ミショー編集のテクスト(パリ、ラルマッタン、一九八八年)。
(36) マルタン・ナドー『かつての石工レオナールの回想』(モーリス・アギュロン改訂、パリ、アシェット一九七六年)。
(37) オクターヴ・ミルボー『小間使いの日記』(パリ、一九〇〇年)。
(38) レオノール・ダヴィドフ「ヴィクトリア時代のイングランドにおける階級とジェンダー」(『女性の歴史に見る性と階級』、ロンドン、ルートレッジ・アンド・ケガン、一九八三年、一七―七一頁)。『ハンナ・カルウィックの日記』(ロンドン、ヴィラゴ、L・スタンリー編)。
(39) J・デュパキエ『フランス人口史』(パリ、コラン、一九八九年)第三巻、一三三頁、一八四頁。
(40) M・ジェイン・ピーターソン「ヴィクトリア時代のガヴァネス――家族および社会の調和しない身分」(マーサ・ヴィシナス編『苦悩しながら平静でいる――ヴィクトリア時代の女性』(ブルーミントン/ロンドン、インディアナ大学出版、一九七二年)。
(41) エリノア・レルナー「家族構造――職の類型学とニューヨークでの女性の主張への支持(一九一五―一七年)」(ティエルセ編共著『女性の戦略』、パリ、一九八四年、四二四―四四三頁)。

(42) キャロル・スミス・ローゼンバーグ、エスター・ニュートン「レスビアンの神話と〈新しい女〉」(『女性の戦略』、前掲書、二七四―三二二頁)。シャン・ベンストック『左岸の女性――パリ、一九〇〇―一四年』(パリ、エディシオン・デ・ファム、一九八七年)。

(43) エリナ・レルナー、前掲書、四二九頁。

(44) 『ある女性無政府主義者の叙事詩、ニューヨーク一八八六年―モスクワ一九二〇年』(『私の人生を生きて』(クノプフ、一九三一年)のフランス語訳(パリ、アシェット、一九七九年)。

(45) イヴォンヌ・クニビレール、レジーヌ・グタリエ『植民地時代の女性』(パリ、ストック、一九八五年)。A・J・ハマートン「フェミニズムと女性の移民、一八六一―八六年」(マーサ・ヴィシナス編『ヴィクトリア時代の女性の役割を変える拡大する領域』、インディアナ大学出版、一九七七年、五二―七二頁)。

(46) オディル・クラコヴィチ『女性徒刑囚』(パリ、オリヴィエ・オルバン、一九九〇年)。

(47) ドゥニーズ・ブライミ『アラブの女性とイスラムの女性団体』(パリ、ティエルス、一九八四年)。

(48) アラン・コルバン『空虚のテリトリー――西欧と浜辺への欲望　一七五〇―一八四〇年』(パリ、オービエ、一九八八年)〔邦訳『浜辺の誕生』藤原書店〕。

(49) 『なにが?永遠が』(パリ、ガリマール、一九八八年)九六頁以下。

(50) ジャック・ランシエール『民衆の国への短い旅』(パリ、スイユ、一九九〇年)。しばしば、女性は、作家たちにとって〈民衆〉を具現する。

(51) ジャンヌ・ブーヴィエ『わが回想――フェミニストの組合活動家(一八七六―一九三五年)』(ダニエル・アルモガト、マイテ・アルビスチュールによる校訂版、パリ、マスペロ、一九八三年)一二三―一三六頁。

(52) マリー=クレール・パスキエ「私の名は〈ペルソナ〉――女性と演劇」(『女性の戦略』、前掲書、二五九―二七三頁)。

(53) エドモンド・シャルル=ルー『東洋への欲望、イザベル・エーベルハルトの青春』(パリ、グラセ、一九八八年)。

(54) アレクサンドラ・ダヴィド=ネール『旅日記(一九〇四年八月一一日―一九一七年一二月二六日)』(パリ、プロン、一九七五年)。

(55) エーヴ・グラン=エムリック、ジャン・グラン=エムリック『ジャン・ディユラフォワ、男の人生』(パリ。ペラン、一九九〇年)。

(56) 前掲書、一〇一頁、一九一二年二月一二日の手紙。

(57) エドワード・ショーターがこの観点から考察している。『女性の身体』(パリ、スイユ、一九八四年)。

(58) クリスティーヌ・フォレ『大地、恐怖、自由』(パリ、マスペロ、一九七九年)。ナンシー・グリーン「解放としての移住、パリにおける東ヨーロッパ出身のユダヤ人の女性、一八八一—一九一四年」(『プリュリエル』二七、一九八一年、五一—五九頁)。

(59) リー・ホロコーム「ヴィクトリア時代の妻と財産——既婚女性財産法改正、一八五七—八二年」(『拡大する領域』、前掲書〔注45〕)、三二八頁)。

(60) フランシス・ロンサン『感情契約——旧体制から王政復古までの、結婚、愛、離婚に関する論議』(パリ、オービエ、一九九〇年)。

(61) ジェヌヴィエーヴ・フレス『理性の女神』(前掲書)一〇七頁。

(62) フランシス・ロンソン「一九世紀フランスにおける離婚および別居について」(パリ第七大学博士論文、一九八八年)。

(63) バーバラ・ウェルター「アメリカの宗教の女性化、一八〇〇—六〇年」(メアリー・ハートマン、ロイス・W・バナー編『クリオの高められた意識——女性の歴史の新しい展望』(ハーパー・トーチブックス、ニューヨーク/ロンドン、ハーパー&ロウ、一九七四年、一三七—一五八頁)。

(64) アンヌ゠マリー・ソーン「フランスにおけるカトリック教徒の女性と公的生活(一九〇〇—三〇年)」(『女性の戦略』、前掲書、九七—一二一頁)。

(65) ルチーア・ベルガマスコ「一八世紀のニューイングランド地方における女性の境遇と信仰生活」(高等専門学校論文、一九八七年)。ナンシー・コット『女性たちの絆』(前掲書)。

(66) キャロル・スミス゠ローゼンバーグ「十字架と台座。女性、反儀式尊重主義、およびアメリカの中産階級の出現」(『治安紊乱行為——ヴィクトリア時代のアメリカにおけるジェンダーの見方』、ニューヨーク/オックスフォード、オックスフォード大学出版、一九八五年、一二九—一六五頁)。

(67) バーバラ・テイラー『エバと新しいエルサレム——一九世紀における社会主義とフェミニズム』(ロンドン、ヴィラゴ出版、一九八三年)。

(68) J・ランシエール『民衆の国への短い旅』(前掲書)。『プロレタリアの夜』(パリ、ファイヤール、一九八一年)。クレール・デルマール『私の将来の規範』(一八三一年、再版、パリ、マスペロ、一九八一年、ヴァランタン・プロス序)。

(69) ベルト・アルシエ・ブロンベール『ベルジオヨーソ公妃あるいはロマン派的社会参加』(パリ、アルバン・ミシェル、一九八九年、フランス語版、原題『クリスチーナ、公妃《プリンセス》夫人の肖像』)。

(70) G・フレス『理性の女神』(前掲書)による引用。三一頁。

(71) ルドルフ・M・デッカー、ロッテ・C・ファン・デ・ポル「共和国のヒロインたち——フランス革命軍の十字架をつけた女性たち」(『ヨーロッパ思想の歴史』一九八九年第一〇巻第三号、三五三—三六三頁)。

(72) リュセット・チバ『フロベールの小説の中の女性』(リヨン大学出版、一九八三年)一九三頁、三六六頁。

(73) エレニ・ヴァリカスにより提供された情報と資料。謝意を表したい。
(74) ブロンベール『ベルジオヨーソ公妃』(前掲書) による引用。一七四頁。
(75) マーガレット・ウォード『手に負えない女性革命家とアイルランド民族主義』(ロンドン、プルート出版、一九八三年)。

禁じられた言葉――聴衆を前にした発言

(1) マルク・フュマロリ「会話」(『記憶の場』第三巻『複数のフランス』第二巻『伝統』六七九―七四三頁、パリ、ガリマール、一九九三年)。
(2) シルヴァン・マレシャル『女性に読み書きを教えることを禁じる法案』(パリ、一八〇一年) 五九頁に引用。
(3) このテーマについては、『わが母の宗教。信仰伝達における女性の役割』(ジャン・ドリュモ編、パリ、エディシオン・デュ・セール、一九九二年)。
(4) ニコル・ベリウ「女性と説教師――一七、一八世紀における信仰伝達」(前掲書、六九頁)。
(5) マリアンヌ・カルボニエ＝ビュルカール「女性の言葉での改革」(前掲書、一八六頁)。
(6) ミシェル・ペロー「外に出る」(『女の歴史』第四巻『一九世紀』、パリ、プロン、一九九二年) 四九〇頁 (邦訳、藤原書店、原題『西欧の女性の歴史』)。
(7) ジャック・ランシエール『民衆の国への短い旅』(パリ、スイユ、一九九一年) 八二頁。
(8) 『わが母の宗教』(前掲書) 一九二頁。
(9) ニコル・エデルマン「一九世紀における夢遊病者、霊媒、交霊術者」(パリ第七大学博士論文、一九九〇年)。「霊媒の能力は一九世紀における女性の閉じ込めの奇妙な裂け目であった」と著者は書く (六二二頁)。『フランスにおける女性の占い師、民間医療者、予言者 (一七八五―一九一四年)』の書名で出版 (パリ、アルバン・ミシェル、一九九五年)。
(10) ドミニク・ゴディノー『フランス革命期のパリの民衆の女性』(マルセイユ、アリネア、一九八八年)。「自由の娘と革命的女性市民」(『女の歴史』第四巻 (前掲書) 二七―四三頁)。
(11) 一九世紀における会話の歴史についてはマルク・フュマロリの前掲論文、参照。
(12) ドロシー・トンプソン「女性と一九世紀の急進政治」(『女性の権利と権利侵害』(ジュリエット・ミッチェル、アン・オークリー編、ニューヨーク・ペンギン・ブックス、一九七六年、一一二―一三九頁)。
(13) 『ノール県文書』M595/7、書類6。ルーベの労働組合規約、第一〇条。

(14)『招集《ル・ラペル》』紙、一八七四年一一月二八日。
(15) マクシム・ルロワ『労働者の習慣』第一巻、七五―八四頁(パリ、ジアール&ブリエール、一九一三年)(フランス労働組合における女性について)。
(16) 同上書、八四頁。
(17) エドモン・ド・ゴンクール『娼婦エリザ』(一八七六年)。
(18) マルク・フュマロリ、前掲書、七〇三頁。
(19) ニコル・アルノー゠デュック「〈法律〉の矛盾」(『女の歴史』第四巻、前掲書)九八頁。
(20) ローランス・クレマン、フロランス・ロシュフォール『前進する平等。第三共和政下の女性解放運動』(パリ、政治学国立財団/エディシオン・デ・ファム、一九八九年)一三二頁。M・プラシニ「フランスにおける女性と法的職業(一九世紀末―一九三九年)」(パリ第七大学DEA〔第三期課程第一年目修了〕論文、一九九〇年)。
(21) クリスティーヌ・フォレ『大地、恐怖、自由』(パリ、マスペロ、一九七九年)三〇頁に引用。
(22) ローランス・クレマン、フロランス・ロシュフォール、前掲書、ほか各所。〈国際フェミニスト会議〉についての論文『一九〇〇年』(『ルヴュ・ディストワール・アンテレクチュエル』、第七号、一九八九年、「会議、知的交換の場」)。
(23) エマ・ゴールドマン『ある女性無政府主義者の叙事詩』(パリ、アシェット、一九七九年。『わが人生を生きて』の仏訳)。
(24) エマ・ゴールドマン、前掲書、一一三頁。
(25) アーデルハイト・ポップ『ある女性労働者の青春』(ドイツ版、一九〇九年。仏訳、パリ、マスペロ、一九七九年、ゲオルゲ・ハウプトの序文。すべての引用はこの版による)。

市民権――ジェンダーと政治(文献)

M・アギュロン『フランスの中産階級におけるサークル(一八一〇―一八四八年)』(パリ、A・コラン、一九七九年)。『戦うマリアンヌ――一七八九年から一八八〇年までの共和国のイマージュと象徴体系』(パリ、フラマリオン、一九七九年)。『政権に参加するマリアンヌ――一八八〇年から一九一四年の共和国のイマージュと象徴体系』(パリ、フラマリオン、一九八九年)。

G・デュビイ「宮廷風モデル」(C・クラピシュ゠ズュベール編『女の歴史』第二巻『中世』、パリ、プロン、一九九一年)。

C・バール『マリアンヌの娘たち――フェミニズムの歴史、一九一四年―一九四〇年』(パリ、ファイヤール、一九九五年)。「婦人参政権論著の奇妙な敗北(一九一九年―一九三九年)」(E・ヴィエノ監修『フランス式民主主義あるいは好ましからざる女

性たち』、パリ第七大学、一九九六年)

C・フォレ『女性抜きの民主主義——フランスにおける自然主義に関する議論』(パリ、PUF、一九八五年)。

M・フーコー『私ことピエール・リヴィエールは母、妹、弟を絞め殺して……十九世紀における親殺しの場合』(パリ、ガリマール、一九七三年)〔邦訳『ピエール・リヴィエールの犯罪』河出書房新社〕。

M・フュマロリ「会話」(P・ノラ監修『記憶の場』Ⅲ『複数のフランス』第二巻『伝統』、パリ、ガリマール、一九九二年)

G・フレス『理性の女神——フランスにおける民主主義と女性の締め出し』(パリ、ガリマール、一九八九年、新版一九九五年)。

『女性の理性』(パリ、プロン、一九九二年)。

F・ガスパール「党と女性」(リオ＝サルセ監修『民主主義と代表権』(パリ、キメ、一九九五年)。

D・ゴディノー『編み物をする女性市民たち——革命期におけるパリの民衆の女性たち』(エクス＝アン＝プロヴァンス、アリネア、一九八八年)。

N・エップ「女性に対する心づかい」(P・ノラ監修『記憶の場』Ⅲ『複数のフランス』第二巻『伝統』、パリ、ガリマール、一九九二年)。

F・エリティエ『男性であること／女性であること——差異の思考』(パリ、オディル・ジャコブ、一九九六年)。

V・イザンバール＝ジャマティ『家族の連帯と社会的成功』(パリ、ラルマタン、一九九五年)。

L・クレイマン、F・ロシュフォール『進行中の平等——第三共和政下のフェミニズム』(パリ、政治科学国立財団／デ・ファム、一九八九年)。

T・ラクール『性の製造——西欧における身体とジェンダーに関する議論』(パリ、ガリマール、一九九二年)。

J・ル・ゴッフ『サン・ルイ』(パリ、ガリマール、一九九六年)。

J・ミシュレ『コレージュ・ド・フランス講義録Ⅱ・一八四八—一八五一年』(P・ヴィアラネクス編、パリ、ガリマール、一九九五年)。

J・モシュ＝ラヴォ、M・シノー『フランスにおける女性と政治に関する調査』(パリ、PUF、一九八三年)。

F・ミュエル＝ドレフュス『ヴィシーと永遠に女性的なるもの』(パリ、スイユ、一九九六年)。

L・オルティー「主権、代表権、女性の選挙権」(前掲書『民主主義と代表権』)。

J・オズーフ、M・オズーフ『教師たちの共和国』(パリ、ガリマール／スイユ、一九九二年)。

M・オズーフ『女たちの言葉——フランスの特異性に関する試論』(パリ、ファイヤール、一九九五年)。

M・ペロー「聴衆を前にした女性の言葉」(『リタ・タルマン記念論文集』パリ／フランクフルト＝アム＝マイン、ペーター・ラング、一九九四年)。「公的生活と私生活、そして男女両性の関係」(J-J・シュヴァリエ編『公的生活／私生活』パリ、PU

F、一九九五年)。『ジョルジュ・サンド——政治と論争』(パリ、国立印刷局、一九九七年)〔邦訳『サンド—政治と論争』藤原書店〕。

M・リオ゠サルセ『女性たちの試練による民主主義——権力の三人の重要人物(ウジェニー・ニボワイエ、デジレ・ゲー、ジャンヌ・ドロワン)』(パリ、アルバン・ミシェル、一九九四年)。

P・ロザンヴァロン『ギゾーの時代』(パリ、ガリマール、一九八五年)。『市民の聖別式——フランスにおける普通選挙に関する試論』(パリ、ガリマール、一九九二年)。

P・デュロワ、N・デュ・ロワ『女性市民たち!——五十年前、女性の投票』(パリ、フラマリオン、一九九四年)。

J-W・スコット『パラドクスしか持たぬ女性たち——フランスのフェミニストたちと男性の権利』(ケンブリッジ/ロンドン、ハーヴァード大学出版、一九九六年。フランス語版、アルバン・ミシェル、一九九八年)。

M・シノー『政治に関与する女性たち』(パリ、エコノミカ、一九九八年)。『ミッテランとフランス女性たち——(J・ジェンスンとの)会えずに終わった待ち合わせ』(パリ政治科学国立財団出版、一九九八年)。

E・スレジエフキ『主体の「革命」』(パリ、クランクシェク、一九八九年)。「フランス革命、転換点」(G・フレス、M・ペロー編『女の歴史』第四巻『一九世紀』、パリ、プロン、一九九二年)。

N・ゼモン゠デイヴィス『〈政治における〉女性』(A・ファルジュ、N・ゼモン゠デイヴィス編『女の歴史』第三巻『十六—十八世紀』)。

都市のジェンダー

(1)『女性と都市——文献ガイド』CNRS、一九九二年一二月(〈女性と都市〉協会発行。マルセイユ、ロンシャン大通り一一〇番地、郵便番号一三〇〇一)。きわめて示唆に富む研究として、『マルセイユの女性——女性と都市』(イヴォンヌ・クニビレール編、パリ、コテ-ファム、一九九三年)。サビーヌ・ジュラティク、ニコール・ペルグラン「一八世紀後半のフランスにおける女性、都市、労働」(『歴史・経済』、ソシエテ、一九九四年、第三四半期、四七七—五〇〇頁)は十八世紀に関する非常に数多くの参考文献を提示。

(2) ミシェル・ペロー「都市の恋愛と労働者の感性」(ボブール・シンポジウム「行動する都市」での報告。『ジャン゠ピエール・アゲにささげられた記念論集』、ローザンヌ大会、一九九六年、に収録)。

(3) M・ペロー「労働者の生活」(『記憶の場』、ピエール・ノラ監修、Ⅲ『複数のフランス』、第三巻『古文書から象徴へ』八七—一二三頁)。

(4) とりわけ、アルレット・ファルジュの研究、『不安定な生活——一八世紀パリにおける暴力、権力、連帯』（パリ、アシェット、一九八六年）を参照のこと。

(5) アンヌ＝マリー・ソーン『蛹《さなぎ》——私生活の中の女性（一九—二〇世紀）』（ソルボンヌ大学刊行物、二巻、一九九六年）。

(6) アラン・コルバン『娼婦』（パリ、オービエ、一九七八年）〔邦訳、藤原書店〕。

(7) セシル・ドーファン「独りきりの女性」（『女の歴史』、ジョルジュ・デュビイ、ミシェル・ペロー監修）『一九世紀』、パリ、プロン、一九九一年、四四五—四六二頁〔邦訳、藤原書店〕は、問題および研究のすぐれた概観である。

(8) エリーズ・フェレールの最近の論文「二〇世紀前半のフランスにおける高齢化と社会」（パリ第七・ディドロ大学、一九九七年）はこの問題に一章をあてている。

(9) ルイ・シュヴァリエ『十九世紀パリの人口形成』（パリ、ＰＵＦ、一九五〇年）、『十九世紀前半のパリにおける勤労者階級、危険な階級』（パリ、プロン、一九五八年〔邦訳『労働階級と危険な階級』、みすず書房〕）。

(10) アンヌ・マルタン・フュジエ『女中の立場——一九〇〇年代のパリにおける女性使用人』（パリ、グラッセ、一九七九年）。

(11) ドゥニ・キュシュ、ステファヌ・ミショーの序を加えた再版（パリ、ラルマタン、一九八八年）。

(12) ミシェル・ペロー「公的なもの、私的なもの、両性の関係」（『公／私』、ジャック・シュヴァリエ監修、キュラップ、ピカルディ大学／パリ、ＰＵＦ、一九九五年）六五—七五頁。

(13) スザンナ・バロウズ『魔法の鏡——十九世紀末のフランスの群衆に関する考察』（パリ、オービエ、一九九〇年、アメリカ版、一九八一年）。

(14) ジャクリーヌ・ラルエット「フランスの酒類提供者（一八七一—一九一四年）」（パリ第一大学博士論文、一九八〇年）。

(15) リュシエンヌ・ルバン『プロヴァンス地方の人々の小部屋』（パリ、プロン、一九七〇年）。『放浪の歴史Ⅰ・現代フランスにおける民族学と政治』（パリ、ガリマール、一九八八年）に収録された、モーリス・アギュロンのさまざまな試論。とりわけ、「一八四八年前の労働者階級と社会的人間関係《ソシアビリテ》」。

(16) ピエール・ロザンヴァロン『ギゾーの時代』（パリ、ガリマール、一九八四年）。

(17) モーリス・アギュロン『闘うマリアンヌ——一七八九年から一八八〇年までの共和国のイマージュと象徴体系』（パリ、フラマリオン、一九七九年）。『政権に参加するマリアンヌ——一八八〇年から一九一四年までの共和国のイマージュと象徴体系』（パリ、フラマリオン、一九八五年）。

(18) クロード・キゲ『一九〇〇年代の女性と機械——ある近代的強迫観念の解釈』（パリ、クランクシック、一九七九年）。

(19) ジュール・ヴァレス『金、「証券取引所の地理学」』（一八五七年、ロジェ・ベレ編、プレイヤッド叢書第一巻）二二五—二二六頁。

(20)　ジュヌヴィエーヴ・フレス『理性の女神――排他的な民主主義と性差』（マルセイユ、アリネア、一九八九年、第二版、ガリマール、一九九五年）。
(21)　フランソワーズ・パラン＝ラルドゥール『バルザックの時代にパリで読む――パリの閲覧室、一八一五―一八三〇年』（パリ、EHESS、一九八一年）。
(22)　マクシム・デュ・カン『パリ、その組織、機能、生活』、パリ、一八六九―一八七五年、六巻（われわれの関心を引く諸問題に関する情報の宝庫。体系的に読むことが必要であろう）。
(23)　ミシュレ『コレージュ・ド・フランス講義Ⅱ・一八四五―一八五一年』（ポール・ヴィヤネクス編、パリ、ガリマール、一九九五年）五二二頁。
(24)　同上書、五二七頁。ジュール・ミシュレと女性聴衆との意見交換については五二九―五三〇頁。
(25)　ジャン＝クロード・カロン『ロマン派の世代――パリの学生たちとカルチエ・ラタン、一八一四―一八五一年』（パリ、A・コラン、一九九一年）。
(26)　パリ警視庁記録文書、BA27。
(27)　初期の女子学生については、カロル・レキュイエ「第三共和政下の若い娘の新しい姿――女子学生」（『クリオ』一九九六年・四号）一六六―一七六頁を参照のこと。
(28)　ゴンクール兄弟『日記』、一九五六年版、第八巻、四四頁（一八六七年八月四日）。
(29)　『ガゼット・デ・トリビュノ』紙、一八六九年一二月三一日。
(30)　アラン・コルバン編『レジャーの誕生――一八五〇―一九六〇年』（パリ、オービエ、一九九五年）〔邦訳、藤原書店〕。
(31)　アルレット・ファルジュ『一八世紀のパリの街頭で暮らす』（パリ、アルシーヴ、ジュリアール／ガリマール、一九七五年）。
(32)　セルジュ・グルジンスキ『メキシコの歴史』（パリ、ファイヤール、一九九六年）。
(33)　ジャン＝ミシェル・グルデン「一九世紀パリの小売業」（パリ第七大学博士論文、一九八三年）。
(34)　ミシェル・ド・セルトー『日刊紙の考察』2／リュス・ジアール、ピエール・マイヨル『住む、料理する』（パリ、UGE、一九八〇年）。
(35)　ベルナール・マレ『創設から一九三九年までの百貨店』（パリ、ピカール、一九七九年）。フランソワーズ・パラン・ラルドゥール『売子嬢』（エディシオン・ズヴリエール、一九六九年）。ユゲット・ヴァニエ『流行《ラ・モード》とその職業――装身具と階級闘争（一八三〇―一八七〇年）』（パリ、A・コラン、一九六〇年）。クロディ・レスリエ「百貨店の女性従業員」（『社会運動』誌、一九七八年、X-XII）。
(36)　筆者は「共同洗濯場の女性」（『魔女』一九八〇年一月）で、これらさまざまの局面についてもっと詳しく述べた。公衆衛生の貧困については、リオン・ミュラール、パトリック・ジルベルマン『共和国における衛生――フランスにおける公衆衛生あるいは妨げられた理想郷（一八七〇―一九一八年）』（パリ、ファイヤール、一九九六年）を参照されたい。

(37) ジャン＝マルク・ベルリエール『第三共和政下の風紀取締警察』（パリ、スイユ、一九九二年）。

(38) ピエール・ファヴル（監修）『デモ』（パリ、政治科学国立財団、一九九〇年）。

(39) ヴァンサン・ロベール『デモの道――一八四八―一九一四年』（リヨン、大学出版、一九九六年）。

第Ⅳ部　人　物

序

(1) ステファヌ・ミショー監修『フロラ・トリスタン、ジョルジュ・サンド、ポーリーヌ・ロラン。女性と新しい倫理の考察（一八三〇―四八年）』（パリ、クレアフィス、一九九四年、なかんずく、マドレーヌ・ルベリュー「ジョルジュ・サンド、フロラ・トリスタンと社会問題」（八三―九四頁）。

(2) ステファヌ・ミショー『ミューズと聖母マリア――フランス革命からルルドの出現までの女性の顔』（パリ、スイユ、一九八五年）、『フロラ・トリスタン、一八〇三―四四年』（パリ、エディシオン・ズーヴリエール、一九八四年）、『フロラ・トリスタン――パリアとその夢　書簡』（パリ、ENS出版、フォントネー／サン・クルー、一九九五年。多数の未刊の著作や手紙を収録した完全版）。

(3) 肖像のモードで構成された最近の著書ならびにきわめて注目すべき著書から数点だけ挙げるならば、ジョルジュ・デュビィ『一二世紀の婦人』（全三巻、パリ、ガリマール、一九九五―九六年）、モナ・オズーフ『女性の言葉』（パリ、ファイヤール、一九九五年。肖像に関する著者の緒言を参照されたい）、ナタリー・Z・デイヴィス『ユダヤ教徒の女、カトリック教徒の女、新教徒の女――一七世紀の社会から疎外された三人の女』（パリ、スイユ、一九九七年、ジョーン・W・スコット『逆説的な女性市民――フランスの女権拡張論者と人間の権利』（パリ、アルバン・ミシェル、一九九八年）。例外性の概念については、「歴史の性」（『カイエ・デュ・GRIF』誌、三七・三八号、一九八八年春季）、とりわけ、クリスティーヌ・プランテの論文「女たちの生活を書くこと」（五七―七七頁）、「例外的な女たち。いかなる規範で例外か？」（九一―一一一頁）参照のこと。

社会主義者フロラ・トリスタンのジャーナリズム

（1）マルボー『利益の政策、あるいは経営者を傷つけることなく労働者の境遇を改善する方法』（パリ、一八三四年）。一九世紀における社会調査の歴史については、イルド・リゴーディア＝ヴェイス『一八三〇年と一八四八年のフランスにおける労働者の調査』（パリ、アルカン、一九三六年）、ミシェル・ペロー『一九世紀フランスにおける労働者の生活条件に関する調査』（パリ、ミクロ＝エディシオン・アシェット、一九七二年）、G・ルクレール『人間の観察――社会調査の問題』（パリ、スイユ、一九七九年）。イギリスに関しては、J-P・ナヴァイユ『ヴィクトリア時代のイギリスにおける労働者の家庭』（エディシオン・シャン・ヴァロン、「環境」叢書、一九八三年）。ここで言及する問題全般に関しては、L・シュヴァリエの古典的著書『一九世紀前半のパリにおける勤労者階級、危険な階級』（パリ、プロン、一九五八年）。

（2）医者の役割については、とりわけ、B・レキュイエ「制限選挙王政下の人口統計と公衆衛生」（『歴史的人口統計年報』、一九七七年）、「公衆衛生と法医学年報における職業病、あるいは仕事での衰弱への最初のアプローチ」（『社会運動』誌、一九八三年七―九月特集号、A・コトロー監修「仕事での衰弱」）。

（3）『ロンドン散策』五二頁、五七頁。

（4）J-M・ド・ジェランド『貧者の訪問者』（パリ、コラ、一八二〇年）。

（5）社会労働史がこれを如実に示している。A・フルコー『両大戦間のフランスの工場で働く女性』（パリ、マスペロ、一九八二年。女性の工場監督者について。調査はその養成の不可欠な一部となる）、Y・クニビレール「社会的職業、ベールのない使命」（『マダムかマドモアゼルか？』、パリ、モンタルバ、一九八四年）。

（6）イギリスについては、D・トンプソンの研究（未刊）「一九世紀イギリスにおける女性の撤退」、フランスに関しては、S・ルバンの研究『プロヴァンス地方の人々の小部屋』（パリ、プロン、一九七〇年、M・アギュロン他）。

（7）『書簡集』七九頁。

（8）J・ランシエール『プロレタリアの夜』（パリ、ファイヤール、一九八一年）。

（9）M-Cl・フック＝ドゥマルル「ベッティーナ・フォン・アルニムの社会的著作、あるいはプロイセンのフォルメルツにおける社会調査」（『社会運動』、一九八〇年一―三月。著者はしばしばベッティーナとフロラを比較）。

（10）『ロンドン散策』一八頁。

（11）同上書、一一四頁。

（12）『フランス遍歴』第一巻、八三頁。

(13) 同上書、八二頁。
(14) 同上書、二八頁。
(15) 同上書、四六頁。
(16) 『ロンドン散策』一一四頁。
(17) 『フランス遍歴』第一巻、一九九頁。
(18) S・ミショー『フロラ・トリスタン(一八〇三―四四年)』(前掲書)二三三頁。
(19) 『フランス遍歴』第一巻、一九九頁。
(20) A・コルバン『瘴気と黄水仙――嗅覚と社会的想像力(一八―一九世紀)』パリ、オビエ=モンテーニュ、一九八二年〔邦訳『においの歴史』藤原書店〕。
(21) 『フランス遍歴』第一巻、一二二頁。
(22) 同上書、一五七頁。
(23) 同上書、一五九頁。
(24) 『ロンドン散策』六一頁。
(25) 同上書、一一五頁。
(26) 『フランス遍歴』第一巻、二〇五―二〇八頁。
(27) A・コトロー「結核――都市の病気か過労による病気か?」(『労働の社会学』誌、一九七八年四―六月、および、『社会運動』誌、増刊号、一九八三年七―九月)。
(28) 『フランス遍歴』第二巻、一〇〇頁。
(29) 『フランス遍歴』第一巻、一三九頁。
(30) 同上書、一一四頁。
(31) フランスでも彼女は病院(とりわけリヨンで)と監獄を訪問する。たとえばマルセイユではラファルジュ夫人に会いそこねる。もっとも、夫人に対して彼女はほとんど好感を抱いていない。彼女に認められた限定的な特別待遇を批判し、その代わり、男性に存在するような「政治」体制を女性にも承認することを奨励する。
(32) リヨンでの〈キリストの聖体の祭日〉の記述(『フランス遍歴』第一巻、一七四頁)参照。彼女は、行列、はめをはずした宴会、売春の間の関係を論証。あるいは、サン=テティエンヌ大聖堂でのミサの記述(『フランス遍歴』第一巻、二一二頁)参照。「民衆が徹底的に愚鈍で下劣で堕落し、惨めであるところではどこでも、彼らは非常に信心深い(……)。カトリック教会に対して突きつけうる申し分ない証拠」(同上書、二三〇頁)。

(33)『フランス遍歴』第一巻、一三四頁。
(34) 同上書、一四七頁。C・ジョンソンは、カベ主義がフランスにおける労働者政党の最初の形態であることを明らかにした。
(35) 同上書、一五七頁。A・ヴァンサン〔・ビュフォー〕の研究『涙の歴史——一八—一九世紀』に、涙を流す驚異的場面がある〔邦訳、藤原書店〕。
(36)『フランス遍歴』第一巻、一二五頁。
(37) 同上書、一三八頁。
(38)『フランス遍歴』第二巻、一三八頁。
(39) 同上書、一七五頁。
(40) 同上書、一八八頁。
(41) 同上書、一八九頁。
(42)『フランス遍歴』第一巻、二一四頁。
(43) 同上書、二一六頁。
(44) 同上書、一八二頁。
(45) 同上書、一一五頁。
(46)『フランス遍歴』第二巻、九一頁。
(47)『フランス遍歴』第一巻、一三三頁。
(48)『フランス遍歴』第二巻、一二五—一二七頁。
(49)『フランス遍歴』第一巻、五四頁。
(50) 同上書、三二頁。〈リュシュ・ポピュレール〉事務局長セシル・デュフールとの討論。
(51)『フランス遍歴』第二巻、三一頁。男性の権力は力と武器と同一視されていた。〈力〉と〈優しさ〉。フロラはこの時代の主要な表象を繰り返す。
(52)『書簡集』一八三頁。
(53)『フランス遍歴』第一巻、二二〇頁。
(54) 同上書、二一一頁。
(55) 同上書、二二三頁。
(56)『フランス遍歴』第二巻、七一頁。
(57)『フランス遍歴』第一巻、一八〇頁。

(58)『フランス遍歴』第二巻、一一〇頁。
(59) C・デュパン『フランスの生産力ならびに商業の力』(パリ、一八二七年)。彼は「南フランスの住民への賛辞」を冒頭に置いたが、それは実際は、低開発状態の安楽な道を放棄し、器用で工業の盛んな北フランスの例にならうようにという勧めである。
(60)『フランス遍歴』第一巻、三六頁。
(61) 同上書、一八一頁。
(62) 同上書、三二頁。
(63) 同上書、三四頁。
(64) J・ランシエール『哲学者と貧民たち』(パリ、ファイヤール、一九八三年)は、一九世紀の思想家たちが、常に未来の労働者の理想家をいかに作り上げたかを明らかにする。彼の分析の一部をフロラ・トリスタンに適用できるであろう。
(65)『ロマン主義』第一―二号、「不可能な一体性?」参照。
(66)『フランス遍歴』第一巻、四〇頁。
(67) 同上書、一一七頁。
(68) 同上書、一七五頁。
(69)『フランス遍歴』第二巻、一五〇頁(ベジエで)。

政治に関与した初の女性、ジョルジュ・サンド〔本章は注の数がかなり多いため節ごとに注番号を起こしなおしている〕

(1) トマス・ルクール『性の製造――西欧における身体とジェンダーに関する試論』(パリ、ガリマール、一九九二年)。
(2) ピエール・ロザンヴァロン『ギゾーの時代』(パリ、ガリマール、一九八五年)。
(3) トクヴィル『回想録』(パリ、カルマン゠レヴィ、一八九三年)二〇四頁、ジョルジュ・リュバン『書簡集』(パリ、ガルニエ・フレール、一九七一年、第八巻、五九〇頁、注1で引用)。
(4)『書簡集』第二四巻、一九四頁、一八七五年一月七日。

●絆
(1)『わが生涯の歴史』(ジョルジュ・リュバン校訂『自伝的著作集』第一巻、パリ、プレイヤッド叢書、ガリマール、一九七〇年）。
（2）同上書、一六頁。
（3）同上書、三七六頁。
（4）同上書、四六九頁。
（5）同上書、六六〇頁。
（6）同上書、七一頁。
（7）同上書、一一頁。
（8）『書簡集』第六巻、四八七頁、一八四四年。

●道程

（1）『書簡集』第一巻、六六七頁、ノアン、一八三〇年六月二七日。
（2）同上書、六六九頁、G・ド・サン＝タニャン夫人宛、ノアン、一八三〇年七月六日。
（3）同上書、六七四頁、フランソワ・デュリ＝デュフレーヌ宛、ノアン、一八三〇年七月一九日。
（4）同上書、六八三頁、ジュール・ブーコワラン宛、ノアン、一八三〇年七月三一日。
（5）同上書、七〇四頁、シャルル・ムール宛、ノアン、一八三〇年九月一七日。
（6）同上書、七二三頁、シャルル・ムール宛、ノアン、一八三〇年一〇月三〇日。
（7）同上書、八〇七頁、シャルル・ムール宛、パリ、一八三一年二月二五日。
（8）同上書、八一八頁、ジュール・ブーコワラン宛、パリ、一八三一年三月四日。
（9）同上書、八七四頁、シャルル・ムール宛、パリ、一八三一年四月二〇日。
（10）『書簡集』第二巻、一五頁、シャルル・ムール宛、ノアン、一八三二年一月二七日。
（11）同上書、一〇四頁、ロール・ドゥセール宛、パリ、一八三二年六月一三日。この事件が出来したとき、彼女はパリにいた。事件について『わが生涯の歴史』で語っている。
（12）同上書、一一一頁、シャルル・ムール宛、ノアン、一八三二年七月六日。
（13）『書簡集』第三巻、六五〇頁、ミシェル宛、一八三九年一月一一日。
（14）『両世界評論』誌、一八三五年六月一五日。『ある旅人の手紙』第六信、エヴラールへ（一八三五年四月一一日）（『自伝的著作集』第二巻、七七九―八一七頁。）
（15）一二一人の労働者および反対派の指導者たちが陰謀ならびにリヨン等での暴動を起こしたかどで起訴された。

(16)『書簡集』第二巻、九四二頁、S・ド・ラ・ロシュフコー宛、一八三五年四月。彼女は義援金を懇願する。
(17)『書簡集』第三巻、六七頁。
(18)ポール・ベニシュー『作家の祭典――一七五〇―一八三〇年』(パリ、ガリマール、一九七三年)、『予言者たちの時代――ロマン主義時代の教義』(パリ、ガリマール、一九七七年)のとりわけ二八八頁以下、「詩人と芸術家の役割」。「サン゠シモン主義が同時代の世論にぶつかり、それを説得するために最大の努力をしたのは、近代社会における芸術および詩の使命を宣言することによってである」。
(19)『書簡集』第三巻、フランソワ・ビュロ宛、ラ・シャトル、一八三六年七月三日、一一日。
(20)『書簡集』第四巻、九―一六頁、リュック・ルザージュ(後にピエール・ルルーの娘婿)宛、一八三七年。
(21)『書簡集』第三巻、アドルフ・ゲルー宛、一八三五年五月一五日。同氏宛、一八三五年一〇月二〇日。一八三五年一一月九日。
(22)同上書、三二五―三二九頁、パリのサン゠シモンの家族宛。パリ、一八三六年四月二日。
(23)『書簡集』第四巻、六五四頁、シャルロット・マルリアニ宛、マルセイユ、一八三六年五月二〇日。
(24)『書簡集』第五巻、二二一頁、オルタンス・アラール宛、パリ、一八四一年一月六日。
(25)同上書、一二五頁、モーリス宛、一八四〇年九月一〇日。
(26)同上書、二二七頁、イポリット・シャティロン宛、パリ、一八四一年二月一日。
(27)ジャン゠ピエール・ラカサーニュ『ある友情の歴史――ピエール・ルルーとジョルジュ・サンド(未発表書簡による)』(パリ、クランクシック、一九七三年)。P・ルルーの思想に関しては、アルメル・ル・ブラ゠ショパール『相違の中での平等について――ピエール・ルルーの社会主義』(パリ、政治科学国立財団出版、一九八六年)。この主要な思想を再認識させるために〈ピエール・ルルー協会〉を推進しているジャック・ヴィアール氏のたゆまぬ努力に敬意を払わねばならない。P・ベニシュー『予言者たちの時代』(前掲)、三三五頁以下をも参照。
(28)『書簡集』第五巻、五三五-五四七頁、シャルル・デュヴェルネ宛、パリ、一八四一年一二月二七日。この時期のサンドの思想に関する重要な書簡。ピエール・ルルーの哲学に対する真の信仰表明である。
(29)ジャン・ポミエ『ジョルジュ・サンドと修道者の夢想――スピリディオン』(パリ、ニゼ、一九六六年)。
(30)ピエール・ルルー、一八三二年(P・ベニシュー『予言者たちの時代』、前掲書、三五五頁に引用)。
(31)『書簡集』第五巻、八二四―八二九頁、アンリエット・ド・ラ・ビゴティエール宛、パリ、一八四二年一二月末。
(32)同上書、C・デュヴェルネ宛、すでに引用。
(33)ミシェル・エッケ「契約と象徴――ジョルジュ・サンドの理想主義に関する試論」(パリ第七大学、国家博士論文、一九九九〇年、指導教授ニコル・モゼ)。
(34)『書簡集』第六巻、五一―五四頁。ルイーズ・コレ宛、パリ、一八四三年一月一九日。『独立評論』誌が民衆を歌ったL・コレの詩を拒否した。サンドは自分の考えを説明し、真実に反した民衆の写実的な姿を描こうとしたとして、彼女を非難する。「現実と真実は二つの事柄です。(……)あなたは力強く、巧みな現実の筆致を発揮しました。けれどもあなたは、絵の影の部分まで照らす真実の光を忘れたのです」。この問題については、ナオミ・ショア『ジョルジュ・サンドと理想主義』(ニューヨーク、コロンビア大学出版、一九九一年)参照。
(35)『書簡集』第五巻、五七〇―五七二頁、サント=ブーヴ宛、パリ、一八四二年一月一五日、二〇日。
(36)同上書、四三七―四三八頁、フランソワ・ビュロ宛、ノアン、一八四一年九月二九日。同氏宛、一八四一年一〇月八日。ビュロの返書、四五六―四五七頁。
(37)同上書、一〇三―一〇五頁、アグリコル・ペルディギエは一八三九年、『同業組合《コンパニョナージュ》の書』を発表し、名を馳せた。一八五一年、亡命中に執筆した『ある職人の回想』は版を重ね、最新の版は一九九二年、モーリス・アギュロンによる〈歴史の主役たち〉叢書。
(38)ペンをとった労働者に関しては、ジャック・ランシエール『プロレタリアの夜――労働者の夢の古文書』(パリ、ファイヤール、一九八一年)、W・H・スヴェル『職人と革命――旧体制から一八四八年までの労働の言葉』(パリ、スイユ、一九八三年)、P・ベニシュー、前掲書、四〇六―四〇七頁(サンドの主要な役割を論証)を参照。
(39)『書簡集』第六巻、一七頁、シャルル・ポンシ宛、パリ、一八四三年一月二一日。
(40)同上書、四六―四七頁。パリ、一八四三年一月二一日。
(41)同上書、三二四―三三一頁、シャルル・ポンシ宛、パリ、一八四三年一二月二三日。
(42)『独立評論』誌、「民衆詩人について」、一八四一年一二月。「プロレタリアの詩に関する打ち解けた対話」(同誌、一八四二年)参照。これらのテクストは『芸術および文学の諸問題』(パリ、ミシェル・レヴィ、一八七八年)に再録。
(43)『書簡集』第五巻、四六一頁の注、P・ルルーの手紙、一八四一年一〇月一五日。
(44)『独立評論』誌創刊の経緯については、J-P・ラカサーニュ、前掲書、四五―四九頁参照。
(45)『書簡集』第六巻、二八四頁、モーリス・サンド宛、ノアン、一八四三年一一月一七日。
(46)『書簡集』第八巻、一六六頁、シャルロット・マルリアニ宛、一八四七年一一月末。「その熱狂が場合によっては順応する一種の偽善」とある。
(47)『書簡集』第六巻、七一九頁、ルイ・ブラン宛、ノアン、一八四四年一一月末。
(48)『書簡集』第七巻、一二七頁、アンテノール・ジョリ宛、ノアン、一八四五年一〇月一五日。

●「共和国のニュースに私達はみんな驚きました」

（1）『書簡集』第八巻、三三七頁、ピエール・ボカージュ宛、ノアン、一八四八年三月一一日。
（2）同上書、二九二頁、オルタンス・アラール宛、ノアン、一八四八年二月一六日。
（3）同上書、二九九頁、モーリス宛、ノアン、一八四八年二月一八日。
（4）同上書、三〇四頁、モーリス宛、ノアン、一八四八年二月二三日。
（5）同上書、三二四頁、フレデリック・ジレール宛、パリ、一八四八年三月六日。
（6）同上書、三一六頁、ルネ・ド・ヴィルヌーヴ宛、パリ、一八四八年三月四日。
（7）同上書、三一九頁、オギュスティーヌ・ブロー宛、パリ、一八四八年三月五日。

●ベリー地方の村の共和政

（1）ミシェル・エッケ、前掲書、第三章「空間の詩学」で、著者はサンドにとって重要なテーマである〈道と城〉を対置する。
（2）この点に関しては、フィリップ・ヴィジエ『一八四八年の日々における地方とパリでの日常生活』（パリ、アシェット、一九八二年）参照。
（3）『ブレーズ・ボナンの言葉』Ⅳ、五四―五八頁。
（4）『書簡集』第八巻、三三八頁、シャルル・ポンシ宛、ノアン、一八四八年三月八日。
（5）同上書、三二四頁、フレデリック・ジレール宛、パリ、一八四八年三月六日。
（6）同上書、三三一頁、注1。
（7）同上書、三三二頁、アンリ・マルタン宛、パリ、一八四八年三月。
（8）同上書、三四九頁、ルイ・ヴィアルド宛、ノアン、一八四八年三月一七日。地方性、パリ・地方の関係の難しさに関しては、アラン・コルバンの研究、たとえば、ピエール・ノラ監修『記憶の場』Ⅲ『複数のフランス』第一巻『対立と分裂』（パリ、ガリマール、一九九二年）における「パリ‐地方」参照。
（9）『書簡集』第八巻、三四九頁、ルイ・ヴィアルド宛。ノアン、一八四八年三月一七日。三五〇頁、ポーリーヌ・ヴィアルド宛。ノアン、一八四八年三月一七日。
（10）同上書、三五八頁、モーリス・サンド宛、パリ、一八四八年三月二二日。モーリスは村民の利益を引き受け、彼らの政治教育を行なう責務があった。彼女は息子に、「のらくらする人間、役立たずの酒飲み、大声をあげ踊ることしか頭にない女や子どもたちが締め出されるような、一種のクラブ」を作ることを提言する。したがって、お祭り騒ぎはない。真剣さと公民教育。

同郷人に対して公文書を解説して読み聞かせること、『共和国公報』を貼ること、政府委員マルク・デュフレスを迎えることを息子に勧める。デュフレスは、共和主義の聖処女を引き合いに出して、「シャトールーをまったく間違って革命化する」狂信家に取って代わるにちがいない。彼は宣伝遊説で、ジランおよびランベールの使命をも助けよう（三六九頁）。ヴァロワの村に関しては、モーリス・アギュロン、『村の共和国』（パリ、プロン、一九七〇年）参照。この著作は一八一五年から一八四八年においての共和主義的転向がどのようになされたかを的確に明らかにする。

●『民衆の大義』誌

（1）J・レイノーに関しては、ポール・ベニシュー『予言者たちの時代』（前掲書）三八五頁参照。
（2）エティエンヌ・アラゴは『革命期のパリ』（G・カヴェニャック序、パリ、一八三三―三四年、全四巻）第一巻に、「革命的手段とみなした演劇」を発表している。
（3）『書簡集』第八巻、三八一頁、ポーリーヌ・ヴィアルド宛、パリ、一八四八年四月一日。
（4）同上書、三八八頁、モーリス宛、パリ、一八四八年四月七日。
（5）同上書、三五九頁、モーリス宛、パリ、一八四八年三月二三日。
（6）同上書、三七九頁、モーリス宛、パリ、一八四八年四月一日。
（7）同上書、三七二頁、シャルル・ポンシ宛、パリ、一八四八年三月二八日。
（8）同上書、三八二頁、エドゥワール・ロクロワ宛、パリ、一八四八年四月初め。サンドはいずれにせよ、ルイ・ブランやバルベスほど彼とはつながりがない。「彼に対して熱意も、際立った友情も抱いてはいません。彼は献身的で、真面目な（……）共和主義者です」。彼女は彼を誠実に支持する（同上書、四三九頁、フェルディナン・フランソワ宛）。
（9）同上書、三八七頁、サント＝ブーヴ宛、パリ、一八四八年四月五日。
（10）同上書、三九八頁、モーリス・サンド宛、パリ、一八四八年四月一三日。
（11）トクヴィル『回想録』（G・リュバンによる引用、『書簡集』第八巻、五九〇頁、注1）。
（12）『書簡集』第八巻、四〇九頁、モーリス宛、パリ、一八四八年四月一六日。
（13）同上書、四一一―四二〇頁、モーリス宛、一八四八年四月一六日夕。
（14）同上書、四二二頁、モーリス宛、一八四八年四月一八―一九日。
（15）同上書、四三一頁、モーリス宛、パリ、一八四八年四月二一日。
（16）同上書、四三七頁、エリザ・アシャースト宛、パリ、一八四八年四月二九日。
（17）同上書、四四六頁、シャルル・ポンシ宛、パリ、一八四八年五月五日。

(18) 同上書、四五七頁、エティエンヌ・アラゴ宛、パリ、一八四八年五月一五日。

●国内亡命の始め

(1) 同上書、四七〇頁、ジュール・ブーコワラン宛、ノアン、一八四八年五月二一日。
(2) 同上書、六一三頁、ルイージ・カラマッタ宛、ノアン、一八四八年九月六日。
(3) 同上書、五二七頁、オーギュスティーヌ・ド・ベルトルディ宛、ノアン、一八四八年六月二九日。
(4) 同上書、五五二頁、P-J・エッツェル宛、一八四八年八月四日。
(5) 同上書、五三五頁、オーギュスティーヌ・ド・B宛。ノアン、一八四八年七月一四日。
(6) 同上書、五三九頁、ウジェニー・デュヴェルネ宛、ノアン、一八四八年七月一五日。
(7) 同上書、四六四頁、ルネ・ド・ヴィルヌーヴ宛、ノアン、一八四八年五月二〇日。
(8) 同上書、五七九頁、シャルル・ポンシ宛、ノアン、一八四八年八月一日。六月の日々の解釈は非常に複雑である。記録文書の研究から、鎮圧を任務とした国民遊撃隊は、初めは、蜂起者たちと同様、労働者階級からなっていたことが判明した。もっとも、より若年層であり、かつパリに移ってきたばかりであり、おそらくここに、彼らの参入の少なさは起因しよう。サンドは、とりわけ四月一六日のデモの際に垣間見た、この「若者の遊撃隊」の曖昧な性格を非常に明確に理解していた。「かくも聡明で勇敢なこの遊撃隊は早くも誤ちを犯し、堕落しています。(……)本来の服を脱ぐことで人はしばしばその心を失ってしまうものです」(『書簡集』第八巻、四一八頁)。
(9) 同上書、六三四頁、エドモン・プロシュ宛、ノアン、一八四八年九月二四日。
(10) 同上書、五七九頁、シャルル・ポンシ宛、注8に同じ。
(11) 同上書、五四四頁、シャルロット・マルリアニ宛、ノアン、一八四八年七月中旬。
(12) 同上書、七二三頁、ポーリーヌ・ヴィアルド宛、ノアン、一八四八年一二月八日。
(13) 同上書、六三八頁、マッツィーニ宛、一八四八年九月三〇日。
(14) 同上書、六九五頁、エミール・オーカント宛、一八四八年一〇月一〇日。
(15) 同上書、七一一頁、シャルル・ポンシ宛、一八四八年一一月二〇日。
(16) 同上書、七一七頁、いくつかの新聞宛(その一つに『ラ・レフォルム』紙)。一八四八年一二月一日。
(17) 同上書、七三一頁、シャルル・デュヴェルネ宛。一八四八年一二月一五日。
(18) 同上書、七五七頁、P-J・エッツェル宛。一八四八年一二月。

(19) 一八四九年刊行のミシェル・レヴィ版で発表。『芸術および文学の諸問題』(一八七九年)に再録。
(20) 『書簡集』第八巻、六八一頁、バルベス宛、一八四八年一一月一日。
(21) 一八五〇年六月八日の法律により、サンドが見事に評価した一八四八年憲法典第五条で廃止された政治領域での死刑に要塞拘禁が取って代わることになろう。ジャン=クロード・ヴィモン『フランスにおける政治監獄。特殊な投獄法の起源』(パリ、アントロポ、一九九三年)参照。
(22) 『書簡集』第八巻、五〇八頁、オルタンス・アラール宛、ノアン、一八四八年六月一二日。

●模範性

(1) フランソワ・フュレ『革命(一七七〇―一八〇年)――フランス史』(パリ、アシェット、一九八八年)。サンドの思想に関しては、ピエール・ヴェルメイラン『ジョルジュ・サンドの政治的ならびに社会的思想』(ブリュッセル、ブリュッセル自由大学出版、一九八四年)に多数の言及。
(2) モナ・オズーフ「自由、平等、友愛」(P・ノラ監修『記憶の場』Ⅲ『複数のフランス』第三巻、五八二―六三〇頁)。
(3) フランソワ・フュレは『ある幻滅の過去』(パリ、ラフォン/カルマン・レヴィ、一九九四年)第一章「革命の熱狂」でこの〈中産階級の憎悪〉の力を強調した(一七―四八頁)。
(4) 『書簡集』第六巻、七八九頁、エドゥワール・ド・ポムリ宛。一八四五年一月。
(5) この暴力の問題に関しては、モーリス・アギュロンの研究(「野獣の血」、『ロマン主義』一九八一年三一号)、アラン・コルバンの著作(『時間・欲望・恐怖』(パリ、オービエ、一九九一年)〔邦訳、藤原書店〕)、フレデリック・ショヴォの著作(『一九世紀に馴化された暴力』(トゥルヌ、ブルポル、一九九一年)を参照。
(6) 『書簡集』第九巻、一六頁、シャルル・ポンシ宛、ノアン、一八四九年一月九日。
(7) モーリスがパリの寄宿学校の生徒であった一八三五―三六年のいくつかの手紙が示すように、サンドは息子の政治教育を重要視していた(『書簡集』第三巻、二七五頁、ノアン、一八三六年二月一七日)。モーリスは王族と付き合っている。しかし、彼は「生まれと本性から共和主義者である、つまり、平等を欲求するようすでに教えられた」と言うことをためらうべきではない。「早くから老練なローマ人におなりなさい」と彼女は息子に言う。一八三五年一一月六日の手紙では、「あなたが何度も耳にしている、そして、理性と正義に大きな進歩を遂げさせた」大革命の重大さを述べる。口述の、そして家族の中での伝達の重要性が理解される。サンドは慣習を継続する。
(8) 『書簡集』第九巻、七〇五頁、エマニュエル・アラゴ宛、ノアン、一八四九年九月二三日。
(9) 『書簡集』第五巻、八二六頁、アンリエット・ド・ラ・ビゴティエール宛、一八四二年一二月末。

（10）同上書、二〇一頁、ピエール・ボカージュ宛、一八四三年七月二〇日。
（11）『書簡集』第一七巻、五八三頁、エドゥワール・ロドリーグ宛、ノアン、一八六三年四月一七日。サンドはアルベール・イルシュマンが提案した、社会参加《アンガジュマン》の変動の理論（『私的な幸福、公的な活動』、パリ、ファイヤール、一九八三年）を例証する。
（12）F・フュレ『革命（一七七〇―八〇年）』（前掲書）四五〇頁以下。

●矛盾

（1）サンドにおける女性としてのアイデンティティの問題に関しては、ミレイユ・ボシが『最後の愛』（一八六六年）の再版（パリ、デ・ファム、一九九一年）に付けた序、『書簡』（一九九一年ノアン・シンポジウム、編纂ニコル・モゼ、エディシオン・クリスティアン・ピロ、一九九四年）第四章「第三の性」、二二九―二八二頁（報告者C・プランテ、B・ブレ、M・レ、N・ショア、司会M・ペロー）、モナ・オズーフ『女たちの言葉――フランスの特異性に関する試論』（パリ、ファイヤール、一九九五年）「オロールあるいは寛大」、一七三―一九九頁を参照。
（2）サンドの最もすぐれた評伝の一つであるジョゼフ・バリー『ジョルジュ・サンドあるいは自由の悪評』（パリ、スイユ、一九八二年）、ユゲット・ブシャルドー『ジョルジュ・サンド、月と木靴』（パリ、ラフォン、一九九〇年）。
（3）『わが生涯の歴史』（『自伝的著作集』第一巻）一七七頁。
（4）P・ヴェルメイラン、前掲書、九七―一一七頁。
（5）『ある旅人の手紙』第六信、エヴラールへ（G・リュバン編『自伝的著作集』第二巻、パリ、ガリマール、一九七一年、八〇五頁）。
（6）モナ・オズーフ『女性の言葉』（前掲書）「ジェルメーヌあるいは不安」、一一一―一四三頁。
（7）『書簡集』第二〇巻、二九七頁、ギュスターヴ・フロベール宛、一八六七年一月一五日。
（8）『往復書簡集フロベール‐サンド』（A・ジャコブ編纂、フラマリオン、一九八一年）〔邦訳『往復書簡　サンド＝フロベール』藤原書店〕フロベールからサンドへ、一八六八年九月一九日。
（9）女性たちの歴史におけるこれらの問題に関しては、M・ペロー「アイデンティティ、平等、差異――歴史のまなざし」（上院シンポジウム、一九九五年三月、『女性たちの位置』、パリ、ラ・デクヴェルト、一九九五年、三九―五七頁）参照。
（10）『書簡集』第二二巻、一八七一年六月八日。
（11）『ある旅人の手紙』第六信、エヴラールへ（前掲書、八〇五頁）。
（12）『書簡集』第八巻、四五一頁、シャルル・ドゥラヴォー宛、パリ、一八四八年五月一三日。
（13）『ある旅人の手紙』（前掲書、七八六頁）。

（14）『書簡集』第六巻、三四頁、マッツィーニ宛、一八四三年一一月一〇日。
（15）クリストフ・ステュドゥニ『速度の発明――フランス、一八―二〇世紀』（パリ、ガリマール、一九九五年）。
（16）ジュヌヴィエーヴ・フレス「ジョルジュ・サンドとルイーズ・ミシェル――象徴的な卓越した女性？」（『女性たちの理性』、パリ、プロン、一九九二年、一六七―一九〇頁）。
（17）『書簡集』第八巻、五〇七頁、オルタンス・アラール宛、ノアン、一八四八年六月一二日。
（18）同上書、六五五頁、エドモン・プロシュ宛、ノアン、一八四八年一〇月一四日。
（19）同上書、六八五頁、J‐P・ジラン宛、ノアン、一八四八年七月二二日。
（20）『書簡集』第一二巻、二〇一―二〇三頁、マッツィーニ宛、ノアン、一八五三年一二月一五日。
（21）ミシェル・リオ＝サルセ『女性たちの試練による民主主義』（パリ、アルバン・ミシェル、一九九四年）。
（22）『女性たちの声』、一八四八年四月六日。この事件に関するすべてのテクスト参照。
（23）『共和国公報』第一二号。
（24）「中央委員会委員諸氏への書簡」。
（25）ピエール・ロザンヴァロン『市民の聖別式――フランスにおける普通選挙の歴史』（パリ、ガリマール、一九九一年）、ジュヌヴィエーヴ・フレス『理性の女神――排他的民主主義と性の差異』（マルセイユ、アリネア、一九八九年、再版、パリ、ガリマール、一九九五年）。
（26）『書簡集』第八巻、六四〇頁、マッツィーニ宛、ノアン、一八四八年一〇月三〇日。
（27）ジョーン・スコット「オランプ・ド・グージュ――パラドックスしか持たぬ女性」（H・U・ジョスト、M・パヴィヨン、F・ヴァロトン『権利の政策――一九世紀、二〇世紀における市民権と性の構築』、パリ、キメ、一九九四年）、『矛盾する女性市民――フランスのフェミニストたちと男性の権利』（パリ、アルバン・ミシェル、一九九八年、アメリカ版、一九九六年、の翻訳）。

第Ⅴ部　論争点

序

（1）ジュヌヴィエーヴ・フレスやアリス・ペクリグルといった哲学者が論文の対象として、それまで少なくとも学術的な領域でほとんど取り組まれることのなかった性差を取り上げたことは喜ばしい。後者については、「変容した身体――性／ジェン

ダー　想像領域の階層化」（論文、ＥＨＥＳＳ、一九九八年。最近死去したコルネリウス・カストリアディスの指導による）を挙げておこう。

（2）ローレンス・ストーン「彼女の物語の使用と濫用」（『新しい共和国』誌、一九九四年五月二日、三一―三七頁）。論文の脇見出しに「学者の連合は計算を誤る」とある。

（3）ジョルジュ・デュビイ、ミシェル・ペロー監修『女性と歴史』（パリ、プロン、一九九三年）〔邦訳『「女の歴史」を批判する』藤原書店〕。『論争の世界《ル・モンド・デ・デバ》』誌、第二号（一九九二年一一月）に発表したアルレット・ファルジュ、ミシェル・ペロー共著の論文を再録。六七―七三頁。

（4）フランソワーズ・テボー『女性史を書く』（アラン・コルバン序、ＥＮＳ出版局、フォントネー／サン＝クルー、一九九八年）。

（5）フロランス・モントレノ『愛すること――愛の絆の一世紀』（イヴ・シモン序。パリ、エディシオン・デュ・シェーヌ、一九九七年）。

（6）セシル・ドーファン、アルレット・ファルジュ編『女性の暴力』（パリ、アルバン・ミシェル、一九九七年）。

（7）この女性解放反対論のテーマに関して、クリスティーヌ・バール監修による共著が刊行予定（ファイヤール、一九九九年）。

（8）マリー＝ジョ・ボネ『一六世紀から二〇世紀までの女性間の恋愛関係』（パリ、オディル・ジャコブ、一九九五年、『あいまいさのない選択』、初版、一九八一年の増補版）、および、一九〇〇―三〇年の同性愛の歴史（フランス、イギリス、ドイツ）を扱ったフロランス・タマニュのスイユより出版予定の学位論文以外、フランスにはほとんど書物がない。

（9）『女の歴史』第五巻『二〇世紀』（フランソワーズ・テボー編、パリ、プロン、一九九二年）「大戦――性による分割の勝利」（三一―七四頁）〔邦訳、藤原書店、原題『西欧の女性の歴史』〕。

（10）ステファヌ・オードワン＝ルゾー『敵の子ども――大戦間（一九一四―一八年）の強姦、中絶、嬰児殺し』（パリ、オービエ、一九九五年）、アネット・ベッケル『大戦の見捨てられた人々――被占領民、民間の被収容者、捕虜。人道主義と戦争文化』（パリ、ノエシ、一九九八年）。

（11）カトリーヌ・マラン＝フーケ監修「内戦」（『クリオ』誌、一九九七年五月、一九頁）。

（12）アラン・ブロー『初夜権――神話の製造、一三世紀―二〇世紀』（パリ、アルバン・ミシェル、一九九五年、〈人類の進化〉叢書）。

（13）ジョルジュ・ヴィガレッロ『強姦の歴史――一六―二〇世紀』（パリ、スイユ、一九九八年）〔邦訳、作品社〕。また、Ｇ・フレス「初夜権と歴史学者の義務」（『クリオ』誌、一九九六年三月、二五一―二六一頁）参照のこと。

（14）ミシェル・ペロー「労働者は雇用者をどう見ていたか」（モーリス・レヴィ＝ルボワイエ編『第二次産業化の雇用者』『社会運動』誌、一九八〇年）。

(15) ポール・ヴェーヌ、フランソワ・リサラーグ、フランソワーズ・フロンティジ＝デュクルー『婦人部屋の密儀』（パリ、ガリマール、一九九八年）。
(16) ジェイン・B・エルシュタイン『公的な男性、私的な女性――社会的、政治的思想の中の女性』（プリンストン大学出版、一九八一年）。
(17) AFFER『女性、フェミニズムと研究』（トゥールーズ＝ル・ミライユ大学、一九八四年）。
(18) モナ・オズーフ「女性史における二〇年」（『歴　史《リストワール》』誌、二二〇、一九九八年四月、二二―二五頁）。
(19) ミシェル・ペロー「暗闇の課業――ミシェル・フーコーと監獄」（『議事録。裁判活動研究』五四、一九八六年夏）、「ミシェル・フーコー――了解済みの不都合」（レミ・ルノワールとの対談。『社会と表象』誌、三（一九九六年一一月）一四四―一五七頁に発表されたシンポジウム「ミシェル・フーコー。監視することと罰すること――二〇年後の監獄」）。

戦争は両性の関係を変えたか

(1) 最初のフランス語訳は、パリ、スイユ、一九八三年。
(2) ミシュレについては、テレーズ・モロー『歴史の血――ミシュレ、一九世紀における女性の歴史と思想』（パリ、フラマリオン、一九八二年）参照のこと。
(3) この点に関しては、ドミニク・ヴェイヨンの最近の説明（一九八四年二月二二日開催の現代史研究所のセミナー「女性の歴史」の、ロネオで刷った報告書）を参照されたい。
(4) 「ルネサンスから今日までのフランス人の、壁に刻まれた政治的記憶」、一九八四年一―二月、パリ高等法院付属監獄《コンシエルジュリ》で開催。
(5) A・イルシュマン『私的な幸せ、公的な行動』（パリ、ファイヤール、一九八三年）。
(6) 「家庭の機械」（『技術文化』誌、一九八〇年九月三日、特集号）。
(7) M・デュブッセ、F・テボー、C・ヴァンサン「セーヌ河の弾薬」（『一九一四―一八年、もう一つの前線』パリ、エディシオン・ズヴリエール、一九七七年。『社会運動』誌、第二号、フランソワーズ・テボー『一四年戦争時の女性』（パリ、ストック、一九八六年）。
(8) ジャック・カルー＝デストレ『伝統的な労働者の夫婦』（パリ、アントロポ、一九七四年）九七―一〇〇頁。
(9) 農村での女性の仕事、耕すという新しい行為については、コリーヌ・ビュカヒュリの研究が待たれる。
(10) それは小説の大きなテーマでもある。ロジェ・マルタン・デュ・ガール『ティボー家の人々』参照。

(11) ヴィーラ・ブリテン『若さの遺言』(ニューヨーク、マクミラン、一九三四年)、『若さの記録、戦争の日記、一九一三—一七年』(ニューヨーク、一九八二年)、リン・レイトンの報告「ヴィーラ・ブリテンの遺言」。

(12) サンドラ・M・ギルバート「兵士の心——男性作家、女性作家、そして大戦」(『サインズ』誌、八〔三〕、一九八三年)、および彼女の報告。

(13) 再版は、ニューヨーク、パンテオン・ブックス、一九七九年、アン・J・レインの序文。

(14) ベティ・フリーダン『女性の神秘』(ニューヨーク、ノートン、一九六三年)。

(15) ボニー・スミス『有閑階級の淑女たち《レディーズ》——一九世紀北フランスの中産階級の女性』(プリンストン、プリンストン大学出版、一九八一年、フランス語版、パリ、ペラン、一九八九年)。

(16) 副題「社会的、政治的思想の中の女性」(プリンストン、プリンストン大学出版、一九八一年)。

(17) キャロル・ギリガン「異なった声で。女性の自己ならびに道徳観」(『ハーヴァード・エデュケーション・レヴュー』、一九七七年)。

(18) それはすでにジョン・マクミランが論文『主婦あるいは売春婦——フランス社会における女性の地位、一八七〇—一九一四年』(ノース・ブライトン、ザ・ハーベスト・プレス、一九八一年)で論じた。もっともあまりに変化のない本。

(19) スティーヴン・C・ハウス「軍神《マルス》よりミネルヴァ——フランス女性の権利運動と第一次世界大戦」。著者はこの問題についてすでにいくつかの論文を発表しているが、アン・R・ケニーとの共著『フランス第三共和政下の女性参政権と社会政策』(プリンストン、プリンストン大学出版、一九八四年)を出版。

(20) 『ロマン主義、デカダンス』(四二、一九八三年最終四半期)は残念ながらこの主題に多く頁を割いてはいないが、ミシェル・ベナール=クルソドン「ニムルーあるいはオルフェウス——ジョゼファン・ペラダンと退廃する社会」参照。

(21) この時期、目覚ましい発展を見せている群衆の心理と女性の主題については、セルジュ・モスコヴィチ『群衆の時代』(パリ、ファイヤール、一九八一年)の第四章「群衆、女性、狂気」、とりわけ、スザンナ・バロウズ『歪める鏡——一九世紀後半のフランスにおける群衆の幻想』(ニューヘヴン、イェール大学出版、一九八四年)のなかんずく第二章「恐怖の隠喩《メタファー》——女性とアルコール中毒者」を参照されたい。

(22) アンヌ=リーズ・モーグ「一八七一年から一九一四年までのフランスにおける女性解放論に反対の文学」(パリ第三大学、第三期課程論文、一九八三年)。

(23) ファネット・ロシュ=ペザール『未来派の冒険(一九〇九—一六年)、ローマのフランス派』(パリ、ド・ボヤール、一九八三年)六八頁(強調は筆者)。

女性の身体は誰のものか——「初夜権」をめぐって

（1）『女の歴史』第二巻『中世』（クリスティアーヌ・クラピシュ＝ズュベール編、パリ、プロン、一九九〇年）二六九頁（ジョルジュ・デュビィ「宮廷風モデル」）〔邦訳、藤原書店、原題『西欧の女性の歴史』〕。

（2）『女の歴史』第二巻（同上書）二八八頁、クラウディア・オピッツ「束縛と自由（一二五〇—一五〇〇年）」。

（3）アラン・コルバン、ジャック・ソレの研究を参照のこと。

（4）アンヌ＝マルタン・フュジエ『男性の地位——一九〇〇年代のパリにおける女性の使用人』（パリ、グラセ、一九七九年）が特にこれらの局面を分析した。

（5）ミシェル・ペロー「労働者は雇用者をどう見ていたか」（モーリス・レヴィ＝ルボワィエ編『第二次産業化の雇用者』『社会運動』誌、パリ、エディシオン・ズヴリエール、一九七九年）。

（6）この点に関して、ナディア・マリア・フィリッピニの非常に明快な論文「信じられないような出生——帝王切開に直面した母親、子ども、司祭、医者（イタリア、一八—二〇世紀）」（パリ、ＥＨＥＳＳ、一九九三年）を指摘しておこう。貧しい娘たちはこの医療行為のための実験台であり、四分の三が死亡した。

（7）エリザベト・クラヴリ、ピエール・ラメゾン『不可能な結婚——ジェヴォーダンにおける暴力と血縁』（パリ、アシェット、一九八二年）。

（8）アンヌ＝マリー・ソーン『第三共和政下の私生活における女性の役割——建て前だけの役割、実際の役割』（国家博士論文、パリ第一大学、モーリス・アギュロンの指導による、一九九三年）。全県の裁判に関する記録文書の二〇年にわたる調査の結果であるこの学位論文は、民衆階層における争いを通して見た、両性の関係に関するわれわれの認識を一変する。著者は女性の増大する個別化、ますます行使される拒否する権利、つまるところ家父長制の後退を強調する。

（9）ロシア革命前のロシアにおけるストライキに関するレオポル・エムソンの研究（未刊）によれば、たとえばモスクワの有名なプティロフ工場。

（10）ローランス・クレマン、フロランス・ロシュフォール『進行中の平等。第三共和政下のフェミニズム』（パリ、政治科学国立財団／デ・ファム、一九八九年）、クリスティーヌ・バール『〈マリアンヌ〉の少女たち、フェミニズムの歴史、一九一四—四〇年』（パリ、ファイヤール、一九九五年）。

女性とその図像《イマージュ》、あるいは女性のまなざし

（1）　最近の試みとして――性差というよりも政治的、社会的観点からであるが――、ステファヌ・ミショー、ジャン＝イヴ・モリエ、ニコル・サヴィ監修『一九世紀における図像《イマージュ》の利用』（モーリス・アギュロン序、パリ、クレアフィス、一九九二年）を参照のこと。〈美しさ〉に関する現代的な考察については、ニコル・チェコウスキ、ヴェロニク・ナウム＝グラップ「破滅をもたらす美」（『オートルマン』九一、一九八七年六月）、オリヴィエ・ビュルジュラン、フィリップ・ペロー監修「装い、羞恥心、礼儀作法」（『コミュニカシオン』四六、一九八七年）。

（2）　ヴェロニク・ナウム＝グラップ「美しい女性」（『女の歴史』第三巻『一六―一八世紀』、アルレット・ファルジュ、ナタリー・ゼーモン・デイヴィス編、九五頁）。

（3）　『マリー＝フランス』四〇頁、「メーキャップのない人気俳優。フランス映画の新しい世代の女優」（テレーズ・フルニエの調査）。

（4）　フランソワーズ・ボランにより、「図像《イマージュ》での小休止」（『女の歴史』第三巻『一六―一八世紀』二三九頁に引用）。

（5）　マリヴォー『マリアンヌの生涯』（パリ、フラマリオン、一九七八年）八二頁。シルヴィア・オストロヴェトスキーの「醜さ」についての未刊行の論文に引用。

（6）　ダイアン・ヒューズによる引用、「流行」（『女の歴史』第二巻、クリスティアーヌ・クラピシュ＝ズュベール編『中世』一六五頁）。

（7）　同上書、一六七頁。

（8）　『女の歴史』第三巻『一六―一八世紀』、図36。

（9）　『女の歴史』の種々の巻の中でもとりわけ第四巻『一九世紀』のアンヌ・ヒゴネット「女性と図像《イマージュ》――外見、余暇、生活の糧」。ドニーズ・ノエルの、一九世紀における女性と絵画についての進行中の研究、「一九世紀フランスにおける女性写真家」（フランソワーズ・コンデの修士論文、パリ第七大学、一九九二年）参照。

公的生活と私生活

（1）　J・ルヴェル「マリー＝アントワネット」（『フランス革命の批判的事典』、F・フュレ、M・オズーフ監修、パリ、フラマリオン、一九八九年、二八六―二九八頁）〔邦訳『フランス革命事典』みすず書房〕。

(2) R・モージ『一八世紀フランス文学および思想における幸福の概念』(パリ、A・コラン、一九七九年、ポケット版、アルバン・ミシェル、一九九四年)。
(3) E・リリー「閨房の名」(フランス史研究協会シンポジウムでの報告、ブリストル、一九九四年四月)。
(4) B・ムーア『私生活《プライバシー》』(プリンストン大学出版、一九八四年)。
(5) F・カフカ「フェリーツェへの手紙」、一九一四年四月七日(『全集』第四巻、パリ、ガリマール、プレイヤッド叢書、一九八九年、四三五頁)。彼は嫌悪感を持って、「あちら、保養地のアパルトマンの雑然とした状態、一枚の皿のわきには脱脂綿が散乱し、寝台の上にはありとあらゆるものが吐き気を催すほどにごちゃまぜにされているのが目に入る。僕の二番目の姉が寝台に横になっている。軽いアンギナを患っているからだ。そして彼女の夫が傍らにいて、戯れに、また本気で、〝私の宝〟や〝私のすべて〟と呼ぶ。坊やが、避けがたいことだが部屋の中央で床に用を足す。フォアグラの脂がパンに塗られ、手の上に流れ出る……」と思い起こしている。
(6) L・ダヴィドフ、C・ホール『家族の運命――イギリス中産階級の男性と女性、一七八〇―一八五〇年』(ロンドン、ハッチンソン、一九八七年)、C・ホール「楽しい家庭《スイート・ホーム》」(『私生活の歴史』第四巻『革命から大戦まで』、M・ペロー編、パリ、スイユ、一九八七年、五三―八七頁)。
(7) B・スミス『北フランスの中産階級の女性』(パリ、ペラン、一九八九年)。
(8) L・ハント「フランス革命と私生活」(『私生活の歴史』第四巻、二一―五三頁)。
(9) T・ラクール『性の製造――ギリシャ人からフロイトまでの身体とジェンダー』(一九九〇年、フランス語版『性の製造――西欧における身体とジェンダーに関する試論』、パリ、ガリマール、一九九二年)。
(10) M・ペロー「アイデンティティ、平等、差異――歴史のまなざし」(『女性の位置』、一九九五年三月に上院で開催されたシンポジウム、パリ、ラ・デクヴェルト、一九九五年、三九―五七頁)。
(11) M・アギュロン『フランス中産階級におけるサークル、一八一〇―四八年』(パリ、A・コラン、カイエ・デ・ザナール、一九七七年)。M・ペロー「都市のジェンダー」(『コミュニカシオン』誌、六五、一九九七年)〔本書所収〕。
(12) J・アベルマス『公共空間』(一九六二年、パリ、パイヨ、一九七八年)。
(13) M・エレブ、A・ドバール『私生活の建築――住宅と行動様式《マンタリテ》、一七―一九世紀』(ブリュッセル、AAM、一九八九年)、『近代的住宅の考案――パリ、一八八〇―一九一四年』(パリ、アザン、一九九五年)。
(14) M・フーコー「空間、知と権力」(『発言と著述』第四巻〔一九八〇―八八年〕、パリ、ガリマール、一九九四年、二七〇―二八五頁)〔邦訳『ミシェル・フーコー思考集成』筑摩書房〕。
(15) M・ペロー「女性の公的な言葉」(『ナショナリズム、フェミニズム、排斥――リタ・タルマン記念論文集』(L・クリプス他監修、パリ／ベルリン、ペーター・ラング、一九九四年、四六一―四六八頁）。
（16）G・フレス「話し好きな女性――フェミニズムと道徳主義」一九七九年（『女性の理性』、パリ、プロン、一九九二年、一一四―一三六頁）。
（17）M・フュマロリ「会話」（『記憶の場所』Ⅲ『複数のフランス』第二巻『伝統』六七九―七四三、パリ、ガリマール、一九九三年）。
（18）P・ロザンヴァロン『ギゾーの時代』（パリ、ガリマール、一九八五年）。
（19）A・ポップ『ある女性労働者の青春』（一九〇九年、フランス語版、パリ、マスペロ、一九七九年）。

アイデンティティ、平等、差異

（1）「性差の問題はアイデンティティの問題でも、それらの差異の問題でもなく（……）、性別のある遭遇とその対立の問題、したがって性別のある関係の問題である」［フレス、一九九一年、九頁］。
（2）たとえばアニェス・フィヌ［一九八四年、一五五―一八九頁］。とりわけ、彼女が分析の二つのレベル、つまり、社会的関係の時間と性的象徴体系のそれ、を区別する結論を参照されたい。
（3）このテーマについて、共和主義思想と娘たちの教育における性差の減少に関する、モナ・オズーフ［一九九五年、三六五―三七四頁］。
（4）サンドおよび性のアイデンティティの問題については、モゼ［一九九四年、二二九―二六九頁］、『最後の愛』（一八六六年）に付したミレイユ・ボシの解題［一九九一年］。後者の著者は、「サンドに常に存在した性的ためらい」について語っている。さらに、オズーフ［一九九五年］。
（5）ジャンヌ・ドロワンについては、リオ＝サルセ［一九九四年］。ユベルティーヌ・オークレールおよびルイーズ・コップについては、クレマン、ロシュフォール［一九八九年］、オズーフ［一九九五年］。
（6）両大戦間のフェミニストたちの「アイデンティティの危機」については、バール［一九九五年］。マドレーヌ・ペルティエについては、バール［一九九五年］、メニアン、ソヴェルヴィヌ［一九九二年］。
（7）アリア・リーについては、クレマン、ロシュフォール［一九八九年］、バール［一九九五年］。
（8）私はこれらの研究の大部分を引用した。さらに、ピック［一九九三年］。シルヴィ・シャプロンは、一九四五―一九六八年のフランスにおけるフェミニズムの歴史に関する博士論文の口頭審査を受けた。始まりから今日までのフェミニズムの完全に一新された歴史を手にすることができる。今日、見直す必要があると思われるのは第二帝政である。

M・アギュロン『戦うマリアンヌ――一七八九年から一八八〇年までの共和国のイマージュと象徴体系』（パリ、フラマリオン、一九七九年）。『政権に参加するマリアンヌ――一八八〇年から今日までの共和国のイマージュと象徴体系』（パリ、フラマリオン、一九八九年）。

N・アルノー＝デュック「〈法律〉の矛盾」（G・フレス、M・ペロー編『女の歴史』第四巻『一九世紀』、一九九二年、八七―一二〇頁）〔邦訳、藤原書店、原題『西欧の女性の歴史』〕。

E・バダンテール『XY、男のアイデンティティ論』（パリ、オディル・ジャコブ、一九九〇年）

C・バール編『マドレーヌ・ペルティエ（一八七四―一九三九年）――平等のための戦いの論理と不運』（パリ、コテ－ファム、一九九二年）。『マリアンヌの娘たち――フェミニズムの歴史、一九一四―一九四〇年』（パリ、ファイヤール、一九九五年）。

S・バートキー「フーコー、女性性と家父長の権威の近代化」（『女性性と支配――抑圧の現象学研究』ニューヨーク、ルートレッジ・プレス、一九九〇年）六三―八二頁。

D・ベルヌッツィ・サンタンナ「美の追求――一九〇〇―一九八〇年におけるブラジルでの女性の美化の実践と表象への歴史」（パリ第七大学博士論文、一九九四年）。

E・クラヴリ、P・ラメゾン『不可能な結婚――ジェヴォーダンにおける暴力と血縁、一七―一九世紀』（パリ、アシェット、一九八二年）。

F・コラン「差異といさかい」（F・テボー編『女の歴史』第五巻『二〇世紀』一九九二年、二四三―二七五頁）。

N・コット『女性たちの絆――ニューイングランドにおける女性の領域、一七八〇―一八五〇年』（ニューヘブン／ロンドン、イエール大学出版、一九七七年）。

C・ドーファン、他「女性の文化と権力――史料編纂の試み」（『アナール』誌一九八六年第二号）。

L・ダヴィドフ、C・ホール『家族の財産――イギリス中産階級の男性と女性、一七八〇―一八五〇年』（ロンドン、ハッチンソン、一九八七年）。

G・デュビイ、M・ペロー『女性と歴史』（ソルボンヌ大学でのシンポジウム、一九九二年、パリ、プロン、一九九三年）〔邦訳『女の歴史を批判する』藤原書店〕。『女の歴史』第五巻（パリ、プロン、一九九一―一九九二年）。

M・デュリュ＝ベラ『少女たちの学校』（パリ、一九八九年）〔邦訳『娘の学校』藤原書店〕。

H・エック「ヴィシー政権下のフランス女性たち――困難の中の女性は困難により女性市民となるか？」（F・テボー編『女の歴史』第五巻『二〇世紀』一九九二年、一八五―二一三頁）。

A・フィーヌ「嫁入り道具について——女性固有の文化」（M・ペロー編『女性史は可能か』パリ、ソヴァージュ、一九八四年）〔邦訳、藤原書店〕。

M・フーコー『性の歴史』全三巻、『知への意志』『快楽の活用』『自己への配慮』（パリ、ガリマール、一九七六年、一九八四年）〔邦訳、新潮社〕。

G・フレス『知の行使と性差』（パリ、アルマタン、一九九一年）。「二重の理性と唯一の本性——性差の根拠」（I・テリー、C・ビエ編『〈家族〉、法律、〈国家〉——フランス大革命から〈民法典〉まで』（パリ、国立印刷局、一九八九年、四五—五二頁）。

U・フレーヴェルト『ドイツの歴史の中の女性』（オックスフォード、バーグ）英語版、一九八九年。「一九世紀のドイツ・ブルジョアジーにおける階級とジェンダー」（『ジュネーズ』誌、一九九一年第六号、五—二九頁）。

D・ガルデ「二〇世紀における会社員の世界」（パリ第七大学学位論文、一九九五年）。

S・ジョルグディ「バッハオーフェン、母権制と古代世界——神話の創造に関する考察」（P・シュミット＝パンテル編『女の歴史』第一巻『古代』一九九一年、四七七—四九三頁）。

M・H・ヒゴネット、J・ジェンソン、S・ミシェル、M・C・ワイツ、『銃後で——ジェンダーと二つの世界大戦』（ニューヘブン／ロンドン、イエール大学出版、一九八七年）。

E・ホブズボウム「性・シンボル・政治」（英語からのフランス語訳）（『社会科学研究学報』誌一九七八年、二三頁）。

M・C・ユルティグ、M・ケル、H・ルー編『性とジェンダー——両性間のヒエラルキー』（パリ、ガリマール、一九九一年）。

J・C・コフマン『夫婦の横糸——リネンを通した夫婦の分析』（パリ、ナタン、一九九二年）。

L・クレイマン、F・ロシュフォール『進行中の平等——第三共和政下のフェミニズム』（パリ、政治科学国立財団、一九八九年）。

C・クーンツ『第三帝国の母なる祖国』（パリ、リュ・コマン、一九八九年）。

R・ランバン「女性の宗教的衣服——二〇世紀における教会での論争と起源および昔の伝統への回帰」（パリ第四大学学位論文、一九九二年）。

T・ラクール『性の製造——ギリシャ人からフロイトまでの身体とジェンダー』一九九〇年（フランス版『性の製造——西欧における身体とジェンダーに関する試論』）（パリ、ガリマール、一九九二年）。

J・ル・リデー『ウィーンの近代性とアイデンティティの危機』（パリ、PUF、一九九〇年）。『オットーヴァイニンガーの場合——女性解放反対論と反ユダヤ主義の根源』（パリ、PUF、一九八二年）。

C・メニヤン、C・ソヴェルヴィヌ『マドレール・ペルティエ、政争の舞台における女性解放論者』（パリ、エディシオン・ズヴリエール、一九九二年）。

A・マルタン＝フュジエ『中産階級の女性——ポール・ブールジェの時代の女性』（パリ、グラッセ、一九八三年）。

N・C・マチュー「譲歩が同意ではないとき」(『女性調査』、パリ、EHESS、一九八五年、一六九―二四五頁)。

A・モーグ『世紀の転換期における危機に陥っている男性の主体性』(パリ/マルセイユ、リヴァージュ、一九八七年)。「新しいエバと古いアダム」(G・フレス、M・ペロー編『女の歴史』第四巻『一九世紀』一九九二年、五二七―五四七頁)。

N・モゼ編『ジョルジュ・サンド――書簡、ノアンでのシンポジウム』(クリスティアン・ピロ、一九九四年)。

M・オズーフ『女たちの言葉――フランスの特異性に関する試論』(パリ、ファイヤール、一九九五年)。

M・ペロー「一九世紀フランスの労働者の言説に現れた主婦の礼賛」(『ロマン主義』一九七六年、第一〇号)。

P・ペロー『一九世紀における外見の細工あるいは女性の身体の変容』(パリ、ファイヤール、一九八一年)。

F・ピック『女性解放運動の歴史――運動の歳月』(パリ、スイユ、一九九三年)。

C・プランテ『バルザックの妹――一九世紀女性作家に関する試論』(パリ、スイユ、一九八九年)。

M・ポラック「西欧のセクシュアリティ」(『コミュニカシオン』、一九八二年、第三五号)。

M・リオ=サルセ『女性たちの試練による民主主義』(パリ、アルバン・ミッシェル、一九九四年)。

P・ロンザンバロン『市民の聖別式――フランスにおける普通選挙の歴史』(パリ、ガリマール、一九九二年)。

J・W・スコット「パラドックスしか持たぬ女性たち――フランスのフェミニストたち一七八九―一九四五年」(H・U・ジョスト、M・パヴィヨン、F・ヴァロトン『権利の政策――一九―二〇世紀における市民権とジェンダーの構築』(パリ、キメ、一九九四年)。

B・スミス『有閑階級の女性たち――一九世紀北フランスの中産階級の女性』(プリンストン大学出版、一九八一年、フランス版『北フランスの中産階級の女性』、パリ、ペラン、一九八九年)。

C・スミス=ローゼンバーグ『治安紊乱行為――ヴィクトリア時代のアメリカにおけジェンダーの見方』(ニューヨーク、オックスフォード大学出版、一九八六年)。

A・M・ソーン「裁判資料を通して見た私生活における女性の役割」(国家博士論文、パリ第一大学、一九九三年、ソルボンヌ大学出版より刊行予定)。

R・タルマン『第三帝国下で女であること』(パリ、ラフォン、一九八二年)。

F・テボー『第一次大戦時の女性』(パリ、ストック、一九八六年)。「大戦――性による分割の勝利」(F・テボー編『女の歴史』第五巻『二〇世紀』一九九二年、三一―七五頁)。

Y・トマ「古代ローマ法における両性の分割」(P・シュミット=パンテル編『女の歴史』第一巻『古代』一九九一年、一〇三―一五九頁)。

E・ヴァリカス「ジェンダーの主体性とアイデンティティ」(『ジュネーズ』誌特集号「女性、ジェンダー、歴史」一九九一年、第六号、三一頁)。「婦人の反抗——一九世紀ギリシアにおける女性解放意識の形成過程」(パリ第七大学博士論文、一九八八年)。

対立のない歴史——モナ・オズーフ『女性の言葉』について

(1) ジャニヌ・モシュ゠ラヴォ、マリエット・シノー『フランスにおける女性と政治に関する調査』(パリ、PUF、一九八三年)、ジュヌヴィエーヴ・フレス『理性の女神——排他的民主主義と性差』(エクス、アリネア、一九八九年)、とりわけ、「統治することが代表することでないとき」(『エスプリ』誌、一九九四年三月―四月号、一〇三―一〇四頁。『理想の女神』(パリ、ガリマール、新版、一九九五年、に再録)。P・ロザンヴァロンの重要な著作『市民の聖別式——フランスにおける普通選挙の歴史』(パリ、ガリマール、一九九二年)を参照されたい。

(2) この点に関しては、マリー゠ジョ・ボネの先駆的書物の再版『女性同士の恋愛関係』(パリ、オディル・ジャコブ、一九九五年)を参照。これは、『あいまいさのない選択』(パリ、ドゥオエル、一九八一年)に多く加筆したもの。著者は人目に触れないことが沈黙に結びつけられていることを正当に指摘。この沈黙を、最近二〇年間に発達した女性の歴史は消し去ることができなかった。

(3) マルク・フュマロリ「会話」(ピエール・ノラ監修『記憶の場』Ⅲ『複数のフランス』第二巻『伝統』、六七八―七四四頁)。

(4) 同じ意味で、マドレーヌ・ルベリゥ「複数形の文化」(J・ルヴェル、A・ビュルギエール監修『フランスの歴史——文化の形式』(パリ、スイユ、一九九三年、四五五―五一六頁)。

(5) この点に関してはトマス・ラクール『性の製造——西欧における身体とジェンダーに関する試論』(パリ、ガリマール、一九九二年、アメリカでの出版一九九〇年)の明快な論証を参照されたい。

(6) トクヴィル『全集』(パリ、ガリマール、一九八三年)第一五巻、二九二頁、一八五六年一一月一〇日の手紙。「宗教心からの直接的で、慈悲深い行為が認められる無数の私的な徳を持っている数多くの女性を知っています。その徳のおかげで彼女たちは非常に貞節な妻、卓越した母であり、召使いたちに対して公平でかつ寛容であり、貧しい人々には慈愛に満ちています……。しかしながら、公的な生活にかかわるこの領域の務めに関しては、この女性たちは思いつきさえしません。自分たち自身のためにそうした徳を実践しないばかりか、彼女たちが影響力を持っている人々に教え込む考えさえ持たないように見えます。それは彼女たちには不可視である教育の一面なのです」。

(7) モニク・エレブが『近代住宅の発明——パリ、一八八〇―一九一四年』(パリ、アザン、一九九五年)で明確にした。

(8) 以下の研究の成果により、一九―二〇世紀におけるこれら種々のフェミニズムのほぼ連続した歴史が明らかになった。ローランス・クレイマン、フロランス・ロシュフォール『進行中の平等。第三共和政下におけるフェミニズム』(パリ、政治科学国立財団/デ・ファム、一九八九年)。ミシェル・リオ＝サルセ『女性たちの試練による民主主義。権力を批判する三人の人物(ウジェニー・ニボワイエ、デジレ・ゲー、ジャンヌ・ドロワン)』(パリ、アルバン・ミシェル、一九九四年)。クリスティーヌ・バール『マリアンヌの娘たち――フェミニズムの歴史、一九一四―四〇年』(パリ、ファイヤール、一九九五年)。フランソワーズ・ピック『女性解放運動(MLF)の歴史――運動の歳月』(パリ、スイユ、一九九三年)。一九四五年から一九七〇年の女性の運動およびフェミニズム運動の歴史に関するシルヴィ・シャプロンの学位論文の出版が待たれる。

ミシェル・フーコーと女性の歴史

(1) ミシェル・フーコー『発言と著述』〔邦訳『ミシェル・フーコー思考集成』筑摩書房、以下同〕(パリ、ガリマール、一九九四年)第三巻、一〇七頁〔一九七六年〕。

(2) ロジ・ブレドッティは一九七八年、パリ第一大学で、フランソワ・シャトレ、エレーヌ・ヴェドリーヌ、ミシェル・ペローから構成された審査委員会の口頭審査を受けた。現在、ユトレヒト大学教授。著書『不調和の型』は一九九一年、ケンブリッジで出版。

(3) ヤナ・サヴィツキ『北アメリカにおけるフェミニズムとフーコー。集中、批判、可能性』。

(4) ミシェル・フーコー『発言と著述』(前掲書)第四巻、七三九頁〔一九八二年六月〕。

(5) 「ゲイの癌だって? それでは話がうますぎる……」とミシェル・フーコーはエルヴェ・ギベールに言ったかもしれない。

(6) トマス・ラクール『性の製造――西欧における身体とジェンダーに関する試論』(パリ、ガリマール、一九九二年、仏語訳)。

(7) ミシェル・ペロー「公、私と両性の関係」(ピカルディ大学でのシンポジウム「公と私の関係」の記録で刊行予定)参照。

(8) エリザベト・バダンテール『XY、男のアイデンティティ論』(オディル・ジャコブ、一九九四年)。

(9) ミシェル・フーコー『発言と著述』(前掲書)第二巻、四二四頁〔一九七三年〕。

(10) ミシェル・ペロー「闇の授業」ミラノ・シンポジウム「フーコー効果」(一九八五年五月)記録五四、一九八六年夏。

(11) ミシェル・フーコー『古典主義時代における狂気の歴史』(プロン、一九六一年)〔邦訳『狂気の歴史』新潮社〕。

(12) ミシェル・フーコー、アルレット・ファルジュ『家族の混乱――バスティーユ古文書館の封印状』(ガリマール＝ジュリアール、アルシーヴ叢書、一九九一年)。

(13) ミシェル・フーコー『古典主義時代における狂気の歴史』(前掲書)五三八―五三九頁〔邦訳『狂気の歴史』新潮社〕。

(14) 同上書、一一二頁。

(15)『私ことピエール・リヴィエールは母、妹、弟を締め殺して……』（ガリマール＝ジュリアール、アルシーヴ叢書、一九九七三年）〔邦訳『ピエール・リヴィエールの犯罪』河出書房新社〕。J・P・ピーターとジャンヌ・ファヴレは「母、暴君」について語り、B・バレ＝クリーゲルは「王殺害‐親殺し」の関係を分析。

(16) ミシェル・フーコー『発言と著述』（前掲書）第二巻、六二七頁［一九七四年］。

(17) ミシェル・フーコー『性の歴史Ｉ　知への意志』（ガリマール、一九七六年）一四二頁〔邦訳、新潮社〕。

(18) 同上書、一六〇頁。

(19) 同上書、一九三頁。

(20) ミシェル・フーコー『発言と著述』（前掲書）第二巻、六一一頁［一九七三年五月、リオ・デ・ジャネイロでの講演］『監視と処罰』（パリ、ガリマール、一九七五年）三〇五頁。

(21) ミシェル・フーコー『発言と著述』（前掲書）第三巻、三八一頁［一九七七年］。

(22) この歴史の展開については、ミシェル・ペロー「フランスでは女性の歴史はどこまで進んだか？」（『フランスの政治と社会』誌、一二／一号、一九九四年冬季、三九―五七頁）参照。

(23) ミシェル・フーコー『発言と著述』（前掲書）第三巻、二三六頁［一九七七年一月］。

(24) 同上書、第三巻、三一九頁、一九七七年七月。

(25) 同上書、第二巻、七七八頁、一九七五年一〇月。

(26) ジャン＝フィリップ・カトネ「ヒッポクラテス、フーコーと性の歴史」（パリ第一大学博士論文、一九九〇年一月）。

(27) ミシェル・フーコー『発言と著述』（前掲書）第三巻、四四五頁［一九七七年一〇月、発表一九七八年一月］。

(28) 同上書、第三巻、二五七頁〔『ル・ヌーヴェル・オプセルヴァトゥール』誌、一九七七年三月一二―二一日、「性の王権に抗して」〕。

(29) 同上書、第四巻、三八八頁、一九八三年。

(30) 同上書、第四巻、七二一頁、一九八四年。

(31) 同上書、第三巻、四七三頁、一九七八年。

(32) フランソワーズ・ピック『女性の解放――〈運動〉の歳月』（スイユ、一九九三年）。不可欠の歴史的説明。

(33) ミシェル・フーコー『発言と著述』（前掲書）第二巻、四四七頁［一九七三年］。

(34) 同上書、第二巻、テクスト一三八、「性《セクシュアリテ》と歴史」［一九七四年四月］。「いわゆる正常な、つまり労働力を再生産する性《セクシュアリテ》が――それが予想させる、それ以外の性の拒絶や女性の隷従などすべてとともに――規範的であることを示そうとするのも……もっともである」。

(35) フランソワーズ・ピック、前掲書、第一九章「強姦反対！」(二三四―二四九頁)。
(36) ミシェル・フーコー『発言と著述』(前掲書) 第三巻、三五一―三五三頁 [一九七七年一〇月]。
(37) 同上書、第四巻、三四九頁、一九八一年。
(38) 同上書、第四巻、三三五頁、一九八二年。
(39) 同上書、第四巻、二八一―二八八頁、一九八二年三月。
(40) 同上書、第四巻、一二一頁、一九八〇年一一月。
(41) 同上書、第三巻、三二一頁、一九七七年。
(42) 同上書、第三巻、六七七頁、一九七八年一〇月。
(43) 同上書、第四巻、六六三頁、一九八四年。
(44) 同上書、第二巻、一四七頁、一九七一年。
(45) アルレット・ファルジュ、イヴ・カスタン、ニコル・カスタン、ナタリー・Z・デイヴィス、エリザベト・クラヴリ、ピエール・ラメゾン他の著作は、主としてこの種の記録を根拠としている。家族の衝突を明るみに出す七〇〇〇の重罪裁判所資料の詳細な調査に基礎を置いたアンヌ＝マリー・ソーン『私生活における女性の役割――一八八〇―一九三〇年』が刊行予定である(ソルボンヌ大学出版、一九九六年)。
(46) マリー＝ジョ・ボネ『一六世紀から二〇世紀の女性同士の恋愛関係』(オディル・ジャコブ、一九九五年〔『あいまいさのない選択』(パリ、一九八一年)を大幅に加筆したもの。重要な文献目録を付す)。
(47) 『エルキュリーヌ・バルバン、通称アレクシーナ・B』(ガリマール、一九七八年)。

訳者あとがき

本書はフランスで一九九八年に刊行され、さらに、二〇〇一年にペーパーバックで出版されたミシェル・ペロー著『女性たちあるいは歴史の沈黙 Les Femmes ou les silences de L'Histoire』（原題）を訳出したものである。

著者のミシェル・ペローについては、いまさら紹介するまでもなく、アナール派の中心人物ジョルジュ・デュビィとともに、第一級の女性史研究者たち七〇名のグループを率いて、浩瀚な『西欧における女性の歴史』（一九九一—一九九二年）（邦訳『女の歴史』藤原書店）を完成させた女性史研究の世界的第一人者である。著者が一九七五年から一九九八年までの二〇年以上にわたって執筆した、「女性の歴史」に関する二五篇の主要論文を収録する本書はまさしく著者の研究の集大成といえよう。

「沈黙は何世紀もの間、宗教、政治システム、そして、礼儀作法の手引書により繰り返されてきた掟である」、「沈黙は社会、家族、そして、身体の規律であり、同時に、政治的、社会的、家族的な規範である」、「女性の歴史を書くこと、それは、沈黙を強いられてきた女性たちが残した記憶のわずかな痕跡を丹念に拾い集め、彼女たちの姿を見えるようにすることである」と著者は言う。そして、ミシェル・ペローは、私的な日記や手紙、教会での告解、あるいは、さまざまなイマージュを読み解く作業を通して、産業革命以後のフランス社会の中で、「女性に与えられた世界」を、セクシュアリテ、身体、言葉、権力、都市、労働、機械と技術、家事、法律、政治、宗教、民俗、などの多彩なテーマのもとに再現する、彼女たちの笑い声や、ひそやかなため息や、押し殺した嗚咽とともに……。

本書の序文の中で著者が回想したその少女時代、大学生であった一九四九年に発表された『第二の性』の衝撃、ソルボンヌ大学の助教授であった《六八年五月》の日々。その沸き立つような熱気の中で、重ねられた議論や討論の中から生まれたという、新しい《女性の歴史》研究の形成過程は、共同の冒険のみならず、ミシェル・ペローの研究者としての道程を示すものにほかならない。心に響くテクストである。

藤原書店社主藤原良雄氏より、深く敬愛するミシェル・ペローの記念すべき著作を訳出する機会を与えていただいたことをたいへん幸せに思うと同時に、心から感謝の意を表したい。藤原書店の清藤洋氏にはことのほかお世話を頂いた。厚くお礼を申し上げたい。

二〇〇三年六月

持田明子

et la politique, Paris, L'Harmattan, 1997, p. 21-39.
« 1848 : la Révolution des femmes », *L'Histoire*, 218, février 1998, p. 62-65.
« Féminisme et modernité », *Sciences Humaines*, 85, juillet 1998, p. 26-29.
« 1914 : Great Feminist Expectations », in *Women and Socialism/Socialism and Women. Europe Between the two World Wars*, sous la direction de Helmut Gruber et Pamela Graves, Berghahn Books, 1998 (en ouverture).

序文類

本書に収録した序文類は、これらの著書にミシェル・ペローが付したものである。

Claire Auzias et Annick Houël, *La grève des ovalistes, Lyon (juin-juillet 1869)*, Paris, Payot, 1982.
Arlette Farge et Christiane Klapisch, *Madame ou Mademoiselle ? Itinéraires de la solitude féminine*, Paris, Montalba, 1984 (postface).
Françoise Thébaud, *La femme pendant la guerre 14-18*, Paris, Stock, 1986.
Jacques Termeaux, *Maisons closes de province*, (avec Alain Corbin), Le Mans, Cénomane, 1986.
Laurence Klejman et Florence Rochefort, *L'égalité en marche. Le féminisme sous la Troisième République*, Fondation Nationale des Sciences Po/ Des femmes, Paris, 1989.
Annie Stora-Lamarre, *L'enfer de la Troisième République. Censeurs et pornographes (1881-1914)*, Paris, Imago, 1989.
Danièle Djamila Amrane-Minne, *Des femmes dans la guerre d'Algérie. Entretiens*, Paris Karthala, 1994.
Marie-Victoire Louis, *Le droit de cuissage, France, 1860-1930*, Paris, L'Atelier, 1994.
Noël Burch et Geneviève Sellier, *La drôle de guerre des sexes du cinéma français*, P. Nathan, 1996.
Dominique Loiseau, *Femmes et Militantisme*, Paris, L'Harmattan, 1996.
Christiane Veauvy et Laura Pisano, *Paroles oubliées. Les femmes et la construction de l'Etat-nation en France et en Italie, 1789-1860*, Paris, Colin, 1997.
Alain Corbin, Jacqueline Lalouette, Michèle Riot-Sarcey, *Femmes dans la cité, 1815-1871*, Paris, Créaphis, 1997.
Micheline Hermine, *Destins de femmes, désir d'absolu. Essai sur Madame Bovary et Thérèse de Lisieux*, Paris, Beauchesne, 1997.
Claude Schkolnyk, *Victoire Tinayre (1831-1895). Du socialisme utopique au positivisme prolétaire*, Paris, L'Harmattan, 1997.

« George Sand : une enfance en révolution », in Françoise Van Rossum-Guyon, *George Sand. Une œuvre multiforme. Recherches nouvelles*, 2, Institut des langues romanes, Groningue, Pays-Bas, 1991, p. 7-16.
« Le XIXe siècle était-il misogyne ? », *L'Histoire*, 160, nov. 1992, p. 32-37.
* « Pouvoir des hommes, puissance des femmes ? L'exemple du XIXe siècle », in *Femmes et pouvoirs. Flux et reflux de l'émancipation féminine*, sous la direction de Luc Courtois, Jean Pirotte et Françoise Rosart, Université de Louvain, Recueil de travaux d'histoire et de philologie, 6e série, fascicule 43, 1992, p. 131-143.
* « Les femmes et leurs images ou le regard des femmes », in Georges Duby (sous la direction de), *Images de femmes*, Paris, Plon, 1992, p. 175-181.
Femmes et Histoire, sous la direction de G. Duby et M. Perrot, Paris, Plon, 1993 (actes du colloque tenu sous ce titre à la Sorbonne en novembre 1992).
* « La parole publique des femmes », in *Nationalismes, Féminismes, Exclusions. Mélanges en l'honneur de Rita Thalmann*, Paris, Berlin, Peter Lang, 1994, p. 461-470.
« La morale politique de George Sand », in Stéphane Michaud (sous la direction de), *Flora Tristan, George Sand, Pauline Roland. Les femmes et l'invention d'une nouvelle morale, 1830-1848*, Paris, Créaphis, 1994, p. 95-106.
« Le Troisième Sexe », in Nicole Mozet (sous la direction de), *George Sand. Une correspondance*, Saint-Cyr-sur Loire, Christian Pirot, 1994, p. 219-224.
« Où en est en France l'histoire des femmes ? », *French politics and society*, vol. 12/1, hiver 1994, 39-57, Center for European Studies at Harvard University.
* « Public, Privé et rapports de sexes », in Jacques Chevalier (sous la direction de), *Public/Privé*, Université de Picardie, CURAPP, Paris, PUF, 1995, p. 65-73.
* « Identité, égalité, différence : le regard de l'histoire », in *La place des femmes. Les enjeux de l'identité et de l'égalité au regard des sciences sociales*, publié par EPHESIA, Paris, La Découverte, 1995, p. 39-56.
* « Une Histoire sans affrontements », in « Femmes : une singularité française ? », *Le Débat*, n° 87, nov.-déc. 1995, p. 130-134.
« Femmes à l'usine », *L'Histoire*, 195, janvier 1996, p. 30-34.
« L'emancipazione delle donne in Europa (secoli XIX-XX) », in *Storia d'Europa*, sous la direction de Paul Bairoch et Éric Hobsbawm, Vol. 5, *L'età contemporanea*, Milan, Giulio Einaudi, 1996, p. 751-799.
* « Ma fille Marie. Histoire d'un bébé », in *L'Histoire grande ouverte : Hommages à Emmanuel Le Roy Ladurie*, Paris, Fayard, 1997, p. 431-440.
Femmes publiques, entretiens avec Jean Lebrun, Paris, Textuel, 1997.
* *George Sand. Politique et polémiques (1843-1850)*, Paris, Imprimerie nationale, 1997.
* « Le genre de la ville », *Communications*, « L'hospitalité », sous la direction de Anne Gotman, 65, 1997, p. 149-163.
* « Les femmes et la citoyenneté en France. Histoire d'une exclusion », in Armelle Le Bras-Chopard et Janine Mossuz-Lavau (sous la direction de), *Les femmes*

« Histoire de la condition féminine et histoire de l'électricité », *Actes du colloque de l'Association pour l'histoire de l'électricité en France* (Paris, 11-13 octobre 1983), Paris, PUF, 1985, p. 175-185.

* « Flora Tristan, enquêtrice », in Stéphane Michaud (sous la direction de), *Un fabuleux destin : Flora Tristan*, Dijon, Presses universitaires, 1985, p. 82-94.

« Histoire d'une femme, histoire des femmes », *Le Débat*, 35, novembre 1985, 133-151 [extraits de *Essais d'ego-histoire*].

« Histoire et pouvoir des femmes », in *Le sexe du pouvoir. Femmes, hommes et pouvoirs dans les organisations*, sous la direction de Nicole Aubert, Eugène Enriquez et Vincent de Gaulejac, Paris, EPI, Desclée de Brouwer, 1985, p. 79-89.

« Journaux intimes. Jeunes filles au miroir de l'âme », *Adolescence*, printemps 1986, IV/1, p. 29-36.

« Histoire des femmes, histoire des sexes », in *L'État des sciences sociales en France*, sous la direction de Marc Guillaume, Paris, La Découverte, 1986, p. 73-75.

Histoire de la vie privée (Ph. Ariès et G. Duby, édit.), T. 4, *De la Révolution à la Grande guerre*, sous la direction de M. Perrot, Paris, Le Seuil, 1987.

« L'air du temps », in *Essais d'ego-histoire*, sous la direction de Pierre Nora, Paris, Gallimard, 1987, p. 241-292.

« Quinze ans d'histoire des femmes », *Sources. Travaux historiques*, n° 12, 1987, p. 19-27.

« Le syndicalisme français et les femmes : histoire d'une malentendu », *CFDT-Aujourd'hui* 66, mars-avril 1984, p. 41-49.

* « Qu'est-ce qu'un métier de femme ? », présentation de « Métiers de femmes », *Le Mouvement social*, 140, juillet-septembre 1987, p. 3-8.

« La ménagère et la classe ouvrière en France », in *Philographies. Mélanges offerts à Michel Verret*, Nantes, Lersco, 1987, p. 77-85.

« Sciences et Mentalités : le Masculin/féminin dans l'histoire », in *Sens et place des connaissances dans la société*, Paris, CNRS, 1987, p. 143-170.

« Naissance du féminisme en France », in FEN (Fédération de l'Éducation nationale), *Le Féminisme et ses enjeux*, Paris, Edilig, 1988, p. 33-51.

« Histoire du privé », entretien avec Françoise Collin, *Les Cahiers du GRIF*, « Le Genre de l'Histoire », 37-38, printemps 1988, p. 155-165.

« La mujer en el discurso europeo del siglo XIX », in *Mujeres y Hombres en la formacion del pensiamento occidental*, vol. II, *Actas de las VII jornades de investigacion interdisciplinaria*, Ediciones de la Universidad Autonoma de Madrid, 1989, p. 115-129.

Histoire des femmes en Occident, sous la direction de G. Duby et M. Perrot, 5 volumes, Paris Plon, 1991-1992 ; introduction générale, « Écrire l'histoire des femmes », I, 9-21 ; T. 4, *Le* XIXe *siècle*, sous la direction de Geneviève
* Fraisse et Michelle Perrot, Paris, Plon, 1991 ; dans ce volume, « Sortir », p. 467-494.

ミシェル・ペロー著作一覧

ミシェル・ペローの女性の歴史に関する文献一覧。
＊を付したものは本書に収録。

* *Les Ouvriers en grève (France, 1871-1890)*, Paris, Mouton, 1974, 2 tomes, « Grèves féminines », I, p. 318-330.
* « L'éloge de la ménagère dans le discours des ouvriers français au XIXe siècle », *Romantisme*, « Mythes et représentations de la femme », 13-14, octobre-décembre 1976, p. 105-121.
* « De la nourrice à l'employée. Travaux de femmes dans la France du XIXe siècle », présentation de « Travaux de femmes », *Le Mouvement social*, 105, octobre-décembre 1978, p. 3-10.
* « La femme populaire rebelle », in Pascale Werner (sous la direction de), *L'Histoire sans qualités*, Paris, Galilée, 1979, p. 125-156.
* *Les Filles de Karl Marx. Lettres inédites*, Introduction, p. 9-50, Paris, Albin Michel, 1979 (lettres de la collection Bottigelli, traduites et présentées par Olga Meier et Michel Trebitsch).

« Femmes au lavoir », *Sorcières*, n°19, I/1980, « La saleté ».

« De Marianne à Lulu. Les images de la femme », *Le Débat*, juillet 1980.

« La ménagère dans l'espace parisien au XIXe siècle », *« Nouvelles Annales de la recherche urbaine »*, Décembre 1980.

« Les femmes et la classe ouvrière au XIXe siècle », *Que faire aujourd'hui ?*, janvier-février 1981.

« De la vieille fille à la garçonne. La femme célibataire au XIXe siècle », *Autrement*, juin 1981.

« Sur l'histoire des femmes en France », *Revue du Nord*, « Histoire des femmes du Nord », tome LXIII, n° 250, juillet-septembre 1981, p. 569-584.

« Sur les femmes et l'histoire orale », Colloque de l'Institut d'Histoire du temps présent (IHTP), *Bulletin de l'IHTP*, Supplément n° 3, 1982.

« Recherches sur les femmes et études féministes », in *Les Sciences de l'homme et de la société en France*, sous la direction de Maurice Godelier, Paris, La Documentation française, 1982.

* « Femmes et machines au XIXe siècle », *Romantisme*, « La Machine fin-de-siècle », 41, 1983, p. 6-17.
* « Sur le front des sexes : un combat douteux », *Vingtième Siècle, revue d'histoire*, n° 3, juillet 1984, « La Guerre en son siècle », p. 69-76.

« *Une histoire des femmes est-elle possible* ? », (sous la direction de M.P.), Marseille-Paris, Rivages, 1984 (intro, p. 6-16) ;
« Les femmes, le pouvoir, l'histoire », in *Une histoire...*, p. 205-222.

* *Journal intime de Caroline B.*, avec Georges Ribeill, Paris, Montalba, 1985.

ワ　行

ヤ　行

ラ　行

マ　行

ナ　行

ハ　行

タ 行

カ　行

人名索引

ア　行

著者紹介

Michelle PERROT（ミシェル・ペロー）

1928年生まれ。パリ第七大学名誉教授。19世紀の労働者、社会運動、民衆文化、犯罪と刑務所制度の研究の後、とりわけこの20年は女性史の新しい領野を切り拓く。主要著作は本書巻末「著作一覧」参照。編著書に『女性史は可能か』（1984年、邦訳・藤原書店、新版2001年）、『女の歴史』（1991-1992年、ジョルジュ・デュビィ共同監修、邦訳・藤原書店、全5巻10分冊、1994-2001年）がある。

訳者紹介

持田明子（もちだ・あきこ）

1969年、東京大学大学院博士課程中退（フランス文学専攻）。1966-68年、フランス政府給費留学生として渡仏。現在、九州産業大学国際文化学部教授。編著に、『ジョルジュ・サンドからの手紙』（1996年）、編訳書に、『往復書簡　サンド＝フロベール』（1998年）、訳書に、D・デザンティ『新しい女』（1991年）、A・ヴァンサン＝ビュフォー『涙の歴史』（1994年）G・サンド（M・ペロー編）『サンド―政治と論争』（2000年）、B・ショヴロン『赤く染まるヴェネツィア』（2000年）（以上、藤原書店刊）など多数。

歴史の沈黙——語られなかった女たちの記録

2003年8月15日　初版第1刷発行©

訳者　持田明子

発行者　藤原良雄

発行所　株式会社　藤原書店

〒162-0041　東京都新宿区早稲田鶴巻町523

TEL　03（5272）0301
FAX　03（5272）0450
info@fujiwara-shoten.co.jp
振替　00160-4-17013

印刷・美研プリンティング　製本・河上製本

落丁本・乱丁本はお取り替えします
定価はカバーに表示してあります

Printed in Japan
ISBN4-89434-346-0

アナール派が達成した“女と男の関係”を問う初の女性史

女の歴史

HISTOIRE DES FEMMES
sous la direction de Georges DUBY et
Michelle PERROT

（全五巻 10 分冊別巻二）

ジョルジュ・デュビィ、ミシェル・ペロー監修
杉村和子・志賀亮一監訳 **Ａ５上製**

アナール派の中心人物、Ｇ・デュビィと女性史研究の第一人者、Ｍ・ペローのもとに、世界一級の女性史家 70 名余が総結集して編んだ、「女と男の関係の歴史」をラディカルに問う“新しい女性史”の誕生。広大な西欧世界をカバーし、古代から現代までの通史としてなる画期的業績。伊、仏、英、西語版ほか全世界数十か国で刊行中の名著の完訳。

Ⅰ **古代 ①②** **P・シュミット=パンテル編**
Ａ５上製　各 480 頁平均　**各 6800 円**（①2000 年 3 月刊、②2001 年 3 月刊）
①◇4-89434-172-7　②◇4-89434-225-1
（執筆者）ロロー、シッサ、トマ、リサラッグ、ルデュック、ルセール、ブリュイ=ゼドマン、シェイド、アレクサンドル、ジョルグディ、シュミット=パンテル

Ⅱ **中世 ①②** **C・クラピシュ=ズュベール編**
Ａ５上製　各 450 頁平均　**各 4854 円**（1994 年 4 月刊）
①◇4-938661-89-6　②◇4-938661-90-X
（執筆者）ダララン、トマセ、カサグランデ、ヴェッキオ、ヒューズ、ウェンプル、レルミット=ルクレルク、デュビィ、オピッツ、ピポニエ、フルゴーニ、レニエ=ボレール

Ⅲ **16 ～ 18 世紀 ①②** **N・ゼモン=デイヴィス、A・ファルジュ編**
Ａ５上製　各 440 頁平均　**各 4854 円**（1995 年 1 月刊）
①◇4-89434-007-0　②◇4-89434-008-9
（執筆者）ハフトン、マシューズ=グリーコ、ナウム=グラップ、ソネ、シュルテ=ファン=ケッセル、ゼモン=デイヴィス、ボラン、ドゥゼーヴ、ニコルソン、クランプ=カナベ、ベリオ=サルヴァドール、デュロン、ラトナー=ゲルバート、サルマン、カスタン、ファルジュ

Ⅳ **19 世紀 ①②** **G・フレス、M・ペロー編**
Ａ５上製　各 500 頁平均　**各 5800 円**（1996 年①4 月刊、②10 月刊）
①◇4-89434-037-2　②◇4-89434-049-6
（執筆者）ゴディノー、スレジエフスキ、フレス、アルノー=デュック、ミショー、ホック=ドゥマルル、ジョルジオ、ボベロ、グリーン、マイユール、ヒゴネット、クニビレール、ウォルコウィッツ、スコット、ドーファン、ペロー、ケッペーリ、モーグ、フレス

Ⅴ **20 世紀 ①②** **F・テボー編**
Ａ５上製　各 520 頁平均　**各 6800 円**（1998 年①2 月刊、②11 月刊）
①◇4-89434-093-3　②◇4-89434-095-X
（執筆者）テボー、コット、ソーン、グラツィア、ボック、ビュシー=ジュヌヴォワ、エック、ナヴァイユ、コラン、マリーニ、パッセリーニ、ヒゴネット、ルフォシュール、ラグラーヴ、シノー、エルガス、コーエン、コスタ=ラクー

新しい社会理論の誕生

世界システムと女性

M・ミース、C・V・ヴェールホフ、V・ベンホルト＝トムゼン

古田睦美・善本裕子訳

フェミニズムとエコロジーの視角から、世界システム論を刷新する独創的な社会理論を提起。「主婦化」（ミース）概念を軸に、社会科学の基本概念（「開発」「労働」「資本主義」等）や体系を根本から問う野心作。日本語オリジナル版。

A５上製　三五二頁　四七〇〇円

（一九九五年二月刊）

◇4-89434-010-0

WOMEN: THE LAST COLONY

Maria MIES, Veronika BENNHOLDT-THOMSEN and Claudia von WERLHOF

奇跡の経済システムを初紹介

女の町フチタン（メキシコの母系制社会）

V・ベンホルト＝トムゼン編

加藤耀子・五十嵐蕗子・入谷幸江・浅岡泰子訳

〝マッチョ〟の国メキシコに逞しく存続する、女性中心のサブシステンス志向の町フチタンを、ドイツの社会学者らが調査研究し、市場経済のオルタナティヴを展望する初の成果。

四六上製　三六八頁　三二〇〇円

（一九九六年一二月刊）

◇4-89434-055-0

JUCHITAN: STADT DER FRAUEN

Veronika BENNHOLDT-THOMSEN (Hg.)

初の「ジェンダーの国際関係」論

国際ジェンダー関係論（批判理論的政治経済学に向けて）

S・ウィットワース

武者小路公秀ほか監訳

大国、男性中心の歪んだジェンダー関係のなかで作り上げられた「国際関係論」を根本的に問いなおす。国際家族計画連盟（ＩＰＰＦ・国際非政府組織）と国際労働機関（ＩＬＯ・政府間国際組織）の歴史を検証し、国際ジェンダー関係の未来を展望。

A５上製　三二八頁　四二〇〇円

（二〇〇〇年一月刊）

◇4-89434-163-8

FEMINISM AND INTERNATIONAL RELATIONS

Sandra WHITWORTH

「女と男の関係」で結ぶ日本史と西洋史

歴史の中のジェンダー

原始・古代から現代まで、女と男はどう生きてきたのか。「女と男の関係の歴史」の方法論と諸相を、歴史学のみならず民俗学・文学・社会学など多ジャンルの執筆陣が、西洋史と日本史を結んで縦横に描き尽す。

網野善彦／岡部伊都子／河野信子／A・コルバン／三枝和子／中村桂子／鶴見和子／G・デュビィ／宮田登ほか

四六上製　三六八頁　二八〇〇円

（二〇〇一年六月刊）

◇4-89434-235-9

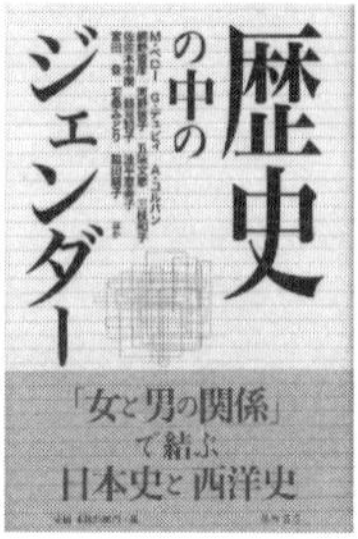

江戸女流文学の発見
門玲子
紫式部と樋口一葉の間に
女流文学者は存在しなかったのか?
日本文学史の空白を埋める

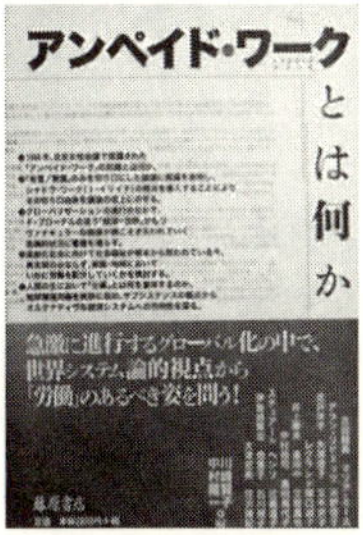

アンペイド・ワーク
とは何か
急激に進行するグローバル化の中で、
世界システム論的視点から
「労働」のあるべき姿を問う！

母親の役割
という
罠
新しい母親、新しい父親に向けて
フランシーヌ・コント
「母親」「父親」って、何?

読む事典
女性学
批判的。
領域横断的。

フランス映画『年下のひと』原案

赤く染まるヴェネツィア
（サンドとミュッセの愛）

B・ショヴロン　持田明子訳

サンドと美貌の詩人ミュッセのスキャンダラスな恋。サンドは生涯で最も激しく情念を滾《たぎ》らせたミュッセとイタリアへ旅立つ。病い、錯乱、繰り返される決裂と狂おしい愛、そして別れ……。文学史上最も有名な恋愛、「ヴェネツィアの恋人」達の目眩く愛の真実。

四六上製　二二四頁　一八〇〇円
（二〇〇〇年四月刊）
◇4-89434-175-1

《DANS VENISE LA ROUGE》
Bernadette CHOVELON

新しいジョルジュ・サンド

サンド——政治と論争

G・サンド
M・ペロー編　持田明子訳

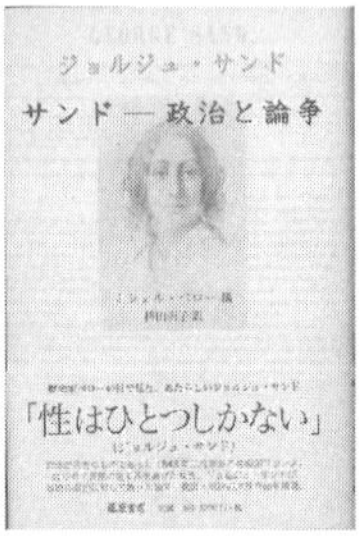

歴史家ペローの目で見た斬新なサンド像。政治が男性のものであった一八四八年二月革命のフランス——初めて民衆の前で声をあげた女性・サンドが当時の政治に対して放った論文・発言・批評的文芸作品を精選。

四六上製　三三六頁　三二〇〇円
（二〇〇〇年九月）
◇4-89434-196-4

書簡で綴るサンド—ショパンの真実

ジョルジュ・サンドからの手紙
（スペイン・マヨルカ島、ショパンとの旅と生活）

G・サンド　持田明子編＝構成

一九九五年、フランスで二万通余りを収めた『サンド書簡集』が完結。これを機にサンド・ルネサンスの気運が高まるなか、この新資料を駆使して、ショパンと過した数か月の生活と時代背景を世界に先駆け浮き彫りにする。

A5上製　二六四頁　二九〇〇円
（一九九六年三月刊）
◇4-89434-035-6

文学史上最も美しい往復書簡

往復書簡　サンド＝フロベール

持田明子編訳

晩年に至って創作の筆益々盛んなサンド。『感情教育』執筆から『ブヴァールとペキュシェ』構想の時期のフロベール。二人の書簡は、各々の生活と作品創造の秘密を垣間見させるとともに、時代の政治的社会的状況や、思想・芸術の動向をありありと映し出す。

A5上製　四〇〇頁　四八〇〇円
（一九九八年三月刊）
◇4-89434-096-8